·重返桥梁现场系列·

重返世界名桥修建现场

经典钢桥设计、施工与运营分析

叶华文 著

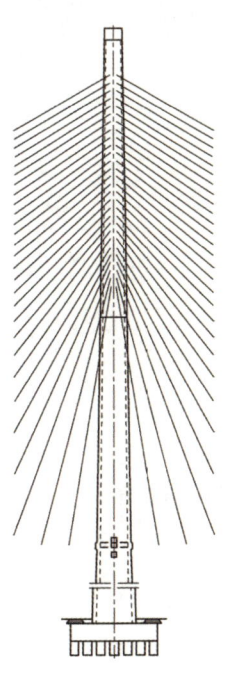

西南交通大学出版社
·成 都·

图书在版编目（CIP）数据

重返世界名桥修建现场：经典钢桥设计、施工与运营分析 / 叶华文著. —成都：西南交通大学出版社，2022.9
ISBN 978-7-5643-8874-4

Ⅰ. ①重… Ⅱ. ①叶… Ⅲ. ①钢桥－桥梁设计②钢桥－桥梁施工 Ⅳ. ①U448.36

中国版本图书馆 CIP 数据核字（2022）第 154506 号

Chongfan Shijie Ming Qiao Xiujian Xianchang——Jingdian Gangqiao Sheji、Shigong yu Yunying Fenxi
重返世界名桥修建现场——经典钢桥设计、施工与运营分析

叶华文 / 著

责任编辑 / 王同晓
策划编辑 / 李芳芳
封面设计 / 叶华文　曹天擎

西南交通大学出版社出版发行
（四川省成都市金牛区二环路北一段 111 号西南交通大学创新大厦 21 楼　610031）
发行部电话：028-87600564
网址：http://www.xnjdcbs.com
印刷：四川玖艺呈现印刷有限公司

成品尺寸　210 mm×285 mm
印张　30.25　字数　712 千
版次　2022 年 9 月第 1 版
印次　2022 年 9 月第 1 次

书号　ISBN 978-7-5643-8874-4
定价　99.00 元

图书如有印装质量问题　本社负责退换
版权所有　盗版必究　举报电话：028-87600562

序

18世纪末，伴随着第一次工业革命，金属材料开始被应用于桥梁结构，如现存历史最悠久的铁拱桥——煤溪谷铁桥；19世纪末，钢材的出现给桥梁建设带来了大的跨越，特别是二战后重建的需要，钢桥的建造数量大幅增加。而我国，在改革开放后经济飞速发展，交通需求急剧增长，也极大促进了大跨钢桥的发展。如今，随着钢材冶炼、制造，钢桥结构设计，施工技术、装备等各个方面的持续提升，钢桥设计理论和建造技术不断得到完善，已经建立起了系统的设计规范和制造、施工工艺。自重轻、强度高、寿命长的优点使得钢桥具有良好的抗震性能、成熟的制造和施工技术、优秀的成本竞争力和跨越能力，让钢桥成为了目前大跨度桥梁的首选方案。

本书精心筛选了三十余座世界著名钢桥，从这些经典钢桥的建设全过程出发，系统全面地介绍了桥梁的工程背景、结构设计、施工过程和运营维护，以及它们涉及的水文、地质、气象、地震、历史文化、美学等方面的知识。本书收集的资料全面翔实，在内容上具有趣味性、知识性与思想性，以深入浅出、通俗易懂的文字和一幅幅精美的图片，让读者身临其境地，全方位地了解国内外经典钢桥的建设实践和钢桥技术的发展脉络，使非专业人士阅读时故事感十足，专业人员阅读时亦趣味不减，专业性十足，适合各个文化层次读者的阅读需要。

相信本书能为从事桥梁工程技术研究、设计、施工和管理工作的工程师提供有益的借鉴，为大专院校师生及对桥梁技术有兴趣的读者提供重要参考。

2022年8月

自 序

自1781年英国建成主跨30 m的煤溪谷铁桥，到今年刚建成通车的主跨2 023 m的土耳其1915恰纳卡莱大桥，钢结构桥梁在这两百多年的发展过程中，凭借人类科学与技术的进步，跨度不断增加，取得了令人瞩目的进步，一些优秀的钢桥已经成为了地标性建筑。在这些大跨钢桥建造技术确立过程中，工程师们对桥梁设计、施工和运营过程中的问题冥思苦想，经受了许多失败和牺牲，并将这些经验和教训代代相传，经过长年不断地累积形成了钢桥的建造技术和众多壮美的大桥。这些都是值得我们珍视和继承的宝贵精神和物质财富。

桥梁不仅是一个巨型的、单一的公共产品，也是一套复杂的系统工程，涉及自然和人文环境、结构设计、施工和运营管理，而不单是桥梁本身。世界各国陆续出版了一批有关桥梁建设案例的书籍，但大都侧重于桥梁结构设计、施工或运营管理的某些方面，至今尚无一本针对世界著名钢桥建设全过程，并系统全面论述该桥的工程背景、结构设计、施工和运营维护的著作。另外，著者在长期执教本科生课程"钢结构设计原理"和研究生课程"钢桥"的过程中深刻体会到师生对掌握典型钢桥建设前因后果的渴求和必要性。因此，本书基于桥梁全寿命周期的设计思路编写，具有以下三方面的特点：

（1）以交通网络的角度宏观看待桥梁作用。大跨钢桥都是重要交通网络中的关键节点，所以各章节实际上是阐述一个桥梁群，让读者能从更宏观的视角去理解桥例意义和它所处的工程大背景，如第13章明石海峡大桥中包含了本州、四国联络线的多座典型桥梁。

（2）从时间维度全面理解桥梁建设。各章节全面阐述大跨钢桥建设经历的方案设计、施工和运营全维护过程，尽可能提供全面的设计资料和建设决策过程及其后果，以求更深刻理解前人的勇气和智慧。

（3）力求资料来源的多样性和观点客观性。本书不仅采用期刊论文作为资料来源，也参考了大量科普网站的信息资源，在仔细推敲的基础上加以利用。以准确、全面、可信的资料为准绳，观点也尽可能做到客观。

21世纪以来，我国钢桥建设已经取得了世人瞩目的成绩，建成了很多大跨钢桥，著者计划在另外一本书中专门论述，故本书只选了武汉长江大桥。本书写作始于2020年春节，正值武汉市的新冠肺炎疫情最严重时期，武汉长江大桥建桥的艰难与武汉人民抗疫的艰难都令人感慨，希望能用武汉长江大桥建桥的毅力、勇气和智慧鼓舞大家早日战胜新冠疫情，回归正常生活。

全书根据世界著名钢桥建设案例分为17章。第1~16章大致按建成时间分别为煤溪谷铁桥、梅奈海峡大桥、福斯大桥、布鲁克林大桥、悉尼海港大桥、金门大桥、4月25日大桥、里翁-安提里翁大桥、博斯普鲁斯海峡大桥、诺曼底大桥、米约大桥、大贝耳特海峡大桥、明石海峡大桥、武汉长江大桥、青马大桥和俄罗斯岛大桥。本书力求理论联系实际、图文并茂、并注重实用性。

衷心感谢中铁大桥勘测设计院秦顺全院士百忙之中为本书作序，感谢中铁大桥勘测设计院郑清刚和梅大鹏教授级高级工程师，中铁大桥科研院周亚栋高级工程师，四川路桥卢伟总工程师，嘉兴学院刘德军老师，西南科技大学张兴标老师，西南交通大学何畏老师、李翠娟老师在本书写作过程中提出宝贵意见和给予的帮助。

多位研究生参与了案例调研与编写，分别为周渝（第1、4章）、黄若森（第2、7章）、唐诗晴（第3、5、11、13、14、16章）、刘吉林（第6、8、9章）、王正源（第10章）、叶杨帆（第12章）、王文超（第15章），特向他们表示衷心感谢。同时也对为本书出版付出辛勤劳动的西南交通大学出版社的各位编辑表示敬意。在此还要特别感谢我的父母、妻子殷璐和儿子叶天民、女儿叶天杏给我提供的巨大的精神和生活上的支持。

著者及其研究团队花费了多年的心血完成本书，但由于时间、水平及资料所限，书中难免存在不少的缺憾，恳请广大读者批评指正。

本书大量地图引自天地图（www.tianditu.gov.cn），在此表示感谢！虽在每章末尾列出了本章所采用的期刊论文等主要参考文献，但在写作过程中，还参考了大量科普网站的信息资源，在仔细推敲的基础上加以利用，感兴趣的读者可扫描本书封底二维码获取文献链接，以拓展阅读。

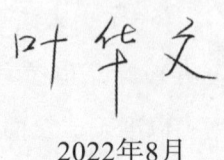

2022年8月

目 录

1 煤溪谷铁桥

1.1 引　言 ·· 1
1.2 工程背景 ·· 2
1.3 结构设计与建造 ··· 3
1.4 运营维护 ·· 5
1.5 深远影响 ·· 6
1.6 结　论 ·· 8
■ 参考文献 ·· 9

2 梅奈海峡大桥

2.1 引　言 ·· 10
2.2 工程背景 ·· 10
2.3 结构设计 ·· 11
2.4 施　工 ·· 15
2.5 运营维护 ·· 15
2.6 深远影响 ·· 21
2.7 结　论 ·· 21
■ 参考文献 ·· 22

3 福斯大桥

3.1 引　言 ·· 23
3.2 福斯铁路桥 ·· 25
3.3 福斯公路桥 ·· 35
3.4 昆斯费里大桥 ·· 52
■ 参考文献 ·· 63

1

4 布鲁克林大桥

- 4.1 引 言 ········· 65
- 4.2 布鲁克林大桥 ········· 67
- 4.3 威廉斯堡大桥 ········· 79
- 4.4 曼哈顿大桥 ········· 90
- 4.5 华盛顿大桥 ········· 100
- 4.6 布朗克斯白石大桥 ········· 111
- 4.7 韦拉札诺海峡大桥 ········· 119
- ■ 参考文献 ········· 128

5 悉尼海港大桥

- 5.1 引 言 ········· 132
- 5.2 工程背景 ········· 132
- 5.3 结构设计 ········· 137
- 5.4 施 工 ········· 140
- 5.5 运营维护 ········· 144
- 5.6 结 论 ········· 147
- ■ 参考文献 ········· 147

6 金门大桥

- 6.1 引 言 ········· 149
- 6.2 金门大桥 ········· 152
- 6.3 奥克兰海湾大桥 ········· 172
- ■ 参考文献 ········· 190

7 4月25日大桥

- 7.1 引 言 ········· 191
- 7.2 工程背景 ········· 192
- 7.3 结构设计 ········· 193
- 7.4 施 工 ········· 194
- 7.5 运营维护 ········· 195
- 7.6 结 论 ········· 202
- ■ 参考文献 ········· 203

8 里翁–安提里翁大桥

- 8.1 引 言 ········· 204
- 8.2 工程背景 ········· 205
- 8.3 结构设计 ········· 207
- 8.4 施 工 ········· 211
- 8.5 运营维护 ········· 214
- 8.6 结 论 ········· 215
- ■ 参考文献 ········· 216

9 博斯普鲁斯海峡大桥

- 9.1 引言 ········· 217
- 9.2 博斯普鲁斯一桥 ········· 220
- 9.3 博斯普鲁斯二桥 ········· 232
- 9.4 博斯普鲁斯三桥 ········· 238
- 9.5 1915恰纳卡莱大桥 ········· 245
- ■ 参考文献 ········· 253

10 诺曼底大桥

- 10.1 引 言 ········· 255
- 10.2 工程背景 ········· 257
- 10.3 结构设计 ········· 258
- 10.4 施 工 ········· 264
- 10.5 运营维护 ········· 265
- 10.6 结 论 ········· 266
- ■ 参考文献 ········· 266

11 米约大桥

- 11.1 引言 ········· 268
- 11.2 工程背景 ········· 269
- 11.3 结构设计 ········· 271
- 11.4 施 工 ········· 275
- 11.5 运营与维护 ········· 279
- 11.6 结 论 ········· 280
- ■ 参考文献 ········· 280

12 大贝尔特海峡东桥

- 12.1 引言 ………………………………………………………………………… 282
- 12.2 大贝尔特东桥 ………………………………………………………………… 283
- 12.3 厄勒海峡大桥 ………………………………………………………………… 305
- ■ 参考文献 ……………………………………………………………………… 317

13 明石海峡大桥

- 13.1 引言 ………………………………………………………………………… 318
- 13.2 明石海峡大桥 ………………………………………………………………… 319
- 13.3 多多罗大桥 …………………………………………………………………… 341
- 13.4 来岛海峡大桥 ………………………………………………………………… 355
- 13.5 濑户大桥 ……………………………………………………………………… 365
- ■ 参考文献 ……………………………………………………………………… 377

14 武汉长江大桥

- 14.1 引言 ………………………………………………………………………… 380
- 14.2 工程背景 ……………………………………………………………………… 381
- 14.3 结构设计 ……………………………………………………………………… 386
- 14.4 施 工 ………………………………………………………………………… 393
- 14.5 运营维护 ……………………………………………………………………… 398
- 14.6 结 论 ………………………………………………………………………… 398
- ■ 参考文献 ……………………………………………………………………… 399

15 香港青马大桥

- 15.1 引言 ………………………………………………………………………… 401
- 15.2 青马大桥 ……………………………………………………………………… 402
- 15.3 汲水门大桥 …………………………………………………………………… 412
- 15.4 汀九桥 ………………………………………………………………………… 419
- 15.5 昂船洲大桥 …………………………………………………………………… 432
- ■ 参考文献 ……………………………………………………………………… 442

16 俄罗斯岛大桥

- 16.1 引言 ………………………………………………………………………… 444
- 16.2 结构设计 ……………………………………………………………………… 445

16.3	施　工	449
16.4	运营维护	453
16.5	结　论	455
■ 参考文献		455

17 结语：大跨钢桥发展的推动力与挑战

17.1	引　言	456
17.2	大跨钢桥发展的推动力	457
17.3	大跨钢桥发展面临的挑战	460
■ 参考文献		462

附　录

（一）人名、公司名译名对照表　463
（二）地名桥名译名对照表　466

1 煤溪谷铁桥

1.1 引 言

1781年建成的煤溪谷铁桥（Coalbrookdale Iron Bridge）横跨英国什罗普郡塞文河（Severn river in Shropshire），是世界上现存的最古老的金属结构桥梁，如图1-1所示。由于在建造桥梁时缺乏铸铁这种新材料的设计理论和施工方法，仍旧沿袭传统木材和石材的施工技术，施工上较多使用了木结构连接工艺，如榫眼、楔形榫头、木楔和螺丝钉等。即便如此，这座铁桥主跨首次突破了30 m（100英尺），标志着桥梁建设开始进入工业时代。

图1-1 煤溪谷铁桥

由于富含价格低廉、极易开采的煤、铁等矿产，又有可作为产品运输通道的塞文河，英国工业革命的发源地主要由工业中心煤溪谷（Coalbrookdale）、工业城镇布罗斯利（Broseley）和矿业城镇梅德利（Madeley）三地发展形成，煤溪谷铁桥则是该区域的关键交通枢纽，如图1-2所示。该桥直至1934年还允许车辆通行，不过1950年后完全封闭并成为博物馆的一部分，是当地工业革命时代的重要遗迹。铁桥及周边区域还被联合国教科文组织评为"铁桥峡谷世界文化遗产"（UNESCO Ironbridge Gorge World Heritage Site），伯明翰大学（University of Birmingham）还专门在煤溪谷建立了铁桥研究所（Ironbridge Institute）。本章根据相关资料，从工程背景、结构设计与建造、运营维护及影响等方面对煤溪谷铁桥进行全面介绍。

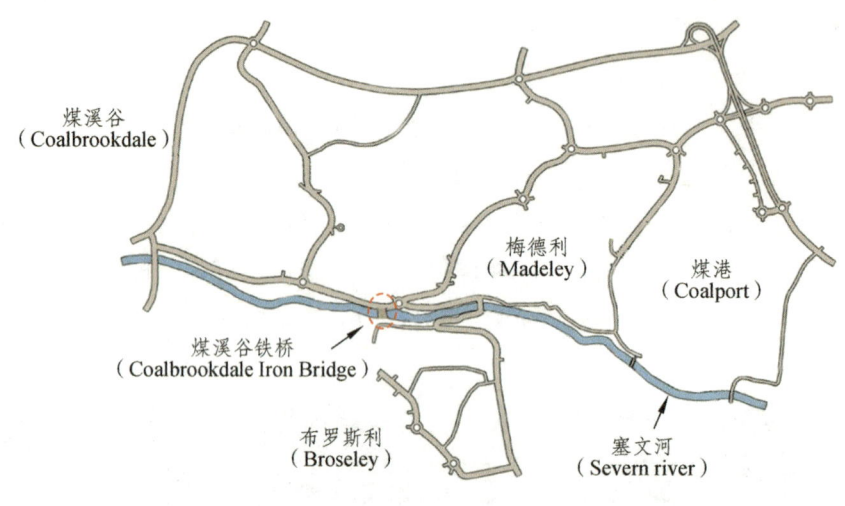

图1-2　煤溪谷铁桥桥位

1.2　工程背景

在伯明翰以西45 km的煤溪谷，1709年，达比家族（Darbys I，亚伯拉罕·达比一世）经营的铁厂首先采用焦炭混合石灰石的高炉炼铁技术，并用鼓风机提高炉温，吹除硫、磷等杂质，生铁质量和产量大幅度提高。1740—1860年的120年间，英国生铁产量飞速增长，从1.735万t猛增至380万t，占世界总产量的53%。随着产量急剧增加，冶炼成本随之显著降低，铁开始大规模应用于各种工程结构[1]。

18世纪中期，什罗普郡由于煤矿资源丰富，很快成为了工业中心。塞文河是重要的贸易航道，但河水很深，是跨越两岸的障碍，尤其是使得重要的工业区布罗斯利和梅德利间的交通不便。两地之间最近的桥梁位于3 km外的比亚德沃斯（Buildwas），亟待修建一座能跨越陡峭峡谷、自重轻的桥梁，以连接布罗斯利、梅德利和煤溪谷，且不影响塞文河的航运。1755年，法国里昂（Lyon）曾尝试修建一座铁桥，但未完工。1769年，约克郡柯克利斯市（Kirklees, Yorkshire）修建了一座22.2 m的锻铁人行天桥。煤溪谷铁桥虽不是第一座铁桥，却是现存最古老的铸铁拱桥。1773年，建造师托马斯·法诺尔斯·普里查德（Thomas Farnolls Pritchard）曾写信给约翰·威尔金森（John Wilkinson），建议用铸铁造桥。1775年亚伯拉罕·达比三世（Abraham Darby Ⅲ，亚伯拉罕·达比一世的孙子）被任命为一座37 m的铁桥的建造项目主管。

1776年3月，修桥的方案获得通过，达比三世受命修建这座桥。但当年5月，桥梁业主撤销了对达比的委任，转而寻求砌体拱桥或木拱桥方案。后因没人应征，桥梁业主只得同意采用普里查德的铁桥方案，但限定了造价和工期。普里查德曾有着多座木桥和石桥的设计经验，因此铁桥的设计融入了木桥和石桥的元素。1777年7月，桥跨减至27m，后来为容纳河边马拉船只需要走的纤道而增加到30.63 m（即100英尺）。

1.3 结构设计与建造

根据地形和地质情况，选择的桥址毗邻梅德利和本特霍尔（Benthall）间的轮渡渡口，直通铁桥镇，如图1-3所示。铸铁拱桥由5片跨度均为30.63m的铸铁拱肋组成，共耗费384.6 t铁，约1 700个构件，其中最重构件达5.6 t[2]。为方便连接，各组成构件没有采用标准尺寸在工厂制造，而是根据实际情况单独铸造，因此桥梁不同位置的相同构件的尺寸差异可能达几厘米[3]。普里查德设计了拱肋间的装饰构造，铸造车间的托马斯·格雷戈里（Thomas Gregory）绘制了构件的详细设计图，其中包括榫眼、榫头和燕尾榫等常用于木结构的连接细节[4]，如图1-4所示。铁拱桥两侧引桥为可供出入的辅助拱门，如图1-5所示。不幸的是普里查德在桥梁开始施工1个月后，于1777年12月21日去世了，后来由达比三世继续完成了施工。砖石结构和桥台完成于1777—1778年，1779年拱肋采用木制起重机吊装，现存的唯一施工资料来自在瑞典的斯德哥尔摩博物馆（Stockholm Museum）发现的一幅绘于1779年7月施工期间的水彩画，如图1-6所示[5]。这座桥于1779年7月2日竣工，1781年1月1日开通运营。

图1-3　桥面情况

(a) 铸铁拱肋　　(b) 连接构造

图1-4　铸铁拱肋及连接构造

图1-5　引桥情况

图1-6　铁桥施工素描

铁桥采用铸铁建造，与钢材和锻铁相比，铸铁的抗拉强度和抗弯强度均较低，但具有良好的抗压强度和耐腐蚀性能，常用于旧桥和建筑物的某些结构构件。虽然锻铁材料性能更好，但直到1800年才被广泛使用。在19世纪末钢材出现前，锻铁一度成为桥梁、铁路、船舶和建筑的首选材料。拱肋和连接构件的组成成分分析如表1-1所示，铸铁中磷含量很高，硫含量也达到了允许上限，但锰的存在，可降低硫元素对构件的危害。

达比三世当时给出建造铁桥的预算是3 250英镑（相当于2016年的38万英镑），但据现有资料显示铁桥的实际成本可能高达6 000英镑（相当于2016年的70万英镑），这些超额的部分由达比三世自行承担。不过在大桥竣工通车几年后就获利丰厚，征收的过桥费给业主的投资带来8%的年收益。

表1-1　铁桥各构件的元素成分分析

元素		碳	硅	锰	硫	磷
比例	拱肋	2.65%	1.22%	0.46%	0.102%	0.54%
	连接构件	3.25%	1.48%	1.05%	0.037%	0.54%

1.4　运营维护

煤溪谷铁桥的修建极大方便了塞文河两岸的交通，改善了桥梁周围的人居环境，桥边小镇很快发展起来并因此得名铁桥镇，很多人慕名而来。高深峡谷区易发生滑坡，在英国国家滑坡数据库中记录了该地区曾发生过20多处滑坡。为防止北岸滑坡，1783年7月修建了一道长32m的挡土墙。1784年12月，南岸石拱门出现裂缝，邻近桥台也出现滑动迹象。峡谷两岸都朝向河流方向滑动挤压铁桥，使得拱脚的压力增大，因此分别在1784、1791和1792年对桥梁进行了加固。铁桥也由于铁强度高和结构迎水面积小的特点，在1795年2月的大洪水中成为了塞文河上唯一安然无恙的桥梁[6]。

1800年，长达数年的维修工作开始，如用木制拱门替代边跨石拱门以减轻主跨的荷载，不过当时的技术条件很难在桥台之间实现刚性支撑，直到20世纪70年代后期的桥梁修复过程中才实现这一目标。1820年12月，木拱门被铸铁拱门取代，19世纪末期桥梁一直进行维修工作。铁桥在运营过程中也出现过一些状况，1902年8月24日，一段9.1 m的挡土墙垮塌。1903年7月，一段重约250 kg的桥面板坠落。1909年，在铁桥附近修建了一座免费通行的混凝土桥。1923年的一份检测报告表明，除了油漆涂层之外，铁桥主跨状况良好。不过当时铁桥采用金属桥面，大大加重了桥梁的恒载，因此为减少桥梁承受的荷载，有人建议桥上车辆通行应限载2 t。经过专家考察后，桥梁最终限载为4 t，但后来20世纪30年代的房地产热潮使得在塞文河南岸的杰克菲尔德（Jackfield）地区运送瓷砖的司机们坚持要求允许使用铁桥，因此业主决定从1934年6月18日起铁桥只作为人行桥使用，禁止车辆通行。原本在铁桥南侧有个收费站，过桥费从行人到大客车的收费价格各不相等。禁止车辆通行后，铁桥收取的过桥费无法承担桥梁的养护，而且铁桥多年来也没有进行过清理或刷漆。1956年，郡议会曾提出拆除铁桥并修建一座新桥，幸亏这项计划没有实施。

1972—1975年，耗资14.7万英镑对铁桥基础进行了加固：一是增大支撑刚度，阻止两侧的桥台滑动；二是减轻桥梁承受的荷载。具体施工是在桥台下的河床上浇筑钢筋混凝土仰拱，以阻止桥台滑动。从南桥台移除填料以减轻桥台重量，并采用混凝土进行加固。桥面铺装层换成了轻质沥青层，并且更新了桥台砌石。1980年，对铁桥进行了重新喷涂。1981年1月1日，举行了通车200周年庆祝仪式[7]。

1999—2000年，英国遗产管理局（English Heritage）全面检查了铁桥，并重新刷漆和小修，2004年发现拱上支架断裂（燕尾榫断裂），如图1-7所示。从2017年9月开始，英国遗产局对铁桥进行修复，耗资120万英镑，这是该机构有史以来实施的最大的文物保护项目。由于考虑到长期在铸铁构件中积累下来的应力和地震的不利影响，2018年预算增至360万英镑，主要是修复铁桥拱肋、桥面和边跨拱门等。除结构修复外，还重新喷涂，恢复到原桥的红色，如图1-8所示。修复完成后的铁桥于2018年12月6日重新开放。

图1-7　拱上支架断裂

图1-8　涂红漆的铁桥近况

1.5　深远影响

煤溪谷铁桥是第一座大跨金属结构桥梁，对土木工程技术和建造领域的发展产生了深远的影响。正是该桥开创了建造钢铁桥梁的先河，后来才陆续出现多座铁桥，如：

（1）1786年，托马斯·潘恩（Thomas Paine）制作了铸铁桥梁模型，并在法国科学院和英国皇家学会展示。他还制造了1根跨度为27.4 m，从弦线到拱门中心高度为1.5 m，重为3 t的完整拱肋。他在英格兰的帕丁顿（Paddington）地区架起了一座由5根拱肋组成、跨径为64 m的铸铁桥梁模型，遗憾的是该模型在一年后被拆除。

（2）1793—1796年，位于英格兰桑德兰（Sunderland）的沃默斯桥（Wearmouth Bridge）是一座跨度为71.6 m的铸铁拱桥，如图1-9。

（3）1796年，托马斯·泰尔福德（Thomas Telford）在比亚德沃斯修建了一座铸铁桥以取代中世纪旧桥，桥梁跨度达到了39 m，而用铁量只有煤溪谷铁桥的一半，建成后的桥梁如图1-10所示，比亚德沃斯桥一直运营到1906年[8]。泰尔福德设计了一系列的铸铁桥梁，其中现存最古老的一座是修建于苏格兰（Scotland）的克雷格拉奇大桥（Craigellachie Bridge），如图1-11。

（4）同是在塞文河上的煤港大桥（Coalport Bridge）原是一座由3片铸铁拱肋支撑的拱桥，1818年重建时采用五片拱肋，如图1-12。

（5）英国以外的第一座铁质桥梁建于1801年，位于牙买加的里约科布雷河（Rio Cobre in Jamaica）上，如图1-13。

图1-9　沃默斯桥

图1-10　比亚德沃斯桥

图1-11　克雷格拉奇大桥

图1-12　煤港大桥

图1-13　里约科布雷河桥

1750—1830年，50多位著名画家和雕刻家来到煤溪谷地区见证和记录了工业革命的发展历程，其中第一位描绘煤溪谷铁桥的是威廉·威廉姆斯（William Williams）。1780年10月，达比给出高额的报酬让威廉·威廉姆斯绘制了刚竣工的铁桥，如图1-14。1979年，英国皇家艺术学院举办了题为"铁桥观景"的展览以纪念煤溪谷铁桥竣工200周年[9]。

图1-14　刚竣工的铁桥

1.6　结　论

1779年建成的煤溪谷铁桥是世界上现存的最古老的铸铁拱桥，该桥是现代钢桥的奠基工程，同时被称为英国工业革命的重要遗迹。煤溪谷铁桥在建造材料，结构设计与施工和运维技术方法上推动了钢铁拱桥的发展与应用，是钢桥发展的里程碑。本文通过工程背景、设计建造、运营维护及后续影响等对英国煤溪谷铸铁拱桥进行研究，结论如下：

（1）随着工业革命期间英国生铁产量和质量提高，煤溪谷铁桥首次采用铸铁建造，比砌体拱桥结构轻巧，比木拱桥耐腐蚀，成为钢铁材料应用于桥梁的先驱。

（2）煤溪谷铸铁拱桥是主跨首次超过30m（实际跨度为30.63m）的格构拱桥，其结构沿袭了木结构拱桥的设计理念，施工方法也使用传统木结构连接工艺。

（3）两百多年的服役期间，铁桥经受了洪水的考验，经历过多次维修和加固，成为塞文河上最古老的金属桥梁，其运维技术给后续工程提供了宝贵经验。

■ 参考文献

[1] COSSONS N, TRINDER B. The Iron Bridge: symbol of the Industrial Revolution[M]. Chichester: Phillimore, 2002.

[2] BRIGGS A. Iron Bridge to Crystal Palace: Impact and Images of the Industrial Revolution[M]. London: Thames and Hudson in collaboration with the Ironbridge Gorge Museum Trust, 1979.

[3] HAAN D. The Rolt Memorial Lecture 2003 The Iron Bridge - New Research in the Ironbridge Gorge[J]. Industrial Archaeology Review, 2004, 26(1): 3-19.

[4] TILLY G, Frost A, Wallsgrove J. Conservation of Bridges[M]. New York: Spon Press, 2002.

[5] HAAN D. Coalbrookdale and the Iron Bridge - New insights from the artist's views[J]. The international journal for the history of engineering & technology, 2015, 85(2): 168-192.

[6] PETROSKI H. Invention by Design: How Engineers Get from Thought to Thing[M]. Cambridge, Mass.: Harvard University Press, 1996.

[7] FISHER J, CLARK G M. Bridging the Ironbridge Gorge. The Jackfield Bridge, Shropshire: planning and development[J]. Proceedings of the Institution of Civil Engineers-Structures and Buildings, 1997, 122(1): 104-116.

[8] LAY M G. Ways of the World: A History of the World's Roads and of the Vehicles That Used Them[M]. New Brunswick, N.J.: Rutgers University Press, 1992.

[9] SMITH S, CASSON H, TRINDER B. A View from the Iron Bridge[M]. England: Ironbridge Gorge Museum Trust, 1979.

2 梅奈海峡大桥

2.1 引 言

19世纪前，英国梅奈海峡（Menai Strait）两岸的通勤方式完全依赖轮渡，由于海水湍急，发生过多起海难。1810年，托马斯·特尔福德（Thomas Telford，1757—1834）受英国政府委任修建梅奈海峡大桥（Menai Bridge）[1]，他计划在不影响海运情况下修建一座大跨悬索桥。实际上，自1741年建成第一座铁索桥后，英国铁索桥的修建已经停滞了75年，直到1816年才修建了一座长33.6 m、宽1.2 m的人行桥[2]。因此，梅奈海峡大桥的修建极富挑战性。该桥始建于1819年，竣工于1826年，主跨177 m，是现存的一座具有里程碑意义的悬索桥。梅奈海峡大桥的影响深远，1823年后，法国开始大量修建悬索桥，到20世纪中叶，大跨悬索桥也在美国蓬勃兴起[3]。梅奈海峡大桥在近两百年的运营过程中，经历了多次维护，不断更新结构，现在仍在服役。2005年2月28日，梅奈海峡大桥被联合国教科文组织评为世界遗产。本章根据已有资料从梅奈海峡大桥工程背景、结构设计、施工、运营维护及影响等方面，进行全面阐述。

2.2 工程背景

梅奈海峡长25 km，深15 m，水流流速3.6 m/s，分隔安格尔西岛（Anglesey）与威尔士大陆（Welsh）。该岛盛产牲畜，是英国肉类的主要产地之一，跨海峡运输的主要方式是渡轮。由于当时牲畜被禁止上船，只能游过梅奈海峡，水流湍急，牲畜死亡率很高，船只也容易搁浅或倾覆，造成大量人员伤亡[4]。自《1800年联合法案》生效后，梅奈海峡两岸的交通量不断增加。从伦敦（London）出发去爱尔兰必须在霍利黑德（Holyhead）港乘轮渡，旅程漫长而危险。限于当时的技术条件，在梅奈海峡建桥一直是个难题，直到18世纪末，建桥才成为可能[1]。1801年，约翰·伦尼（John Rennie）在梅奈海峡大桥现址处提出了主跨135 m，高出水面45 m的铸铁拱桥方案，预算为259 140英镑。因当时正值拿破仑战争期间，修桥计划被搁置[5]。1810年，英国政府迫于民众的压力，委托托马斯·特尔福德在梅奈海峡修建桥梁。托马斯·特尔福德，是英国历史上最伟大的土木工程师之一[6]。他在什罗普郡承建道路和运河工程，在苏格兰（Scotland）也设计了许多港口和隧道，擅长公路和桥梁设计，1820年当选为英国土木工程师协会（Institution of Civil Engineers）的首任主席直至去世，任职达14年。在修建梅奈海峡大桥前，他已经修建了20多座桥梁，被任命修建梅奈海峡大桥时，正处于职业生涯的顶峰，因此他很快制订了计划，雄心勃勃地开始修建梅奈海峡大桥。

梅奈海峡大桥位于A5交通线上，全长417 m，总高45.7 m，桥面净空高30.5 m，可允许大帆船通过。主跨177m，垂跨比为1∶13.5，两侧是15.8 m的石质引桥。桥址位于梅奈海峡最狭窄处，多为岩石基础，如图2-1所示。

随着铁路交通的日益普及，为修建伦敦和霍利黑德港间的铁路线，还需架设一座新的跨海峡铁路桥。罗伯特·史蒂芬森（Robert Stephenson）修建了不列颠尼亚大桥（Britannia Bridge），该桥主跨140 m，跨径布置为（70+140+140+70）m，主梁为箱形截面，全长461 m，火车穿过箱梁内部[7]。1850年3月5日完工，横跨梅奈海峡，火车能够直接从伦敦到霍利黑德港。不过1970年5月的一场火灾对不列颠尼亚大桥造成了巨大的破坏，重建后的不列颠尼亚大桥为公铁两用桥，位于A55交通线上。

（a）交通路线

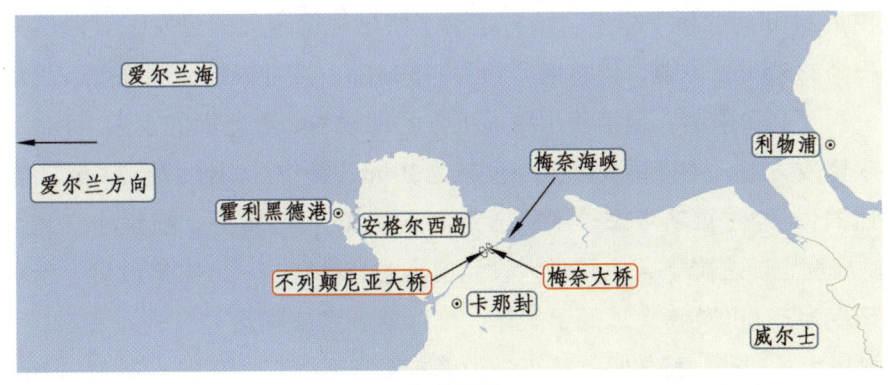

（b）桥址

图2-1　梅奈海峡大桥

2.3　结构设计

特尔福德于1811年4月开始方案的设计，方案也经历过多次修改。1811年4月，特尔福德提出2个方案[8]：①在斯威利岩（Swilly Rock）处，修建一座80 m的铸铁拱桥，如图2-2（a）所示，铁拱两边是30 m石拱桥；②在伊尼斯岛（Ynys-y-Moch）处修建一座跨度为150 m的铸铁拱-悬索组合桥，如图2-2（b）所示。虽然特尔福德倾向于第二个方案，但其他工程师都持反对意见，认为施工难度大，还可能影响航道，因此这两个方案都被否决。

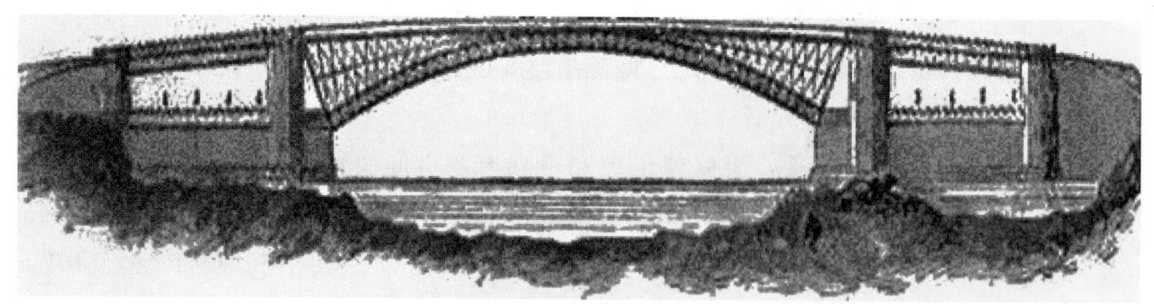

（a）铸铁拱桥

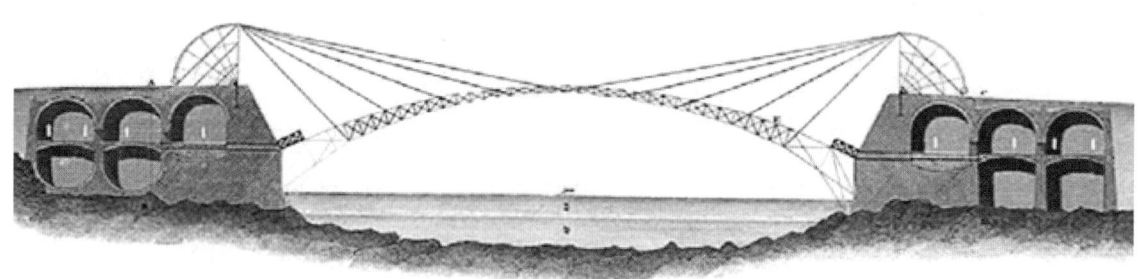

（b）铸铁拱-悬索组合桥

图2-2 特尔福德1911年提出的桥梁方案

1811年6月，塞缪尔·维尔（Samuel Ware）设计了一座主跨150 m、边跨75 m的悬索桥。但由于车道坡度设计过大，没有预防桥面振动的措施，桥梁外观缺乏特色，该方案被否定。

1814年，伦科恩大桥（Runcorn Bridge）方案采用了主跨300 m、边跨150 m悬索桥，共16根主缆，可提供近24 m高的桥下净空，该方案给了特尔福德很大的启发。对锻铁强度进行试验后，改用截面积为235.5 cm²主缆，但总应力约为245 MPa，接近锻铁屈服强度，无法满足安全性要求。1817年，由于经费限制，取消使用路面下方的钢索和邻近路面的钢索。1817年5月20日，特尔福德被要求修改方案，主塔桥面以上高度减为20 m，跨中处高度减至23 m，路面宽度为8.4 m。1817年7月22日，经过重新考虑，木质道路的宽度减少至7.6 m，航运净空高度减少至21.3 m，桥墩和引桥高度也随之降下，主缆最大设计应力为180 MPa。方案修改后，造价为62 565英镑，但筹集金额仅为25 000英镑，远低于预算，该计划最终被搁置。

在设计伦科恩大桥期间，特尔福德认识一位海军军官塞缪尔·布郎（Samuel Brown）。他设计的联合大桥（Union Bridge）是一座横跨特威德河（Tweed River）的主跨137 m的悬索桥[9]，如图2-3所示。该桥于1820年通车，是当时世界上最长的铸铁悬索桥。虽然梅奈海峡大桥工程首先开始，但联合大桥的完工时间更早。塞缪尔·布郎为船舶制造了新颖的熟铁锚链，并申请了用于悬索桥主缆眼杆的设计专利。他还研制了一台眼杆抗拉强度的试验机。因此，特尔福德决定在梅奈海峡大桥上也使用眼杆。1815年，特尔福德验证了在梅奈海峡上建设悬索桥的可行性，桥址选在伊尼斯岛，为主跨170.6 m的16条主缆的悬索桥，如图2-4所示。1819年，特尔福德估算造价为70000英镑，建设周期为3年，但直到1823年，设计方案才完全确定[10]。表2-1按时间顺序总结了梅奈海峡大桥各方案及主缆应力估计值。

（a）桥塔

（b）立面

图2-3 联合大桥

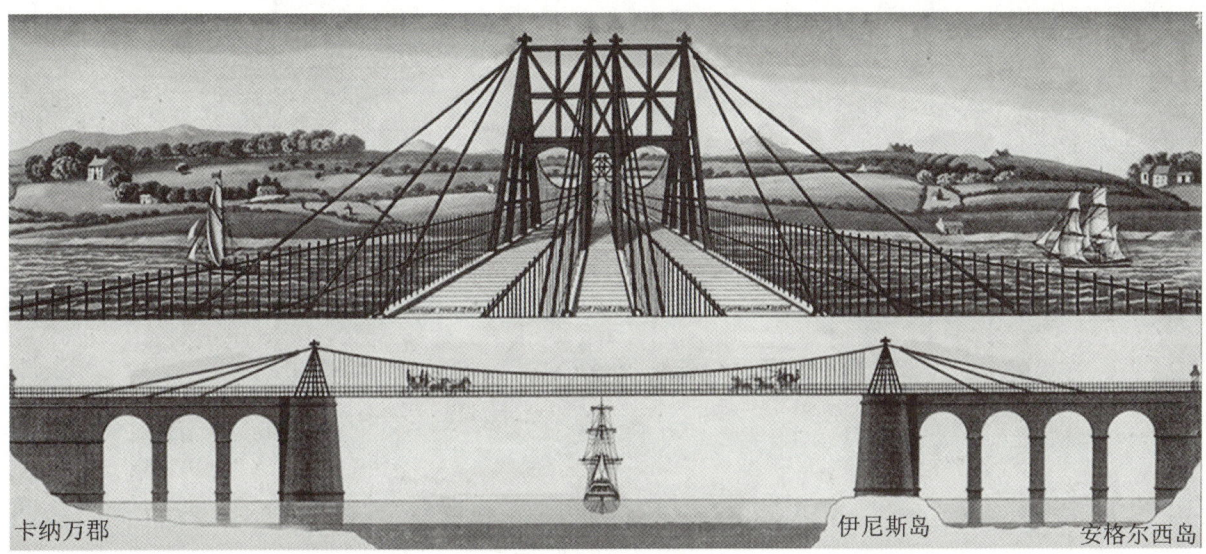

图2-4 1820年梅奈海峡大桥设计

表2-1 1810-1821梅奈海峡大桥与其他同类桥主缆的应力估计值

方　案	主跨/m	垂跨比	主缆最大应力/MPa		
			主缆自重	恒载	恒载+活载
塞缪尔·维尔方案（1811）	152	1∶32.3	——	——	24.7
伦科恩大桥方案（1814）	305	1∶20	74.12	222.36	236.23
拉奇福德大桥方案（1814）	61	1∶14.3	18.53	125.06	145.14
伦科恩大桥方案（1817）	305	1∶20	50.95	160.58	179.10
伦科恩大桥修正方案（1817）	305	1∶20	84.92	200.72	247.04
布朗方案（1817）	305	1∶25	64.85~74.12	171.38~226.97	196.09~251.67
梅奈海峡大桥方案（1818—1819）	171	1∶18.5 1∶15.2	29.34 24.70	92.64 77.2	147.79 123.52
梅奈海峡大桥方案（1819—1826）	177	1∶13.5	40.14	66.39	97.27

梅奈海峡大桥结构设计如图2-5所示，主跨177 m，垂跨比为1∶13.5，两侧是15.8 m的石质引桥。大桥有4组主缆，每组主缆包含4股由眼杆销接而成的索股，如图2-5所示。每股索长522.3 m，重123 t，由935个2.44 m长、0.3 m厚的眼杆（5个并排），通过直径为76 mm的销钉连接而成。吊杆由截面为37 cm^2的锻铁棒制成，共796根，间距1.5 m，由螺栓固定。每个主塔有4个鞍座，隧道式锚碇有6个，桥面由2条2.3 m宽的车道和1条1.2 m宽的人行道组成，如图2-5（a）所示。在主塔上方，建造了用于行车的拱门，每个拱高4.6 m，宽2.7 m。拱门上方的砖石截面逐渐减小，塔尖呈金字塔形，高16 m。

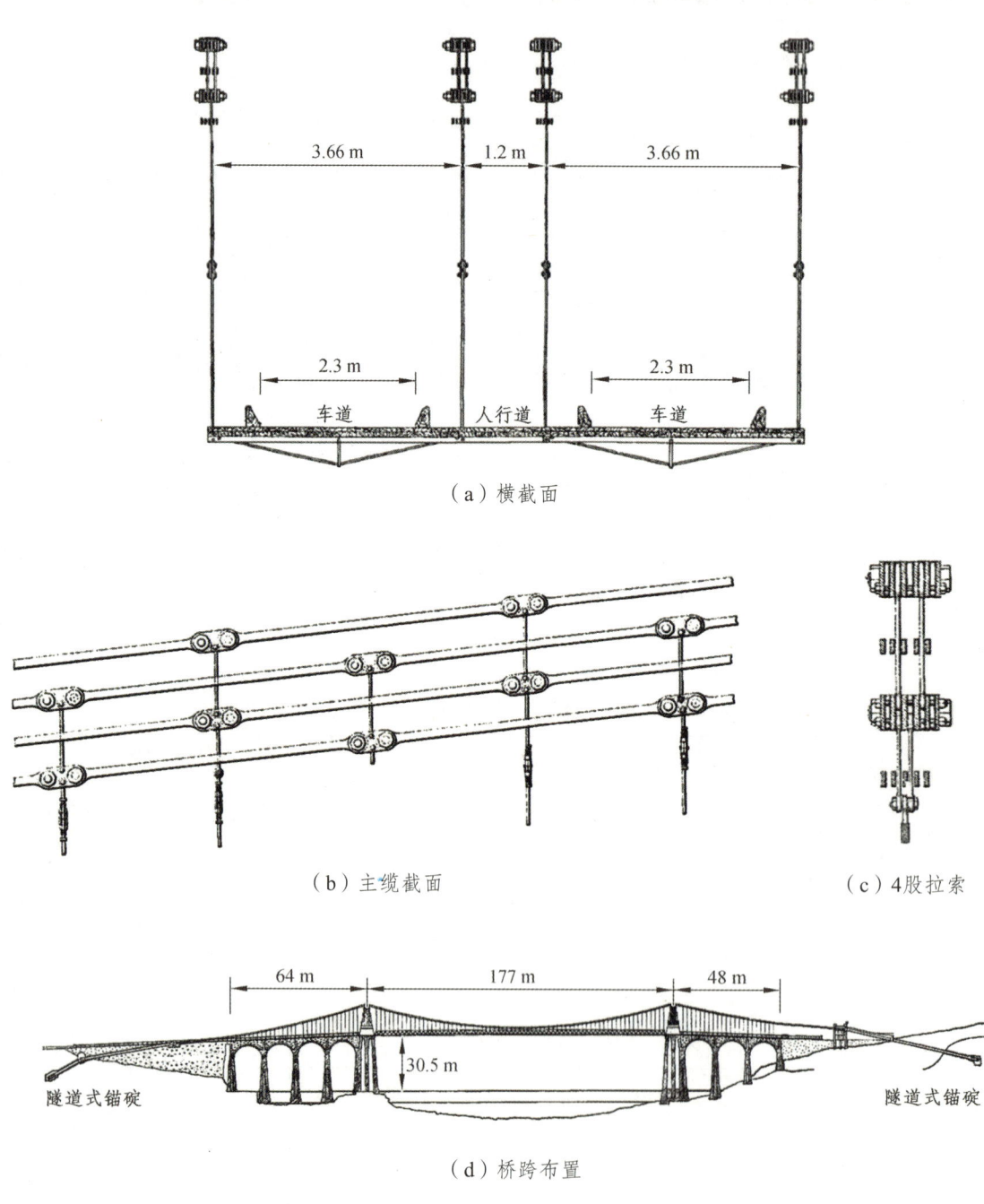

（a）横截面

（b）主缆截面　　　　　　　　（c）4股拉索

（d）桥跨布置

图2-5　结构设计

2.4 施 工

1819年梅奈海峡大桥建设法案通过后，特尔福德即前往班戈（Bangor）为大桥施工做准备：①整平伊尼斯岛上的场地，修造运送来自安格尔西岛的石材的专用码头和铁路线；②标准化生产、检验铁制构件，研制制造眼杆的专用设备，并对产品进行检测和质量控制，在生产的35 000多个部件中，只有1 700个不合格。

主塔高度为47 m，采用石灰岩砌块。修建主墩的砖石用销钉连在一起。砌体工程从1818年开始，不过频繁的风暴影响了石材的运输，造成了数年的工期延误。直到1824年，主塔才建成，耗资约为8.8万英镑。

工程采用爆破法施工锚固主缆的隧道式锚碇。每个隧道式锚碇的直径约为1.8 m，并斜向下深约18 m，锚碇底部由水平通道相连。锚碇内设有铁框架和嵌入厚铸铁板，铁板牢固地嵌入岩石中。爆破施工耗时较长，直至1825年初，桥塔、主墩及隧道式锚碇才全部完工。

主缆施工时，先在附近水域设置长137 m、宽1.8 m的木筏，然后在木筏上连接眼杆形成端股；将木筏用船拖运至桥址处固定后，通过卷扬机将丝股一端提升至卡纳万郡侧主塔顶部固定，另一端则连接在绞盘的绳索（先导索）上牵引到安格尔西侧主塔顶部。用于牵引主缆的绞盘有2个，分别由150名工人操作。约2 h后，主缆被提升到适当高度，垂度达到设计值，如图2-6所示。从1825年4月26日到7月9日，16股主缆全部架设完毕，其中9股主缆的架设耗时不到2 h。2.3 m车道由木板铺设而成，边上设置橡木栏杆。1826年1月30日，大桥通车[7]。

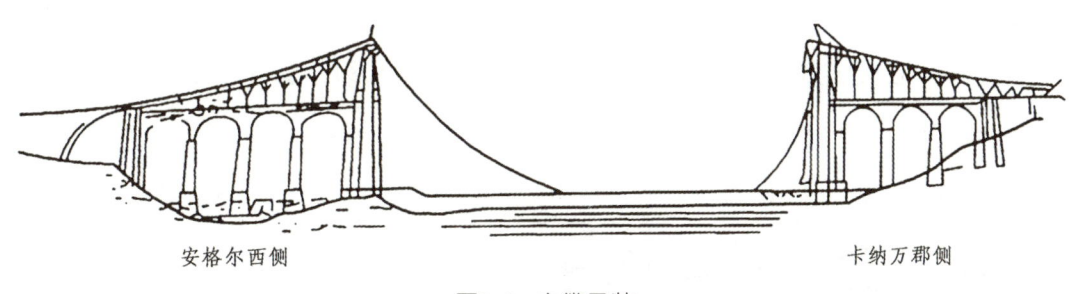

图2-6　主缆吊装

2.5 运营维护

梅奈桥在运营期间，经历了多次维修[11]。两次重大的维修分别在1839和1938年。1938年对大桥进行全面的重建，保留双车道和2条1.5 m宽人行道，施工期间不封闭交通，并保留原桥的外观[12]，耗资约23万英镑，于1940年完工。1999年，大桥封闭1个月，重新铺设路面并加固。2005年2月28日至12月11日，对大桥重新喷涂油漆。2021年1月中旬开始更换两侧的人行道，并重新喷涂结构，计划工期为23周。

2.5.1 主缆及吊杆系统

1826年2月6日，强风损坏了木制桥面，折断部分横梁和吊杆。随后桥面仅用橡木横梁加固。1836年1月23日，6根吊杆在狂风中折断，部分横梁也发生断裂，桥面产生振动，横向振幅约为5 m，但此次仅采取简单的加固措施。

1839年1月6日，风暴彻底破坏了桥面。内侧主缆的吊杆没有断裂，外侧主缆的114根吊杆与桥面连接处折断，部分木制桥面坠落海里。外侧主缆发生侧向振动，并与内侧主缆发生碰撞，导致部分销钉断裂。由于原桥面过轻，且吊杆与横梁固接，当桥两侧风的作用不同时，吊杆容易折断。1839年普瑞斯（W. A. Provis）进行了维护工作，将吊杆铰接到横梁上，可提供适当的变形以减小风载。

1906年，吊杆与主缆的连接处出现了严重腐蚀痕迹，眼杆腐蚀也很严重。根据调查，主缆在使用100年后，眼杆屈服应力在210～250 MPa，断裂应力在300～380 MPa。维修后的主缆，呈现出更好的外观，大量腐蚀严重的连接件被更换，也更符合原设计的特点，避免了主缆数量过多而导致的零件过多，如图2-7所示。更换后的眼杆长5 m，厚45 mm，柄部宽0.25 m，销孔直径0.25 m，采用不易受风振损伤、易于保护、外形美观的螺旋式钢丝绳为吊杆。边跨设置吊杆，以便将主缆固定到主塔上，从而再现原设计。用新主缆更换旧主缆时，拆除原结构外侧的主缆和鞍座，并在塔顶设置名为"马头"临时钢结构[13]，以便其上方架设临时主缆。临时主缆按计算长度制造，配有托座和接头。主缆由2个校准滑轮支撑，通过锚具固定。通过调整锚具处的活动接头，使主缆垂度符合设计值。钢制马头、临时主缆、临时吊杆架设在桥面的外侧，方便主缆的更换工作的同时，也不妨碍交通。更换中间鞍座与塔顶鞍如图2-8所示。辊子用油润滑，使其可滑动。最后，对主缆进行喷丸处理，去除所有的锈迹和氧化皮，然后涂锌、喷漆。眼杆和鱼尾板的锻造孔眼在接合面涂上一层由石墨组成的糊状物，通过螺栓拧紧后，可以长期保持铰接。

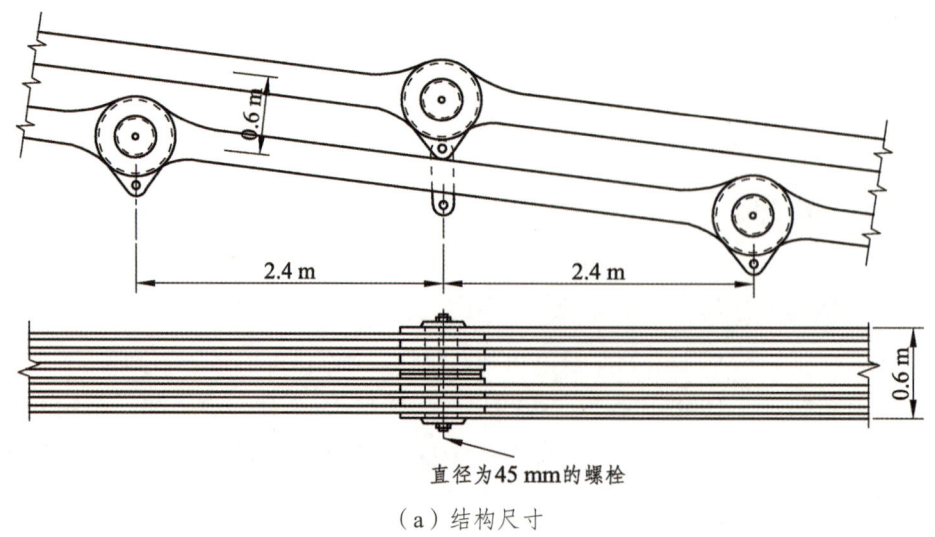

（a）结构尺寸

（b）构造

图2-7 更换后的眼杆主缆

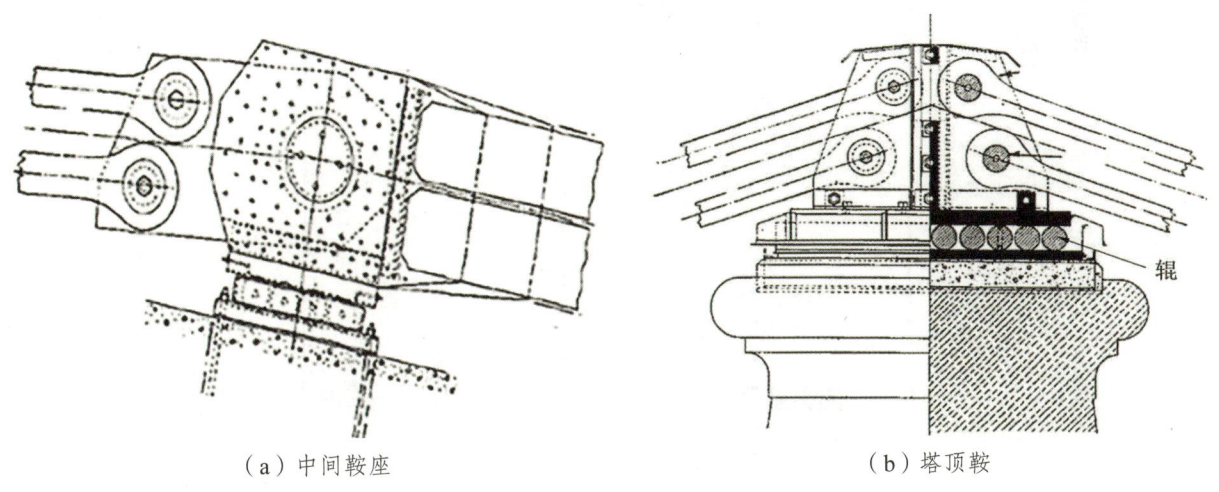

（a）中间鞍座　　　　　　　　　　　　（b）塔顶鞍

图2-8 鞍座

2.5.2 加劲梁

1839年，普瑞斯加大了桥面的尺寸和刚度，桥面重量从202 t增至332 t，增加了130 t。桥面安装4个木制缘石，桥面底部增加刚性纵向木梁，以提供足够的纵向刚度，防止振动过大，纵梁在截面中部与横梁铰接。这次维修使桥梁又正常运营了54年。由于木材易腐蚀，1893年，本杰明·贝克（Benjamin Baker）重修桥面，行车道采用槽型钢板，人行道和桥面边缘采用钢板，并用混凝土填筑，横梁采用钢轨。新桥面重量为527 t，比特尔福德的原桥增加了325 t。1938年主跨桥面改用现代钢桥面，车道铺设80 mm厚沥青层，人行道铺设25 mm厚防滑沥青层。3次桥面维护情况如图2-9所示。在桥上设置纵向加劲桁架，以抵抗风荷载。加劲桁架安装在道路两侧，提供刚度，构造细节如图2-10所示，吊杆也被更换为直径38 mm、长5 m、间距2.4 m的高强度钢吊杆。

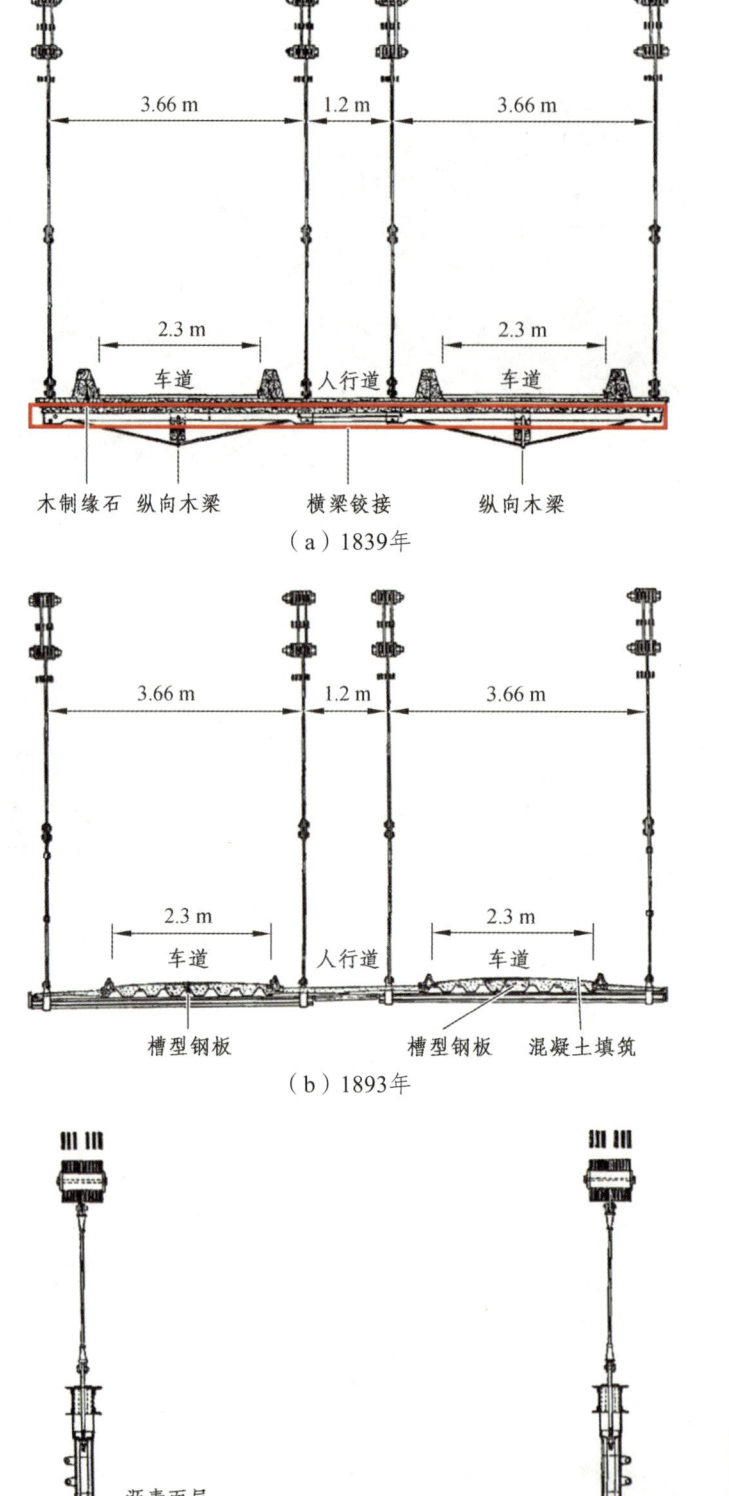

图2-9 上部结构历次维护情况

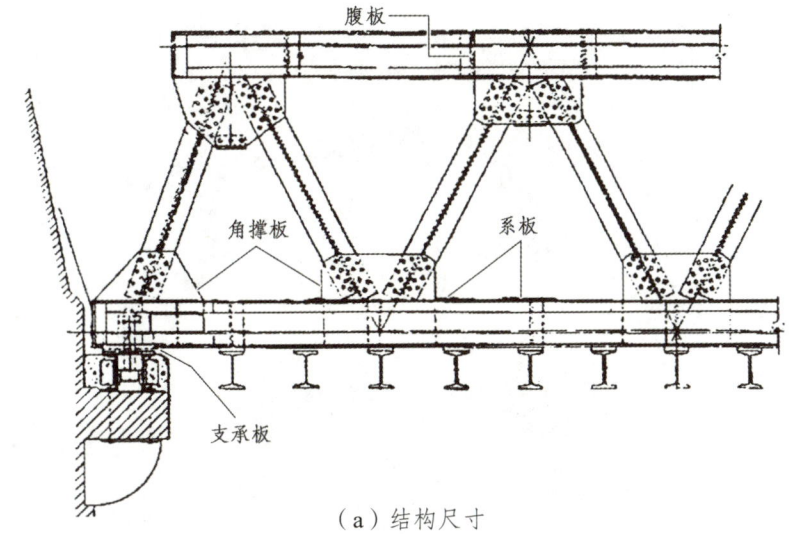

（a）结构尺寸

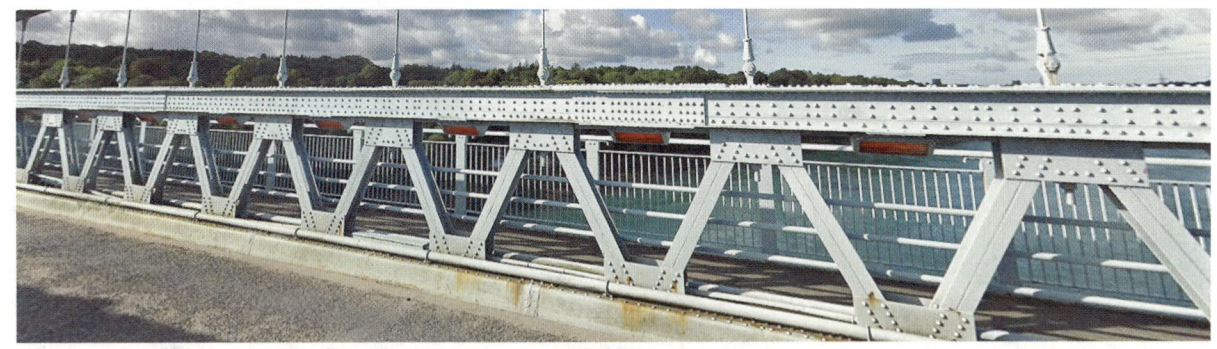

（b）实际构造

图2-10 更换后的钢桁加劲梁

2.5.3 主塔

桥墩和主塔等下部结构状况良好，可承受桥梁重修后增加的荷载，无须进行大量加固。为了保留风格独特的厚砖石主塔，旧主塔基本保持原状。原2.7 m的拱门无法通过现代车辆，因此将其宽度加到3 m。新主塔正面如图2-11所示，呈半椭圆形。图2-12为大桥重建前后的对比。

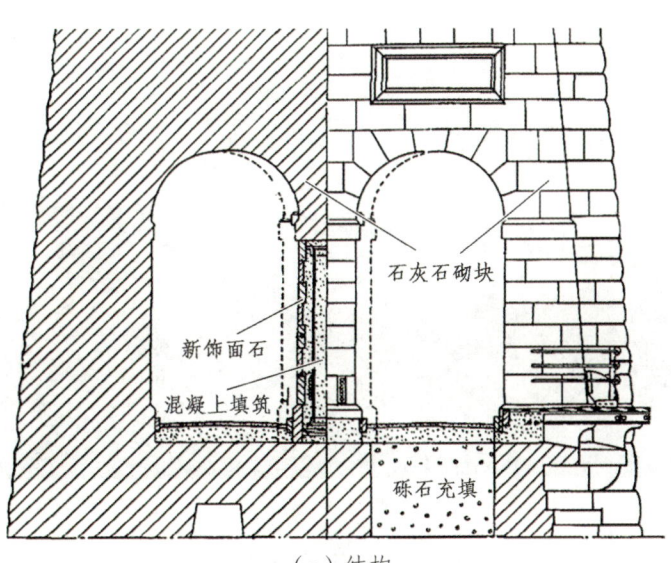

（a）结构

(b)正面

图2-11　主塔

(a)重建前

(b)重建后

图2-12　重建前后桥梁对比

2.6 深远影响

梅奈海峡大桥代表了桥梁工程的重大进步。当时形容梅奈海峡大桥计划为"空中楼阁",比喻必然失败。因此,梅奈海峡大桥的成功,对悬索桥的建设和发展产生了根本性的促进作用,具有里程碑式的意义,悬索桥此后成为大跨桥梁常用的桥梁形式[3]:

(1)促进了悬索桥设计理论的发展。戴维斯·吉尔伯特[5](Davis Gilbert)对悬链线进行分析,得到悬链线公式。特尔福德由此深刻认识到,主缆垂度越大,主缆拉力就越小,因此,特尔福德将梅奈海峡大桥主缆垂度增加一倍,将应力减少一半并减小桥梁高度。梅奈海峡大桥采用较大的垂跨比,影响了悬索桥在垂跨比上的选择[14-15]。1821年后,大多数桥都采用了1∶13.5~1∶10的垂跨比。克劳德·纳维尔(Claude Navier)设计的巴黎悬索桥(Paris Suspension Bridge)采用了与梅奈海峡大桥几乎相同的跨度和垂跨比。

(2)梅奈海峡大桥主缆采用铸铁眼杆,为重要的创新。此后伊桑巴德·金德姆·布鲁内尔(Isambard Kingdom Brunel)等铸铁技术和结构理论的发展下,对悬索桥眼杆主缆进行了进一步优化。

(3)梅奈海峡大桥的振动使桥梁工程师开始重视悬索桥的动力性能研究。克拉克针对1827年完工的哈默史密斯大桥(Hammersmith Bridge),制作了风洞试验模型,以减小振动;布鲁内尔曾在风暴中观察梅奈海峡大桥,认为主缆的振动由长度不等的吊杆引起。1840年,他所设计的克利夫顿桥(Clifton Bridge)采用了普拉特式桁架(Pratt truss)加劲梁以抵抗桥梁风致振动。

2.7 结 论

梅奈海峡大桥是世界上第一座现代悬索桥,是伟大工业奇迹之一。其建成对悬索桥的设计理论和发展产生了根本性的影响,是桥梁史上一个重要的里程碑。

(1)结构设计。梅奈海峡大桥是首次基于一定的力学理论和工程实践进行的桥梁设计,其采用的结构形式为后续工程所效仿和改进,其采用的眼杆主缆在此后百年仍在英美悬索桥上应用。

(2)施工。采用类似今天浮船法的木筏运输眼杆丝股,采用卷扬机分组引导吊装主缆,是预制平行索股法(PS法)的先声。主缆锚固首次采用隧道式锚碇,后成为锚碇的主流形式之一。

(3)运营维护。近两百年的运营期内曾多次更换主缆、吊杆及桥面系统,为悬索桥的设计和维护提供了经验和指导。

参考文献

[1] MAUNSELL G A. Menai Bridge Reconstruction[J]. Journal of the Institution of Civil Engineers, 1946, 25(3): 165-193.

[2] 肖恩源. 悬索桥百年探索与实践[M]. 北京：人民交通出版社，2016.

[3] PAXTON R A. Menai Bridge (1818–1826) and its influence on suspension bridge development[J]. Transactions of the Newcomen Society, 1977, 49(1): 87-110.

[4] BARTLETT W H, HARDING J D, CRESWICK T. The Ports Harbours Watering Places[M]. Charleston: BiblioBazaar, 2009.

[5] CALLADINE C R. An amateur's contribution to the design of Telford's Menai suspension bridge: a commentary on Gilbert (1826)'On the mathematical theory of suspension bridges'[J]. Philosophical Transactions of the Royal Society A: Mathematical, Physical and Engineering Sciences, 2015, 373(2039): 20140346.

[6] TURNER R. Thomas Telford the archaeologist[J]. The Antiquaries Journal, 2008, 88: 365-375.

[7] DREICER G K. Building Bridges and Boundaries: The Lattice and the Tube, 1820-1860[J]. Technology and Culture, 2010, 51(1): 126-163.

[8] SMILES S. The Life of Thomas Telford, Civil Engineer: With an Introductory History of Roads and Travelling in Great Britain[M]. J. Murray, 1867.

[9] MILLER G. Union Chain Bridge: linking engineering[C]. Proceedings of the Institution of Civil Engineers-Civil Engineering. Thomas Telford Ltd, 2006, 159(2): 88-95.

[10] DAY W. Telford's Menai and Conwy suspension bridges, Wales[J]. Proceedings of the Institution of Civil Engineers, 2007, 160(5): 26-30.

[11] TUDSBERY H T, GIBBS A R. An account of an examination of the Menai Suspension Bridge[J]. Minutes of the Proceedings of the Institution of Civil Engineers, 1924, 217(1924): 208-238.

[12] DAY W T. Menai Suspension Bridge: a history of maintenance and repair[J]. Proceedings of the Institution of Civil Engineers-Engineering History and Heritage, 2012, 165(1): 9-19.

[13] MAUDE T J. Account of the alterations made in the structure of the Menai Bridge, during the repairs in consequence of the damage it received from the gale of January 7, 1839[J]. Transactions of the Institution of Civil Engineers, 1842, 3(5): 371-375.

[14] RIVERS E G, MORRIS E H. The Repairs to the Menai Suspension Bridge[J]. Minutes of the Proceedings of the Institution of Civil Engineers, 1912, 190(1912): 293-309.

[15] BILLINGTON D P, DEODATIS G. Performance of the Menai Straits Bridge Before and After Reconstruction[C]. Restructuring: America and Beyond. ASCE, 1995: 1536-1549.

3 福斯大桥

3.1 引 言

福斯河（River Forth），是英国苏格兰地区的主要河流之一，发源于斯特灵郡（Stirling）的山区，东流至法夫郡（Fife）金卡丁镇后，形成福斯湾（Firth of Forth），最后注入北海。福斯河流域也是苏格兰重要的人口聚居区。福斯湾长77 km，最宽处28 km，海水流速1.3 m/s，水深65 m，沿岸分布着很多港口，南岸是苏格兰首府爱丁堡（Edinburgh）[1]。爱丁堡是继格拉斯哥后苏格兰的第二大城市，是重要的文化、教育和经济中心和交通枢纽。英国东海岸主线铁路的支线法夫环线铁路（The Fife circle line）经福斯铁路桥（Forth Bridge）跨越福斯湾。A9高速公路（目前也是欧洲E15高速公路一部分）中的一段（M90高速公路）也经福斯公路桥（Forth Road Bridge）和昆斯费里大桥（Queensferry Crossing bridge）跨越福斯湾，如图3-1所示。

早在12世纪，往返福斯湾两岸的爱丁堡和法夫就有定期的轮渡服务，到了18世纪法夫成为苏格兰最繁忙的渡口。为实现快捷安全的两岸通勤，曾考虑隧道、桥梁等多种方案。直到19世纪中叶，蒸汽火车成为主要交通工具，铁路网规模大幅扩张，亟须修建一座跨越福斯湾的铁路桥梁。由于当地的水文、天气条件恶劣，当时的建桥技术、工程材料和经济水平还无法支撑桥梁方案的实施，加上1879年泰河桥（Tay Bridge）的垮塌，使得建桥计划迟迟无法实施。直到1890年，由约翰·福勒（John Fowler）和本杰明·贝克（Benjamin Baker）设计的福斯铁路桥建成。时值英国的维多利亚时代，第一次工业革命完成，第二次工业革命正在进行，铁路交通需求强劲，工业技术也突飞猛进，新技术、新发明层出不穷。1850年，贝塞麦（Bessemer）转炉炼钢法的诞生使钢铁产量大幅增长；1875年，西门子-马丁（Siemens-Martin）工艺（即平炉炼钢法）大幅度提高钢材质量和力学性能，因此，首次采用钢材建成了福斯铁路桥[2]。1920年代，随着英国汽车的普及，迫切需要在福斯湾修建一座公路桥梁，桥梁方案于1923年提出，之后又对桥址进行勘察比选。因经济大萧条和第二次世界大战，直到1947年，《福斯公路桥建设法令》（Forth Road Bridge Order）颁布，才确定了悬索桥方案。1958年开始施工，1964年正式通车[3]。到21世纪，福斯公路桥面对持续增长的交通量（运营初期汽车通行量约400万辆/年，后增加到2400万辆/年左右），开始出现恶化迹象，作为苏格兰最重要的经济大动脉之一，福斯公路桥在2004年检测出结构损伤，主缆腐蚀严重。为缓解该桥的交通压力，保证人们的正常通行，2006年苏格兰交通部对修建福斯新通道进行了详尽的研究，共考察了65个方案（包括隧道、桥梁等），根据经济、环境、安全性和可行性等情况进行筛选，最终决定修建昆斯费里大桥，2017年投入使用[4-6]。3座大桥如图3-1（c）所示，它们标志着英国3个世纪来的工程成就，本文将根据已有资料，从三座福斯桥的工程背景、设计施工及运营维护等方面进行全面阐述。

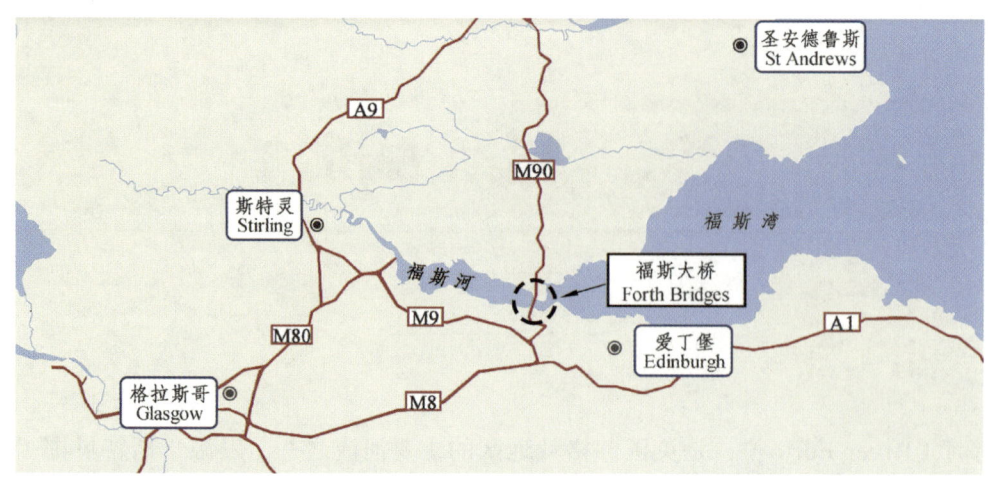

（a）福斯湾交通网

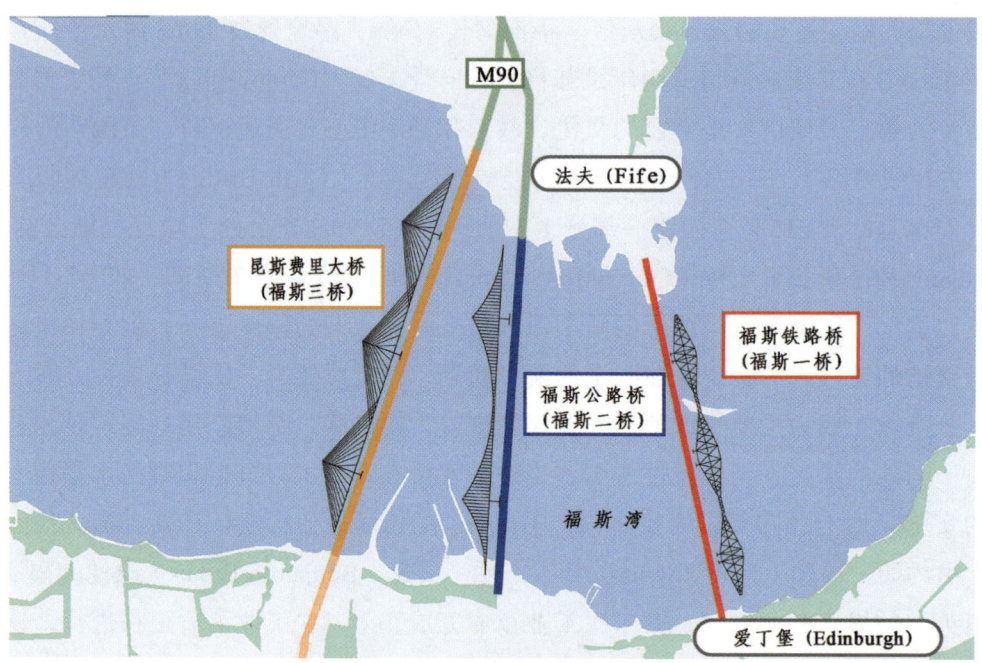

（b）3座大桥桥址

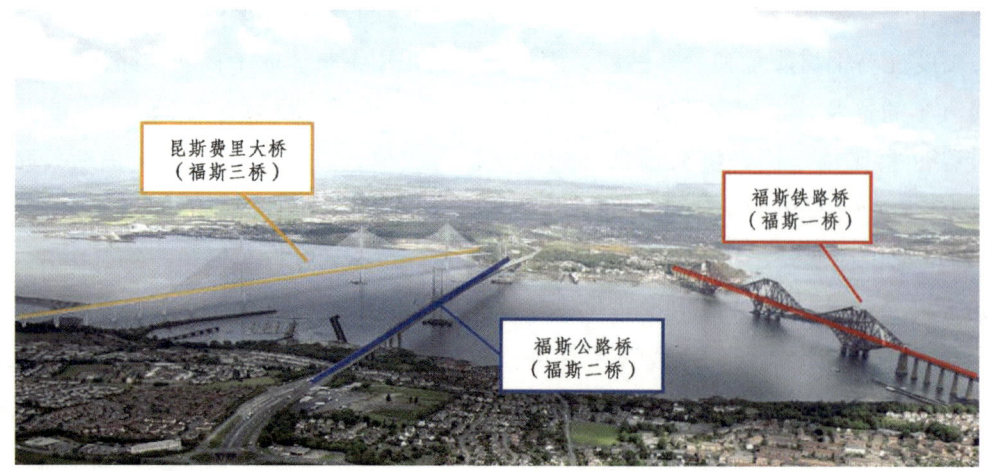

（c）跨福斯湾的3座大桥

图3-1　福斯大桥

3.2 福斯铁路桥

3.2.1 工程背景

福斯桥（Forth Bridge）是世界上最著名的桥梁之一，也被称为福斯铁路桥或福斯一桥，是最早横跨福斯湾的铁路大桥，为世界跨度第二的多跨悬臂梁桥。它是英国第一座完全用钢材建造的桥梁，跨度521 m，建成时为世界主跨最大的悬臂梁桥，1985年被美国土木工程师学会（The American Society of Civil Engineers，ASCE）和英国土木工程师学会列为土木工程地标，2016年被联合国教科文组织列入世界遗产。福斯桥属于法夫环线铁路（Fife circle line）的重要组成部分，法夫环线是爱丁堡以北的一条双线铁路环线，南起爱丁堡威瓦利（Edinburgh Waverley），北上穿过福斯湾，在印威基辛（Inverkeithing）分岔，连接起沿海和内陆的主要城镇并形成环线，止于北部的马金奇（Markinch），如图3-2所示。

图3-2　法夫环线

在桥梁建成前，福斯湾交通依赖渡轮，速度慢、运输效率低。为修建跨越福斯湾的快捷交通线，工程师提出了很多方案，如隧道、桥梁等。1806年，有人提出双向隧道方案。1818年，詹姆斯·安德森（James Anderson）首次提出一个三跨铁路悬索桥方案[7]，桥址与现桥址大致相同，但实践证明当时很难设计建造铁路悬索桥。1873年，托马斯·鲍彻（Thomas Bouch）提出双跨悬索桥方案[8]，如图3-3所示，并于1878年开始施工。施工开始不久，由鲍彻主持设计的另一座大桥——泰河桥（Tay Bridge）在1879年发生垮塌，造成75人死亡，鲍彻的能力遭到质疑，英国北方铁路公司（North British Railway）也因此终止了福斯桥的施工，鲍彻也于泰河桥事故发生的第二年去世。泰河桥垮塌事故发生后，铁路公司认为有必要设计一个能换回公众安全感和信心的桥梁。1881年，原福斯桥的咨询工程师约翰·福勒和本杰明·贝克提出了悬臂梁钢桥方案，如图3-4所示。英国人曾在远东修建过悬臂梁桥，但跨度远小于此次提出的跨度，英国本土上也未曾建造过悬臂梁桥，因此该方案受到了许多质疑。即使在当时的英国，钢也是一种相当罕见的材料，与锻铁相比其脆性较大，钢材使用受到限制。然而，由于钢材抗拉强度比锻铁高50%以上，对大跨度结构来说十分合适[9]，最终采用了如图3-4所示的悬臂梁钢桥。

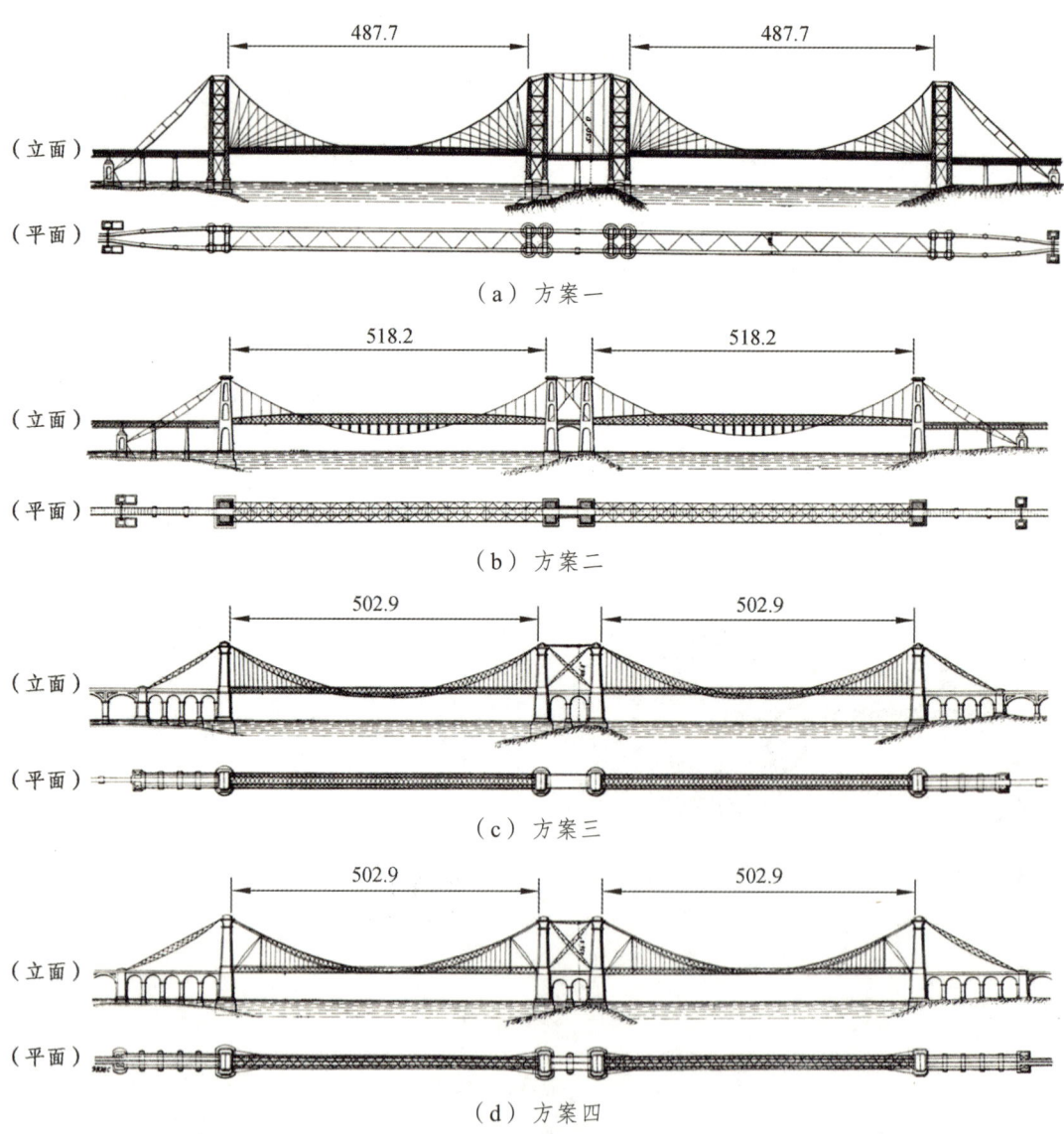

(a) 方案一

(b) 方案二

(c) 方案三

(d) 方案四

图3-3 托马斯·鲍彻的悬索桥方案（单位：m）

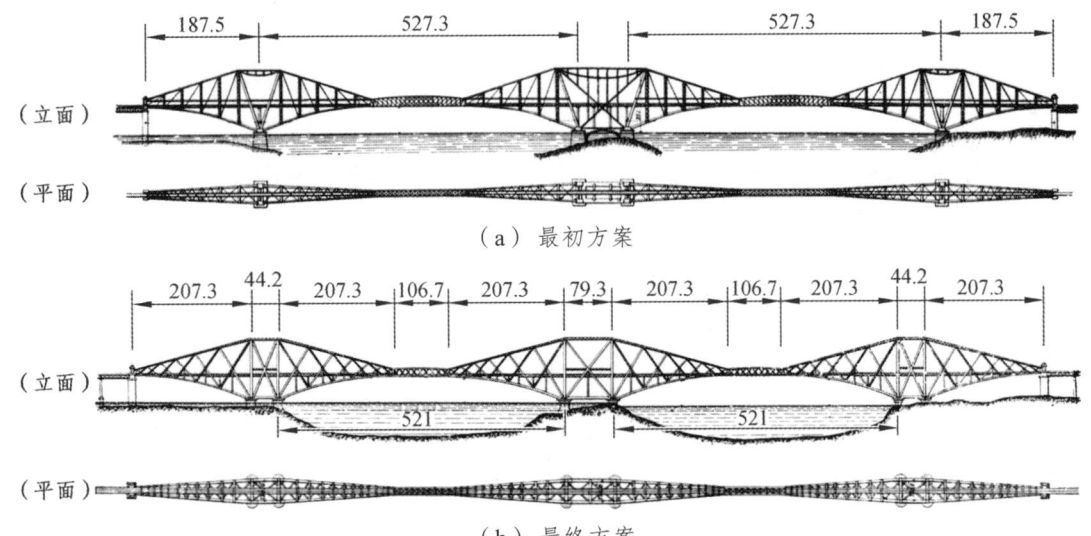

图3-4 悬臂梁桥方案（单位：m）

悬臂梁桥在当时的英国是一种非常新颖的桥型，且大桥采用的跨度前所未有，不仅对工程师来说是巨大的挑战，也面临着公众的质疑。为取得公众及业主的信任，本杰明·贝克在一次讲座中直观地演示了悬臂梁桥的构造及原理，如图3-5所示，两边的人代表着桥墩，两人的手臂及下方的木棍代表悬臂，支撑着中间的悬跨，两边的砖块代表抗拔墩，中间的人代表车载。当车载作用于悬跨时，两人的双臂受拉、木棍及身体受压。这次演示增强了公众对桥梁设计的信心。经过反复研究与慎重考虑，该桥终于在1883年正式开工，1890年完工，并由罗撒西公爵（Duke of Rothesay），即后来的爱德华七世（Edward Ⅶ），举行大桥的通车典礼。大桥建成前，苏格兰的这一地区由于福斯湾两岸之间的运输效率低下而一度陷入经济停滞。这座桥的开通可使火车从英格兰南部直达苏格兰北部，促进两地经济发展。在建成130年后，这座桥依然是法夫环线铁路（Fife circle line）的关键节点，每日通过近200列火车。由于此桥结构尺寸巨大，光是为其表面刷油漆一项就耗费了不少的人力、物力，据说把桥梁全部油漆一遍之后，前面的已经褪色，又得开始重新油漆了，因此在英语里甚至用"Painting the Forth bridge（给福斯桥刷油漆）"这一谚语来表示一项永无止境的或艰巨的任务。

图3-5 贝克等人演示悬臂桥原理

3.2.2 结构设计

1. 设计条件

福斯湾北岸地质条件良好，主要为岩石，南岸覆有砂石，下层是深厚的硬砾黏土，距南岸约540 m处有一座小岛——因奇加维岛（Inchgarvie），该岛主要为辉石岩。桥址处海水流速1.3 m/s，水深65 m。泰河桥垮塌的主要原因在于抗风设计的缺陷，因此在福斯桥的设计中着重考虑了风荷载。该桥址主要受西南风影响，大风条件下的风速通常为31.3 m/s，最大风速可达46 m/s，设计规定使用2.8 kN/m^{2}的风压荷载。由于钢材易受到温度变化的影响，设计中考虑了各构件连接处的膨胀和收缩。在45℃的温度范围内，钢的热膨胀系数为$12\times10^{-6}/℃$时，伸缩量为0.59 m，设计时需考虑这一伸缩量，避免构件受压导致屈曲失稳。设计条件如表3-1。

表3-1 设计条件

形式			多跨悬臂梁桥
构造体系	跨径布置		（207+44+521+79+521+44+207）m
	桥墩尺寸		边墩：高100.5 m，宽44.2 m
			中墩：高100.5 m，宽79.3 m
	桥墩基础		圆柱沉井（箱）基础
	桥下净空		46 m
	单侧悬臂长度		207.3 m
	悬跨长度		106.7 m
	钢构件截面		压杆：管状截面
			拉杆：格构式截面
设计荷载	风载	设计最大风速	46 m/s
		风荷载	2.8 kN/m^2

2. 下部结构

福斯铁路桥共有三个桥墩，墩高为100.5 m，图3-6为架设在因奇加维岛上的中间墩。悬臂从墩两侧伸出，墩间支撑2个悬跨，中墩宽79.3 m，边墩宽44.2 m。桥梁两侧均设有抗拔墩，由于中墩没有这种额外的支撑，因此中墩底部宽度几乎是边墩的2倍，同时在节点处设置竖撑来减小水平构件的挠度。桥址处地质条件良好，每个桥墩由4根立柱构成，立柱向内侧倾斜，每根立柱支撑在直径约为17 m的圆柱形沉井基础上，基础高约11 m，高出水面5.5 m，基础顶部为由花岗岩面包围的碎石，花岗岩面建在永久沉箱顶部的临时沉箱内，柱身浇筑混凝土。基础顶部固定一块底板，用于连接墩底。桥墩基础位于河床上覆盖硬辉石或硬漂石黏土处，即使受到重载也不易发生沉降。

图3-6 福斯铁路桥中间墩

3. 上部结构

福斯铁路桥结构为多跨悬臂梁,全长1 625 m,由3个双悬臂梁构成,如图3-6所示,主跨为521 m,每个悬臂长207.3 m,每个悬跨长106.7 m,净空高度为46 m。图3-7(a)为福斯桥构造示意图,除了末端立柱的布置和2个抗拔墩,六个悬臂在长度、高度和宽度上完全相同。每个悬臂由顶部的拉杆和底部的压杆组成,由6对交叉支撑连接。每对支撑分别由1根压杆和拉杆组成,节点处采用强节点板等方法加固,竖撑通过这些节点连接到下弦杆,下弦杆由12组水平斜撑连接,桥面由连接到下弦杆的纵横梁构成。悬臂中压杆均采用管状截面,相同荷载下该截面具有最大强度。由于该截面没有尖角,因此不易发生因应力集中而导致的疲劳失效,也不易屈曲。所有拉杆均为开口格构杆件,其中上弦杆横截面沿悬臂端方向逐渐减小。构件和支撑使其具有可靠的强度,并能够抵抗所有类型的荷载组合产生的应力。然而,这些应力必须通过墩和基础间的连接而传递给基础。管构件和格构式构件通过上底板连接,下底板与上底板处设置支座连接。由于温度变化和风的侧向力,其中3个支座设计为可自由移动,如图3-8所示。

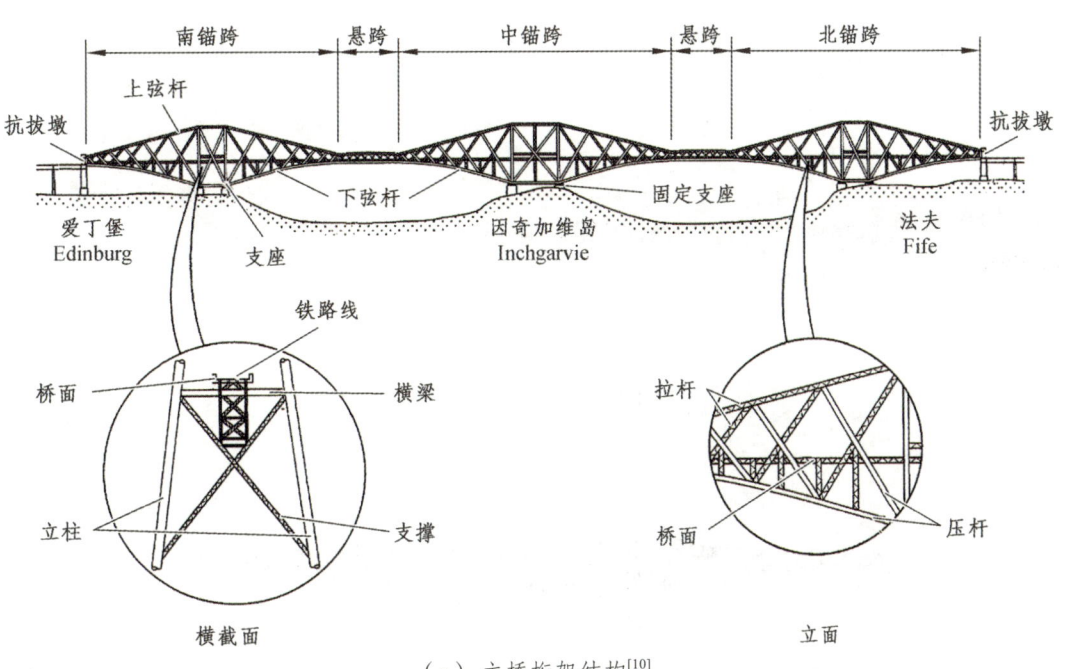

(a)主桥桁架结构[10]

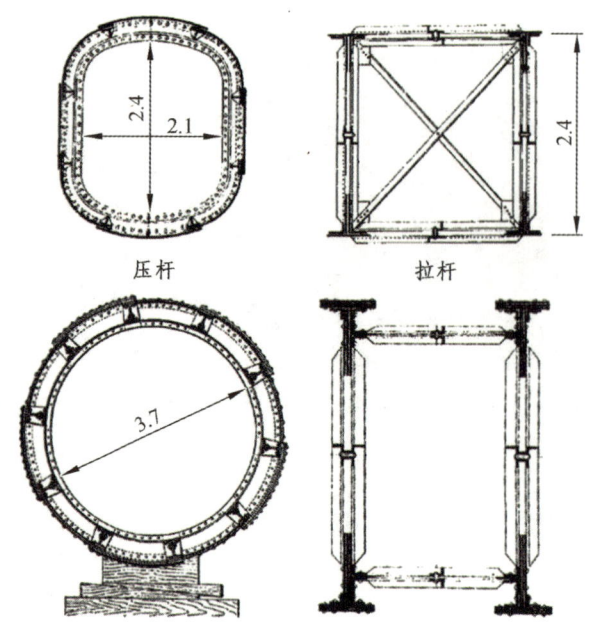

（b）桁架杆件截面（单位：m）

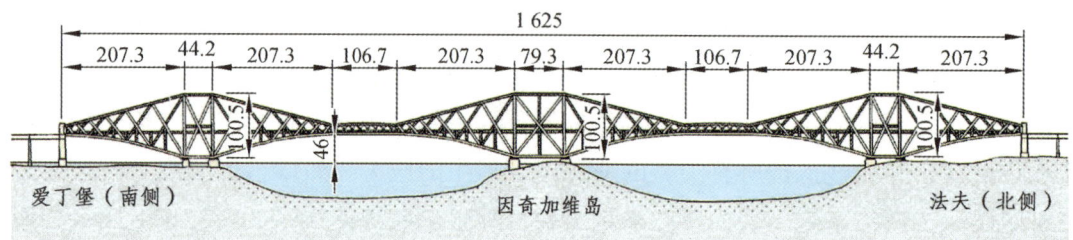

（c）立面（单位：m）

（d）大桥全景

图3-7 福斯铁路桥

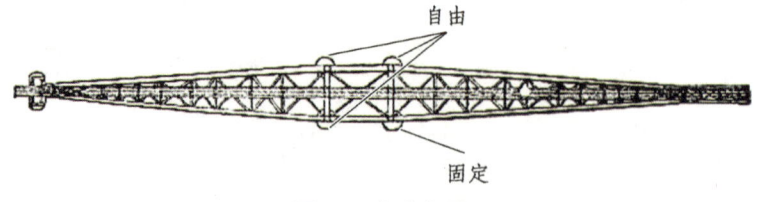

图3-8 支座布置

图3-9为悬跨的构造示意图。悬跨上弦杆为多边形截面，下弦杆为水平直杆。这些构件之间设置8组交叉支撑。与悬臂类似，在节点设置连接到底部的竖杆来支撑下弦杆的中部，2个上弦杆通过16组支撑连接。实心板梁在2个下弦杆之间提供支撑，并承载铁轨。T形支撑和实体底板进一步增加了梁的刚度。作为1个简单桁架，悬跨承载时上弦杆受压，下弦杆受拉。除上弦杆以外，悬跨的压杆均为管状截面。

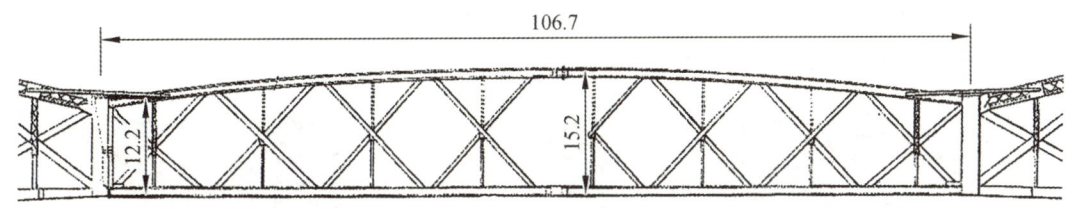

图3-9 悬跨构造（单位：m）

引桥由工程师詹姆斯·卡斯韦尔（James Carswell）单独设计建造，北侧引桥长295.1 m，南侧引桥长602.9 m。南侧引桥共有10跨，北侧引桥共5跨，每侧最后一跨由抗拔墩支撑。

3.2.3 施工

福斯铁路桥于1883年正式开始施工，分3部分同时进行：下部结构施工、构件预制及上部结构架设。

1. 桥墩基础

为便于桥墩基础的早期施工，需要首先确定其准确位置。南侧引桥桥墩采用沉箱，在高潮位或半高潮水位条件下施工，北侧引桥由于下方岩层倾斜，桥墩施工更为复杂。为便于施工，采用金刚石钻孔和爆破整平下部岩石。主桥每个桥墩有4个桥墩基础，每个桥墩基础均在直径21.3 m的钢沉箱中施工。由于南侧桥墩的持力层主要为粘土，故该处的4个基础采用气压沉箱法施工，如图3-10所示。北侧桥墩持力层为岩石，故该处采用沉井基础。中墩下部的因奇加维岛地质条件复杂，其中立在岩石上的2个基础使用沉井基础，其余则采用沉箱基础[11]。

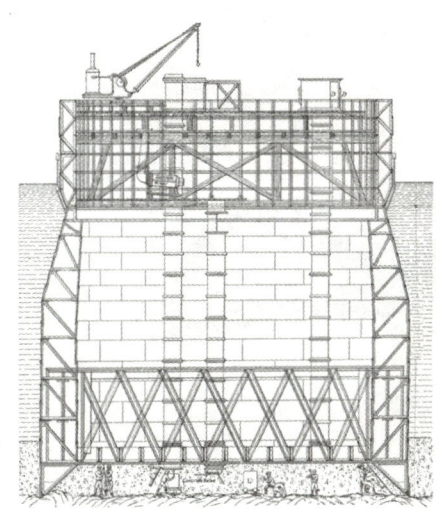 

图3-10 南侧桥墩沉箱基础

2. 桥墩钢构件预制与架设

钢构件的预制工作在爱丁堡施工现场附近的工厂进行，确保钢材经过冷加工以增加其屈服强度。由于可用模板尺寸限制，构成桥梁主要受压构件的立柱必须用弯曲模板制造。钢板通过钻孔和铆接的加劲纵向接头连接在一起，格构式拉杆也使用了类似的钻孔机。架设桥墩的第一步是设置下底板，并进行支座施工，图3-11为支座构造细节。桥面以上9～12 m处设置架设钢材的起重机平台，部分构件也被用于支撑平台，使其具有足够的高度，并使用经纬仪确保构件的正确定位。由于杆件具有倾斜度、桥址处风速大，在当时是一项艰巨的任务。

图3-11　支座处构造

桥墩施工到桥面上方15 m高时，建造爬升平台，采用活动支撑梁体系，根据平台上的起重机能够达到的最大高度，在平台上方建造立柱。起重机同时设有手动和蒸汽式两种，手动起重机的起重量为2～3 t。桥墩施工如图3-12所示。1887年，桥墩施工完成。

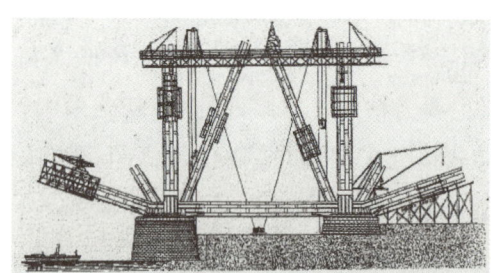 

（a）施工示意图　　　　　　　　（b）架设中的悬臂梁

（c）南侧悬臂施工　　　　　　　　（d）节点构造

图3-12　桥墩架设

桥墩施工完毕后进行悬臂梁施工，为了保持平衡，从两边同时施工，图3-13为悬臂架设示意图。通过在支座附近设置起重机来进行悬臂底部构件的施工，在底部构件的末端设置吊笼，用于放置铆接机，并在吊笼上方设置起重机用于提升构件，如图3-14所示。

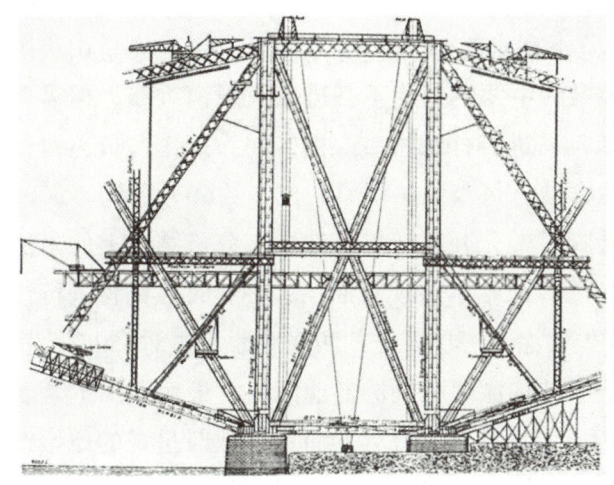

图3-13 悬臂吊装架设[8]

图3-14 悬臂下弦杆施工

每个悬臂的末端设置了端柱，端柱三面闭合，面朝悬跨的一面打开。荷载由悬跨的上弦杆和支撑传递给端柱的顶部。悬跨施工前，考虑到夏季高温下会发生热膨胀，在不同的温度条件下测量并确定悬跨的长度。将悬跨端部固定在边墩侧悬臂末端，在中墩侧悬臂末端设置摇杆、滑块和伸缩缝等，可以允许悬跨发生0.6 m的伸缩。悬跨采用悬臂施工，如图3-15所示，施工时悬跨两端均和悬臂固结，施工完成将中墩一侧释放。悬跨本可以预制，通过驳船运输到指定位置，然后通过起重机吊装到位。但是此次施工没有采用这种方法，因为该方法要求将重型起重机放置在悬臂两端，如果在悬跨提升过程中有绳索断裂，则存在一定的风险。若悬跨一侧的绳索发生折断，会导致该跨的全部荷载仅由一个悬臂支撑，可能会导致该悬臂失效，发生事故。合龙作业受温度影响较大，温度过高或过低都将使结构膨胀或收缩而无法合龙。1889年秋，温度降至15 ℃以下，结构收缩导致孔位不匹配，施工人员将木材堆在梁上焚烧，使结构升温膨胀以完成最后的合龙作业。悬跨施工最终于1889年11月完成，1890年1月使用两列共重1 800 t的火车进行了荷载试验。

（a）施工中的悬跨　　　　　　　　　　　　（b）悬跨合龙

图3-15 福斯铁路桥悬跨

3.2.4　运营与维护

福斯铁路大桥的总造价达330万英镑，经过维护，这座桥已经正常使用了130余年，平均列车日交通量约为200列/日，平均载客量约为300万人/年。根据不同类型的列车，桥上限速不同，高速列车为80 km/h，普通客运列车为65 km/h，货运列车为48 km/h。2002年起，这座桥由英国铁路网公司（Network Rail）维护，经检查，桥梁的主要钢结构不必进行大规模维修，但需要进行定期保养；桥墩不需要特别检查，但桥墩基础需进行仔细检查。图3-16为工作人员巡检，需要进行重新涂漆，以确保钢材免受海洋环境的腐蚀。每年维护桥梁的成本约60万英镑。2002年进行了历史上第一次全面重新涂漆。桥上布满脚手架，并用计算机建模来分析结构上的附加风荷载。桥梁表面积为182 108.5 m^2，涂3层保护漆，包括清除现有油漆，必要时对钢材进行修补，新油漆保证至少能够使用20年。涂漆过程首先要涂上一层特殊的防腐底漆，再对650万个铆钉和表面的所有前缘进行手工涂漆，然后再在整个结构涂覆相同的专业涂料，最后，涂上著名的被称为"Forth Bridge Red"的第三层面漆，用以复原桥梁在1890年首次开放时呈现的原始红色氧化物。总涂装面积达23万m^2，共用涂料24万升，涂漆工作于2011年12月完成。

图3-16　桥梁巡检

3.2.5　结　论

福斯铁路桥是首次采用全钢结构的标志性桥梁，可从结构设计、施工、运营维护等3个方面总结为：

（1）结构设计。福斯铁路桥为悬臂梁桥，因当时的计算手段仅适用于静定结构，故采用悬臂梁桥能实现大跨度的结构设计以满足通航要求。对比悬索桥的方案，悬臂梁桥在缩减成本的同时也提高了稳定性。泰河桥的垮塌，使福斯桥的设计着重考虑了风荷载的影响，采用桥墩的立柱向桥面侧倾斜、悬臂的拉杆均采用格构式构件等方式，可增大桥梁的抗风能力。

（2）施工。钢桥对风、温度较为敏感。悬臂施工及合龙需特别注意风速和温度，以免构件变形导致无法连接。考虑到温湿度的影响，桥墩基础施工采用两种工法，中墩2个基础和北墩基础在干燥的环境采用围堰施工，其余基础采用在当时属于新技术的气压沉箱法施工。

（3）运营维护。大桥由英国铁路网公司维护，定期对桥梁的钢结构及水下结构进行检查。海洋大气环境下钢材易受腐蚀，养护工作主要为钢桥防腐处理，2002年采用多层复合防腐涂层对整座大桥进行重新涂漆，能有效达到防腐目的。

3.3 福斯公路桥

3.3.1 工程背景

福斯公路桥（Forth Road Bridge）是一座大跨悬索桥，是继福斯铁路桥后修建的又一座跨越福斯湾的大桥，也被称作"福斯二桥"，位于福斯铁路桥附近，1964年建成通车，建成时为欧洲最长的悬索桥。由英国著名桥梁专家吉尔伯特·罗伯茨（Gilbert Roberts）设计，可通行汽车、行人和自行车，取代了运行几百年的渡轮服务，作为M90高速公路的首段开通部分，是苏格兰主要道路网的重要连接线。1994年政府对苏格兰北部路网进行重新编号，如今大桥被编为A9000公路，连接南岸的A90公路与北岸的M90高速公路，如图3-17所示。

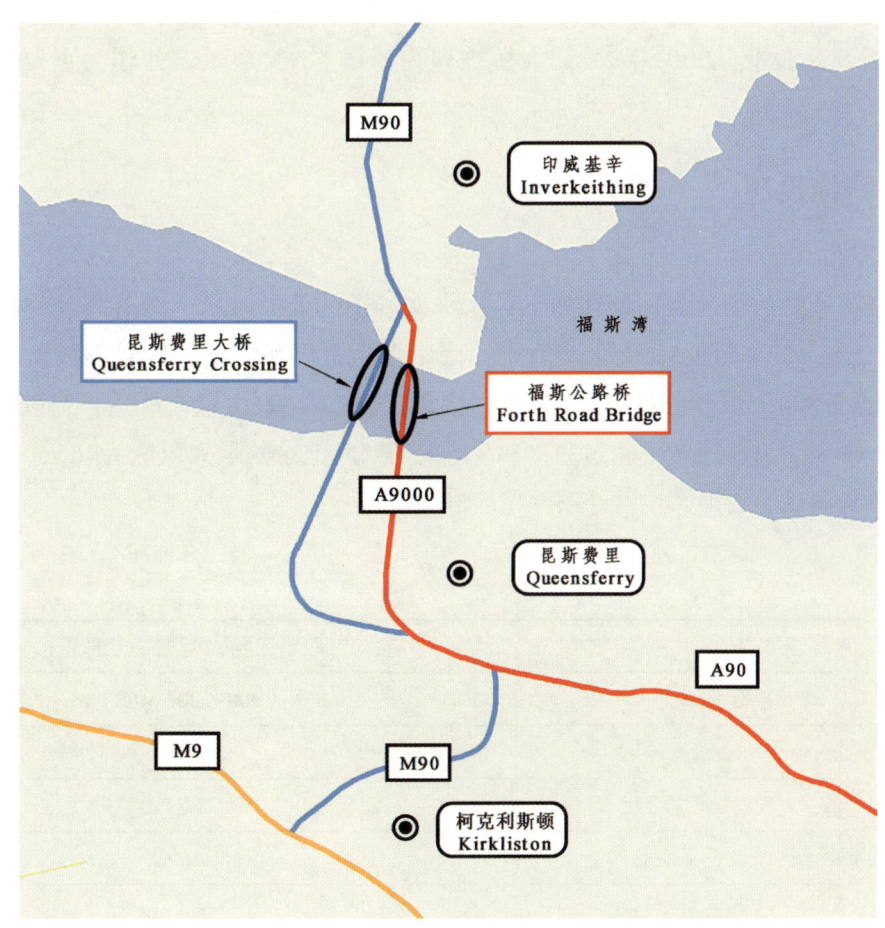

图3-17　交通线

早在17世纪40年代，就有提议在该桥址处修建公路桥梁，但在1890年福斯铁路桥建成后才真正开始考虑其可行性。1920年后，地方当局重新燃起在福斯湾修建公路桥梁的兴趣。1926年1月，决定对福斯公路桥进行勘测，共进行了4次桥址和方案设计。1929年，提交了第一份初步方案，桥址距福斯铁路桥上游约1.6 km处，该处的比默岩（Beamer Rock）可作为大型桥墩基础。然而勘察结果未达预期目的，且该处紧靠通向罗塞斯造船厂的航道，可能会对海军造成影响。第二处桥址方案位于福斯铁路桥的下游不远处，该桥址很可能遭到铁路公司的强烈反对。从美学的角度看，紧邻铁路桥建一座新桥也会是巨大的错误；若在此处建造悬索桥，抗风问题也是难题。1930年提出了第三个桥址方案，位于铁路桥下游约1.6 km处，勘察结果良好，当时被认为是最合适的桥址，也得到了很多工程师的推荐，并提出跨度732 m的悬索桥方案。1931年又提出了第四个桥址方案，桥址位于比默岩和铁路桥之间，可利用麦金托什岩石（Mackintosh Rock）作为桥墩基础，钻探结果良好，并提出主跨914 m，边跨411 m的悬索桥方案。然而，由于1930年代英国的经济危机和高昂的建造成本，该计划一度被搁置。直至1947年，跨越福斯湾的交通量激增，为取代渡轮，建造新桥势在必行，英国政府成立了福斯公路桥建设委员会，以监督新桥的建造。与此同时，英国也正在考虑建造一座跨越塞文河的主跨988 m的悬索桥，即塞文桥（Severn Bridge），由于两座桥的跨度相似，有必要将两者的相似问题一起对比考虑，故福斯公路桥的设计参考了塞文桥所做的前期工作。

福斯公路桥于1958年9月正式动工，1964年9月通车，通车后长期实行汽车过桥收费制度，直到2009年后开始免费。2001年3月，大桥被列为苏格兰A类建筑，并作为重要历史建筑加以保护。

3.3.2 结构设计

1. 设计条件

福斯公路桥址处的场地条件分述如下：①水文。桥址处最大水位涨落高差为6～7 m，正常最大流速为1.3 m/s，不超过3 m/s。②地质。南岸多为页岩和砂岩，砂岩上覆盖15 m厚硬砾黏土、2.4 m厚砾石和4 m厚砂和粉土；北岸为大型暗色岩，且表面风化严重；锚碇处覆盖页岩薄层和火山灰。③风。风速通常不超过31.3 m/s，施工期间记录的最大风速为46 m/s，抗风设计参考了塞文桥的风洞试验结果[12]。设计条件见表3-2。

表3-2　设计条件

形式		双塔三跨钢桁加劲梁悬索桥
跨径布置		（408+1006+408）m
构造体系	主缆垂跨比	1/11
	主缆中心距	23.77 m
	桥下净空	46 m
	加劲桁架高度	8.4 m

续表

形式		双塔三跨钢桁加劲梁悬索桥
构造体系	横梁间距	9.14 m
	桥面形式	主跨：正交异性钢桥面 边跨：钢-混组合桥面（钢筋混凝土板厚225 mm）
	沥青铺装厚度	马蹄脂沥青层38 mm
设计荷载	恒载	153.8 kN/m（主跨） 209.9 kN/m（边跨）
	风载 设计最大风速	49 m/s
	风载 悬吊结构	16.3 kN/m（主跨）
	风载 主缆	3.3 kN/m（主跨）

2. 下部结构

桥墩构造如图3-18所示。南侧桥墩由2个截面尺寸为18.3 m×12.2 m的矩形沉箱组成，沉箱填充混凝土后设置一块18.6 m×50 m×3 m的混凝土盖板，其上建造12.2 m高、两端带分水角的桥墩，总长度为48 m。岩石地基承载的总荷载为79 000 t，平均荷载为1 507 kN/m²。北侧桥墩建立在麦金托什岩石上，采用钢板桩围堰施工，岩石地基承载的总荷载为45 000 t，平均荷载为603 kN/m²。

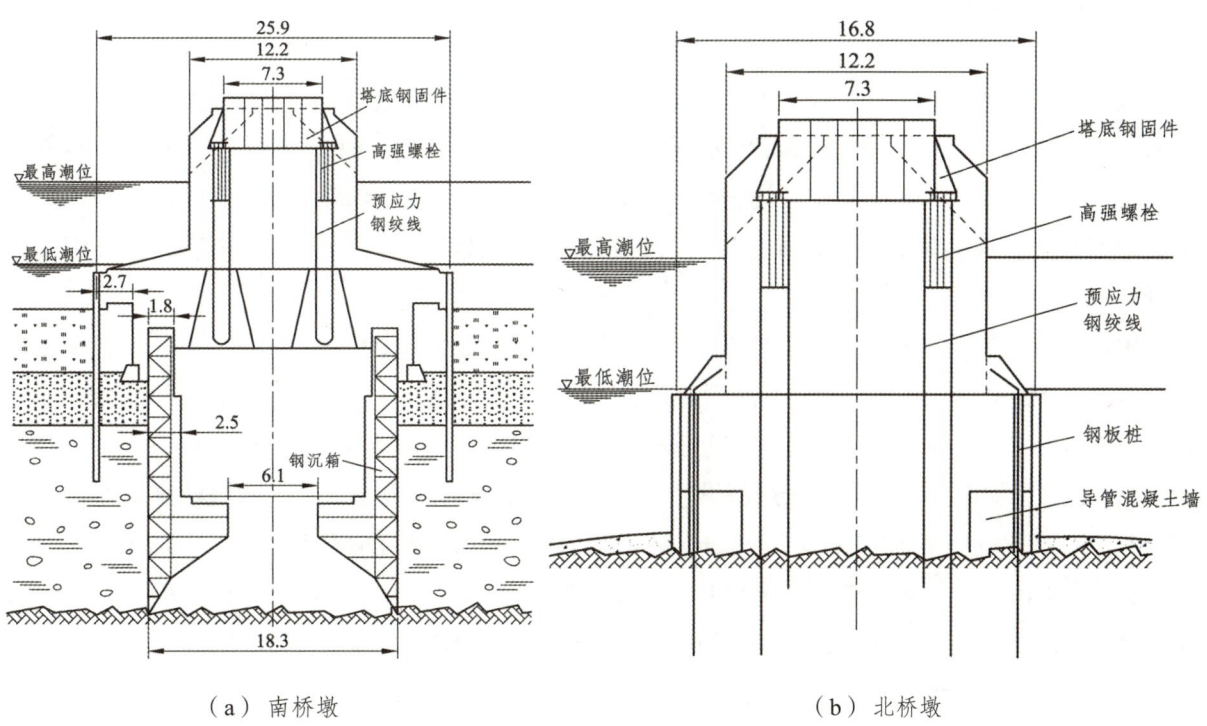

（a）南桥墩　　　　　　（b）北桥墩

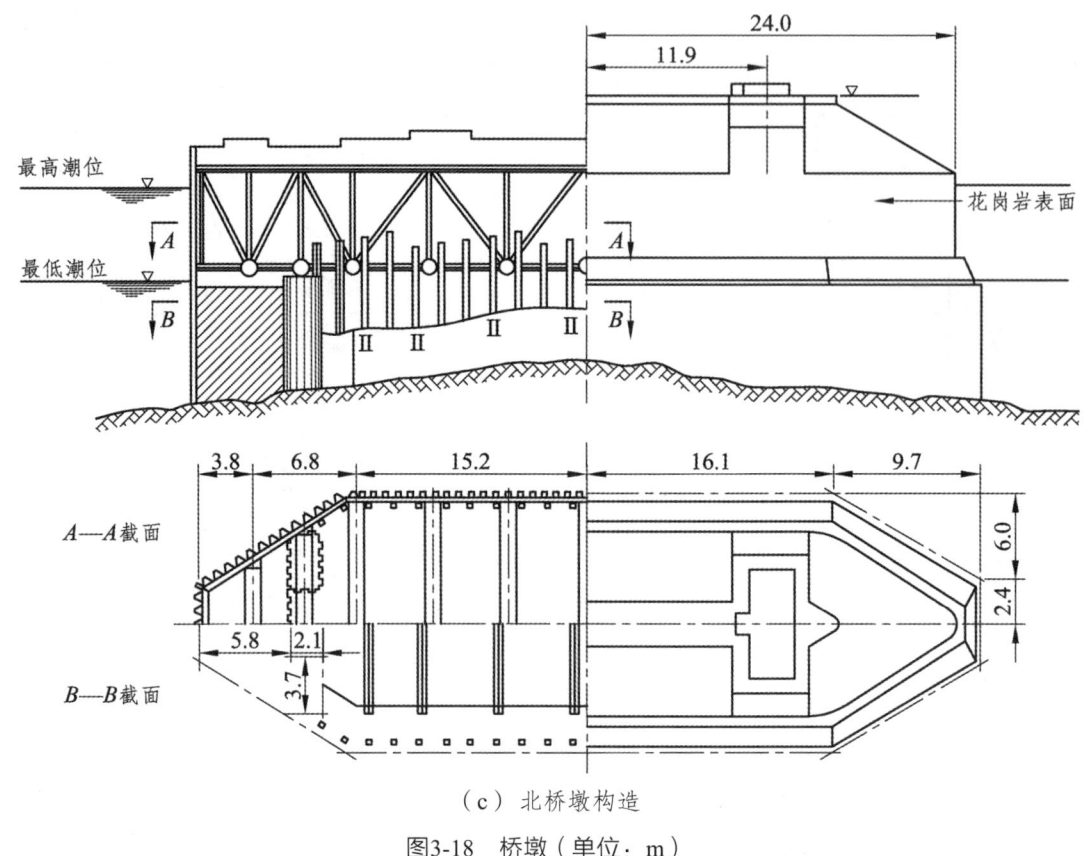

（c）北桥墩构造

图3-18 桥墩（单位：m）

南北两侧锚碇均为隧道式，混凝土锚体与水平面夹角为30°，如图3-19所示，南北两侧锚碇隧道分别长79.2 m和56 m，其横截面形状根据具体岩石条件确定。主缆最大拉力为13 800 t，锚块所需混凝土体积约为7 500 m³，锚体顶部面积为2.3 m²，逐渐扩大到底部3.7 m²，以在岩体中产生楔形效应。考虑到隧道两侧的摩擦和岩石滑动面，取计算安全系数值2～3.5。主缆通过散索鞍分散成若干索股，并通过钢绞线锚固在锚碇的后端，通过适当间隔分布以均匀分配荷载。这种方法可以在主缆拉力作用之前，对钢绞线施加预应力抵消一部分位移。平均每根索股的拉力为375 t，索股成对组合，每对索股通过钢板连接6根直径70 mm的钢绞线，钢绞线均匀布置在锚碇中，近似排列成六边形。

主塔为五室钢箱结构，由带肋的大型钢板焊接而成，水面以上塔高156 m，塔柱设置横梁及加劲斜撑。图3-20为大桥主塔的立面及断面布置。塔柱设计成锥形，底部宽7.3 m，顶部宽5.5 m，其上设置曲率半径7 m的塔顶鞍座。每个塔柱的截面由3个预制钢箱及4块连接钢板组成，构成平面上共5室的箱型结构。中央预制钢箱尺寸为3.7 m×1.5 m，两侧钢箱尺寸随塔柱高度变化，底部为2.9 m×1.6 m，顶部为2.9 m×0.7 m，钢箱间距为1.3 m，钢箱及钢板内均设置加劲肋。中央钢箱伸出平面0.8 m和横梁连接。横梁由截面尺寸为1.5 m×0.9 m的焊接箱形构件构成，端部采用高强度螺栓连接，接头处设有防风雨罩，防止积水且便于涂漆。塔主要采用高强度钢，厚度不超过25 mm，便于焊接。每座塔底最大竖向反力为23 500 t，且存在176 784 kN·m的倾覆力矩。塔底的基础段长3.9 m，在桥墩连接处截面增大，嵌入桥墩3 m深。每个塔柱设置56个螺栓，以承受施工时的上拔力。

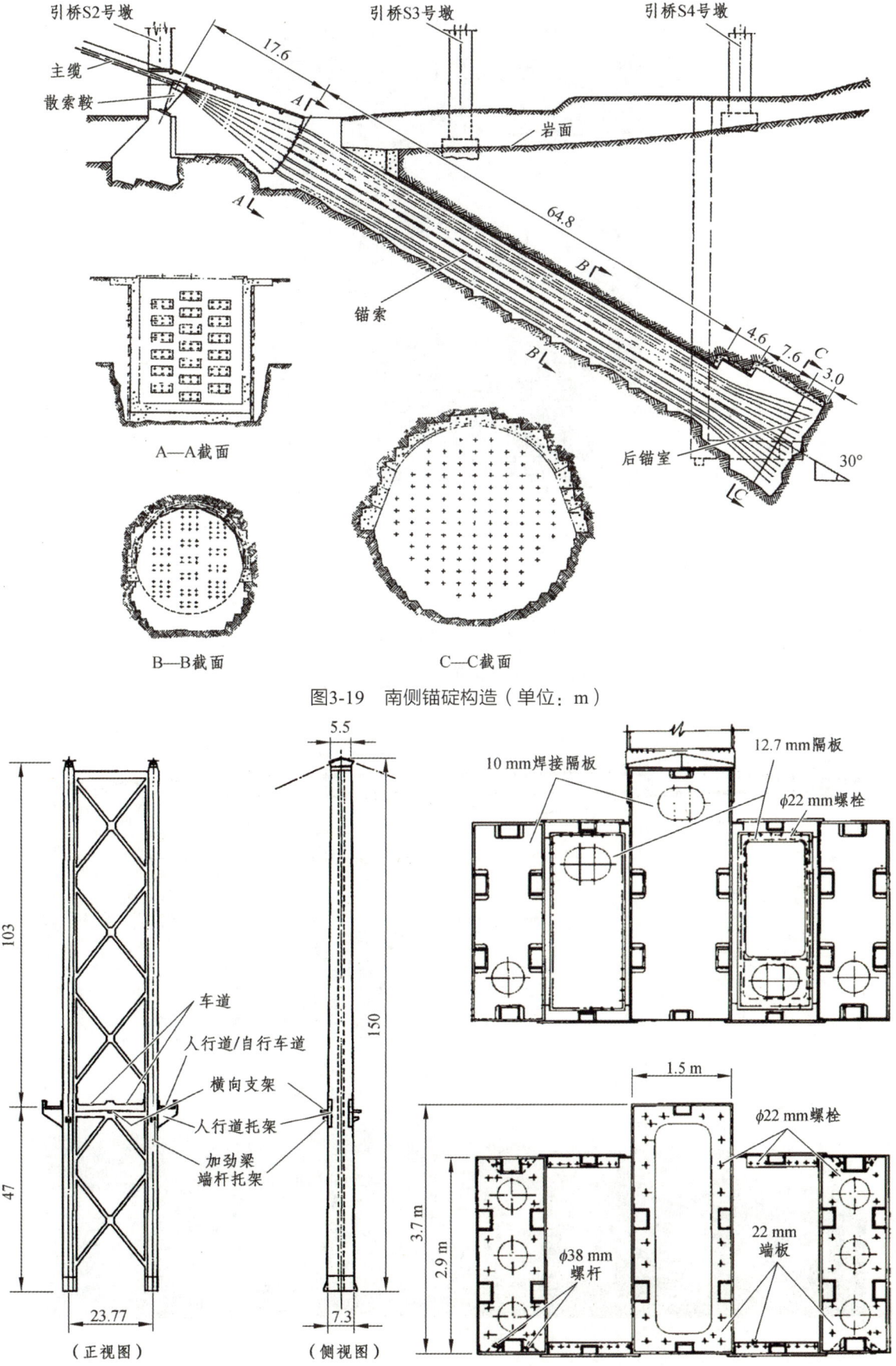

图3-19 南侧锚碇构造（单位：m）

(a) 主塔构造（单位：m）　　(b) 塔柱横截面

（c）已建成的主塔

图3-20　福斯公路桥主塔

3. 上部结构

图3-21为大桥立面图，跨径布置为（408+1 006+408）m，全桥约长2 517 m，桥面为双向4车道，并在两侧各设1条分离式人行道和自行车道。

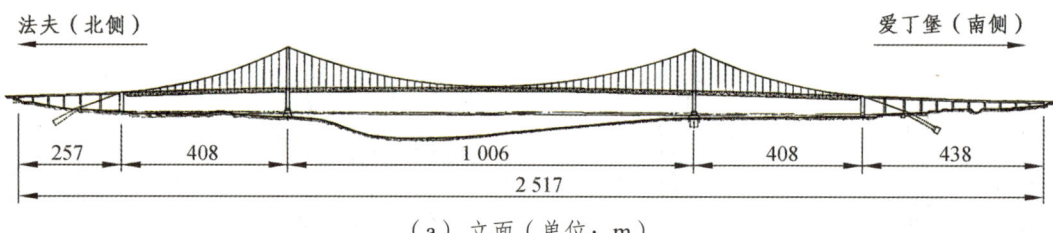

（a）立面（单位：m）

（b）大桥现状

图3-21　福斯公路桥

主缆由11 618根φ4.98 mm的镀锌钢丝制成，公称直径600 mm，为便于锚固和调整，索股排列成六边形，最终再压紧成圆形。在选择钢丝直径时，必须考虑到材料的强度、用量、施工实际要求和经济性。直径较小的钢丝可提供更高的强度，但数量增加；直径较大的钢丝抗拉强度较小，但主缆的截面积需要增大，因此建议选用美国普遍使用的φ4.98 mm的标准尺寸。主缆设计采用容许应力法，计算表明主缆所需横截面积为2 258 cm^2，决定使用37根索股编制，索股布置成六边形，如图3-22所示，内部的19根索股由304根钢丝组成，外部的18根索股的钢丝数量分别有324，326或328根。这种布置方法的优势是可以在钢丝之间插入临时垫片，保证空气循环和恒温条件。在编制主缆时，可以在鞍座中设置钢隔板保证钢丝的位置准确。

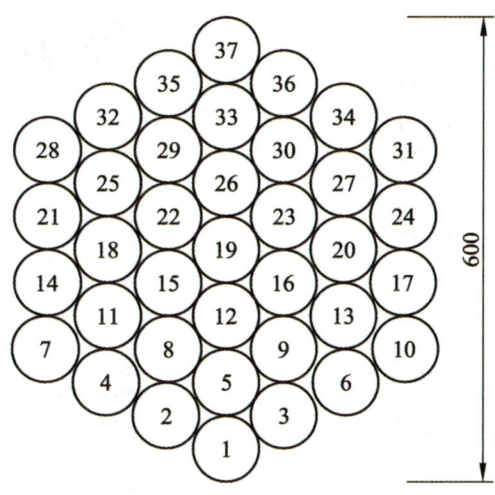

图3-22　主缆索股布置（单位：mm）[12]

在编制完成前，须估计主缆的密实度来确定索夹尺寸。理论上，完全压实的主缆的最小空隙率为9.3%，但实际可达两倍以上。根据美国的工程经验，采用20%的空隙率来确定索夹尺寸较为合适。从实测结果看，紧缆机将空隙率减少到21.7%（索夹箍紧前），索夹箍紧后减小为18.7%，且主缆周长减少9.5mm，因此主缆的空隙率约为20.5%。最后，在主缆上涂抹红丹腻子并缠绕镀锌钢丝进行保护。索夹直径590mm，厚25mm，索夹之间有19mm的间隙以适应主缆直径的估算误差。主缆最陡部分每索夹设8个高强螺栓，较平坦部分设4个。在架设期间，对螺栓进行了数次松弛检查，并重新拧紧。

索夹上设2个凹槽用于悬挂吊索，如图3-23所示。吊索共192对，间距18.3 m，长度由跨中的2.5 m变化为靠近桥塔处的90 m。吊索最初设计为直径为70 mm的单环钢丝绳，但试验发现该尺寸钢丝绳的极限强度会降低25%，因此需要使用直径较小的吊索，并能减轻重量。采用套筒连接吊索与加劲桁架的上弦杆，绳索与套筒的连接处极易腐蚀，因此安装了1个开口盖和橡胶垫圈以隔离潮气。套筒下安装了不同尺寸的垫片，以适应弦杆的坡度。在每对长度超过45.7 m的吊索中点设置了金属撑，避免风载导致的相互撞击。

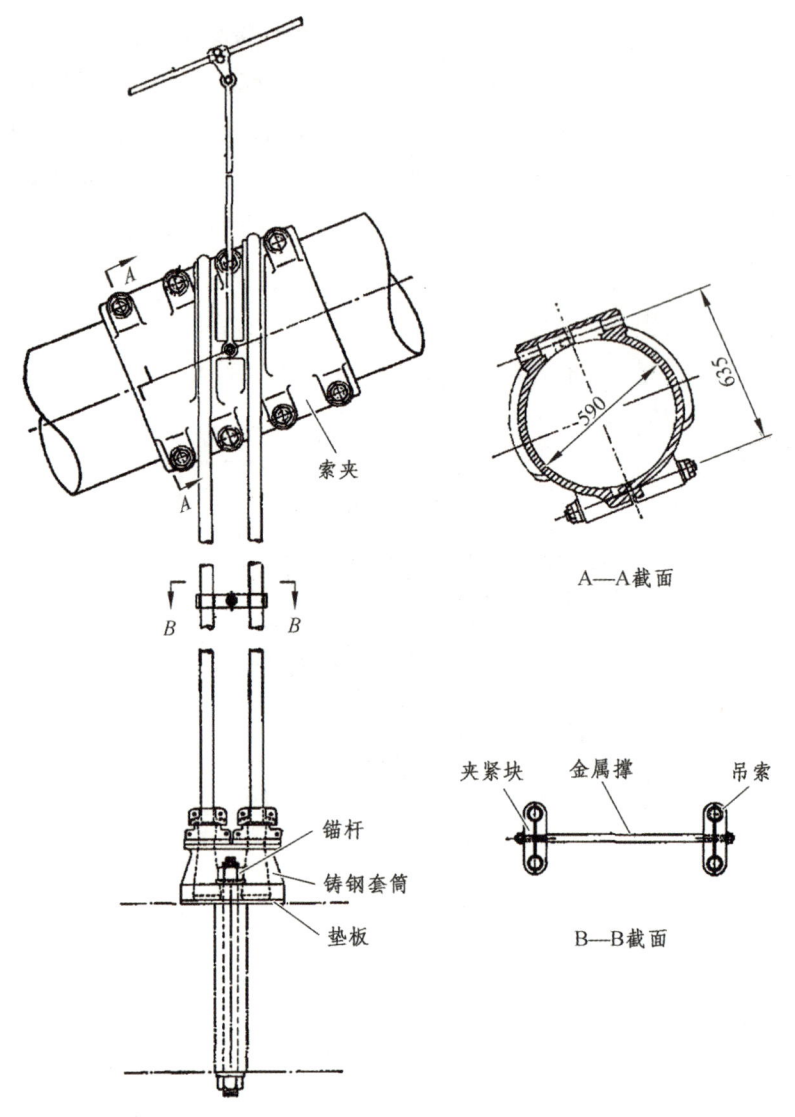

图3-23 索夹及吊索（单位：mm）

主缆悬吊两片间距23.77 m、高8.4 m的标准华伦（Warren）式钢桁加劲梁，如图3-24所示，桁架节间长9.14 m，每节间处设一道横梁，横梁上布置纵梁及桥面，如图3-25所示。吊索横梁斜腹杆连接在上弦杆的主节点上。弦杆为横截面积约154.8 cm^2的焊接箱形构件，该截面便于施工且能控制板厚不超过25 mm。加劲桁架均采用高强钢，设计时需要限制板厚保证焊接质量。所有节点均由拼接板和高强螺栓连接，并设检修孔以便进行拼接和吊索的连接，最后用盖板和橡胶垫圈密封防腐。横梁设计为开放式桁架结构，除顶部横梁外，构件均为组合焊接 I 形截面钢。顶部采用焊接箱形构件，其中心宽276.2 mm、高914.4 mm，端部逐渐减小到764 mm。横梁下弦杆设置了坡度便于排水。

主跨桥面采用正交异性钢桥面板，顶板厚12.7 mm（0.5 in），设置纵向闭口加劲肋，与原设计使用的球扁钢加劲肋相比，减少了焊缝数量并使跨度增大，也减少了现场拼接的构件数量。主塔两侧的桥面均设伸缩缝。铺沥青前先将钢板喷锌，以达到更好的防腐效果，玛蹄脂碎

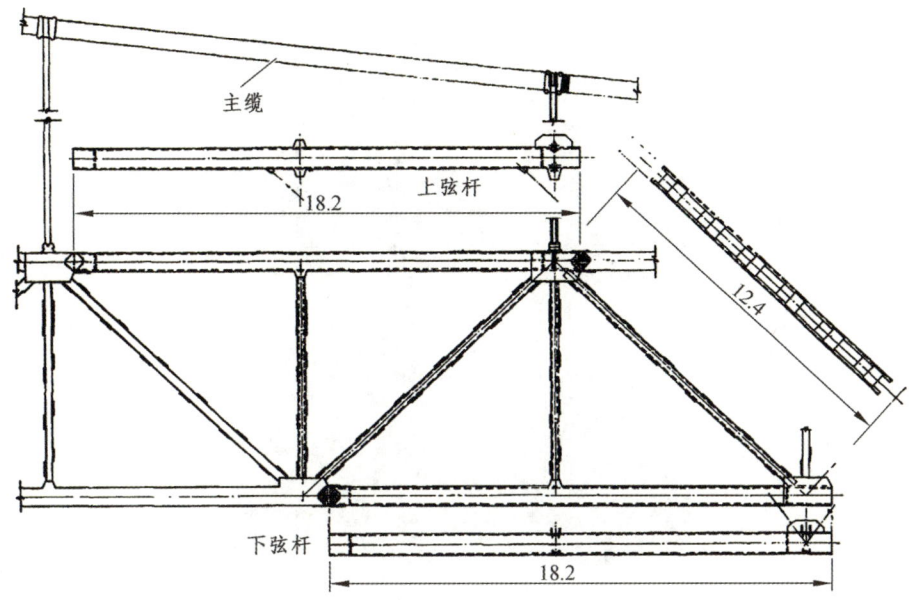

图3-24 加劲桁架构造（单位：m）

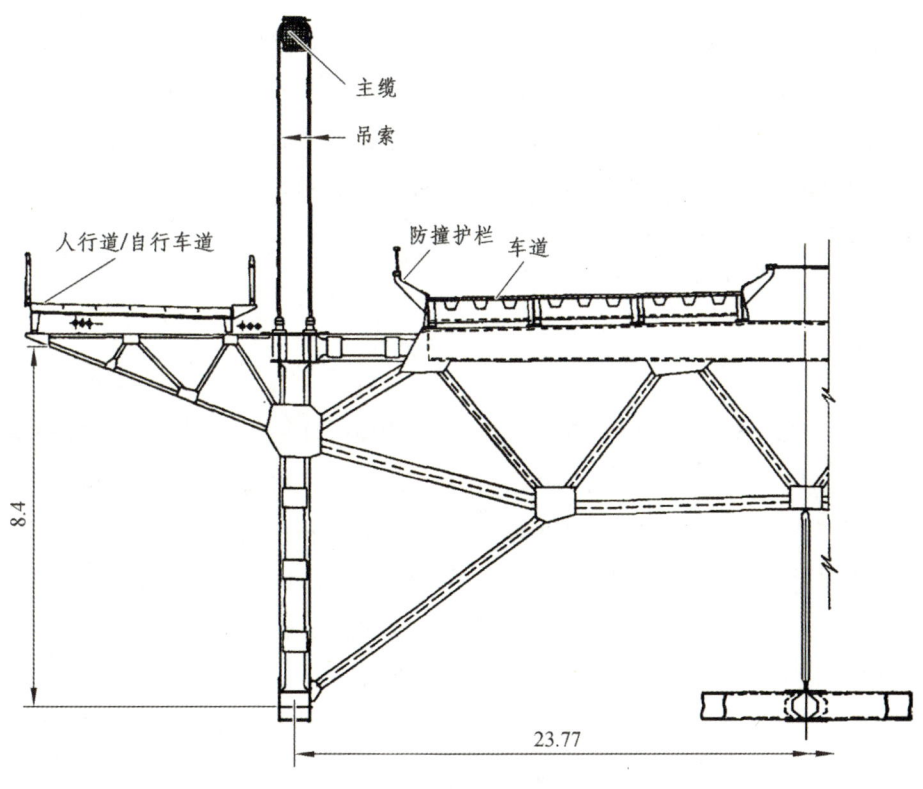

图3-25 横梁构造（单位：m）

石沥青层厚38 mm。边跨桥面采用钢-混凝土组合结构，混凝土层厚225 mm，沥青层厚38 mm。加劲桁架和桥面等钢结构共重14 050 t。过渡墩设在引桥与主桥之间，为边跨的上部结构提供三向支撑，包括端桥面的纵梁支座，以及为引桥提供竖向和横向支撑，如图3-26所示，采用钢筋混凝土结构，塔高45.7 m，塔上设置摇臂鞍座。

图3-26 过渡墩

北引桥为6跨5墩的连续梁，总长257 m，桥墩较细长，可允许发生一定弯曲，墩梁固结，过渡墩处铰接。南引桥为11跨10墩的连续梁，总长438 m，桥墩较粗短，因此将南引桥分为两段连续结构，靠近主桥的部分长142.3 m，墩梁固结，远离主桥部分长295.7 m，墩梁铰接，与桥台固结，桥墩和桥台均为钢筋混凝土结构。引桥为大型双幅钢箱梁，箱梁中心距为16.8 m，并设中心距为3 m的钢横梁和悬臂，梁上铺设钢-混凝土桥面板。箱梁截面为2.7 m×2.1 m，翼板厚度不超过35 mm，腹板厚度不超过11 mm。

3.3.3 施工

1. 下部结构

两侧桥墩距海岸400 m，施工时修建了长243.8 m的填石堤和长152.4 m的钢木栈桥。建造南桥墩时，在桥岸制作了1个"8"字形的围板，由2个圆形焊接钢筒组成，如图3-27所示，底部是1.2 m宽，0.8 m深，直径为25.9 m的围檩。围檩垂直间隔4.9 m，用钢管支撑形成桁架。该围板由3根导桩定位，并在其中打入7根桩将围板固定。围堰闭合后清理淤泥，再将2个外径为20.7 m的圆形格栅下放到围堰中，最后进行浇筑。浇筑管间距3 m，每筒设置24个，与测深井交错排列。浇筑共持续90 h，浇筑2 360 t骨料。灌浆水平由测深井确定，注浆管不断抬高，使其在浆体中的长度保持在0.3 m左右。采用电动泵进行围堰排水，历时72 h。浇筑总体质量良好，但由于存在悬浮的淤泥，底部呈蜂窝状。

沉井的安装在混凝土工作平台上进行。下沉过程中，沉井被支撑在间距1.4 m的混凝土砌块上，其间浇筑连续的混凝土墙。下沉变得困难时，炸开现浇部分；下沉至漂石黏土层时，炸开主砌块，沉井单独下沉。漂石黏土挖掘难度大，使用机械挖掘机来挖掘和装载黏土，平均下沉速率为0.3 m/天，日挖掘量约80.3 m³。2个沉井同时下沉，但始终保持4.6 m的高差。沉井浇筑完成后设置混凝土盖板，以填充沉井和围堰间的空隙。除塔底基础段使用A级混凝土外，其余混凝土均为B级。

图3-27　南桥墩沉井

北桥墩建立在麦金托什岩石上，岩石上原有一灯塔，该塔被拆除并清理。建造4个3.7 m×2.1 m的小桥墩支撑围堰，清理河床后浇筑混凝土。在浇筑墩顶前，精确定位并固定螺栓，另设置12个长1.2 m的螺栓用于浇筑混凝土前固定塔柱基础段，并通过2个35 t的液压千斤顶将螺栓张紧，最后将底座浇筑3 m高，墩顶施工完成。图3-28为施工中的北桥墩。

图3-28　北桥墩施工

两侧锚碇均为隧道式，在清除明挖段的覆盖层和岩石后，浇筑1根钢筋混凝土门式梁，并进行隧道开挖。隧道开挖分3阶段：首先采用烧切法挖除顶板下的一段；其次是台阶；最后是与隧道坡度相对应的不同深度的底板。为提供进入锚块背面应力室的通道，沉入1个竖井来挖掘和衬砌隧道后壁的拱腹。开挖后立即对直径7.62 m的隧道顶板进行衬砌，建造混凝土拱肋作为衬砌钢结构的基础。预应力管道架设完成后浇筑混凝土。图3-29为锚碇中锚点的布置情况。隧道混凝土浇筑准备完成时，进行锚室和散索鞍基础的施工。

图3-29 锚点布置

主塔构件均预制后运送到现场拼装，如图3-30所示。连接预制钢箱梁的加劲板厚度不超过29 mm，使用机器双面焊。4个塔柱的构件在车间同时组装，组装下一节塔柱时，会拆除已经组装好的部分，但装配台上至少留有3个部件保证线形精度。同时，在主塔鞍座和过渡墩鞍座的铸钢件顶部加工出放置索股的凹槽。

架设主塔时使用了桥墩施工时建造的临时栈道运输构件，除基础段外，均采用240 t的爬升结构进行架设，带有1个重量为32 t的架设井架，通过液压千斤顶提升构件。爬升结构由2.7 m深的焊接箱梁组成，支撑2个塔柱、施工人员和仓库设备，采取多种措施保证恶劣天气条件下的施工安全。塔柱的每个预制钢箱通过顶部的特殊支架提升到高度，下端则通过转向架水平移动。为了使每个钢箱在提升过程中保持稳定，其下端被拴在爬升结构和桥墩之间的2根垂直导绳上。每个钢箱到位时，立即用高强钢拉杆和直径22 mm的螺栓与下部连接，塔柱的钢箱与加劲板采用螺栓连接，塔柱与斜撑、横梁的连接也采用螺栓。当爬升到最后一段时，爬升结构的一部分被卸下，重新作为主塔的上横梁架设。并搭建了装载2个10 t井架的工作平台，用于猫道组装和编制主缆。北塔于1960年6月开始架设，1961年2月竣工；南塔于1960年10月开始建造，1961年6月竣工。每个塔柱内侧安装了可承载3人的小型升降机。

（a）架设中的主塔　　　　　　　　　　　（b）架设完成

图3-30　主塔

2. 上部结构

每根主缆由11 618根镀锌钢丝制成，重约7 450 t。桥梁南岸设有专门仓库存放钢丝，架设前在仓库中将钢丝卷到直径1.8 m的大型卷筒上，每个卷筒装有7 t钢丝，并用10 t的井架将其吊至放卷区。主缆编制均从南端开始，首先需要架设宽2.8 m的猫道，猫道面板为带硬木踏板的镀锌钢丝网，如图3-31所示，两侧防护网高1.1 m，每30.5 m设置横向天桥。猫道下方设置抗风索，增加施工时的抗风稳定性，抗风索由直径25.4 mm的钢丝组成，成倒抛物线，通过间距61 m的吊索连接。猫道上方6.4 m处设置2根牵引绳，绳上设置编丝轮，每个编丝轮可拉铺4根钢丝。

图3-31　架设猫道

主缆采用空中编缆法（Air spinning Method，AS法）编制，先将4根钢丝连接在编丝轮上，由牵引索将钢丝从南拉至北，当空编丝轮返回时，另一编丝轮同时再牵引4根钢丝，当钢丝达到314根时捆紧成索股固定在索股靴上，通过不断往复牵引以完成编制，最后将索股挤紧成主缆。考虑到施工安全，猫道上每122 m设置1个紧急开关，可立刻停止编丝轮的运动。除恶劣天气外，每天大约有50~60名工人站在近2 km长的猫道上，不分昼夜地协同工作。图3-32为主缆编制现场图。每4根索股成型后立即对其垂度调整，保证钢丝受力均匀、标高线形相同。为减小温度对主缆施工的影响，调丝调股只在晚上10点至次日凌晨3点进行，此时全桥温度相对均匀。编制主缆受恶劣天气的影响极大，而该桥桥址处常有狂风和暴雨，恶劣天气造成的时间损失占总施工时间的33%。最严重的事故发生在1962年初，当时仅编完四五根索股，施工正处于最紧要阶段，一场持续20 h的强风暴袭来，风速达到44.7 m/s，边跨主缆从猫道上脱落摔打在猫道的两侧，致使数个设备损坏。大风持续的3天内，工人抓住机会重新绑紧主缆，并把所有的设备系牢。几天后，第二场更猛烈的风暴袭击了大桥，但这次没有造成重大损失。主缆架设完毕后将抗风索拆除，随后安装索夹和吊索，如图3-33所示。

图3-32　编制主缆

图3-33　安装索夹及吊索

加劲梁吊装曾经考虑过两种施工方案：一是将节段在附近拼装成18.3m长的大型节段，再利用浮吊提升到位；二是提升小节段，再利用塔上井架运送施工。因附近无合适场地选择了第二种方案。

加劲梁的吊装分为两阶段：第一个阶段从桥塔向两侧同时进行，梁段通过堤道和栈桥运输到每个主塔底部，如图3-34所示，再由临时固定在塔底的井架将其吊起至桥面高度，然后由悬臂上的自走式转向架将梁段就位。桥塔两侧长27.4 m的梁端在主缆编制完成时已经架设完毕，并与吊索连接，如图3-35所示。每个梁段架设完成后，延长临时吊车轨道至悬臂末端吊装下一段。图3-36为施工中的加劲梁。两侧各吊装18个梁段后，停止跨中部分的施工，将边跨梁段的吊装完成并与过渡墩连接。采用悬臂式吊装方法的加劲梁端会向上弯曲，加劲桁架下弦暂时不能闭合。由于梁段自重，主缆线形发生变化，并使主塔顶部向河岸偏移0.8 m，导致跨中和边跨主缆过高。在边跨的加劲梁施工完成后，立即浇筑钢筋混凝土桥面有利于中跨的施工。第二个阶段为架设剩余跨中梁段并合龙，将加劲桁架下弦闭合，完成车道及人行道的铺设。

图3-34　通过栈桥运送梁段

图3-35　主塔两侧悬臂段（远处为福斯铁路桥）

图3-36　加劲梁施工

加劲梁开始架设的前几个月，英国国家物理实验室的航空动力学部门采用比例为1∶48的5.5个梁段模型进行风洞试验。试验结果表明，若在第一阶段架设2个完整的行车道板，22.4 m/s的风速下将无法保证稳定，但如果仅架设4.9 m宽的行车道板，两车道间预留7.9 m的宽度，则在风速高达44.7 m/s时结构也能保持稳定，如图3-37所示。

图3-37　车道架设

3.3.4 运营与维护

自大桥通车以来，由于交通荷载、设计规范的变化及船舶撞击风险评估等原因，多次对结构进行的加固及改进工程，主要有：1977年引桥钢箱梁加固；1992年主塔抗风支撑加固；1997年主塔加固；1998年桥墩防撞设施施工；2008年吊索更换[13]。

1. 主缆维护

主缆会进行定期的外部检查，但内部钢丝状况需要打开主缆进行检查。主缆的第一次内部检查于2004年开始，在2根主缆上共打开了10个18 m长的节间，对每个节间仔细检查后再重新缠丝及防护。每个节间取8段长6 m的钢丝样本，切成254 mm的长度进行拉伸试验，确定镀锌层的恶化程度。此外，还进行了腐蚀水样化验。打开主缆时，首先拆除缠丝，再将红丹腻子层清除，再利用铜凿环绕主缆开出8道楔入线，楔入硬木和塑料楔块以进行主缆中部的检查。检查时发现分布广泛的钢丝腐蚀及断丝现象，对桥龄较短的大桥来说，这一现象令人担忧。基于检查结果及参考了美国国家公路研究合作计划（NCHRP）报告，研究人员以腐蚀问题最严重段作为参考，得出主缆强度损失率为8%的结论。如果腐蚀问题不能得到解决，主缆强度可能会在2014年损失13%，2019年将达到17%。2006年的报告建议在主缆上安装声学监测装置和除湿系统；若腐蚀继续发展，则考虑更换或加大主缆。声学监测装置可连续监测主缆断丝，截至2007年12月已记录了23根断丝。除湿系统包括使用气密的氯丁橡胶带密封主缆，如图3-38所示，以及使用干燥空气系统，将相对湿度小于40%的干燥空气注入主缆。

图3-38 主缆氯丁橡胶带缠包

2. 其他构件更换

1992年主塔加固抗风支撑时，已对一些横向抗风支座进行更换。引桥各桥墩及桥台上的支座一直接受定期检查，但未曾进行过更换。桥面的伸缩缝于1975年进行过维修，但由于桥上荷载不断增大，伸缩缝出现较大的磨损和撕裂。2007年5月，阿特金斯公司（Atkins Company）对该桥伸缩缝和支座进行评估，决定进行伸缩缝和支座的更换，工程原计划于2010年开始，由于考虑到成本以及对交通的影响等方面，决定推迟到昆斯费里大桥（福斯三桥）完工后进行。桥梁主要伸缩缝的更换工程已于2018年11月开工。

2003年，对桥梁上的护栏及防撞护栏进行评估，发现其强度和几何尺寸存在缺陷，但更换防撞护栏费用昂贵，且会长时间影响交通。因此决定对现有护栏的防撞能力进行测试，以确定其是否达到规范要求。若没有达到，可进行相对较少的修改来改进其缺陷。此外，还对车辆撞击主塔可能造成的影响进行评估，结果表明：应在行车道局部设置防撞护栏，在塔柱增设加劲梁。

2017年进行维修通道的升级，检查人员通过维修通道进行例行检查和维护，这些通道于20世纪80年代初安装，现在需要替换老旧构件来提高承载能力。维修过程包括安装特殊的悬挂式脚手架，该脚手架悬挂在桥面下方。脚手架安装完成后，将维修通道的钢构件贴上标签并记录其位置，以确保翻新后能正确放置。然后拆除钢构件并进行喷丸处理，同时进行详细检查以确定构件使用状况，清洁、检查并镀锌后重新安装。翻新后的维修通道大约能继续使用50年，维修工程从2017年秋持续到2018年春。

3.3.5 结论

作为福斯湾上的第一座公路桥梁，福斯公路桥建成时为欧洲最长的悬索桥，从结构设计、施工、运营维护等三方面总结为：

（1）结构设计。福斯公路桥为主跨超千米的三跨双铰加劲桁架悬索桥，大部分设计均基于塞文桥的前期研究资料，当时人们对桥梁的空气动力稳定研究尚未成熟，为保证大桥加劲梁有足够的刚度和抗风能力，仍采用了当时主流的桁架形式，梁高达8.4 m，与如今普遍使用的钢箱梁相比略显笨重。

（2）施工。与福斯铁路桥不同，该桥施工时建造了临时栈道运输人员和材料。大桥桥墩根据具体地质条件，南北桥墩运用两种方法施工；主塔预制构件采用机器焊接，现场拼装则采用螺栓连接；主缆借鉴美国的施工经验，采用空中编缆法。

（3）运营维护。由于该桥建设的年代较早，受当时的建设条件、技术、工艺和材料的限制，导致大桥在通车50多年里历经多次维修，几乎涉及所有的主要结构件，包括主梁、桥塔、索鞍、吊索、主缆、桥面、锚碇等，养护费用已经远远高于原造价，且部分构件更换难度大，技术上带来不少挑战。

3.4 昆斯费里大桥

3.4.1 工程背景

早在20世纪90年代初，就有在福斯湾修建第三座桥的想法。自1964年福斯公路桥开通以来，尽管进行了大量维护，但由于环境影响和交通量的激增，到21世纪初，开始显示出主缆腐蚀等严重问题，且大桥的实际负荷经常超出其设计承载能力：设计最大年通行能力为1 100万辆/年，但2006年时，实际车流量已达2 400万辆/年，若不进行分流控制，可能导致该桥于2019年关闭所有交通，因此亟须建设一个替代通道维持苏格兰东海岸的经济发展。2006年，苏格兰交通局对"福斯新通道（Forth Replacement Crossing）"项目提出了详尽的报告，研究替代福斯公路桥的多种方案，包括悬索桥、斜拉桥及不同类型的隧道等65种方案。综合考虑成本、环境影响和连接现有交通线等多种因素，2007年12月，苏格兰政府决定于2017年5月前建造一座位于福斯公路桥西侧的斜拉桥，并限制福斯公路桥上重型货车的通行，方案设计由Jacobs-Arup JV公司负责。项目最初算成本为32亿~42亿英镑，为降低成本，苏格兰交通局决定考虑以下4个方面：①维护现有的福斯公路桥，使之实现可持续发展，并承载必要的交通运输；②在桥梁的跨中使用交叉斜拉索；③引入综合智能交通系统，更好地利用现有的高速公路；④综合海洋风险评估显示，可减少设计中考虑的船舶碰撞力，进一步节省桥梁基础工程量。通过采取以上措施，最终将成本控制在13.25亿~13.5亿英镑（约合当时人民币123.2亿元）。2009年11月《福斯通道建设法案》通过，并于2011年1月获英国王室批准。"福斯新通道"是苏格兰21世纪以来最大的基础设施项目，包括一座2.7 km长的斜拉桥、相关的连接道路和交叉口改造及长22 km的最先进的智能交通系统（ITS）[14]。

大桥于2011年9月正式开工，2017年8月建成通车，历时6年。2013年6月，通过公众投票将大桥正式命名为昆斯费里大桥。昆斯费里大桥又被称为"福斯三桥"，建成时为世界最长的三塔斜拉桥，是苏格兰历史上最大的一项基础建设项目，成为了福斯湾的新地标，大桥南起M90高速的1A交叉口，是M90高速公路的重要组成部分，如图3-39所示。M90高速公路是英国最北的高速公路，始于柯克利斯顿（Kirkliston）与M9高速连接，通过昆斯费里大桥跨越福斯湾，向北延伸至珀斯（Perth）。

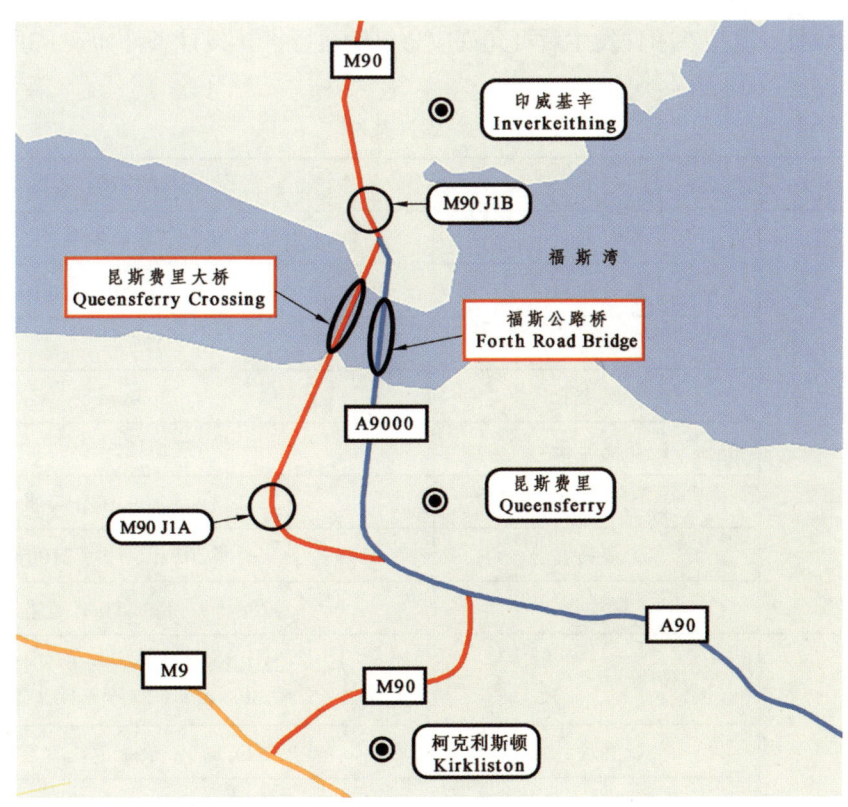

图3-39　交通线

3.4.2 结构设计

1. 设计条件

最初设计方案考虑福斯公路桥完全关闭,需要提供跨越福斯湾的可持续交通模式,并提出了以下多种交通功能要求:①双向四车道,带较宽硬路肩,可在高峰调度为公交车道;②满足多方式交通功能,可承载未来规划的公共交通线(如轻轨或电车系统);③单车道和人行道结合,并可用于维修车辆的通行;④设置风障,维持大桥可持续使用。

大跨径斜拉桥的抗风设计十分重要,福斯湾常出现大风及恶劣天气,需要进行大量空气动力分析。研究人员进行了详细的风力分析,结合规范与实测数据拟定了桥梁风速设计值,并定义了阵风模式下的结构动力反应的低频颤振分析紊流强度等参数。还进行了1:170的全桥气弹模型的风洞试验,施工阶段桥面高度风速采用37.8 m/s,成桥阶段风速42.3 m/s,试验中风速不超过70 m/s[15],并对施工阶段和成桥阶段不同主梁截面的1:50模型进行试验。初步方案选定后,又进行了1:40和1:30模型的补充试验研究桥面挡风装置,最终决定在桥面连续安装高3.5 m、透风率50%的挡风板,可将桥面风速减小,提升桥梁抗风性能。

英国应用欧洲规范(EC8),一般不需要考虑地震荷载,除了"由于其功能、位置或形式,某些类型的结构可能需要明确考虑地震作用"。对于昆斯费里大桥,考虑到结构的规模以及发生地震后的潜在后果,对现场的评估得出如下结论:①桥址附近没有已知的活动断层;②地面运动水平不足以导致场地液化;③海啸的危害可忽略不计。在评估基础上,结合规范通过反应谱分析对设计方案进行验证,建立2个抗震设计标准,较高标准基于2475年一遇的地震作用下,桥梁应具有一定的延性,且应在事件发生后可允许应急车辆通行[16]。设计条件如表3-3所示。

表3-3 设计条件

设计项目		参数取值
构造体系	形式	三塔多跨中央单索面斜拉桥
	跨径布置	(104+221+2×650+221+104)m
	设计使用年限	120年
	桥梁全长	2638 m
	车道布置	双向四车道
	主梁形式	钢筋-混凝土组合箱梁
	主塔高度	边塔203 m,中塔210 m
	斜拉索	288根,跨中25%交叉锚固
设计荷载	设计风速	23.1 m/s(每小时平均风速) 39.5 m/s(1 s阵风风速)
	抗震设计	应用EC8,一般不考虑地震荷载
	防船舶撞击设计	应用EC1,采用定量海洋碰撞风险评估方法

2. 下部结构

桥址处最大水深为45 m，可将桥塔布置于岩石上，避免建造深水桥墩或跨径过大。根据桥墩的不同位置及地质特点设计了不同类型的基础，基础分布及形式如图3-40所示。中塔布置在天然露出海面的比默岩（Beamer Rock）上，采用25 m×35 m的重力式基础。南塔水深22 m，北塔水深9 m，由外径32 m（南塔）和27.8 m（北塔）的圆柱形钢沉箱支承[17]，中间填充混凝土，采用16根直径为3.4 m的灌注桩，其上设置钢筋混凝土承台，承台尺寸为29 m× 41 m，可保证低水位时深度足够以避免船舶撞击桥墩。

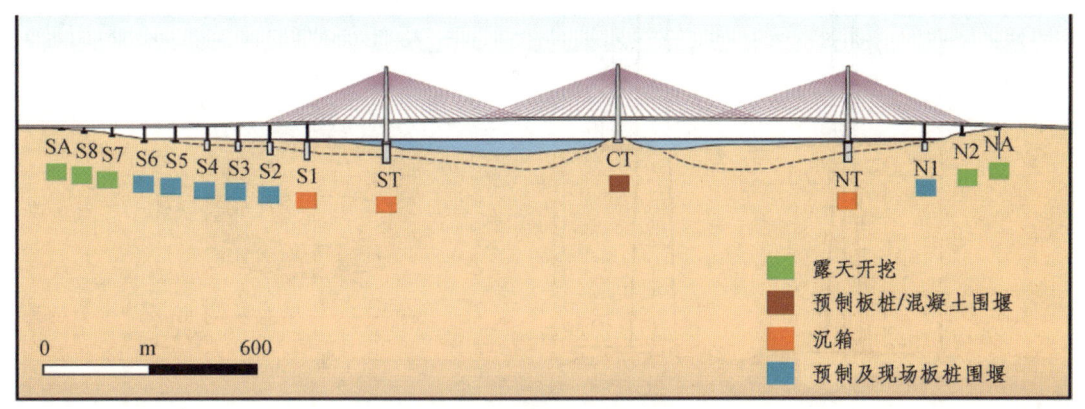

图3-40　桥墩基础布置及形式[4]

主塔构型方案比选如表3-4所示，综合考虑美学、功能、经济等方面最终选用方案4的独柱型桥塔，采用钢筋混凝土结构，中塔高达210 m，位于双向车道桥面中央。主塔构造如图3-41所示，底部平面尺寸为14 m×16 m，上部平面尺寸为7.5 m×5 m，桥面以下塔壁厚1.5～2.4 m，桥面以上壁厚0.85～1.5 m[18,19]。为最大程度减少旋涡脱落，在转角处设置400 mm×400 mm的凹槽。主塔采用C55/67级混凝土，以适应轴力和弯矩共同作用产生的较高压应力，3个主塔共需要钢筋7 100 t、混凝土24 780 m³。

表3-4　主塔方案比选[20]

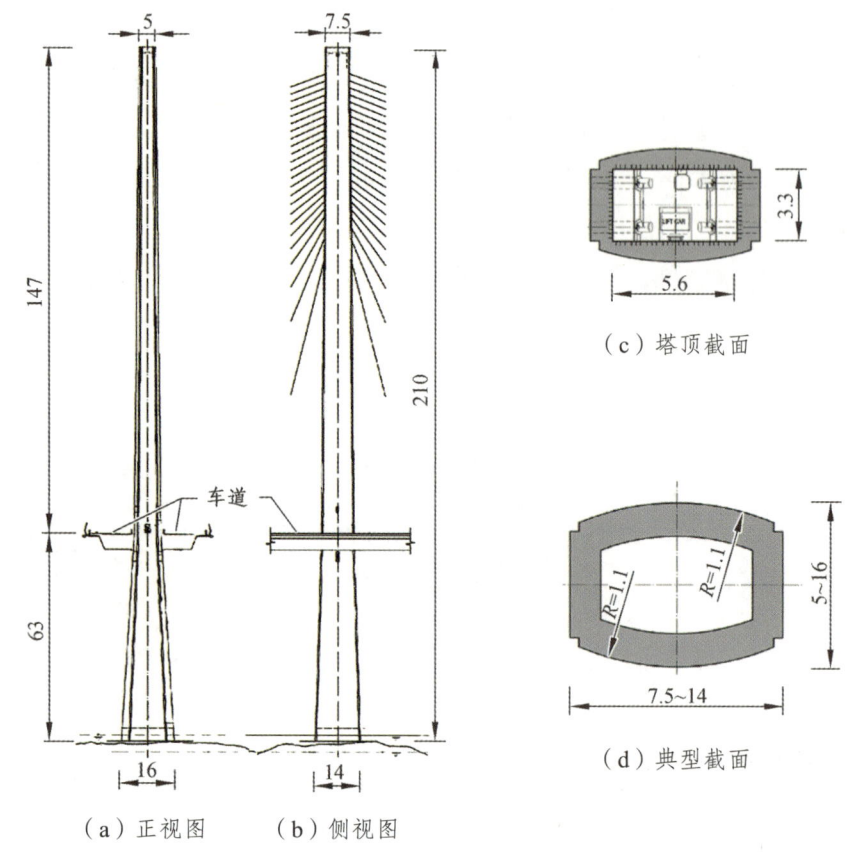

（a）正视图　（b）侧视图

图3-41　主塔构造（单位：m）[21]

3. 上部结构

昆斯费里大桥设计为三塔斜拉桥形式，如图3-42所示，桥梁全长2 638 m，2个通航主跨长650 m，主塔高207 m，路面按高速公路标准设计，双向四车道，并设应急车道。

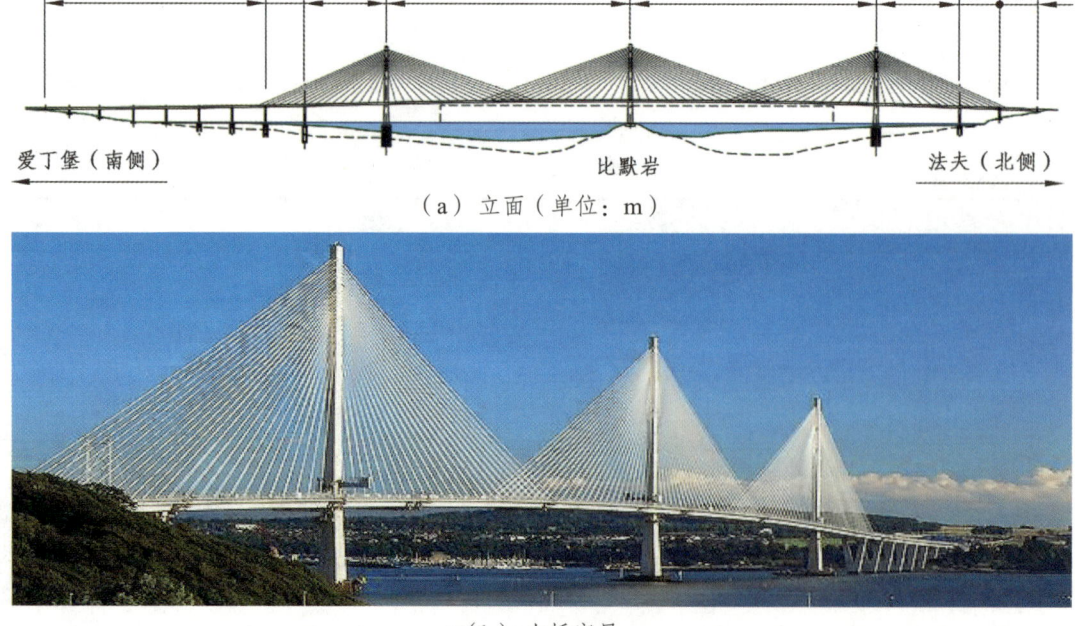

（a）立面（单位：m）

（b）大桥实景

图3-42　昆斯费里大桥

三塔或多塔斜拉桥由于中塔顶没有端锚索限制其水平变位，主跨不平衡活载作用将造成中跨发生明显摇摆，且在桥塔和主梁产生较大的挠度和弯矩，因此中塔稳定性问题亟待解决。方案研究阶段曾考虑采用刚性金字塔形桥塔，这种塔在不平衡荷载下不易摇摆，但需要庞大的基础，从美学角度上看并不协调。中国香港汀九桥在中塔设置稳定索以约束桥塔，但难以在主跨达650 m的大桥上实现：由于跨径较大，稳定索将比现有最长索长20%，并使垂度显著增大，刚度减小，无法发挥稳定索的作用。米约高架桥采用刚性主梁结合柔性中塔的方法增强其稳定性，若大桥主梁高度为8.1 m可具有足够的刚度，但需采用双层桁架桥面，故该方案并未被采用。

通过对现有多塔斜拉桥稳定性的研究，并对主塔及主梁刚度进行一系列参数化研究，最终决定将每个主跨跨中25%的斜拉索交叉锚固，索面位于桥塔中央。对相同结构参数的桥梁主跨施加相同活载，比较在斜拉索交叉和不交叉布置时主梁产生的位移，结果表明：斜拉索交叉锚固时主梁最大挠度明显减小。采用不同形式的主梁进行比较研究，如表3-5所示。分析表明：斜拉索交叉布置提高了桥梁总体刚度，也提高了结构的静、动力性能。此外，采用交叉斜拉索还可减小中塔底部的纵向倾覆，在不改变基础尺寸的情况下，可减小近30%的倾覆弯矩，使基础更为稳定。

表3-5 活载作用主梁最大挠度[22]

主梁形式	主梁最大挠度/m	
	斜拉索不交叉锚固	斜拉索交叉锚固
流线型钢箱梁	4.7	3.5（减小25%）
钢混组合结构	3.0	2.4（减小20%）

大桥斜拉索共288根，每根斜拉索由抗拉强度1 860 MPa平行热浸镀锌钢丝组成，采用高密度聚乙烯（HDPE）保护套，最长拉索长度421 m，最粗的拉索含109根索股，每股横截面积为150 mm^2，所有拉索总长超过23km。使用VSL SSI 2000e体系，特点是施工设备轻便，能高效精确地完成斜拉索的安装和张拉，防护外套管采用双层同步挤压带双螺旋线的HDPE管，防腐性能优良同时也减小了风雨振影响。

主梁设计时有正交异性板扁平钢箱结构和钢-混凝土组合结构两方案，最终选择气动性能良好的流线型钢箱梁与混凝土桥面板的组合结构。图3-43为钢-混凝土组合箱梁断面构造。钢箱两侧约有5 m长的混凝土悬臂，桥面总宽39.8 m，预应力混凝土板厚25 cm，悬臂根部增厚至46 cm，采用C55/67级混凝土，设置了横向预应力保证其抗扭刚度。钢箱梁采用纵向梯形加劲肋，每隔4.05 m设置横向支撑。中塔斜拉索锚固于内侧腹板，边塔斜拉索锚固于外侧腹板。2个行车道间距约10 m，以容纳主塔和斜拉索维修通道。主梁典型节段长度为16.2 m，包括110个标准节段和12个起始节段。主梁在中塔处固结，在边塔采用竖向滑动支座，允许主梁的纵向移动[23]。主梁在桥墩间及主塔间连续，不设中间伸缩缝，仅在桥梁两端桥台处每侧设置2个大型伸缩缝，北桥台处的伸缩缝纵向伸缩量为1.7 m，南桥台处为2.4 m[24]。

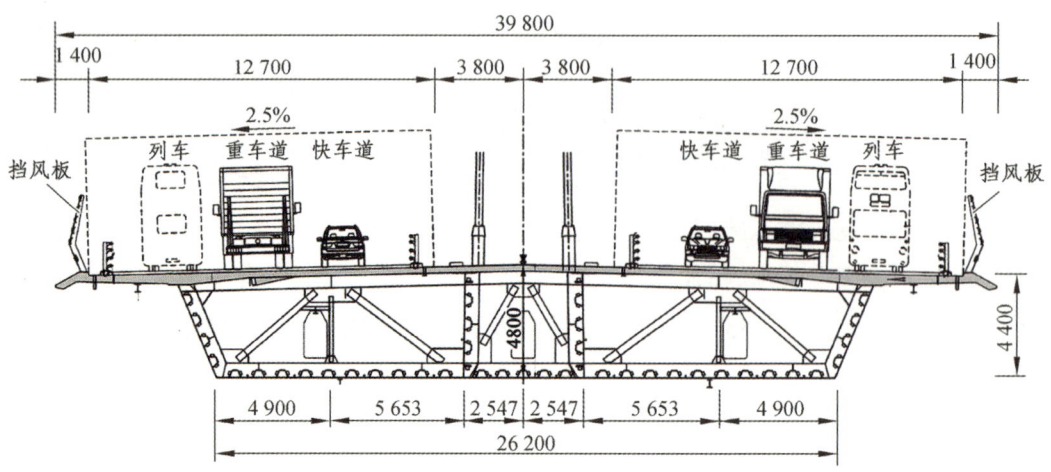

图3-43 主梁断面构造(单位：mm)

引桥均由双幅等高连续组合箱梁组成，达到与斜拉桥的无缝连接，主梁断面构造如图3-44所示，采用V形桥墩减小基础尺寸，图3-45为施工中的南引桥。南引桥全长545.25 m，部分桥墩位于浅水区。纵剖面为半径45 000 m的垂直拱曲线，平均坡度为1.26%。

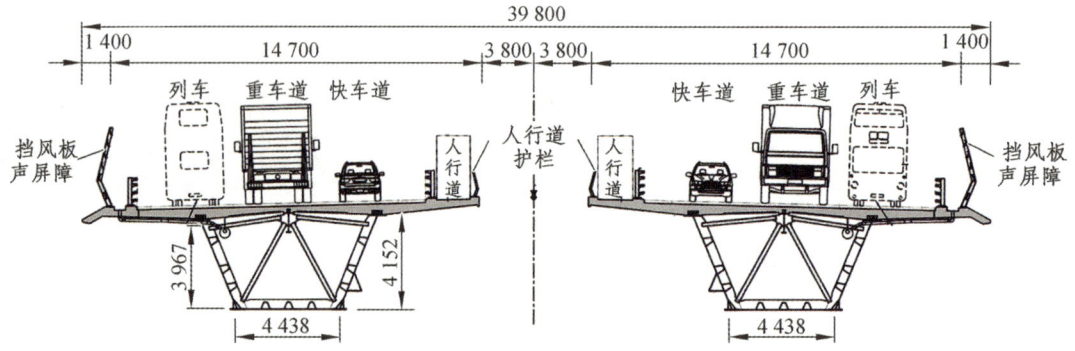

图3-44 引桥主梁断面构造(单位：mm)[21]

图3-45 施工中的南引桥

3.4.3 施工

1. 下部结构

下部结构的施工进行了地质、岩土和结构各专业的大量现场试验和反复研究,包括喷射灌浆、排水、岩石检查和支撑围堰的施工。尤其是水深22 m的南塔靠近福斯湾深水航道,特别容易受到船舶撞击,给基础的施工带来了一些困难,为确定适当的船舶撞击荷载,进行了详细的海上碰撞风险评估。现场勘探结果显示,需解决的关键问题包括边塔和南引桥桥墩上的软冲积土范围、冰川沉积物中可能存在的大型障碍物、岩石顶部水平的黏性和粒状冰川沉积物之间的差异、相邻地基之间不同岩石类型的刚度响应、基岩内规则破裂模式的影响以及中塔基础边坡稳定性等。

边塔采用圆形钢沉箱支承,其上设置钢筋混凝土承台。利用大型浮吊将沉箱吊起,然后采用全球卫星定位系统(GPS)将沉箱定位下沉,如图3-46所示,对沉箱的水平位置、倾斜、旋转和与海床的距离进行连续监测。首次下沉后,连接了1个高10 m的临时扩大沉箱,以确保沉箱内有干燥的工作区域。在沉箱内连续开挖并进行混凝土现场灌缝。下沉到岩层后进行清洁,并派出潜水员进行检查,确认岩石清洁且质量足够后,进行水下混凝土浇筑。南塔沉箱共浇筑16 869 m³混凝土,连续浇筑15天,在2013年创造了新的世界纪录,是世界最大的连续水下混凝土浇筑工程。中塔基础采用矩形临时围堰内施工钢筋混凝土扩大基础,如图3-47所示,围堰排水完毕后,浇筑一层找平混凝土,随后分2个阶段安装钢筋混凝土基础。

图3-46 边塔沉箱定位下沉

图3-47 中塔矩形围堰

3座主塔均为钢筋混凝土结构,主塔底部的飞溅区使用了不锈钢增强材料。每次浇筑混凝土后,需通过高压水喷射使水平面粗糙化,以承受较高的剪切应力。定制的自爬升式"跳跃"模板可适应主塔的变截面施工,在30 m/s的大风中也能保持稳定,如图3-48所示,每座塔的浇筑分为54个周期,每个周期浇筑高度4 m。所有材料和构件均由驳船运输,并由40 t的塔式起重机提升。在每个塔的顶部60 m处设钢锚箱,锚箱在中国制造并通过海上运输。运输前需进行试组装,确保严格控制误差。2013年8月,中塔首先开始浇筑;2014年2月,南塔开始浇筑;2015年12月,3座塔浇筑完成。由于中塔的塔梁连接处的复杂性,其施工耗时长达2年。

图3-48 主塔施工

2. 上部结构

斜拉索的设计使用年限为60年，钢绞线可被单根检查和更换。紧凑型的锚具和钢绞线单根安装减少了塔吊的使用时间，且不需要在桥面使用重型设备，因此不会影响桥面和桥塔施工的关键作业。锚固形式有两种：一是设置在主塔中的主动锚，主动锚配有环形螺母，可通过千斤顶进行索力调节；二是在主梁内部的固定锚。挂索完成后利用单股千斤顶进行逐根张拉，然后检查索内应力。采用与汽车盘式制动器相同的摩擦阻尼器，提高斜拉索的结构阻尼比，如图3-49所示。

图3-49 斜拉索阻尼器

主梁采用悬臂施工主跨至跨中，然后浇筑合龙段。钢箱梁共122个节段，每段平均重250 t，由中国振华重工在上海制造，通过海上运输至距桥址3 km处的罗塞斯港，如图3-50所示。振华重工共为该桥提供了主桥钢箱梁（122个节段）、北桥引桥钢箱梁（12个节段）、3座临时塔、144套导索管等累计超过35 000 t的钢结构。122段钢箱梁分7批交付，最后一批钢梁于2016年2月运达。

图3-50 钢箱梁典型节段

悬臂施工过程如图3-51所示，主梁架设前，在桥塔安装临时栈桥和工作平台，并使用浮吊将塔侧的4个起始节段架设在临时支架上，如图3-52（a）所示，总共进行了30次吊装，施工限制风速小于10 m/s，起始段架设于2014年秋季进行，共历时59天。将起始段钢箱焊接并用螺栓连接固定后施加预应力，再浇筑混凝土桥面板，起始段主梁施加横向预应力后，安装第一根斜拉索。在边塔使用斜拉索调整主梁线形，将桥面抬高1.5 m确保纵向坡度，然后进行典型悬臂施工。组合梁每节段约重720 t，驳船运输到指定位置后，使用2个钢绞线千斤顶将梁节段提升至高度。2015年9月，北塔架设了第一段主梁，2017年2月最后节段完成。施工期间，悬臂长度的增加导致结构位移逐渐增大，塔顶最大位移约为1.5 m，悬臂自由端最大挠度约为3.5 m。风洞试验结果显示，最大风速下悬臂自由端水平位移达0.9 m，垂直位移2 m。为了减少悬臂施工中不平衡荷载产生的附加弯矩，在基础和桥面间设置了临时拉索，临时拉索与斜拉索连接，形成一种外部预应力系统。2016年9月，中塔两侧分别架设了长322 m的悬臂，创下世界最长独立平衡悬臂结构的记录，总长644 m，如图3-52（b）所示。在主梁架设过程中，共需进行四次合龙，合龙段约长6.1 m。

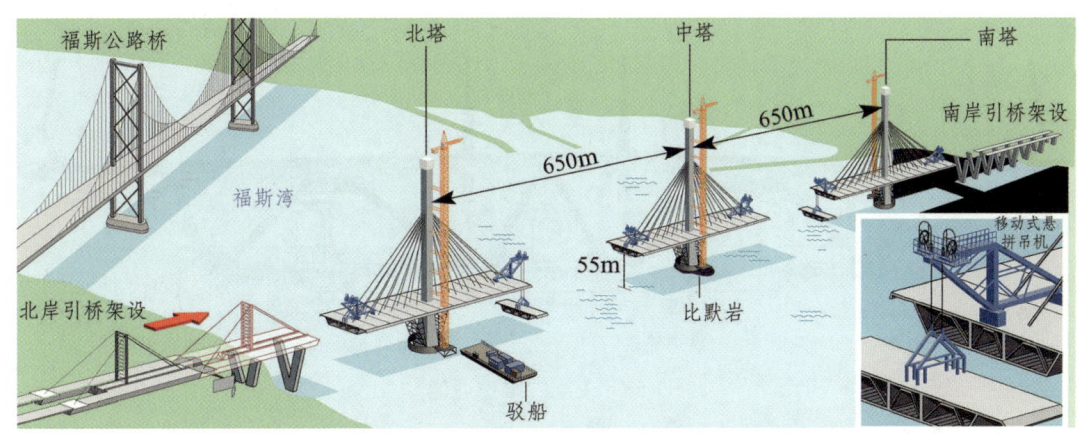

图3-51 悬臂施工示意

（a）悬臂施工起始节段

（b）中塔最长悬臂

图3-52 悬臂施工

3.4.4 运营与维护

大桥的设计突出确保结构的耐久性，最大可能减少结构维护，在恶劣环境下也能保证120年的使用寿命。在不中断交通的情况下，能安全高效进行养护，同时制定有效的检查和维护制度，降低维护成本。

1. 桥梁检查与维护系统

昆斯费里大桥通过一个高效的综合监测、检查和维护系统进行管理[25]。根据相关规范和文件制定了专门的检查维护手册，手册中包括大桥主要构件的检查标准、各构件缺陷的评估标准、各缺陷的优先级标准等，并制定了一个6年周期的检查制度。建立了在云计算平台上的检查/缺陷修复管理数据库，存储和分析检查结果并生成相关报告。

大桥设置了一系列安全有效的进出设施，包括检修龙门架、穿梭列车和机械升降机。共设置

6个检修龙门架,能抵抗15 m/s的风,可在不限制交通的情况下进行维护。塔内主要检查和维护拉索锚盒和锚件,以及一些需要定期维护的较小设备(风速计、飞机警告灯、闭路监控等)。塔内设置升降机及楼梯等垂直通道。图3-53为主梁内检查维护通道布置,梁内设有3条内部纵向通道,2条外部纵向通道连接桥台,用于检修电气设备,中央通道位于拉索锚网之间,用于检查拉索锚固。通道内的穿梭列车均能搭载两名操作人员和150 kg的设备。主梁内每隔约100 m设置联络通道,用于:①改善主梁内的横向通道;②提供进入桥面中央的紧急通道;③联络桥内的MEP设备;④为内部穿梭列车提供停靠位置。大桥桥面进行定期除湿,以防止内部钢结构腐蚀。

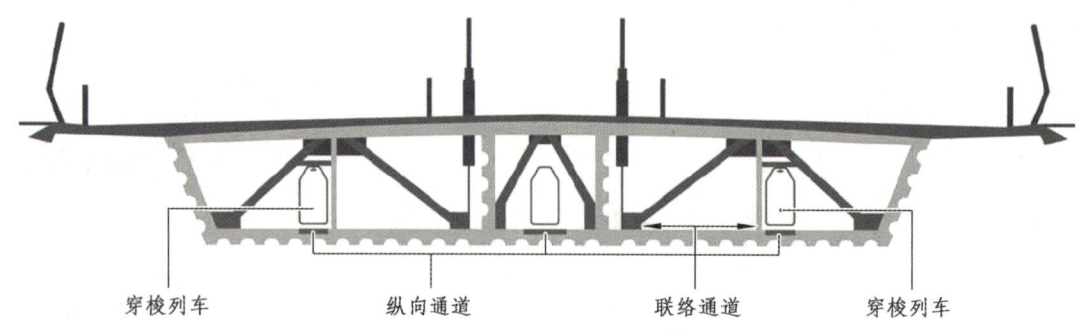

图3-53 主梁内维护通道[25]

2. 桥梁结构健康监测系统

大桥安装了先进的结构健康监测系统,用于监测桥梁的状况和完整性,可在紧急事件发生后进行快速评估,并时刻保持监控。该系统主要由以下三部分组成:①结构健康评级服务器,用于存储桥梁竣工时记录的成桥数据、设计能力、荷载效应和桥梁使用寿命模型;②结构健康数据管理服务器,处理实时监控数据,并与结构健康评级服务器中的成桥数据和预测设计行为相关联,自动生成报告;③外部通信控制服务器,允许远程访问并将所有原始数据上传到云端,以便长期存档和分析。结构健康监测系统支持综合的维护、监控和检查机制,该机制可智能提供各种决策,便于制订主要的维护计划,对事件进行快速响应并进行早期干预来控制维护成本。该系统使用云计算技术存储分析数据,并允许人工维护和更新记录。云计算可减少大规模计算成本,并利用人工智能和机器学习进行数据分析。同时该系统可以生成涵盖检查、桥梁状况、紧急事件、例行监控和使用寿命的报告,以便政府对大桥进行监督运营,制定有效、经济的维护策略。该系统包括约2 000个传感器,用于测量环境条件,桥梁构件荷载和桥梁响应,当监测数据超过限值会自动发出警报。传感器包括:温度和腐蚀监测计、风速和天气监测计、动态称重传感器、加速度计、位移计和应变计,各传感器布置如图3-54所示。系统将监控数据与成桥数据直接关联,在紧急事件发生后(如大风、地震、船舶撞击、交通超载等)可自动生成评估报告,若存在破坏结构完整性的风险,将给出结构的检查范围。

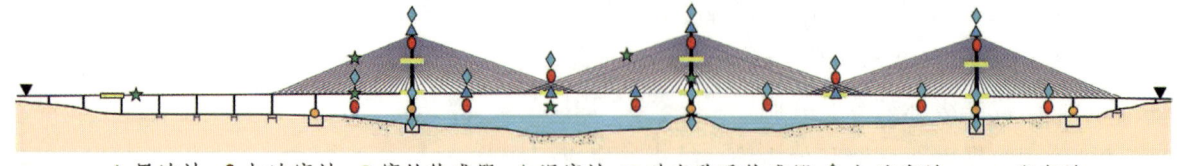

图3-54 桥梁结构监测系统

3.4.5 结论

昆斯费里大桥是福斯湾上的第三座桥梁，建成时为世界最长的三塔斜拉桥，从结构设计、施工、运营维护等三方面总结为：

（1）结构设计。大桥采用多塔斜拉桥的方案，与福斯铁路桥、福斯公路桥同跨福斯湾，一齐展现了英国三个世纪三种不同类型的桥梁。多塔斜拉桥的中塔稳定性是设计的关键问题，大桥创新地在跨中将25%的斜拉索交叉锚固，既保证了中塔的稳定，又兼顾了美观与经济。

（2）施工。施工创下多项世界纪录，包括最大的水下混凝土浇筑工程和最长的独立平衡悬臂结构，均需要英国先进的施工技术支撑。施工中为大桥研发了若干新技术，如为变截面主塔浇筑定制的"跳跃"模板，为减小附加弯矩设置的临时拉索等。

（3）运营维护。为保证大桥120年的使用寿命，开发了一个高效的监测、检查和维护系统，除了不影响交通的人工巡检和养护设施外，智能的结构健康监测系统能够结合云计算和人工智能进行数据分析，自动生成评估报告，做到早期干预并减少维护成本。

■ 参考文献

[1] CALLUM R F, PHILIP E F C, DAVID E S Coastal Processes and Management of Scottish Estuaries IV: The Firth of Forth[J]. Scottish Natural Heritage, 1997.

[2] HAMMOND R. The Forth Bridge and its builders[M]. forth bridge & its builders, 1964.

[3] 胡贵琼，叶觉明，龚志刚. 英国福斯公路大桥的维护和维修工程[J]. 世界桥梁，2010(3)：459.

[4] CLIMIE D, SHACKMAN L. Construction of the Queensferry Crossing and approach roads in Scotland (part 1)[J]. Proceedings of the Institution of Civil Engineers, 2018, 172(2): 61-68.

[5] CLIMIE D, SHACKMAN L. Construction of the Queensferry Crossing and approach roads in Scotland (part 2)[J]. Proceedings of the Institution of Civil Engineers, 2018, 172(3): 121-129.

[6] SHACKMAN L, CLIMIE D. Planning and procurement of the Queensferry Crossing in Scotland[J]. Proceedings of the Institution of Civil Engineers, 2016, 169(CE4): 161-168.

[7] PAXTON R. The Evolution of the Forth Bridge and Its Engineering Significance[C]. National Congress on Civil Engineering History & Heritage, 2001.

[8] WESTHOFEN W. The Forth Bridge[J]. Engineering, 1890.

[9] GUPTA D. A Critical Analysis of The Forth Rail Bridge 1890 SCOTLAND[EB/OL]. http://www.bath.ac.uk, 2011.

[10] HSE BOOKS. An Assessment by HSE of The Structural Integrity of The Forth Rail Bridge[J]. 1996.

[11] BROWN J L. Tragedy and Triumph, Part II: The Firth of Forth Railway Bridge[J]. Civil Engineering, 2015, 85(5): 46-49.

[12] ANDERSON J K, HAMILTON J A K, HENDERSON W, et ol. Forth Road Bridge: History and

Finance, Design, Foundations and approach viaducts, Supply and erection of the main superstructure and Approach roads and administration[J]. ICE Proceedings, 2015, 32(3): 321-512.

[13] COLFORD B R. Forth Road Bridge—maintenance and remedial works[J]. Bridge Engineering, 2008, 161(3): 125-132.

[14] SHACKMAN L, GLOVER M, MURRAY I, et al. Queensferry Crossing, UK: project scope and development history[J]. Proceedings of the Institution of Civil Engineers-Bridge Engineering, 2019, 172(2): 81-91.

[15] CURRAN P, PLATT A, VASQUEZ A, et al. Queensferry Crossing, UK: cable-stayed bridge deck and cables – design and construction[J]. Proceedings of the Institution of Civil Engineers- Bridge Engineering, 2019, 172(2): 135-144.

[16] 杨晓燕，夏天．苏格兰福斯新桥设计[J]．世界桥梁，2011（2）：5-7，14．

[17] WEST S, CHISHOLM A, OLIGMÜLLER L, et al. Queensferry Crossing, UK: foundations and geotechnical works[J]. Proceedings of the Institution of Civil Engineers – Bridge Engineering, 2019, 172(2): 113-125.

[18] 刘海燕．苏格兰昆斯费里航道桥[J]．世界桥梁，2017，45（2）：91-92．

[19] ROMBERG M, BRUNTON K, CASTRO JW, et al. Queensferry Crossing, UK: towers, piers and abutments–design and construction[J]. Proceedings of the Institution of Civil Engineers–Bridge Engineering, 2019, 172(2): 126-134.

[20] HUSSAIN N, HORNBY R, MINTO B, et al. Queensferry Crossing, UK: scheme, specimen and definition designs[J]. Proceedings of the Institution of Civil Engineers– Bridge Engineering, 2019, 172(2): 92-112.

[21] Romberg M. New Queensferry Crossing in Scotland-challenges in design and construction[J]. BAUTECHNIK, 2017, 94(2): 93-103.

[22] CARTER M, KITE S, HUSSAIN N. Design of the Forth replacement crossing, Scotland[J]. Bridge Engineering, 2010, 163(2): 91-99.

[23] 张妮．英国昆斯费里大桥上安装的竖向滑动支座[J]．世界桥梁，2017，45（4）：93．

[24] 张妮．英国昆斯费里大桥上安装的伸缩缝[J]．世界桥梁，2018，46（3）：93．

[25] RICHES O, HILL C, BARALOS P. Queensferry Crossing, UK: durability, maintenance, inspection and monitoring[J]. Proceedings of the Institution of Civil Engineers – Bridge Engineering, 2019, 172(2): 175-188.

4 布鲁克林大桥

4.1 引 言

美国联邦统计局在考虑通勤方式的基础上定义了"纽约都市圈",囊括纽约市及其西部的新泽西州和北宾州、北部的纽约州和康涅狄格州一部分、东部的长岛,是对全球的经济、商业、金融、媒体、政治、教育和娱乐等都具有极大影响力的国际大都市,人口超过2 300万,2020年国内生产总值(GDP)超过1.6万亿美元(约10万亿人民币,约为同期中国全国GDP的10%)。纽约都市圈的交通运输系统十分发达,由四通八达的航道网、公路网、轨道交通网和航空运输网构成。纽约港区海岸线总长超过1 200 km,拥有现代化的装卸、干船坞和库藏设施,货运量居美国第二(仅次于新奥尔良),但对外贸易居美国首位(占美国1/5)。港口与河运、铁路、公路和航空构成一个综合立体运输系统,总计有200条水运航线、14条铁路线、1 155 km地铁、3个现代化机场及稠密的公路网。皇后区南端的约翰·肯尼迪国际机场为世界上客货流量最大的航空港之一。除都市区内交通发达之外,纽约市与全美各地的往来亦十分频繁,通过发达、复杂的交通网,纽约居民得以更快速、方便的往返美国各地以及加拿大和墨西哥等。纽约地处美国东北部,距离欧洲较近,又接近全球最繁忙的北大西洋航线,故与欧洲各地间的空运、海运交通均十分繁忙。

纽约市(New York City)是纽约都市圈的核心,也是美国人口最多的城市,由布鲁克林(Brooklyn)、皇后区(Queens)、曼哈顿(Manhattan)、布朗克斯(The Bronx)和斯塔滕岛(Staten Island)5个行政区组成。纽约五大区被哈德逊河(Hudson River)和东河(East River)分隔,有4个区位于岛上。流经纽约的哈德逊河平均水深9.1 m,最深62 m,流量约620 m^3/s;东河河道大部分河段水深在18 m以上,最深处近33 m。市区所属的各岛间,有多座桥梁和多条河底隧道相连,如图4-1所示,著名的桥梁主要有以下9座:

(1)布鲁克林大桥(Brooklyn Bridge)是美国最古老的大跨悬索桥之一,于1883年通车,连接曼哈顿与布鲁克林;

(2)威廉斯堡大桥(Williamsburg Bridge)是纽约市第二座穿越东河的桥梁,于1903年通车,连接曼哈顿下东城与布鲁克林的威廉斯堡;

(3)曼哈顿大桥(Manhattan Bridge)跨越东河连接曼哈顿与布鲁克林,于1909年通车,首次采用柔性钢塔和华伦桁架加劲梁;

(4)皇后区大桥(Queensboro Bridge)跨越纽约东河与罗斯福岛,连接曼哈顿与皇后区的长岛,1909年竣工,是跨越纽约东河的一座双悬臂梁桥;

（5）狱门大桥（Hell Gate Bridge）是一座铁路中承式钢拱桥，1916年通车，该桥后来作为澳大利亚悉尼海港大桥的设计灵感来源；

（6）乔治·华盛顿大桥（George Washington Bridge）是横跨哈德逊河的悬索桥，是美国第四长的悬索桥，连接新泽西州的李堡和纽约曼哈顿，1931年竣工，是世界上车流量最大的桥梁之一；

（7）罗伯特·肯尼迪大桥（Robert F. Kennedy Bridge）原名三区大桥（Triborough Bridge），1936年竣工通车，连接曼哈顿、布朗克斯、皇后区3个区，该桥由3部分组成：皇后区与沃兹岛之间的东河悬索桥，连接曼哈顿与兰德尔岛的哈莱姆河升降桥和连接布朗克斯与兰德尔岛的布朗克斯小溪桥；

（8）布朗克斯白石大桥（Bronx Whitestone Bridge）连接纽约皇后区和布朗克斯，1939年通车；

（9）1964年建成的韦拉札诺海峡大桥（Verrazzano-Narrows Bridge）连接布鲁克林的汉密尔顿堡和斯塔滕岛的沃兹沃思堡，其高耸的主塔在纽约都市圈很多地方都可看到。各桥情况如表4-1所示，交通流量如图4-2所示。本章将根据文献资料，分别对其中6座大桥的工程背景、结构设计及施工、运营维护进行阐述。

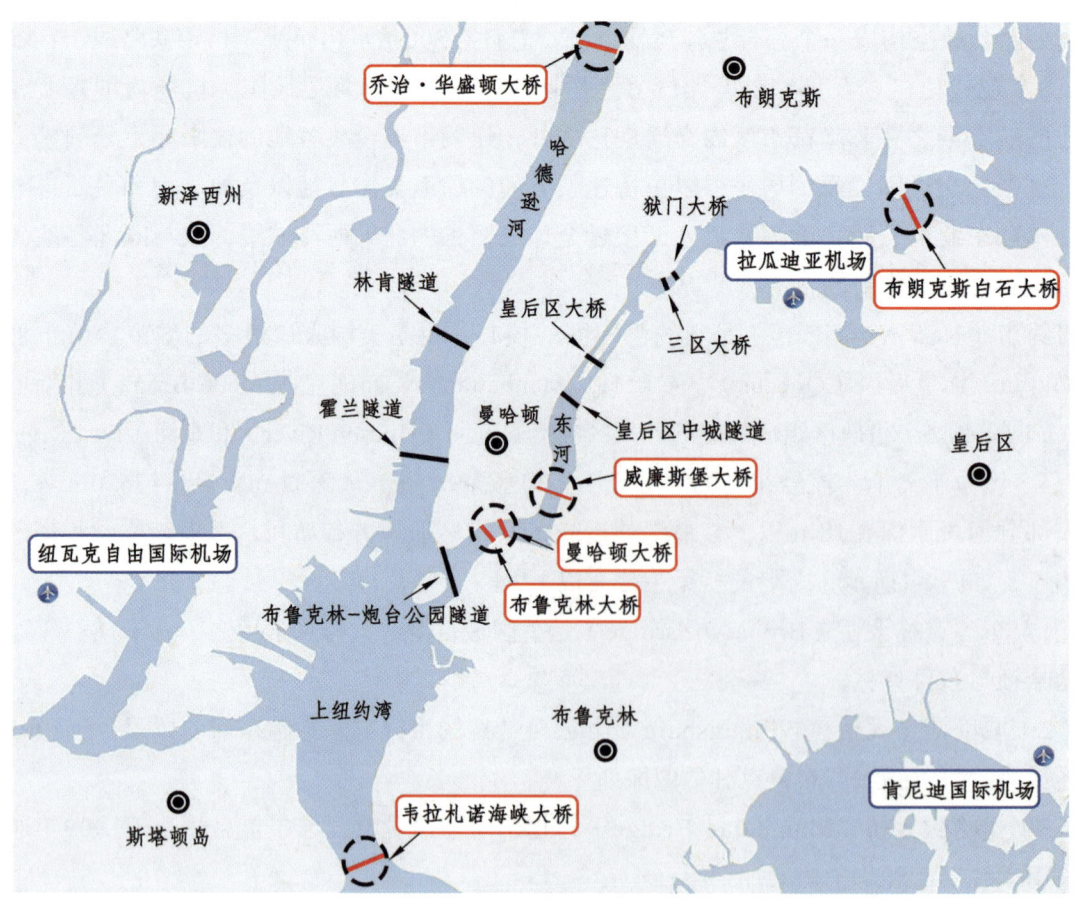

图4-1　纽约跨河桥梁与隧道

表4-1 纽约大跨桥梁

桥名	桥型	桥跨布置/m	工期	造价/美元
布鲁克林大桥	钢桁梁斜拉-悬吊组合体系	285+486.3+285	1869—1883年	1 550万
威廉斯堡大桥	钢桁梁悬索桥	182+488+182	1896—1903年	2 420万
曼哈顿大桥	华伦式钢桁加劲梁悬索桥	221+451.1+221	1903—1909年	3 100万
皇后区大桥	双悬臂梁桥	360+192+300	1903—1909年	1 800万
狱门大桥	下承式钢拱桥	310	1912—1916年	—
乔治·华盛顿大桥	华伦式钢桁加劲梁悬索桥	185.9+1 066.8+198.1	1927—1931年	5 900万
罗伯特·肯尼迪大桥	悬索桥	847+235+488	1929—1936年	6 000万
布朗克斯白石大桥	单层悬索桥	224+700+224	1936—1939年	1 750万
韦拉札诺海峡大桥	华伦式钢桁加劲梁悬索桥	370.3+1 298.4+370.3	1959—1964年	3.2亿

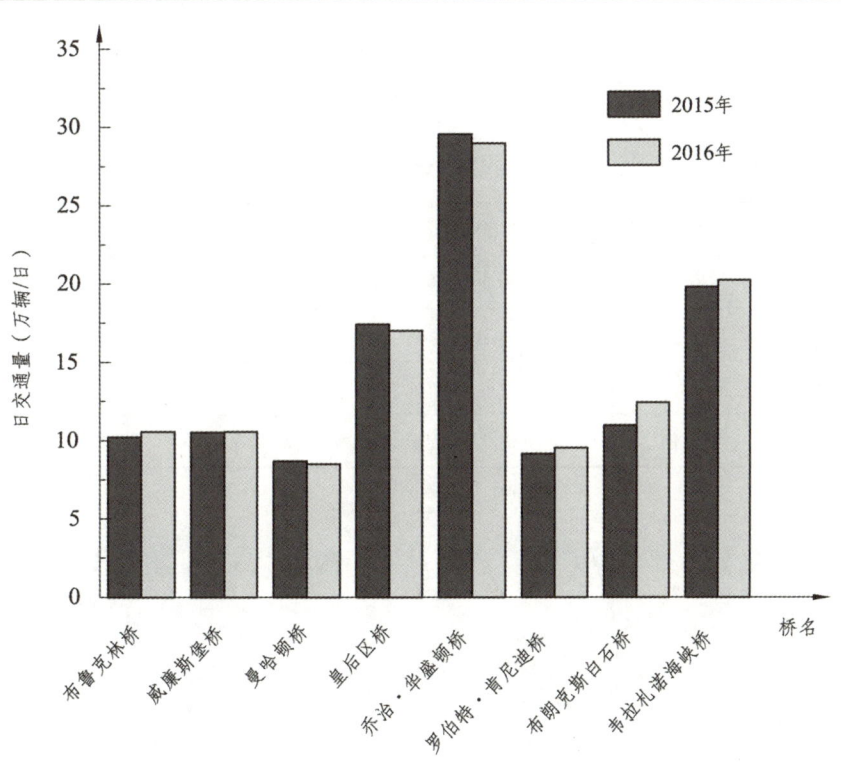

图4-2 各桥交通流量

4.2 布鲁克林大桥

4.2.1 工程背景

1830—1990年,纽约布鲁克林区人口每十年翻一番,且当时布鲁克林与曼哈顿的经济联系很紧密,交通方式主要依赖轮渡。有调查表明:1860、1864和1868年的轮渡运输量分别为3 300万人/年、4 100万人/年和4 900万人/年。由于往来频繁,渡轮每天来回穿梭在海湾上增加了风险[1]。自1800年以来,当地迫切需要修建一座跨越东河,从纽约布鲁克林到曼哈顿的桥梁。德裔美籍工程师约翰·罗伯林(John Roebling)曾在1867年提交的报告中详细地介绍了包括行人、马车和铁路交通在内的桥梁方案,可极大缓解渡轮的交通压力。当时美国大多数建筑高度不超过5层楼,而布鲁克林桥主塔就有25层楼高,且首次采用钢丝主缆,经过13年艰难施工才竣工。布鲁克林大桥至今仍然是美国最著名的大桥之一。

在纽约东河上建桥最大的挑战是不能影响港口航运。早在1811年,托马斯·波普(Thomas Pope)就提议修建一座横跨东河的桥。1836年,约瑟夫·斯威夫特(Joseph Swift)则提议修建1条可以让人和车辆通过的堤坝。1855年,朱利叶斯·亚当斯(Julius W. Adams)也提出在富尔顿渡口(Fulton Ferry)和查塔姆广场(Chatham Square)间的建桥计划。1856年,约翰·罗伯林请求勘察东河沿岸,以寻找合适的桥位。1857年,纽约州议会开始讨论在东河上修桥的提案。同年3月,约翰·罗伯林展示了桥梁的初步设计及建桥成本等。在1864年,纽约州立法机关提出了一项法案,成立调查委员会研究修建桥梁的可行性。约翰·罗伯林于1865年提交了方案,但直到1867年4月,立法机关才通过了成立纽约大桥公司的法案。1867年,约翰·罗伯林最终被任命为布鲁克林桥的总工程师,布鲁克林大桥的历年建桥规划如表4-2所示。桥址如图4-3(a)所示,立面布置如图4-3(b)和(c)所示。

表4-2 建桥规划

时间	设计者	桥址	方案
1811年	托马斯·波普	富尔顿街至查塔姆广场	提出横跨东河的桥
1836年	约瑟夫·斯威夫特	富尔顿街至查塔姆广场	提议修建供人和车辆通行的堤坝
1855年	朱利叶斯·亚当斯	富尔顿街至查塔姆广场	—
1865年	约翰·罗伯林	金沙街至纽约公园	主跨486.3 m、边跨285 m的钢桁加劲梁悬索桥

(a)桥址

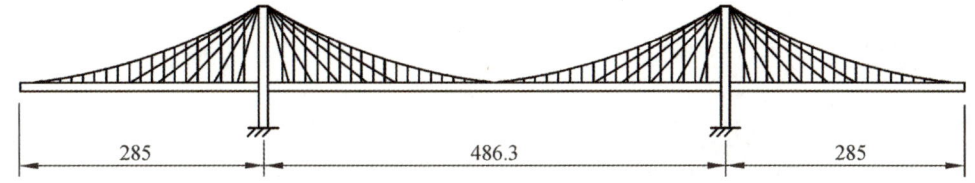

(b)立面布置(单位:m)

(c)全景

图4-3 布鲁克林大桥

布鲁克林大桥的建设是一项史无前例的工程,没有工程先例可供参照。1869年,布鲁克林大桥由纽约大桥公司建造,但在开工前不久,约翰·罗伯林因患破伤风而去世,后由其子华盛顿·罗伯林(Washington Roebling)接任总工程师一职。原因为:①对于主缆,华盛顿·罗伯林是唯一具有制造大型主缆经验的人,能够保证主缆承受既定的荷载;②对于桥塔和塔基的建设,华盛顿·罗伯林曾经在约翰·罗伯林的指导下在欧洲学习一年,专门研究如何进行沉箱法施工,因此很清楚建造桥塔的施工方案;③对于工程设计,华盛顿·罗伯林曾经从事过初步设计方案的筹备工作,所以没人比他更胜任布鲁克林大桥总工程师一职。

大桥主跨486.3 m,桥宽26 m,是当时世界上最长的悬索桥。当初,受旧金山(San Francisco)缆车系统启发,在桥面中间修建了缆车轨道,两侧是汽车道。布鲁克林大桥1869年开工,1883年5月24日竣工通车,耗时约13年,耗资1 550万美元。大桥通车后轮渡几乎停航。1944年,桥上的铁轨拆除,扩建为6车道。

4.2.2 结构设计

1. 设计条件

东河平均深度约为10 m,特别是在长岛海峡和东河交界处,有一个称为"地狱之门(Hell Gate,狱门大桥址处)的不稳定水流区",此处水深超过20 m,一天中的大部分时间里潮水都在变化,帆船航行非常困难。在"地狱之门"河道以下,东河水深不同[2]。经钻孔勘测,两岸的地质条件均良好。布鲁克林大桥全长1 834 m,比1866年约翰·罗伯林在辛辛那提(Cincinnati)修建的约翰·罗伯林大桥(John A. Roebling Bridge)长165 m,其设计跨度比之前任何一座大桥都要大[3]，设计条件如表4-3所示。

表4-3 设计条件

桥　型		四主缆斜拉-悬吊组合体系
跨径布置		（285+486.3+285）m
桥下净空高度		41 m
主要构件	主缆	主缆中心距15.11 m
	加劲梁	钢桁梁，梁高5.2m，双向六车道
	主塔	高85 m
引桥	曼哈顿侧	478 m
	布鲁克林侧	296 m

2. 下部结构

主塔基础的沉箱由大量的石灰石砌块、混凝土和黄松木组成，如图4-4所示。沉箱尺寸为51 m×31 m（长×宽），厚2.4 m。布鲁克林侧沉箱位于高水位以下13.6 m，底部位于沙砾层中，覆盖在基岩以上9.1 m厚的地层上[4]。而曼哈顿侧沉箱位于高水位下23.9 m，处于约2.1 m厚的非常致密的砾石、鹅卵石和基岩上，该地质坚硬，因此桥基建在该基础上。沉箱顶部设计时能够承受的压力为480.2 kPa，两主塔均由沉箱基础支撑，主塔基础截面如图4-4所示。

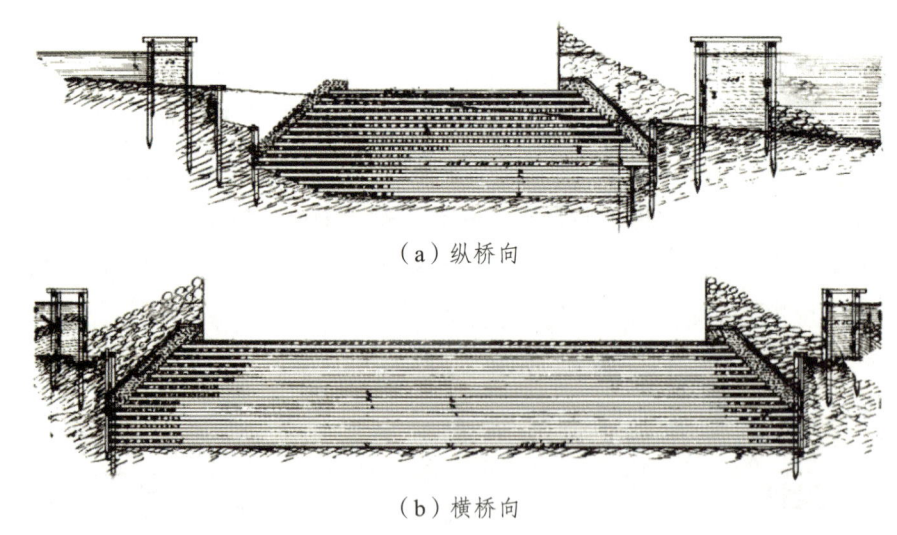

（a）纵桥向

（b）横桥向

图4-4 主塔基础截面

主塔为哥特式拱门形式，如图4-5所示，标志性的尖拱贯穿塔楼，拱门开口高36 m，宽10.29 m。主塔设计高度为85 m，塔底尺寸为48 m×18 m（长×宽），使用石灰岩、花岗岩和水泥材料建成[5]。塔顶鞍座内外侧构造如图4-6所示，通过锚栓将鞍座固定在塔顶，鞍座中的铁制辊筒可传递荷载。

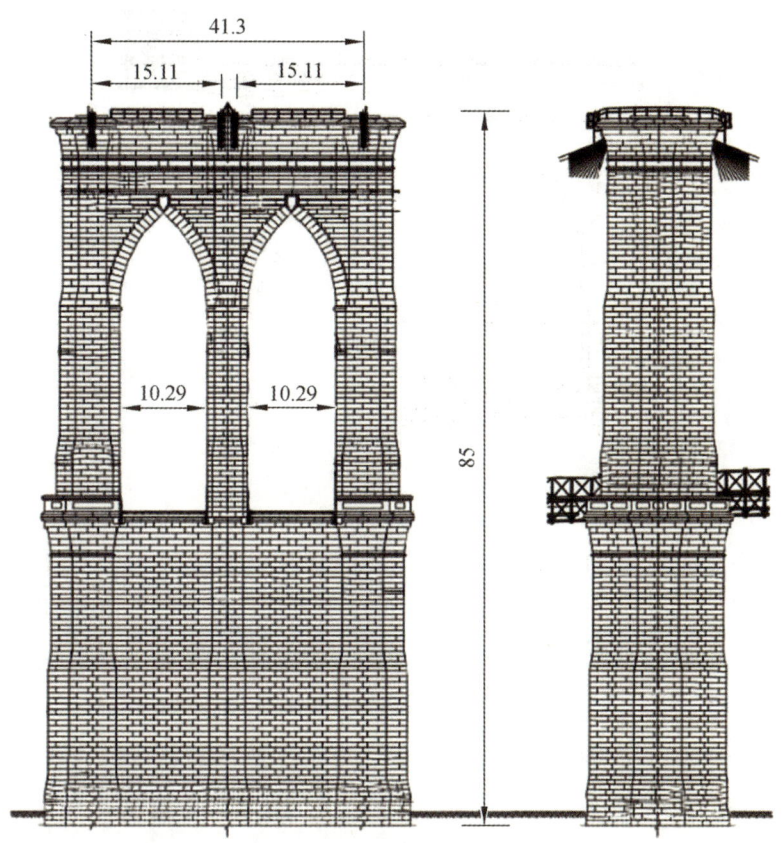

图4-5 桥塔构造（单位：m）

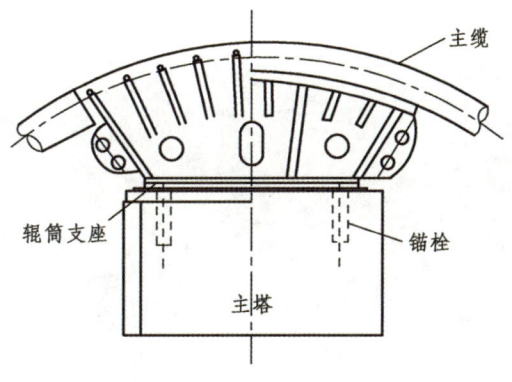

图4-6 鞍座构造

大桥两侧重力式锚碇均位于岸上，外形呈梯形。锚碇尺寸为：上顶面36 m × 32 m（长×宽），下底面39 m × 36 m（长×宽），两侧锚碇的高度有所不同，布鲁克林侧高85.76 m，其底部位于黏土层上，而曼哈顿侧高89.24 m，位于地质条件较好的基岩上。每个锚碇内有4个锚板，锚板尺寸440 mm × 410 mm × 64 mm，锚碇及锚板位置如图4-7所示。

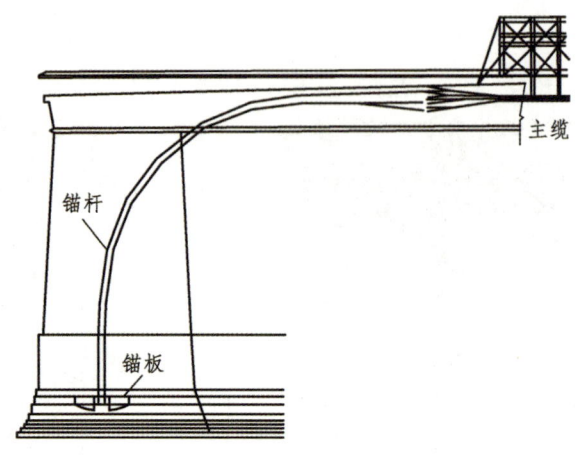

图4-7 锚碇内部构造

3. 上部结构

大桥主缆采用斜拉-悬吊组合体系，4根直径0.4 m的钢丝主缆，两侧各1根，另外2根靠近道路中心[6]。主缆中心距为15.11 m。每根主缆由19股，每股278×φ4.7 mm高强镀锌钢丝组成。每根主缆由不同长度的钢丝采用螺旋接头连接起来。为防止在主塔顶部产生侧向应力，主缆并没有固定在主塔上，而是主塔顶部设计了一个可滑动的鞍座，其下部的45个铁铸辊轴可滑动[7]。主塔两侧对称布置有斜拉索，从塔顶斜拉下30余根斜拉索，如图4-8所示。斜拉索对悬索桥起到增加刚度的作用，斜拉索和吊索相交处将两者连起来，可减小斜拉索的垂度变化和风致振动，如图4-9（a）所示，这是罗伯林体系悬索桥的共同特征。大桥共有380根吊索，形式如图4-9（b）所示。

图4-8 主塔处的斜拉索

(a) 斜拉索和吊索连接

(b) 吊索形式

图4-9 吊索

加劲梁采用高5.2 m的钢桁梁，高跨比1∶94，全桥6片加劲桁架梁总共能够承受19.96万t荷载，如图4-10所示。最初设计为公铁两用桥面，后铁路被拆除改为公路，桥面总宽26 m，其中人行道设置于横断面中部。罗伯林体系这种结构形式的桥梁可以使加劲梁挠度减小，同时也可降低加劲梁的梁高[8]。

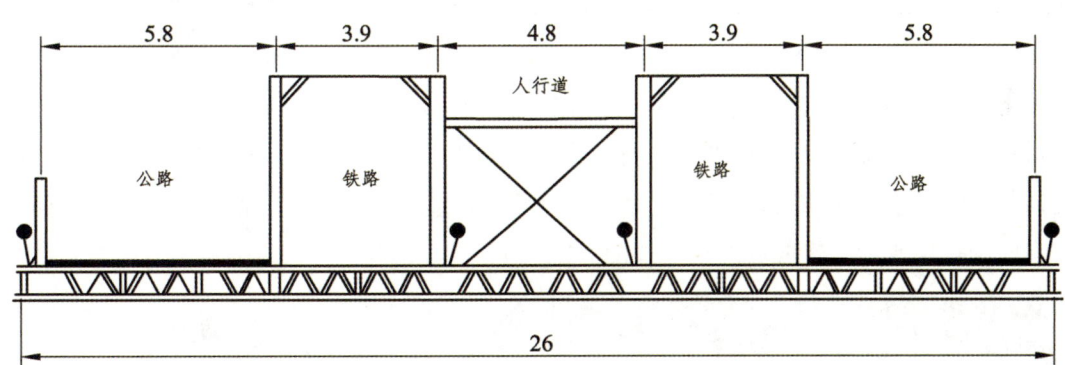

图4-10 加劲梁横断面（单位：m）

4.2.3 施工

1. 下部结构

布鲁克林大桥于1870年1月2日开工，最大的难题是如何将大质量沉箱沉入河床。自1841年法国首次使用气压沉箱法（Caisson method）建造了卡隆桥（Caron Bridge）以来，这种施工方法被广泛地应用于桥梁[9]。所谓的气压沉箱，就是倒放的木箱子，当岩石堆积在木箱顶面时，岩石重量使沉箱不断往下沉，逐步压入河床的淤泥和岩石中，随后往沉箱内部灌入混凝土，形成塔基。

布鲁克林大桥的沉箱由厚板材制成，顶部为15层木材，底部的四周为刃脚。施工时使用气压机不断将空气注入沉箱,当沉箱往下沉过程中,内部的气压增大,这样能防止外部压力压溃木沉箱。到达设计位置时布鲁克林侧沉箱内部的气压为140 kPa,曼哈顿侧为240 kPa。工人长时间在高气压、高含氮量的环境中施工,容易患上"减压病(也称为沉箱病)"[10]。工人用铁锹和铲子在沉箱中开挖,坚硬的石头需钻孔爆破。压力降低可能导致沉箱被压垮,因此爆破时需防止压缩空气流出,沉箱施工如图4-11所示。布鲁克林侧沉箱花费2个月的时间才达到水下7~8 m深。还曾在施工时发生过火灾,因此曼哈顿侧的沉箱施工时布满了防火铁板。锚碇采用吊机施工完成,如图4-12所示。

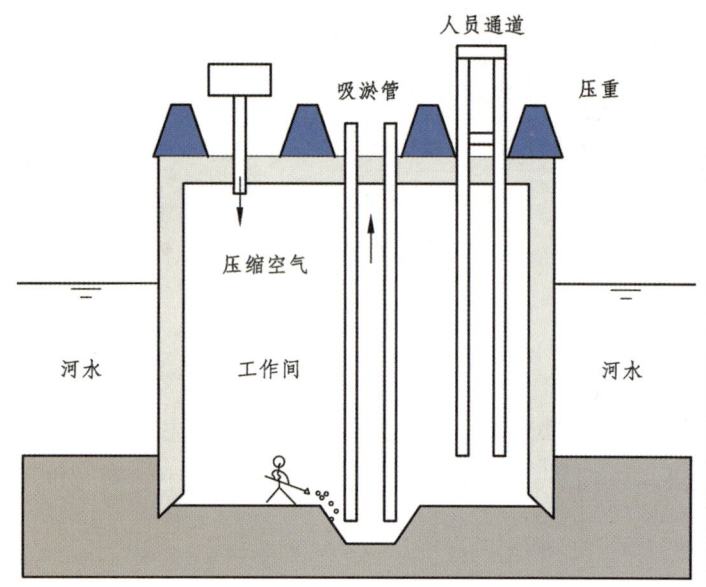

图4-11 沉箱施工过程

图4-12 锚碇施工

主塔于1872年开工,花费4年的时间才完成,如图4-13所示,主塔用圬工材料建成,由岸边的蒸汽机提供动力,通过轮滑系统将砖石块沿着直径为38 mm的钢丝绳运送到桥塔旁,用吊机吊到设计位置[11]。随着主塔高度升高,吊机向上移动,直至主塔施工完成。在主塔顶部安装鞍座,鞍座如图4-14所示。建成后的桥塔如图4-15所示。

(a)起吊施工　　　　　　　　　(b)桥塔根部施工

图4-13 桥塔施工

图4-14 鞍座

（a）主塔全景

（b）主塔侧面

图4-15 主塔

2. 上部结构

主缆的架设采用空中编缆法，首先利用驳船拖1根先导索过河，到塔底时将先导索吊起到塔顶，利用这根先导索来架设1条牵引绳，重复工作完成第二根牵引绳，架设第一根主缆场景如图4-16所示。猫道承重索用来建造宽为1.2 m的猫道，将2根承重索连接在一起，通过纺丝轮将1根根的钢丝在空中牵拉，来回牵引将278根钢丝形成一股平行钢丝束，用螺旋线将19股钢丝束缠绕并捆绑在一起形成1根主缆，捆绑主缆的工具如图4-17所示[12]，主缆架设如图4-18所示。紧缆后主缆直径为0.4 m，每根主缆长1 090.7 m。一般对主缆钢丝进行防锈往往在表面涂一层油脂，而考虑东河上雨水和空气对主缆的腐蚀，布鲁克林桥的钢丝则在其表面镀锌。

在主缆架设过程中曾出现问题，分包人用大量铁丝来代替钢丝制作主缆，造成施工时其中1根突然崩断。华盛顿·罗伯林检查发现供货商将合格的钢丝调换为质量低劣的钢丝，并有一部分已缠入主缆[13]。由于之前罗伯林父子制定的安全标准比较高，他们设计的主缆安全系数超过6，之后在架设其余主缆时华盛顿·罗伯林要求每根主缆比原计划增加150根优质钢丝。

图4-16 第一根主缆架设　　　　　　　图4-17 主缆缠丝设备

（a）锚碇处主缆锚固

（b）编丝轮

（c）猫道

图4-18 主缆架设

加劲梁从主塔开始向两侧施工，如图4-19所示。由于华盛顿·罗伯林认为重量大、刚度大的加劲梁是悬索桥在大风环境下保持稳定的关键，加劲梁使用钢桁架拼装，采用1 520根吊索和400个对角撑杆吊起并支撑加劲梁。施工时在桥面设置了预拱度，一定程度提高大桥的美观度。桥面中间的人行道比铁路和公路路面更高，行人具有更开阔的视野。

图4-19　加劲梁施工

4.2.4　运营维护

布鲁克林大桥建成通车当天一共约有1 800辆车、15万名行人过桥[14]。1884年，大桥开放一年内，日通行量为3.7万人/天，全年通行850万人。1885年，增长到1 700万人。2016年，大桥平均日交通量为10.56万辆/天。如今布鲁克林桥的桥面情况如图4-20所示。1911年7月，在纽约市长威廉·杰伊·盖诺（William Jay Gaynor）倡议下大桥取消了通行费，造成交通量日益激增，承受荷载增大也导致大桥后期出现问题。

1901年，布鲁克林大桥有12根吊索断裂，于是每天有5名工人巡查大桥。1980年，经检测后发现主缆部分位置中有一半的钢丝发生了断裂。1981年，桥上2根斜拉索发生断裂，锚碇内部主缆检查出腐蚀。1986年，大桥首次更换主缆。1999年，发现大桥上混凝土出现剥落的情况。

1948年开始，耗资700万美元对桥面进行改造，使用钢筋混凝土桥面板[15]。1999年，桥面板再次更换，采用正交异性钢桥面板，以减轻自重，缩短工期。正交异性钢桥面由工厂制造，可减少现场施工时间。重新喷涂加劲梁，更换生锈的栏杆。大桥桥面布置变化如图4-21所示[16]，大桥1883年建成时主要用于铁路和马车，后因交通需要在1898年将马车道改为汽车道和缆车道，1952年，加劲梁桁架进行调整，加固横梁杆件，拆除内侧桁架，两端新增两片钢桁架并使用联结系形成空间稳定结构，桥面铁轨全部拆除，成为双向六车道。2016年，加固了主塔基础，防止主塔下沉。

（a）汽车道

（b）人行道

图4-20　桥面情况

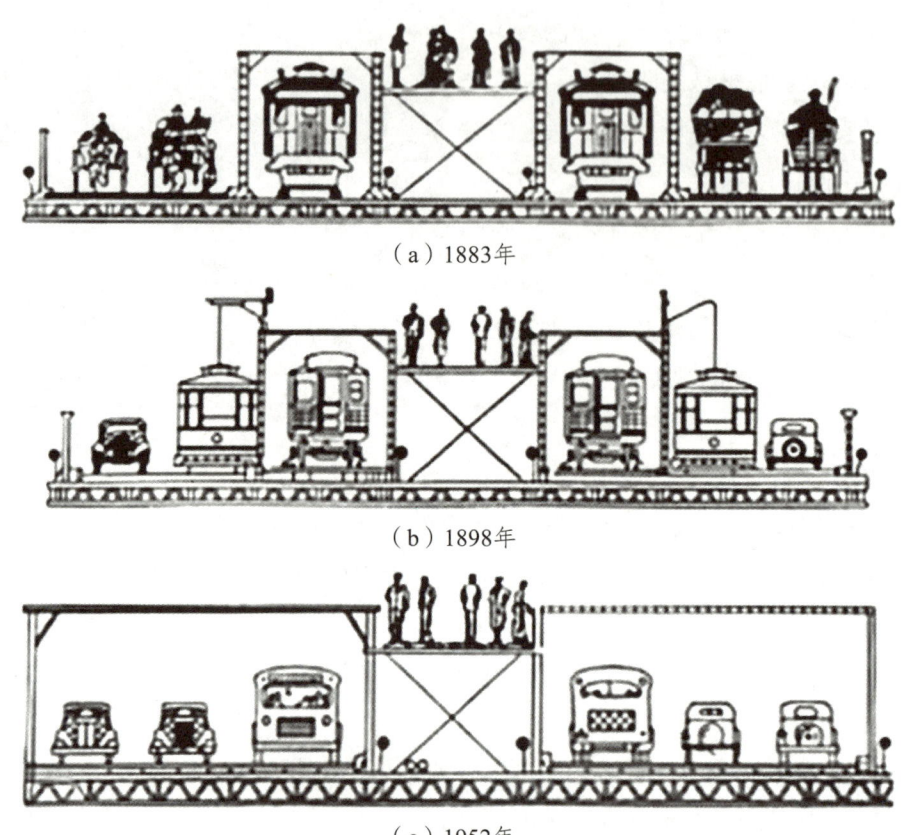

(a) 1883年

(b) 1898年

(c) 1952年

图4-21 历年桥面布置变化

4.2.5 结论

布鲁克林大桥在1883—1929年间保持着世界第一大跨悬索桥的称号，1964年被评为美国国家历史纪念建筑[17]。罗伯林家族在设计该桥时，悬索桥的计算理论和方法尚不成熟，气动稳定方面的认知也不够深入。在这种情况下，他们完成了这一宏伟建筑，为建造大跨悬索桥提供了宝贵的经验[18]。

（1）结构设计。布鲁克林大桥为斜拉-悬吊组合体系，这是罗伯林设计悬索桥的一大特点，是世界上首次使用钢丝主缆建造的悬索桥梁。布鲁克林大桥因其独特的斜拉-悬吊组合形式比悬索体系刚度大，使大部分内力由斜拉索承担，抗风稳定性更优。同时，它采用哥特式桥塔，造型美观，外形极具辨识度；采用圬工材料，抗压强度高。大桥建成时是纽约最高的建筑物之一。

（2）施工。基础施工采用气压沉箱法，该桥是较早使用该方法的工程，因此施工方法并不成熟，施工难度大且工期长。主塔使用吊机施工，采用圬工材料建成的砖石结构。4根主缆架设采用空中编缆法，后美国许多大跨悬索桥均采用该方法，并在施工时提高了主缆的安全系数。钢桁加劲梁从主塔处向两侧对称悬臂架设，施工速度更快。

（3）运营维护。大桥的斜拉索和吊索发生断裂，缆索锈蚀情况严重，大桥的主缆被更换。为适应交通量，行车道经过两次改造，最终铁轨被替换成汽车道，成为双向6车道。混凝土桥面板被替换成正交异性钢桥面板，提高了桥面板的使用寿命。

4.3 威廉斯堡大桥

4.3.1 工程背景

1883年布鲁克林大桥通车后，交通量很快超过预期。早在1860年末，布鲁克林大桥的设计师约翰·罗伯林预计，需要修建更多横跨东河的桥梁，才能适应纽约和布鲁克林的人口增长和经济发展，因此1896年，第二座跨东河的大桥——威廉斯堡大桥（Williamsburg Bridge）开始建设，总工程师是列佛·巴克（Leffert L. Buck）。他曾参加过美国内战，在尼亚加拉瀑布城（Niagara Falls）建造上承式钢桁拱桥（Whirlpool Rapids Bridge）以替换罗伯林先前建造的承载能力不足的铁路悬索桥（Niagara Falls Bridge）[19]。威廉斯堡大桥连接曼哈顿的迪兰西街（Delancey Street）和布鲁克林区威廉斯堡的百老汇（Broadway），连接了布鲁克林的278号州际公路和皇后区高速公路。威廉斯堡大桥开通后曾是当时承载能力最大的桥梁，有2条铁路线（后均改为地铁线），两侧各有2条汽车车道，人行道和自行车道。威廉斯堡大桥主跨为488 m，全长为2 227.5 m，桥面宽36 m，是当时世界上最长的悬索桥，直至1924年熊山大桥（Bear Mountain Bridge）建成才打破这一纪录[20]。威廉斯堡大桥是最后一座采用弹性理论（一阶分析理论）设计的大跨悬索桥，主塔和加劲梁结构因此显得笨拙。威廉斯堡大桥工期为7年，1903年12月19日通车，只有布鲁克林大桥工期的一半，造价最初估计为700万美元，但实际造价为2420万美元，是计划造价的3倍以上。威廉斯堡大桥在2009年被美国土木工程师协会指定为美国国家历史性土木工程地标。

1892年，弗雷德里克·乌尔曼计划建造1条横跨东河的通道。该通道将布鲁克林高架铁路穿越东河延伸至曼哈顿，并计划了2条新的铁路线：1条通向西区的制造区，另1条通向华尔街（Wall Street）地区。他还计划了两座桥：位于威廉斯堡大桥现桥址的铁路悬索桥，及位于曼哈顿大桥现桥址以北的铁路悬臂梁桥。1892年4月，乔治·康奈尔（George Cornell）也提出了建桥计划，建造一座类似于布鲁克林大桥的悬索桥，跨度为493.8 m，桥面宽32.3 m，桥面布置为2条汽车道、4条火车轨道和1条人行道，塔高85.3 m，高水位时的桥梁净空高度为41 m，与布鲁克林大桥的净空高度大致相同。这些都只是对建设新东河大桥的规划，最终经过不断的讨论，委员会一致决定建造一座桥宽不超过36 m的桥梁，桥上有6线轨道，其中2线用于铁路，4线用于地铁。1895年5月27日，悬索桥建造法案被批准。从布鲁克林的百老汇，到曼哈顿的迪兰西街。批准的这个方案正是列佛·巴克所提出的。该桥总体规划最终于1896年8月19日分别提交给布鲁克林和纽约的公共工程部门。1896年开始在东河上建造威廉斯堡大桥，施工期间由于布鲁克林和纽约正在合并（在此之前是2个不同的城市），因此在1898年工程暂停。在所有5个行政区联合起来后，才恢复了建设。桥址如图4-22（a）所示，其立面布置如图4-22（b）和（c）所示[21]。

(a)桥址

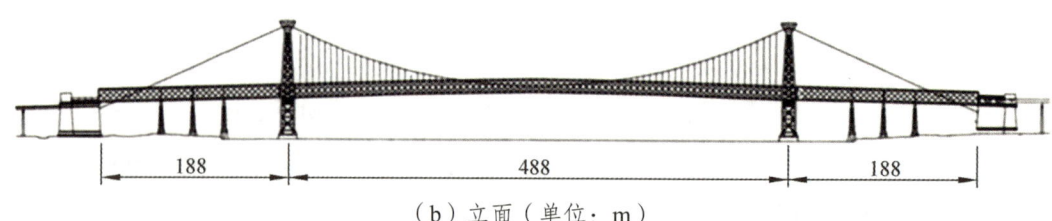

(b)立面(单位:m)

(c)全景

图4-22 威廉斯堡大桥

4.3.2 结构设计

1. 设计条件

威廉斯堡大桥主跨488 m,全长2 227.5 m,为三跨钢桁加劲梁悬索桥。桥址处水文与地质条件如下:①水文。涨潮时桥址处的水深18.28 m,河流流速9.6 km/h[22];②地质。威廉斯堡大桥桥址处的河道宽阔,曼哈顿侧引桥的地基下7 m深为粉砂和粉质砾石砂,而布鲁克林侧引桥的地基下15 m深为粉砂和粉质砾石砂,2个主塔位置下是淤泥和黏土,后来在修建主塔地基时进行了加固,在河床以下30 m深处是片麻岩和片岩[23],如表4-4所示。

表4-4 设计条件

桥型	四主缆钢桁加劲梁悬索桥
跨径布置	（637+182+488+182+474）m
桥下净空高度	41 m
构造体系 上层	2条宽3.7 m的行人道和自行车道
构造体系 下层	四条宽5.5 m地铁轨道，2条宽3.5 m列车轨道，2条宽6.1 m汽车道
构造体系 钢桁梁尺寸	桁高12.2 m
构造体系 主塔	高92 m

2. 下部结构

主塔基础尺寸为 23.2 m × 18.3 m × 9.4 m（长×宽×高），总重约为110 t的沉箱。沉箱内部灌注混凝土，3层木栅栏支撑在沉箱上，上面铺设1.5 m厚的混凝土层。两侧采用重力式锚碇，如图4-23所示。

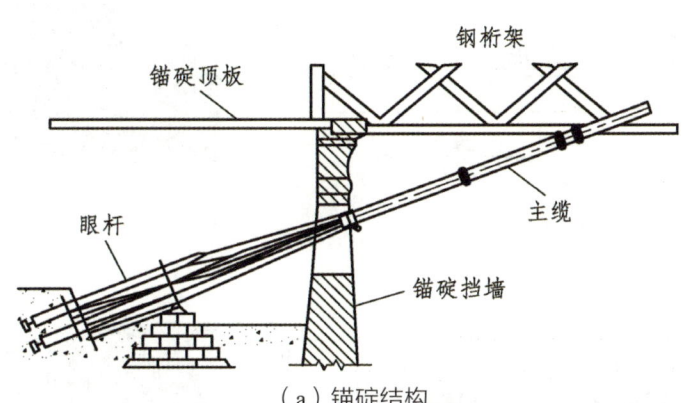

（a）锚碇结构

（b）曼哈顿侧锚碇

图4-23 锚碇

主塔采用钢结构，高92 m，宽12.2 m，如图4-24所示[24]。每个主塔的基座重11 t，每个基座都通过4个长2.1 m、直径76 mm的螺栓固定在沉箱上。主塔立柱之间通过交叉型杆件连接起来，并支撑固定在4个砖石基座的构件上。主塔上的2个滚动轴承的中间附加支撑，其宽度与主塔相同。大桥边跨由3个支墩来支撑，每个支墩为带有4个立柱的钢制门式框架，高27 m，如图4-25所示。

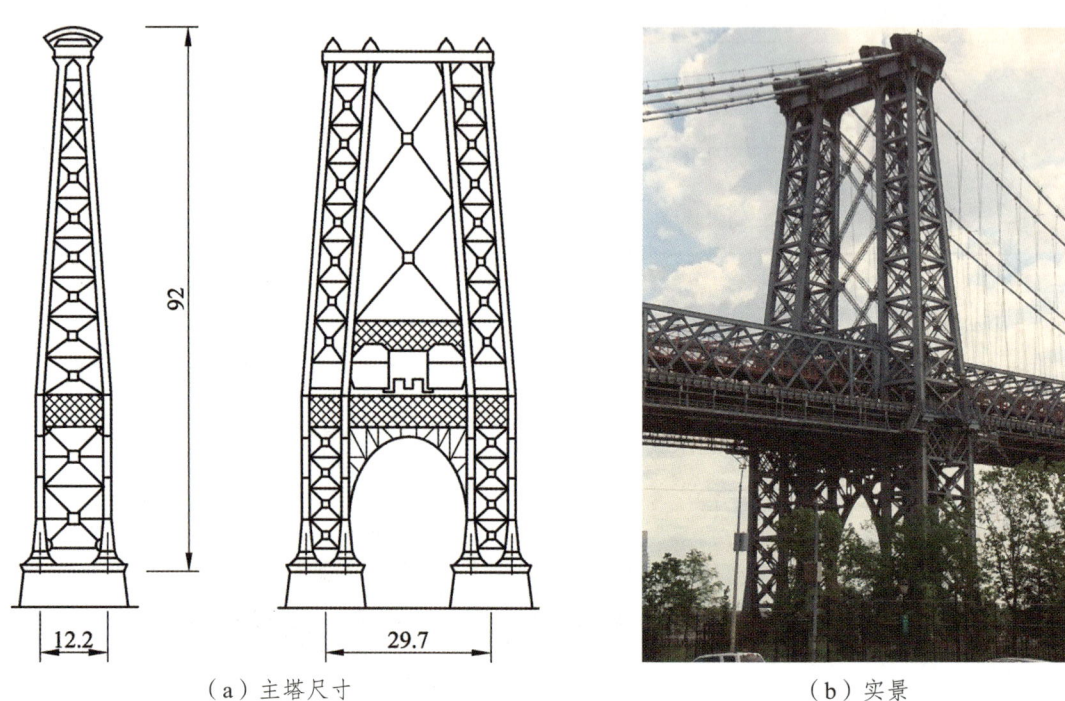

（a）主塔尺寸　　　　　　　　　　　　（b）实景

图4-24　主塔（单位：m）

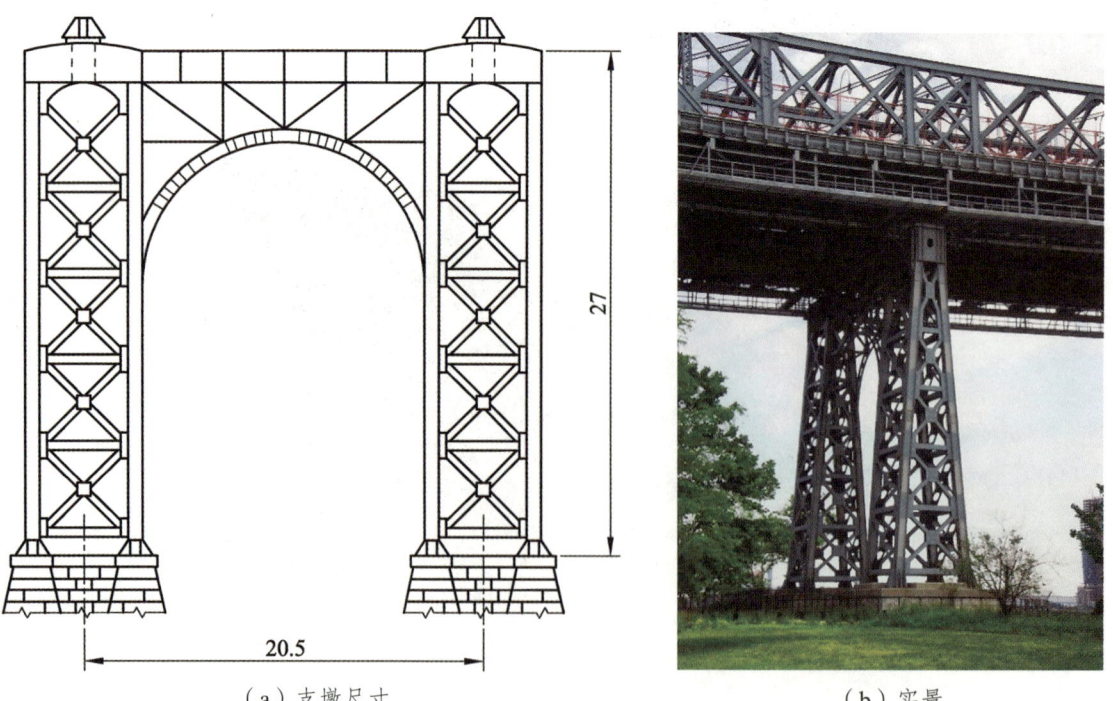

（a）支墩尺寸　　　　　　　　　　　　（b）实景

图4-25　支墩（单位：m）

3. 上部结构

威廉斯堡大桥有4根主缆，每根主缆长982.7 m，直径476 mm，由每股208根直径4.9 mm钢丝组成[25]，4根主缆包括吊杆重量为4 344 t。与纽约其他桥主缆不同，威廉斯堡大桥的主缆没有镀锌[26]。威廉斯堡大桥的缆索全部由布鲁克林大桥设计者罗伯林家族的钢丝公司提供，钢丝抗拉强度实测值高达1 447.9 MPa。吊杆通过重型铸铁索夹固定在主缆上，该桥边跨并没有设置吊杆。

钢桁加劲梁主要由2片平行桁架组成，高12.2 m，间距20.4 m，如图4-26所示。双层桥面，加劲梁通过桥面系统，钢桁架和横梁组成，各根杆件连接采用铆接，形成空间稳定的受力结构。纵梁梁高1.3 m，顶部平齐，设置在每片桁架之间。从横断面上看，纵梁又向桁架外两侧延伸，形成支撑边上桥面的悬臂结构。支撑加劲梁采用盆式支座，有效地将荷载传递到主塔及支墩上。

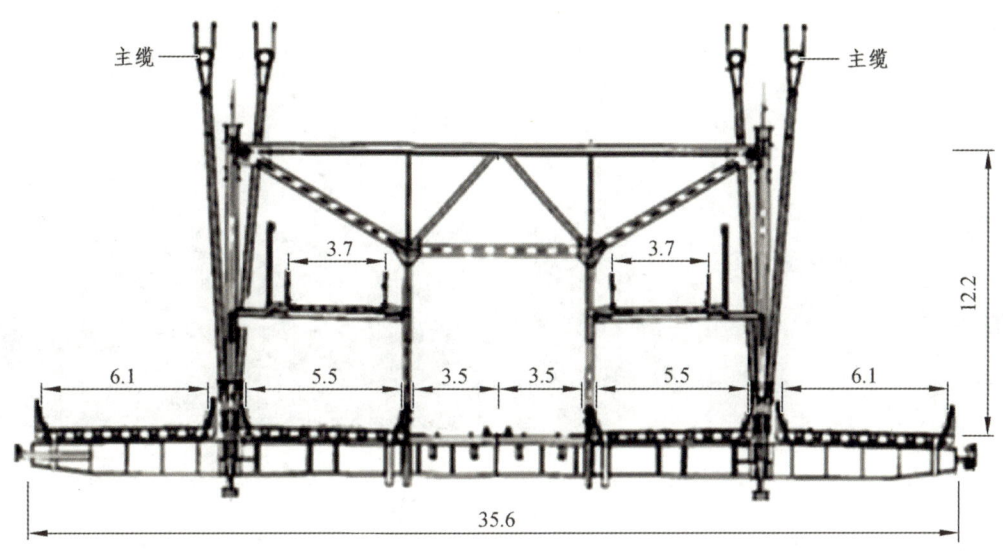

图4-26 加劲梁横断面（单位：m）

4.3.3 施工

1. 下部结构

主塔基础采用沉箱法，沉箱在威廉斯堡的一家造船厂制造。由于沉箱顶部相对较薄，箱顶板采用木-混凝土组合板，砖石砌筑在混凝土上。沉箱尺寸很大，在潮汐和河流的作用下会发生轻微的变位，但不影响基础施工。沉箱施工过程如图4-27所示。

（a）预制

（b）入水

(c)下沉　　　　　　　　　　　　　(d)定位

(e)顶部施工　　　　　　　　　　　(f)曼哈顿侧主塔基础

图4-27　沉箱施工过程

主塔底部有8个预先安装在石礅上的铸钢基座,每个基座重11 t,通过4个2.1 m长、直径76 mm的螺栓固定在石墩上。主塔从基座开始向上施工,施工如图4-28所示,首先在中间搭建支架,主塔各根杆件通过支架上的吊机吊装。由于主塔为钢结构,因此施工十分迅速。当桥塔基本完成后,拆除木制的支架,而在塔顶设置1个大刚度的框架,便于吊起鞍座。

(a)钢塔准备施工

(b)边跨支架

(c）钢塔基础

(d）钢塔的8个基座

(e）主塔架设到与路面同一高度

(f）安装支架

(g）接近塔顶

(h）封顶前

图4-28　主塔施工

由于曼哈顿侧锚碇地基承载力较差，在建造锚碇时打入3 500根桩进行加固，大幅度增加了造价，当时共耗资75万美元。锚碇均建造在用混凝土覆盖的木格栅上，木格栅上放置砌石。建造时同样先搭建支架，锚碇基础用混凝土和石灰石等圬工材料，其上则采用花岗岩建造，如图4-29所示。

（a）眼杆

（b）布鲁克林侧锚碇

图4-29 锚碇施工

2. 上部结构

主缆施工采用空中编缆法。1901年8月11日，通过拖船牵引第一根丝股过东河，拖船甲板上缓慢旋转着巨大的钢圈。将丝股端部提升至塔顶仅用了几分钟，然后调整其线形，达到设计位置。主缆架设通过直径1.2 m的送丝轮完成送丝工作，如图4-30所示。将钢丝的一头固定在锚碇处，通过送丝轮，将钢丝运送到距离对岸约914.4 m。往后，一次要用2根钢丝将丝股拉紧并固定在索鞍上，当送丝轮往返104次后，1根主缆才算完成。当送丝轮将其他钢丝牵引完毕，以约6.1 m的间隔将索夹固定在钢丝束上，这样就可连接吊杆和加劲梁，从而承担主跨的全部重量[27]。当桥梁的吊杆全部安装完成并受力时，吊杆拉至其固定长度。主缆末端是一套钢制靴跟，如图4-31所示。主缆使用沸腾的亚麻子油，两层泥浆油和石墨防腐。紧缆后用浸有沥青化合物的棉絮物包裹，再用金属外壳包裹，每根主缆施工完成后重量达1 000 t。

图4-30 送丝轮

图4-31 靴跟

在建设过程中出现过事故，1900年11月10日，曼哈顿侧主塔顶部发生了火灾，导致施工停止，如图4-32所示，原因是一位工人打翻了塔顶工具房中的铆钉炉，引燃了干燥的木材，所幸没有造成人员伤亡。由于大火距离桥面上方60.8 m，超过了扑灭范围，只能任其燃烧。大火烧毁了桥上所有的木材以及猫道，当时认为这座桥损坏了，后经检查发现这些经历大火的主缆，之前已经通过防火试验，可快速修复。

图4-32　火灾后的情景

边跨加劲梁的施工通过支架架设，如图4-33所示。大桥加劲梁的架设首先完成的是边跨部分，如图4-34所示。在大桥两侧的引桥部分使用移动起重机架设，方便起吊梁段，大大提高了施工速度。高12.2 m的加劲梁不仅能承载大桥上的交通荷载，还能有效抵御大风。

图4-33　支架

图4-34　边跨加劲梁架设完成

4.3.4 运营维护

威廉斯堡大桥1903年12月19日开放,最初主要用于电车和火车。1911年,取消大桥通行收费。1932年1月,6条轨道中有4条被改建为宽5.5 m的汽车道,提高了通行能力,图4-35为桥上运营的地铁和外侧汽车。2016年大桥平均日交通流量达10.5万辆/天。

(a)外侧公路　　　　　　　　　　　(b)BMT地铁

图4-35　桥面运营

因长年缺乏维护,威廉斯堡大桥的结构性能严重恶化。建桥施工过程中为节省成本,也没有对钢丝进行镀锌处理防腐,而是使用黏稠油混合物[28]。1912年,一些短吊杆发生断裂。1922年,每根主缆上装了镀锌护套,但腐蚀仍然发生。1988年,经检测认为主缆强度仅剩余2/3,因此更换了3根主缆。2012年,纽约市交通局耗资1.73亿美元,完成了主塔的修复,主要是对主塔的塔架轴承和钢桁架系统等钢结构。在更换鞍座时,采用了铜质主缆鞍座外壳取代了大桥上已经生锈的冲压钢外壳。

关于主缆防护,1992年采用渗透性液体腐蚀抑制剂、红铅膏涂层、非镀锌线包裹和氯丁橡胶外包裹缆索系统。最后又改用纯亚麻籽油腐蚀抑制剂来保护重新缠绕的主缆免受腐蚀,因为该材料可很好地渗透到主缆钢丝内部。检查内部钢丝时,在主缆中切开出1个6 m长凹槽,使用特殊的压入式套圈在断丝处拼接1根新钢丝,然后在凹槽内涂油,如图4-36(a)所示,重新挤紧主缆。在主缆上涂红铅膏和包氯丁橡胶,红铅膏涂覆主缆的外表面并填充钢丝之间的空隙,以完全密封主缆。使用非镀锌的线圈缠绕主缆的钢丝,使其紧实,如图4-36(b)所示。氯丁橡胶包裹系统为主缆提供一层防水护套,如图4-36(c)所示。

(a) 凹槽内涂油　　　　（b) 线圈缠绕主缆　　　　（c) 氯丁橡胶包裹层

图4-36　主缆防护

1990年，纽约市交通局在威廉斯堡大桥上的维修投资就超过6亿美元。1998年6月，威廉斯堡大桥技术咨询委员会（WBTAC）批准了修复老化的悬索桥并更换引桥的项目，主要是用正交异性钢桥面板来代替钢筋混凝土桥面板。1999年，纽约市交通局和纽约市公交公司（New York City Transit）为适应J，M和Z线的地铁在边跨处新建钢支墩[25]。历年维护情况如表4-5所示。

表4-5　历年维护情况

时间	构件或部位	维修措施
1922年	主缆、吊杆	安装镀锌护套
1988年	主缆	更换3根主缆
1992年	缆索系统	腐蚀抑制剂、红铅膏和氯丁橡胶保护主缆
1998年	混凝土桥面板	采用正交异性钢桥面板
1999年	支墩	新建
2012年	钢塔	修复
2012年	索鞍	更换索鞍外壳

4.3.5　结论

威廉斯堡大桥是纽约第二座穿越东河的桥梁，作为当时最长的悬索桥，该桥在结构的设计方面体现了悬索桥建设的又一大突破。

（1）结构设计。威廉斯堡大桥是第一座采用全钢塔的桥梁，与当时的圬工主塔相比，可以加快建造速度和降低成本[29]，包括边跨支墩、桁架以及缆索结构均采用钢材。该桥设计为四主缆，边跨没有设置吊索，节省一定成本。由于该桥设计时采用弹性理论，结构体系略显笨拙，加劲桁架高度较高[30]。

（2）施工。威廉斯堡大桥主塔基础施工采用沉箱法，主塔、锚碇采用搭支架利用吊机吊装快速施工，虽基础较大，但主塔使用钢材建造可降低主塔的占地面积。边跨加劲梁通过沿着整个边跨施工支架来架设，引桥部分则利用移动起吊设备来架设，施工速度更快。

（3）运营维护。主塔钢结构进行了修复，同时为满足桥上地铁的运营，在边跨处新建了钢支墩，适应梁端转角。因检测出主缆强度降低过多而更换了3根主缆，并使用渗透性液体腐蚀抑制剂、红铅膏涂层、非镀锌线包裹和氯丁橡胶外包裹主缆进行防腐。混凝土桥面板更换为正交异性钢桥面，行车道经改建后，目前为公铁两用大桥。

4.4 曼哈顿大桥

4.4.1 工程背景

20世纪初随着曼哈顿与布鲁克林两地的交通量日益增大，修建连接曼哈顿下城与布鲁克林市中心的第三座桥梁——曼哈顿大桥（Manhattan Bridge）迫在眉睫。早在修建威廉斯堡大桥时，就有提议修建跨东河的第三座桥，历年的建桥规划如表4-6所示。1901年，纽约市桥梁专员古斯塔夫·林登塔尔（Gustav Lindenthal）提出了曼哈顿大桥的修建计划，其方案是采用以4根镍钢眼杆形成的主缆及笨拙的加劲梁组成的悬索桥。利昂·莫西夫（Leon Moisseiff）基于挠度理论，提出由桁架加劲梁、钢丝主缆和钢主塔组成的悬索桥，整体结构纤细美观。林登塔尔基于加劲梁刚度不足，工期过长和造价高等原因反对莫西夫的方案，但最终纽约市政艺术委员会（Municipal Art Commission）接受了莫西夫悬索桥方案，而林登塔尔也因此辞去桥梁专员及退出了美国后期的悬索桥建设项目。莫西夫是当时美国杰出的悬索桥工程师之一，他在布鲁克林大桥的日常检查工作中发现其吊杆频繁出现破损，原因是基于微小位移假定的弹性理论设计的悬索桥在结构受力和变形上不合理，他在应用约瑟夫·梅兰（Josef Melan）的二阶计算理论（考虑了主缆和加劲梁的挠度）后，得到的结果和实际情况更接近，因此他将梅兰的理论称为"挠度理论"，并大力推广挠度理论以建造纤细美观的悬索桥。他所设计的曼哈顿大桥就是第一座采用挠度理论建造的悬索桥，在车辆荷载作用下计算加劲梁弯矩时考虑了主缆位移的二阶效应。可以说已建成的布鲁克林大桥和威廉斯堡大桥确立了长大桥梁建造的必要技术，而挠度理论使得曼哈顿大桥设计更合理和经济[31]。曼哈顿大桥主跨451.1 m，边跨221 m，桥梁总长2 089.4 m，虽然比相邻的布鲁克林大桥和威廉斯堡大桥的主跨都要小一些，但被认为是现代悬索桥的先驱，后来的本杰明富兰克林桥（Benjamin Franklin Bridge）、旧金山奥克兰海湾大桥（San Francisco-Oakland Bay Bridge）和金门大桥（Golden Gate Bridge）都采用了挠度理论。

表4-6 历年建桥规划

时间	设计者	桥址	设计方案
1892年	弗雷德里克·乌尔曼	曼哈顿大桥现桥址以北	铁路悬索桥
1901年	古斯塔夫·林登塔尔	鲍里街（Bowery）和运河街的交汇处至布鲁克林的弗拉特布什大道	桁高为16.8 m的斜拉-悬吊组合体系
1903年	古斯塔夫·林登塔尔	鲍里街和运河街的交汇处至布鲁克林的弗拉特布什大道	悬索桥
1903年	利昂·莫西夫	曼哈顿下城区与弗拉特布什大道	主跨451.1 m，边跨221 m的双层悬索桥

曼哈顿大桥于1903年开工，1909年12月31日正式通车，当时造价3 100万美元，2009年被美国土木工程师协会指定为国家历史土木工程地标。桥址、立面布置如图4-37所示，上部结构为双层结构，上层双向四车道，下层三车道，1条地铁轨道，1条人行道和1条自行车道[32]。

（a）桥址

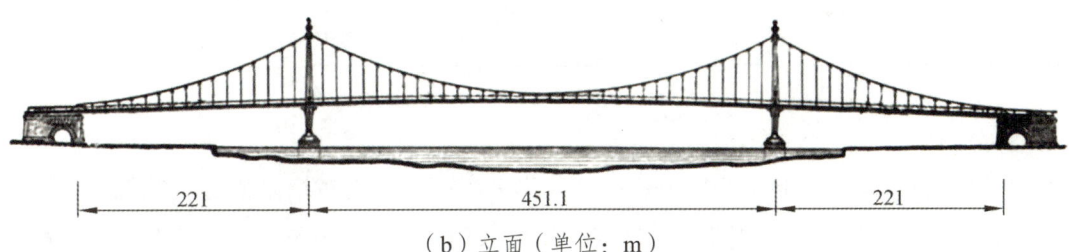

（b）立面（单位：m）

（c）实桥

图4-37　曼哈顿大桥

4.4.2 结构设计

1. 设计条件

曼哈顿大桥横跨东河，主跨451.1 m，大桥全长2 089.4 m，为三跨钢桁加劲梁悬索桥。加劲梁为公铁两用双层钢桁梁，上层四车道，下层三车道，1条地铁轨道，1条人行道和1条自行车道，桥面宽度37.1 m，加劲梁高7.3 m，桥塔高102.4 m。设计条件综述如表4-7所示。

表4-7 设计条件

桥型		四主缆华伦钢桁加劲梁悬索桥	
跨径布置		（221+451.1+221）m	
桥下净空高度		41.1 m	
构造体系	上层	2条宽均为7.0 m的汽车车道	
	下层	2条宽8.5 m的铁路，1条宽12.2 m的汽车车道，2条宽3.7 m的人行道	
	钢桁梁	桁高7.3 m，桁距8.5 m	
	主塔	高102.4 m	
荷载[16]	恒载	主跨每片桁架	重86.6 kN/m
		边跨每片桁架	重91.2 kN/m
	活载	60 kN/m	

2. 下部结构

桥址处钻孔勘测表明，地质情况良好，因此仍采用沉箱作为桥塔基础，沉箱尺寸为23.8 m×43.9 m，高达30.5 m。顶部外侧用花岗岩铺设。锚碇采用尺寸72.2 m×55.4 m×41.1 m（长×宽×高），重23.3万t的重力式锚碇，锚碇下方设有横向通道，方便车辆通过，如图4-38所示。

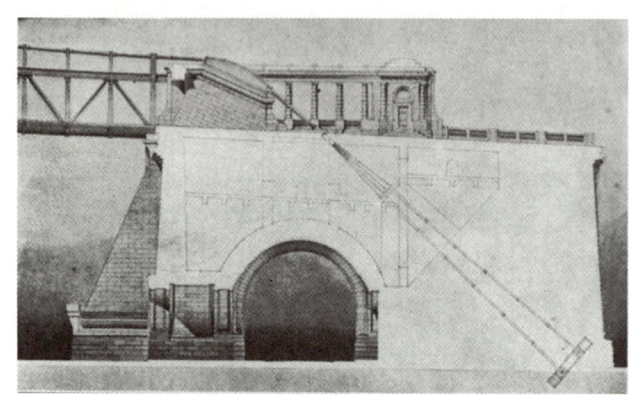

（a）内部构造　　　　　　　　　　（b）锚碇实景

图4-38 锚碇

钢主塔为柔性钢塔，结构更轻盈，如图4-39所示，主塔主要由4根大型钢柱组成，每根钢柱横桥向宽度1.5 m，纵桥向宽度由底部的9.8 m变化到塔顶的3.0 m，这些钢柱采用牢固的钢支撑连接在一起[32]。这种设计方式有极大优点：钢与砌体之间有较大接触区域，有利于为钢提供更大的承载面积。

主塔基座为铆接构件，如图4-40所示，尺寸为5.5 m×13.1 m×0.6 m，安装难度大。主塔底部由直径610 mm的大型钢销固定，同时销钉又将主塔与铸钢底座连接起来。这种设计的目的是使主塔所受的荷载均匀传递到桥墩上，即当荷载通过钢销的中心，然后将荷载通过大型的钢基座来分散，这样可以消除桥墩上不均匀压力。

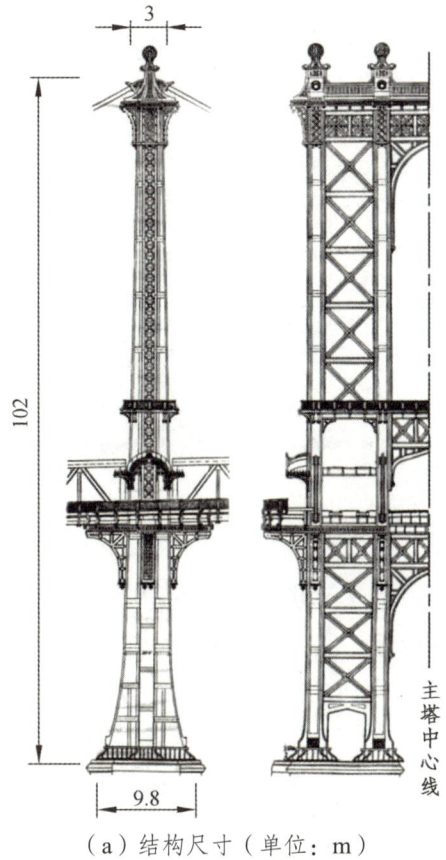
（a）结构尺寸（单位：m）

（b）实景

图4-39 主塔

图4-40 主塔基座

3. 上部结构

大桥有4根主缆，每根主缆由37股、每股256根直径为4.95 mm的钢丝组成，每根主缆直径为52.21 cm，每根主缆中总共有9 472根钢丝，4根主缆总拉力达3万t。钢丝抗拉强度为1 482.4 MPa，全桥总用钢总为4.2万t，其中4根主缆总重达8 600 t。采用骑跨式吊索，吊杆使用镍钢材料，如图4-41所示。4根主缆未固定在主塔顶部的鞍座上，如图4-42所示，而是自由地滑过鞍座，这是为了防止主跨结构发生挠曲时，在桥墩基础中产生巨大的弯矩[3]。

图4-41　骑跨式吊杆

图4-42　鞍座

加劲梁由4片钢桁架组成，如图4-43所示，每片桁架高度为7.3 m。每片桁架中心距为8.5 m，内侧桁架间距为12.2 m，桥面布置为上层4条汽车道，下层4条铁路、内侧3条汽车道和外侧的2条人行道。桥面采用板梁来承载，所有的板梁在梁的端部和中心点处均设置了支撑，下部的纵梁和横梁之间铆接，如图4-44所示。加劲梁桁架弦杆中采用当时的高强钢材——镍钢，容许应力为275.8 MPa，虽成本较高，但可降低结构自重，共耗费1.05万t碳钢和0.8万t镍钢。

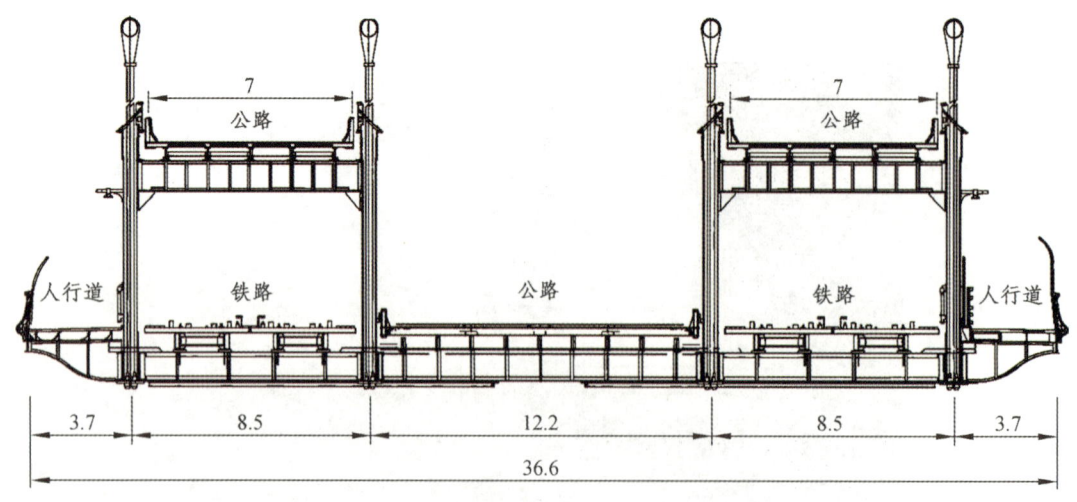

图4-43　加劲梁横断面（单位：m）

图4-44 纵-横梁连接

4.4.3 施 工

1. 下部结构

主塔基础施工仍然采用沉箱法。沉箱侧壁由两层0.3 m×0.3 m的木材组成,外层木材水平放置,内层木材垂直放置。在沉箱顶面上建造了木桁架形成的工作空间。重力式锚碇采用圬工和混凝土,基础为桩基,表面采用花岗岩修饰,采用吊机施工,如图4-45所示。在锚碇底部靠主跨处桩基,由于所受压力最大,桩间距向边跨逐渐减小。

图4-45 布鲁克林侧锚碇施工

主塔采用砖石墩作为施工平台,利用船运输钢构件到桥墩处,采用竖向升降起重机吊装施工主塔,随着塔高增加,施工支墩与钢主塔用工字钢连接起来,以防止主塔发生横向变形,确保主塔的稳定性,如图4-46所示。

图4-46　钢主塔施工

2. 上部结构

1908年6月开始采用空中编缆法架设主缆，如图4-47所示。钢丝通过编丝轮完成，锚碇处和主塔上有4个滑轮，因此，4根主缆可以同时施工。每个滑轮均由1个直径0.9m的带槽轮组成，并通过托架固定在牵引绳上，牵引绳通过重型滚筒支撑在猫道上。在锚碇处的滑轮，采用牢固的工字梁嵌固在锚碇中，钢丝通过滑轮传送到桥上。共37根索股编制好放置在鞍座中，排掉所有水分并采用钢制护套保护主缆防腐。大桥上架设了4条猫道，如图4-48所示。各根吊杆按照间距6.7 m安装，如图4-49所示。

图4-47　主缆施工

图4-48　猫道

图4-49 吊杆安装

1909年,加劲梁节段预制后由船运至桥址处,然后采用桥面吊机法施工加劲梁,施工时由主塔同时向两侧对称架设,如图4-50所示。由于采用挠度理论设计,主塔和加劲梁比威廉斯堡大桥纤细、美观。

图4-50 加劲梁的施工

4.4.4 运营维护

大桥于1909年开放,总造价为3 100万美元。100多年来,曼哈顿大桥交通繁忙,通行免费,每天约有45万人通过该桥横跨东河。2016年,日交通量为8.5万辆/天,地铁列车交通量为950班次/天。

主缆和吊杆进行了维护和更换,以保证主缆的正常承载,其中有628根吊杆被更换,并重新包裹了4根主缆[33],如图4-51所示。整个桥梁修复的过程中,为将交通流量的影响降至最低,维护时至少四车道保持开放。

(a)换索施工

(b)更换后的吊杆

图4-51 换索

由于桥梁经过多年的使用和最初的原始设计缺陷而导致桥梁性能的恶化。1982年,纽约市交通局桥梁部门东河桥梁分部为项目业主,对曼哈顿大桥进行修复工作。耗资9.2亿美元的曼哈顿大桥重建修复工作包括:重建上层道路、下层地铁轨道、两侧的自行车道以及更换下层的汽车道;安装桁架的加劲系统(以减少扭曲);修复曼哈顿广场的拱门和柱廊。如今的桥面如图4-52所示,历年维护情况如表4-8所示。

(a)下层公路

(b)下层铁路

（c）人行道

图4-52 桥面情况

表4-8 历年维护情况

时间	构件或部位	维修措施	费用/亿美元
1992—1997年	主跨、南侧引桥	修复	1.45
1997—2001年	南侧主塔和2根主缆	表面涂层	1.28
2002—2004年	北侧主跨、北侧自行车道、引桥隧道	修复	1.95
2005—2008年	下层公路、曼哈顿侧的引桥	修复	1.56
2010—2013年	主缆、吊杆、照明	主缆防护层更换、吊杆更换	1.60
2018—2021年	引桥桥面板、锚碇、桁架杆件等	引桥桥面板改造、修复锚碇内的鞍座、提高桁架杆件强度	—

4.4.5 结论

曼哈顿大桥是第一座采用考虑位移影响的非线性理论——挠度理论来设计、建造的桥梁，体现了现代桥梁结构的特点[34]：

（1）结构设计。曼哈顿大桥是第一座采用柔性钢桥塔建造的悬索桥，不仅使得整个大桥显得纤细、轻盈，同样满足承载和安全性。大桥也是第一座采用华伦式桁架加劲梁悬索桥，悬索桥跨度增加使得加劲梁刚度相对降低，挠度理论应用成功后，奠定了大跨悬索桥设计基础。

（2）施工。主塔基础施工采用沉箱法。钢主塔采用竖向升降起重机进行桁架拼接，比砌体结构工期更短。主缆采用空中编缆法，4根主缆同时作业，施工速度明显加快。加劲梁采用预制节段和桥面对称吊装拼接相结合的方式，后来成为典型的施工方法。

（3）运营维护。曼哈顿桥后期维护费用昂贵。吊杆被更换，重新包裹主缆防腐，维护项目主要对桥面的道路进行修复，包括桥跨部分的铁路、汽车道、人行道和引桥部分的道路，以提高行车舒适性。近年来还在加劲梁杆件中应用高强钢材，大幅减轻结构自重。

4.5 华盛顿大桥

4.5.1 工程背景

哈德逊河（Hadson River）分隔了新泽西州与曼哈顿，河槽宽度超过1 km，两地的交通只能依赖运量有限的轮渡，且受天气影响。1888年，古斯塔夫·林登塔尔（Gustav Lindenthal）提出在曼哈顿第23街（23rd Street）修建一座主跨869 m的6线铁路悬索桥。英国工程师M.A.安泰（Max Am Ende）认为古斯塔夫·林登塔尔的方案造价昂贵，提出主跨868.6 m的拱桥方案。1893年，新泽西和纽约大桥公司提出了在曼哈顿第70街（70th Street）修建1个主跨640.1 m、边跨246.8 m的悬臂桁架桥方案。但拱桥和悬臂桥的设计方案都被否定了，因为美国军方不允许在河中建造桥墩。1920年，古斯塔夫·林登塔尔提出在第57街（57th Street）设计了一座耗资2亿美元的主跨987.5 m、边跨502.9 m的悬索桥方案，上层布置20条汽车道，下层布置12条铁路线。1927年，欧洲工程师G.G.克利沃夏因（G. G. Krivoshein）提出了主跨1 066.8 m、边跨198.1 m的拱-悬索桥组合方案[35]，历年建桥规划如表4-9所示。1927年3月，新泽西州州长任命奥斯玛·安曼（Othmar Ammann）为总工程师设计跨哈德逊河的大桥，考虑拆迁成本，桥址最终选择从新泽西李堡到曼哈顿第179街（179th Street），如图4-53（a）所示，立面布置如图4-53（b）。乔治·华盛顿大桥是安曼在纽约市设计的第一座大跨桥梁，之后还设计有1939年的布朗克斯白石大桥（Bronx Whitestone Bridge），1961年的窄颈大桥（Throgs Neck Bridge）和1964年的韦拉札诺海峡大桥（Verrazano-Narrows Bridge）等。1927年10月乔治·华盛顿大桥开工，1931年10月24日通车，为当时世界上跨度最大的桥梁，直到1937年金门大桥通车。

乔治·华盛顿大桥最终造价为5 900万美元（1931年），其通车运营显著带动了新泽西的房地产发展，极大方便了两地居民通勤纽约，还促进了美国东海岸的交通运输业，卡车运输取代了铁路货运。乔治·华盛顿大桥开通时，估计第一年将有800万辆车通过，而在开通下层桥面后，最终每年可通过6 000万辆车。1981年10月24日，华盛顿大桥通车50周年，被美国土木工程师学会指定为美国国家历史性土木工程地标。

表4-9 建桥规划

时间	设计者	桥址	设计方案
1889年	安泰	新泽西李堡和曼哈顿第59街	（214.8+242.3+868.6+242.3+214.8）m拱桥
1893年	新泽西和纽约大桥公司	李堡第70街和曼哈顿第59街	（246.8+640.1+246.8）m悬臂桁架桥
1920年	古斯塔夫·林登塔尔	李堡第57街和曼哈顿第59街	（502.9+987.5+502.9）m悬索桥
1927年	克利沃夏因	李堡和曼哈顿第59街	（198.1+1 066.8+198.1）m拱-悬索组合桥
1927年	奥斯玛·赫尔曼·安曼	李堡和曼哈顿第179街	（185.9+1 066.8+198.1）m悬索桥

(a)桥址

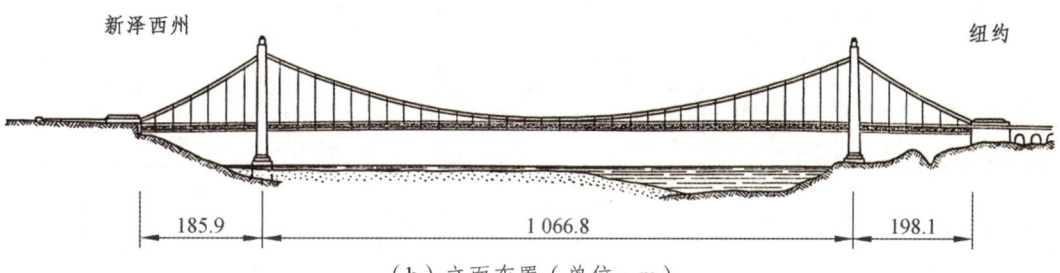

(b)立面布置(单位:m)

(c)实桥

图4-53 乔治·华盛顿大桥

4.5.2 结构设计

1. 设计条件

乔治·华盛顿大桥是横跨哈德逊河的双层悬索桥，主跨1 066.8 m，全长1 450.8 m，新泽西侧边跨长185.9 m，曼哈顿侧边跨长198.1 m。美国军方要求桥下净空高度至少为61 m，由于桥址两侧地势较高，实际桥下净空高度为75.5 m。桥址处地质情况良好，设计条件综述如表4-10所示。

表4-10 设计条件

桥型		四主缆华伦钢桁架悬索桥
跨径布置		（185.9+1 066.8+198.1）m
桥下净空高度		75.5m
构造体系	上层	桥面宽35.5 m，8车道，两侧人行道各宽2.7 m
	下层	桥面宽32.3 m，6车道
	钢桁梁	全宽36 m，桁高8.8 m，桁距32.3 m
	主塔	钢桁架，高176 m
设计车速		72 km/h
设计荷载	恒载集度（上、下层）	417 kN/m、569 kN/m
	活载集度（一、二期）	117 kN/m

2. 下部结构

曼哈顿侧锚碇为重力式，尺寸为91.4 m×57.9 m×38.1 m（长×宽×高），其基础为片岩，所用混凝土和花岗岩总量为10.7万m³。曼哈顿侧锚碇内部设计如图4-54（a）所示[36]，锚碇的前墙中设置有锚架，作为连接加劲梁的支点。加劲梁支点和散索鞍间距12.2 m，散索鞍边侧的主缆丝股散开，这些丝股的端头设置有靴跟，如图4-54（b）所示，散索鞍和靴跟间的距离为27.5 m，沿着靴跟末端是眼杆，眼杆连接在锚梁当中，共122根眼杆，总长34.2 m。锚梁高1.5 m，锚梁上销钉直径为254 mm。

新泽西州侧锚碇为隧道式，如图4-54（c）[36]，基础为玄武岩。加劲梁支点与散索鞍之间的距离为18.3 m，混凝土和花岗岩的总量仅用了2.22万m³，两锚碇内部眼杆共使用调质钢4 000 t，结构钢2 000 t。

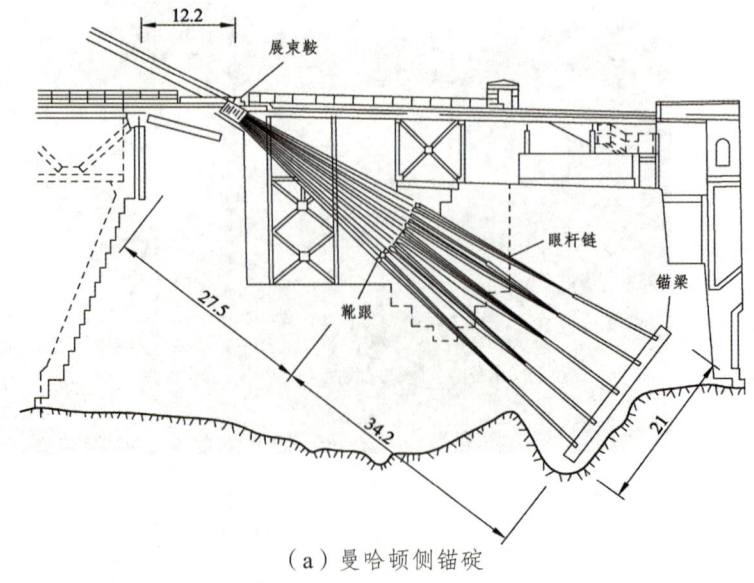

（a）曼哈顿侧锚碇

(b)靴跟

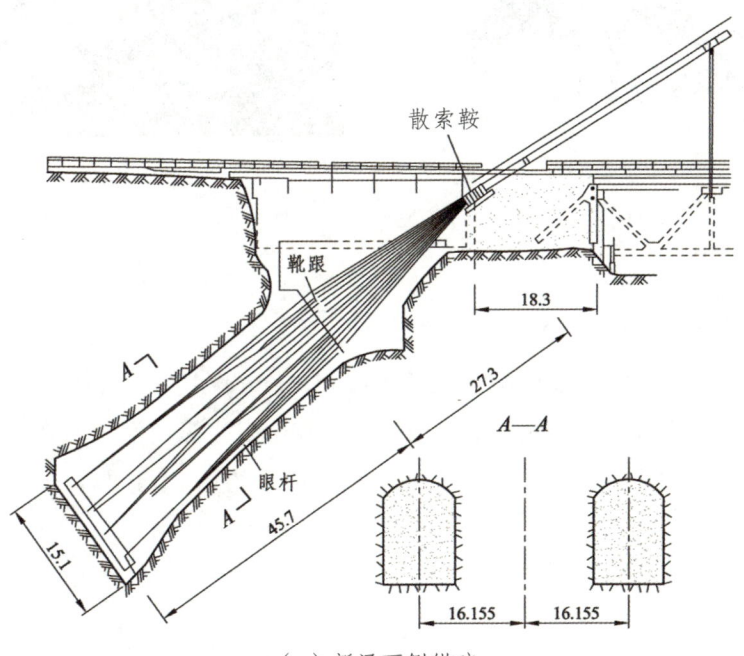

(c)新泽西侧锚碇

图4-54 锚碇(单位:m)

主塔采用双层门形构架,高176 m,主塔横桥向根部宽61.3 m,由下往上塔柱截面略微减小,顶部宽55.7 m;纵桥向根部宽17.07 m,顶部宽11.43 m,如图4-55(a)所示。主塔由4排16根钢立柱组成,两排立柱的横向间距14.4 m,2根立柱的纵向间距5.7 m[37]。这种桁架式的塔柱,在8根塔柱当中每根塔柱内部在横桥向和纵桥向均有12组交叉的斜杆来连接,单个钢塔用钢量达2.055万t,如图4-55(b)所示。

(a) 结构尺寸　　　　　　　　　　(b) 实景

图4-55　主塔结构（单位：m）

主塔顶部设置有尺寸8.5 m×2.6 m×3.3 m（长×宽×高），重约160 t的铸钢鞍座。鞍座底部有41根直径203 mm的辊轴，钢板梁上放置了厚152 mm的钢板，辊轴并排在钢板上方，如图4-56所示，图4-57为实际鞍座的一些细节。由于散索鞍会发生纵向滑移，在散索鞍下设计有15根直径305mm辊轴，在其外侧还套上防尘罩，单个散索鞍重约19 t[38]。

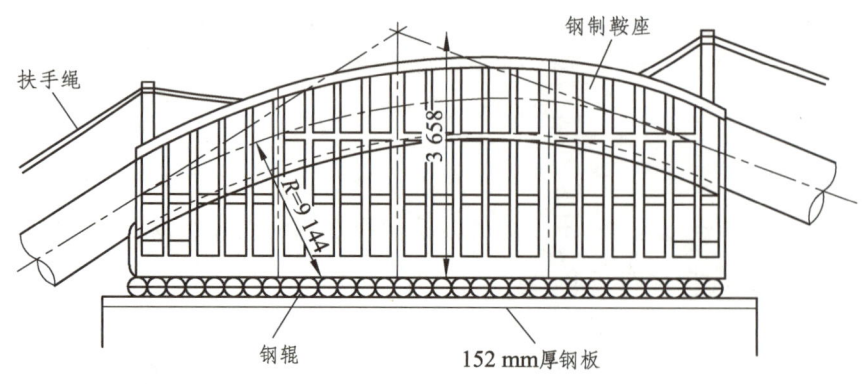

图4-56　鞍座（单位：mm）

(a)索鞍处丝股　　　　　　(b)一对索鞍　　　　　　(c)钢辊

图4-57　塔顶索鞍

3. 上部结构

主缆在钢丝和眼杆之间比选后，考虑经济成本而选择采用钢丝。华盛顿大桥上有4根主缆，每侧各设置一对，各对中心距2.74 m，2根内侧主缆的中心距32.31 m。主缆垂度99.06 m，垂跨比为1/10.77。主缆直径917 mm，紧缆后直径914 mm，每根主缆由61根索股组成，每根索股又由434根直径5 mm的高强钢丝组成，钢丝极限抗拉强度1 517 MPa，每根主缆有26 474根钢丝，4根主缆钢丝总用量达2.568万t[16]。采用骑跨式吊索，如图4-58所示，主跨内每根主缆设置57套，吊杆间距18.29 m。

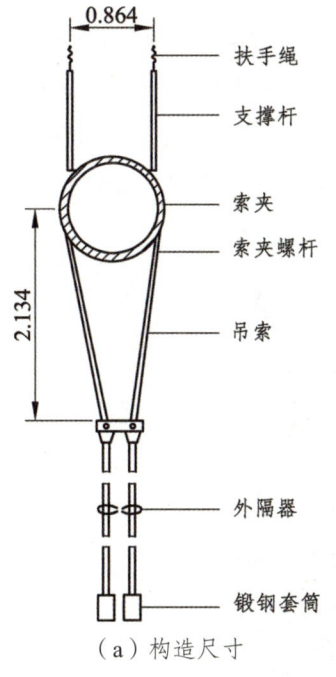

(a)构造尺寸　　　　　　　　　　(b)实景

图4-58　吊索（单位：m）

加劲梁采用华伦式桁架，主跨采用悬浮式，梁高12.55 m，宽32.31 m，共分上、下两层桥面，桥面间高8.83 m，桁架节间长度9.14 m，加劲梁横断面如图4-59所示。大横梁间距18.29 m，上层桥面共8根纵梁，纵梁间距3.9 m，两端为简支，其梁高1.63～1.73 m。1931年建成时桥面布置为上层7车道和2条人行道，下层4线铁路（1962年改建为6条车道）。上层用钢量为1.75万t，下层为1.13万t，共用2.88万t钢材。

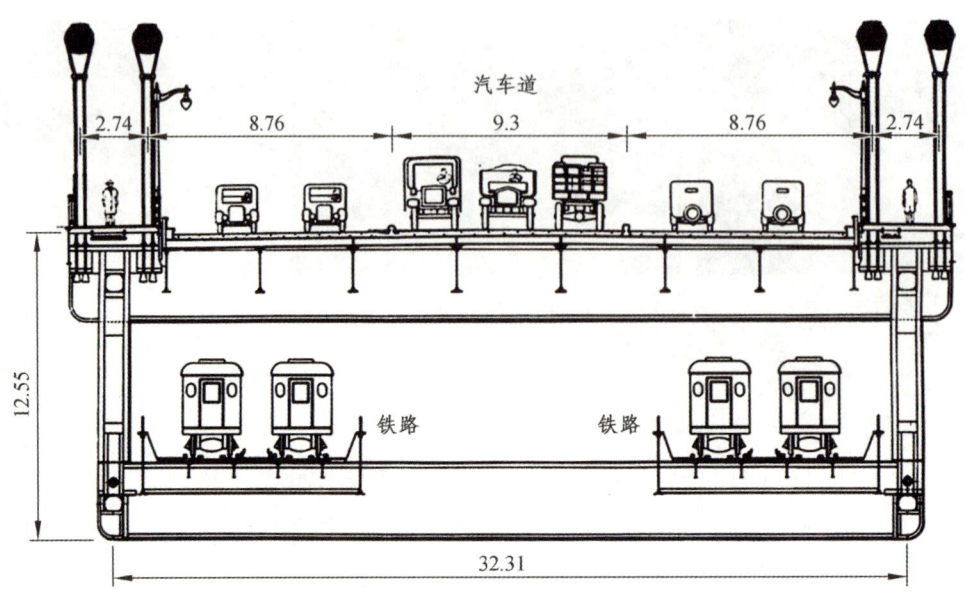

图4-59 加劲梁横断面（单位：m）

4.5.3 施工

1. 下部结构

两主塔基础均处河岸上，曼哈顿侧施工到4.6 m深即到达基岩，而新泽西侧需达到21.5 m深度。在建造主塔时，对塔址周围处的基础进行打桩加固，然后建造出围堰以支撑坑壁。如图4-60所示，主塔采用吊机施工，共分为13段进行安装，各根杆件之间采用铆接，共耗费47.5万个铆钉，主塔用钢量3.82万t。纽约港务局原计划将钢主塔外部装饰花岗岩，但由于1929年受到经济危机影响，没有再施工外部装饰[31]。

图4-60 桥塔施工

图4-61为正在施工的锚碇，两锚碇内共用调质钢4 000 t，结构钢2 000 t。在锚碇中预埋钢眼杆，方便与散索鞍扩散出的束股连接起来。新泽西侧锚碇内部的锚链和锚梁插入岩石隧道内，洞内填充混凝土。

图4-61 锚碇施工

2. 上部结构

4根主缆采用新式编丝轮同时进行空中编缆法施工[39]。如图4-62，主缆下方是总宽7.5 m的猫道，采用钢丝网制作，再用防火木板铺面，主缆之间和两侧各1条人行道，沿着猫道每隔3.66 m设置一对横梁，这些横梁之间通过华伦式桁架加固。

图4-62 猫道搭建

主缆采用的是鞍外编股，编制好的截面是六边形，架设到鞍座上后利用紧缆机压紧成圆形，如图4-63所示。在大桥紧缆时分为2个过程：第一步是将编制好的主缆进行第一次压紧，第二步是采用紧缆机进行压紧[40]，用退火的软镀锌线包裹防腐[41]。

（a）编丝轮

（b）索股牵引系统

（c）紧缆机

图4-63 主缆架设

加劲梁采用起吊机架设，由桥塔处同时向两侧对称施工。先将杆件通过船运到桥址，然后通过主缆上的吊机安装到设计位置[42]，如图4-64所示，每侧有两台吊机需横向进行连接，以保证横向抗倾覆稳定。具体施工流程是先用吊杆连接横梁，然后通过横梁连接纵梁，这些纵梁施工完成后再用小型工字梁铺在纵梁上，小横梁间距1.58 m，通过这些工字梁和铺设混凝土形成最终的桥面系。如图4-65为铺设完成的纵—横梁体系[43]。一期施工只是架设了桥面系梁和上平纵联。

（a）主跨加劲梁

（b）边跨加劲梁

（c）吊杆连接横梁

图4-64 加劲梁施工

图4-65 纵-横梁体系桥面

4.5.4 运营维护

华盛顿大桥是纽约市的一条交通要道,美国95号州际公路、国道1号、9号、46号等重要高速公路均途经此处。乔治·华盛顿大桥耗资5 900万美元。1946年在上层桥面增加了2条车道,1962年8月29日下层桥面开放为大桥提供6条车道(最初设计为4条地铁线),这些增加的车道使通行能力提高了75%,成为世界上唯一的14车道悬索桥。2016年,华盛顿大桥每日交通流量达到28.9万辆。目前,汽车通行费16美元,行人免费通行。

该桥每两年进行一次结构构件的全面检查,自1931年投入运营以来,大桥定期涂层钢构件防腐。1975年,港务局采用无损检测方法检测缆索,包括X射线照射、声发射和电阻量测法等。1980年,新泽西侧锚碇内部靴跟处有10%的钢丝有腐蚀或断裂的情况,如图4-66所示,采用红铅膏进行密封防腐[41]。2011年12月,港口管理局(The Port Authority)宣布了修复桥梁的计划,更换吊索,修复费用由通行费来支付。

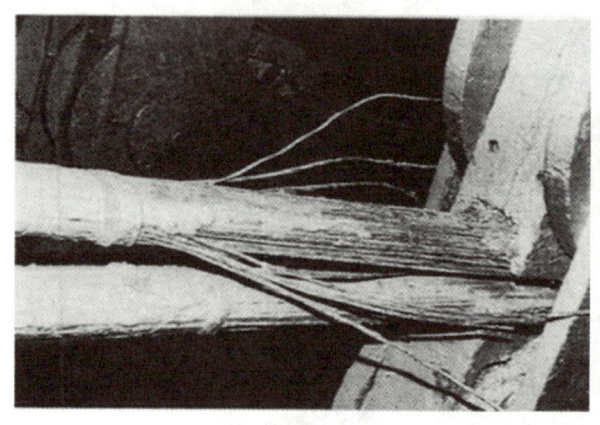
(a)钢丝断裂

(b)钢丝密封

图4-66 钢丝维护

1978—1979年间,大桥上层桥面混凝土桥面板被更换为正交异性钢桥面板[44]。1980年发现引桥坡道已经恶化,耗资2 760万美元重新建造纽约侧引桥。1990年,港口管理局对乔治·华盛顿大桥进行小规模修复,替换上层桥面的钢支撑,并重建引桥。2013年8月5日,耗资8 200万美元修复上层钢结构开裂,还更换632块桥面板,历年维护情况如表4-11所示。

表4-11 历年维护情况

时间	构件或部位	维修措施
1931年	钢结构	定期涂层
1946年	上层桥面	增设2条汽车道
1962年	下层桥面	开放提供六车道
1978年	混凝土桥面板	更换为正交异性钢桥面板
1980年	锚碇内部钢丝	重新密封钢丝

续表

时间	构件或部位	维修措施
1990年	引桥	重建
2011年	吊索	更换
2013年	桥面板	更换

4.5.5 结论

乔治·华盛顿大桥是世界上第一座主跨超过1 000 m的悬索桥，也是横跨哈德逊河的第一座大跨桥梁[45]，被认为是世界上车流量最大、最繁忙的大桥：

（1）结构设计。根据两侧不同地质条件，锚碇分别选用重力式和隧道式，隧道式锚碇可减少混凝土用量。主塔为双拱门外形的钢桁架桥塔。设计主缆时在钢丝和眼杆两种材质中比选后，因考虑桥梁本身的跨度大且节省成本而选用钢丝主缆。主跨设计成悬浮式的加劲梁，有利于纵梁适应桥梁的纵向位移。一期建成的大桥，实际是无加劲梁的悬索桥，使用近30年并未出现安全问题，这归功于主缆刚度，而加劲梁抗弯刚度可忽略。

（2）施工。桥塔基础施工摆脱了传统纽约的大桥基础施工的沉箱法，该桥采用了钢围堰施工基础。采用空中编缆法同时施工4根主缆，使用新式编丝轮，显著减少了工期，加快了进度。大桥分两期修建，创建了大桥分期修建的先例，一期工程仅完成上层桥面，预留了施工下层横梁的连接板，方便后期架设下层桥面。

（3）运营维护。采用无损检测方法检测锚碇内部钢丝腐蚀情况。锚碇内部的钢丝因发生锈蚀，采用红铅膏对检测出腐蚀钢丝进行密封。大桥上的吊索也进行了更换。单是上层桥面车道远不能满足巨大的交通流量，后来上层桥面增设2条汽车道，下层桥面开放也额外为大桥提供出6条汽车道，大大提升了交通能力。上层桥面的混凝土桥面板被替换为正交异性钢桥面板。

4.6 布朗克斯白石大桥

4.6.1 工程背景

1905年，房地产商就提议在东河上修建一座皇后区白石至布朗克斯渡口的大桥，并提前在皇后区的白石公园附近大量修建高档住宅区，引起了皇后区居民的反对，建桥计划因此被搁置。1936年，在2个人工岛上修建的三区大桥（现名罗伯特·肯尼迪大桥）建成，连接了曼哈顿（Manhattan）、布朗克斯（Bronx）和皇后区（Queens）三区。随着各区经济快速发展，各地间通勤不断增加，三区大桥交通压力很大，特别是1939年纽约要举行世界博览会，为缓解交通拥堵，需要在皇后区和布朗克斯之间再修建一座大桥。1936年，奥斯玛·安曼被任命为总工程师，利昂·所罗门·莫西夫（Leon Solomon Moisseiff）为咨询工程师，开始建造连接皇后区和布朗克斯的布朗克斯白石大桥，资金来源为发行债券募资，以运营期收费还债。1939年4月29日，布朗克斯白石大桥建成，通车时间赶在世界博览会开幕之前，比原计划提前2个月，成为当时世界上第四长主跨的大桥，如图4-67所示。1961年，主跨550 m的窄颈大桥建成，连接皇后区贝塞（Bay Terrace）和布朗克斯窄颈，与布朗克斯白石大桥相邻。这几座大桥，极大改善了皇后区和布朗克斯的交通状况。布朗克斯白石大桥位于678号州际公路上，主跨700 m，边跨224 m，全长1 150 m，桥上布置四车道和人行道。布朗克斯白石大桥的设计风格和华盛顿州塔科马海峡大桥相似，均采用钢板梁为加劲梁，主塔为钢塔，锚碇均采用重力式锚碇，因此两者被称为姊妹桥。1940年塔科马海峡大桥因风振而垮塌，于1950年重修[46]。布朗克斯白石大桥也不得不在1946年进行了相应加固。

（a）桥址

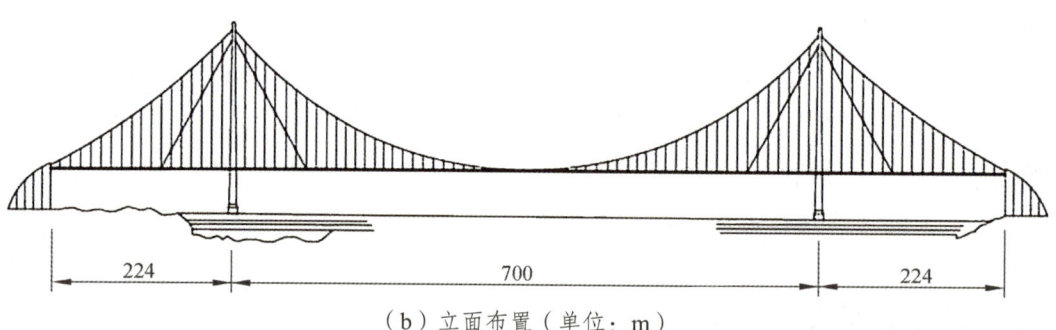

（b）立面布置（单位：m）

（c）全景

图4-67　布朗克斯白石大桥

4.6.2 结构设计

1. 设计条件

布朗克斯白石大桥主跨700 m，边跨224 m，全长1 150 m，桥下净空高度41.1 m，为单层桥面的悬索桥。桥址处河道弯曲且较宽，由于潮汐海峡经常改变海水流动方向，水深也在不断变化。桥址处地质主要是密实粉砂，沙子和坚硬的黏土层，混合有鹅卵石和巨石。设计条件如表4-12所示[47]。

表4-12 设计条件

桥型		双主缆钢板梁悬索桥
跨径布置		（224+700+224）m
桥下净空高度		41.1 m
构造体系	单层	四车道，桥面总宽22.56 m
	钢板梁	梁高3.35 m
	主塔	115 m
引桥	皇后区侧	365 m
	布朗克斯区侧	640 m

2. 下部结构

桥塔处基础条件较差，且均处于水下，因此采用钻孔灌注桩基础。布朗克斯白石大桥的桥墩尺寸较小，采用混凝土和花岗石材料，如图4-68所示。

图4-68 桥墩

大桥采用重力式锚碇，尺寸均为33.52 m × 54.86 m × 33.52 m，混凝土重量约5.8万t，如图4-69所示。锚碇因顶部曲线形式与其实际所需功能相矛盾曾引起争议，因为散索鞍到锚固处应是直线，而不是曲线。

图4-69 锚碇

主塔设计高度115 m，为两箱形柱形成的框架形式（安曼的一项创新），在塔顶和加劲梁下方均通过半球形拱形门架横向连接，如图4-70所示。拱门形式成为安曼设计结构的一种标志：乔治·华盛顿大桥和特里伯勒大桥已经体现了其独特的外观。

图4-70 主塔

3. 上部结构

上部结构由2根主缆来承担，每根主缆直径0.53 m，包含37股266根镀锌钢丝，单根主缆由9 862根钢丝缠绕而成。固定的主缆使塔可以根据实际情况发生位移，为减轻大风造成桥梁的破坏，1940年在大桥上安装了8根斜拉索（每座塔4根）以提高其抗风稳定性，如图4-71所示。

图4-71 斜拉索

与其他悬索桥不同，布朗克斯白石大桥最初设计没有采用桁架加劲梁。桥面宽度为23 m，采用3.4 m高的工字形加劲梁，使得桥面很纤细，原设计加劲梁横断面如图4-72所示。在1940年塔科马海峡大桥垮塌后，布朗克斯白石大桥的两侧上增加了高度为4.3 m的桁架，以减小桥梁振动。

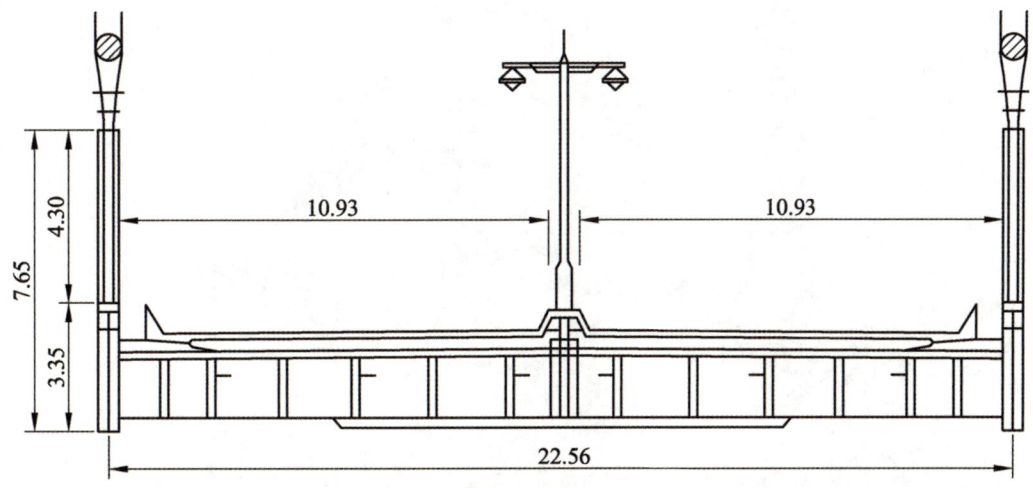

图4-72 加劲梁横断面（单位：m）

4.6.3 施工

1. 下部结构

大桥2个桥墩均处于东河中，采用了围堰钻孔灌注桩的方法施工下部基础。在河床中形成桩孔，并在其内放置钢筋笼、灌注混凝土而形成桩基。两侧的锚碇处于河岸上，采用明挖施工。采用混凝土和花岗岩材料分块建造。

大桥采用钢结构桥塔，在工厂制造运送至现场进行拼装，两主塔仅用18天完成拼装。首先施工的是布朗克斯侧主塔，主塔截面形式采用的是钢箱型截面，且塔的截面面积保持不变，由于钢桥塔高度较高，采用沿桥塔爬高的吊机进行拼装。1938年5月，皇后区侧主塔也开始施工，主塔用钢量达7 000 t。

2. 上部结构

主缆采用空中编缆法架设。1938年9月，开始施工2根主缆，施工进展很快，第一根索股架设完成仅仅用了一周，如图4-73所示。施工时使用了专用的编丝设备，沿着单侧的一对钢丝绳上行走，如图4-74所示，紧缆设备如图4-75所示。主缆架设完成后，所有的吊索在41天内完成安装。

图4-73　主缆架设

图4-74　编丝设备

图4-75　紧缆设备

加劲梁采用行走式桥面吊机吊装，从主塔向两侧施工，如图4-76所示。一开始施工时搭建了过去中、小跨径桥梁常用的钢板梁，该钢板梁仅高3.35 m，但为提高大桥的稳定性后续在桥面两侧施工了高4.3 m的钢桁架，上部结构施工完成后的用钢量为1.953万t。1938年8月，在施工期间也发生事故，一段重达35 t的钢梁从大桥一侧坠落，所幸无人员伤亡。

图4-76　加劲梁施工

4.6.4　运营维护

由于大桥位于东河最东端的交叉口，为减轻该桥的交通量，1957年窄颈大桥开始施工，通车后成功降低布朗克斯白石大桥40%的交通压力。自2005年，超过40 t的卡车被禁止通过布朗克斯白石大桥。2016年，大桥的交通量为12.4万辆/天。1980年安装调质阻尼器以降低桥面振动，并为2个主塔重新涂层，升级了照明系统，如图4-77所示。2001年8月，纽约市大都会交通运输管理局花费2.86亿美元进行桥梁翻新工程，包括拆除1940年安装的主缆撑条，并为每个主塔增加了斜拉索。

图4-77　桥塔维护

建成时桥面上有人行道和四车道，1943年开始，从桥上拆除了人行道以增加2条车道。在塔科马海峡大桥发生倒塌后，在桥面两侧又增加了4.3 m高的钢桁架，以减少振动。2003年，纽约市大都会交通运输管理局拆除加劲桁架并在道路的两侧安装玻璃纤维整流罩，恢复了桥梁本身的经典线型。轻巧的玻璃纤维整流罩为三角形，具有较好的空气动力学外形，可减小上部结构的迎风面积。这些改造使桥面减少了6 000 t重量，约为上部结构总重量的25%。

2002年，桥面更换为正交异性钢桥面板，如图4-78所示。为保证抗风稳定性，在桥面上安装了导流板（类似于欧洲悬索桥的流线型扁平钢箱梁）[48]。2007年5月，通过检查在U形肋到钢桥面的焊缝中发现了纵向裂纹，如图4-79所示。2014年，对大约305 m的焊接裂纹进行了修复[49]，历年维护情况如表4-13所示。

图4-78　桥面板更换　　　　　　　　图4-79　纵向裂纹

表4-13　历年维护情况

时间	构件或部位	维修措施
1943年	人行道	拆除并设为汽车道
1980年	桥面	安装调质阻尼器
2001年	缆索	拆除主缆撑条、增加斜拉索
2002年	桥面板	更换为正交异性钢桥面板
2003年	加劲桁架	安装玻璃纤维整流罩
2017年	焊缝裂纹	修复

4.6.5　结论

布朗克斯白石大桥是纽约又一座大跨悬索桥，连接皇后区和布朗克斯可总结为：

（1）结构设计。锚碇为曲线外形的重力式锚碇，美观且受力合理。主塔为封闭式的钢箱型结构，外形呈平顶拱门的形式，再体现安曼的桥梁设计特点。采用双主缆吊起单层桥面，桥上主要用于汽车通行。加劲梁设计采用钢板梁，梁高大大减小，后期又不得不加强。

（2）施工。该桥建造工期短，仅仅耗费两年时间。利用围堰钻孔灌注桩作为主塔基础，避免了使用沉箱基础,减小施工难度。主塔钢构件在工厂预制,运送现场采用吊机拼装。采用行走式桥面吊机架设钢板梁,加快建造速度。

(3)运营维护。桥上的人行道被拆除而改建为汽车道以提升交通能力。为保证稳定性而分别在加劲梁和主塔两侧增加钢桁架和斜拉索,提高梁的刚度,明显改变大桥原外观设计。钢板梁端部安装玻璃纤维整流罩,以提高抗风稳定性。桥面板替换为正交异性钢桥面板,提高了行车舒适感和桥面板的使用寿命,但因正交异性钢桥面板中U形肋和顶板的焊接处出现裂纹而进行了修复。

4.7 韦拉札诺海峡大桥

4.7.1 工程背景

纳罗斯水道(The Narrows)是上纽约湾和下纽约湾间的海峡,斯塔滕岛和布鲁克林隔着纳罗斯水道相望,被认为是纽约的海上门户,也是进入纽约和新泽西州的最重要的入口之一。1524年,探险家乔瓦尼·达·韦拉札诺(Giovanni da Verrazzano)途径纳罗斯水道,是已知的第一个进入纳罗斯水道的欧洲人。长期以来,斯塔滕岛与纽约其他地区被海峡分隔,唯一交通方式是渡轮。早在1926年,大卫·斯坦曼(David B. Steinman)就提出修建一座主跨1 048.2 m的悬索桥,包括高243.8 m哥特式主塔。其后这个跨海峡通道方案一直在隧道和桥梁之间摇摆,由于桥梁方案造价较低,工期较短,1959年当局任命奥斯玛·安曼为总工程师建造韦拉札诺大桥,这是安曼的收山之作,也是纽约市最后一个伟大的公共工程项目,规划过程如表4-14所示。

韦拉札诺海峡大桥连接布鲁克林的汉密尔顿堡(Fort Hamilton)和斯塔滕岛的沃兹沃思堡(Fort Wadsworth),以乔瓦尼·达·韦拉札诺(Giovanni da Verrazzano)的名字命名,由纽约与新泽西港口事务管理局出资和建造,特里伯勒大桥和隧道管理局负责运营和维护,耗资3.2亿美元。韦拉札诺海峡大桥不仅连接了布鲁克林和斯塔滕岛,也是278号州际公路的主要连接线,是大西洋中部各州和长岛之间的最短路线,在曼哈顿周围形成一条南向通道,极大方便了新泽西州、大西洋海岸、长岛和新英格兰之间的交通[50]。韦拉札诺海峡大桥主跨1 298.4 m,边跨370.3 m,全长4 176 m,主塔高达211 m。1964年通车时,它是世界上最长跨度的桥梁,直到1981年被英国亨伯桥(Humber Bridge)超越,如图4-80所示[51]。

表4-14 建桥规划过程

时间	设计者	桥址线	设计方案
1923年	巴尔的摩和俄亥俄州铁路公司	从斯塔滕岛的圣乔治到布鲁克林的贝里奇,再到曼哈顿下城	铁路隧道
1926年	斯坦曼	斯塔滕岛到布鲁克林	主跨1 048.2 m悬索桥
1937年	纽约市隧道管理局	斯塔滕岛海兰大道和布鲁克林第86街	3 400 m双管隧道
1959年	安曼	斯塔滕岛的沃兹沃思堡到布鲁克林的汉密尔顿堡	主跨1 298.4 m双层悬索桥

（a）桥址

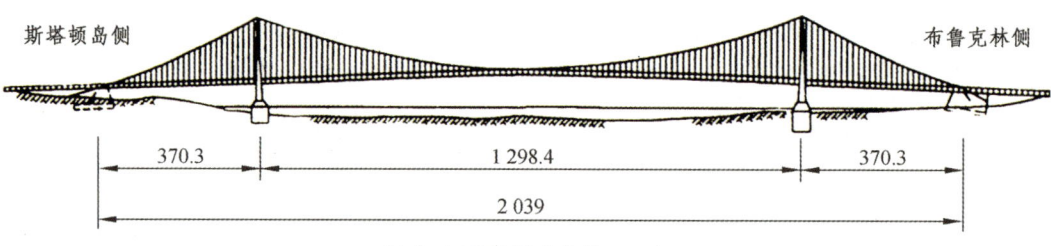

（b）立面布置（单位：m）

（c）实桥

图4-80　韦拉札诺海峡大桥

4.7.2　结构设计

1. 设计条件

该桥为四主缆悬索桥，主跨1 298.4 m，桥宽31.39 m，双层桥面，上层6车道（后增加1条HOV车道（High-occupancy vehicle），有两人以上乘坐的车才能使用这条快速车道），下层为6车道，共12车道。桥址位于下纽约湾出海口，空气潮湿，地质条件复杂，主要是淤泥、黏土、砾石层及片麻岩。1954—1961年进行了31次钻孔勘测，孔深达108 m，详细分析了地基承载能力，决定将桥墩基础置于沙砾层和黏土地层。设计条件综述如表4-15所示。

表4-15　设计条件

桥型		四主缆华伦钢桁加劲梁悬索桥
跨径布置		（370.3+1 298.4+370.3）m
桥下净空高度		69.5 m
构造体系	上层桥面	6条宽3.76 m的汽车道，单向11.28 m
	下层桥面	6条宽3.76 m的汽车道，单向11.28 m
	加劲梁	总宽35.17 m，总高10.36 m
	桥塔	高211 m，宽45m
设计荷载	活载	75 kN/m
	恒载	538 kN/m

2. 下部结构

主塔基础考虑了两种方案：①采用在砂砾、淤泥、黏土层上修筑沉井；②先在变质基岩中打入钢管桩，然后在其上修筑沉井。为考虑承受较大的垂直和水平荷载及建造成本，采用了浅基础沉井的形式，尺寸23.3 m×19.2 m（长×宽），一共设计了66个直径5.2 m的井筒。桥墩如图4-81所示，设计的浅基础要承受主缆传来的9.34万t竖向荷载和桥塔本身的2.35万t自重荷载，斯塔滕岛侧主塔的基础压应力为915 kPa，布鲁克林侧主塔的基础压应力为1 075 kPa。

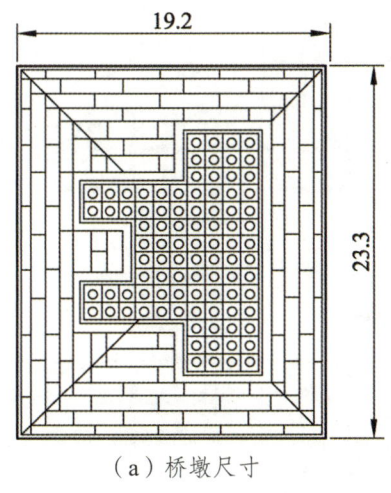

（a）桥墩尺寸

（b）桥墩实景

图4-81　桥墩（单位：m）

由于事先考虑了基础的沉降量，锚碇采用扩大浅基础，分为东锚碇和西锚碇，其外形呈三角形，东锚碇尺寸105 m×70 m×48 m，混凝土用量15.8万m³，而西锚碇尺寸98 m×66 m×34 m，混凝土用量13.1万m³。这种形式的锚碇可很好地抵抗主缆拉力，也能抵抗水平滑移，实测锚碇的滑动摩擦系数为0.6～0.7，最后保守取值为0.3，如图4-82所示。散索鞍尺寸为3.99 m×1.93 m×2.13 m，单个散索鞍重量可达43 t。

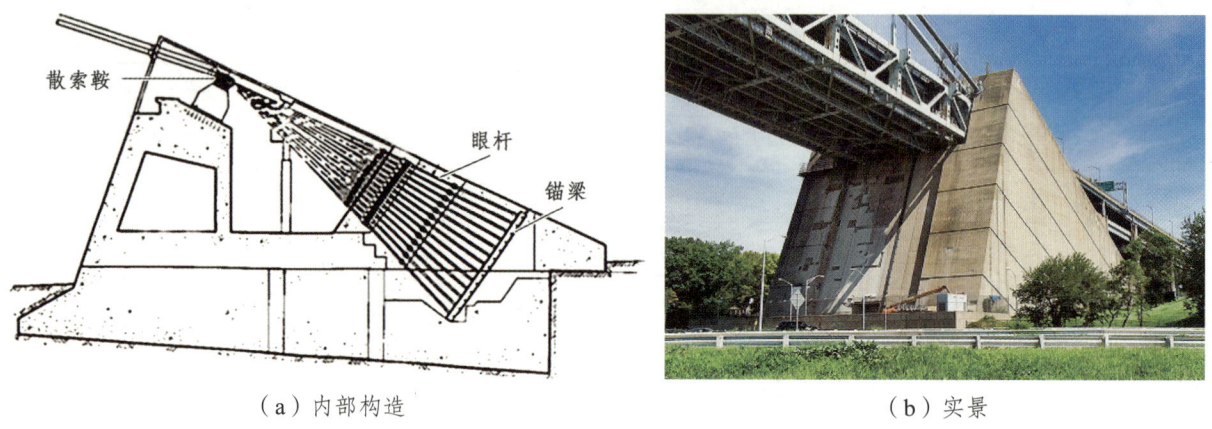

（a）内部构造　　　　　　　　　　　　　（b）实景

图4-82　锚碇

主塔高211 m，两塔柱水平间距31.39 m，桥塔在底部纵桥向宽度为14.94 m，塔顶宽减小到10.67 m，如图4-83（a）所示。桥塔竖直方向上分为16个节段，每段高8.23～14.63 m不等，主塔横截面为多室的箱型截面，每个小室为边长1.065 m的正方形，如图4-83（b）所示。每个钢塔使用约100万个螺栓和300万个铆钉。钢塔高度可达70层楼的高度，总用钢量为2.6万t，与曼哈顿的超高层建筑——帝国大厦（Empire State Building）用钢量相同[52]。因为该桥塔很高且桥跨度大，在设计桥梁时考虑了地球表面的曲率影响，所以两主塔并不平行，大桥建成后主塔是当时纽约最高的建筑物。

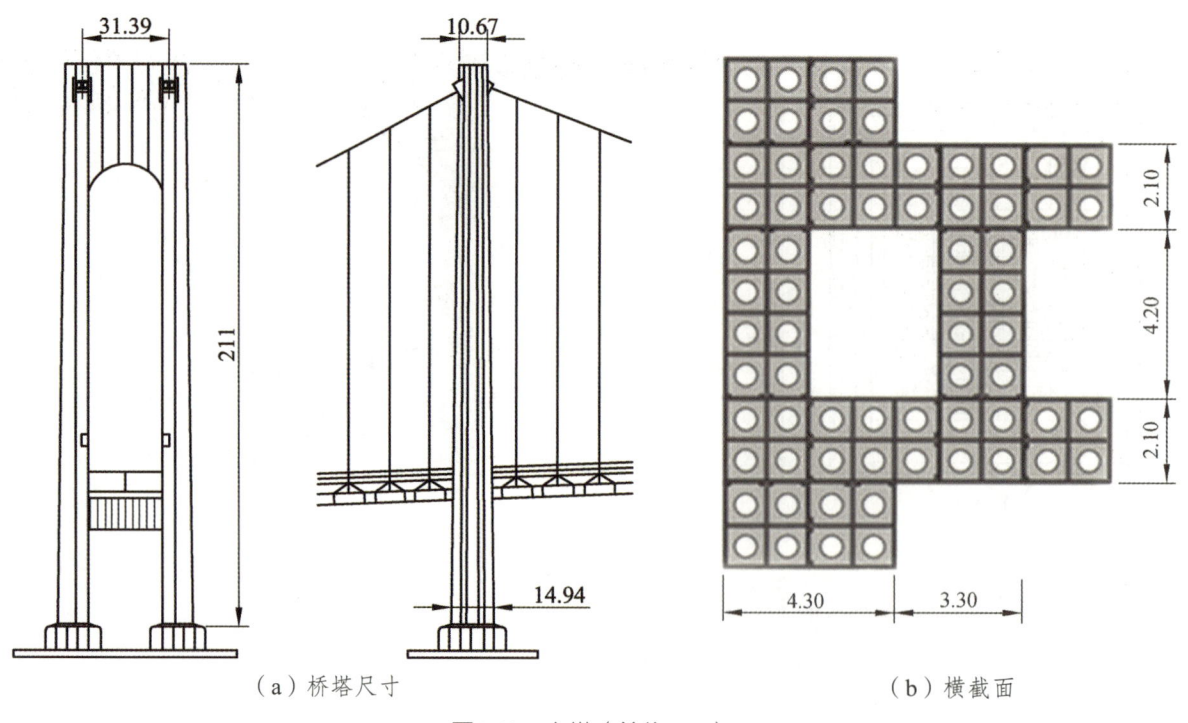

（a）桥塔尺寸　　　　　　　　　　　　　（b）横截面

图4-83　主塔（单位：m）

鞍座尺寸9.32 m×2.61 m×3.43 m（长×宽×高）。主鞍座中间部分的曲率半径9.32 m，向主鞍座的两侧其曲率半径逐渐变大，构造如图4-84（a）所示。鞍座底板上设有永久性的钢辊，这些钢辊可容许主缆发生纵桥向位移。

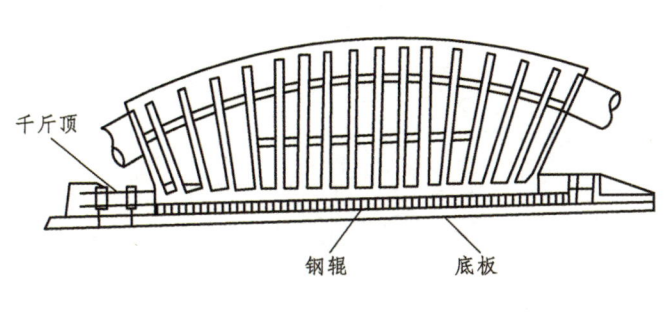
（a）鞍座构造

（b）塔顶鞍座

图4-84 鞍座

3. 上部结构

大桥共4根主缆，分左右各一对，两对主缆的中心距为31.39 m，每侧一对主缆间距2.74 m。主缆垂度117.35 m，垂跨比1∶11.1。主缆采用镀锌钢丝，每根主缆含61根钢丝束股，而每根钢丝束股由428根钢丝组成[16]。每根钢丝直径4.9 mm，镀锌后为5 mm，4根主缆总用钢量达3.465万t。要求镀锌钢丝的抗拉强度不低于1 517 MPa，但考虑将来活载会不断增加最后容许应力值取为600 MPa。采用骑跨式吊索，吊索直径5.6 cm，间距15.09 m，如图4-85所示。

图4-85 吊索

加劲梁采用华伦式桁架，由两侧的加劲桁架，上下两片横梁及中间竖杆组成，如图4-86（a）所示。桁架计算高度为7.32 m，加劲梁总高10.36 m，如图4-86（b），总用钢量4.52万t。这种类似于框架外形的结构体系刚度很大，可提供足够的抗风稳定性，30多年后还被明石海峡大桥（Akashi Kaikyo Bridge）采用。加劲梁在桥塔处设置有一连接杆，两端分别与桥塔和加劲梁铰接，这种特殊的连接杆可以保证加劲梁梁端转动和纵向移动，如图4-87所示。

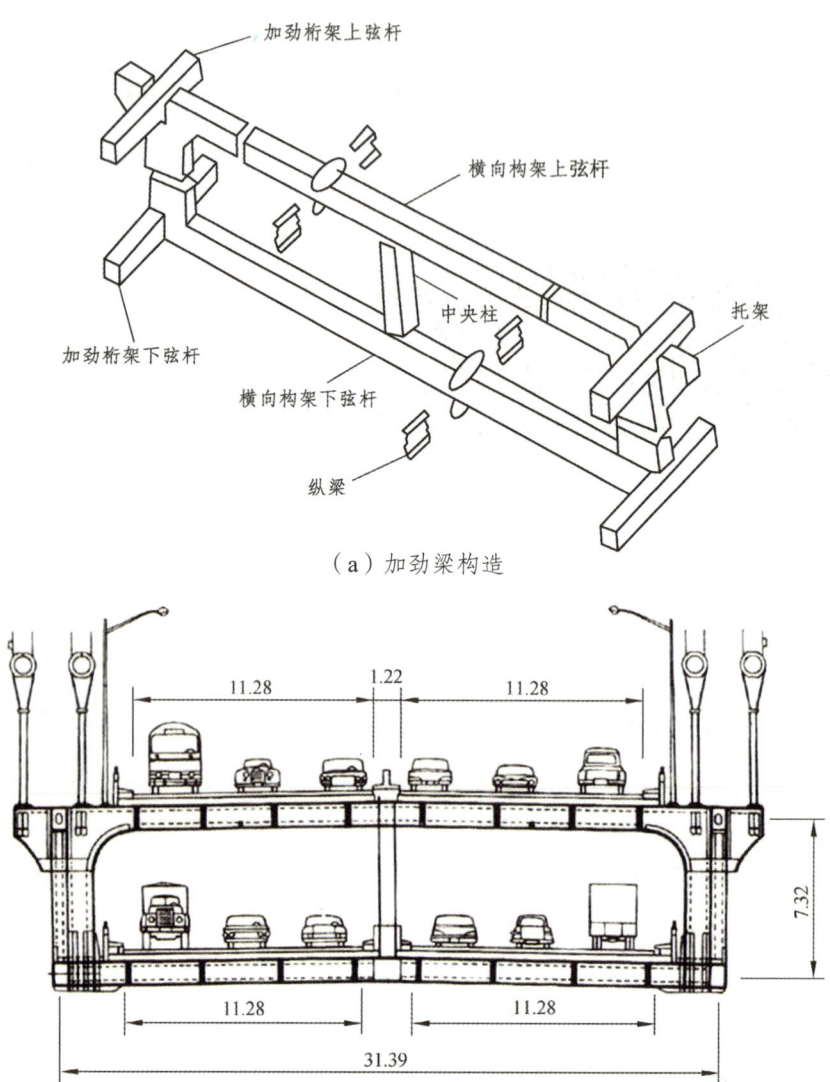

(a)加劲梁构造

(b)加劲梁横断面

图4-86 加劲梁(单位:m)

图4-87 连接杆

4.7.3 施工

1. 下部结构

由于主塔基础为带黏土的沙层，因此主塔基础施工采用筑岛混凝土沉井法，每侧基础下设6×11个井筒，排成网格的形式，采用带翻盖式铲斗的起重机挖掘每个井筒内的沙和泥土，再用射水装置进行下沉井筒。沉井施工完成后，在上部覆盖1.22 m厚的混凝土层，覆盖层的混凝土用量3 560 m³，最后再施工混凝土台座，为建造主塔做好准备。东主塔基础深51.8 m，西主塔为32 m。主塔基础及锚碇的施工期为两年，1961年年底完成。

为减小因施工沉降引起锚碇受力不均，采用分块浇筑混凝土，然后浇筑各分块间的工作缝。锚杆采用钢眼杆，预埋在锚碇中，眼杆又和后锚梁连接，如图4-88所示。为使眼杆受力都传递给锚梁，在眼杆上涂抹一层油脂，并在眼杆的突出结构上包裹一层50 mm厚的泡沫，可避免眼杆和混凝土相互摩擦，受力均匀。

(a) 钢丝束排列

(b) 主缆锚固

图4-88　主缆锚固系统

主塔的每根塔柱根部和混凝土桥墩之间采用54个直径76 mm的高强螺栓连接起来，螺栓预埋在桥墩4.5 m的深度。为使塔柱和桥墩之间紧密结合，当安装完成第一层桥塔时需要对每根高强螺栓施加408.2 kN的预应力。主塔在竖直方向上总共分为16个节段，每节段又分成12~14个单元，构件在工厂预制完成后运输到现场安装，如图4-89所示。主塔在施工的过程中拼接节段时，若拼接误差较大则用垫片调整位置，塔顶纵桥向允许偏差为10.2 cm，横桥向允许偏差为5.1 cm[30]。

(a) 预制主塔构件

(b) 现场拼装主塔构件

（c）主塔施工

（d）主塔完工

图4-89 主塔施工

为方便主鞍座施工，将其分为3部分安装，其中最重一段达57 t。主鞍座底部制作成倾斜的形式，以产生水平力平衡主缆转折所带来的荷载。

2. 上部结构

主缆架设采用空中编缆法，如图4-90[53]所示。主缆架设中由于钢丝很长，利用钢丝连接器进行接长。每根主缆的61根钢丝束股编制成六边形，然后用紧缆机将主缆压紧成圆形截面，在水平方向和竖直方向共6个千斤顶施加压力，压紧后的主缆在表面涂上铅，最后用直径3.8 mm的镀锌钢丝进行缠丝防护[38]。

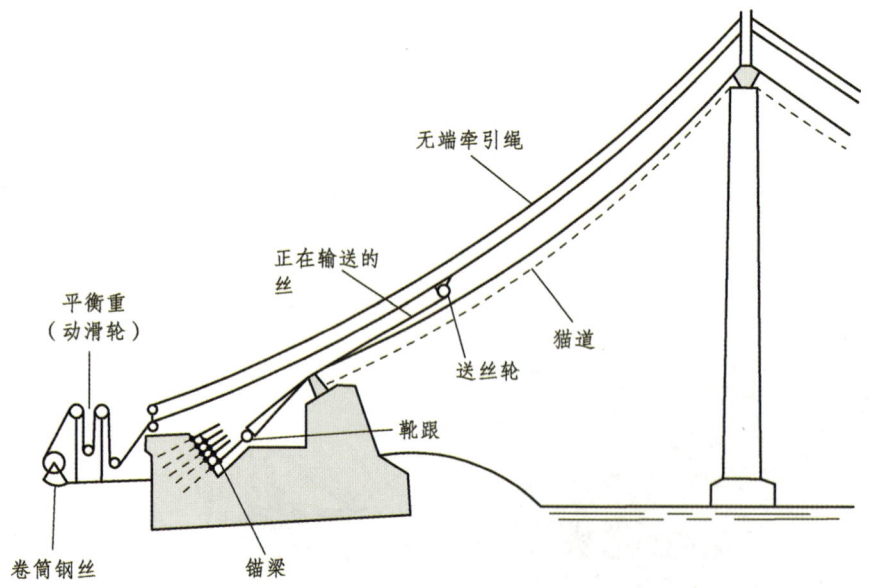

图4-90 空中编缆法

主缆在锚碇中的锚固方式为前锚式，锚固所用的眼杆经过特殊处理，主要材料采用低合金钢板材质烧切，最后再消力热处理制成眼杆。制造过程中增大了眼杆截面，若出现了开裂，则用砂轮进行打磨以消除裂纹。

加劲梁采用梁段提升法施工，如图4-91所示。主跨梁段提升是从中间开始向主塔推进，边跨梁段是从锚碇处向主塔推进。施工时首先将每个预制梁段用驳船运输到起吊位置，通过主缆上的起重机起吊到桥面位置，起重机是依靠主塔侧的卷扬机提供拉力，每侧主塔上都有两台卷扬机，分别负责主跨和边跨梁段的提升。最后桥面板的建造是在工厂预先制造好隔框板，采用长15.09 m，宽2.82 m的构件通过焊接拼接而成，最后浇筑15 cm厚的混凝土形成桥面。

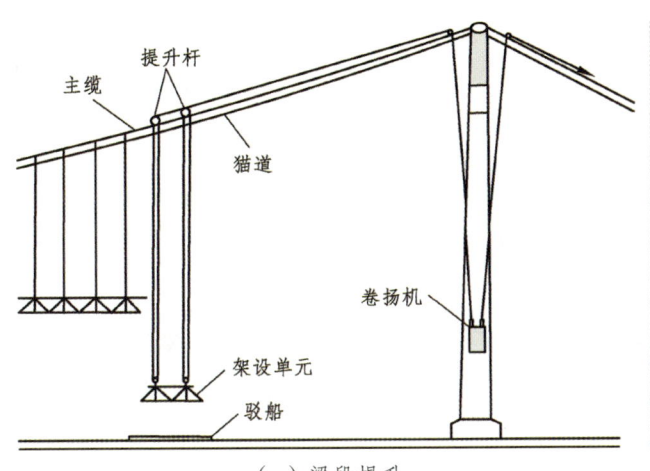

（a）梁段提升

（b）主跨加劲梁施工

图4-91　加劲梁施工

4.7.4　运营维护

由于大桥桥面分两期建造完成，上层桥面1964年11月21日开通，下层桥面1969年6月28日通车，2016年的交通量为20.2万辆/天，目前通行仍收费。随着来自大西洋的潮湿空气对缆索结构产生腐蚀，1998年，耗费4 000万美元重新进行涂刷，涂刷工作于2003年完成。2002年，运营部门耗费3 100万美元对大桥的锚碇和引桥进行修复，包括密封锚碇，保护其内部的混凝土结构不受外界环境影响。主缆锚固装置安装了全新的除湿系统防止腐蚀。

2009年，使用了节能的发光二极管来替换原有的照明系统。2014年，纽约市投资15亿美元对大桥进行重建。第一阶段耗资2.35亿美元，2017年，采用了正交异性钢桥面板（中国鞍山钢铁集团公司提供的1.5万t钢材）替换混凝土桥面，还拆除了上层桥面的分隔带，以增加第七条车道——HOV车道，该车道在2017年6月22日开放，提高了桥面通行能力。通过对上层桥面的外表面及高强螺栓连接摩擦面进行喷砂处理，最后喷上无机富锌底漆等特殊材料进行防腐[54]。表4-16为历年对大桥的维护情况。

2020年11月30日，纽约市遇到强风和暴雨的天气，韦拉札诺海峡大桥因受到强风的影响而产生剧烈振动，并发出巨大声响，大桥的上、下桥面均禁止通行。所幸大桥并没有发生结构损坏，也没有发生交通事故和人员伤亡。

表4-16 历年维护情况

时间	构件或部位	维修措施	费用/亿美元
2002年	锚碇和引桥	密封锚碇、锚固装置除湿	0.31
2003年	缆索	表面涂层	0.4
2009年	照明系统	使用节能的发光二极管	—
2016年	高强螺栓连接	使用无机富锌底漆涂层	—
2017年	混凝土桥面板	改用正交异性板、增加车道	2.35

4.7.5 结论

韦拉札诺海峡大桥是大西洋进入纽约港的大门，是美国建桥技术的巅峰之作，是纽约的标性建筑之一可总结为：

（1）结构设计。该桥采用浅基础沉井，能承受较大的垂直和水平荷载。主塔为多室箱型结构，使结构稳定、节省钢材。浅埋扩大基础锚碇，三角外形可有效抵抗巨大拉力。4根主缆均采用高强镀锌钢丝。加劲梁采用华伦式桁架，与横截面形成刚度较大的框架体系，并充分利用重力刚度，建成时是用钢量最多的悬索桥。

（2）施工。主塔基础采用筑岛混凝土沉井法施工，避免基础沉降带来的施工问题。主塔按照工厂预制的节段现场使用螺栓和铆钉进行连接安装。主缆采用空中编缆法。加劲梁采用梁段提升法架设，单侧主塔利用两台卷扬机提供动力使主跨和边跨的加劲梁同时作业，其中主跨加劲梁架设从跨中开始向主塔方向推进，避免跨中合龙难题。

（3）运营维护。大桥不仅造价昂贵，而且后期维护费用高。对锚碇中主缆锚固系统进行除湿、密封防腐，以保证主缆强度。主塔钢结构和缆索也重新涂层。使用无机富锌底漆涂层上部结构中的高强螺栓连接。混凝土桥面板被替换为正交异性钢桥面板，并在上层桥面上扩建出1条HOV车道，提高通行能力。

参考文献

[1] JASON L, MUMFORD P E. Planning the Brooklyn Bridge: John A. Roebling and 19th Century Project Development[C]// Roebling Project Symposium, 2006, 110-111.

[2] FRANCIS E, GRIGGS, Jr. John A. Roebling and his East River Bridge Proposals 1847—1869[C]// Roebling Project Symposium 2006, 161-162.

[3] SCHULTZ A R, BILLINGTON D P. History and Aesthetics of the East River Bridges[C]// Roebling Project Symposium, 2006, 95-96.

[4] GIROUX R P. Relevance of Roebling[J]. American Society of Civil Engineers, 2009, 23(1): 2-4.

[5] 仲原. 世界第八奇迹一百年[J]. 世界知识, 1983, (15): 26-27.

[6] BUONOPANE S G. The Technical Writings of John A. Roebling and his Contributions to Suspension Bridge Design[C]// Roebling Project Symposium 2006, 13-14.

[7] BARNES A C. The New York and Brooklyn Bridge[M]. Fisher, 1883.

[8] 刘飞, 黄祖慰, 郭殊伦, 等. 公铁两用斜拉悬索协作体系钢桥研究[J]. 钢结构（中英文）, 2019, 34（5）: 49-55+38.

[9] 潘振胄. 气压沉箱及其施工法的应用和发展[J]. 桥梁建设, 1988, (4): 37-40.

[10] TALBOT J. The Brooklyn Bridge: First Steel-Wire Suspension Bridge[J]. Modern Steel Construction, 2011(6):51.

[11] PRENTZAS G S. The Brooklyn Bridge[M]. New York: Chelsea House, 2009.

[12] SHAPIRO M J. A Picture History of the Brooklyn Bridge[M]. New York: Dover, 1983.

[13] HAW R. American History / American Memory: Reevaluating Walt Whitman's Relationship with the Brooklyn Bridge[J]. Journal of American Studies, 2004, 38(1): 18-19.

[14] 曾又灵. 罗伯林家族现代悬索桥的拓荒者[C]. 中国公路学会养护与管理分会, 2015, 61-63.

[15] 王有森, 王喆. 布鲁克林大桥与罗伯林父子[J]. 世界科学, 1984, (5): 56-57.

[16] 肖恩源. 悬索桥百年探索与实践[M]. 北京: 人民交通出版社股份有限公司, 2016.

[17] WEINGARDT R. Brooklyn Bridge[J]. Leadership and Management in Engineering, 2001, 1(4): 81-81.

[18] BUONOPANE S G, BILLINGTON D P. Theory and History of Suspension Bridge Design from 1823 to 1940[J]. Journal of Structural Engineering 1993, 119(3): 974-975.

[19] GRIGGS JR. Leffert Lefferts Buck - bridge maker[J]. Journal of Bridge Engineering, 2000, 5(4): 271-283.

[20] OLMSTED R A. The American Society of Civil Engineers Founded in 1852 in New York City: Civil Engineers and Civil Engineering in the Metropolitan Section[C]// National Congress on Civil Engineering History & Heritage. 2014.

[21] YANEV, Bojidar S. Williamsburg Bridge-12 Years After[C]// Structures Congress. 2001:1-8.

[22] ABRAHAMS M J, MATLIN A. East River tidal barrage[J]. Annals of the New York Academy of Sciences, 1994, 742(1): 101-114.

[23] ARZOUMANIDIS S G, Savage I, Zhang J. In-Depth Seismic Investigation of the Williamsburg Bridge: A Major East-Coast Suspension Bridge[C]// Structures Congress. 2000:1-10.

[24] BARBAS J A, Matusewitch P. Reconstruction of the Williamsburg Bridge: Transition to a Modern Structure[C]// National Congress on Civil Engineering History & Heritage. 2001:221-230.

[25] BRUSCHI M G, KOGLIN T L. Main Cable Preserving Williamsburg's Cables[J]. Civil Engineering, 1996, 66.

[26] PERRY R J. Estimating Strength of the Williamsburg Bridge Suspension Cables[J]. The American Statistician, 1998, 52(3): 211-217.

[27] HUNGERFORD E. The Williamsburg Bridge[M]. The Celebration Committee Of The Board Of Aldermen Of The City Of New York, 1918, 70-129.

[28] ZAIMES G. Highlights of the East River Bridge Rehabilitation Program[J]. Annals of the New York Academy of Sciences, 1984, 308-315.

[29] SCHULTZ A R, BILLINGTON D P. History and Aesthetics of the East River Bridges[M]//John A. Roebling: A Bicentennial Celebration of His Birth 1806—2006. 2007: 1-14.

[30] ROTHMAN H. One Hundred Years of Suspension Bridges: From the Era of the Brooklyn Bridge to Today[J]. Annals of the New York Academy of Sciences, 1984, 424(1): 107-123.

[31] 伊藤学，川田忠树[日]，等著．刘健新，和丕壮，译．超长大桥梁建设的序幕 — 技术者的新挑战[M]．北京：人民交通出版社，2002．

[32] FRANCIS G. The Manhattan Bridge: A clash of titans[J]. Journal of Professional Issues in Engineering Education and Practice, 2008, 134(3): 263-278.

[33] HILL D. Suspension System of New York's Manhattan Bridge Gets Long - Awaited Update[M]. Civil Engineering November 2013, 2013, 20-22.

[34] ROTHMAN H. One Hundred Years of Suspension Bridges: From the Era of the Brooklyn Bridge to Today[J]. Annals of the New York Academy of Sciences, 1984, 424(1): 114-115.

[35] GRIGGS F E. Bridge across the Hudson[J]. Journal of Bridge Engineering, 2009, 14(5): 388-410.

[36] 钱冬生，陈仁福．大跨悬索桥的设计与施工[M]．成都：西南交通大学出版社，1999．

[37] 严国敏．现代悬索桥[M]．北京：人民交通出版社，2002．

[38] 刘健新，胡兆同．大跨度吊桥[M]．北京：人民交通出版社，1996．

[39] 金增洪．20世纪悬索桥的历史和美学[J]．公路，2004，（9）：1-20．

[40] Rockland MA. The George Washington Bridge: poetry in steel[M]. Brunswick, N.J.: Rivergate Books, 2008.

[41] TRIVEDI A, LYNCH M. Main cable strand inspection of the George Washington Bridge[J]. Structural Engineering International, 1996, 6(1): 37-40.

[42] 雷俊卿，郑明珠，徐恭义．悬索桥设计[M]．北京：人民交通出版社，2001．

[43] MONTI R M, FASULLO E, HAHN D M. Replacement of the upper deck of the George Washington Bridge[J]. Annals of the New York Academy of Sciences, 1980, 352(1): 143-156.

[44] BUCKLAND P G. Increasing the Load Capacity of Suspension Bridges[J]. Journal of Bridge Engineering, 2003, 8（5）：288-296.

[45] 穆祥纯．美国城市大跨径桥梁建设撷英[J]．城市道桥与防洪，2015，（3）：36-45+8．

[46] YOU-LIN XU. Wind Effects on Cable - Supported Bridges[M]. John Wiley & Sons Singapore Pte Ltd, 2013.

[47] DU M M, ZELLERS D, WANG J, et al. New Bronx-Whitestone Bridge Approach Foundations Design and Construction[C]// IFCEE 2018. 2018.

[48] 王应良，高宗余．欧美桥梁设计思想[M]．北京：中国铁道出版社，2008．

[49] FISHER J W, BARSOM J M. Evaluation of Cracking in the Rib-to-Deck Welds of the Bronx - Whitestone Bridge[J]. Journal of Bridge Engineering, 2016, 21(3): 1-2.

[50] OTHMAR, H, AMMANN. Division of Engineering: Planning and Design of the verazano-narrows Bridge[J]. Transactions of the New York Academy of Sciences, 2012.

[51] COHEN E, CUSTEN A M, STAHL F L. Long - Span Suspension Bridges: the American Approach[J]. Annals of the New York Academy of Sciences, 1980, 352(1): 27-39.

[52] MASI A, DIM J M. New York's Golden Age of Bridges[M]. Fordham University Press, 2011.

[53] GIMSING N J, GEORGAKIS C T. In Cable Supported Bridges[M]. John Wiley & Sons, Ltd, 2012.

[54] 李建军. 美国纽约韦拉札诺海峡大桥涂装施工工艺简述[J]. 工程技术, 2016（1）: 233-234.

5 悉尼海港大桥

5.1 引　言

悉尼（Sydney）位于澳大利亚的东南海岸，是澳大利亚面积最大、人口最多的城市。自英国人于1770年4月28日发现了悉尼的植物学湾（Botany Bay）以来，大量移民涌入悉尼，推动了悉尼的城市发展，到20世纪早期，悉尼已经成为世界知名且人口逾百万的国际大都市。随着悉尼城市建设和经济发展的不断推进，原本为悉尼发展带来巨大机遇的悉尼海湾也成为了悉尼寻求更大发展的障碍。海湾将悉尼割裂为南北两个区域，城市的铁路和公路陆路交通线都在港口处中断。另外，由于两岸的陆路交通线距离长，通过陆路往来于两岸之间十分费时，轮渡成为两岸最主要的交通方式，导致港口轮船来往繁忙且沉船事故频发。出于经济发展对交通便捷的需求和安全的考虑，悉尼市民迫切希望建造一座直接连接两岸的桥梁，悉尼海港大桥（Sydney Harbour Bridge）由此应运而生。

悉尼海港大桥是一座公铁两用钢桁拱桥，是拱和桁架的组合体系，兼具桁架和拱的受力特点。桁架部分各杆件主要承受轴向力，实腹段在恒载作用下主要承受轴向压力，而在活载作用下将承受弯矩，成为偏心受压构件。与相同跨径梁桥相比，节省钢材较多，圬工用量与梁桥接近，但比同跨拱桥要少。另外，桁架拱外部通常采用两铰结构，因地基沉降、温度变化等产生的附加内力较小，因此，桁架拱具有结构受力合理，整体性强，节省材料，自重轻等特点，且对软土地基也具有较好的适应性。在悉尼海港大桥之前，世界上已经建成许多桁架拱桥，如詹姆斯·布坎南·伊兹（James Buchanan Eads）设计建造的伊兹桥（Eads Bridge）和法国工程师古斯塔夫·埃菲尔（Gustave Eiffel）设计建造的加拉比特铁路桥（Garabit Railway Bridge）。悉尼海港大桥对世界桥梁的设计建造产生了深远影响，具有重要的历史意义，因此，本章将根据现有资料从工程背景、结构设计、施工和运营维护等方面进行全面阐述。

5.2 工程背景

悉尼沿着海湾被分为南北两个区——坎伯兰峡谷（Cumberland Plain）和康士比高地（Hornsby Plateau）。南岸坎伯兰峡谷开发较早，北岸康士比高地开发较晚，早期陆路交通需通过帕拉马塔河（Parramatta River）上游的桥梁再折返才能到达北岸，即使骑马也需花上至少一天的时间。悉尼的第一座桥由弗朗西斯·格罗斯（Francis Grose）修建于帕拉马塔镇，但第二年便被洪水冲毁，其他桥梁也沿着帕拉马塔河修建。最终，悉尼在19世纪80年代形成了被称为"五座桥（the Five

Bridges）"的陆路交通线[1]，如图5-1（a）所示，该线路穿过皮尔蒙特桥（Pyrmont Bridge）、格莱贝岛桥（Glebe Island Bridge）、铁湾桥（Iron Cove Bridge）、格莱兹维尔桥（Gladesville Bridge）和无花果树桥（Fig Tree Bridge），比原路缩短了20 km。即便如此，南北两岸间交通依然主要依靠轮渡。1816年，悉尼海湾北岸建立了第一个轮渡服务，19世纪40年代，第一批能够载运马车和手推车的煤动力蒸汽船在两岸间运行，吸引更多的人迁向北岸定居，城区开始沿着霍恩斯比（Hornsby）至圣伦纳德（St Leonards）的铁路线向外扩展，随着北岸的发展，港湾被往来船只堵塞，严重影响了当地的居住与生态环境。到1890年，渡轮交通量达到载客500万人/年、载车37.85万辆/年和载马43.80万匹/年，平均载运1.4万人/日、1 036辆车/日和120匹马/日，过大的交通量使港口变得混乱。到1908年，渡轮客运量在1 300万人/年，人们主要乘坐5家公司的轮渡，每小时就有超过75艘渡轮在码头上排成5行长队，特别是在大雾天，船长们只能循着对岸的铜铃声行驶。1927年11月3日下午4:14，搭乘300名乘客和船员前往惠宁顿和旧金山的大溪地号轮船，在轮船驶离海港时，一艘承载着学生的校船从码头驶向屈臣氏湾，校船的左舷与大溪地号游轮相撞导致校船立即沉没，造成40名乘客丧生。出于经济发展对交通便捷的需求和安全的考虑，人们迫切希望建造一座直接连接两岸的桥梁。悉尼南北岸距离最近处位于南岸的道斯角（Dawes Point）和北岸的米尔森角（Milsons Point）之间，距离仅有500m，如图5-1（b）所示，此处一直是修建海港大桥的首选桥址，桥梁建于此处可以将悉尼最繁华的南部市区和北部市区直接连接起来，还可直接连接北上的高速公路。此外，还可大大降低桥梁的跨径，减少施工的难度和工程量，节约成本。

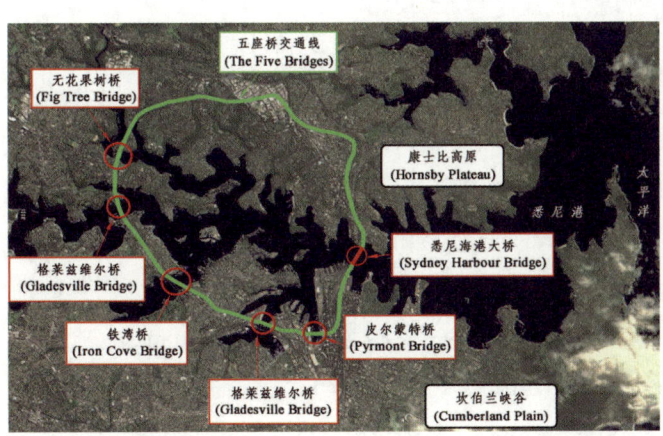

（a）五座桥交通线

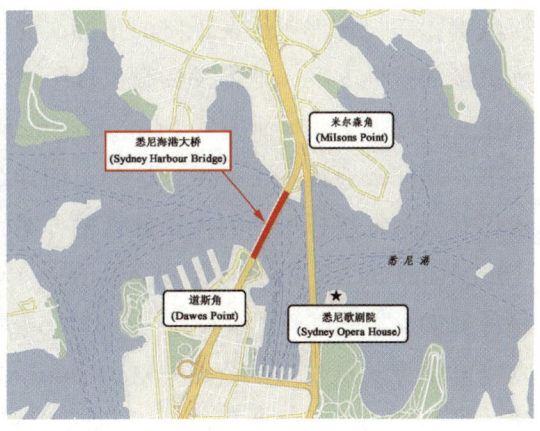

（b）大桥桥址

图5-1 悉尼海港大桥方位图

1788年就有修建跨海大桥的技术，但当时桥梁的桥墩会过于庞大且不能满足通航所需的桥下净空要求。最早提出在悉尼港湾上建造拱桥的是伊拉斯谟·达尔文（Erasmus Darwin），他于1791年游访悉尼后写下了"希望之旅——植物学湾旁的悉尼港（*Visit of Hope to Sydney-Cove, near Botany Bay*）"，期望在悉尼港建一座跨越海湾的巨大拱桥。1815年，弗朗西斯·格林威（Francis Greenway）首次向新南威尔士州政府提议在两岸间修建一座跨海大桥，虽然十年间他坚持宣传这项计划但仍未被采纳。1924年以前，工程师先后提出了许多跨越悉尼海湾的桥梁或隧道设计方案，如表5-1，但由于各种原因，这些方案均未实施，最终，海港大桥建设的重任落在了约翰·乔布·柯如·布拉德菲尔德（John Job Crew Bradfield）的肩上。他出生于澳大利亚昆士南州的桑盖特（Sandgate），是唯一参与和负责了悉尼海港大桥从概念设计到建造完成全过程的工程师，被称为悉尼海港大桥之父。在布拉德菲尔德的全力推动下，1922年9月，桥梁建造法案提交给了议会，同年11月该法案在下议院获得通过。

表5-1　悉尼海港大桥历次桥梁设计方案

时间	设计者	设计方案
1857年	彼得·亨德森（Peter Henderson）	单塔桁架桥
1878年	威廉·C. 班纳特（William .C. Bennett）	浮桥
1879年	T. S. 帕罗特（T. S. Parrot）	七跨连续桁架桥
1888年	亨利·帕克斯（Henry Parkes）	桥梁或隧道
1896年	—	4种桥梁方案
1903年	—	悬臂梁桥
1913年	约翰·布拉德菲尔德（John Bradfield）	悬臂梁桥

其实早在1900年，悉尼市政府曾进行过一次桥梁方案竞赛，试图找到合适的桥梁设计。当时，许多公司都提交了桥梁设计方案，但没有方案得到采纳，建设悉尼海港大桥的计划一再被搁置。直到1922年，悉尼市政府再次组织了悉尼海港大桥的设计招标，并任命布拉德菲尔德全权负责，布拉德菲尔德在最终的招标文件中规定此次投标的桥型需为拱桥或悬臂梁桥，为了得到更多的投标方案，他将投标截止日期推迟到1924年1月。1924年1月16日中午，政府宣布投标截止，工程师戈登·斯图克（Gordon Stuckey）和布拉德菲尔德的助手审查了六家公司的20份投标书，并向政府提交了一份长达63页的详细审查报告。尽管招标文件对桥型做出了明确要求，但仍有公司在投标书中列入了悬索桥方案，至少有六种是悬索桥，其中澳大利亚英国电力公司（English Electric Company of Australia Ltd.）的方案全为悬索桥。但布拉德菲尔德也认真的对每种悬索桥方案进行了审查评估。其他5家投标公司分别是——戈尼南公司（Goninan & Co.）、麦克林蒂克马歇尔产品公司（McClintic Marshall Products Company）、威廉·阿罗尔爵士公司（Sir William Arrol & Co.）、加拿大桥梁公司（Canadian Bridge Company）和多门朗公司（Dorman Long & Co.）。这些都是当时世界上最杰出的桥梁建造和承包公司，其中除多门朗公司外的5家公司提交的桥梁设计方案以及评审意见如表5-2。

表5-2　5家投标公司的桥梁设计方案和评审意见[2]

公司名称	设计者	设计方案	评审意见
戈尼南公司（Goninan & Co.）	—	悬臂梁桥	预计造价高达1 000万英镑，成本太高且处于试验阶段
澳大利亚英国电力公司（English Electric Company of Australia Ltd.）	罗宾逊（Robinson）和斯坦曼（Steinman）	悬索桥	悬索桥的缆索和吊杆太过纤细，达不到桥梁美观的要求，布拉德菲尔德不信任该公司的设计方案

续表

公司名称	设计者	设计方案	评审意见
麦克林蒂克马歇尔公司（McClintic Marshall Products Company）	—	3种悬索桥	第一种挠度过大，自由度约束不足导致稳定性差；第二种和第三种设计相似，满足强度、刚度和稳定性要求，但都需使用5万t铁来建造高150m的桥，成本太高且与环境不协调
	古斯塔夫·林登塔尔（Gustav Lindenthal）	三铰悬臂桥	外形与14年后的金门大桥十分相似，该设计桥梁在风力作用下产生过大振动，会降低安全性
	C.a.P.特纳（C.a.P.Turner）	三铰拱桥	布拉德菲尔德更倾向于双铰拱桥，认为三铰拱受力不明确
加拿大桥梁公司（Canadian Bridge Company）	—	悬臂梁桥和悬索桥	两种方案均采用K形桁架，成本比M形桁架低，但出于美观上的需要，布拉德菲尔德更倾向于成本高的M形桁架
威廉阿罗尔爵士公司（Sir William Arrol & Co.）	—	悬臂梁桥和拱桥	拱桥与建成的悉尼海港大桥相似，公司希望使用英国海军部开发的钢材；布拉德菲尔德和戈登·斯图克认为容许应力太大

5家公司提交的桥梁设计方案均被布拉德菲尔德以及评选团队否决，最终布拉德菲尔的团队选择了多门朗公司的设计方案。多门朗公司提交了由拉尔夫·弗里曼（Ralph Freeman）设计的7个桥梁方案（图5-2），其中包括5个拱桥方案和2个悬臂梁桥方案。A方案中的拱桥没有设置桥塔，这与布拉德菲尔德的期望相违，他希望在设计方案中加入桥塔；B方案中尽管有桥塔，但整体的桥塔结构太过庞大，使得桥梁极不协调。最终，布拉德菲尔德选中了C方案，该方案在外观、比例和结构上都符合布拉德菲尔德的要求且满足设计要求，但需要将混凝土桥塔换成花岗岩塔。C方案的主桥造价约为422万英镑，引桥造价约为127万英镑，虽然不是造价最低的桥，但与戈尼南公司提出的造价高达1000万英镑的悬臂梁桥相比，成本已大大降低。但古斯塔夫·林登塔尔（Gustav Lindenthal）得知中标的桥梁方案是C方案时感到非常愤怒，因为C方案与他在纽约建造的狱门大桥十分相似，几乎就是放大版的狱门大桥，他认为多门朗公司抄袭了他的设计，但多门朗公司表示此次招标不存在任何问题。1924年3月，多门朗公司正式中标。

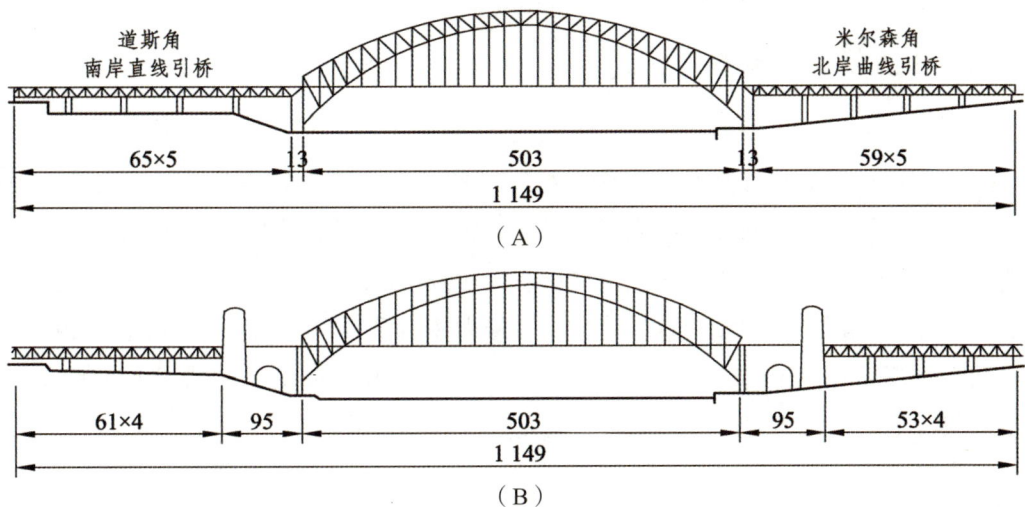

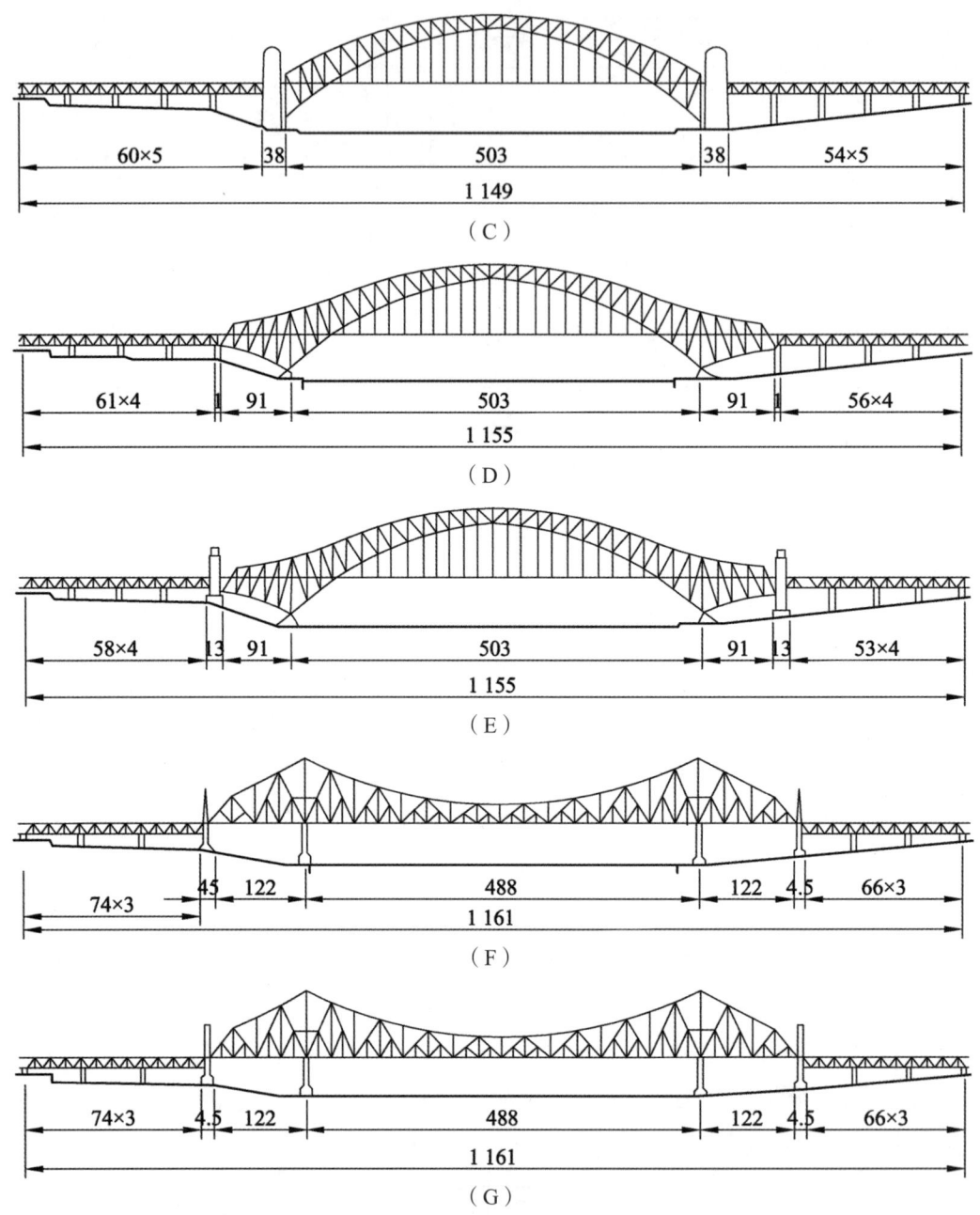

图5-2 多门朗公司桥梁方案设计（单位：m）

悉尼海港大桥有世界第一单孔桥之称，是连接港口南北两岸的重要桥梁。它像一道彩虹横贯海湾，成为了悉尼歌剧院明信片的完美背景，也是拍摄港口全景的绝佳地点，如图5-3。大桥于1923年7月举行开工仪式，1924年破土建造桥基，1932年3月19日竣工通车，正式建造时间达8年多。整个大桥的用钢量为5.28万t，600万个铆钉，最大铆钉重量为3.5 kg，混凝土用量9.5万m³，桥塔、桥墩共用花岗石1.7万m³，建桥用油漆27.2万升，足可见工程的雄伟浩大。在20世纪30年代的建桥技术条件下，能在悉尼海港架设如此庞大的桥梁实属难得[5-15]。

图5-3 悉尼海港大桥

5.3 结构设计

1. 设计条件

大桥所处的悉尼港东边是太平洋,西边是帕拉玛塔河,港口周围为悉尼最繁华的地段。港湾的总面积55 km²,港口面积虽大但出海口小,是个天然良港。港口属于副热带湿润气候,最暖的月份是1月,气温大约为18.6~25.8℃,每年大约有14.6日气温在30℃以上,港口周围陆地的最高温度约为45.3℃。夏天港口温度更低,但其气温很少降到5℃以下。每年最冷的时间出现在七月,其平均温度大约为8.0~16.2℃,周围陆地的最低温度为2.1℃。夏季和冬季的降雨量大抵相当,由于东风,其上半年的雨量稍多,年均降雨量为1 217 mm,每年约有138天降雨。

有限元分析方法出现之前,大型双铰拱桥的应力分析是一项非常繁重的工作,不仅主桁架中的构件数量可观,而且许多计算是超静定的,还包含许多桁架和侧向构件的计算。最开始,大桥计算采用了图解法,并通过对少数构件的分析来检验计算结果的准确性。然而,很快发现,用这种方法无法获得足够的准确度,而且在与通过解析法获得的结果进行校正处理时浪费了时间。此后,所有应力分析均通过解析法。设计条件如表5-3所示。

表5-3 设计条件[2-4]

设计项目	参数取值
桥型	公铁两用中承式两铰钢桁架拱桥
跨径布置	(60×5+38+503+38+54×5) m
高度	134 m

续表

设计项目			参数取值
车道数			原设计：6车道+2电车轨道+2火车轨道+2条人行道 改造后：8车道+2火车轨道+2条人行道
通航净空			49 m
地质条件			含黏土和页岩的黄色砂岩
设计荷载	恒载	主桥	864 kN/m
		南引桥	311～401 kN/m
		北引桥	319 kN/m
	活载	列车	32.7 kN/m
		汽车	80～160 kN（轴重），2.5 kN/m²
		行人及自行车	4.79 kN/m²
	横向风荷载	主桁	1.44 kN/m²
		人行道围栏	2.2 kN/m
	列车纵向力		9.7 kN/m

2. 下部结构

1924年4月，布拉德菲尔德派出审查团来到多门朗公司的伦敦总部进行方案审查。他们参观了伦敦米德尔斯堡（Middlesbrough）和雷德卡（Redcar）的炼钢厂和制造厂，讨论了桥梁的设计、制造和附属工厂，并监督了铆钉检测，铆钉的形状和尺寸都做了严格规定，如图5-4所示，铆钉直径7.0 cm，长度超过28.7 cm。为保证铆接质量，专门设计了铆接气动工具，并对铆钉做了大量铆接加热试验。第一批硅钢铸件被轧制成了钢板和钢筋，后期，钢筋将被拉成钢丝并形成桥梁吊索。大桥仅下弦杆设置铰，见图5-5，大桥两端安装了英国制造的4个钢制推力支座，每个重量超过300 t，大桥南端的推力支座于1927年3月27日开始安装，支座与桥墩之间采用螺栓连接，每个支座的最大推力约为20 000 t，将来自钢拱桥的巨大重量传递给桥墩及基础。

图5-4 铆钉

图5-5 拱脚

布拉德菲尔德勘察了桥梁附近的地质状况，在港口两岸进行了钻孔取样调查，结果显示此处的岩层为坚硬的砂岩层，为保护地基，桥梁两侧各划定了4 hm²的限制区，在此区域禁止任何形式的施工建设。桥塔和桥墩总共用水泥9.5万m³、花岗石1.7万m³。桥墩高12 m，其基础固定在地下12 m的砂岩中，桥墩为混凝土材料，采用奥斯卡·法伯（Oscar Farber）设计的六角形板混凝土浇筑系统进行浇筑，六角形板的尺寸为12 m×2.4 m×1.4 m，这种浇筑方式能够减少混凝土的收缩，适合现浇混凝土施工。两座桥墩上各建有一座桥塔，塔高89 m，内部为混凝土结构，表面为花岗岩，是为了桥梁的美学设计而建造的，并不参与受力。桥塔所用的石头都来自距悉尼以南200 km的莫鲁亚采石场，1925年初在莫鲁亚建造了1个码头，在码头与采石场之间铺设了标准轨道来运输石料。到1926年，采石场已有来自13个国家的240名工人，逐渐形成了有水网系统、邮局、商店和道路的小镇。

3. 上部结构

大桥立面如图5-6所示，主桥为钢桁拱结构，跨度503 m，天气炎热时钢结构的热胀会使拱抬高18 cm，钢拱拱脚设置2个巨大的钢筋混凝土桥墩上。主拱由2个主桁架片组成，主桁间距30 m，每个主桁含28个桁架片，采用华伦桁架形式，跨中桁高18 m，拱脚桁高57 m。大桥两侧各有5跨引桥，每跨引桥由6对平行面板钢桁架组成，每跨平均重1 200 t。桥下净空49 m，从海面到拱顶高达134 m，桥下允许万吨巨轮通过。桥面总宽度49 m，可通行汽车，桥面铺设有双轨铁路，两侧各设有1条3 m宽的人行道，此外还设置了2条有轨电车车道，桥面布置如图5-7所示。1958年，将2条电车轨道改为汽车道。包括引桥在内的整座桥梁的用钢量为5.28万t，拱桥部分用钢量为3.9万t，其结构全部采用铆接，共使用600万个铆钉，最大的铆钉重3.5 kg，长39.5 cm。主桥钢结构使用硅钢，与普通的碳素钢或低碳钢相比，其强度、硬度和韧性都更为优异；引桥钢结构采用碱性平炉碳钢，引桥和主桥的支座均采用铸钢。上部结构受压构件安全系数约为2.2～2.4，受拉构件约为1.9～2.0，受剪构件为2.5。上部结构设计概要如表5-4所示。

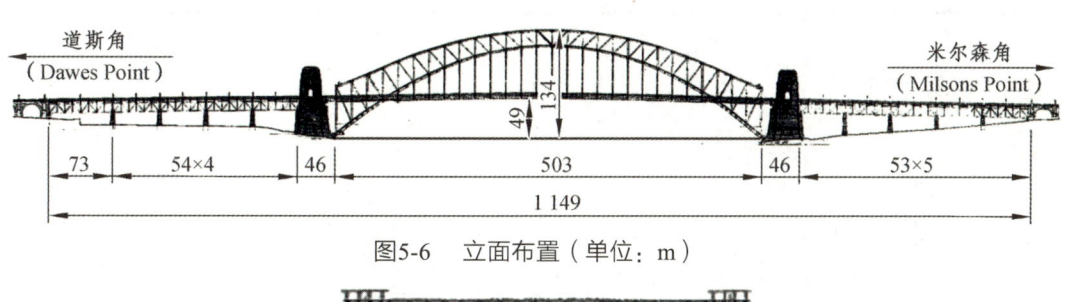

图5-6 立面布置（单位：m）

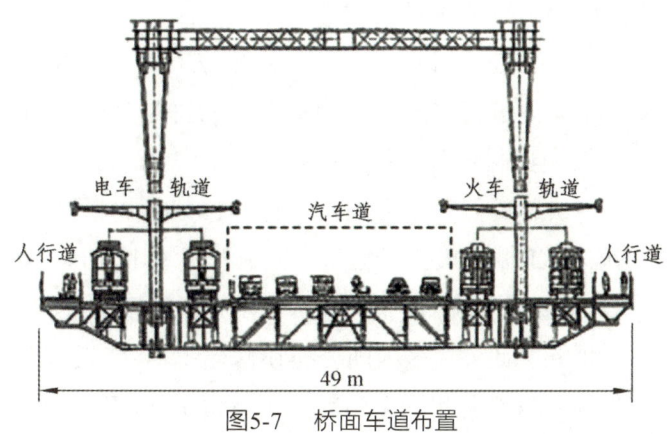

图5-7 桥面车道布置

表5-4 上部结构设计概要[2-4]

设计项目		参数取值
设计参数	拱高	134 m
	桁高	18 m（跨中），57 m（拱脚）
	主桁间距	30 m
	桥面宽度	49 m
	桥面高度	49 m
	吊杆长度	58.8 m（最长）；7.3 m（最短）
	吊杆间距	18 m
材料参数	硅钢 抗拉强度	552~655 MPa
	硅钢 屈服强度	310 MPa
	碳钢 抗拉强度	427~496 MPa
	碳钢 屈服强度	207~241 MPa
	铸钢 抗拉强度	448 MPa
	铸钢 屈服强度	241 MPa
	铆钉钢 抗拉强度	345~413 MPa
	铆钉钢 屈服强度	216 MPa
构件安全系数	受压构件	2.2~2.4
	受拉构件	1.9~2.0
	受剪构件	2.5

5.4 施　工

1. 配套设施

为便于桥梁施工，北岸拆除了约469座建筑物，其中包括私人住宅和商业运营场所。大桥建造所需材料运送到码头并由起重机从轮船上卸下转移到堆场，再用两台移动式起重机对进行分类堆放。然后，根据模板对材料进行切割、钻孔和装配等工序，为保证施工的精度，所有构件在现场安装之前都需要在车间里进行预安装，待所有的构件达到安装精度后再将构件拆卸并运输到现场进行安装，各个阶段均需要用仪器仔细检查。

为保证大桥的建造能够快速进行，还为大桥设计和修建了一系列的配套措施。在港口北侧设立制造车间，该车间由三个工棚组成：①轻型车间，尺寸为180 m×40 m，配置4台起重机，每个起重机载重为25 t；②重型车间，尺寸为150 m×46 m，配置2台起重机，载重能力为120 t；③模板棚，尺寸为60 m×40 m。此外，多门朗公司还修建了1条窄轨铁路用来运输修建引桥所需要的材料。在桥梁合同签订后的6个月里，多门朗公司花费了100万英镑建造了一台吊重为1 250 t

的专用试验机,可用于大桥1∶8模型的荷载试验。

2. 下部结构

1926年,桥墩开始施工,在两岸各开挖了2个深基坑,每个基坑尺寸为:顺桥向长27 m,横桥向宽12 m,基坑深度9 m。有3个基坑是在岩层中开挖,南侧基坑开挖到了页岩层,所以开挖深度稍大,北岸采用台阶式基坑。基坑施工完成后使用工程师奥斯卡·法伯博士设计的六角形板混凝土浇筑方法对基坑进行浇筑,可减小混凝土的收缩徐变,适合现场浇筑施工。在桥墩浇筑过程中放入钢制推力支座并锚固,锚固推力支座的130 m³混凝土由特殊混合料拌制而成,能承受桥梁的荷载将其传递给桥墩且不会开裂。1926年9月,港口每侧的混凝土桥墩均完成建造。

3. 上部结构

主拱桁架架设采用悬臂施工方法,施工作业从桥梁两端同时进行,跨中合龙。由于施工过程中无法在水面上建造临时墩,为在拱桥合龙前承担施工过程中桥梁的自重,多门朗公司采用与架设维多利亚瀑布大桥(Victoria Falls Bridge)类似的方法,设置临时缆索反力装置来支撑桥梁,如图5-8所示。每侧各设钢缆索2×128股,每股由127根钢丝组成,每侧缆索直径约30 cm,长度约370 m,平均重量为8.5 t,共用钢丝2 200余吨。桥梁每半拱需要28 000 t的拉力,每股索所能承担的拉力为460 t,每侧钢缆索能提供58 880 t拉力,缆索一端固定在桥梁拱架上,另一端搭在桥塔上并锚固在两岸砂岩中开凿的U形隧道锚中,隧道长36 m,截面尺寸为7.6 m×1.8 m,按照45°往下开挖。施工流程如图5-9所示,主要分为以下步骤:①引桥施工;②桥塔、拱脚施工;③设置临时钢缆索、主拱施工;④主跨合龙、拆除临时装置;⑤安装吊杆、架设桥面。

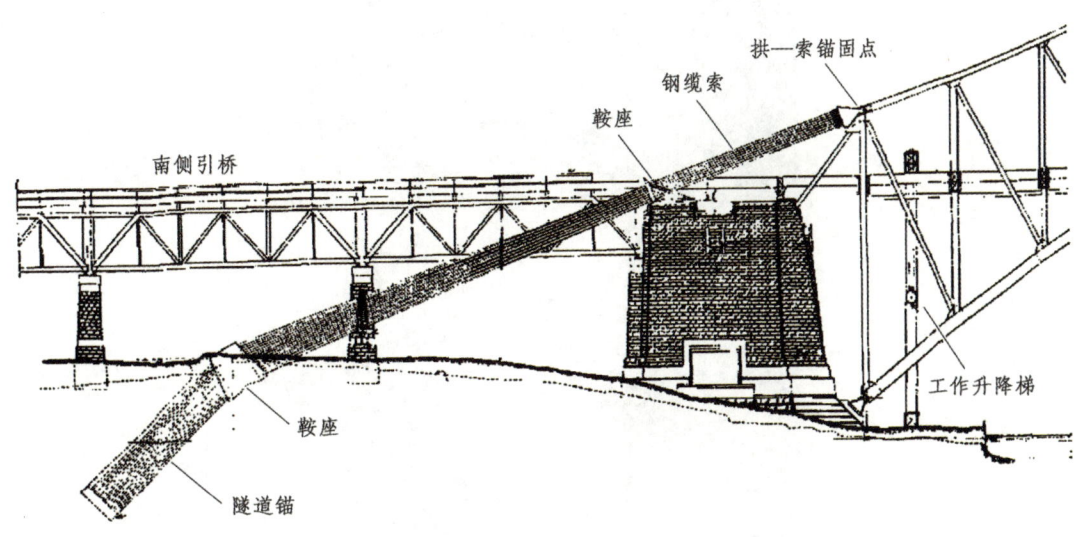

图5-8 缆索反力装置[4]

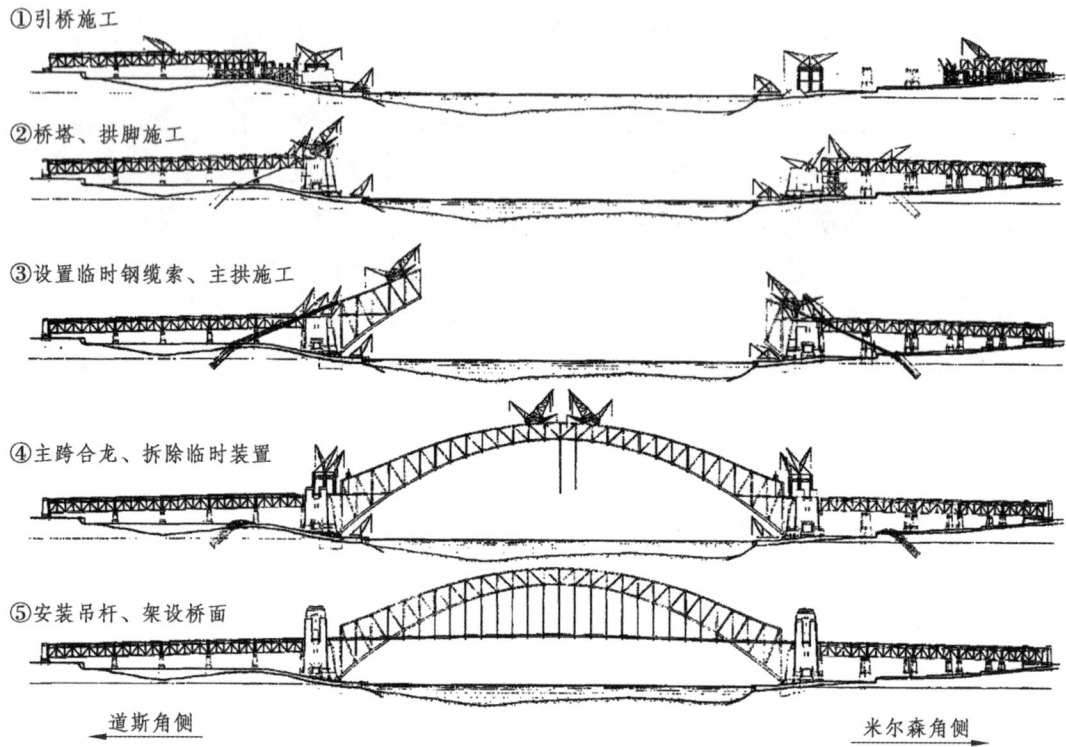

①引桥施工
②桥塔、拱脚施工
③设置临时钢缆索、主拱施工
④主跨合龙、拆除临时装置
⑤安装吊杆、架设桥面

← 道斯角侧　　　　　　　　　　　　　　　　　　　米尔森角侧 →

（a）施工流程示意[4]

（b）施工过程

图5-9　大桥施工流程

1928年6月开始进行主拱施工准备，为架设钢拱，专门设计建造了两台专门的履带式起重机，能够随着桥梁建造的过程向上爬升，每台起重机的重量达575 t，最大吊装能力为122 t，外加附属的小型起吊机，共花费3万英镑。引桥完成施工后进行钢筋混凝土桥塔施工，至桥面高度时暂停，并在桥塔设置临时鞍座放置临时钢缆索以架设主拱。1928年10月26日，第一片钢桁拱开始架设。首先吊装的是与道斯角侧桥墩连接的钢桁拱，这段钢桁拱重量最大，总重量为3 050 t，仅下弦杆就重达1 000 t，远远超出了起重机的吊装能力，因此对该段采用分段建造，最先与桥墩连接的是一段6 m长、重85 t的下弦杆。当第一段钢桁拱架吊装完成后，后面各段钢桁拱架的安装则需要通过轮渡运输到桥下指定位置，再将其吊起进行安装，施工期间要保证航道的正常使用，不能影响船只航行。1929年11月26日，创造了在一天之内吊装598 t钢结构的记录。图5-10为主拱施工各阶段。

（a）引桥施工完成

（b）主拱开始架设

（c）临时钢缆索

（d）主拱悬臂施工

（e）主跨合龙

（f）全桥竣工

图5-10　主拱施工过程

在拱桥合龙前，由于起重机位于桥拱的端部，其自重会使桥梁下挠，为确保挠度在允许范围内，需要调节钢缆索反力装置来对拱桥挠度进行控制，南岸最后1个钢桁拱架吊装完成后，顺桥向和横桥向的精度都控制在25.4 mm以内。1930年8月19日，拱桥在跨中实现合龙，在拱顶和拱底使用铆接将拱桥连接成整体，合龙后，桥梁将能够承担自身重量，附属支撑结构被拆除。1930年8月20日，为庆祝拱桥合龙，桥上挂上了澳大利亚和英国的国旗。1932年3月19日，大桥正式竣工通车。大桥在当时是世界上最杰出的桥梁建造工程之一，不仅在跨度上，而且工程规模、施工难度和施工技术水平在当时都是首屈一指的。由于当时桥梁建造的安全保护措施并不成熟完善，建造过程中有16人伤亡。

5.5 运营维护

5.5.1 运营与维护

大桥位于悉尼中央商务区和北岸之间，承载铁路、汽车、自行车和行人交通，大桥通行后的几十年内交通量迅速增加，1958年为适应现代交通需要，将2条电车轨道拆除改为汽车道，并配备潮汐流运行设备，允许改变桥上交通流的方向，以更好地适应早晚高峰时段的交通模式。据2010年统计结果，该桥每天可通行204列火车、16万辆汽车和1 650辆自行车。桥上的机动车道作为收费公路使用，2019年10月起，所有驶入悉尼商务区的车辆实行可变收费制度，过路费最低为2.5美元，最高为4美元。

为保证桥梁安全，防止腐蚀，大桥一直在定期进行检查和维护，雇用了油漆工、铁匠、锅炉工、钳工、电工、泥水匠、木匠、水管工和索具工等工人对大桥进行日常养护和维修。工作量最大的就是刷漆防腐，刷漆面积达485 000 m^2，相当于60个标准足球场，每刷一层漆大约需要3万升油漆，防腐所用的油漆是一种特殊的快干漆，刷在桥梁表面会迅速干燥。2003年，悉尼的道路和交通管理局开始全部重新粉刷大桥南部引桥，包括清除以前粉刷的含铅防腐油漆，并重新粉刷桥面板下方的钢材，面积达90 000 m^2。工人们在桥面板下的独立平台上进行作业，每个平台都安装了1个空气净化系统以用来过滤空气中的颗粒物，所有的钢材表面都采用了喷砂处理，铅废料也被运出现场进行了集中处理。2006年12月至2010年3月，为延长悉尼海港大桥的使用寿命对其进行了加固。2013年，悉尼理工大学专门研发了2个喷砂机器人来帮助大桥进行防腐工作，旨在减少工人与有害的铅漆和石棉接触，并且去除大桥表面的污垢和旧漆。图5-11为维修人员正在对大桥进行喷漆防腐作业。

1998年后，大桥南端部分开始向公众开放，游客络绎不绝。旅游团会根据天气状况为攀登者提供合适的防护工具，并在攀爬前会介绍桥梁情况，在攀爬过程中，攀爬者都会用1根钢丝安全索固定在桥上。桥梁攀爬都从桥的东侧开始，然后爬到桥顶，再从拱桥西侧下桥，见图5-12，加上准备工作，每次攀爬需要花费2~3小时。

(a) 早期工人进行刷漆工作

(b) 后期机器进行喷漆作业

图5-11 大桥喷漆防腐作业

(a) 攀登路线

(b) 攀登大桥的游客

图5-12 攀登悉尼海港大桥

5.5.2 后续影响

悉尼海港大桥是一座公铁两用桥,是连接悉尼南北两岸铁路线的重点工程。大桥与早前的纽约狱门大桥外观十分相似,狱门大桥建于1912—1916年,如图5-13(b)所示,由著名桥梁工程师古斯塔夫·林登塔尔设计,结构形式为中承式两铰桁架拱,主跨跨径298 m,桥塔高76 m,拱矢高93 m,整个桥梁结构用钢39 200 t,桥上共设有4条铁路线,桥面是重型道砟桥面,桥面距河面高度42.7 m。狱门大桥采用悬臂法施工,是当时世界上最重、最长且最为美观的钢拱桥。受狱门大桥的影响,悉尼海港大桥的结构形式也是中承式两铰拱,从桥的里面望去,大桥几乎就像复制的一座狱门大桥,建成后的大桥成为了澳大利亚著名的地标性建筑,也成了著名的旅游景点,每年吸引世界各地的大量游客。

悉尼海港大桥的建成也对其后的同类型桥梁的设计建造产生了深远影响,世界各国也相继建造了许多的类似桥梁,例如巴拿马的美洲大桥(Bridge of the Americas)也是一座中承式两铰拱桥,如图5-13(c)所示,于1959年到1962年间由美国建造,耗资2 000万美元,桥梁横跨太平洋端的巴拿马运河入口处。美洲大桥总长1 654 m,主拱跨径344 m,平均海平面距离桥梁最高点为117 m,

最高涨潮位时大桥的桥下净空为61.3 m。美洲大桥主桥两端的引桥较宽，桥面上两侧各设1条人行道。其他类似桥梁如表5-5所示。

（a）悉尼海港大桥

（b）纽约狱门大桥

（c）巴拿马美洲大桥

图5-13 悉尼海港大桥、纽约狱门大桥和巴拿马美洲大桥对比

表5-5 与悉尼海港大桥类似的桥梁

桥名	主跨跨径/m	国家	建成年份
纽约狱门大桥	298	美国	1916
贝永桥	504	美国	1931
美洲大桥	344	巴拿马	1962
朝天门长江大桥	552	中国	2009
南京大胜关长江大桥	366	中国	2011
江西新世纪大桥	400	中国	2012
安徽长淮卫淮河大桥	200	中国	2016
浙江梅山红桥	336	中国	2017

5.6 结 论

悉尼海港大桥建成时是世界第一单孔拱桥，是悉尼早期的代表建筑，与之后建成的著名的悉尼歌剧院隔海相望，成为悉尼最重要的地标性建筑之一，可从结构设计、施工、运营维护等总结为：

（1）结构设计。大桥为公铁两用中承式两铰拱桥，受狱门大桥的影响，两座桥在结构和外形上极其相似。有限元法出现前，大型双铰拱桥的应力计算十分复杂，因此从设计到施工花费了大量时间。

（2）施工。主桥采用悬臂法架设，与传统工法不同，由于无法在水中建造临时墩承担悬臂重量，因此设置了临时钢缆索反力装置保证悬臂施工的平衡和稳定。

（3）运营维护。大桥于1932年建成通车以来交通量日益增长，为延长大桥的使用寿命，对其进行定期的检查与维修工作。钢桥的防腐工作是重难点，通过对桥梁表面刷漆来保证大桥的耐久性。将大桥打造成为悉尼的地标建筑和著名景点，可为桥梁运营争取维护经济支持，可为类似桥梁的运营维护提供借鉴。

参考文献

[1] LALOR P. The Bridge: The epic story of an Australian icon - the Sydney Harbour Bridge[M]. Allen & Unwin Pty LTD, 2006.

[2] BRADFIELD J J C. The Sydney Harbour Bridge and Approaches[J]. Proceedings of the Institution of Civil Engineers, 1934, 238(1934):310-401.

[3] FREEMAN R. Sydney Harbour Bridge: Design of the Structure and Foundations[J]. Minutes of the Proceedings of the Institution of Civil Engineers, 1934, 238(1934):153-193.

[4] FREEMAN R, ENNIS L. Sydney Harbour Bridge: Manufacture of the Structural Steelwork and Erection of the Bridge[J]. Minutes of the Proceedings of the Institution of Civil Engineers, 1934, 238(1934):194-255.

[5] PAIN J F, ROBERTS G. Sydney Harbour Bridge: Calculations for the Steel Superstructure[J]. Minutes of the Proceedings of the Institution of Civil Engineers, 1934, 238: 256-309.

[6] BRADFIELD J J C. Lecture to the Royal Historical Society[M]. Sydney, 1930.

[7] BRADFIELD J J C. Sydney Harbour Bridge[J]. The Commonwealth Engineer, 1932.

[8] BENNETT D. The Creation of Bridges [M]. Melbourne, 1999.

[9] CASH F. Parables of the Sydney Harbour Bridge[M]. Sydney, 1930 .

[10] CLARK M. A History of Australia, Penguin Books, [M]. Melbourne, 1962 .

[11] COLEFAX B. Moruya's Golden Years, Moruya & District Historical Society[M]. Moruya, 1997.

[12] ELLYARD D, Wraxworthy R. The Story of the Sydney Harbour Bridge[M]. Sydney, 1982.

[13] MALLARD H. Building the Sydney Harbour Bridge[M]. Melbourne,1976 .

[14] NICHOLSON J. Building the Sydney Harbour Bridge[M]. Sydney, 2000.

[15] SPEARRITT P. The Sydney Harbour Bridge: A Life, George Allen & Unwin[M]. Sydney, 1982 .

6 金门大桥

6.1 引 言

美国旧金山湾区（San Francisco Bay Area）位于加利福尼亚州（下文简称加州）北部，是加州仅次于洛杉矶的第二大都市区，也是世界上著名湾区之一，一般分为五大区：东湾、北湾、南湾、旧金山及半岛，如图6-1（a）所示。东湾以奥克兰（Oakland）为中心，是重工业、金属加工业、石油及航运业的所在地；北湾是金门海峡（Golden Gate strait）以北的区域，城市化程度不高，以农业、葡萄酒产业为主；南湾的中心城市为圣何塞（San Jose），众多世界著名的高科技产业聚集于此，称为硅谷（Silicon Valley）；旧金山市位于海湾入海口，是旧金山湾区长久以来的文化、经济中心，半岛则位于旧金山和南湾间。旧金山湾区产业多元化、人口密集，湾区各城市间每天都有巨大的交通流量，因此交通运输体系庞大，涵盖了铁路、公路、海运和航空等多元化的交通方式。80号州际公路、101号国道及加州公路组成了旧金山湾区的公路网，其中5座桥梁构成的桥梁群是湾区公路网的关键枢纽。里士满-圣拉菲尔大桥（Richmond-San Rafael Bridge，下文简称里士满大桥）位于湾区北端，连接了北湾和东湾；金门大桥是湾区最西端的悬索桥，其东侧是奥克兰海湾大桥（San Francisco-Oakland Bay Bridge），它们串联了北湾、旧金山以及东湾；圣马特奥-海沃德大桥（San Mateo-Hayward Bridge，下文简称圣马特奥大桥）、邓巴顿大桥（Dumbarton Bridge）均位于湾区南端，连接了半岛与东湾，如表6-1所示。101号国道是美国国道系统最西端的公路，为南北走向，全长2 444.59 km，从南湾进入旧金山湾区，经过圣何塞、半岛，在旧金山与80号州际公路相交，通过金门大桥进入北湾后，再向北离开湾区。101号国道是圣何塞、圣马特奥与旧金山之间的交通主干道，车流量较大，通勤时段内十分拥堵。80号州际公路是美国州际公路系统的一部分，横跨整个美国，连接了太平洋西岸与大西洋东岸，其总里程4 666.36 km，排在整个系统中的第二位。旧金山是80号州际公路的起始点，它向东穿过奥克兰海湾大桥进入东湾，再往北进入北湾。280号、680号支线被认为是旧金山湾区的外环线，二者于南湾的圣何塞汇流，280号支线是旧金山和半岛最重要的公路；680号支线途径城镇，交通较为顺畅。880号支线是奥克兰通往圣何塞的重要的干道，故通勤时间也十分拥挤。580号支线起于北湾，通过里士满大桥向南经奥克兰到达南湾。

表6-1　旧金山湾区的重要桥梁

桥梁	通车日期	概况
里士满-圣拉菲尔大桥（Richmond-San Rafael Bridge）	1956.9.1	总长8.85 km，通航孔为两联悬臂桁梁桥，每联跨径布置为（164+330+164）m，桥下净空56 m。双层桥面，每层均为单向双车道。造价约6 600万美元。2015年，日交通量达7.92万辆/天
金门大桥（Golden Gate Bridge）	1937.5.27	双塔三跨式悬索桥，主跨1 280 m，桥下净空64 m，采用加劲桁梁，单层桥面，双向6车道。造价约3 500万美元。2019年，日交通量约为10.96万辆/天
奥克兰海湾大桥（San Francisco-Oakland Bay Bridge）	1936.11.12	总长7.18 km（不包括引桥在内），西桥为两座串联悬索桥，主跨均704.5 m，桥下净空67 m；原东桥为钢桁架桥，于2018年拆除，新东桥的通航孔桥为单塔自锚式悬索桥，跨径布置为（180+385）m，桥下净空58 m，2013年9月2日通车。旧桥造价为7 800万美元，新东桥约65亿美元。2015年，日交通量约为26万辆/天
圣马特奥-海沃德大桥（San Mateo-Hayward Bridge）	1967.10.31	旧桥（1929年）：通航桥为5孔跨径91 m的桁架桥，桥下净空为41 m，双车道。造价约750万美元，现已拆除。 新桥（1967年）：总长11.3 km，双向六车道。通航孔桥为3跨连续梁，主跨29 m，造价约7 000万美元。日交通量约为9.3万辆/天
邓巴顿大桥（Dumbarton Bridge）	1982.10	旧桥（1927年）：造价225万美元，现已拆除。 新桥（1982年）：总长2 621.3 m，主梁采用钢箱梁和预应力混凝土梁，主跨103.6 m，桥下净空25.9 m，双向6车道。造价7 000万美元。现今日交通量为8.1万辆/天以上

（a）湾区交通网

(b) 金门大桥与奥克兰海湾大桥

图6-1 旧金山湾区的公路网及桥梁

旧金山市位于旧金山湾区入海口,三面环海,一面环山[1],是天然的深水良港。修建金门大桥以前,从旧金山到北部马林县和东部奥克兰最便捷方式是轮渡,在1914年巴拿马运河开放之前,轮渡服务尚能满足社会需求。巴拿马运河的开放给旧金山地区带来了大量的海上贸易,推动了旧金山湾区的工业化进程,人口和社会需求的增加使得轮渡日益不能满足快速运输的需求[2]。交通不便引起了人们的不满,建桥的呼声愈来愈高。同时,美国亟需在太平洋岸打造一座城市作为其西部的商贸和金融中心,旧金山市无疑是最佳选择,打造四通八达的公路交通系统势在必行,桥梁建设逐渐提上日程。1929年末的经济大萧条导致美国社会就业压力剧增,大型基建项目正好可以缓解就业压力,20世纪30年代,旧金山湾区正式规划了两项大型基建项目,分别是金门大桥和奥克兰海湾大桥,这两座大桥是20世纪美国建桥水平的体现。当时美国的国力能够支撑大型基建项目,世界上第一座主跨突破1 km的悬索桥——华盛顿大桥(George Washington Bridge)也建于此时。

金门大桥是世界上第一座主跨突破1 200 m的悬索桥,不仅打破了"无法在条件恶劣的金门海峡上建桥"的断言,而且成功地将旧金山与北湾的马林县连接起来,打造了湾区第一条公路环线。金门大桥也凭借其优美的造型、橘红色的涂装成为了旧金山的地标之一,同时也是世界上曝光率最高的大桥。1994年,美国土木工程师协会将其评为"现代世界七大奇迹"之一。时至今日,金门大桥已经服役了80多年,对世界大跨桥梁建设有着深远的影响。

奥克兰海湾大桥可能是世界上第一座集桥、岛、隧为一体的跨海通道,全线长13.1 km,跨越海峡部分长7.1 km,中央Y.B.岛(Yerba Buena Island)将其划分为东、西两桥。奥克兰海湾西桥的正桥是由两座相连的悬索桥组成,主跨均为704.5 m,当时是继金门大桥、华盛顿大桥后的第三长悬索桥,但其总长超过了前两者。奥克兰海湾大桥1936年11月12日正式通车,工期3年零4个月左右,考虑到当时缺乏现代化、重型装备,且铆钉施工需要更多的时间和人力,奥克兰海湾大桥的施工速度称得上是很快的。奥克兰海湾大桥建成后,和"姊妹桥"金门大桥一起为旧金山的经济发展做出了巨大贡献,同时对未来建设跨海大桥具有深远的意义和影响,如图6-2。本章从工程背景、结构设计、施工及运营维护等方面,分别对金门大桥和奥克兰海湾西桥进行全面阐述。

(a)金门大桥

(b)奥克兰海湾西桥

图6-2　旧金山的两座跨海大桥

6.2　金门大桥

6.2.1　工程背景

金门海峡是旧金山海湾的入海口,长约4.83 km、宽约1.61 m,洋流速度2.3～3.8 m/s[3]。在建桥前,旧金山与北部马林县间主要的交通方式是轮渡。轮渡服务始于1820年,但班次少且不定期，淘金热开始后，人员在旧金山与周围地区往来频繁，于是便开通了定期轮渡服务，旧金山到马林县的轮渡需时20～27 min。而旧金山到马林县的最短距离只有1 609.3 m，若建造一座桥梁将两地连接起来，可大大缩短通勤时间。1929年正式确定桥型方案前，一共有过4次金门大桥的规划，如表6-2所示。1872年，中央太平洋铁路公司的工程师设计了一座铁路悬索桥，但成本太高，且当时的轮渡尚能满足交通需求，方案最终被舍弃。新闻记者詹姆斯·威尔金斯（James Wilkins）曾是土木工程师，1916年提议修建主跨914.4 m、桥下净空45.7 m的悬索桥，但因一战爆发未能实施。1918年，威尔金斯再次宣传建桥设想，引起了旧金山政府的关注，他们向美国国会提交了勘测金门海峡申请，并获批准。1919年8月，旧金山政府正式要求工程师迈克尔·奥肖内西（Michael M. O'Shaughnessy）进行桥梁可行性研究，奥肖内西随后请求美国海岸和大地测量局对桥位的海床进行地质勘测。1920年5月调查报告完成，奥肖内西将桥位勘测报告分别寄给了3位美国杰出的工程师，弗朗西斯·麦克马斯（Francis McMath）、古斯特夫·林登塔尔（Gustav Lindenthal）、约瑟夫·斯特劳斯（John A Strauss），向其咨询建桥的可能性及方案。麦克马斯是加拿大桥梁和钢铁公司的董事长，参与过魁北克大桥（Quebec Bridge）项目，但他没有回复。林登塔尔是著名的桥梁设计大师，曾设计过狱门大桥（Hell Gate Bridge），他首先肯定建设金门大桥的可行性，并预计造价在6 000万～7 700万美元，而这远超奥肖内西的预算（2 500万美元）。斯特劳斯拥有自己的桥梁公司，并已承建了百余座桥梁，他也首先对建设金门大桥的方案给予了肯定，在得知预算为2 500万美元后，斯特劳斯开始设计合适的桥型方案。斯特劳斯意识到大桥主跨将会突破1 200m，采用悬臂梁结构自重将非常大，而纯悬索桥刚度又不够，故考虑悬臂-悬索组合桥方案，如图6-3所示，造价仅1 700万美元左右。为确保该方案的可行性，斯特劳斯特意咨询了莱昂·莫西夫（Leon S. Moisseiff，挠度理论推广与应用者）、查尔斯·埃利斯（Charles A. Ellis，结构工程师），方案的合理性得到了他们的肯定。一年半后，奥肖内西公开了斯特劳斯的方案，虽然公众没有反对，但悬臂-悬索组合桥会破坏当地的景观，美学要求无法满足，且还需克服诸多非技术问题。

表6-2　金门大桥历次规划方案

时间	设计者（提议者）	设计方案
1872年	中央太平洋铁路公司	悬索桥
1916年	詹姆斯·威尔金斯	悬索桥，主跨914.4 m，造价1亿美元
1921年	约瑟夫·斯特劳斯	悬臂-悬索组合桥，边跨402.3 m，中跨悬臂222.5 m、悬索段804.7 m，造价1 700万美元
1925年	莱昂·莫西夫	悬索桥，主跨1 220 m，造价1 940万美元
1929年	金门大桥建设运营公司	悬索桥，主跨1 280 m，造价3 500万美元

图6-3　悬臂-悬索组合桥方案[4]

  1923年5月25日，加州立法机关签署了一项建桥法案，明确成立一个金门大桥建设运营公司（the Golden Gate Bridge and Highway District，原译为金门大桥公路行政区，为便于理解，本书译为金门大桥建设运营公司，后简称大桥公司），负责大桥规划、设计、建设、融资和运营管理。旧金山湾是重要的军港，当时美国战争部掌管该港口建设项目，最初因担心大桥将会影响港口的交通航运而反对建桥，好在1924年5月战争部举行的听证会上，支持建桥的一方说服了战争部并于同年12月颁发了临时建桥许可。大桥建设也触动某些大型集团的利益，比如轮渡公司，因此遭到了它们的极力反对，在接下来几年引发了激烈的抗议活动，阻止大桥公司成立。斯特劳斯在过程中发挥了积极作用，他领导并组织了建桥请愿活动，游说了湾区所有县（区）加入大桥公司，最终旧金山、马林等共6个县（区）同意加入大桥公司，但随之而来的是反对加入大桥公司的抗议、听证会。据统计，1927年10月到1928年12月间，因建桥支持者占绝大优势，共有2 037个抗议活动被法院驳回。1928年12月4日，加州立法机构正式宣布大桥公司成立，斯特劳斯被命名为金门大桥项目总工程师，大桥建设终于走上正轨。1929年末美国经济大萧条，工人失业率急剧攀升，政府为促进就业，鼓励大型基建工程，但加州政府把所有的资金都投入到了另一座桥——奥克兰海湾大桥的项目中，金门大桥的资金陷入困难。斯特劳斯提议将大桥公司成员县的选民个人财产作为抵押，发售3 500万美元债券。尽管遭到了极大阻力，反对建桥方的极力阻拦（甚至有人宣称大桥不可能建设成功，是个骗局），但近3/4的选民依然相信斯特劳斯，同意将个人财产作为抵押，最终斯特劳斯连同大桥公司董事会说服了美联储购买了这些债券，资金问题才得以解决。

  针对景观要求，斯特劳斯虽然调整了最初的方案，但仍坚持悬臂-悬索组合桥，而该方案同样不被公众接受。对此，他要求莱昂·莫西夫提供悬索桥的设计方案。早在1925年11月，莫西夫在一篇报告中就提出了悬索桥的设想，如图6-4所示。悬索桥是一个更实际解决方案，凭借造型优雅和受力合理的优点,逐渐被斯特劳斯和公众接受。此时美国的工业技术水平可制造大桥所需的各种构件,1931年建成主跨1 066.8 m的华盛顿大桥,更是增强了建设金门大桥的信心。在设计方面,弹性理论在主跨千米级悬索桥设计中已不适用,为此莫西夫引进挠度理论,该理论已成功应用于曼哈顿大桥(Manhattan Bridge),埃利斯采用挠度理论完成了桥梁结构设计和理论计算,确定了结构的具体细节与尺寸,绘制了设计图纸,还编制了相关规范。美学处理上,金门大桥堪称业界典范。建筑师欧文·莫罗(Irving F. Morrow)做出了巨大贡献,他参与了桥塔横向形式的设计,并做出了塔柱细节上的美学处理,他对金门大桥最大的贡献是设计了大桥涂装的颜色——橘红色,也被称为"国际橘"。鲜明的橘红色不仅让金门大桥在浓雾中具有极高的辨识度,而且也是金门大桥成为加州地标性建筑的关键之一。金门大桥1933年1月正式开工,1937年5月27日通车。

图6-4 金门大桥实景

6.2.2 结构设计

1. 设计条件

金门海峡东连旧金山海湾、西接太平洋,海峡宽1.6~3 km,长约8 km,水文、地理等条件复杂多样。大桥桥位处海峡宽为2 011 m,海床呈V形,中央水深113 m,南侧(旧金山侧)主墩水深19.8 m,水流速度约3.34 m/s,且伴有旋涡,海面上还有强风,湾区位于地中海气候带上,有温润的冬季和干旱的夏季,故金门海峡极易产生大雾天气。海床地质条件较为良好,从图6-5中可以看到:大桥南侧的岩层为蛇纹岩,北侧(马林侧)主墩岩层为玄武岩、辉绿岩,由于水流速度大、冲刷能力强的缘故,海峡底部均为裸岩。金门大桥位于1906年旧金山地震的圣安地列斯断层(San Andreas Fault)以东11.31 km处,设计地震力的目标响应谱以具有1000~2000年再现期的最大地震为对象,反应谱衰减常数为5%[5]。这些条件对设计和施工都是巨大的挑战,特别是水中南侧主墩施工时,迫使南侧主墩方案多次更改,设计条件如表6-3。

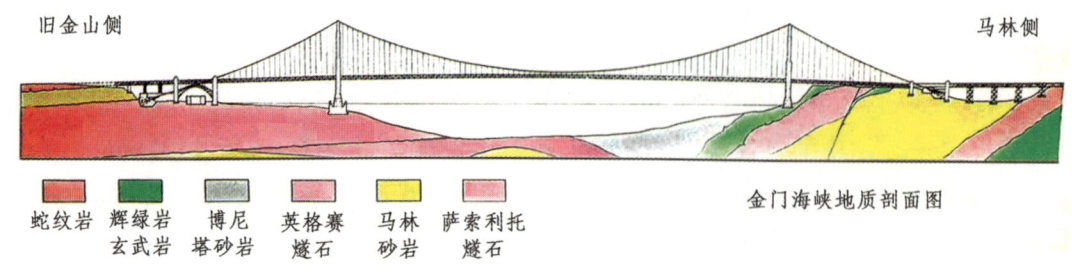

蛇纹岩	辉绿岩玄武岩	博尼塔砂岩	英格赛燧石	马林砂岩	萨索利托燧石

金门海峡地质剖面图

图6-5 桥址地质条件

表6-3 设计条件

形式		双塔三跨式加劲悬索桥
跨径布置		（343+1280+343）m
矢跨比		1∶8.9
桥下净空高度		67 m
构造	锚碇	重力式锚，单体重54 400 t
	主墩	混凝土主墩
	主塔	钢结构主塔，水面以上塔高227 m
	主缆	主缆直径92.7 cm，缆间距27.4 m 吊索一共250对，吊杆间距15 m
	加劲梁	钢桁梁，高7.6 m，宽27.4 m，双向六车道
设计荷载	设计车速	72.4 km/h
	公路活载	轴距2.74 m、毛重213.6 kN的两轴卡车，冲击系数取1.5[6]
	设计风速	109 km/h
	地震荷载	基于静力的0.75g横向荷载[7]

金门大桥是一座双塔三跨式公路悬索桥，如图6-6所示，全长1 966 m，主跨1 280 m。大桥两侧钢主塔高227 m，桥下净空67 m；采用桁架式加劲梁，梁高7.6 m、宽27 m，双向六车道；2条主缆间距27.4 m，每条主缆直径92.7 cm，两端锚碇均采用重力式。南侧的引桥由高架桥和钢拱桥组成，北侧则由高架桥组成。金门大桥混凝土用量为29.7万m³，总用钢量7.5万t（含引桥）[3]。

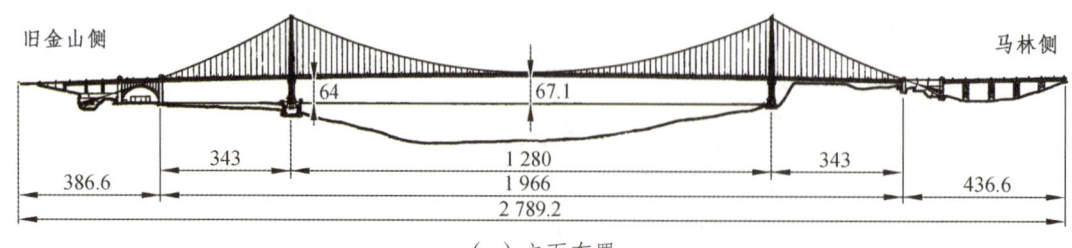

（a）立面布置

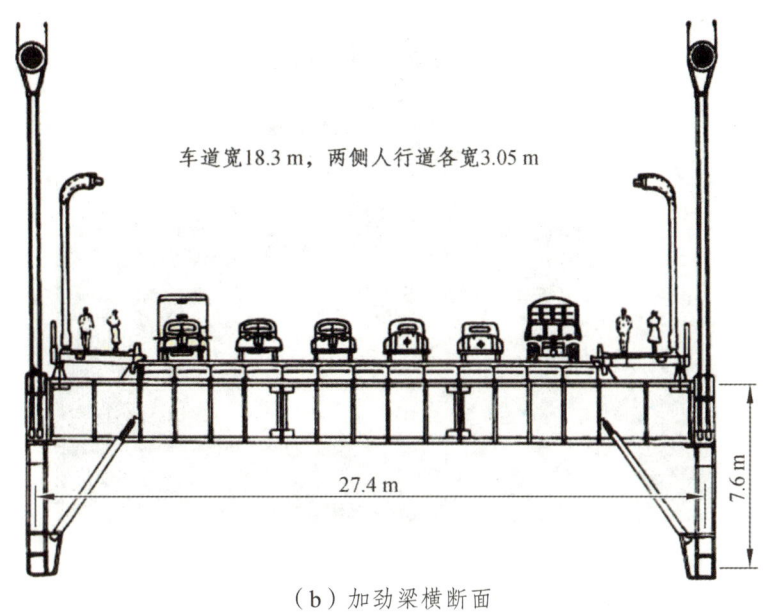

(b)加劲梁横断面

图6-6 金门大桥(单位:m)

2. 下部结构

锚碇最初设计方案采用隧道式锚碇,但进一步研究后发现,基岩承载力不理想,故改为重力式锚碇。锚碇基础为基岩,主缆采用索靴将丝股与眼杆相连,再由眼杆将荷载传递至锚碇。每座锚碇的眼杆数量共61对(对应于两根主缆丝股数量),眼杆截面尺寸为25.4 cm×5.1 cm,长度有10.2 m、20.4 m两种规格。在散索点前端,每根主缆拉力约275 790 kN。主缆进入旧金山侧锚碇的水平倾角16°31′,马林侧相应倾角为17°40′。锚碇重力与主缆拉力的合力方向向下,与铅垂面夹角30°,锚碇的实际承载能力超过设计荷载2倍。2个锚碇混凝土用量约14万 m^3,钢筋用量3 991 t。

海峡断面呈中间深两边浅的V字形分布,大桥的两座主塔对称布置在2个锚碇之间,为减少主跨跨径,将南侧主墩置于距离岸边约335 m处,水深19.8 m,而北侧主墩位于海岸边。由于两主墩的地理条件差异较大,设计时应分开考虑,同时因受到自然灾害影响,南侧主墩的施工多次受阻,设计方案相应也经过多次更改,最终基础形式如图6-7所示。主墩设计综合考虑施工因素后,最终方案均为钢筋混凝土扩大基础,如表6-4所示。

表6-4 主墩设计

	主墩位置	南侧(旧金山)	北侧(马林)
主墩基础	形式	钢筋混凝土扩大基础	
	特点	与围堰结合,浇筑成一个整体	
	基地岩层种类	蛇纹岩	玄武岩
	基础尺寸	基底面积3 511.72 m^2	24.4 m×48.8 m
主墩	尺寸	南侧主墩最低水位到主墩基础最底部距离为33.5 m	
工程量		南侧主墩和防撞墩混凝土99 400 m^3 北侧主墩混凝土17 967 m^3	

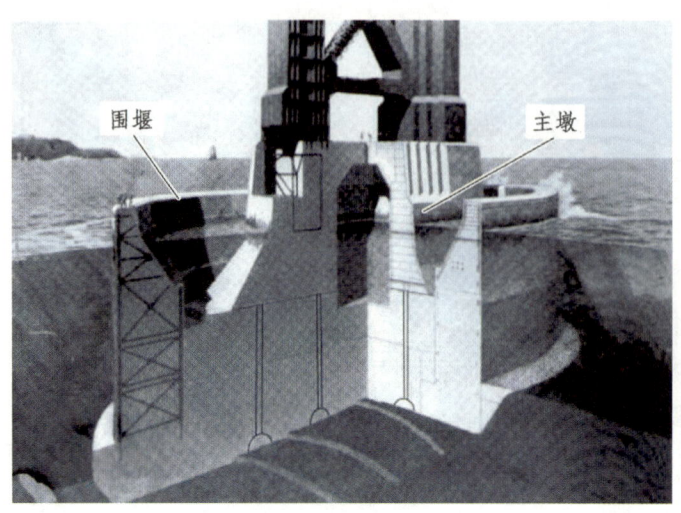

图6-7　南侧（旧金山侧）主墩

金门大桥采用了混合式钢主塔，即构成主塔的2根塔柱的上部（桥面以上）仅由水平横梁连接，简洁的框架式结构可保证美学要求，而下部设置交叉杆改善受力性能、提高主塔横向刚度、提高抗风稳定性能，保证结构的合理受力。2根塔柱中心线相距27.4 m，加劲梁以上主塔高152.4 m，从主墩到主鞍的高度为210.4 m，水面以上至主缆中心塔高约为227.4 m。塔柱内部是由多个独立的箱室组成，每个箱室横截面为1.07 m×1.07 m，呈蜂窝状排列，如图6-8（a）所示。由于引入了这种新技术，主塔除了承受主缆传递过来的荷载外，还具备了较好的抗风和抗震性能。整个主塔包括主墩都经过了美学的处理，如图6-8（b）、（c）、（d）所示。主塔横截面自下而上呈阶梯状变化，即横截面呈阶梯形式的变小，并且越高的位置细节越淡化，主塔颜色为标志性的橘红色。主塔设计参数如表6-5所示。

表6-5　主塔设计参数[8]

结构性质	数量（尺寸）
主墩顶面以上塔高（至主缆中心）	227.4 m
双塔重量	40 280 吨
塔柱底部箱室	（1.07 m×1.07 m）×103个
塔柱塔顶箱室	（1.07 m×1.07 m）×21个
底座尺寸（每个塔柱）	10.1 m×16.4 m
主缆传至主塔的荷载	548 800 kN
容许横向挠度	0.32 m
容许纵向挠度（向海岸方向）	0.56 m
容许纵向挠度（向海峡方向）	0.46 m
塔顶顺桥向宽度	7.5 m
塔底横桥向宽度	16.0 m
塔顶面积	4.74 m²
塔底面积	9.8 m²

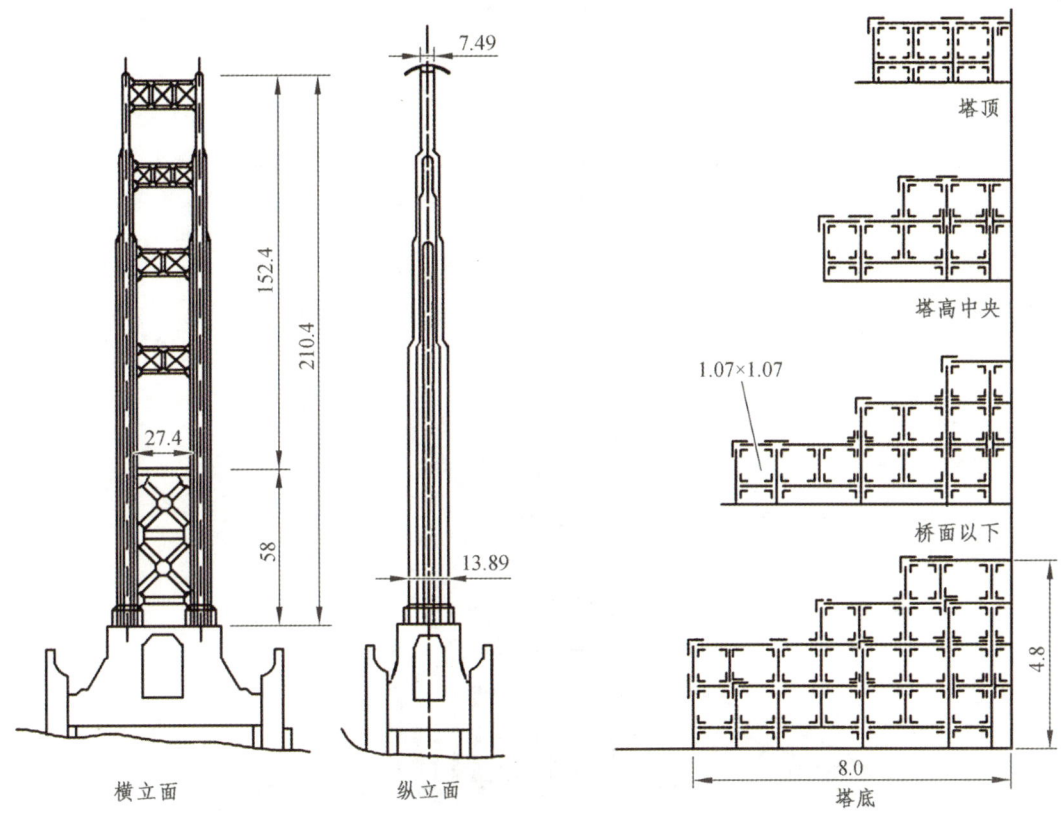

(a)南侧主塔平面示意(单位:m)

(b)主塔实景

(c)塔柱横梁

(d)主墩细节

图6-8　旧金山侧主塔

主鞍尺寸为6.58 m×3.05 m×3.22 m（长×宽×高），重136 t，分3段铸造，拼装时用螺栓连接[6]。整个主鞍槽路上设置了防水盖，距离主鞍4.57 m的主缆上设有挡圈（主缆的缠丝在挡圈处中断），在这二者之间装有可拆卸的、遮蔽风雨的圆柱形钢套管用来保护主缆钢丝。为适应主鞍槽路内的形状，主缆横截面在套管内进行过渡。由于考虑到温度与荷载的变化将会对主缆钢丝方位造成影响，故套管的端部连接处设有特殊的垫层以减小其影响。主鞍的中间设置了遮棚，其南、北两侧均设置了带防风雨盖的检修孔，工作人员可以通过检修孔进入主鞍内部进行检查。此外，根据美国商务部要求，主鞍上均需安装旋转的航路灯标，图6-9为主鞍构造示意图。

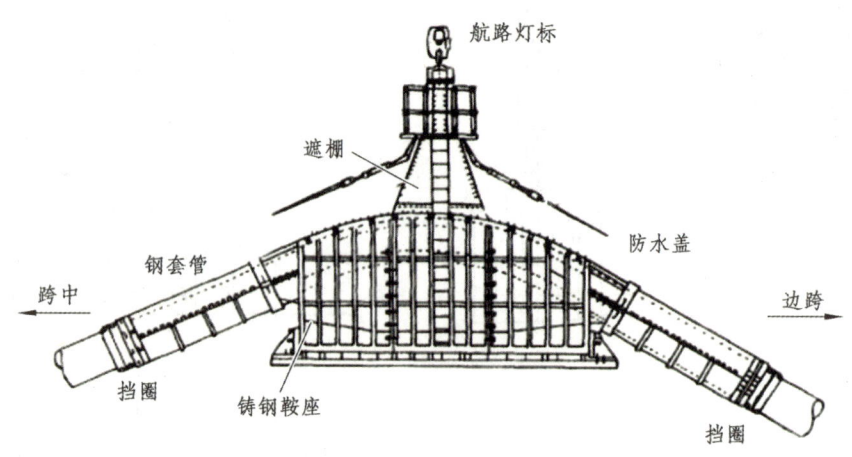

图6-9 主鞍示意

3. 上部结构

主缆垂度为143.3 m，矢跨比为1∶8.9[6]，主缆设计时分为61束丝股，每束丝股含有452根抗拉强度为1 570 MPa的镀锌钢丝，每根主缆直径约为92.4 cm，在建成时是世界上直径最大的主缆。当时主缆横截面压实成圆形截面是技术难题。承包商详细地研究了钢束的排列布置对主缆最终形状的影响，得出结论：应将六边形顶点放置于底部而不是侧边置于底部，在紧箍过程中要求钢束的垂直位移最小，最终形成的截面会更接近理想的圆形截面，如图6-10（a）所示。这种排列方式与将六边形侧边置于底部的布置方式相比，优点在于：将其丝股分为竖向几股，可以再插入竖向分隔片；其置在主鞍内的永久性分隔片，可以使每一丝股内的钢丝在其左右尚无丝股时不向左右摊开；其在跨度之中临时插在各竖列丝股间的分隔片，将有助于丝股间的通风，借使各丝股温度容易一致，对于保证丝股长度调整的精度，这是一个前提条件[6]。缺点是在开始只有主缆上3或4根丝股时，其位置不易固定。主缆成形并且紧固后安装了索夹。全桥一共设置250对吊索，吊索间距为15 m，如图6-10（b）所示。

加劲梁为三角形腹杆体系桁架，单层桥面，梁高7.6 m，主桁间距27.4 m。主桁架的弦杆采用高强度硅钢，腹杆采用碳素钢。横梁为工字钢，高2.6 m，长26.58 m，单根重20.87 t，横梁腹板由1.27 cm厚的碳素钢板制成，上、下翼缘由硅钢制成的角钢和盖板组成。桥面为混凝土板和沥

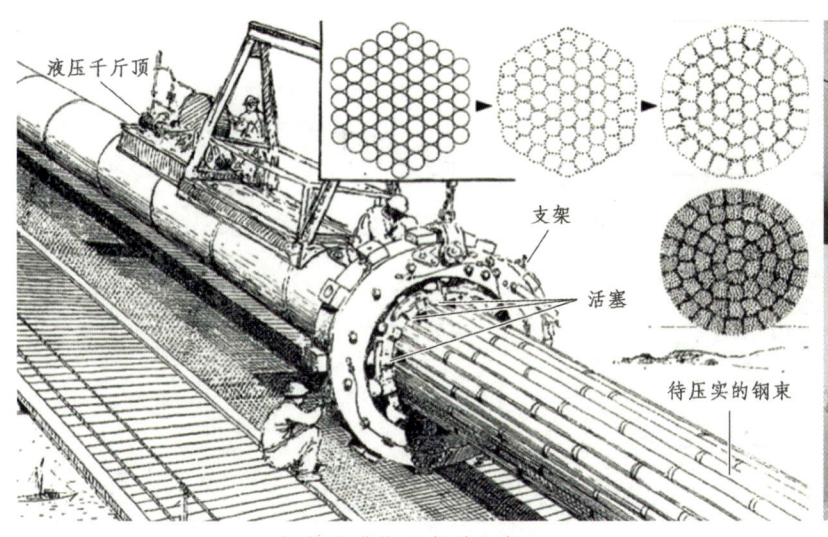 

(a) 主缆截面成型示意 　　　　　　　　(b) 索夹和吊索

图6-10　主缆、吊索及索夹

青铺装（后全部更换为正交异性钢桥面板），宽18.3 m的双向六车道，两边人行通道宽3.05 m。初始加劲梁设计并没有下平纵联，仅仅是在横梁上设置了隅撑，如图6-6（b）所示。在塔科马大桥风毁事故后，桥梁工程师开始认识到风对大跨桥梁的危害，从而对桥梁抗风进行了探索。1953—1954年对加劲梁进行了改造，增设了下平纵联及横联，提高了大桥的横向稳定性。

6.2.3　施工

1. 下部结构

金门大桥两端的重力式锚碇，利用自身巨大重力来承受主缆拉力，每个构件由3部分组成：锚碇基础、内置锚固件的锚块、压重。北侧锚碇位于砂岩和页岩上，南侧锚碇位于蛇纹岩上。两侧基坑的开挖均采用爆破开挖。基坑底部开挖成齿状，以适应结构最终的受力状态，锚碇的基础表面浇筑成了阶梯状，使承重面与重力线垂直，如图6-11所示。南侧锚碇开挖前，修建了一个花岗岩的海堤作为围堰，使得开挖时无需抽水就能保持坑底干燥。由于锚碇为大体积混凝土，浇筑方法采用了分层浇筑法。基础浇筑完毕后，便开始了锚杆（眼杆）和锚梁的安装。设计目的是由眼杆直接将主缆荷载传递到末端的锚梁上，故采取了一些措施提高眼杆传递荷载效率，如在眼杆表面涂了两层丹红并用3.8 cm的玛蹄脂包裹住眼杆的头部。

北侧主墩靠近海岸，施工时在墩位附近修建U形围堰，为陆地施工创造条件，随后采用爆破法开挖岩层，当挖至设计标高时，进行主墩基础及墩身的浇筑，施工过程较为顺利。南侧主墩完全暴露在恶劣的海洋环境中，距离岸边约335 m，该处水深在18～24 m、海流速度3.34 m/s，极易遭受潮汐及海洋风暴的侵袭，这里的主墩施工是整个项目的重点、难点。由于海床长期受水流冲刷，导致底部基岩直接裸露于海底，好在基岩相当深厚且质地优良。如图6-12所示，主墩原方案是在墩位周围修建环形混凝土围堰，后改用沉箱法修建主墩基础，主墩基础底面距水面约30.48 m。围堰直接浇筑在天然基岩上，外部尺寸51.8 m×91.4 m，内部尺寸33.5 m×75.3 m，底部墙体厚约9.1 m，逐渐变化至顶部的3.048 m，顶部高出海面4.57 m。

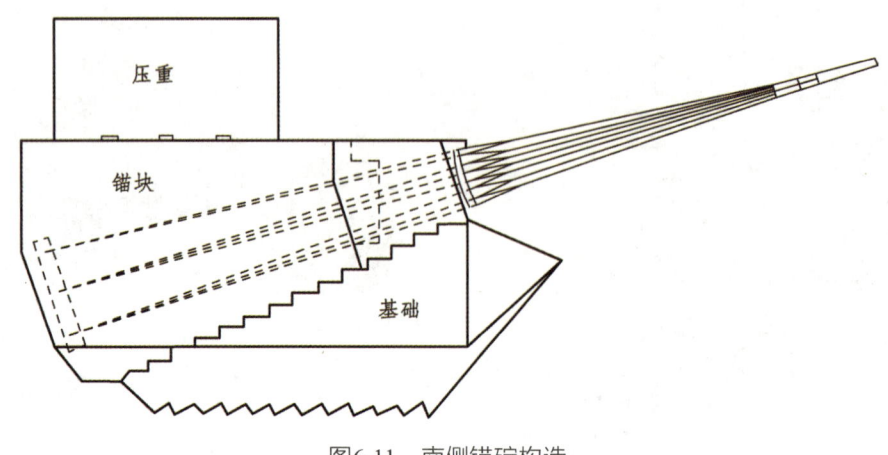

图6-11 南侧锚碇构造

如图6-12所示，施工时围堰按平面分为22个独立的单元，每个单元采用高6.1 m的钢模板连续浇筑24.4 m。气压沉箱平面尺寸27.4 m×56.4 m，在工厂预制并通过浮运到达围堰内沉放，沉箱至少需要嵌入基岩6.1 m深，基岩采用爆破开挖。在施工过程中由于受环境影响，施工方案也相应经历了4次修订，最终放弃了沉箱方案，但保留了围堰并将其与主墩浇筑为一个整体共同受力，具体方案修订情况如表6-6所示。

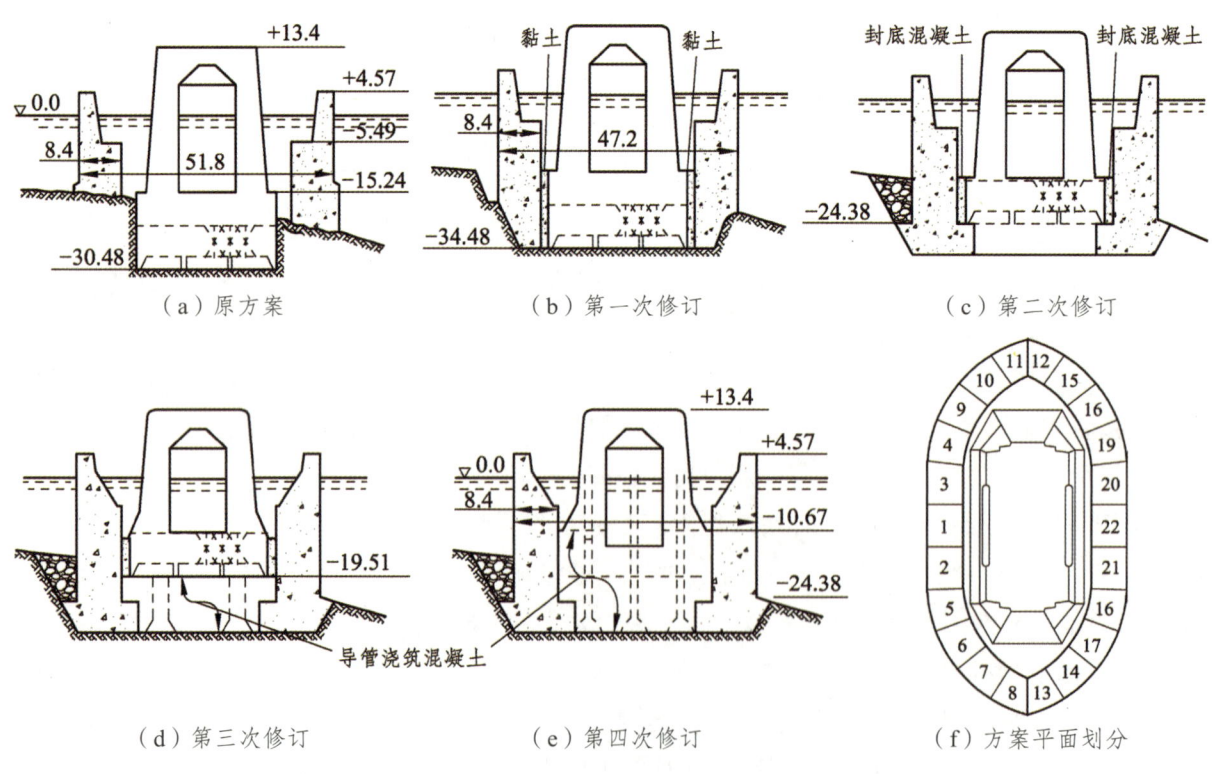

图6-12 南侧主墩方案修订过程（单位：m）

表6-6 主墩施工方案修订

修订次数	修订原因	修订方案
第一次	围堰基底标高需与主墩基础底部保持一致	围堰内表面底面标高改为-30.48 m
第二次	海洋风暴损毁了模板和塔吊，模板过大所受风暴威胁更大	扩大围堰基础尺寸，并使其底面标高均为-30.48 m；围堰所围的基岩上方浇筑约6.1 m的混凝土层；围堰单元被分成了高9 m的较小单元，平面单元划分不变，并且部分单元采用了更轻质的木质模板施工
第三次	围堰基础尺寸扩大，沉箱无法沉底	在围堰内用混凝土封底，再将沉箱沉放至封底混凝土表面，并在封底混凝土内预留了8个基岩检查井
第四次	沉箱浮运至围堰后，没来得及闭合围堰就遭遇海洋风暴，沉箱与围堰猛烈碰撞，导致沉箱和围堰均出现一定程度损坏	围堰闭合前风暴可能再次发生，隐患依旧很大，随即将沉箱拖出围堰，放弃沉箱法；直接闭合围堰，疏浚后在其中立模，将主墩基础与围堰浇筑为1个整体，主墩基础面积由1 486.4 m²扩大到3 530.3 m²。

防撞墩内排水后，围堰密闭性能良好，几乎无需抽水便能保持干燥。此外，工程师们和咨询地质学家通过检查井对基岩进行检查，并且用千斤顶进行了测试，岩层各方面都能满足要求，随后便用混凝土填充了这8个检查井，图6-13为南侧主墩部分施工图。南侧主墩1933年3月开工，1935年1月3日完工，整个结构共消耗了近10万m³混凝土。

（a）围堰施工

（b）围堰内部

图6-13 南侧主墩基础施工

金门大桥的主塔高度达到了227.4m（水面以上），是当时世界上最高的主塔。主塔采用钢结构，钢材在宾夕法尼亚的伯利恒钢铁厂（Bethlehem Steel Co.）生产，通过铁路运输到费城（Philadelphia），再通过巴拿马运河运至旧金山的施工现场。主塔构件安装前，需将主塔底部的混凝土打磨至光滑，以便安装主塔的承压板。承压板用78根长1.37 m、直径0.165 m的钢销钉固定在主墩顶部，以抵抗水平剪力。主塔的塔柱间有可爬升的起重装置，上有两台起重能力为77.13 t的起重机负责钢塔构件的吊装。在塔身施工到60.96 m高时，承包商将墩顶预埋的角钢与塔身锚固住，两者的锚固方式不只是在塔身腹板处与角钢铆接，而且对角钢施加了预应力。整座主塔安装铆钉的工作量非常大，现场安装的铆钉约60万个。

斯特劳斯对施工中的安全问题特别重视，采取了一些措施来保障施工人员的人身安全：每位工人必须戴安全帽（当时的规范还没有强制要求戴安全帽），减少坠物对头部的伤害；由于构件表面涂料含铅，施工时一旦有人出现疑似中毒的症状，便会要求所有工人每隔两周进行体检和血检；打铆作业时会排放出有毒气体，因此须戴上防毒面具。

由于南侧主墩的施工受环境影响导致进度落后，所以北侧主塔先于1934年11月完工。1935年1月8日，南侧主墩竣工，之后便立即准备主塔施工。北侧主塔的施工经验应用于南侧主塔施工，对施工组织和技术手段进行了合理的调整，南侧主塔提前于1935年6月28日完工，如图6-14所示。

（a）预制节段运输

（b）主塔节段铆接

（c）主塔内部结构

（d）主塔构件的吊装

图6-14 主塔施工

3. 上部结构

空中送丝，鞍外编股，是金门大桥主缆架设所采用的方法[6]。猫道的承重索为分离式布置形式。猫道的先导索架设采用了水下拖拉法，其先导索的一端固定于一侧主塔底部，再由拖船将先导索的另一端拖运至另一侧的主塔底部，然后封锁航道两边同时将先导索吊运至塔顶。猫道面板是由长3.048 m的面板组装成30.48 m长的节段组成，边跨处的面板节段在锚碇处组装并向上（主塔顶部）牵引，而中跨的面板节段在主塔处组装，并向跨中方向逐步安装。为实现猫道之间能相互交通、增加稳定性，在猫道间设置了横向天桥，如图6-15所示，猫道下方同时设置了抗风系统。金门大桥之前的桥，无端牵引绳是搁置在猫道上方的门架之上，金门大桥并没有沿用这一做法，而是改用2根独立的支承索及架设在这两索之上的若干横梁，横梁悬挂成对的定滑轮以支撑牵引绳。这一改进减小了猫道所承受的荷载，并且使得送丝轮对支承牵引绳的定滑轮的冲击得到缓解。

（a）猫道及横向天桥

（b）支承索和抗风系统

图6-15　主缆架设准备

主缆的施工效率与以往相比有了很大的提升，这一点在送丝过程中最能体现。以往的无端牵引绳各设1个送丝轮同时进行主缆的送丝工作，这样送丝轮来回一次可以送丝4根。金门大桥主跨的中央设置了1个"转运站"，当两侧送丝轮到达这里，"转运站"的工人会把一侧的套圈交换到相向而来的送丝轮上，然后由再送丝轮带回各自的出发点，这使得送丝轮需走的路程减少了一半。就扣牢在牵引绳上的送丝轮而言，大桥两端各设置了4轮送丝轮，每轮在开始时配备了2个丝槽，在工人熟练操作后便加装了2个槽路，但每次送丝时只使用3个槽路，留1个作为备用，最大效率时一次送丝24根。金门大桥主缆送丝工作交替着进行，专门安排了2个不同的班组，交替进行送丝和调丝、调股的工作。当效率达到最大时，需要3天的时间来完成对1根主缆的4束丝股的送丝工作，之后将该侧送丝轮转移至另1根主缆上继续送丝工作；同样大约需要3天的时间，将该侧主缆的4束丝股进行提升、横移至主鞍，再进行调丝和调股。在主缆送丝完成后，便开始紧缆和缠丝作业。6台紧缆机用于紧缆的工作，每台紧缆机包含12个液压千斤顶，它们架设在主缆上对主缆施加径向力。每个千斤顶活塞直径为149.2 mm，液压最大可达41 MPa，每个千斤顶压力可达720.3 kN。作业期间，发现千斤顶的液压达到35 MPa后，主缆不会再进一步的被压紧，故一般情况下在液压为35 MPa时进行紧缆作业。完成紧缆后，用紧缆机上的两台液压千斤顶将捆扎索拉紧以绑住主缆。该紧缆机可以利用千斤顶组的顶进实现移动。为主缆架设专门研发了缠丝机，一共用了6台机器。该缠丝机可以在固定在未缠丝的主缆上运行，将缠丝工作置于机器之后；缠丝机也可固定在已缠丝的主缆上，将缠丝工作置于机器之前。这样可以避免进行人工缠丝作业。金门大桥的主缆架设仅用了约6个月，当时创下了主缆架设的速度和效率的世界纪录，如图6-16所示。

（a）送丝　　　　　　　　（b）丝股横移、固定　　　　　　　　（c）紧缆

（d）索夹安装　　　　　　　　（e）缠丝　　　　　　　　（f）主缆架设完成

图6-16　主缆架设过程

加劲梁钢构件全部由伯利恒钢铁公司提供，由远洋船运输至金门大桥附近的仓库，所有构件按照架设要求进行了分类并存储。工程师也对每个钢构件的涂漆进行了检查，并制定了相应的措施，以保证构件表面的涂漆处于良好状态。根据架设要求，加劲桁架构件由驳船拖运至主塔附近的堆放平台加劲梁的架设顺序是从主塔开始，向主塔两侧逐段架设。从减轻施工荷载以及提高安全性角度出发，金门大桥加劲梁的架设分为了2个阶段。第一个阶段的大致架设步骤：起重机将一侧的2个桁架节段吊起，并将其悬吊在吊索上，待吊索完全承受桁架节段自重后起重机便松开，再用同样的方式吊装另一侧的2个桁架节段；然后在架设好的桁架节段上吊装横梁和横向支撑系统，以及起重机移动所必需的纵梁。在架梁时，平纵联和上弦杆拼接板被很快地铆

接起来，使加劲桁架在安装时具有良好的横向稳定性能。第二个阶段主要是架设其余的行车道纵梁、人行道材料和路缘等，最后进行混凝土桥面板的浇筑工作。加劲桁架的架设工作从1936年6月18日开始，1936年11月20日完成第一阶段的合龙，同年12月14日加劲梁所有的钢构件施工完毕，如图6-17所示。

（a）加劲梁节段吊装　　　　（b）平纵联安装　　　　（c）完成的部分加劲梁

图6-17　加劲梁架设

加劲梁架设过程中，工程师还设计了一张安全网，该网由直径9.5 mm的麻绳、按边长152.4 mm方形网格织成，如图6-18所示。安全网置于加劲梁的下方，覆盖整个主跨，其横向宽度超出梁外3 m。安全网在施工过程中挽救了19条生命，降低了施工风险也间接提高了施工效率和速度。

图6-18　施工安全网

6.2.4　运营维护

1. 运营

金门大桥的设计者认为，六车道的设计可以满足桥梁在服役期内的交通要求。事实上，车流量增长速度远远超过了预期，如图6-19所示。通车第一年，实际的车流量达331万辆/年，超过了预期的246.5万辆/年；1951年大桥实际车流量便超过了1 000万辆/年，而工程师是预期在1970年才达到这一数据[9]。很快大桥的通行能力便达到了饱和，而车流量增加的势头没有下降，截止到1970年，实际年车流量达3 272.5万辆/年，远超预期的1 050万辆/年。为缓解大桥的通行压力，1963年10月29日，大桥启用了"潮汐车道"方案：在工作日的通勤时间段内，上午通往旧金山的车道改为四车道，下午前往马林县的车道改为四车道，而在周末和非通勤时间段内2个方向均为三车道。今天大桥的日车流量约为11.2万辆/日[3]，依旧是该地区重要的交通枢纽。

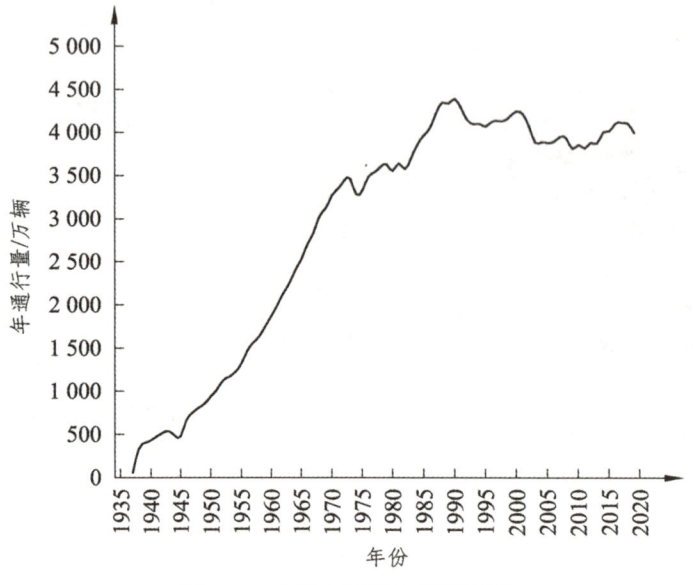

图6-19　金门大桥汽车年通行量

2. 抗风改造

金门海峡连接旧金山湾和太平洋，经常会出现强风天气。大桥历史上有3次因大风天气而暂停通行，1951年12月1日，在一场暴风雨中大桥发生了扭转振动，大桥第一次关闭。此次风致振动对大桥造成了一定的损害，加上此前塔科马大桥风毁的影响，大桥公司决定对加劲桁梁进行全面检查并进行改造加固。1953年和1954年，加劲梁增设下平纵联与横梁以提高大桥的抗扭转刚度，将加劲梁横截面从开口形式转变为闭口截面，提高其横截面抗扭转刚度，从而增强了大桥的抗风能力，如图6-20所示。

（a）安装下平纵联及横梁　　　　　（b）下平纵联及横梁

图6-20　加劲梁改造

3. 抗震改造

金门大桥桥址靠近著名的圣安地列斯断层（美国最危险的地震断层之一），大桥面临强震的威胁，所以在设计最初就已经考虑了地震，因此金门大桥一度被认为可承受服役期内的所有地震。事实上，南侧引桥中的拱桥可能会在强震中因支座失效而导致垮塌，进一步导致大桥整体结构垮塌。在1989年的洛马-普雷塔（Loma Prieta）大地震中，湾区其他桥梁因出现不同程度的破坏而停运，金门大桥虽没有被破坏，但大桥公司决定借此机会对大桥进行检查和抗震改造。改造计划分为3个阶段，具体改造措施列于表6-7。由于第二阶段改造项目的技术复杂，金门大桥又是地标性建筑，承包商需要在不改变大桥原有模样完成抗震改造，故在改造过程中采用了诸多创新技术，图6-21为第二阶段改造示意。在2005年，金门大桥抗震改造项目被土美国土木工程师协会（ASCE）评为年度特殊地震工程项目奖；2007年，旧金山侧引桥结构改造项目被评为杰出土木工程成就奖。

表6-7 抗震改造

第一阶段（1997—2001）	
结构	措施
马林侧高架桥	加固现有基础；
	全面更换4个支承钢塔并加固N11排架；
	更换和增加主梁顶、底部的横撑体系，并强化竖向桁架构件、桁架的连接；
	5孔简支桁梁转为1联连续桁梁；
	高架桥两端安装抗震伸缩缝；
	在塔架N2的支架、排架N11和新支承钢塔上安装抗震支座
第二阶段（2001—2008）	
结构	措施
旧金山侧高架引桥	更换支承钢塔和底部横撑，安装抗震支座；
堡垒上的拱桥	①翻新拱支座，安装耗能装置和隔离带； ②加固所有的钢构件
旧金山侧锚碇	①翻新锚碇西墙； ②修建内部剪力墙
旧金山侧塔架	塔架用钢板加固，钢材用量2 268 t
第三阶段（2008至今）	
子阶段	改造项目
A阶段	翻新马林侧塔架N1和锚碇外壳
B阶段	改进悬索桥主跨、主主塔、旧金山侧主墩及环形防撞墩

（a）改造部位

（b）抗震支座

（c）加固钢构件

（d）安装耗能装置

图6-21　第二阶段抗震改造[10]

4. 防腐

金门海峡常有大雾出现，大雾携带了含盐量高的水分，大桥极易受到腐蚀。早在大桥通车前，就已经有40%的钢材暴露在潮湿的海洋环境中一年以上，因此在竣工前承包商便决定开始进行喷漆维护工作。大桥钢结构的涂料有2/3是铅，铅可以很好地保护钢材，但对人体有害。1968年，大桥公司决定更换无毒、环保的涂料，最终在1995年完成涂料更换工作，同时也将大桥腐蚀的铆钉更换为高强度螺栓。直至今日，刷漆维护的工作每天都在进行。目前，由34位油漆匠和16位铁匠组成了一支队伍与风、海洋空气和大雾赛跑，在金门海峡之上修复腐蚀的钢结构，如图6-22所示。

（a）构件表面的修复

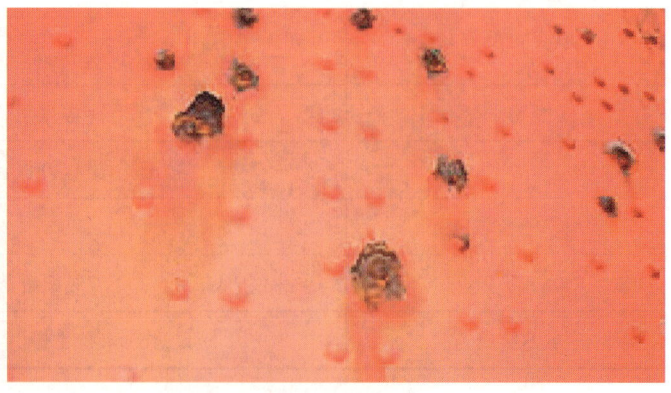
（b）锈蚀的铆钉

(c)涂漆工作　　　　　　　　　　(d)工人巡查

图6-22　桥梁维护工作

6.2.5　结论

金门大桥的设计和施工都是桥梁界的标杆，其后期的维护管理也是值得借鉴的典范，可从结构设计、施工技术和运营维护等方面总结为：

（1）结构设计。金门大桥是世界上第一座主跨突破1 200 m的悬索桥，成功地连接了金门海峡南北两岸，打破了"无法在条件恶劣的金门海峡上建桥"的断言。大桥采用双塔三跨式悬索桥型，在设计理论方面引入了挠度理论，从而考虑了几何非线性对结构内力的影响，使计算结果更符合悬索桥的实际变形情况，减少了主缆、加劲梁的材料用量，更值得一提的是整个结构计算过程由工程师采用解析法完成。此外大桥造型纤细、优雅，加上"国际橘"涂装，使其成为旧金山地标建筑之一。

（2）施工。旧金山侧主墩基础施工是整个工程的重难点，原施工方案采用沉箱法，由于自然灾害影响，施工方案被迫修订了4次，最终放弃沉箱法，而直接在钢筋混凝土围堰中立模浇筑基础，主墩工期约22个月（占总工期的四成）。钢主塔构件在工厂中预制，由船舶运输至现场再进行安装，虽构件间的连接方式主要采用铆接，但主塔整体施工速度仍旧较快。主缆空中编缆法有所改进，送丝轮每次能送镀锌钢丝24根，且设置了"转运站"将送丝轮的路程减少了一半，极大提高了送丝效率，缩短了主缆工期。为保证施工人员安全，首次采取了一系列的劳动保护措施，如安全网和强制戴安全帽等。

（3）运营维护。通车后，金门大桥通行能力很快达到饱和，大桥公司采用了潮汐车道方案，并设了轮渡、公交服务，在一定程度上缓解了大桥的交通压力。抗风方面，加劲桁梁的水平横撑和隔撑进行了改造，加装了下平纵联和横梁，将加劲桁梁由开口截面转变为了闭口截面，提高了大桥的抗风稳定能力。抗震方面，大桥公司对桥梁全线分成3个阶段进行抗震改造，在不能改变大桥原貌条件下，采用了许多创新技术来提高大桥抗震性能。大桥日常维护工作主要是钢结构防腐，成立了一支专门的技术队伍负责大桥日常管养和防腐工作。

6.3 奥克兰海湾大桥

6.3.1 工程背景

旧金山位于湾区最西端的半岛上，西侧是天然的深水港，货轮可以从北侧的金门海峡驶入湾区，因此被誉为美国西大门。在淘金热时期，旧金山地区的海上贸易活动繁忙，几乎所有非本地商品都是通过货船运输至此，但是海湾也将旧金山与湾区其他城市隔绝开来。1869年，第一条美国州际铁路修至奥克兰，人们开始意识到旧金山需要与海湾另一侧的城市建立交通线。1872年，诺顿一世（Joshua Abraham Norton）三度要建造连接旧金山与奥克兰的悬索桥，也得到了民众的支持，但由于海湾太宽、太深，对当时的经济和技术水平无疑是个巨大的挑战，只能作罢。此后40多年里，也出现了一些关于奥克兰海湾大桥的提案，但均未得到落实，如图6-23所示。20世纪20年代，随着旧金山湾区人口数量增加、汽车普及，仅在1928年，轮渡在两城之间运送了4 600万人次，建造桥梁的需求愈来愈强烈。

1921年，政府方面收到了在旧金山与奥克兰之间修建私人收费桥的提案，同年，在旧金山汽车经销商协会的资助下，工程师拉尔夫·莫杰斯基（Ralph Modjeski）和维邦德·戴维斯（Vipond Davies）组织了对海床的地质勘探。修建奥克兰海湾大桥需要申请利用Y.B.岛，首先就遭到当时的美国战争部拒绝，因为Y.B.岛是美国海军基地，桥梁可能会影响军事舰艇行动，但建桥的呼声却越来越高。到1928年，一共出现了38个跨海通道方案，均来自私人机构。为确定合适的建桥方案和得到战争部的建桥许可，旧金山政府批准了一项独立研究：由纽约市交通委员会的首席工程师罗伯特·里奇韦（Robert Ridgway）负责奥克兰海湾大桥可行性和方案研究。1927年5月5日，在发表的研究报告中（常称为《里奇韦报告》）给出了3条建议：①采用林孔山（Rincon Hill）至阿拉米达（Alameda）的线路作为桥址，因需要使用Y.B.岛，须获得军方批准；②进行钻探测试地基条件；③为可行性研究作初步设计与成本估算。《里奇韦报告》首先指出桥梁方案是可行的，随后推荐了选址路线，增加了建桥信心。

加州议员罗伊·费勒姆（Roy Fellom）授权加州公共工程局研究接管私人收费桥项目（如邓巴顿大桥等）的可行性，同时考虑修建奥克兰海湾大桥，并于同年6月再次向军方申请建造奥克兰海湾大桥的许可，但仍被拒绝。1928年3月，加州政府和市政府官员举行了会议，讨论了在没有联邦政府支持下建造奥克兰海湾大桥的可行性，会后发表了一份联合声明，支持加州建造奥克兰海湾大桥。同年，加州公共工程局发布了一份未来的建桥规划，包括了奥克兰海湾大桥。赫伯特·胡佛（Herbert Hoover）是在美国大萧条时期上任的总统（1929年），规划了许多大型工程项目以解决就业压力，早在总统竞选时，他便公开支持建造奥克兰海湾大桥，任职总统后更进一步推动了奥克兰海湾大桥的筹建工作，包括促使联邦政府购买大桥债券为大桥融资。1929年8月13日，成立了海湾建桥委员会（Hoover-Young San Francisco Bay Bridge Commission）以确保奥克兰海湾大桥顺利筹建，在第一次会议上便要求加州公共工程局进行大桥的工程、经济和交通等方面的研究。同时，加州议会通过了《加州收费桥管理法案》（*California Toll Bridge Authority Act*），成立了加州桥梁管理局，指定加州公共工程局负责奥克兰海湾大桥的设计、施工和运营管理。1931年，公共工程局奥克兰海湾大桥分部成立，查尔斯·珀塞尔（Charles H. Purcell）担任大桥总的工程师，并任命了一个工程咨询委员会，包括著名悬索桥设计师拉尔夫·莫杰斯基、深水基础专家丹尼尔·莫兰（Daniel E. Moran）等。

图6-23　1913年提出的奥克兰海湾大桥草案

根据通航净空、尽量减少水中桥墩的要求，当时可供选择的桥型方案有多跨悬臂梁桥、传统的双塔三跨式悬索桥、两座共用锚墩的悬索桥、多塔多跨式悬索桥，如表6-8与图6-24所示。悬臂梁桥是海湾建桥委员会最初提出的方案，但悬索桥的跨越能力占很大优势便逐渐放弃了悬臂梁桥。若是传统的双塔三跨式悬索桥，则主跨达到1 250 m，边跨610 m，与金门大桥相比，主跨仅短了30 m，但边跨约为金门大桥的两倍，工程师们自然乐意建造这样创纪录的大桥，但考虑到造价及设计、施工方面的困难，不得不放弃该方案。通过共用锚墩的两座串联悬索桥和多塔多跨式悬索桥都是未经实际验证的设计，工程师们制作了缩尺模型进行研究，研究表明：三塔或四塔多跨式悬索桥的中间桥塔柔度过大，难以达到抗震、抗风的要求，相比之下，通过共用锚墩连接的两座悬索桥不会出现上诉问题，无论是抗风还是抗震要求都能满足，最终该方案也得到了莫杰斯基、珀塞尔的青睐和同意。

表6-8　奥克兰海湾大桥方案比选

桥型	跨径布置
悬臂梁桥	多跨悬臂梁桥
悬索桥	双塔三跨式：主跨为1 250 m，边跨为610 m
	两座双塔三跨式悬索桥，在共用锚墩处相连，主跨为701 m，边跨为352 m
	三塔四跨式：两主跨均为1 036 m，边跨为393 m
	四塔五跨式：三主跨均为725 m，边跨为363 m

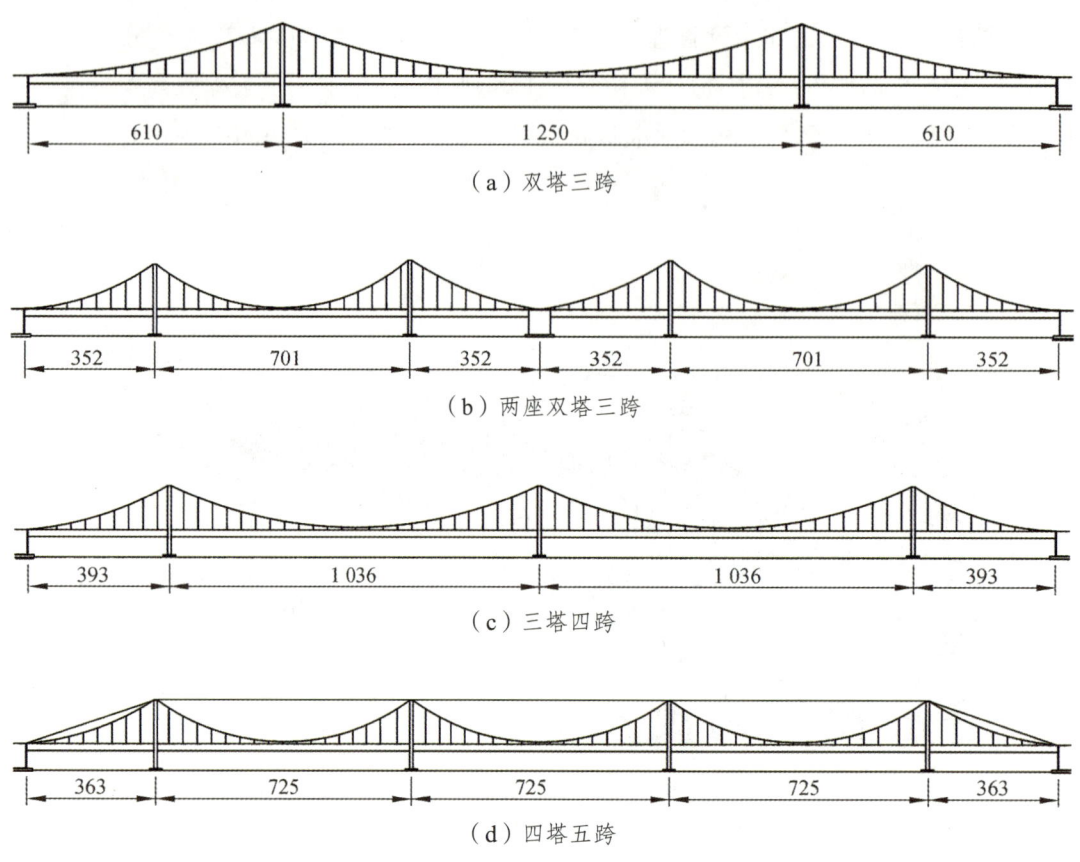

(a)双塔三跨

(b)两座双塔三跨

(c)三塔四跨

(d)四塔五跨

图6-24 奥克兰海湾大桥悬索桥方案比选（单位：m）

1932年1月美国军方终于颁发了建桥许可。同年，珀塞尔向公共工程局和咨询工程委员会提交了海湾初步计划与设计，得到了批准后便开始大桥的初步设计。1932年底完成了招标文件，1934年4月份最终签订了7份主要合同，美国钢铁公司（the United States Steel）为桥梁工程的总承包商，桥梁上部结构施工分包给美国桥梁公司（American Bridge Company）。1933年7月8日奥克兰海湾大桥正式动工，1936年11月12日通车，最终整个工程造价为7 800万美元，钢材用量达18.89万t，混凝土用量76.4万 m^3[11]。

奥克兰海湾大桥是集桥、岛、隧于一体的跨海通道，全线长13.7 km，其中跨越海湾的主体部分长度达7.1 km（包括隧道），主体部分被中央的Y.B.岛划分为东、西两桥，奥克兰海湾西桥为悬索桥，Y.B.岛上为隧道，原奥克兰海湾东桥的主跨为钢桁梁桥（现已拆除）。奥克兰海湾东桥连接了奥克兰与Y.B.岛，桥长为3.42 km，如图6-25所示，该部分原结构包括：主跨426.7 m为悬臂桁梁桥，边跨约为155 m，桥下净空58.25 m，接下来是5孔155 m的下承式钢桁梁桥，14孔下承式钢桁梁桥[12]，以及奥克兰侧引桥部分。由于抗震能力不足，加州交通厅决定建一座新奥克兰海湾东桥，于2013年通车，主跨为独塔自锚式悬索桥，跨径布置为（180+385）m，旧桥在2018年完成拆除。海湾中央的Y.B.岛的主要工程是一座164.6 m隧道，及连接隧道的2跨高架桥、4跨上承式钢桁梁桥。

(a)悬臂桁梁桥

(b)独塔自锚式悬索桥

图6-25 奥克兰海湾东桥

6.3.2 结构设计

1. 设计条件

奥克兰海湾西桥桥址水文地质条件分述如下：①水文。海湾地区主要是潮滩，桥址处海湾较宽，水深分布较为均匀，最深达到30 m，但海湾底部覆盖了厚淤泥层，对施工是一个挑战。②地质。海湾底部岩层包括砂岩、石灰岩、页岩等，质地较为理想，但基岩埋藏较深，呈高低起伏之势，在墩W2处[图6-26（a）]最深，且上覆淤泥层。桥址处于圣地安德列斯、海沃德断层之间，发生强地震的可能性较大，设计条件如表6-9。

表6-9 设计条件

形式		两联悬索桥
跨径布置		（357+704.5+354+354+704.5+354）m
矢跨比		约为1∶10
桥下净空高度		锚墩W4处为69.1 m，桥墩W2、W6附近为57.6 m
主要构造	锚碇	旧金山侧为重力式锚碇，Y.B.岛侧为隧道式锚碇
	桥墩	墩W1、W2为扩大基础，墩W3~W6采用沉井基础
	主塔	桁架式钢塔

续表

形式		两联悬索桥
主要构造	主缆	间距20.12 m，每根主缆直径73.0 cm
	加劲梁	华伦式桁架，双层桥面 上层双向6车道，下层3车道和2条轨道交通线
设计荷载[13]	车辆荷载	上层桥面考虑6车道，及额外1条重车道； 下车桥面考虑3车道30 t卡车和两线70 t列车。
	风荷载	1 436.4 N/m²
	地震荷载	0.1g

奥克兰海湾西桥由旧金山通向Y.B.岛，桥长3 141 m，主桥为两座联袂布置的双塔三跨式悬索桥，中间共用锚墩，如图6-26（a）所示。由西向东，主墩编号从W1至W6。主桥跨径布置为（357+704.5+354+354+704.5+354）m，钢结构主塔分别为126.2 m、139.6 m，桥下净空在锚墩W4处为69.1 m；2条主缆间距为20.12 m，主缆直径73.0 cm；主梁采用加劲桁梁，双层桥面，1936年通车时上层桥面布置双向6车道，下层桥面为3条卡车道及2条轨道，在20世纪60年代上、下桥面均调整为单向5车道，上层为西向、下层为东向。加劲梁采用华伦式桁架，梁高9.14 m（上、下弦中心距），主桁间距20.12 m，双层桥面，下层桥面轨道上方净空6.1 m，如图6-26（b）所示。

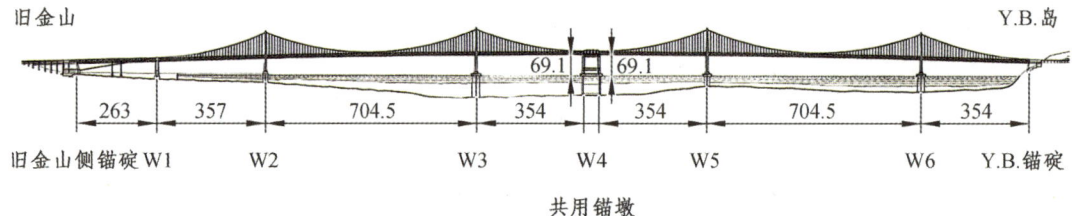

（a）立面布置

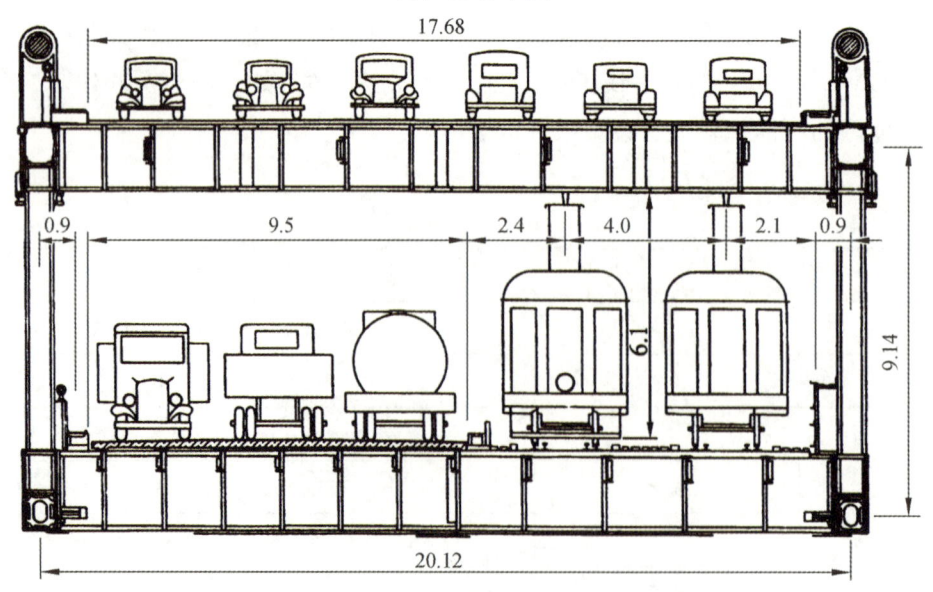

（b）加劲梁横截面

图6-26 奥克兰海湾西桥（单位：m）

2. 下部结构

两联悬索桥在W4处共用锚墩，故一共设置了3个锚碇。旧金山侧为重力式锚碇，如图6-27（a）所示，同时也作为桥台，其长56.2 m、宽32.9 m、高45.1 m，基础砌筑在基岩上，锚杆为埋置在混凝土中的眼杆。在眼杆与主缆丝股之间设置了鞍跟，其主要作用为传递荷载与和调整丝股计算长度。在Y.B.岛则为隧道式锚碇，如图6-27（b）所示，隧道与水平线的夹角为37°，上小下大，深度51.8 m，锚杆采用埋置于混凝土中的眼杆。

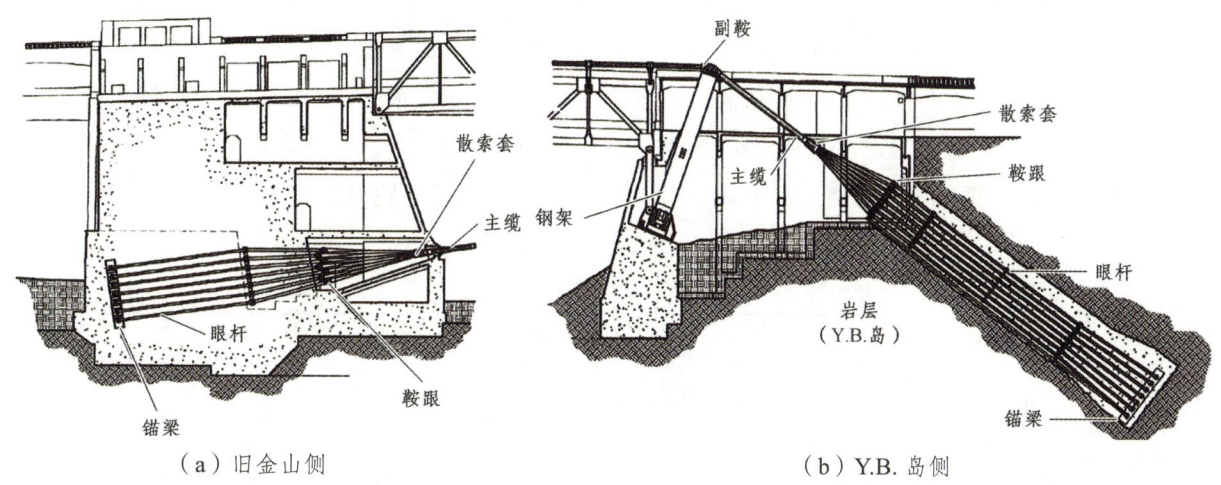

图6-27 锚碇构造

锚墩W4是整个奥克兰海湾西桥最具特色的结构，是两座悬索桥共用的锚碇系统，如图6-28。主缆的锚固是用2个设置在两侧的钢制A形架，其顶部的东、西2个方向均设置了38根眼杆，以连接东、西两侧的主缆钢丝束，使得两座悬索桥主缆传递的恒荷载在该处抵消。每个A形架用一系列长为41.1 m的眼杆固定在锚梁上，以混凝土巨大的自重平衡由车辆等产生的活载。下层桥面之上，设置了钢盖将锚碇系统封住，且该外壳也作为上层桥面的支承结构，可随时打开进行检查养护。

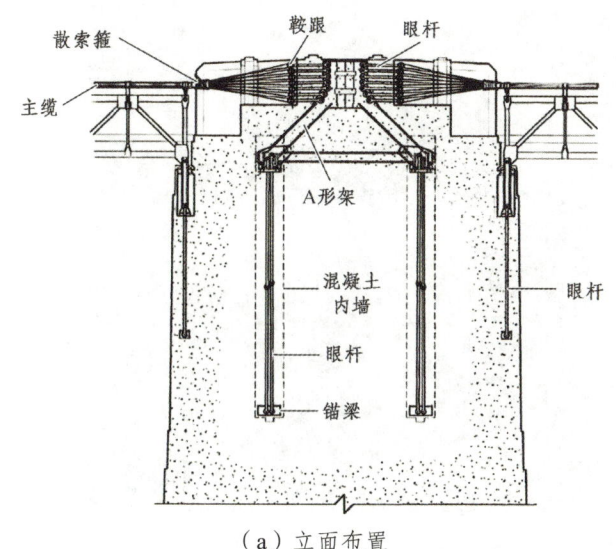

图6-28 共用主墩W4

旧金山侧锚碇至Y.B.锚碇间共有5个水中主墩，编号为W2至W6，主墩W1位于旧金山侧的滩涂区。主墩W2处的基岩深度在水面以下27～32 m，故主墩W2采用钢板桩围堰法修筑基础。主墩W3～W6的基岩较深，且上覆泥土层较厚，采用了浮运沉井法修建基础，如图6-29所示。沉井的框架由木材和钢材组成，在框架中放置了直径4.6 m的钢井筒，各个井筒圆心距为5.3 m，井筒顶部被半球形钢壳密封，其数量取决于桥墩尺寸。钢气筒内部充满了压缩气体，由此提供浮运或者沉井接高过程所需要的浮力，同时可以调整井筒内部气压从而调节下沉速率及调正偏斜，如下沉时发生严重倾斜，还可通过向钢井筒内充气，使沉井浮起，重新定位下沉。

锚墩W4是奥克兰海湾西桥最大的主墩，同时墩身的上部也是锚碇系统的一部分。锚墩W4平面尺寸为28 m×60 m（横桥向×顺桥向），水面以上高84.9 m，水面以下深66 m。最低水位7.5 m以上为墩身，墩身包括了2道平均厚度4.0 m的边墙，及两端平均厚度为1.5 m的端墙，墩身内部用混凝土撑杆支承，顶部浇筑混凝土板封顶，且该顶板作为下层桥面路基，如表6-10所示。

表6-10　桥墩信息

	桥墩编号	W1	W2	W3	W4	W5	W6
基础	施工工艺	钢板桩围堰		浮运沉井法			
	钢井筒数量/个	无		28（7×4）	55（11×5）	21（7×3）	28（7×4）
	基岩深度（水面以下）	18.3 m	27～32 m	67.1 m	54.9 m	32 m	32 m
墩身	尺寸		水面以上高12.2 m		水面以上高84.9 m	水面以上高12.2 m	
	工程量	锚墩W4混凝土用量15 500 m³					

（a）浮运沉井

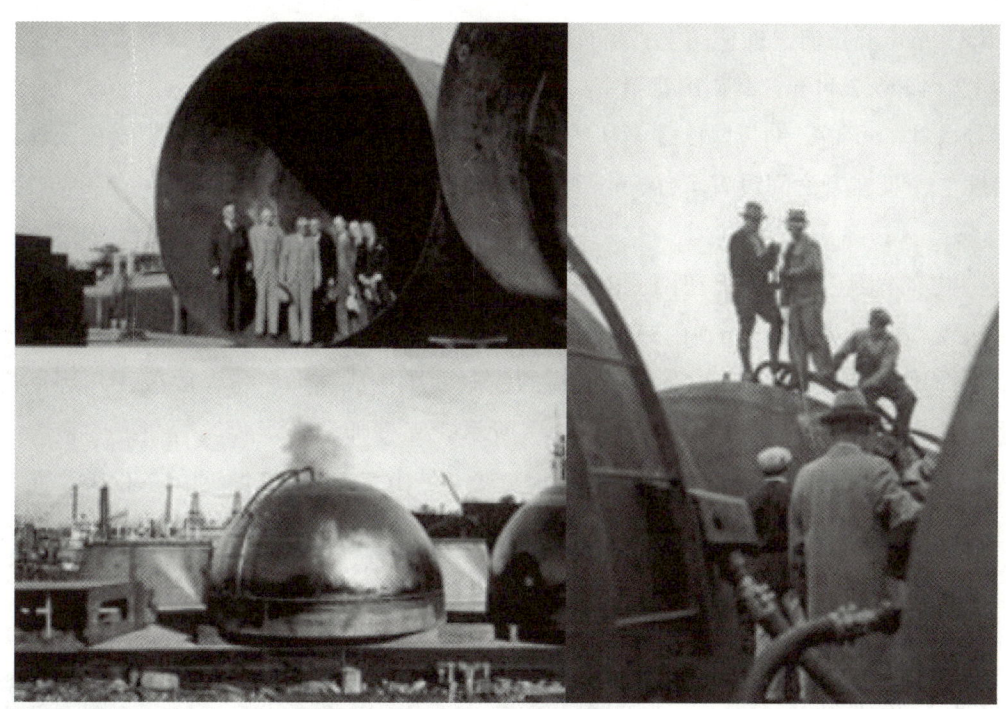

（b）钢井筒与半球形钢壳

图6-29 主墩基础

奥克兰海湾西桥有4座桁架式钢主塔，总体布置基本相同，但高度有别，中间两座主塔W3、W5高139.6m，而W2、W6高126.2m。塔柱由高强硅钢制成，塔柱间用横梁与交叉撑连接，由于塔柱向内倾斜，塔柱顶端中心距为20.12 m，底部中心距为25.3 m，如图6-30所示。每个塔柱顶部截面尺寸均为4.58 m×3.66 m（顺桥向×横桥向），W3、W5塔柱底部的截面尺寸为

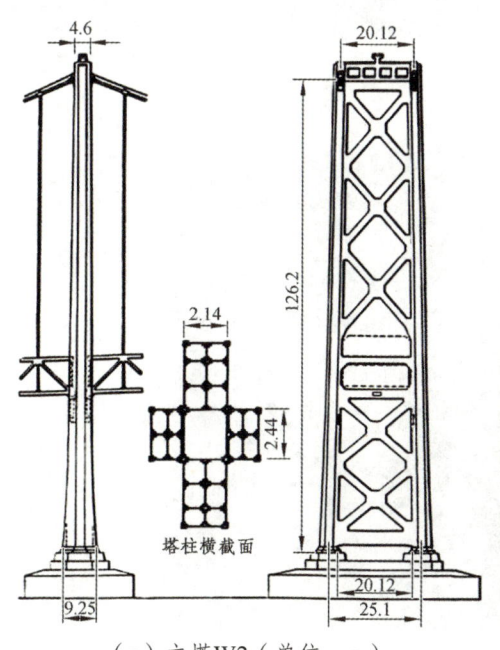

（a）主塔W2（单位：m）　　　　　（b）塔柱箱室

图6-30 主塔

9.94 m×5.87 m（顺桥向×横桥向）；塔柱内部为多室的箱形结构，横截面呈十字形，中央的箱室截面尺寸2.14 m×2.44 m，其周围有箱室共20个，但大小不尽相同，最大尺寸为1.07 m×1.22 m；此外，随着塔柱的升高，钢板厚度逐渐从约7.6 cm减小至不到2.5 cm。塔柱锚固在预埋在桥墩顶部的锚固件上，且二者之间设置了102 mm厚承重板，以提高构件延性，具备一定的抗震能力。

3. 上部结构

大桥一共有4根主缆，锚固在两侧的锚碇及锚墩W4上。主缆间距为20.12 m（与加劲梁同宽），每根主缆直径为73.0 cm，由37束钢丝股组成，每束丝股直径为12.7 cm、含472根镀锌钢丝，四根主缆用钢量为17 343 t[13]。为将主缆的横截面压缩成圆形，各丝股按正六边形排列，其中两边为一上一下的水平布置，如图6-31（a）所示。工程师为确定缠丝后主缆的最终直径，制作了长为3 m的主缆节段，如图6-31（b）所示。索夹是由2个半圆柱形钢壳左右拼合而成，每个钢壳外焊接了2条槽口，便于吊杆安装，如图6-32所示。整个结构一共设置了612个索夹。吊索由直径57 mm的钢丝绳组成，每个索夹上绕有2根吊索，吊索总计69.2 km长。

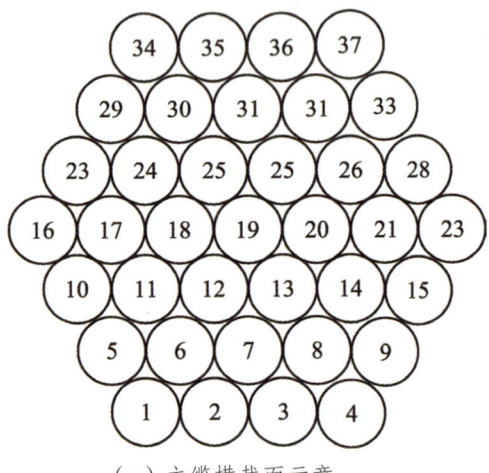

（a）主缆横截面示意　　　　　　　　（b）主缆节段

图6-31　主缆

图6-32　索夹

主鞍为铸钢构件，平面尺寸为4.57 m×3.66 m（长×宽），每个重约41.7 t。鞍槽在纵向呈圆弧状，曲率半径为5.49 m；横向呈台阶状，台阶由中间向两侧逐次抬高，与主缆丝股圆形排列相适应如图6-33（a）所示。在主墩W1顶部、以及Y.B.锚碇前端设置副鞍以及钢架，主墩W1处的钢架高约10.2 m，因主缆架设过程中排架会产生摆动，故其底部设置为铰支座。副鞍内部设置为圆形截面，防止丝股在钢架摆动时而发生错动。Y.B.锚碇前段的钢架高25.6 m，与竖直线的夹角为19°。副鞍离锚碇距离很近，成桥状态下位移较小，仅靠钢架自身的弯曲变形就能适应位移。由于设置了副鞍，主缆在进入锚碇时总方向没有改变，也就没有利用散索鞍进行展束，而是采用了散索套，如图6-34所示。散索套呈漏斗状，主缆从小口进入，在大口处散开。

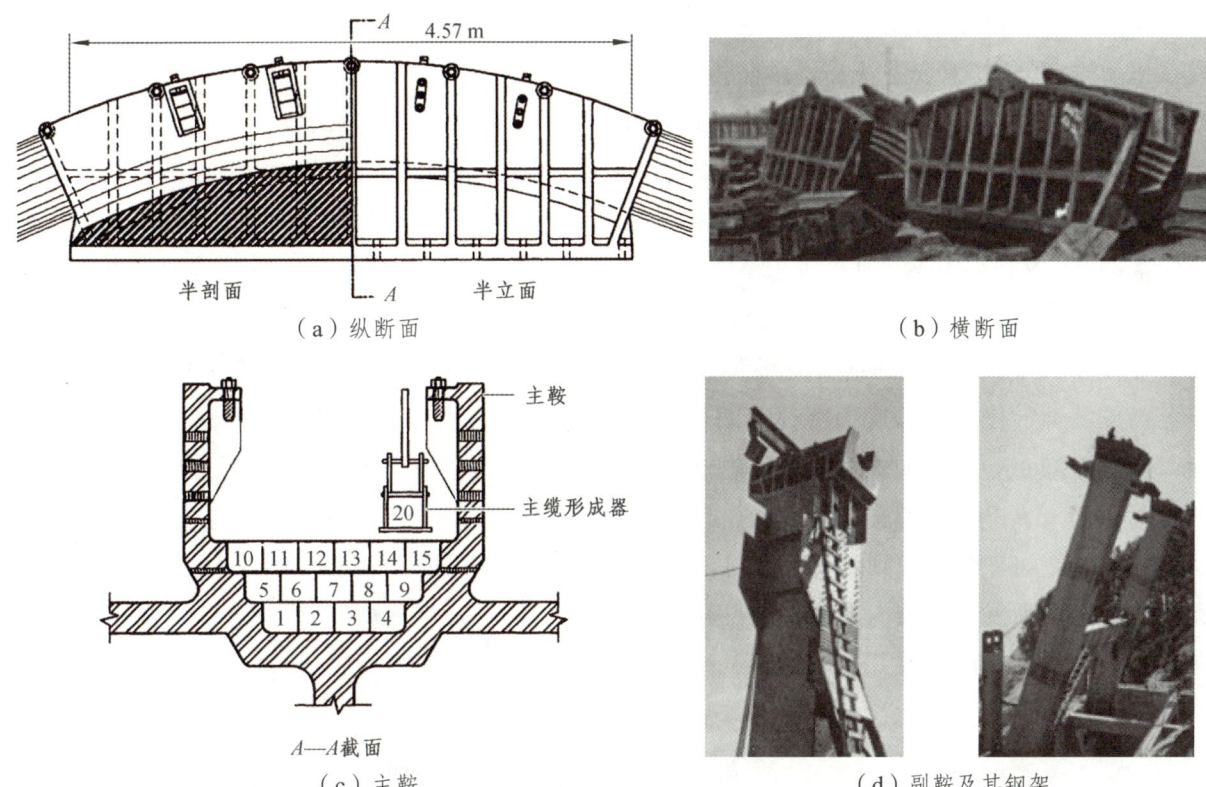

图6-33 主鞍构造

图6-34 散索套构造

加劲梁主桁节间长、吊杆布置间距均为9.14 m。上、下弦杆和斜杆采用箱形截面杆件，竖杆则采用H形截面杆件。上层桥面的横梁采用钢板梁，高度为1 702 mm；纵梁采用轧制工字钢，梁高508 mm，间距为1.46 m。混凝土桥面板厚度为152.4 mm，包括133.4 mm轻质混凝土面板，及19 mm水泥砂浆面层。下层桥面的横梁采用高度2 032 mm钢板梁；纵梁采用工字钢，卡车道下的纵梁高533 mm，轨道下方的纵梁高610 mm。卡车道桥面板同上层桥面板布置，有轨列车处的桥面板厚度为165 mm，只在下层桥面设置了斜撑以抵抗横向力。

6.3.3 施工

1. 下部结构

靠近旧金山侧海湾的地质条件较差，故该侧锚碇修筑在距悬索桥约271 m海岸上，将副鞍设置在主墩W1处，可使主缆以更合适的角度进入锚碇。旧金山侧锚碇为大体积混凝土结构，浇筑大体上分为3个步骤：首先将635.2 t重的锚梁和第一套眼杆安装好，然后浇筑混凝土将其固定；接下来为满足第二套眼杆的位移需求，需待主缆架设完后再浇筑混凝土将其固定；最后一步就是浇筑其余部分。旧金山侧锚碇大约消耗混凝土约51 990 m³、钢筋1 088.9 t[13]。Y.B.锚碇位于悬索桥的东端点（Y.B.岛上），其混凝土浇筑方式大体上与旧金山侧锚碇类似，只是锚梁、眼杆安置在上小下大的隧道中，且在主缆进入锚碇之前设置了副鞍。

主墩W1、W2为现浇的钢筋混凝土基础，采用钢板桩围堰施工，如图6-35。主墩W1修建在旧金山侧的滩涂区，基础底面距离水面18.3 m。主墩W2是修建在水中的桥墩，基岩处于水面线以下27~32 m。施工时，利用墩位附近的1个轮船的码头作为工作平台，首先制造了1个木制的围囹（17 m×34 m），通过浮运到达现场并定位，随后在围囹中插打钢板桩。围堰施工完成后，便开始出土作业，挖到基岩表面时，由潜水员潜入水下进行基岩的检测以及清底作业。混凝土封底完成后抽干围堰内的水，进行其余混凝土浇筑工作，桥墩完工后便拆除钢板桩，主墩W2是第一个完工的水中主墩。

图6-35 主墩W2施工

主墩W3至W6的基础均采用浮运沉井法施工，顺序依次是W6→W4→W3→W5。沉井在旧金山的工厂预制，浮运至现场后再定位下沉。以最大尺寸的主墩W4为例，其沉井基础包含了55个钢井筒，按11排、每排5个布置，如图6-36所示。沉井框架与钢井筒之间产生了间隙，沉井的下沉是通过将混凝土灌注到间隙内，增大沉井自重从而下沉，调节井筒内的气压大小可以实现控制下沉速率。下沉到一定程度时，需要将沉井接高，直至沉至设计位置。在沉井下沉至泥土层后，便移除半球形钢壳，抓斗进入井筒底部进行出土作业。随着沉井底部的泥土被清除，以及继续往空隙中浇筑混凝土，沉井逐渐下沉，这个过程也需要将沉井接高，待沉井下沉至基岩时，由潜水员对基岩进行检查和清底工作，随后浇筑约10.4m厚的封底混凝土。最终，为减小沉井基础对地基产生的压力，只将每个角落上的3个钢井筒灌注混凝土，其余的井筒均注水。沉井封顶后，便开始墩身的施工及锚碇系统的安装。沉井施工过程中，在其周围设置了一个重型的木制挡墙，以减小波浪作用保护沉井。

图6-36　主墩W4沉井

沉井下沉过程需要非常谨慎，因为易发生沉井倾（偏）斜事故。主墩W6位于Y.B.岛西海岸约353.6 m，该处的水深要比其他主墩深约9.1m以上。1933年6月，W6沉箱拖运到现场，同年12月19日开始出土作业。到次年1月中旬时，沉井底部在水面线以下41.1 m，此时嵌入泥土层约9.1 m。在1934年1月14日，沉井朝东侧严重偏斜，如图6-37所示，东、西两侧高差达17.8 cm（西侧高），偏斜原因是该处的土层分布为上刚下软，当刚性土层挖出后，导致软土层无法支撑沉井的重量。身处纽约的莫兰立即赶来旧金山进行沉井纠偏。措施是在沉井西侧进行清土，加快西侧下沉，而东侧重新用半球形钢壳密封井筒，填充压缩气体以延缓其偏斜，直至沉井恢复水平状态。同年2月23日，沉井再一次向北发生偏斜，用同样的措施，与1934年3月3日沉井恢复水平下沉。1934年2月上旬，主墩W4的沉井也发生了偏斜，但这次底侧的井筒内充满了泥土无法向其填充气体，故选择在远离底侧最远的井筒内清土，以此纠正偏斜，主墩W3、W5的沉井施工比较顺利。

图6-37 主墩W6沉井偏斜

主塔架设通常需要用到爬升式起重机,这种起重机一般在2条竖直的塔柱之间进行爬升(如金门大桥架设主塔的起重机),且需要塔柱施工进度同步,但奥克兰海湾西桥的塔柱截面会逐渐变化且塔柱向内倾斜,故无法采用这样的起重机,只能寻找其他适合的方法。奥克兰海湾西桥的塔柱中央箱室是固定不变的,工程师便在箱室内安装了塔吊,如图6-38(a)所示,其塔身安装在塔柱的中央箱室内,顶部是1个水平双悬臂的起重臂,起重能力为73 t。当一个阶段的主塔架设完成后,起重机可提升到新的位置,且每台起重机可独立提升,而不像金门大桥那样只能整体提升。美国桥梁公司负责预制主塔的构件,还对其进行了性能试验。为提高起重设备的利用率,主塔依次架设。主塔一共消耗钢材约3.2万 t,现场铆钉50.5万个。

(a)主塔节段起吊

(b)铆接施工

图6-38 主塔施工

2. 上部结构

19世纪40年代，美国工程师约翰·罗伯林（John A Roebling）提出了空中编缆法，1854年首次应用，此后通过对空中编缆法配套设备、施工工艺不断地改进，使得其效率和应用范围得到了很大提升，奥克兰海湾西桥架设主缆就是采用此法。

主缆架设过程一般有以下几个步骤：猫道架设、送丝编股、紧缆作业、索夹安装。猫道宽3.05 m，设置在主缆下方9.14 m，线型与主缆一致（悬链线）。猫道承重索为4根，每根为直径6.35 cm的钢丝绳，由驳船牵引到桥塔底部，通过起重机提升到塔顶固定。猫道的横梁间距3.05 m，面层为5 mm直径钢丝编织而成的网。架设时，先把猫道面层按30 m的节段预制，将节段折叠之后运送至塔顶，然后放置在猫道承重索上进行逐段拼接，待达到所需数目后便将拉长，溜放到指定位置，用螺栓将横梁固定在承重索上。猫道下方设置了抗风系统，竖直抗风索连接了猫道横梁与主抗风索，主抗风索的直径为25 mm，一端固定、另一端连接在带配重的钢丝滑轮。在温度、风、活载等作用下，抗风体系可以允许猫道发生竖向移。此外，为加强猫道的稳定性，在两侧猫道之间设置了若干横向天桥，如图6-39所示。

图6-39　施工猫道

猫道上安装若干门架后，便开始安装无端牵引绳及送丝轮。送丝轮直径2.13 m，扣牢在无端牵引绳上，由75马力（1马力约为735W）的变速马达驱动，速度可达182.9 m/min。每一侧的无端牵引绳上有2个送丝轮，但送丝轮行进方向相反，送丝轮上设置了两道丝槽，2个送丝轮同时送8根钢丝，可为2股丝股编股。对于编股，以往的做法是在主鞍外编股，随后在塔顶用千斤顶将编好的丝股抬升，移入主鞍，故工序比较复杂。奥克兰海湾西桥采用的是在主鞍内部编股，省去了移动丝股的步骤，大大提高了效率。相对应的，主鞍内部丝槽设置成台阶状，由中间向两侧抬高，丝股内的钢丝在主鞍内按正方形排列，有利于固定丝股，防止其在主鞍内滑动。将准备和收尾工作不计，其东侧悬索桥（从W4到Y.B.锚碇）的送丝工作创造了新纪录——每天平均送丝116 t（即总共钢丝7 982 t，1935年11月12日开始，1936年1月20日送完，共计69天）[6]。主缆丝股编制完以后，利用气动千斤顶进行紧缆作业，图6-40为主缆架设过程。

（a）送丝　　　　　　　　　　　　　　（b）鞍内编股

（c）紧缆　　　　　　　　　　　　　　（d）缠丝

图6-40　主缆架设

奥克兰海湾西桥以前，加劲桁梁架设方法类似于桁架桥的悬臂安装，利用能在加劲桁梁上弦杆移动的起重机吊装加劲桁梁的各个构件，进行梁段拼装。奥克兰海湾西桥加劲梁架设采用了新的工艺：先在工厂预拼梁段，由驳船运输到现场，再利用缆载吊机进行吊装。这种新工艺经济、合理，在之后的悬索桥施工中得到了广泛应用。

缆载吊机由2根横跨在主缆间的支柱组成，支柱两端配有凹面轮，使其可以在主缆上移动。每台缆载吊机有4套起重滑轮组，每套滑轮组对应1个吊点，由设置在塔底的4台绞车分别驱动。为保证梁段提升时不倾斜，在其上安装了重摆装置，一旦发生倾斜，便通电发出信号告知操作人员。加劲桁梁的构件运输至旧金山的工厂喷涂底漆，并组装成梁段。梁段主要包括2个节间（为适应四点起吊），重达180 t，一般为减轻重量，纵梁不预装，横梁有时也会少拼1根。拼装好的梁段由驳船运至缆载吊机下，进行提升安装。梁段不同的架设顺序会导致不同的塔顶位移，为避免产生较大的塔顶位移，一般需要在架设之前进行计算，以便得出合适的架设顺序。当时还没有计算机，纯靠理论计算得出最佳架设顺序需耗费大量时间，并且难以考虑到施工中的突发事件，于是工程师们制造了一个奥克兰海湾西桥的缩尺模型，通过试验得出合适的架设顺序。奥克兰海湾西桥加劲梁的架设顺序是从悬索桥两端、主跨跨中开始，向着主塔方向推进，图6-41为加劲梁的架设。架设过程中，每天都会主塔的位移进行监测，并将其与模型试验中得到的数据进行比对，结果表明：整个加劲梁架设过程中，实际结构与模型之间的误差较小，满足要求。

主跨加劲梁架设开始时，加劲梁的重力逐渐作用到主缆上，主缆将产生较大的位移，改变原来悬链线的形状，故这里的处理方法是：梁段间上缘铰接，下缘张开，待接近主缆接近成桥状态下缘闭合时，再用螺钉将下弦节点连接起来，并打铆。

（a）缆载吊机　　　　　　　　　　（b）梁段拼装

（c）梁段吊装

图6-41　加劲梁架设

6.3.4　运营维护

1. 运营

奥克兰海湾大桥承载着旧金山与奥克兰的交通流量，是北加州汽车交通量最大的桥梁。1936年，大桥日均交通量约5万辆/天[12]；2020年日均汽车通行量约28万辆/天。大桥通车初期，上层桥面设双向六车道，仅限汽车通行；下层桥面北侧设三车道，供汽车、卡车及公交车行驶，其中还包括1条潮汐车道，南侧设置2条通勤火车线路（1939年开放）。此后，奥克兰海湾大桥的汽车通行增长迅猛，1947年就拥堵不堪了。铁路服务虽对旧金山湾区的发展起了一定作用，但是在1958年4月还是暂停了大桥的铁路通行。1959—1963年，对奥克兰海湾大桥进行了改造，目的是提高汽车通行能力，将上、下层桥面均设置为单向5车道，其主要的改造内容包括：对上层桥面，将预切盖板固定在横梁下翼缘上，并在原纵梁上增加新轧制纵梁，增大上层桥面承载能力，使其能够承受卡车荷载；对于下层桥面，拆除桥面的轨道，并加宽桥面；为适应车流方向的改变，引桥及匝道也进行调整。

2. 抗震改造

奥克兰海湾大桥位于海沃德断层与圣安地列斯断层之间，面临强震风险。20世纪30年代工程师对地震的了解不够，那时的工程法规对地震只要求一个0.05 g的水平力，设计者在设计中很认真地考虑了规范的要求，大家认为这座桥是极度安全的[14]。1989年10月17日，洛马普雷塔发生了6.9级地震，奥克兰海湾大桥遭受了严重的破坏，暴露了大桥在抗震方面的隐患。地震直接导致奥克兰海湾东桥一上层桥面坍塌，砸在了下层桥面上，如图6-42所示，交通直接陷入瘫痪，间接导致1名司机死亡，经过1个月的维修后，奥克兰海湾大桥才恢复通车。为提高奥克兰海湾大桥的抗震能力，加州交通厅进行了全面的评估后，决定更换海湾东桥的桁架桥，奥克兰海湾西桥进行抗震改造。新奥克兰海湾东桥主跨为独塔自锚式悬索桥，该桥可在遭遇1500年一遇的大地震后继续使用，新桥于2013年通车，如图6-43所示。我国上海振华重工集团和上海浦江缆索公司参与了改造项目。

图6-42　原东桥坍塌的桥面

图6-43　新东桥

1999—2004年，奥克兰海湾西桥进行了抗震改造，如图6-44，耗资约7.59亿美元，钢材用量6 996.4 t[12]，如表6-11所示。原奥克兰海湾大桥的预制构件采用热钢铆连接，研究分析表明这些铆钉会在巨大剪力作用下失效，因此铆钉全部用热处理的高强螺栓替换，由于原始结构表面覆有含铅涂料，施工人员穿戴了防护装备进行作业。在原结构中，大部分梁是2个工字梁组成的格构式构件，在此次抗震改造中，这些格构式构件由箱形截面构件所替换，包括主塔塔柱之间的交叉杆件。此外，为与原构件外表相似，箱形截面上、下层桥面也增加了箱形截面斜撑，增加了加劲梁刚度，减小地震期间侧向振动，降低桥面损毁风险。

表6-11 奥克兰海湾西桥抗震改造

项目	措施
悬索桥抗震改造 （1999—2004）	安装抗震支座、阻尼器，用钢板加固主塔
	加劲梁上、下层桥面处增加斜撑
	用盖板加固加劲梁截面以抵抗摇摆力
	加固桁架单元以提供更大轴向或抗弯承载力
	加固锚碇和基础
	加固钢筋混凝土主墩W1

（a）抗震支座安装　　　　　　（b）拆除铆钉

（c）阻尼器安装　　　　　　（d）带孔的箱形截面构件

图6-44 奥克兰海湾西桥抗震改造

6.3.5 结论

奥克兰海湾西桥是一个极具创新的桥梁，其结构设计合理、外形美观，基础及加劲梁施工时更是采用了世界首创的工艺，不仅节约了成本，而且缩短了工期，对此后的悬索桥产生了极大的影响：

（1）结构设计。奥克兰海湾西桥由两座悬索桥串联而成，是世界上首创的桥型，共用锚墩是整个体系中最具特色、关键结构，主要作用在于锚固两侧主缆以平衡主缆恒载，同时依靠自身巨大的体量平衡汽车等活载，为日本来岛大桥提供了参考。

（2）施工。针对主墩基础地基上覆厚泥土层问题，研发了带钢井筒的浮运沉井方法施工，通过调整井筒内的气压从而控制沉井的沉放，成功穿透厚泥土层将主墩基础修筑在基岩上。主塔采用安装于塔柱中的塔吊施工，与此前金门大桥主塔施工的吊机不同，奥克兰海湾大桥的每台塔吊均可独立提升，操作更方便，效率更高，缩短了工期。加劲梁架设时采用缆载吊机法、预制梁段整体提升，均是世界首创。

（3）运营维护。20世纪60年代初，为提高通行能力拆除了下层桥面的铁轨，将上、下层桥面均设置为单向5车道。大桥抗震设计考虑不足，在1989年洛马普雷塔地震中，东跨的一孔桁架桥坍塌造成人员伤亡，奥克兰海湾大桥（指西跨悬索桥）虽未被破坏，但仍存在隐患，于是对奥克兰海湾大桥耗巨资进行震改造，例如安装阻尼器、抗震支座、更换铆钉等措施。

■ 参考文献

[1] 徐冬梅，王大明. 旧金山金门大桥建设的技术与管理创新[J]. 工程研究：跨学科视野中的工程，2015，7（1）：106-115.

[2] Strauss J B. The Golden Gate Bridge: Report of the chief Engineer to the Board of the Golden Gate Bridge and Highway District[M]. California: Golden Gate Bridge and Highway District, 1938.

[3] Golden Gate Bridge, Highway and Transportation District. History research: Bridge construction & Bridge features. [EB/OL] https://www.goldengate.org/bridge/history-research/ 2020.

[4] Bernd Nebel. Brücken der Welt: Golden gate bridge. [EB/OL] https://www.bernd-nebel.de/bruecken/index.html?/bruecken/3_bedeutend/goldengate/goldengate. html 2020.

[5] 陈开利，刘海燕. 美国金门桥的抗震加固[J]. 国外桥梁，1999（3）：47-52.

[6] 钱冬生. 大跨悬索桥的设计与施工[M]. 成都：西南交通大学出版社，1999.

[7] 李正仁. 对金门大桥的试探性研究[J]. 国外公路，1992（4）：19-22.

[8] ABDEL-GHAFFAR A M, Scanlan R H. Ambient vibration studies of Golden Gate bridge: II. Pier tower structure[J]. Journal of Engineering Mechanics, 1985, 111(4): 483-499.

[9] General Highway History: Two Bay Area Bridge-The Golden Gate and San Francisco- Oakland Bay bridge[EB/OL].2017-06-27. https://www.fhwa.dot.gov/infrastructure/2bridges.cfm

[10] BAUER E, MENCHES C L. Why We Need Renaissance Engineers: Golden Gate Bridge Seismic Retrofit Phase II Case Study[J]. Journal of Construction Engineering and Management, 2011, 137(10): 901-905.

[11] SPRINGER, SPRINGER, RÖHNER. Die Geschichte der San Francisco–Oakland Bay Bridge[J]. Bautechnik, 2004, 81(4): 237-250.

[12] Middlebrook R F. San Francisco–Oakland Bay Bridge Second Crossing[J]. STRUCTURE, 2014, 50.

[13] NELSON J, MIKESELL S D, PETERSON D, et al. History American Engineering record San Francisco-Oakland Bay Bridge[R]. Historic American Engineering Record, 1999.

[14] 邓文中. 桥梁话语：邓文中文选[M]. 北京：人民交通出版社，2014.

7　4月25日大桥

7.1　引　言

　　塔古斯河（Tagus）是伊比利亚半岛（Iberian Peninsula）最长的河流，发源于西班牙（Spain）中部，向西流淌后在葡萄牙（Portugal）首都里斯本市（Lisbon）与阿尔马达市（Almada）间注入大西洋（Atlantic Ocean）。里斯本是葡萄牙面积最大，人口最多的城市，也是欧洲最好的港口之一[1]，依山傍水的地形条件与美国旧金山（San Francisco）非常相似。4月25日大桥（25 de Abril Bridge）连接里斯本与阿尔马达，与其上游的瓦斯科·达·伽马大桥（Vasco da Gama Bridge）一起成为两地通勤的主要干线，有葡萄牙A2（里斯本至阿尔布费拉，属欧洲E1高速公路）高速公路经过，如图7-1所示，极大方便了两地的交通。大桥原以葡萄牙独裁者安东尼奥·德·奥利维拉·萨拉查（António de Oliveira Salazar）命名为萨拉查大桥（Salazar Bridge）。1974年4月25日，康乃馨革命（Carnation Revolution）推翻了萨拉查的独裁统治，大桥更名为4月25日大桥。大桥主桥长2 280 m，主跨1 013 m，边跨483 m，是当时欧洲跨度最大的桥梁，如图7-2（a）所示，由大卫·伯纳德·斯坦因曼（David Barnard Steinman）设计，为公铁两用桥梁，上层6车道公路，下层双线铁路，其结构形式和外观涂装酷似旧金山金门大桥，因此被称之为"里斯本的金门大桥"[2]。大桥虽建于葡萄牙，却是美国公司设计和施工的，是美国悬索桥实践的产物。为节省成本，施工分为两期：一期（1966年竣工）修建上层公路桥面，二期（1999年竣工）增加劲梁下层以修建铁路桥面并拓宽公路桥面。4月25日大桥运营30年后，已经不堪承受巨大的过桥交通量，于是于1995—1998年间在其上游修建了另一座横跨塔古斯河的瓦斯科·达·伽马大桥（纪念达·伽马抵达印度500周年），如图7-2（b）所示。该桥由阿曼多·里托（Armando Rito）设计，6车道，主桥为主跨420 m，总长800 m的斜拉桥，两侧引桥是11.5 km高架桥，位于葡萄牙A12高速公路上，平均日交通量为6万辆/天，耗资11亿美元。本章根据已有资料，从工程背景、设计、施工和运维等方面进行阐述。

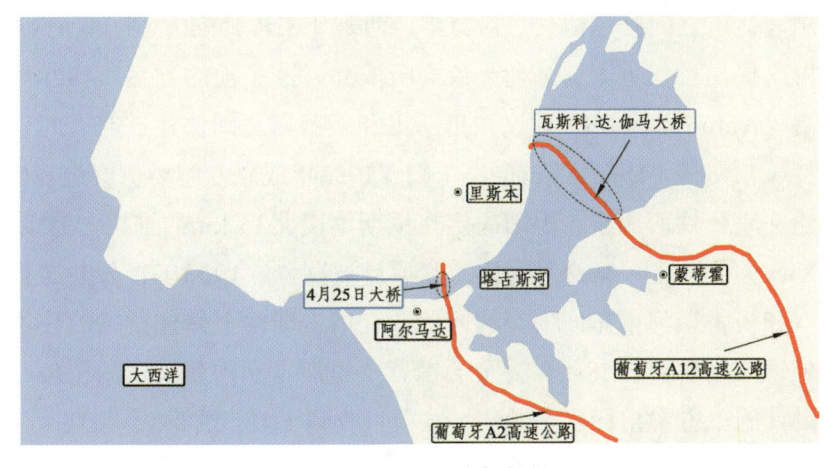

图7-1　4月25日大桥桥址

(a) 4月25日大桥

(b) 瓦斯科·达·伽马大桥

图7-2 里斯本塔古斯河上的两座大桥

7.2 工程背景

塔古斯河上建桥的想法可追溯到19世纪末。1876年，葡萄牙工程师米格尔·巴里斯（Miguel Paris）就建议在里斯本和蒙蒂霍（Montijo）之间修建桥梁。1889年，法国工程师巴蒂索尔（Bartissol）和塞里格（Seyrig）提出了在里斯本和阿尔马达河岸上的奥比德岩（Rocha Conde de Óbidos）地区修建一座公铁两用大桥。1890年，一家德国公司提议在里斯本的比托地区和蒙蒂霍之间修建一座桥梁，但没有实施。1913年，政府计划在里斯本的奥比德岩地区与阿尔马达市之间修建桥梁。1921年，西班牙工程师阿方索·佩尼亚·布夫（Alfonso Peña Boeuf）再次提出桥梁方案，葡萄牙议会听取并讨论了他的方案。1929年，葡萄牙工程师安东尼奥·贝洛（António Bello）建议在里斯本和蒙蒂霍之间修建铁路，时任葡萄牙公共工程部长的杜阿尔特·帕切科（Duarte Pacheco）则于1933年成立专门委员会进行研究，该委员会于1934年提议修建一座公铁两用桥，但因决定在里斯本以北35 km的维拉·弗朗卡·德·希拉（Vila Franca de Xira）市修建一座跨河大桥，此项目被搁置。1953年，公共工程部成立新的委员会，研究里斯本和塔古斯河南岸间的交通问题及在塔古斯河上修建桥梁的技术和经济可行性，计划修建一座公铁两用桥。1958年，委员会推荐了里斯本到阿尔马达的桥位，随后组织了一次国际性的桥梁设计施工方案招标。1959年，该项目收到了4份投标书，最终大卫·伯纳德·斯坦因曼和美国钢铁公司合作的设计方案竞标成功[3]。

大卫·伯纳德·斯坦因曼，是美国土木工程师协会（ASCE）的主席，在全世界设计建造了很多桥梁。他设计悬索桥以桥塔轻盈、纤细，主梁通透而著称。在设计4月25日大桥前，斯坦因曼已经参与设计了20多座桥梁，如圣约翰桥（St. Johns Bridge），麦基诺海峡大桥（Mackinac Straits Bridge）等。斯坦因曼向葡萄牙政府提交两个方案[4]：①修建一座公铁两用大桥，费用约1 100万欧元；②修建一座公路桥，费用约530万欧元。葡萄牙政府考虑预算，放弃公铁两用桥方案，决定选择了折中方案，将施工分为两期：一期（1966年竣工）修建上层公路桥面，二期（1999年竣工）增加劲梁下层以修建铁路桥面并拓宽公路桥面。1961年2月25日大桥正式开工。大桥位于葡萄牙A2高速公路交通线上，途径里斯本市、阿尔马达市等，促进了葡萄牙最大矿铁基地——塞图巴尔市的经济开发和旅游业的蓬勃发展，阿尔马达也成为里斯本市民的另一个聚居区。

7.3 结构设计

4月25日大桥为双塔三跨式悬索桥，主桥长2 280 m，如图7-3所示，孔跨布置为（483+1 013+483）m，钢结构主塔高190 m，采用斜撑。大桥垂跨比为1∶9.51（垂度106.5 m），设置70 m高的航道净空。钢桁梁全长2 280 m，是当时欧洲主跨最大的桥梁和世界最长的钢桁梁[5]。直径5 mm的平行钢丝组成的主缆直径58.6 cm，2根主缆间距23.50 m。南桥塔为钢筋混凝土沉井基础，嵌入水位以下82.5 m的玄武岩中。一期工程阶段，桥面为四车道，采用容许应力法设计，设计风荷载为60 m/s，设计地震荷载为0.1g，为减小风载，2条中心车道采用了钢格栅[6]。加劲梁宽21 m，四车道总宽16 m。考虑海洋环境影响，桁梁防腐以镀锌和涂漆为主。大桥设计条件如表7-1所示，大桥1966年8月6日通车，耗资3 200万美元。

表7-1 设计条件

形式		双塔三跨式悬索桥
跨度		（483+1 013+483）m
垂跨比		约为1∶9.51
通航净高		净高70 m
构造	锚碇	重力式锚碇
	主塔基础	沉井基础
	主塔	钢结构，高190 m
	主缆	主缆间距为23.5 m，直径58.6 cm
	加劲梁	钢桁梁，按双向4车道布置
设计方法		采用容许应力法进行设计
设计荷载	风荷载	60 m/s
	地震荷载	0.1g

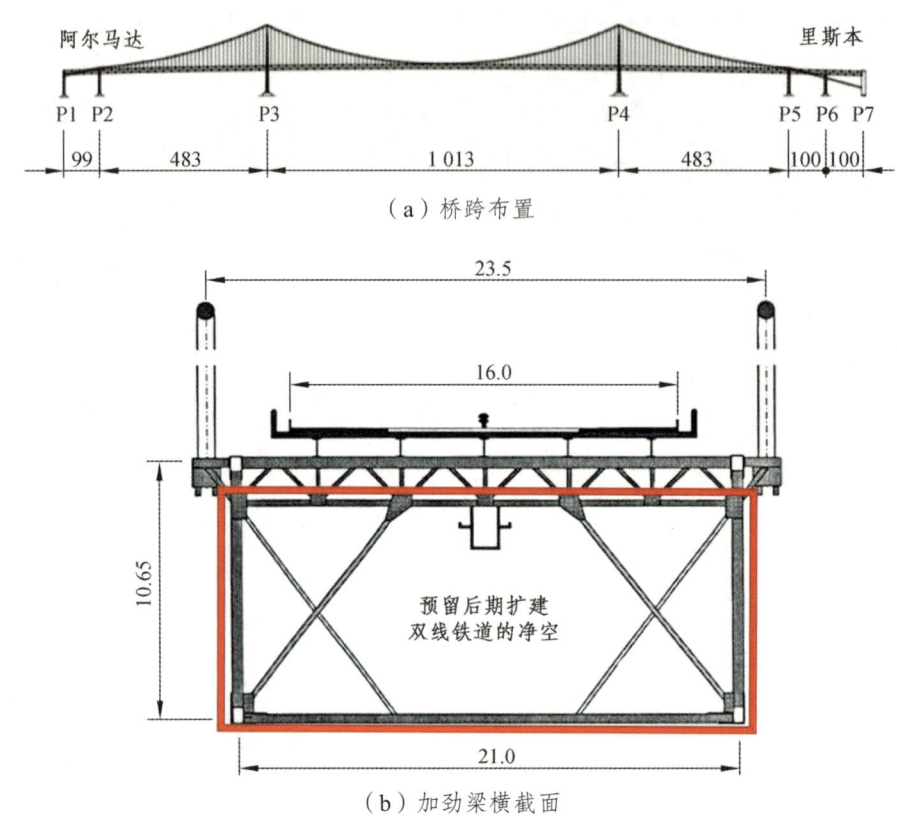

(a) 桥跨布置

(b) 加劲梁横截面

图7-3 大桥总体布置（单位：m）

7.4 施　工

施工分两期：一期（1962—1966年）完成公路桥建设，二期（1996—1999年）完成铁路桥建设。本节介绍一期工程，二期铁路桥的施工在运营与维护部分介绍。一期工程中，采用吊机进行主塔施工，采用空中编缆法进行主缆施工，紧索后安装索夹，进行吊索施工。钢桁梁从主塔附近的节段开始向跨中和桥台对称安装，在跨中合龙。施工主要由美国的公司负责，各主要构件制作与施工分包情况如表7-2所示[7]，施工如图7-4所示。总工期为1 988天，现场建设的总工期为1 370天，耗资3 200万美元。大桥于1966年8月6日正式通车。

表7-2 主要构件制作与施工分包情况

主要构件制作		施工分包	
构件		制造商	施工事项	公司

缆索系统	主缆、吊索	美国钢铁国际公司（US Steel Corporation）	协调项目和施工相关事宜	美国钢铁公司（United States Steel International Inc）
	鞍座	布莱·诺克斯公司（Bligh Knox）	上部结构施工	美国钢铁公司美国桥梁分部（American Bridge Division of US Steel Corporation）金属制造商协会（Sociedades reunidas de fabricacoes metalicas）

续表

主要构件制作		施工分包	
构件	制造商	施工事项	公司
加劲梁 加劲梁	金属制造商协会（Sociedades reunidas de fabricacoes metalicas）	进行抗震研究；主塔、北部引桥施工	都铎工程公司（Tudor Engineering Company）
主塔 主塔钢构件	美国桥梁公司（American Bridge Company）美国钢铁公司美国桥梁分部（American Bridge Division of US Steel Corporation）	悬索桥基础、锚碇、引桥的施工	葡萄牙莫里森·努森公司（Morrison Knudsen of Portugaul）

（a）主塔施工　　　　　　　　　（b）猫道架设

  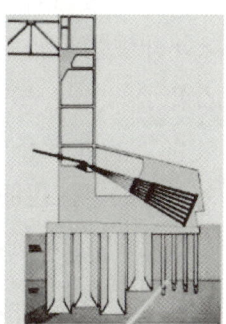

（c）主缆架设　　　　（d）加劲梁对称施工　　　（e）锚碇施工

图7-4　施工过程

7.5　运营维护

1. 第一次扩建

20世纪70年代，随着桥上交通量的不断增加，须增加公路车道以容纳更多的车辆。通过拆除中央护栏，调整每个车道宽度，增加第五车道，扩建前后对比如图7-5所示。扩建后每个车道宽缩小为3.2 m，5车道总宽仍为16 m，中间车道可根据交通高峰时间开放作相反方向通行使用。由于在一期工程阶段已经考虑了6条车道，因此本次维护不需要加固，便可将桥梁的通行能力从4车道增加到5车道[8]。

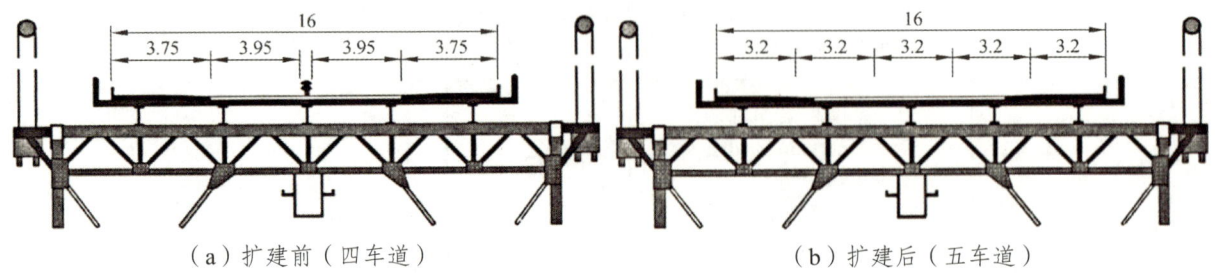

（a）扩建前（四车道）　　　　　　　　　　（b）扩建后（五车道）

图7-5　车道扩建前后对比（单位：m）

2. 第二次扩建

1990年，大桥日交通量已达14.5万辆/天，比1966年增加了8.7万辆/天，同时铁路过桥的需求也十分迫切。此外大桥不可避免地出现了腐蚀、老化等问题。为解决交通拥挤问题，葡萄牙政府提出2个备选方案：①扩建大桥，提高交通量；②在大桥附近新建一座桥梁，即瓦斯科·达·伽马大桥。考虑到4月25日大桥是葡萄牙的地标性建筑，与背后的塞文山和山上的耶稣基督十字雕塑融为一体，具有重要历史意义。为保护这一自然和人文历史景观，最终决定对大桥进行彻底的扩建。扩建工程包括桥面拓宽至六车道，在加劲桁架下弦杆之间和沿线增加铁路桥面，加固现有结构，及对整个结构进行维修和重新喷漆。新建的铁路不仅可以承载通勤列车，还可以承载更重的长途货运列车[9-11]。引桥采用顶推施工法进行重建。扩建改造工程由葡萄牙国家公路局负责，改扩建工程设计合同仍然授予了原设计单位斯坦因曼公司，合同签订于1995年12月21日，总价2.2亿美元。在正式设计前，要求斯坦因曼公司检查桥梁30年来的使用情况并开展初步研究和评估。重建工程于1996年1月26日开工，1999年4月4日结束，实际耗资2.63亿美元。

（1）主缆系统。

为确定扩建的设计标准，在初步设计阶段前，进行了一系列基础研究[9]。原桥是按容许应力法进行设计，且铁路荷载考虑轻型列车，比国际铁路联盟的铁路荷载小得多。考虑桥上实际运行的列车荷载，扩建设计决定采用葡萄牙的结构安全设计规范和欧洲规范，采用极限状态设计法进行设计。考虑桥墩、主塔和基础的承载能力及上部结构的刚度要求，决定按照一组列车的加载工况进行加固设计。为节省成本，初步设计确定以下设计工况：①同一时间桥上只有一列货运列车，载货列车速度40 km/h。②桥上最多同时有两列旅客列车，列车限速60 km/h。③桥上预估的最大列车数量，每天每个方向250列。④设计风速及震级，设计风速为60 m/s；和旧金山的金门桥一样，4月25日大桥也位于一个大的地震带上，公元1755年，里斯本发生里氏8级以上大地震，造成1/5的市民丧生，2/3的城市被摧毁。里斯本大地震是欧洲近现代历史上最具破坏力的一次地震，时至今日，该地区每年都还会发生一些小地震。斯坦因曼公司为此进行了一系列的地震调研，包括里斯本地区的地震活动、地震响应、液化分析、基础稳定性评估，土-基耦合作用研究。抗震设计按两级考虑：①200年一遇地震，无损坏；②2 000年一遇地震，可修复损坏，该地震烈度与1755年里斯本大地震烈度相当。结构抗力设计按英国标准BS 5400。

基于上述荷载情况，提出了4种扩建方案[10]：

①斜拉-悬吊组合体系方案。每根主缆增加3根斜拉索和1根自锚的辅助主缆，如图7-6（a）所示，斜拉索与自锚主缆的水平分力完全由新增的铁路纵梁承担。为使原加劲桁梁不承受纵向水平分力，设计考虑将铁路纵梁放在铁路横梁上方。增加的缆索体系荷载通过每道斜拉索处的横向连接系直接传给铁路纵梁。但该方案中需几百个滑动支座，后期养护成本很高。

②改进的斜拉-悬吊组合体系方案。为取消众多滑动支座，修改原设计，将铁路纵梁与铁路横梁固结，加劲桁梁与铁路纵梁共同承担斜拉索和自锚主缆的纵向水平分力。此方案显著降低了养护成本，但需要对加劲桁梁进行大量加固。

③自锚式悬索体系。在每根原主缆下方增加1根自锚的主缆，不设斜拉索，新加主缆的水平分力将由铁路纵梁与加劲桁梁共同承受。这个方案的加劲梁刚度较斜拉方案小，但仍能满足行车要求，且结构外观更简洁，如图7-6（b）所示。

④地锚式悬索体系。在原主缆上方各增加1根新主缆，其水平分力由增加的锚碇承受，结构刚度虽比斜拉索方案要小得多，但比自锚式悬索方案要大。由于不承担缆索水平分力，新增的铁路纵梁截面尺寸大大减小。

经过对4个方案的仔细比选，综合考虑结构受力、施工难度、工期、维护和经济成本等方面，最终方案是：在原主缆上方3.7 m处各设置1根直径350 mm（共19股，每股216根平行钢丝）辅助主缆，与原主缆线形基本一致，承担新增的恒载和活载。在辅助主缆上设置吊索，间距23 m，与原吊索交错排列（即新吊索设在原吊索中间）。辅助主缆拉力由2个新建的重力式锚碇承担，分别位于原锚碇旁，单个新锚锭承受的辅助主缆水平分力为5 000 t，南岸新建的重力式锚碇开挖于堤岸，北岸新建的重力式锚碇支承于20 m深的沉井基础上。由于不需要承受新增的缆索荷载，增设的铁路纵梁尺寸也大为减小。最终方案可减少长期的养护成本，方便施工，且不影响既有结构的美观，如图7-7所示。

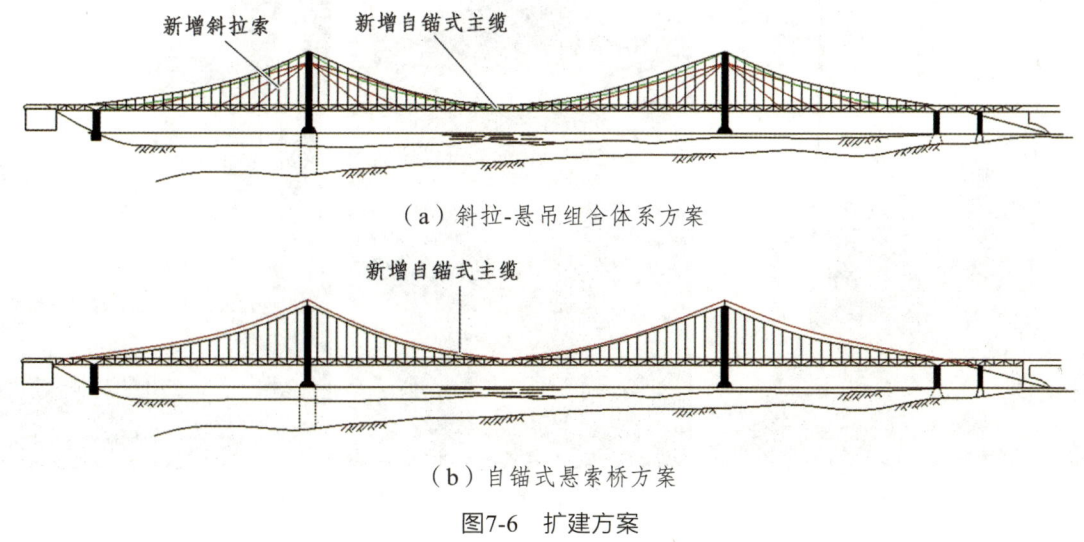

（a）斜拉-悬吊组合体系方案

（b）自锚式悬索桥方案

图7-6　扩建方案

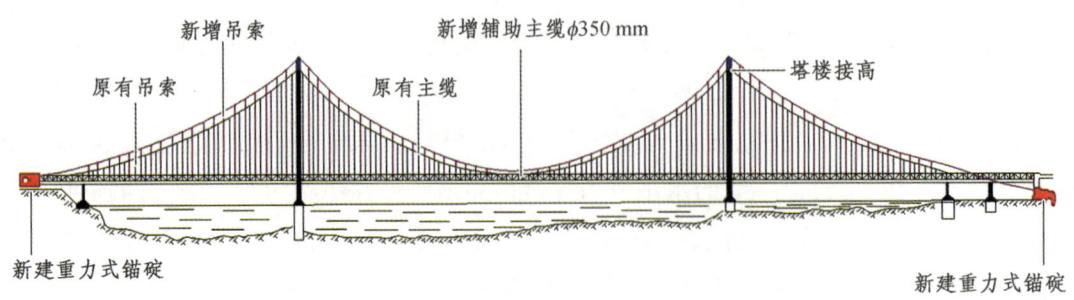

图7-7 最终扩建方案

辅助主缆由美国桥梁公司施工，采用空中编缆法完成2 800 t的主缆架设。辅助主缆支承在特殊制造的钢鞍座上，该钢构件直接加装在已有主缆鞍座上方。桥塔原设计已考虑了后期建设增加的荷载，因此不必加固。在辅助主缆就位后，安装新吊索，将其张拉到设计长度，使主缆最后线形与原有的相吻合。新增的铁路相当于桥梁恒载增加了50%，新增恒载全部由新主缆承受。桥梁两岸新建2个重力式锚碇，位于原锚碇外侧，承受水平拉力为5 000 t。在副索鞍处，新增的主缆在边跨处向两侧转向至新锚碇，因此，新的辅助主缆的侧向水平分力需新增1根拉索来平衡。该拉索位于公路桥面之上，其下有6 m净高，为防止车辆撞击，拉索外设置钢结构保护罩[10]。由于工期限制，主缆施工和加劲桁架加固扩建等工作同步进行。缆索安装工作1997年9月开始，耗时7周，桥面慢慢地恢复了原有线形。缆索系统扩建施工如图7-8所示。

开工前先对老桥的构件和涂装进行了检测，经过30年的运营，油漆剥落损坏严重，已不满足现代环保要求，所有面层都需重新进行涂装。除去原有外表涂漆，荷载传递完成后，在原有桥梁构件与新增的缆索上进行主缆的防水腻子、缠丝和涂装工作。缠丝采用直径3.5 mm的退火镀锌钢丝，涂装采用丙烯酸基油漆[11]，并在所有钢结构上使用尿烷进行湿养护。

(a) 辅助主缆架设

(b) 新建特制鞍座

(c) 吊杆安装

（d）新建重力式锚碇　　　　　　（e）辅助主缆在副索鞍处转向

图7-8　缆索系统扩建

（2）加劲梁增设。

为应对不断增加的交通量，对上层公路桥面进行扩建，如图7-9所示。公路桥面拓宽为双向6车道，车道宽3.4 m。新桥面保留了镂空钢板梁，并在现有结构上增加螺栓连接的钢悬臂梁，加宽2.1 m。为改善原有的桥面空气动力性能，拓宽部分的钢格栅将部分填充混凝土，可达到风洞试验中实测的最稳定的桥面气动外形[12]。由于交通部门的要求，桥面封闭施工时间只能在午夜0时到清晨6时。

 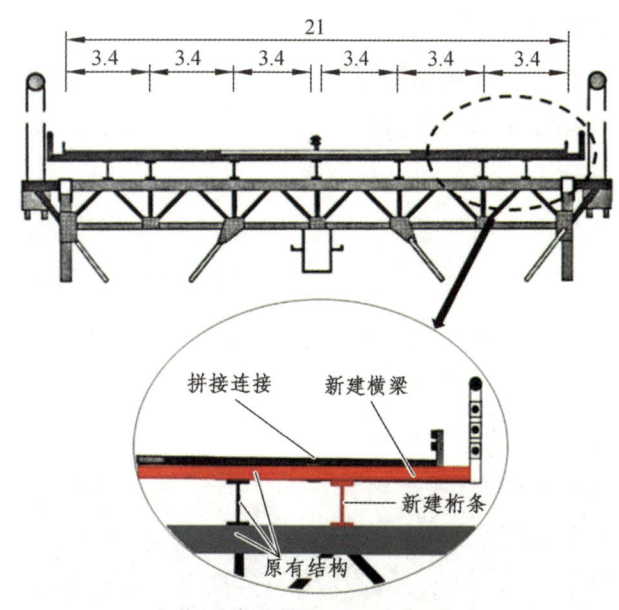

（a）钢悬臂梁加宽段　　　　　　（b）六车道横截面（单位：m）

图7-9　上层桥面扩建

新建铁路纵梁采用高1 m的工字钢，并将底板构件全部更换为箱梁，杆件也全部更换。铁路纵梁和新建铁路横梁在下弦平面内，与下平联形成正交异性桥面体系。铁路纵梁与钢桁梁下弦杆共同承受新增活载弯矩。扩建的下平联是近似于K形的框架，如图7-10所示。K形的联结系利用箱形截面横梁传递联结系在铁路纵梁宽度范围内的水平剪力，横梁的翼板兼有铁路纵梁拼接板的作用。

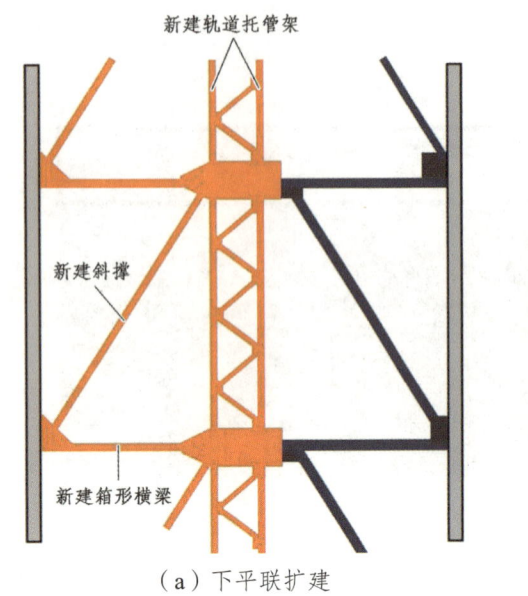
(a)下平联扩建

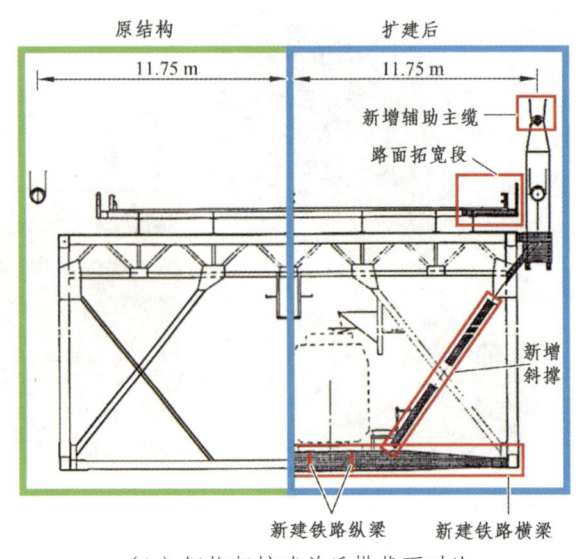
(b)钢桁架扩建前后横截面对比

图7-10 钢桁梁扩建

由于活载弯矩与剪力增加，需要对加劲桁梁的一些杆件进行加固。加固部位为支点附近的上弦杆与斜腹杆。上弦杆的加固方法是将加大尺寸后的钢板栓接在箱形截面的顶板上，斜腹杆则是在其全长范围内焊接盖板来提高其抗弯能力。由于铁路桥面为水平框架，下弦杆不需作局部加固。

列车轨道采用焊接长钢轨，支承在经过防腐处理的橡木轨枕上。钢轨连接件的设计可使钢轨尽量减小参与桥梁的整体受力。原桥梁设计中规定从南锚碇到北锚碇的桁架梁为连续架设，可防止二期铁路建设出现错台和纵坡突变等现象，但需要专门设计的伸缩缝来应对大桥巨大的伸缩量（最大伸缩量可达1.5 m）。将钢轨一端安装在箱梁上，另一端安装在可滑动箱梁上，是世界上最大铁道伸缩缝之一。每1条轨道的旁边有1.2 m宽的疏散人行道。扩建后的下层桁架系统每节段增加了36 t，施工期为1997年4月—9月，共用了6个月时间。共用了6部移动施工平台和4台巨型龙门吊，施工材料和设备都可用龙门吊从桥下直接起吊，从而避免了影响交通[13]。施工时，在附加荷载作用下，加劲桁梁发生了较大变形，下挠4 m，但该变形符合工程师的预计。铁路桥面于1999年7月29日正式通车，双线列车每隔15分钟通过一次桥梁。扩建前后对比如图7-11所示，双线铁路如图7-12所示。

(a)下层桥面扩建前

(b)新建下层铁路桥面

(c)四车道(扩建前)

(d)六车道(扩建后)

图7-11 大桥扩建前后对比

图7-12 双线铁路

(3)结构健康监测系统。

随着桥梁结构的重要性不断提高,结构寿命和实际需求的不断增长,结构健康监测系统得到了广泛的应用。结构健康监测系统可在早期损伤损害结构性能和安全之前,实时运行并识别损伤,对大桥日常的运营与维护提供合理参考。4月25日大桥安装的结构健康监测系统由传感器和采集单元、通信单元和数据处理单元组成[14]。每个传感器以每秒500个样本的速度采集数据,可以获取外部作用(风速,温度和车辆荷载)和结构自身响应信息(应力和变形),如图7-13所示,图7-13(a)为温度,图7-13(b)为风速,图7-13(c)为高峰时段的铁路过桥情况,图7-13(d)为振动情况。

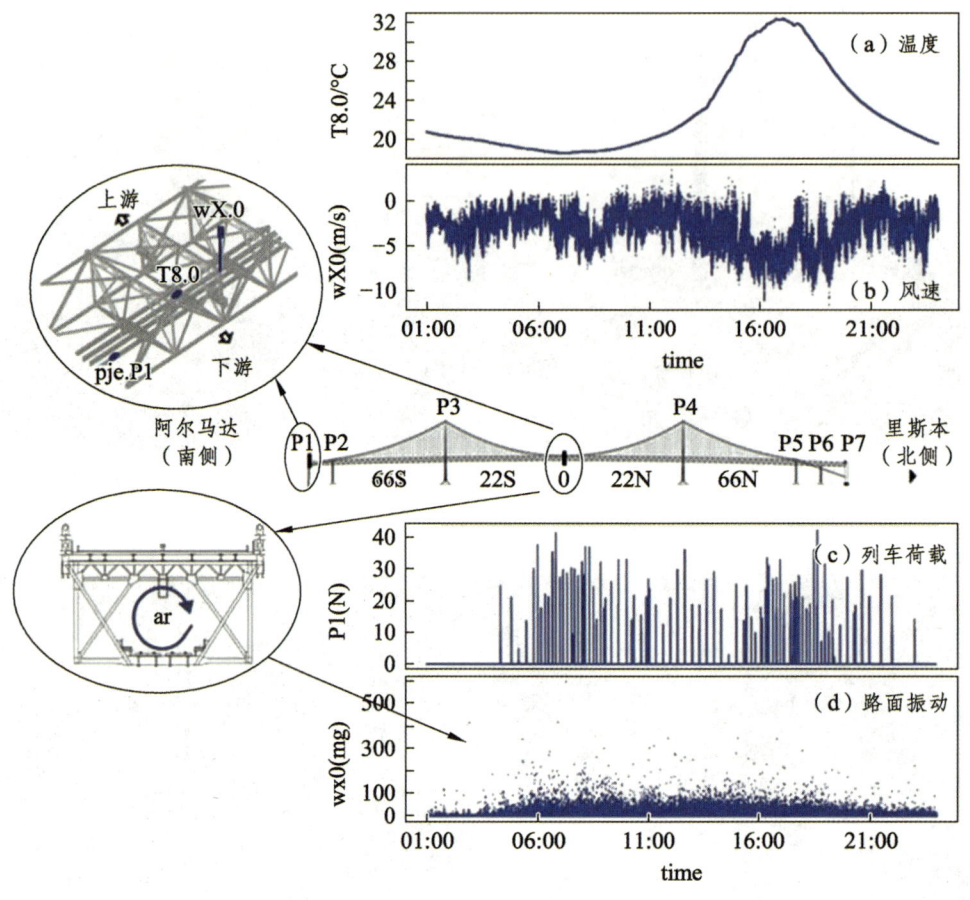

图7-13 结构健康监测系统

7.6 结 论

4月25日大桥是葡萄牙塔古斯河上的第一座桥,是联系葡萄牙南北部的重要枢纽和里斯本的地标,可从结构设计、施工和运营等方面结论如下:

(1)结构设计。大桥设计上近远期结合,在考虑桥梁全寿命周期上采用分期修建技术,并对后续扩建作详细安排,如预留车道拓宽的位置、预留了铺设铁轨的位置等,大大方便了桥梁后续的扩建和维护。

(2)施工。采用两阶段施工,降低初期投资成本,但由于交通量预测难度大、施工困难等原因增大了总造价,后来已经很少有桥采用这种分期建设模式。

(3)运营维护。不中断交通的情况下完成了对大桥的改扩建,虽代价高昂,但后期运营效果良好,为今后桥梁的维护改造提供了新思路;结构健康监测系统可实时监测风速、温度、列车荷载、路面振动等外部作用的情况和桥梁自身产生的结构响应,可为大桥日常的运营维护提供参考。

参考文献

[1] PENN J R, ALLEN L. Rivers of the world: a social, geographical, and environmental sourcebook[M]. ABC-CLIO, 2001.

[2] DĄBROWIECKI K. Lizboński most wiszący ponte 25 de Abril[J]. Nowoczesne Budownictwo Inżynieryjne, 2019.

[3] CRUZ, PAULO J S, DAN M. Frangopol, and Luis C. Neves, eds. Bridge maintenance, safety, management, life-cycle performance and cost[M]. Taylor & Francis Group, 2006.

[4] SANTOS P A F. Da prevenção a gestão do risco-o caso da ponte 25 de Abril[D]. Porto: Universidade do Porto Instituto de Ciencias Biomédicas Abel Salazar, 2011.

[5] NIELS J, CHRISTOS T. Cable supported bridges concept and design[M]. Hoboken: John Wiley & Sons, 2011.

[6] 王应良,高宗余. 欧美桥梁设计思想[M]. 北京:中国铁道出版社, 2008.

[7] NUNO V E S. Proposta de abertura do procedimento de classificacao da Ponte 25 de Abril, entre Lisboa e Almada, freguesias de Alcantara e Pragal, concelhos de Lisboa e Setubal, conforme planta em anexo[J]. Departamento dos Bens Culturais, 2014.

[8] 彭晔丹,游庆仲. 葡萄牙塔古斯大桥改扩建工程[J]. 世界桥梁, 2007(1): 5-8.

[9] FEDERICO M, MAZZOLANI, MIKLOS. Refurbishment of Buildings and Bridges[M]. New York: Springer Verlag Wien, 2014.

[10] 严国敏. 里斯本市塔古斯河悬索桥增设铁路桥面[J]. 国外桥梁, 1998(2): 13-19.

[11] GESNER G A, JARDIM J. Bridge within a bridge[J]. Civil Engineering, 1998, 68(10): 44.

[12] DE LEMOS T, EATON D, BETTS M, et al. Risk management in the Lusoponte concession—a case study of the two bridges in Lisbon, Portugal[J]. International Journal of Project Management, 2004, 22(1): 63-73.

[13] SERZAN K, JARDIM J. Addition of the Railroad Deck on the Tagus River Bridge[C]//IABSE Congress Report. International Association for Bridge and Structural Engineering, 2000, 16(8): 1315-1320.

[14] OLIVEIRA C M, SANTOS J P. Structural Health Monitoring of a long-span suspended bridge[J]. Revista Portuguesa de Engenharia de Estruturas, 2020, 3(14): 5-18.

8 里翁-安提里翁大桥

8.1 引 言

里翁-安提里翁大桥（Rion-Antirion Bridge）位于希腊西部的帕特雷市（Patra），横跨科林斯海湾（Gulf of Corinth）连接了希腊大陆与希腊最大半岛伯罗奔尼撒（Peloponnese），是希腊西部新干线和欧洲运输网的一部分[1]。里翁和安提里翁之间的海峡是科林斯湾最窄的部分，建桥前两地通勤方式有两种：①公路系统需要通过海湾两侧的公路网（主要由欧洲公路E55、E65和希腊国道A7、A6等组成），绕道至100 km远的科林斯，极为不便；②轮渡是主要交通方式，每天可运送约1万辆汽车，单程用时45分钟，且极易受天气影响。若在两岸建设一座桥梁便能形成稳定的通道，可将通勤时间缩至5分钟，极大促进两地的联系，对区域经济发展也十分有利，如图8-1。大桥连接希腊大陆与伯罗奔尼撒半岛，采用斜拉桥主桥和两侧引桥组成的方案。因桥址处于欧洲、非洲板块交界处，板块活动频繁、地震频发，故大桥抗震设防显得十分重要。主桥采用5跨全漂浮体系斜拉桥，纵向位移基本不受约束，横桥向装有阻尼器系统，保证主梁在正常运营时横向位移受到约束，而强震时主梁横向位移则被释放。下部结构的处理上，用钢管桩对地基土层进行加固，桩顶铺以砂、卵石和碎石垫层形成类似"复合地基"，大型沉箱基础直接坐落在此地基上（可起到隔震、消除基础与地基间的相互位移的作用）。为减小强地震作用下

（a）公路网

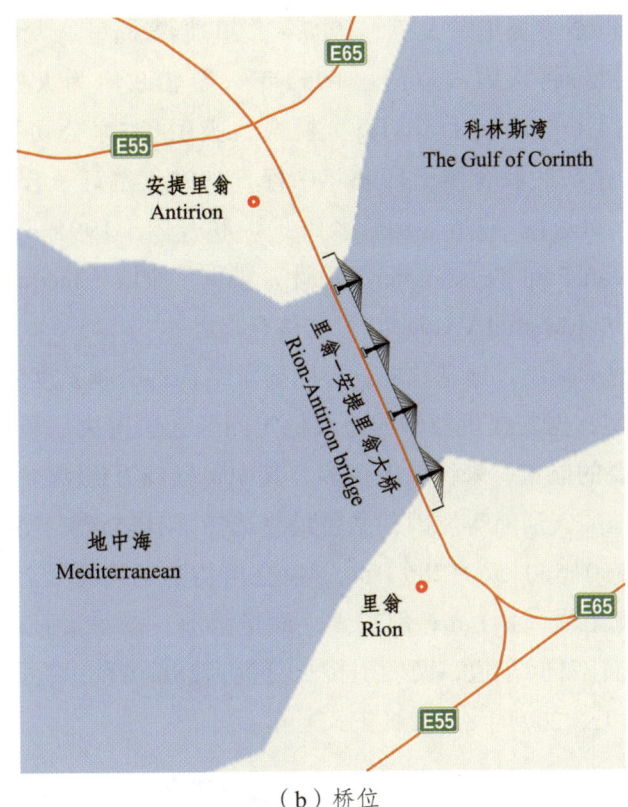

(b) 桥位

图8-1 里翁-安提里翁大桥桥位及公路网

过大的塔顶水平位移和塔根弯矩，里翁-安提里翁大桥采用了金字塔式的4塔柱和阻尼器，以保证在强地震时仅塔柱内发生塑性铰[1]。由于结构的创新性，里翁-安提里翁大桥获得了2005年美国土木工程师协会的杰出土木工程奖（系此奖第一次颁发给美国以外的工程），2006年国际桥梁与结构工程协会的杰出结构奖，以及国际结构混凝土协会的杰出混凝土结构奖[2]。大桥的设计建造对结构抗震设防方面有巨大的贡献，本章将根据已有的资料从工程背景、设计、施工及运营维护等方面进行全面阐述。

8.2 工程背景

伯罗奔尼撒半岛曾与希腊大陆连在一起，位于欧洲与非洲板块交界处的活跃的地震断层上，史前板块运动导致伯罗奔尼撒逐渐向南移动，形成了科林斯湾。尽管有地震带上建桥的先例（如金门大桥），但这仍然是一个极大的挑战。1889年3月，希腊政府就规划了伯罗奔尼撒与希腊中部铁路网络，其中就包括一座跨越科林斯湾的铁路桥梁，但当时还无法解决科林斯湾复杂的地质问题，最终没有实施。1980年里翁-安提里翁大桥开始了第一次国际招标，各种跨海通道方案都予以考虑，包括隧道、浮桥、悬索桥及斜拉桥等，但无人对这个项目感兴趣，第一次招标宣告失败。1981年希腊执政党更换，新执政党考虑到国家预算不足，反对国内的大型基建项目，因此项目被搁置。1986年希腊政府有望得到欧盟的资金支持建设现代化的交通运输系统，大桥项目重新提上日程，同时希腊政府新设立了环境规划和公共工程部门，负责管理大型基建项目，其中就包括里翁-安提里翁大桥。1987年，里翁-安提里翁大桥新一轮的招标开始，共有5家公司参与，但招标再次因故取消。1991年，希腊政府为大桥进行第三次招标，大桥建设采用BOT（Build Operate Transfer）模式，吸引了7家公司投标。最终，由法国万喜集团（Vinci Group）牵头的联合体于1996年中标，1997年签订了合同。合同规定联合体在42年内对大桥进行融资、设计、建造、运营及维护。联合体于1998—2004年承担建设任务，让·保罗·泰桑迪尔（Jean Paul Teyssandier）设计，雅克·康博（Jacques Combault）担任咨询总工程师，密歇尔·维洛热（Michel Virlogeux）也是专家之一[2]。

科林斯湾海床两岸地形陡峭，地基软弱，合同要求结构的跨越长度应超过2 500 m，悬索桥无疑是最具竞争力的桥型，但安提里翁侧的边坡稳定问题无法解决，最终悬索桥方案被否定。同时，科林斯湾也是重要的航道，来往船舶众多，其中包括18万t级海轮通行，水中桥墩应尽可能少，综合考虑地震、地质、通航等原因，主桥最终选择了4塔5跨斜拉桥方案，如图8-2所示。大桥跨径布置为（286+560+560+560+286）m，4座主塔均为钢筋混凝土结构，中间两座主塔水面以上高164 m，而两侧主塔高141 m；斜拉索立面呈扇形，按双索面布置，主梁为钢-混组合梁，梁宽27 m，桥面布置双向4车道，两侧引桥长分别为286 m和392 m。大桥造价为7.71亿欧元，自1998年7月正式动工，2004年8月12日正式通车。

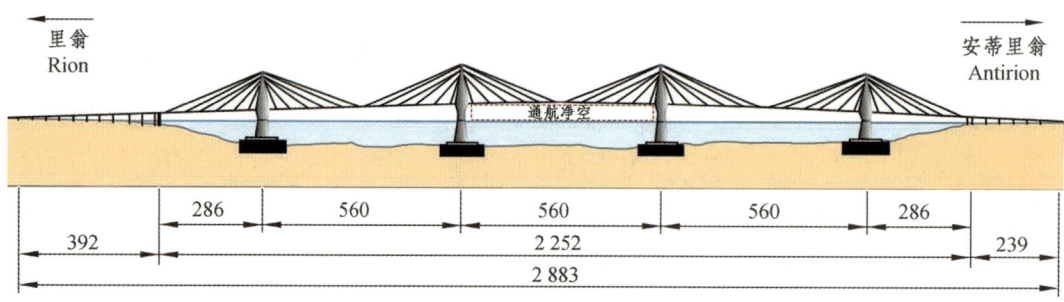

（a）立面布置（单位：m）[3]

（b）大桥实景[4]

图8-2　里翁-安提里翁大桥桥跨布置

8.3 结构设计

1. 设计条件

大桥总长2 883 m，主桥长2 252 m，为多塔多跨斜拉桥。该桥建设条件相当复杂，主要表现在水深（65 m）、深厚软弱土层、强震（包括板块运动）及强风等方面。由于史前的地壳运动使伯罗奔尼撒逐渐远离希腊大陆，出现了科林斯海湾，至今伯罗奔尼撒仍以每年8~11 mm的速度漂离希腊大陆。该区域的一些活动断层会造成强烈地震，过去的35年里科林斯湾发生过3次里氏6.5级以上的地震。考虑到板块运动和地震会产生位移，设计要求考虑可能的水平和竖向各2 m的变位。设计规定桥梁要能承受2 000年一遇的地震，这时海床位置地震反应谱峰值重力加速度为0.48g，最大地震加速度为1.2g（1 s范围内、5%阻尼比），地震周期近50 s。所取频谱比1999年土耳其发生的里氏7.4级地震更为苛刻。同时桥梁还要能承受竖向和横向最大的断层位移，及18万t级油轮以8.2 m/s速度的撞击力和强风作用。海床的地质情况也很复杂，主墩处基岩埋深超过500 m，海床下土层依次是：①4~7 m非黏结性砂砾层；②相当不稳定的砂、淤泥质砂和淤泥质黏土层；③30 m以内为均质淤泥质黏土或黏土层，为典型的软弱地基[4]。本桥的抗震安全成为设计的主要控制因素，详细设计条件如表8-1所示。

表8-1 设计条件

形式		多塔多跨公路斜拉桥
跨径布置		（286+560×3+286）m
桥下净空		高65 m×宽500 m
体系		全漂浮体系
结构	基础	沉箱基础，直径90 m
	主墩	水下部分呈圆锥形，水上部分呈八边形，墩帽呈倒金字塔状
	主塔	金字塔形刚性混凝土塔
	斜拉索	双索面布置，主塔两侧各设23对拉索
	主梁	钢-混组合梁，宽27.2 m，双向4车道
设计荷载	风荷载	可承受风速约250 km/h的大风
	地震荷载	2000年一遇地震，加速度0.48g[5]

2. 下部结构

桥址位于板块运动活跃的地区，地震频发，所以在基础设计时就必须充分考虑抗震要求。地质研究表明基岩埋深超过500 m，基础只能建在海床土层上，但海床表层20 m深范围是软弱土层。为制订合适的基础方案，研究比选了桩基础、深埋沉箱基础、土层置换等方案，研究表明：如果能将海床底部20 m范围内的土层性能提高，使其能够承受可能的极端地震作用和动水压力，浅基础则是最合适的基础方案。

（1）主墩。

为提高海床表层土层力学性能，用长25～30 m、直径2 m的钢管桩以7～8 m的间距进行土体加固（每个主墩底部约有200根钢管桩），桩顶先后铺设厚50 cm的反砂滤层，2 m厚、直径10～80 cm的鹅卵石层和50 cm厚的碎石，最终形成3 m厚的砂砾垫层。主墩基础直接坐落在上述垫层上，形成了加筋土隔震基础：由于基础与砂砾层之间没有连接，可在地震时产生向上移动及左右滑移，但在运营期间及小地震时不会产生滑动，同时也起到了隔震作用。该方案在法国国立路桥大学试验中心进行了试验验证。设计要求施工误差为：碎石厚度小于10 cm，水平位置偏差小于36 cm，竖向沉降小于20 cm。主墩基础底部为由直径90 m的沉箱，由于沉箱尺寸较大，采用32片放射状梁（厚1 m）进行加劲，高度从中心的13.5 m降到边缘的9 m。

水面以下、沉箱基础之上是圆锥形墩身，其直径从底部的38 m过渡到上端27 m，高度根据水深和位置不同为37～53 m不等。墩身做成中空，为的是减少结构质量，从而减小地震时所受的惯性力，同时也可作为完工后检修的通道，墩底部也安装了可检测是否渗水的仪器及测震仪等。图8-3（a）为主墩水下部分及基础示意图。在海平面以上，桥墩呈八边形，中间两主墩高26 m，两侧主墩高6 m，墩帽是倒金字塔状结构，高16 m，顶面为边长40 m的正方形，如图8-3（b）所示。该金字塔状结构的墩帽非常关键，在较大的地震中可承受其上部4根塔柱传递的不均匀荷载，这也是一个难点，因此该处配筋量达到了700 kg/m³，还施加了预应力。

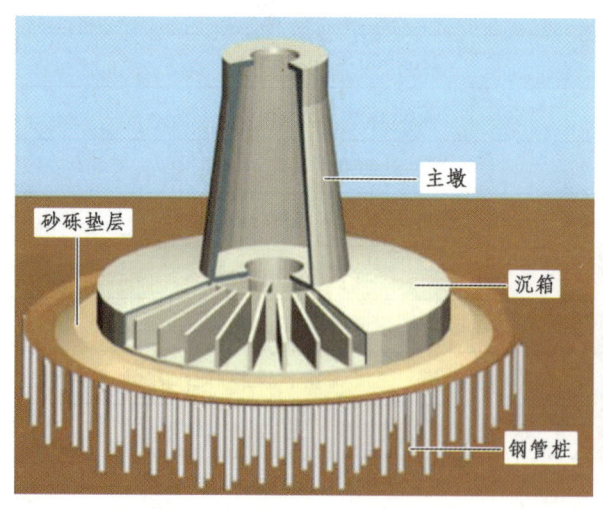
（a）水下部分与基础示意图[3]

（b）水上部分

图8-3　主墩

（2）主塔。

为提供足够的刚度，主塔采用了4塔柱的刚性主塔体系，如图8-4所示，4根高强混凝土塔柱支承在墩帽上，每根横截面尺寸为4 m×4 m，长度78 m。4根塔柱都朝中间倾斜，在上塔柱底处合为整体，以提供抵抗不均匀活载和地震作用所必须的刚度。塔柱顶部牢牢地嵌固住35 m高的上塔柱，上塔柱由钢锚箱与两侧2.5 m厚的竖向混凝土墙组成。主塔采用C60～C70混凝土，设计时除了对混凝土强度和延性提出了较高的要求，在塔柱内布置螺旋箍筋以提高混凝土延性，并适应地震时塔顶可能发生的较大位移。主塔顶部的高度距海面160 m，设计允许塔顶位移为50 cm，但实际可承受140 cm。

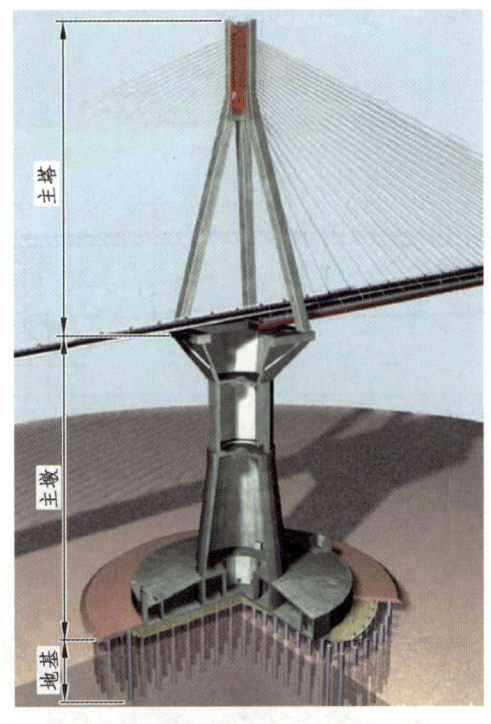

图8-4　主塔示意图[6]

3. 上部结构

（1）斜拉索。

斜拉索按扇形、双索面布置，锚固于上塔柱的钢锚箱和主梁之间。斜拉索由镀锌钢绞线组成，强度等级为1770 MPa，每根斜拉索含43～73根钢绞线，每根直径15 mm，由法国弗雷西奈公司（Freyssinet International）生产。斜拉索制振方面，每根斜拉索都设置了1个轴环，在斜拉索振动过大时，工程师可用1根钢缆通过轴环将所有斜拉索连接在一起，起到抑振作用，另外斜拉索的HDPE护套外设螺旋线防风雨振，如图8-5所示。每座桥塔两侧各设23对斜拉索，标准索距为12.15 m。斜拉索通过锚拉板与主梁连接，在锚头处设$R = 4$ m的圆头处理，地震时允许发生转动。这种连接方式便于养护和维修，但对锚拉板与主梁的焊接要求很高。

（a）螺旋线

（b）拉索锚固端

图8-5　斜拉索

（2）主梁。

大桥主梁全长2 252 m，采用钢-混组合梁，梁宽27 m，钢工字梁高2.20 m，每隔4 m设置一道横梁，混凝土桥面板厚25～35 cm，采用C60混凝土，拉索间距为22.1 m，如图8-6所示。

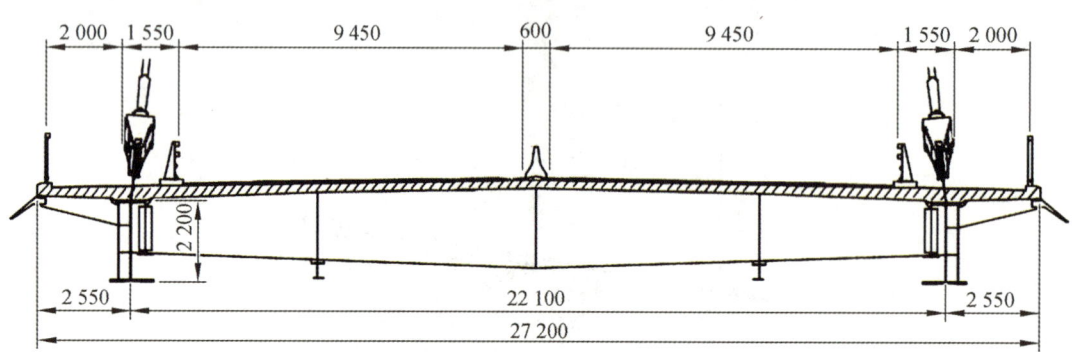

（a）主梁横截面（单位：mm）[7]

（b）主梁示意[3]

图8-6　主梁

科林斯湾区域板块运动和地震活动频繁，设计时需要考虑可能的地质构造水平和竖向各2 m的变位，为避免过大的地震力和基础位移，大桥采用全漂浮体系，而横桥向约束的设置是大桥的难点。如果像一般漂浮体系斜拉桥一样，横桥向塔梁之间采用抗风支座连接，地震时主塔基础受力不通过；如果释放这个连接，主梁和塔顶横向位移、主塔基础受力均过大[4]。在最终的设计中，塔梁处主梁上局部增加了小纵梁，通过小纵梁和阻尼器连接墩梁，如图8-7所示。为保持主梁抗风稳定性和减少运行中的活载及温度引起的横向位移，每墩中间设有1根限位阻尼器，容许力为10 000 kN，可以在顺桥向承受位移1.6 m，在横桥向则几乎不动，因此，当侧向荷载不超过设计荷载时，主梁在横桥向保持与下部结构刚性连接。此外每墩还设置了4个黏滞阻尼器，每个容许力为3 500 kN，可适应梁塔间±1.3 m的变位。在大地震发生时，中间限位阻尼器失效，主梁可以在4个黏滞阻尼器的控制下自由摆动。在极端地震作用下，梁和塔柱间容许动态相对位移约为3.5 m，最大速度为1.6 m/s[8]。这些阻尼器采用意大利FIP产品，在美国加利福尼亚大学圣迭戈分校进行测试。

图8-7　阻尼器

主梁两端与引桥连接处，在活载作用下，梁端的纵向位移可达到2.5 m，横桥向位移因设有阻尼器可忽略不计。在极限状态下，梁端纵向位移可能产生5 m的位移，因此梁端支承设置了高14 m、能承受竖向荷载和梁体纵向位移的竖向钢架，且在梁端设置了两道伸缩量为1.5 m的毛勒伸缩缝，如图8-8所示。

（a）构造示意

（b）实桥构造

图8-8　梁端连接构造

8.4　施　工

1. 下部结构

深水基础施工中，参考石油工业中普遍应用的钻井平台后，专门制造了1艘地基处理专用驳船，通过4个重达680 t混凝土锚固定于海中，需要移动到下1个位置时再将锚提起即可，如图8-9所示。驳船上装有设备可进行65 m以下海床的挖掘、埋设钢管桩、铺设和找平8 000 m²左右碎石垫层等主要的作业。

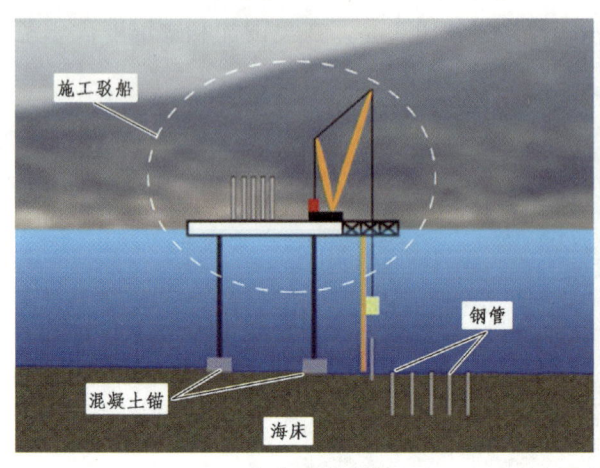
（a）示意图

（b）实际图

图8-9　地基施工驳船[7]

沉箱基础的施工方法是利用干、湿船坞配合施工。在安提里翁侧，干船坞长230 m、宽100 m、深14 m，允许两只沉箱同时施工，如图8-10（a）所示。第一只沉箱完工后将被拖至湿船坞，第2只沉箱半成品移至第1只沉箱的原先位置，同时也成为干船坞的阻水阀，如图8-10（b）所示，这样就能抽干船坞内的水，接着在船坞内浇筑基础底节15 m沉箱的工作，开始第3沉箱的施工，减少了沉箱基础的工期。湿船坞处的水深达50 m，浇筑墩身结构时，基础维持浮动和系泊状态，对放射状加劲梁构成的基础32个隔仓灌水，并用微电脑分压舱系统对其进行24 h监控，使基础保持铅垂状态，以避免受风和水流影响。当墩身结构浇筑到一定高度后，被3艘拖轮拖到设计墩位，灌水下沉直至海床底部，坐落在预设的砂砾垫层上。主墩墩身采用立模浇筑混凝土施工，在施工过程中，还需保持预载状态以校正细微沉降。

主墩及基础施工是难点，也都是巨大的挑战。第一个主墩下沉至预定位置的过程中，由于其中一艘拖轮的锚松脱，使得主墩着地后偏离了预定墩位30 cm，而允许的误差范围是10 cm，若重新让主墩浮起再下放，会消耗大量的人力物力以及时间，情况十分紧急。经过论证后，工程师决定"将错就错"，即把主桥的位置在原设计的位置上移动30 cm，这样就省时省力，但是，此后3座主墩都必须十分精准下放到位，有了第一次沉井下放的经验和教训，后面3个主墩的施工较为顺利。主墩墩帽是很复杂的构件，在施工过程中，新的计算结果表明：帽底部最窄处较为薄弱，在地震作用下较容易破坏而失效，此时更改设计是来不及的，便增加了大量的钢

（a）干船坞[8]

（b）湿船坞

（c）墩帽施工

图8-10　主墩和基础施工

筋，确保墩帽足够坚固，钢筋用量达到了每立方米700 kg，是配筋率最大的构件，图8-10（c）为墩帽钢筋绑扎的过程。

墩帽上的4肢混凝土塔柱及钢锚箱段采用滑模施工。主塔施工过程中，在4个不同标高位置安装了临时支撑结构，在塔柱4肢未合并之前可提供足够的刚度，以保证在施工过程中能够抵御地震，如图8-11（a）所示。主塔的安装也采用了大型浮吊，其吊装能力为60 000 kN·m，悬臂水平距最长40 m，最大吊高170 m。主塔上端4肢合龙处构造复杂，钢筋密集，施工时采用陆上预制大型钢筋骨架，浮吊安装后立模浇筑混凝土。主塔锚固采用了钢锚箱，设计每节钢锚箱重约30 t。施工时，由于采用了大型浮吊直接安装，将7节钢锚箱在岸上拼成一体，一次起吊，在塔顶设有临时支架提高了安装精度，加快了施工速度[1]，如图8-11（b）所示。

（a）塔柱施工　　　　　　　　　　　　　（b）钢锚箱吊装

图8-11　主塔施工[7]

2. 上部结构

主梁采用悬臂拼装法施工，一艘浮吊一体船执行主梁节段的浮运和吊装任务，如图8-12所示，梁段通过专用的临时构架栓于前节段，并调整位置，然后与2根新的斜拉索相连接。每节主梁节段长12 m、宽27 m（包含混凝土板），在现场组拼，每节重约325 t，一共有186节，最大架设速率可达每周5节。由于采用刚性主塔，允许不平衡悬臂施工，但也只能差1个节段。梁在拼装时，主墩顶部的梁段用预应力束将其与塔墩临时固结。

图8-12　梁段吊装[7]

2003年8月14日,在一片主梁架设过程中,未完工的大桥遭受了一次里氏6.2级的地震,周边地区的建筑均有不同程度的破坏,而大桥却安然无恙,没有1个工人受重伤。最终共消耗混凝土1万 m³,钢材8.5万t,斜拉索3 800 t[4]。

8.5 运营维护

里翁-安提里翁大桥是希腊西部新干线和欧洲交通运输网的一部分,通勤从45分钟减至5分钟,极大缩短了帕特雷市与希腊大陆的通行时间。根据预期,大桥通车第一年(2005年)的预期交通量为387.3万辆/年,而实际上第一年就达到了434.0万辆/年,超过预期的12%,图8-13为大桥通车后4年实际交通量与预计交通量对比。随着交通量的逐年增长,大桥的管理工作显得尤为重要,为此,桥梁建设工作也从建造转为了管理和维护。

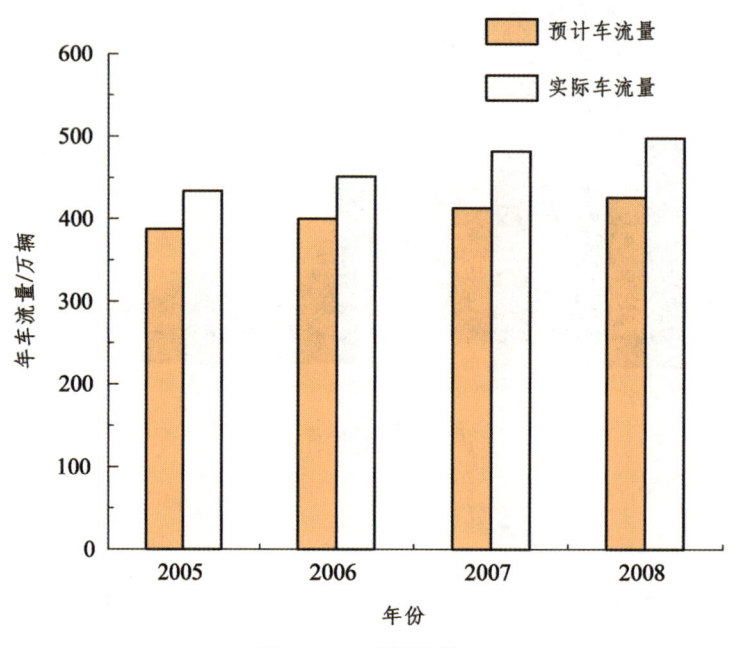

图8-13 车流量对比

全桥上安装了监控摄像头和相关的感应器,可在大桥收费站附近的管理中心对大桥进行监控,发生异常情况时,可通过电子指示牌提醒司机,同时计算机系统也可通过收集到的信息对大桥状态进行评估。大桥专门设置了检修通道,并配有相关的检修车与设备。每年都要对大桥底部进行检查,包括主梁底部的钢结构表面涂料是否脱落、螺栓是否松动等。主塔内部配有电梯和楼梯,可供检修人员进入主塔内部或塔顶进行检查维修。然而,斜拉索是大桥维护的难点,不仅需要专业的检修技能,还必须要有在高空作业的经验。为此,大桥管理方专门从法国请了一支维修团队,他们利用一些类似攀岩的工具在斜拉索之间自上而下行动,如图8-14所示,在发现斜拉索护套外有可能裂缝后,用填缝剂填充裂缝,需要耗费几个月的时间才能把368根斜拉索检修完毕。里翁-安提里翁大桥所要面对的挑战远非一般桥梁能比的强震、深水、严苛地基条件、强风等,除此之外,过高的主塔还要面对来自闪电袭击的威胁,虽塔顶装有避雷针使得大桥成功避过多次雷电的侵袭，但仍然有意外发生。2005年1月27日，一道闪电击中了1根斜拉索，管理人员立刻封闭了大桥，40分钟后，被击中的斜拉索跌落至桥面，已经被闪电释放的能量烧断了。大桥在设计时，便考虑了斜拉索断裂的因素，因此大桥断裂了2~3根斜拉索也不影响结构安全，最终管理方花费3天时间更换了毁坏的斜拉索，大桥再次通车。

（a）检修车

（b）斜拉索检修

图8-14 大桥维护

8.6 结 论

里翁-安提里翁大桥是一座4塔5跨公路斜拉桥，桥位处地震频发，综合采用了新颖而有效的抗震技术，可从结构设计、施工、运营维护等方面总结为：

（1）结构设计。主梁采用五跨全漂浮体系，释放了主梁的纵向位移，由于在墩梁处设立了阻尼系统，横向位移在使用荷载下将会被限制，而在地震时将会被释放。对于下部结构，首先采用钢管桩加固地基的软弱土层，随后在桩顶铺以3 m厚砂砾垫层，主墩沉箱基础直接坐落在垫层上（之间未设置连接），大震时基础与地基之间产生左右滑移耗散能量，在小震时将保持稳定；墩身采用上小下大的圆锥形墩身，墩身做成中空减少质量，主塔采用金字塔形刚性塔，4肢塔柱向中倾斜并合拢获得较大刚度，可抵御地震或者非对称活载。

（2）施工。主墩地基处理为复杂的深水施工，在参考海洋钻井平台后打造艘专用驳船，成功地完成了海床挖掘、铺设、找平等工作。沉箱基础采用干、湿船坞配合施工，提高了效率，沉箱沉放采用了计算机分舱系统精准控制，提高了施工效率和容错率。上部结构均由大型浮吊吊装施工，主塔塔柱施工时安装了临时支撑，使得其在未完工时即成功抵御了一次里氏6.2级地震。

（3）运营维护。全桥上安装了摄像头和传感器，可全方位监控整座大桥的运营状态，并通过桥上的电子指示牌指挥交通运行。主梁底部设有检修车，主塔内部安装有电梯等，检修人员可方便地对桥体进行监测与维修。

■ 参考文献

[1] 董学武，周世忠. 希腊里翁-安提里翁大桥的设计与施工[J]. 世界桥梁, 2004（4）: 1-4.

[2] 王应良，高宗余. 欧美桥梁设计思想[M]. 北京: 中国铁道出版社, 2008.

[3] COMBAULT J, PECKER A, TEYSSANDIER J P, et al. Rion-Antirion Bridge, Greece-Concept, Design, and Construction[J]. Structural Engineering International, 2005, 15(1):22-27.

[4] 项海帆，肖汝诚，徐丽萍等. 桥梁概念设计[M]. 北京: 人民交通出版社, 2011.

[5] 陈诗平，林丽，谢红兵. 里翁-安提里翁大桥的防震保护[J]. 世界桥梁, 2006(2):46-53.

[6] NIEMEIER W. Geodetic Techniques for the Navigation, Guidance and Control of Construction Processes[C]// Baden: Institute of Geodesy and Photogrammetry, Technical University Braunschweig, 2006.

[7] COMBAULT J, TEYSSANDIER J P. The Rion-Antirion Bridge: Concept, Design and Construction[C]// Structures Congress. ASCE, 2005.

[8] TEYSSANDIER J P. Corinthian Crossing[J]. Civil Engineering, 2002, 72(10):42-49.

9 博斯普鲁斯海峡大桥

9.1 引 言

土耳其海峡（Turkish Straits）由2条重要的国际水道——博斯普鲁斯海峡（Bosporus Strait）与达达尼尔海峡（Dardanelles Strait）组成，分别位于马尔马拉海（Sea of Marmara，土耳其内海）两端，如图9-1（a）所示。它们是黑海（Black Sea）通往地中海（Mediterranean Sea）的唯一国际水道，也是亚欧大陆的分界线。凭借得天独厚的地理条件，该区域历来都是土耳其最为繁华的地带。20世纪60年代，土耳其的公路系统开始逐步发展，博斯普鲁斯海峡大桥（Bosporus Bridge）的建成加快了这一过程；近年来，该区域的农业、旅游业发展迅速，导致交通量大增，既有公路系统已开始拥堵，土耳其当局围绕马尔马拉海规划了高速公路环线，如图9-1所示。规划的马尔马拉海高速公路环线包含4座跨海大桥，分别是博斯普鲁斯海峡大桥（Bosporus Bridge，又称博斯普鲁斯一桥，本章简称一桥）、博斯普鲁斯二桥（Second Bosporus Bridge，本章简称二桥）、博斯普鲁斯三桥（Third Bosporus Bridge，本章简称三桥）及2022年竣工的1915恰纳卡莱大桥（1915 Canakkale Bridge），本章根据现有资料，分别对4座大桥从工程背景、结构设计及施工、运营维护等方面进行阐述。

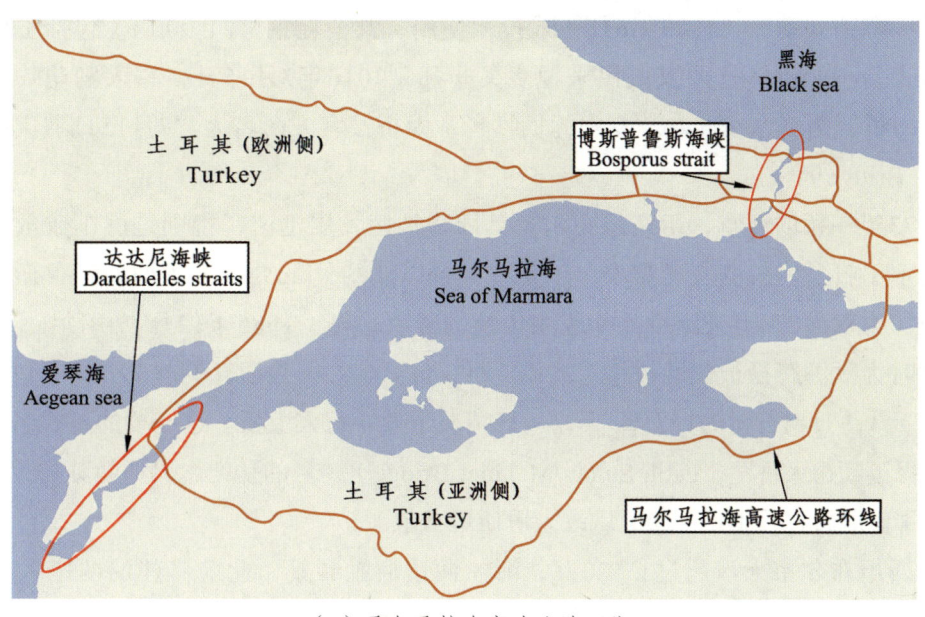

（a）马尔马拉海高速公路环线

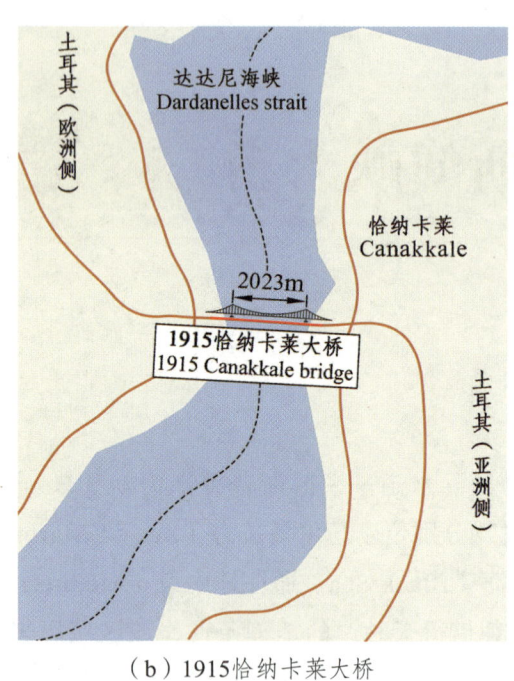
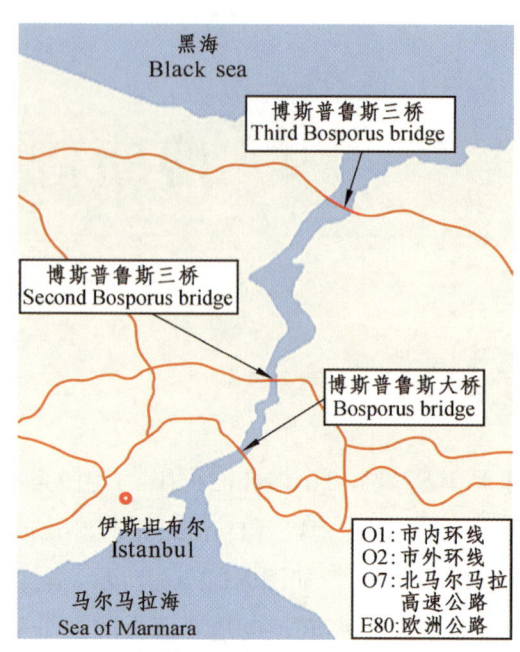

(b)1915恰纳卡莱大桥　　　　　　　　(c)博斯普鲁斯海峡大桥

图9-1　土耳其海峡上的跨海大桥

博斯普鲁斯大桥又称博斯普鲁斯一桥,是第一座跨越博斯普鲁斯海峡的公路悬索桥,不仅将伊斯坦布尔市(Istanbul)联结起来,而且成功实现了千百年来跨越海峡连接欧亚两大洲的梦想。早在公元前500年左右,就有修建跨越博斯普鲁斯海峡的大桥提议,但限于当时的经济和技术条件未能实现。直到20世纪60年代,随着汽车的普及和公路系统发展,土耳其当局决心修建一桥。此时欧洲建桥技术得到了较大的发展,已经成功修建了福斯公路桥(Forth Road Bridge)和塞文桥(Severn bridge)。一桥为主跨1 074 m的双塔单跨式悬索桥,是当时欧洲跨径最大的悬索桥,采用了少见的斜吊杆,加劲梁沿用了抗风性能良好的流线型扁平钢箱梁。1970年2月,博斯普鲁斯一桥正式动工,1973年6月正式投入使用,共消耗钢材21 900 t(包括引桥),耗资0.361亿美元[1]。一桥对于土耳其人民来说意义非凡,2016年7月15日,军人发动政变并控制了博斯普鲁斯一桥,为纪念在此次政变中的牺牲者,大桥被官方命名为"7月15日烈士大桥"(15 July Martyrs Bridge)。

随着1973年一桥的通车,伊斯坦布尔及其周边地区发展迅速,特别是汽车数量迅速增加,一桥已满足不了日益增长的交通需求,于是在一桥以北约5 km处规划了博斯普鲁斯二桥。结构与一桥类似,为双向8车道公路桥,并改用传统的竖直吊杆。1985年12月二桥动工,1988年7月通车,建成时为欧洲跨径最长的桥梁(主跨1 090 m)。大桥共消耗钢材3万t(不包括引桥),耗资1.3亿美元[2]。日通行量为15万辆/天,一般情况下禁止行人上桥。这座桥的正式名称为"征服者·苏丹·穆罕默德大桥"(Fatih Sultan Mehmet Bridge),目的是纪念奥斯曼苏丹穆罕默德二世1453年攻克拜占庭首都君士坦丁堡(后改为伊斯坦布尔)。

目前伊斯坦布尔市人口超过1 500万,海峡两边通勤频繁,此前修建的两座大桥已无法满足这巨大的交通需求,甚至在通勤时段内,两座大桥已成为整座城市的堵车点。为缓解交通压力,并减少汽车尾气排放,在该市以北规划了一条新的高速公路线,以连接伊斯坦布尔的两大机场,其中博斯普鲁斯三桥是其关键节点。三桥为斜拉-悬吊协作体系桥梁,在8车道基础上增设了2条轨道交通线,主跨达1 408 m。三桥于2013年正式动工,2016年正式通车,耗资约45亿拉里(2013年相当于25亿美元)。三桥消耗混凝土23万m³,钢筋5万t,结构钢5.7万t,缆索系统钢材2.8万t[3]。大桥的官方命名为"亚武兹·苏丹·塞利姆大桥"(Yavuz Sultan Selim Bridge),以纪念奥斯曼苏丹塞利姆一世。

近年来,为进一步促进马尔马拉海旅游和农业发展,土耳其政府准备沿马尔马拉海打造1条高速公路环线,1915恰纳卡莱大桥是其控制性工程。它位于达达尼尔海峡的恰纳卡莱省,是一座主跨为2 023 m的公路悬索桥,原计划于2023年(土耳其建国100周年)建成通车,但实际提前于2022年2月26日竣工,并在当年3月18日通车(土耳其海军节),该桥超过日本明石海峡大桥(主跨1 991 m)成为世界上跨径最大的桥梁,是伊斯坦布尔城外的第一条连接欧亚大陆的桥梁,也是环线的重要一环。图9-2所示为4座跨海大桥实景,它们是现代土耳其标志,也是欧洲桥梁工程的代表作。

(a)博斯普鲁斯一桥(1973)

(b)博斯普鲁斯二桥(1988)

(c)博斯普鲁斯三桥(2016)

（d）1915恰纳卡莱大桥（2022）

图9-2 土耳其海峡上的4座跨海大桥

9.2 博斯普鲁斯一桥

9.2.1 工程背景

博斯普鲁斯海峡是一条天然而又狭窄的海峡，呈南北走向，长30.4 m，最宽处3.1 km，最窄仅708 m，两岸地势高。海峡连接了北边的黑海与南边的马尔马拉海，是黑海沿岸国家通往外海的第一道关卡，是重要的国际水道。独特的地理位置产生了璀璨的文明，伊斯坦布尔位于博斯普鲁斯海峡南部，是土耳其最大的城市和商业中心，但被海峡分割成两岸。修建一座跨越博斯普鲁斯海峡的大桥，将两岸连接起来是当地人民自古以来的愿望。

公元前522—485年，曼德罗克莱斯（Mandrocles）曾经设计过横跨博斯普鲁斯海峡的军事浮桥；1502年左右，列奥纳多·达芬奇（Leonardo da Vinci）向苏丹巴耶齐德二世（BayezidⅡ）提议跨海峡修建一座悬索桥；1900年，博斯普鲁斯海峡铁路公司（Bosphorus Railroad Company）提出了连接各大洲的铁路项目，其中便包括了博斯普鲁斯一桥。直到20世纪50年代，土耳其城市间的公路交通得到发展，政府开始认真考虑博斯普鲁斯海峡大桥的修建。1956年，德卢·凯瑟公司（De Leuw Cather）的全面研究指出一桥在经济、技术上是可行的，桥位选择在西岸的奥尔塔科伊（Ortakoy，欧洲侧）和东岸的贝勒贝伊（Beylerbeyi，亚洲侧）间。桥址的海峡较狭窄，宽度略大于1 km，海岸较陡，水深可迅速达到50 m以上，该报告也认为最优桥型是悬索桥，如图9-3（a）所示。1957年，土耳其政府决定修建一座海峡大桥，桥梁设计由美国工程师完成，并且准备在1960年前进行国际招标。图9-3（b）为美国工程师设计的大桥总体布置，大桥主跨942 m，净空高度50 m；如图9-3（c）所示，加劲梁为桁架式，桥面按双向4车道布置，主塔基础均在水中，融资将通过美国方面解决，预计造价约为4 000万美元。1960—1967年，一桥建设项目因土耳其政治动荡而搁浅，但这期间城际道路工程一直在发展，土耳其的交通需求迅速增加，海峡两岸的汽车轮渡服务趋于饱和。1967年，土耳其政府正式将一桥建设纳入未来5年的基建规划。

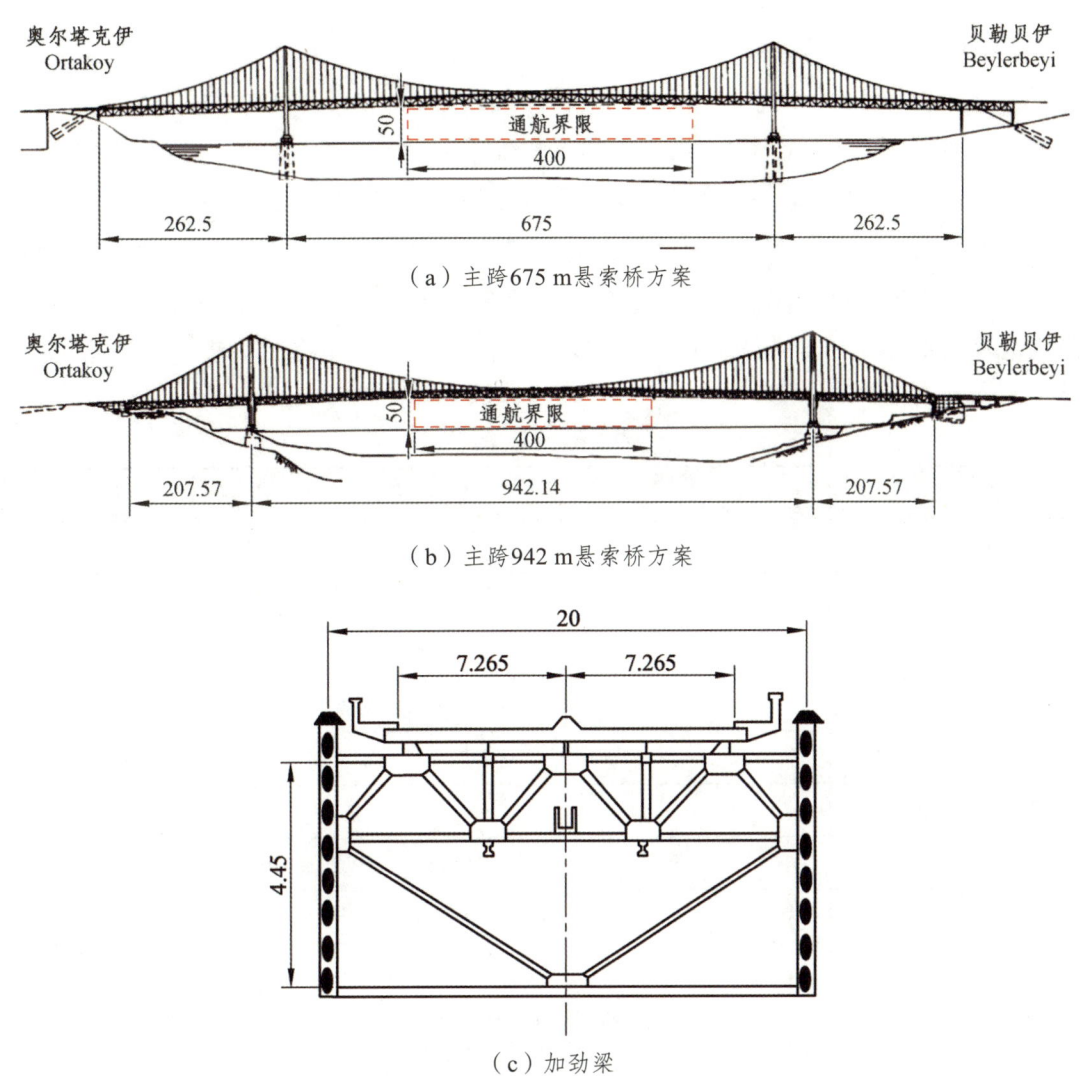

(a)主跨675 m悬索桥方案

(b)主跨942 m悬索桥方案

(c)加劲梁

图9-3 博斯普鲁斯一桥设计方案(单位:m)

20世纪60年代前,世界上只有美国有能力修建大跨悬索桥,一桥早期的方案自然是由美国设计,但由于某些原因美国方面最终退出了一桥的竞标。但到了1960年代,欧洲诸国的基建实力大幅提升,英国在1964和1966年分别建成了福斯公路桥和塞文桥,葡萄牙1966年建成了4月25日桥。与此同时,土耳其是欧盟候选国,可利用欧洲投资银行贷款来修建博斯普鲁斯一桥。1968年,英国弗里曼福克斯公司(Freeman Fox & Partners)得到了大桥结构工程方面的合同。英国工程师吉尔伯特·罗伯茨(Gilbert Roberts)、威廉·布朗(William Brown)和迈克尔·帕森斯(Michael Parsons)负责大桥的设计工作,因为他们设计了亨伯桥(Humber bridge)、塞文桥和福斯公路桥。土耳其恩卡建筑与工业公司(Enka Construction & Industry Co.)、英国克利夫兰桥梁工程公司(Cleveland Bridge & Engineering Company)和德国的霍奇蒂夫公司(Hochtief AG)共同承建博斯普鲁斯一桥,采用双塔悬索桥方案。

9.2.2 结构设计

1. 设计条件

博斯普鲁斯海峡属于地中海气候，1月份平均气温0～5℃，7月平均气温20～25℃，年降水量600～800 mm，多偏北风，6—11月多雾。海峡内海水交流现象明显，表流由黑海流向地中海，流速达2.21 m/s；底流由地中海流向黑海，流速约1.02 m/s。海峡两岸的岩层质地较为坚硬，不易侵蚀，岸壁陡峭，水流湍急。奥尔塔科伊侧的基岩为上泥盆纪时代的泥岩或片岩；贝勒贝伊侧基岩主要为石灰岩，主塔基础下有部分片岩层。详细设计条件如表9-1。

表9-1 设计条件

形式		双塔单跨式悬索桥
跨度		1 074 m
垂跨比		约为1/11
通航净宽、净高		净宽400 m，净高64 m
主要构造	锚碇	重力式锚碇
	主塔基础	钢筋混凝土扩大基础
	主塔	钢结构塔
	主缆	主缆间距28 m，主缆直径73.0 cm
	加劲梁	扁平流线型钢箱梁，双向6车道
设计荷载	车道荷载	采用修订后的英国规范BS153，恒载取142.6 kN/m，活载取19.47 kN/m
	风荷载	桥面设计风速取45 m/s，主塔顶部设计风速取51 m/s，架设荷载取35 m/s
	地震荷载	竖向取0.1g，横向取0.05g[1]

一桥主跨1 074 m，通航净宽达400 m，净高64 m；两座钢主塔高165 m；主缆直径约0.58 m，采用了较为少见的斜置吊杆；加劲梁采用流线型扁平钢箱梁和正交异性钢桥面，桥面铺装为38 mm厚沥青玛蹄脂，桥面按双向6车道布置，如图9-4所示。

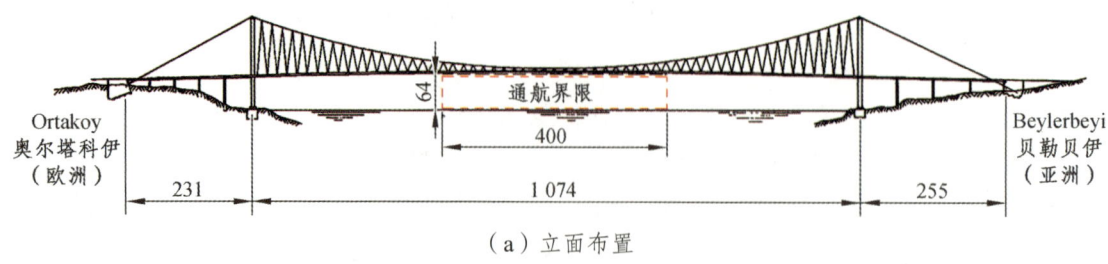

（a）立面布置

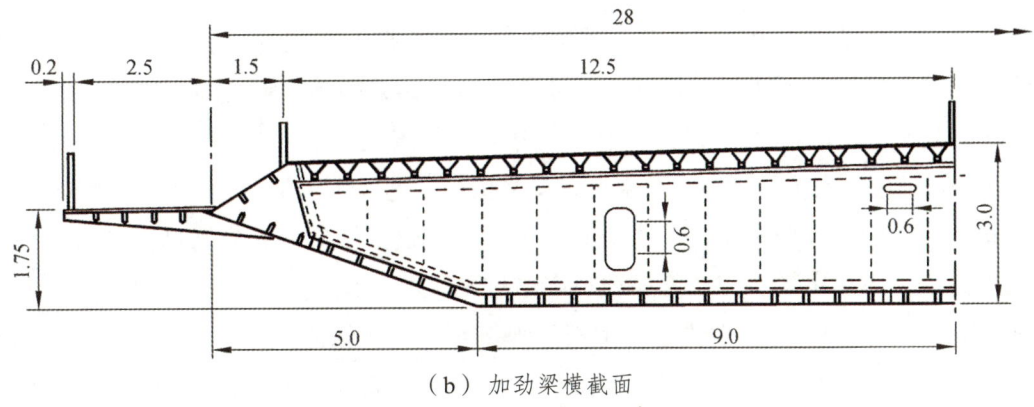

(b) 加劲梁横截面

图9-4 博斯普鲁斯一桥（单位：m）

2. 下部结构

锚碇首先考虑隧道式，但由于贝勒贝伊侧的路堤及奥尔科塔伊侧岩层的深度和地质原因，采用隧道式锚碇不经济，故采用了重力式锚碇。锚碇在纵桥向呈倒U形，如图9-5所示（实线表示西锚碇基础，虚线表示东锚碇基础），锚碇基坑在岩层中开挖，基坑底部挖掘呈阶梯状，这样一来，基岩对锚碇前墙的支承作用还可以为锚碇提供水平方向上的抗力。

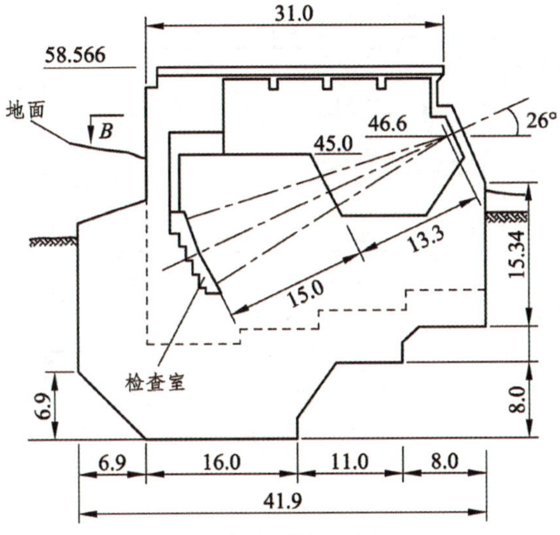

(a) 纵断面 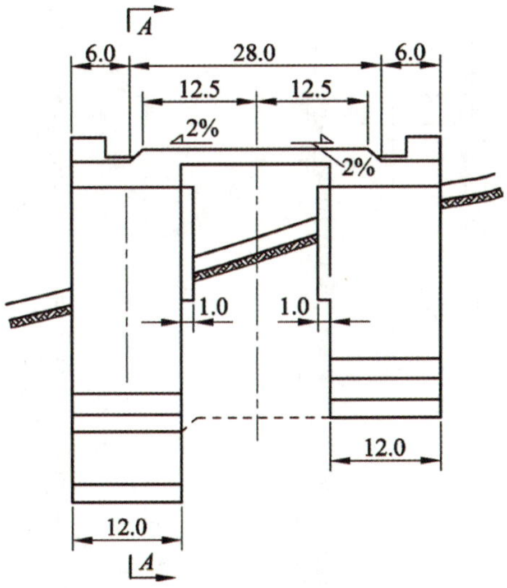　　(b) 横截面 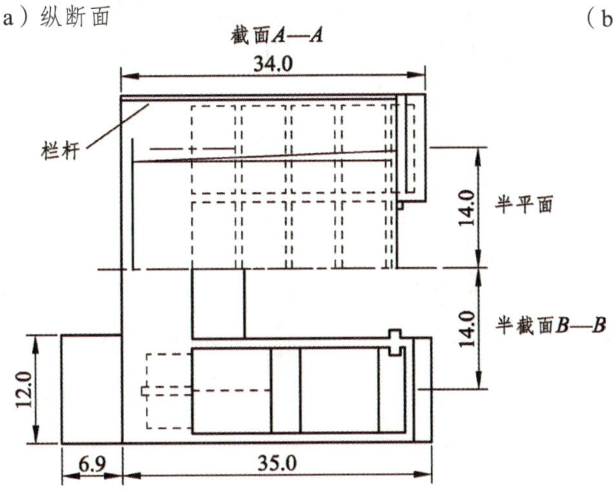　　(c) 俯视图

图9-5 锚碇（单位：m）

两座钢主塔均位于海岸上，主塔基础均为钢筋混凝土扩大基础，奥尔塔科伊侧的2个基础直径18 m，高度20～27 m；而贝勒贝伊侧的基础截面为15 m×19 m，高度8～13 m。如图9-6（a）所示，塔柱高165 m，共分为9节段，底节埋入基础中并露出6.5 m，中间6节长19.5 m，其余长18.5 m。塔柱间只用横向系杆联结，并未设置交叉撑杆，这是由于加劲梁为流线型扁平钢箱梁，其所受的横向风力较小，导致主塔受水平剪力也较小，仅采用横向系杆联结更经济合理。考虑到旅游观光需求，塔柱中需要安装能搭载18名游客的电梯，因此塔柱截面为单室箱形截面，如图9-6（b）所示。塔柱节段由4块高强度钢板件焊接而成，为保证板件的焊接质量，板件所采用材料的厚度主要为20 mm、最厚不超过22 mm，同时用球头扁钢作为纵向加劲肋。塔柱横向尺寸上小下大，顶部尺寸为3 m，底部尺寸为5.2 m；塔柱截面的纵向尺寸均为7 m，而所需的板件宽度为5.6 m，导致板件最大尺寸为19.5 m×5.6 m。在确定塔柱板件的应力时，假定塔顶离设计位置的偏差为±150 mm，同时材料制造、焊接工艺均符合要求情况下，板件受压条件下的安全系数为2.5。主塔的钢材用量4 790 t。

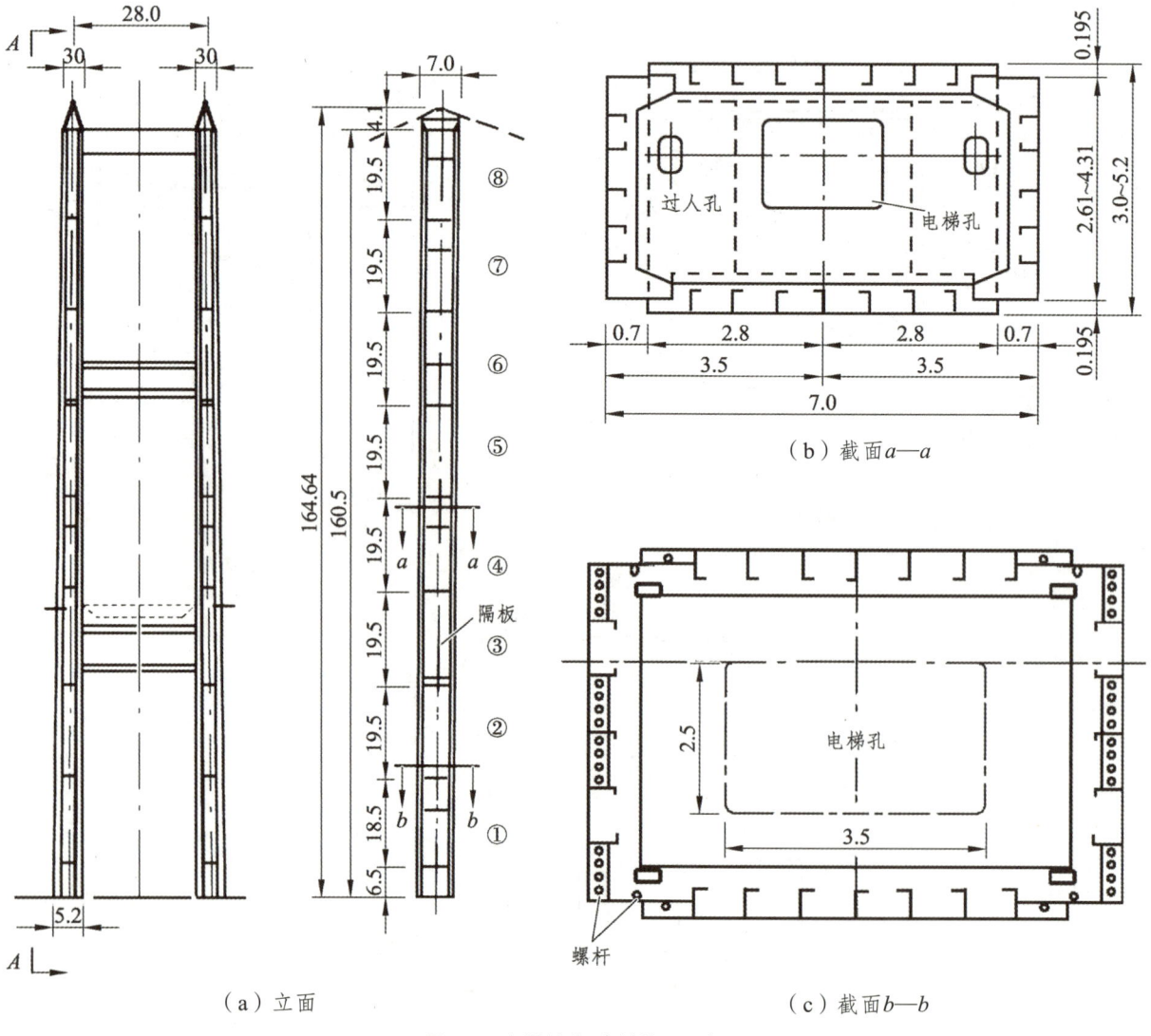

（a）立面　　　　　　　　　　　（b）截面a—a

（c）截面b—b

图9-6　主塔结构（单位：m）

3. 上部结构

主缆的设计与施工工法紧密相连，在当时，预制平行索股法尚不成熟，几乎都是采用空中编缆法，而空中编缆法仅由少数承包商掌握，故在一桥招标时，标书中是采用预制平行索股法，但允许变更方案。预制平行钢丝束一共82股，每股含127根直径为5 mm的镀锌钢丝。投标公司发现用空中编缆法将节省167万美元的造价，最终是将空中编缆法作为最终方案。综合施工考虑，每股丝股的镀锌钢丝数量增加到548根，中跨的钢丝股为19股，每根主缆含钢丝10 412根；在边跨，靠近主塔处的主缆倾角较大（奥尔科塔伊侧倾角正切值为0.589，贝勒贝伊侧为0.565，而主跨为0.308），导致边跨主缆缆力增加，所以边跨每根主缆各增加4股背索，每股含钢丝192根，每根主缆含钢丝一共11 180根，图9-7为主缆紧缆前丝股的布置。紧缆后主缆的直径580 mm，2根主缆中心距28.0 m。主缆用钢量为5 450 t。

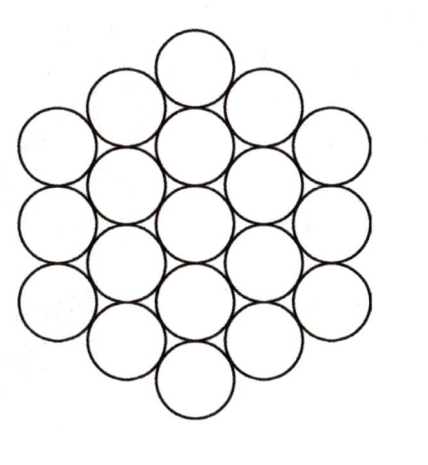 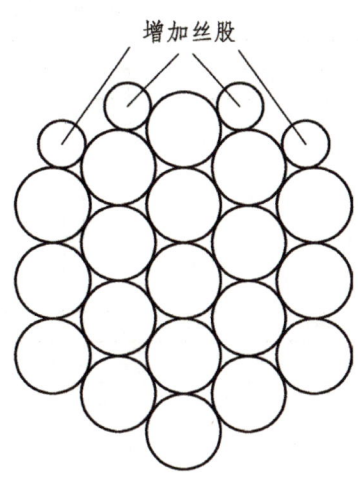

（a）主跨（19×548） （b）边跨（19×548+4×192）

图9-7 主缆丝股布置

主缆进入锚碇时，只采用散索套进行散索，未采用散索鞍。图9-8所示为主鞍，完全用钢板焊接而成，鞍槽纵向曲率半径8 m，是主缆直径的13.8倍，而在横截面，鞍槽呈台阶状。吊索纵向斜置，其索夹构造如图9-9所示，索夹为上下两半铸件，2个铸件之间咬合面为矩形齿状，用12个高强螺杆（直径30 mm）连接。索夹下半铸件的下垂板中，设置了2个销钉孔，斜置吊索上端的锚头凭此与索夹相连接。不用竖直吊索而用斜吊索的理由是：以往的钢结构是铆接或者栓接，当结构发生振动时，在其铆接或栓接接头内发生反复的微量相对移动，由此可产生0.05左右的对数阻尼系数，足以使振动的幅度受到限制。一桥采用全焊构造，连接不会产生上述阻尼。当采用斜置吊索时，在悬索桥发生振动，主缆和加劲梁在每一斜吊索的轴向力发生变化，斜吊索时张时弛。斜吊索用钢丝绳或钢绞线情况下，每次一张一弛都会造成能量损耗，对振动起到了类似阻尼的作用。

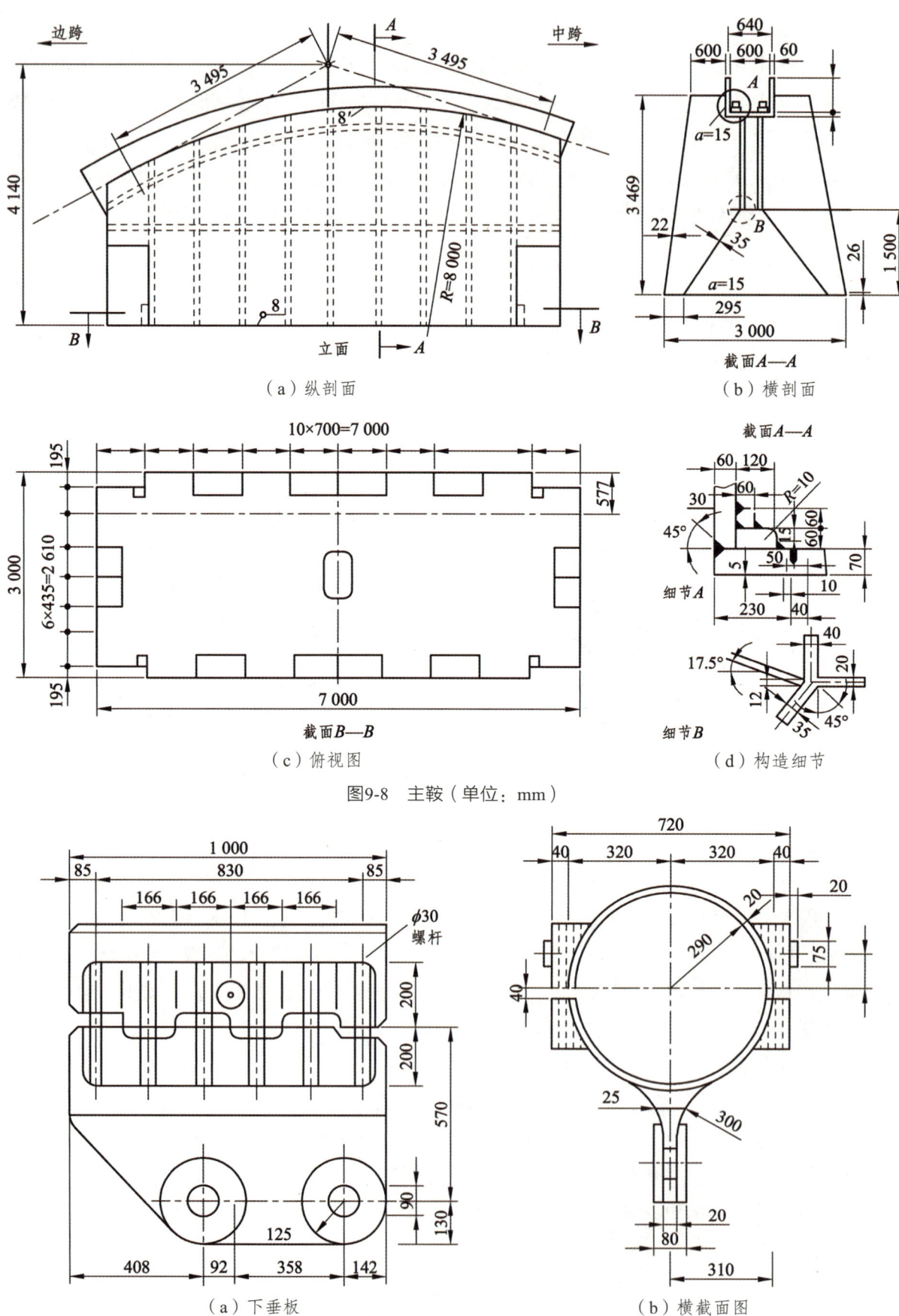

图9-8 主鞍（单位：mm）

图9-9 索夹（单位：mm）

加劲梁采用了扁平流线型钢箱梁，如图9-4（b）所示，具有良好的抗风稳定性，与桁架式加劲梁相比，优点还有：建筑高度低、用钢量小、自重小、所受的横向风力小。加劲梁宽33.0 m（含两端的风嘴），中心线处梁高取3.0 m，若增加梁高，相应横隔板的尺寸增大，则需要选择焊接横隔板，在经济上不合理。加劲梁的顶板厚12 mm，横隔板间距4.475 m；加劲肋为6 mm厚的钢板轧制成的V形肋，按300 mm的横向间隔布置，在横隔板处有相对应的槽孔让其通过，这种V形肋较U形肋更为容易制造，且刚度更优。加劲梁共被分为60个梁段，每个梁段长度17.9 m。在横截面上，每个梁段是由22个板件组成（基本类型有5种），其中最大宽度3.5 m，最大重量8.5 t。板件的制造分散在不同的厂家，之后集中起来焊接成梁段，制造时伴有大量的重复性工作，故引入了模具进行规模化制造，提高了板件的制造精度，也节约了工期。对板件宽度和长度的精度要求是+0、-2 mm，边缘不直度也从严限制。经验表明，控制梁高是重要的，控制桥轴附近相邻顶板位置也重要；使相邻梁段能精确对上，对梁总宽的精度要求则可放宽。因此，对于横肋和横隔板的拼装栓接，可将其横隔板不在桥轴处的栓孔直径在水平方向略微加大，使其便于装配。

9.2.3 施工

1. 主塔

塔柱节段所需板件尺寸较大，对于运输极为不利。有制造厂商建议过缩减钢板件的尺寸，在施工现场将所需钢板件进行拼装成形，但综合考虑后发现成本高，最终选择了两家离码头较近的钢板制造厂商，待工厂将钢板件预制好以后，通过较短的陆上运输运送至码头，再由驳船运输至施工现场。

架设主塔的主要装备是起重机，传统的起重机是放置在两塔柱之间搭建的平台上（类似金门大桥起重机），当起重机需要自我提升时，可通过液压系统提升，但是需要塔柱施工进度同步。一桥主塔安装的基本设备为两台塔吊，分别依附于2个塔柱，如图9-10所示。塔吊由放置在塔底附近的绞车操控，可通过索具进行提升高度。塔吊的起吊能力为45 t，塔吊自我提升时的重量最大为90 t，与传统的起重设备相比就轻得多（如塞文桥的起重机起吊能力为24 t，需要提升的重量最大为180 t）。塔柱节段的提升过程一般在19分钟左右，由于板件最大尺寸可达19.5 m×5.6 m，所受风的影响较大，因风暂停架设的时间占主塔建设周期的16%。

塔柱架设时，节段连接处的两端（纵桥向）各设置了16根高强螺杆，以抵抗施工时产生的弯矩。主塔架设完成后，为平衡主缆架设时对主塔的荷载，需要将主鞍预偏置，原方案是用钢丝绳牵引主塔顶部向岸偏移1.0 m来实现，但进一步的验算表明：由于塔顶1.0 m的偏移量使主塔本身已承受了较大的弯矩，若再遇巨大的纵向风力，其纵向的高强螺杆将会承受过大的应力。钢主塔的构件已经在工厂预制，考虑到不能延误工期，重新设计构件、加固塔柱构件连接的方案显然不合适。于是制订折中方案：①对主塔顶部和主鞍进行必要的改造，使得主鞍可以在承受竖向荷载时可进行偏移和顶起，并减小主鞍对塔顶的偏移量为0.7 m；②在塔柱的合适位置增加高强螺杆数量，再用钢丝绳牵引塔顶沿桥纵方向往岸边偏移0.3 m，于是主鞍的预偏量就达到了1.0 m；③当施工猫道完成后，主缆丝股制成3股时，主鞍所受的重量为400 t左右，随即用千斤顶将主鞍推顶到其在塔顶的设计位置（若等大部分恒载上桥，所受重量达9 950 t左右，推顶困难）。计算表明：在3根丝股所传递的荷载下，会增加主塔沿桥纵向的抗弯刚度，纵向风力作用在主塔上时，主塔连接处的高强螺杆应力不会过大。

图9-10　主塔架设

2. 主缆

主缆采用传统的空中编缆法进行架设。主跨每根主缆含19根丝股，每股含548根镀锌钢丝，边跨的每根主缆则在主跨的基础上增加了4股，每股含192根镀锌钢丝。镀锌钢丝的需求量巨大，其本身也容易受损，在运输和装卸过程中需要特别注意。若采用海运，装卸过程中容易对镀锌钢丝造成损伤，必须要有专业人员进行管理，英国工程师为避免这种装卸，在塞文桥施工时，便成功地采用了汽车运输镀锌钢丝。一桥施工中，通过公路运输镀锌钢丝不可行，其主要原因是东欧公路路面不好，运程超过了2 000 km，导致在运输过程中镀锌钢丝间极易发生碰撞，造成镀锌和钢丝的损伤。最后采用了海运，派专人负责装卸，运输过程中还用纸和麻布对镀锌钢丝进行包装保护。

施工猫道的架设导致了博斯普鲁斯海峡两次封航，第一次是将1根直径26 mm的承重索穿过海峡并升至主塔顶部，第二次是在同一位置架设1根直径为16 mm的牵引索，接下来所有的架设都通过这2根索来完成。传统的空中编缆法是从盘满镀锌钢丝的卷筒中抽取钢丝进行送丝，放完钢丝的卷筒需要更换为另1个盘满钢丝的卷筒。由于更换用尽钢丝的卷筒所耗费时间较多，所占工期较长，从节省更换卷筒、安装钢丝连接器时间的角度出发，便逐渐增加卷筒上的钢丝（旧金山-奥克兰海湾西桥所用的钢丝卷筒达14.5 t，韦拉扎诺大桥达21.8 t）。大重量的卷筒在节省工期的同时也存在一些弊端：一方面，卷筒钢丝的质量大，惯性大，在启动时容易拉断钢丝，在制动时容易造成钢丝局部堆积，另一方面也需要卸放和吊运大质量卷筒的设备，和足够的储存场地。为克服这些缺点，在一桥施工中，采用了钢丝卷、放功能于一体的两用机，如图9-11所示。卷放两用机有2个独立驱动的卷筒，可分别按顺时针或逆时针转动。实际操作中，成盘钢丝通过连接器连至卷放机第一个卷筒上，就可以连续卷绕若干盘钢丝；与此同时，第二个已卷绕好钢丝的卷筒可以进行放丝，当第二个卷筒上的钢丝放完时，只需将钢丝头连接在第一个卷筒上的钢丝头上（第一个卷筒的钢丝已卷绕完毕），利用第一个卷筒放丝，而第二个卷筒开始卷绕钢丝，这个过程交替进行。这一改进导致不再需要更换大卷筒，只需将这卷筒上的钢丝头通过连接器连在另一卷筒钢丝头上便可，避免了繁杂工序，也节约工期，减小了成盘钢丝的重量和运输时镀锌钢丝的损伤。不考虑通货膨胀，1971年一桥的送丝设备及工序所耗费的资金只有1960年福斯公路桥的20%。

图9-11 卷丝和放丝设备

据统计，一桥主缆实际送丝达5 436 t（含边跨增加的丝股131 t），耗费工期122天，其中顶推主鞍1周；在122天中，可用于空中编缆法作业的时间为1 130 h，因天气、设备原因分别损失了82 h、216 h，真正用于作业时间仅有832 h，这样算下来平均每小时送丝约为6.53 t。

3. 加劲梁

在架设加劲梁方面，与欧洲此前建设的大跨悬索桥相比，一桥大致有三方面改进：①加劲梁段采用驳船运输至现场，而不再直接将梁段放入水中进行浮运；②对板件间的纵向工地对接焊提出新工艺；③梁段提升由两点起吊改为四点起吊。

在一桥招标文件中就明确指出，加劲梁段由驳船运送至架设现场，而不是放入水中浮运（此前的塞文桥就是采用浮运），这样做的优点有：①梁段不会浸泡在水中，涂装（油漆）的损害降至最低，可节省价格颇高的重新涂装费用，也节省了工期；②驳船能够较为平稳、安全地将梁段运送至现场，而直接将梁段放入水中浮运时，设计的梁段并不完全对称，若直接放入水中浮运，并不能安全地将梁段浮运至现场，此前应对的做法是在端部安装薄钢板封闭梁段，除了安装钢板费时外，附加的钢板也不能拆下，导致最终成桥时恒载也有所增大。梁段实际提升时间不长，理想情况下，一天至少能够提升1个梁段，因此，在提升开始前就应该储存一定数目的梁段（至少24个）。梁段装配厂最快10天就能预制好2个梁段，存储场地位于桥址以北约5 km处，如图9-12所示，面积约为5.2万m²，可储存的梁段数目为42个梁段（实际梁段为60段）。

加劲箱梁是由各钢板件焊接而成，板件间的纵向对接焊缝长度约25 km。此前的对接焊缝采用自动焊，为防止烧穿，设置了截面为8 mm×38 mm的垫板，将垫板的一边预先焊在接头一侧的板件，但由于无法保持干燥和清洁的环境，导致气泡穿透焊缝、灰尘使焊缝成分改变等问题，自动焊缝质量无法保证。在对博斯普鲁斯一桥的加劲梁焊接工艺进行了改进后，成功克服了上述问题。采用弧形截面的小钢垫板，其宽度仅为18 mm，中央厚度为5 mm，如图9-13，将小垫板置于支承方钢上部的凹槽内，用内装弹簧的套筒的上端顶住它们，并使小垫板置于焊缝下方，套筒下端则支承在临时梁上。对接焊缝采用了ESAB 6AT型埋弧焊机来完成焊接。焊液使小垫板局部熔化，但因支承它的方钢散热很快，小垫板就不致因烧穿而同方钢熔合，在一趟焊接完成后，支承方钢可以方便地卸下，将它重复使用若干次。同时，由于能够快速地建立焊接系统，对接接头也很容易保持清洁，埋弧焊工艺的焊接质量就高。四点起吊比两点起吊的主要优势在于：①吊点处荷载减小，相应连接处的构造细节复杂程度降低；②提升时更容易保持稳定；③操作容易，节约工期。梁段长17.9 m，质量140 t左右，吊装60节梁段共用了3个月左右。

（a）梁段存储　　　　　　　　　　　　　（b）梁段运输

图9-12　加劲梁的存储与运输

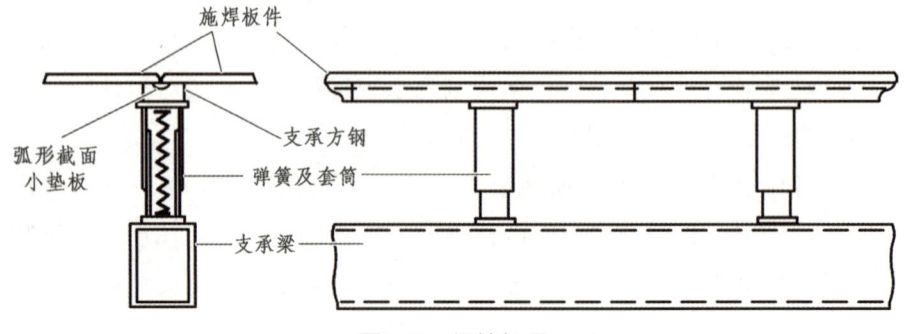

图9-13　焊接机具

9.2.4 运营维护

伊斯坦布尔是土耳其最大的城市，其人口超过了1 500万，同时也是土耳其最大的"堵城"。根据2020年发布的全世界拥堵城市排行榜，伊斯坦布尔排在第5位，拥堵指数高达51%，意味着车主平均要比正常行驶多花去51%的时间，相比之下北京这一指数仅为21%。一桥设计的汽车日通行量为12万辆/天，但到了20世纪80年代，日通行量就达到了14万辆/天，2020年的日通行量约20万辆/天，拥堵严重。一桥为双向6车道，同时配备了1条应急车道和人行道，每天的车流的特点是：在通勤时段内，早上的车流方向主要是亚洲驶向欧洲，晚上则相反。为提升一桥的通行效率，大桥的管理部门对此也做出了相应调整，亚洲往欧洲方向的3条车道中，设置了1条潮汐车道（早上有4条车道是亚洲向欧洲方向通行的，而晚上则有4条欧洲向亚洲侧通行的车道）。巨大的车流量不仅造成交通问题，同时也会给桥梁本身的维护管养带来挑战。

采用竖向斜吊索的悬索桥并不多见，世界上只有英国的塞文桥、亨伯桥，日本的北港联络桥，除此之外就是一桥。斜吊索的好处是可与主缆、加劲梁形成桁架作用，提高全桥刚度及结构阻尼值，但远超出预期交通量情况下（设计日通行量为3万辆/天，到2020年约为20万辆/天），斜吊索的应力幅较大，存在严重的疲劳问题。2004年1月的一场暴风雪中，一对斜吊索的锚拉板发生了断裂导致吊索失效，如图9-14（a），该问题引发了社会的关注，相关部门也对此展开调查，并制订了更精细的斜吊索维护计划。一桥已运营40多年，同时考虑伊斯坦布尔地区的地震风险，土耳其交通运输部公路总局（以下简称土耳其公路总局）对一桥进行了大量的维修与加固，其中一项便是将斜置吊索全部更换为竖直吊索。2015年，博斯普鲁斯三桥处于在建状态，此时海峡上只有两座大桥，中断一桥的交通将导致二桥不堪重负，会给当地造成巨大的经济损失，所以斜吊索的更换过程不能影响交通。吊索更换计划分为3步：首先安装新节点板，随后再安装所有的竖直吊索（此时竖直吊索几乎不承受荷载），最后将斜吊索的荷载逐步释放、竖直吊索逐渐承载，并拆除斜吊索，整个更换过程耗时约一年零2个月，如图9-14（b）和（c）所示。

（a）失效的斜吊索　　　（b）安装竖直吊索　　　（c）竖直吊索与斜吊索

图9-14　斜吊索更换[15]

9.2.5 结 论

一桥沿用了当时欧洲建造大跨桥梁的技术,并有所创新,可从结构设计、施工技术、运营维护等方面总结为:

(1)结构设计。为增大桥梁整体刚度,吊杆采用纵向斜向布置,对桥梁有减振作用,但斜吊索也存在严重的疲劳问题,为后期的运维管养埋下了隐患。加劲梁采用抗风性能良好的流线型钢箱梁,减小自重的同时也能减小所受到的横向荷载,使得主塔柱间仅用横向连接系联结,节省了造价。

(2)施工。钢主塔架设采用了起吊能力大的塔吊,且塔柱可同时进行施工,提高了施工速度,但主塔构件尺寸较大,提升易受风的干扰。主缆采用空中编缆法施工,并研发了钢丝卷放两用机,提高了送丝效率,节省了成本和缩短了工期。加劲梁节段采用4点起吊,提升过程稳定、易于操作,有利于节省工期;节段预制时焊接机具与工艺经过了改善,能够保证施焊速度和质量;利用驳船运输,避免了水中浮运导致构造和防腐方面的不利影响。

(3)运营维护。一桥现今交通严重拥堵,管理部门设置了潮汐车道,以提高通勤时段内的大桥通行效率。巨大的活载在斜吊索中产生了较大的应力幅,斜吊索疲劳问题严重,其中一对吊索在一场暴风雪中发生了断裂失效,最终将斜吊索全更换为传统竖直吊索。

9.3 博斯普鲁斯二桥

9.3.1 工程背景

1973年博斯普鲁斯一桥通车后,伊斯坦布尔地区经济更进一步发展,人口增长与汽车普及使一桥的交通逐渐恶化,于是开始规划第二座跨越博斯普鲁斯海峡的大桥。博斯普鲁斯二桥基本沿用一桥的设计,但吊索改为传统的竖直形式。英国弗里曼·福克斯公司和土耳其一家公司(BOTEK Bosphorus Technical Consulting Corp)共同完成二桥的设计,日本、意大利、土耳其等国公司组成的联合体负责桥梁施工,土耳其公路总局负责桥梁建成后的运营维护。大桥1985年12月4日正式开工,历时30个月于1988年5月29日完工,1988年7月3日正式开放通车。当时造价为1.3亿美元。

二桥位于伊斯坦布尔市的希萨雷斯特(Cisarest,欧洲侧)和卡瓦切克(Kavacek,亚洲侧)间,在一桥以北约5 km,也是双塔公路悬索桥,主跨1 090 m。主塔采用钢结构,高度110 m;主缆直径77 cm;加劲梁为流线型扁平钢箱梁,桥面宽39 m,按双向8车道布置,如图9-15所示。

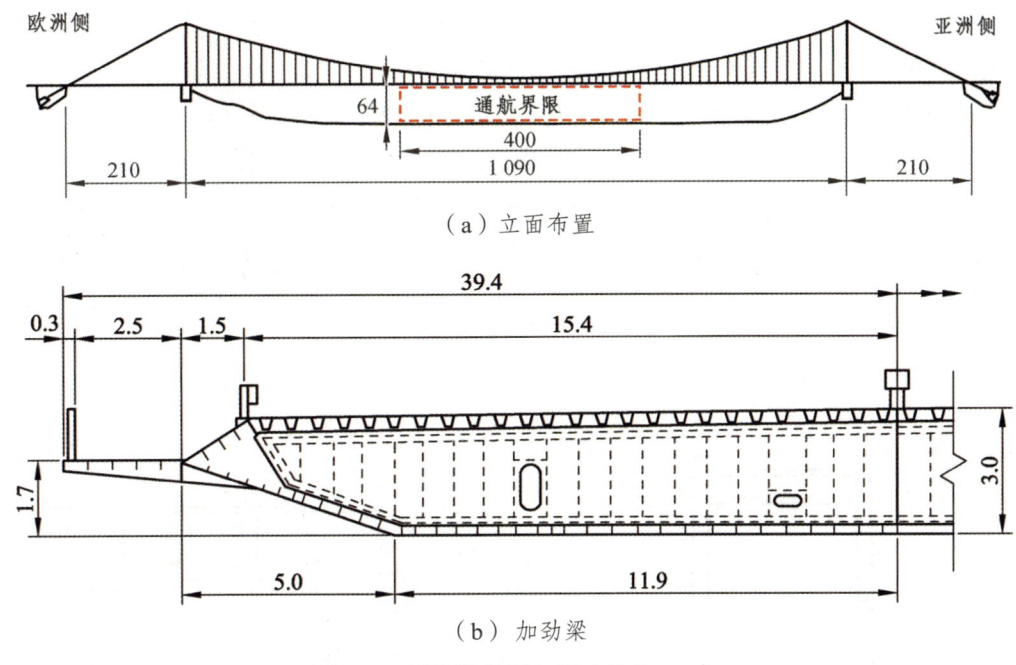

(a) 立面布置

(b) 加劲梁

图9-15 博斯普鲁斯二桥（单位：m）

9.3.2 结构设计

1. 设计条件

水文条件与一桥相同。海峡两岸为坚硬的花岗岩和片麻岩，不易侵蚀，岸壁陡峭、水流湍急，设计条件如表9-2所示。

表9-2 设计条件

形式		双塔单跨式悬索桥
跨度		1 090 m
垂跨比		1：12
通航净宽、净高		通航净宽400 m，净高64 m
结构	锚碇	重力式
	主塔基础	混凝土扩大基础
	主塔	钢塔，高110 m
	主缆	主缆直径77 cm，间距33.8 m
	加劲梁	扁平流线型钢箱梁，宽39.4 m，双向8车道
设计荷载	地震荷载	水平加速度0.1g，竖直加速度0.55g

2. 下部结构

锚碇、主塔基础均位于海峡两岸，基础落在坚硬的石灰岩岩层上。大桥两侧锚碇均为重力式，欧洲侧锚碇的混凝土用量达5.2万m^3，亚洲侧锚碇的混凝土用量为5.4万m^3。

二桥采用了钢主塔，高110 m，加劲梁位于主塔基础上方8 m。主塔横桥向为刚架式，类似博斯普鲁斯一桥，塔柱横截面为单箱室形截面，如图9-16（a）和（b）所示，顺桥向尺寸为4.0 m，横桥向尺寸为3.0~5.0 m（沿塔柱高度增加而减小）。塔柱节段的水平接缝采用新的方式，如图9-16（d）。这种接缝的构思是，对轴向压力来说，要求外板和纵肋的端部接触面经过加工刨平来达到100%的紧贴而能直接传递；对弯矩来说，用直径60 mm的高强螺杆作为拉杆来抵抗挠曲拉应力，M24高强螺栓来抵抗剪切作用。接缝均布置在塔柱内部，因此外表光洁美观，同时可减少临时施工平台[6]。主塔用钢量为6 350 t。

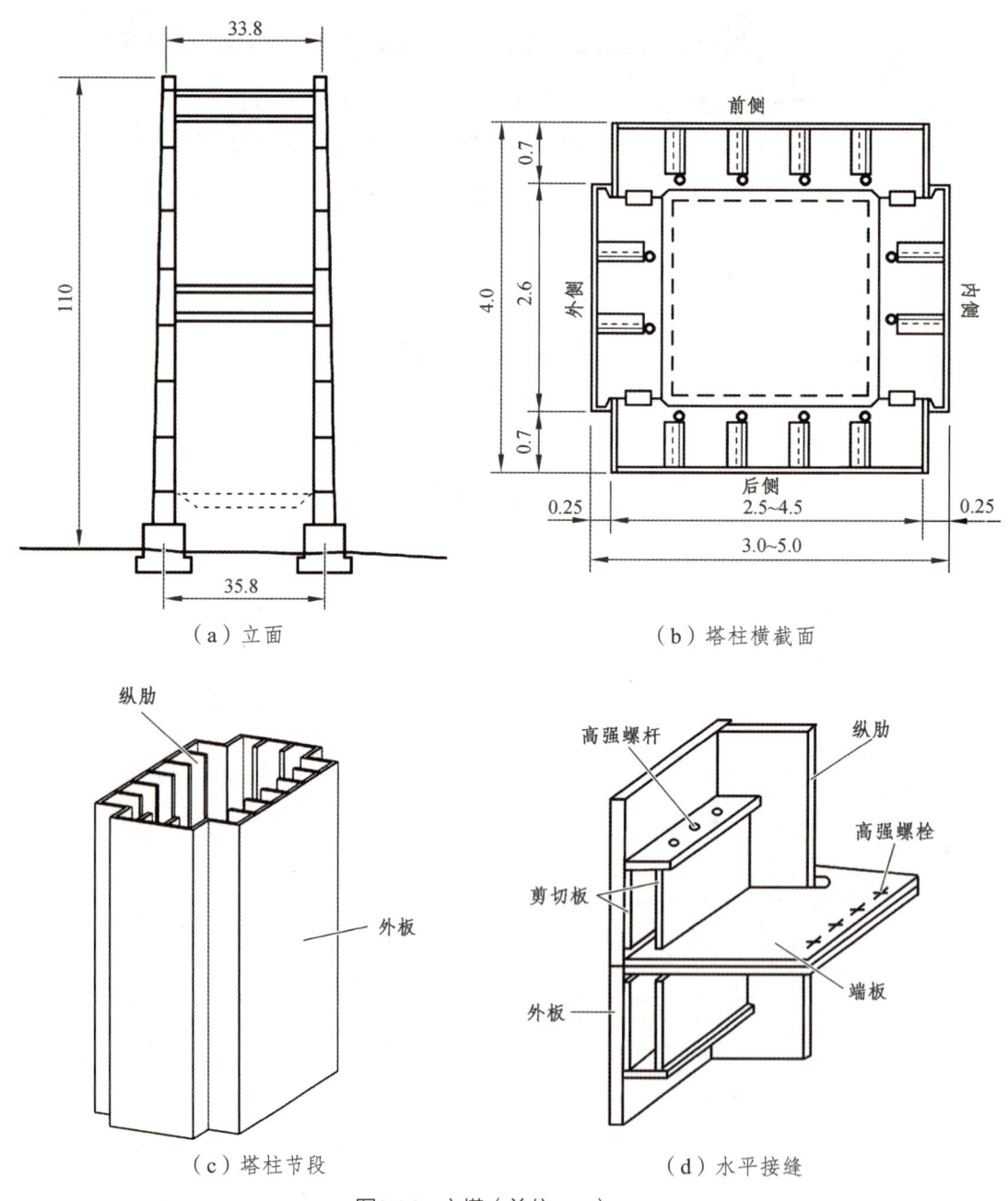

图9-16　主塔（单位：m）

3. 上部结构

两主缆中心距33.8 m，宽跨比1∶32.2，垂度90.8 m，垂跨比1∶12。原设计每根主缆分为36股丝股，每股含504根直径5 mm的镀锌钢丝，共需18 144根钢丝。施工中，改用了直径5.38 mm的镀锌钢丝，在每束丝股为504根钢丝的情况下，主缆只需要32股丝股，共需16 128根钢丝；同一桥一样，边跨主缆的缆力较大，故两边跨的主缆各增加了2股×264根和2股×288根钢丝的丝股。镀锌钢丝的抗拉强度1 670 MPa，容许应力700 MPa，主缆用钢量9 500 t。

加劲梁为流线型扁平钢箱梁，如图9-15（b）所示，因桥面需布置双向8车道，加劲梁总宽度达39.4 m（吊索间距为33.8 m），高度为3.0 m。全跨1 090 m的加劲梁一共被分为了62个梁段，除两端的梁段外，其余60个梁段的长度均为17.92 m。最终加劲梁用钢量为14 300 t。

吊索更换为传统的竖直布置，但吊索并不是直接绕于索夹之外而下垂，而是让其上、下端都用开口套筒。对于吊索进入套筒处的防护，有所改进，办法为：用厚度7mm的塑料管套住吊索，并让这塑料管端头进入套筒，再用聚酯树脂将散开的钢丝和套筒冷铸成一体。另外，还在工地（用可拆卸的木模）用树脂在吊索进入套管处浇铸一圆锥状缓冲段。

9.3.3 施 工

1. 主 塔

施工过程中，塔顶同样需要预偏置，从设计位置沿桥纵向往岸侧偏移0.82 m。根据计算，若要使得塔柱段水平接缝处截面全部处于受压状态（压力主要来自塔柱自重及高强螺杆预拉应力），则使塔顶产生0.82 m的纵向位移所需要的水平拉力为1 510 kN，而每根高强螺杆的预拉力高达1 764 kN。如果允许塔柱段间承压面在柱的受拉侧微微张开（2.0~2.5 mm），则水平拉力降为1 098 kN，高强螺杆预拉力降为294~490 kN，这样就不需要加粗高强螺杆的直径，而塔柱底部的锚螺杆和锚梁也不需要进行加固。承压面的微张仅会在施工过程中暂时出现，不会影响结构质量，于是最终采用了这种方案。图9-17为主塔施工部分。

图9-17 主塔施工

2. 主缆

主缆架设有两大改进：一是主缆丝股紧缆之前的布置，二是主缆丝股的编制工艺。主缆丝股共32根，按照缺角正方形布置，即每边6根排成正方形，并让4角各缺1根，这样布置的优点有：可在竖直和水平方向都可插入分隔片，主缆更容易成形；紧缆作业时，只需在紧缆机前方用大木锤敲松丝股的排列，使得主缆截面更容易挤压为圆形。丝股编制方面，以往的方法是靠钢丝在自由悬挂时的垂度校核来使各钢丝的长度，但只有少量编制好的丝股时，一遇大风，丝股就很容易被搅乱。改进后的方法是控制各钢丝所受的拉力，使之小于自由悬挂所需拉力值，钢丝就会自然地落放在猫道或下层丝股钢丝上，这样就不容易被风吹乱，而长度也易于相等（这就省去了调丝工作）。这种方法也被引入了日本，并被称为"低拉力控制法"。博斯普鲁斯二桥的具体情况是：①在开始阶段，让猫道线形得到控制，是重要的；博斯普鲁斯二桥所用猫道承重绳是10根，每根直径26.9 mm，它们是19丝钢绞线（钢丝直径5.38 mm）；临时另加直径64 mm钢丝绳2根于猫道，这样，只要调整该两钢丝绳拉力，猫道线形就可以得到控制；②对于每1根直径5.38 mm钢丝，拉力若为3.14 kN，它处于自由悬挂状态；于是，对最下一层丝股，将钢丝拉力降为2.65 kN，它们就能顺顺当当地安放在猫道上，其一部分重量由猫道承担；在一批丝股编好后，增加拉力，使丝股进入自由悬挂状态，就可以一面轧股（以免散乱，也有利于调股），一面调股；③将已调好的一批丝股落在猫道后，在这些丝股之上搁置水平分隔片；再按拉力为1.76 kN继续输送钢丝，并让这些钢丝落在分隔片上；在新编的另一批丝股完成后，再增加拉力，使呈自由悬挂状态，并在扎股和调股后放落；④随后将拉力降为0.98 kN进行送丝和编股；这时，其支承新编丝股一部分重量的任务已由先编成的丝股来承担，用猫道来支持部分重量的任务已不再重要了。

为适配主缆丝股的方形截面，一台紧缆机上配有8台千斤顶，每台千斤顶作用力可达300 t。实际操作中，每台千斤顶的作用力达到100 t之后，主缆直径变化不大。

3. 加劲梁

梁段采用驳船运输到现场，再通过起重台车进行吊装，而同样的方法却不能架设位于海岸的梁段。为应对这种情况，而改用了"转换吊索法"。起重台车利用滑轮组的扁担梁将梁段提升到略高于设计位置，随后将相邻的吊索同扁担梁相连，放松滑轮组，吊索将逐渐承受该梁段的重量，并拉着梁段向跨度端部移动。与此同时也需要移动起重台车，当到达下一吊点时，收紧滑轮组，让台车重新承担梁段重量，随后再让更为靠岸的相邻吊索于扁担梁相连。重复上述过程，梁段就可逐渐运送到跨度两端。

9.3.4 运营维护

伊斯坦布尔距离北安纳托利亚断层不远，在过去的一个世纪里该断层发生了多次大地震，最近的一次地震是在1999年发生的马尔马拉海大地震（里氏7.4级），造成了严重的人员伤亡和社会、经济损失，未来伊斯坦布尔市也同样面临着地震的巨大风险。博斯普鲁斯海峡上的几座桥梁是交通咽喉，桥梁抗震设防是重中之重，为此，土耳其公路总局开展了一项桥梁抗震改造项目，如表9-3所示。

表9-3 桥梁抗震改造项目

改造目标	项目
博斯普鲁斯一桥	加固主塔，防止主塔与加劲梁之间发生碰撞导致损坏
	加固摇轴支座
	主塔、锚碇处安装防落梁装置
	加大桥台处支座宽度，更换主塔处支座
	更换锚碇处的伸缩缝
	边跨桥墩处增加横隔梁、改造盖梁、安装阻尼器
博斯普鲁斯二桥	加固主塔，防止主塔与加劲梁之间发生碰撞导致损坏

基于"欧洲地震预警"项目，土耳其方面在博斯普鲁斯二桥上安装了实时结构健康监测系统，该系统由多个无线传感器单元组成，如图9-18所示，可分析和储存收集到有关桥梁振动响应的数据。实时监测系统检测到桥梁异常信号后，可向伊斯坦布尔市的相关部门发出警报，或者在发生地震时，该系统也能收到地震预警信号，从而协调桥梁管理局对大桥交通进行及时管制。

（a）

（b）

（c）

图9-18 无线传感器单元[7]

关于交通运营方面，由于博斯普鲁斯一桥、二桥均位于伊斯坦布尔市内，其交通车流规律是一样的，即早晨的车流是由亚洲流向欧洲，晚间则相反，故博斯普鲁斯二桥也设置了潮汐车道以提高通行效率。

9.3.5 结 论

博斯普鲁斯二桥的建成分担了一桥的交通压力，其设计形式基本与一桥类似，但有所改进，可从结构设计、施工技术、运营维护三方面总结为：

（1）结构设计。博斯普鲁斯二桥结构形式与一桥基本类似，主跨1 090 m，超过了一桥。为提高通行能力，桥面加宽处理，按双向8车道布置。主缆布置沿用一桥的布置方式，边跨主缆增加丝股平衡了边、主跨主缆的缆力不平衡。鉴于斜吊索的疲劳问题，二桥采用了传统的竖直吊索。

（2）施工。主塔施工过程中，允许塔柱节段在承压面受拉侧微微张开，降低了主塔预偏量带给构件过大的荷载。主缆施工采用空中编缆法，丝股编制方面采用了"低拉力控制法"而提高了调丝的效率，主缆成形前的丝股是按缺角正方形布置以使成形容易。边跨加劲梁的架设采用了"转换吊索法"施工，成功解决了驳船运输梁段的瓶颈问题。

（3）运营维护。自马尔马拉大地震后，土耳其交通部便对博斯普鲁斯二桥进行了抗震研究与改造，并基于"欧洲地震预警"项目安装了实时结构健康监测系统。交通管理方面，大桥设置了潮汐车道提高通行效率。

9.4 博斯普鲁斯三桥

9.4.1 工程背景

博斯普鲁斯一桥、二桥自通车后，就一直承载了该地区的大量车流，通勤时段内拥堵的车流就从两座大桥开始蔓延。为满足日益增加的交通需求，博斯普鲁斯三桥提上了日程。土耳其公路总局发起了三桥的招标，招标文件中提出了相关要求：①需充分考虑美学要求，桥型应与先前两座桥梁相呼应，应为悬索桥；②桥位处于博斯普鲁斯海峡最北端，靠近黑海，为满足通航需求，桥梁主跨须在1 275 m以上；③根据交通需求，桥面需布置8车道，双线铁路，及2条人行道（供检修用）；④桥梁建设工期短，仅为36个月，而设计准备工作时间也只有6个月[8]。瑞士工程师让-弗朗索瓦·克莱因（Jean-Francois Klein）和法国桥梁工程师密歇尔·维洛热（Michel Virlogeux）联手进行了桥梁的概念设计，选择了少见的斜拉-悬吊协作体系桥梁，同时为减少主塔对通航、海洋环境的影响而将主塔放置在海岸上，主跨随即增至1 408 m。大桥采用BOT模式，特许经营期为10年2个月20天，2012年5月30号，土耳其İçtaş公司与意大利Astaldi公司组成的联合体公司ICA中标，成为大桥的总承建商，韩国现代建设公司、SK建设公司组成的联合体HDSK承担大桥的主缆施工，最终设计由瑞士T-Engineering International公司和比利时Greisch公司完成。博斯普鲁斯海峡三桥预算为45亿里拉（2013年3月相当于25亿美元）。

博斯普鲁斯三桥如图9-19所示，大桥采用了修正的狄辛格斜拉-悬吊协作体系，主跨1 408 m，在目前建成的同类型桥梁中排名第一。主塔高度超过320 m，加劲梁为流线型扁平钢箱梁，桥面宽58.5 m，桥面按公铁平层布置（双向8车道+双线铁路+2条检修道）。

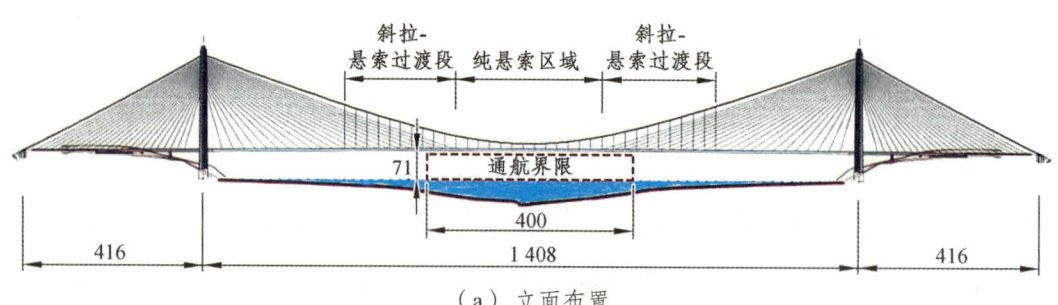

(a) 立面布置

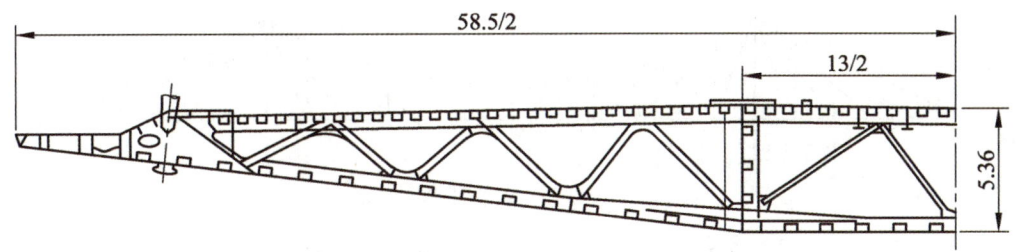

(b) 主梁截面（对称显示一半）

(c) 实桥

图9-19 博斯普鲁斯海峡三桥（单位：m）

9.4.2 结构设计

1. 体系选择

博斯普鲁斯三桥是公铁两用的大跨桥梁，主跨达1 408 m，活恒比约为0.572[3]，若按纯悬索桥的设计思维，应该采用钢桁架式加劲梁，但是加劲梁高度将会达到12～15 m，既笨重又影响美观。沿用之前两座悬索桥的选择，采用流线型钢箱梁作为加劲梁，但公铁两用桥的活恒比很大，当列车荷载处于主跨1/4处时，竖向挠度过大，同时桥面也会发生桥纵向位移，不仅影响列车安全行驶，同时也导致斜拉索索力增加。加劲梁的刚度提升空间不大，设计师开始想办法提升缆索系统的刚度，进而提升桥梁整体刚度。斜拉桥中的斜拉索是直接锚在主塔上的，对主梁的支承效率比悬索桥高，故而刚度比同等跨度悬索桥要大，在悬索桥中布置一些斜拉索，形成斜拉-悬吊协作体系，就可大幅度提高结构刚度。

斜拉-悬吊协作体系桥诞生于18世纪初，当时跨径仅100 m左右，未被世人注意[9]。约翰·罗伯林（John A. Roebling）改进了这种体系，提出了"罗伯林体系"，这种体系的吊索在全桥布置，主塔两侧对称布置一些斜拉索，但斜拉索只是作为悬索系统的一种辅助构件，仅起增加悬索桥刚度和提高承载力的作用。罗伯林体系中吊索连续布置，整体性较好，若在吊索与斜拉索相交处连接可使斜拉索垂度变化减小，并且可以明显减小单根斜拉索风致振动。罗伯林体系成功地运用在尼亚加拉瀑布大桥、布鲁克林大桥（Brooklyn Bridge）上，但受力不明确，斜拉索与悬索系统互相影响，后来的大跨桥梁未能采用。在这之后有更多的桥梁工程师开始研究斜拉-悬吊协作体系，提出了诸如狄辛格体系、斯坦因曼体系、林同炎体系、吉姆辛体系等，如图9-20所示。

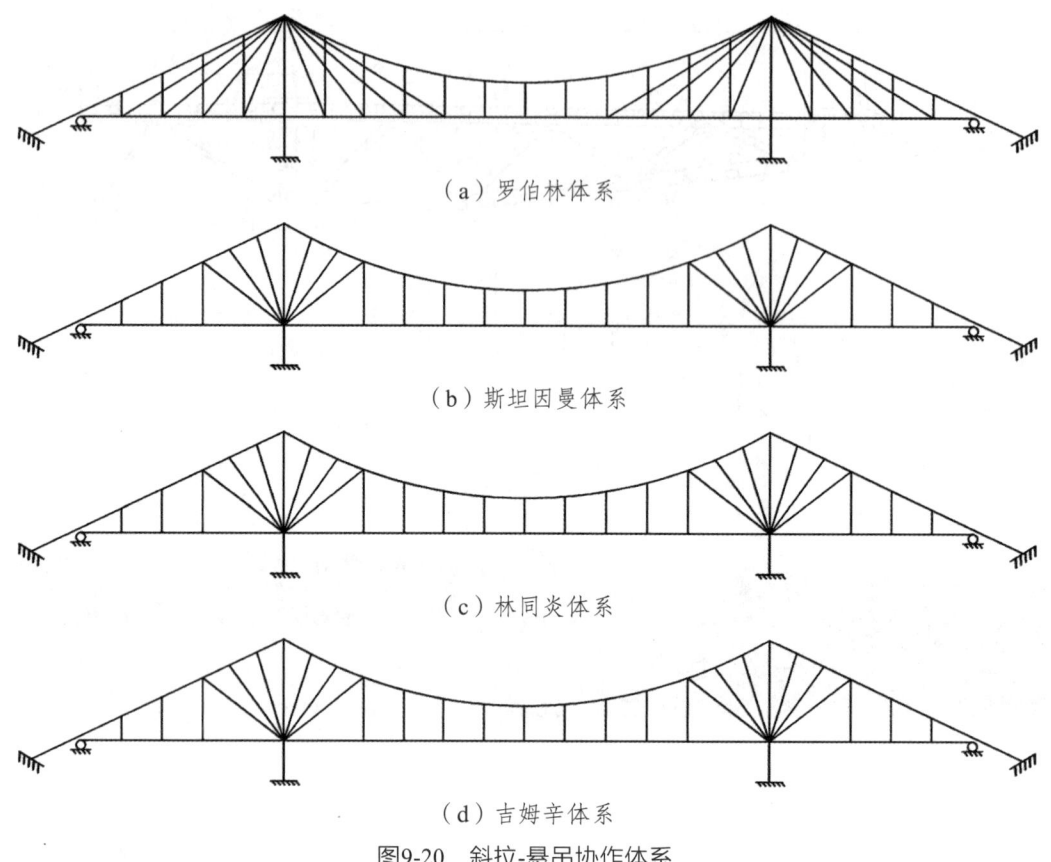

(a)罗伯林体系

(b)斯坦因曼体系

(c)林同炎体系

(d)吉姆辛体系

图9-20 斜拉-悬吊协作体系

狄辛格体系是由德国桥梁设计师弗朗兹·狄辛格（Franz Dischinger）在1938年设计一座铁路悬索桥时提出的，如图9-21（a）所示，主梁在主塔附近采用斜拉索支承（稀索体系），跨中部分采用吊索支承的体系。不同于罗伯林体系，在狄辛格体系中斜拉索不再是辅助构件，而是主要的受力构件。狄辛格体系的优点是结构简明，受力明确，斜拉与悬索体系相对独立，彼此影响较小，施工难度也低于罗伯林体系。将斜拉索的稀索体系改为密索体系是在狄辛格体系上的发展，称为"改进的狄辛格体系"如图9-21（b），博斯普鲁斯三桥正是采用了这种体系。由于狄辛格体系的跨中缺乏斜拉索的支承，使得跨中挠度较大，并且斜拉、悬索系统交界处的端吊索在活载作用下有较大的应力幅，疲劳问题严重。为解决这个技术难题，斜拉索与吊索交界处增加了一个刚柔过渡段，减小了应力幅，同时采用了抗拉强度更高的高强钢丝。

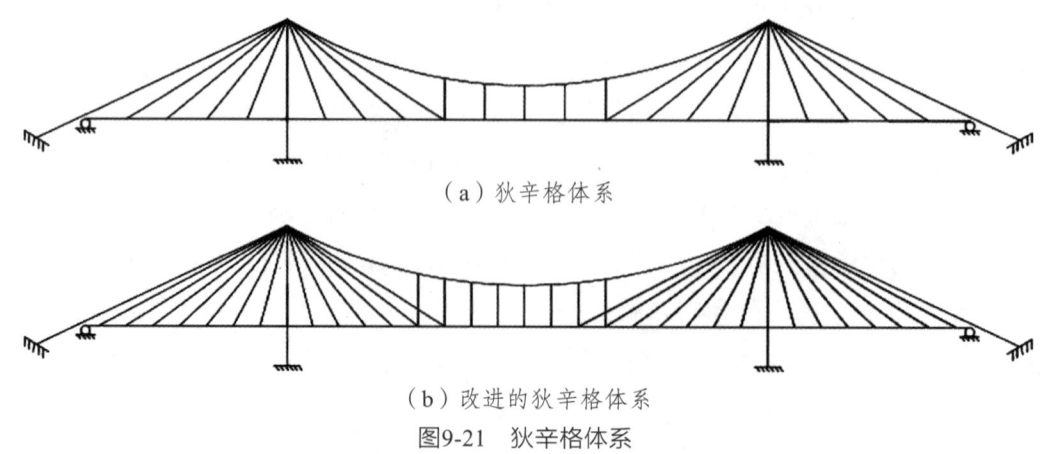

(a)狄辛格体系

(b)改进的狄辛格体系

图9-21 狄辛格体系

2. 设计条件

桥址靠近黑海，要求通航净宽不小于1 275 m，通航净高71 m，设计条件如表9-4。

表9-4 设计条件

形式		斜拉-悬吊协作体系（改进的狄辛格体系）
跨度		（416+1408+416）m
通航净高		约71 m
结构	锚碇	重力式锚碇
	主塔基础	沉井基础
	主塔	A形混凝土主塔，欧洲侧塔高322 m，亚洲侧塔高318 m
	主缆	每侧主缆含113股钢丝束，吊杆一共为68根
	斜拉索	主跨布置88对PPS斜拉索，边跨布置17对斜拉索
	主梁	流线型钢箱梁，宽58.5 m 桥面按公铁平层布置，双向8车道+双线铁路
设计荷载	车道荷载[6]	8车道公路荷载，速度为120 km/h，共97.5 kN/m； 双线铁路：重载速度80 km/h，每线400 m×80 kN/m或者35.3 m×133 kN/m； 快铁速度120 km/h，每线400 m×23.7 kN/m
	人群荷载	$2×2.25\ m×2.5\ kN/m^2$
	风荷载	设计基本风速36.9 m/s，桥梁颤振检验风速为68.8 m/s

3. 下部结构

为不影响通航、避免水下基础施工，两座主塔基础均位于海岸上。主塔2根塔柱下各有2个圆形沉井基础，沉井直径22.4 m，壁厚为1.2 m。两侧锚碇均为重力式，高33 m，顺桥向尺寸51 m。锚碇混凝土用量为45 536 m³、钢筋用量5 924 t。如图9-22所示，主塔采用A形混凝土塔，其中欧洲侧主塔高322 m，亚洲侧高318 m，两座主塔塔顶在海平面以上高为329.9 m。塔柱为空心混凝土塔柱，横截面形式为带倒角的三角形，壁厚为1.5 m，2条塔柱在加劲梁下方和塔顶各设1道横梁。主鞍为全铸构件，如图9-23所示，单个重量约120 t，放置于塔顶横梁上端。

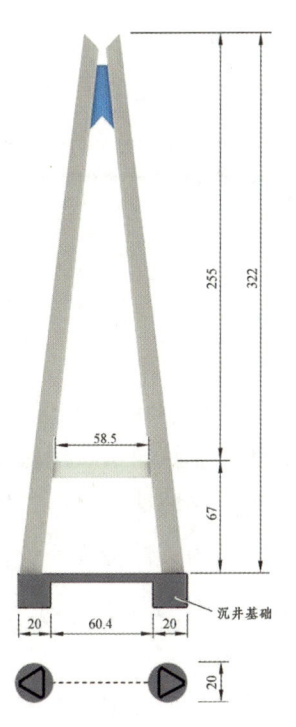

图9-22 主塔示意图（单位：m）

图9-23 主鞍

4. 上部结构

三桥是斜拉-悬吊协作体系，主跨布置4个索面，主缆吊索布置在2线铁路两旁，吊索相距13 m，斜拉索布置在桥面两侧；在边跨，斜拉索则布置2线铁路旁，与主缆在同一竖直平面内，主缆则不设置吊索直接进入锚碇。主跨根据吊索与斜拉索的位置可分为3个部分：斜拉索加劲区域（332 m×2）、斜拉悬索过渡段（216 m×2）、纯悬吊区域（312m），如图9-24所示。

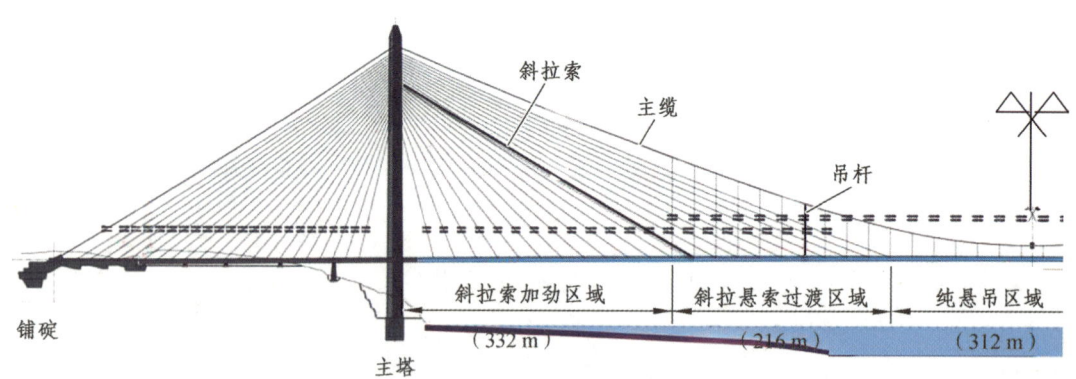

图9-24 协作体系的特征区域（单位：m）

三桥为公铁两用大桥，其活恒比在0.5~0.6，而同等跨径的公路悬索桥活恒比在0.1~0.2，过大的活载会导致斜拉索产生更大的应力幅，为适应更高的应力水平，采用抗拉强度1 960 MPa的高强钢丝。在博斯普鲁斯三桥之前，没有大跨斜拉桥或悬索桥采用1 960 MPa的高强钢丝的先例，故进行了相关试验验证了该斜拉索是适用与可靠的。斜拉索总重8 787 t，共176根，为钢绞线斜拉索，每根钢绞线由7根ϕ5.2 mm的钢丝组成，护套管直径225~315 mm，护套管内钢绞线长154~597 m[10]。

主缆为预制平行钢丝索股组成，索股共重12 882 t，索股由127丝ϕ5.4 mm的1 860 MPa钢丝组成，由113束通长索股组成，边跨各增加9束索股。主缆的防护除了钢丝镀锌外，还采用了除湿系统。吊索为平行钢丝索股，由109～367根直径7 mm、抗拉强度1 770 MPa的钢丝组成，约170 t，共计68根，采用聚乙烯护套保护。

根据设计要求，三桥为公铁平层布置，如图9-25所示，中间布置2线铁路，两侧8条机动车道，及2条检修用人行道，总宽度达到58.5 m。根据材料的不同，主梁可以分为2个部分——混凝土箱梁和钢箱梁。边跨以及主塔向跨中伸出的24 m部分为预应力混凝土多箱室箱梁，采用C60混凝土，共消耗混凝土48 830 m³、钢筋7 150 t。主跨中跨1 360 m部分为流线型钢箱梁，桥面为正交异性钢桥面板。大部分结构用钢等级为S460，由韩国制造，运输到土耳其的工厂组拼而成。钢箱梁每4 m设置1道钢桁架横隔梁，最大梁高5.36 m，在该位置设置了纵向腹板，同时在箱梁吊索、斜拉索锚固区域附近也设置了纵向腹板，以减小巨大的局部应力集中效应。意大利米兰理工大学和法国建筑科学技术中心分别在风洞实验室内完成了博斯普鲁斯三桥的气动性能评估。

图9-25 主梁

9.4.3 施 工

三桥主塔采用滑模施工（在海拔208 m以上由滑模转换为爬模系统施工），由于塔柱横截面为带倒角的三角形，瑞士公司（Bygging International）制造了特制的滑模模架。如图9-26（a）所示，滑模模架分为3部分——顶层模架、中层模架、悬挂模架，顶层模架用于混凝土浇筑，中层模架主要用于立模、钢筋放置、埋设、混凝土捣筑等工作，悬挂模架置于塔柱两侧，可在其上进行混凝土养护工作[11]。滑模施工的平均速度约为每天爬升2.04 m。每侧主塔的混凝土用量为67 270 m³，钢筋用量为14 394.3 t。为限制塔柱施工期间的横向位移，2条塔柱间设置了临时钢横撑，如图9-26（b）所示，第1道临时支撑所受的轴向力最大可达14 000 kN，故需要对其进行预载，待横梁建成后，需拆除第1道临时横撑。

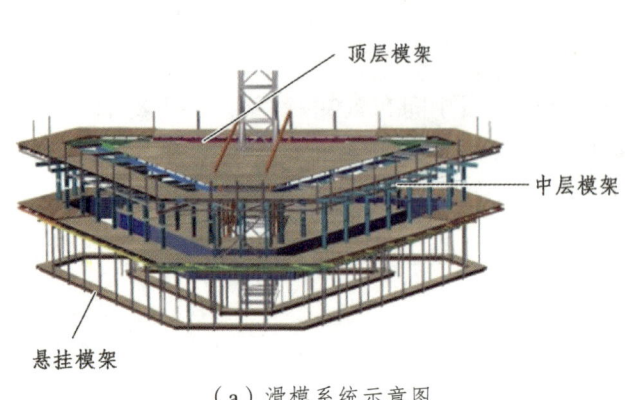 

（a）滑模系统示意图　　　　　　　　（b）施工中的塔柱

图9-26　主塔施工

主缆采用预制平行索股法施工。边跨斜拉索的间距为15 m，主跨的索距为24 m。此外，背索额外增加了5根斜拉索，并锚于在地面上的边跨主梁上。斜拉索架设配合主梁悬臂施工进行。2015年8月开始主缆架设，工期约为2个月。吊索由中国柳州欧维姆机械股份有限公司提供。

博斯普鲁斯三桥为改进的狄辛格协作体系桥，兼顾了斜拉桥与悬索桥的施工特点，但与二者又有所不同，主要体现在主梁的架设，如图9-27所示，纯悬索桥主梁架设需等主缆架设完成之后，而在三桥中则不必等待主缆架设完成，主塔施工完后，便可按照斜拉桥施工的方式开始架设靠近主塔的主梁，主缆的架设可同步进行，互不影响，主缆架设完成后便可进行主跨跨中主梁架设。主梁架设的工艺工序虽然复杂些，但对于节省工期却极为有利。

图9-27　主缆与主梁同步架设

三桥主跨钢箱梁共有59个节段，每个节段重约900 t[10]。进行斜拉区域主梁施工时，由浮吊和桥面起重机配合完成钢梁梁段的吊装，如图9-28所示。主缆架设成型后，安装缆载吊机进行主跨中央17节梁段的架设。边跨的主梁为混凝土箱梁，通过现场浇筑而成。

（a）主塔附近节段吊装　　　　　　　　　（b）跨中节段吊装

图9-28　主梁施工

9.4.4　运营维护

博斯普鲁斯三桥是北马尔马拉高速公路的一部分，以改善伊斯坦布尔地区的交通拥堵状况，建成后的大桥被认为是现代土耳其的地标之一，大桥预计日通车量为13万辆/天。高速公路项目及大桥的运营由ICA公司负责，配备了智能交通系统、高科技维护设备及收费系统，同时拥有约1 000名员工组成的交通巡逻和维护团队。

9.4.5　结　论

博斯普鲁斯三桥是一座公铁平层布置的斜拉-悬吊协作体系桥梁，采用了改进的狄辛格体系，是目前同类桥梁中跨径最大的一座，可从设计、施工两方面总结为：

（1）结构设计。三桥的设计要求多，特别是较大的活恒比和美观要求，最终选择了改进的狄辛格协作体系桥梁，结构简明、受力明确、斜拉与悬索体系相对独立，同时增加了刚柔过渡段改善端吊杆的疲劳问题。

（2）施工。大桥施工技术结合了斜拉桥与悬索桥施工的特点，在主塔、锚碇施工完成后，便进行主塔附近的主梁与斜拉索的架设，主缆架设也同步进行，待主缆可安装缆载吊机后，则可进行跨中主梁的吊装。混凝土主塔采用滑模施工，针对塔柱的三角形截面特制了专门的滑模架，滑模施工的平均速度可达2.04 m/天。

9.5　1915恰纳卡莱大桥

9.5.1　工程背景

土耳其海峡一直都是连接欧亚两大洲的枢纽，近几十年来，随着农业、旅游业的发展，彼此间的交通联系也大幅增多，游客人数也逐年增加，导致城市周边也开始出现严重的交通拥堵。为适应日益增加的交通需求，土耳其大力发展基建项目，在东北端的博斯普鲁斯海峡已有3座跨越海峡连接两大洲的大桥，及相配套的完整高速公路网络；而在西南部的恰纳卡莱省，汽车通过达达尼海峡唯一方式只有轮渡，而轮渡所需时间1.5～5.0小时不等，通行效率远不及陆路交通。面对逐渐严峻的交通压力，土耳其当局决定修建1915恰纳卡莱大桥，该桥是环马尔马拉海高速公路的控制性工程，位于恰纳卡莱市以北约40 km处，桥梁建成后，通过海峡所需时间将会降至6 min。桥位所在的达达尼海峡非常重要，位于伊斯坦布尔西南约200 km，是马尔马拉海通往地中海的唯一通道，桥位处水域宽约3.8 km，最大水深为74 m。海峡航运繁忙，每年有超过4万只船舶从这里经过，其中不乏大型货船（包括23万t干散货船、16万t液体货物、油轮等）。达达尼海峡靠近外海且处于活跃地震带，强风、强震是大桥建设的挑战，此外主塔基础的地基条件不良也是重难点之一。

早在2 500年前，便建造过跨越过达达尼海峡的浮桥。波斯国王薛西斯（Xerxes）在希波战争中修建了跨越海峡的桥梁，如图9-29所示，这是一座用麻绳将约700艘船只串联而成、用船锚固定于海面的浮桥，估计浮桥的总长约为1 200 m。虽然浮桥仅存在了不到一年时间，但是对跨越海峡建桥的一种勇敢尝试。1915恰纳卡莱大桥的业主土耳其公路总局，要求该桥主跨长度采用2 023 m，施工工期不超过5年6个月[12]。大桥吸引了世界各地的公司，包括中铁大桥勘察设计院，他们提出了双塔三跨悬索桥方案，跨径布置为（945+2 023+945）m，两侧引桥采用主跨50 m预应力混凝土连续梁桥，立面布置如图9-30所示，但遗憾未能中标。2017年，丹麦的科威国际咨询公司（COWI A/S）成功中标，成为了大桥的设计单位。项目施工采用PPP模式（Public-Private-Partnership，也称公私合营模式），2017年1月，跨国联合体企业"DLSY"中标，该联合体由韩国的公司Daelim Industrial、SK Engineering & Construction与土耳其的公司Limak、Yapi Merkezi组成，钢箱梁施工单位是中国四川公路桥梁建设集团有限公司。

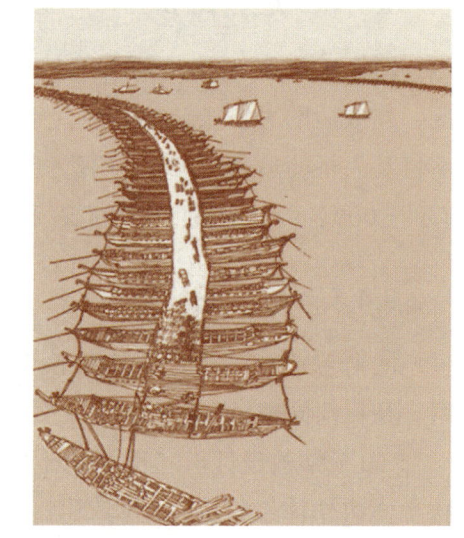

图9-29 达达尼海峡上的浮桥

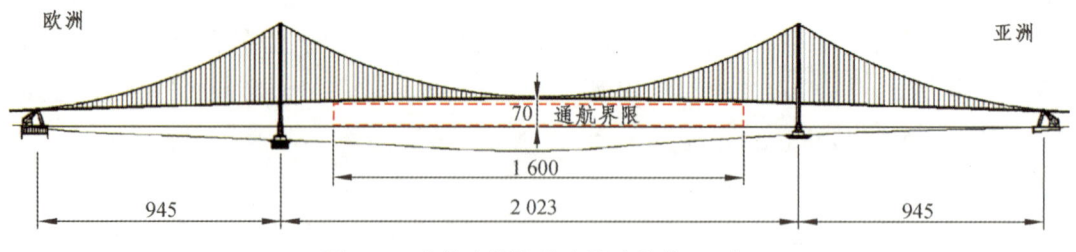

图9-30 中铁大桥院的方案（单位：m）

1915恰纳卡莱大桥为公路悬索桥，跨径布置为（770+2 023+770）m，主跨超过了日本明石海峡大桥32 m，如图9-31所示。钢主塔为H形，塔柱横截面为带倒角的单箱室钢箱，塔高318 m，其基础为矩形沉井；两侧锚碇均为重力式锚碇；主缆为预制平行钢丝索股，加劲梁为气动性能良好的双幅分离式箱梁，其间距为9 m，每幅承载3条车道和1条检修车道，桥面总宽达45 m。两侧引桥为混凝土高架桥，其中欧洲侧高架桥长365 m，亚洲侧高架桥长680 m。大桥的通航要求为：净宽1 600 m，净高70 m。

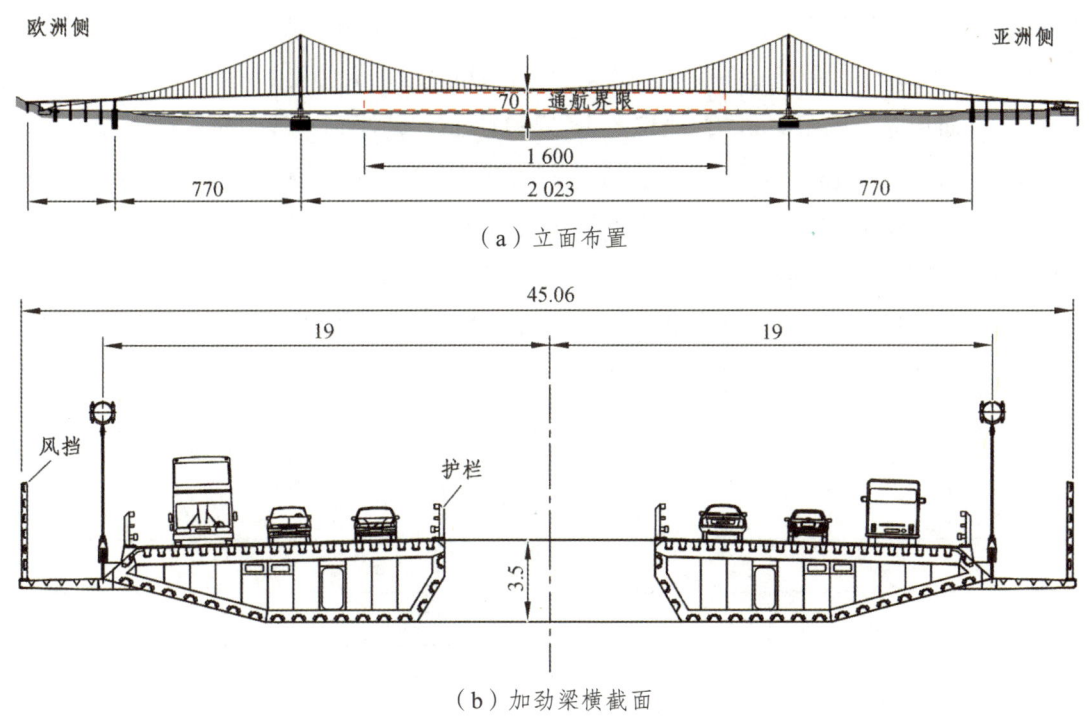

（a）立面布置

（b）加劲梁横截面

图9-31　1915恰纳卡莱大桥（单位：m）

1915恰纳卡莱大桥因其空前的跨度为世人瞩目，同时于土耳其来说有着特殊的意义。大桥名字代表了土耳其一段重要的历史：1915年3月18日，奥斯曼帝国的军队在达达尼海峡击退英法联军的入侵，这就是一战中著名的"加里波利之战"（Battle of Gallipoli，又称恰纳卡莱之战）。战场就在桥位的不远处，所以战役的日期包含在了大桥的名字中。同时1915恰纳卡莱大桥主塔高度318 m，寓意着战役胜利的日子（即3月18日，也是土耳其海军节）。大桥主跨2 023 m，象征着在2023年土耳其共和国成立100周年，官方原计划该年3月18日正式通车，但实际上大桥于2022年3月18日正式通车，提前了整整一年。

9.5.2　结构设计

1. 设计条件

1915恰纳卡莱大桥是超大跨径的公路悬索桥，全桥长4 608 m（包括引桥），主跨2 023 m，桥址处水面较宽，环境条件较复杂，水文、地质等条件分述如下：桥址处水域范围宽约3 865 m，海峡海床面呈V字形，最大水深74 m，欧洲侧主塔处水深37 m，亚洲侧主塔水深45 m[12]。海床底部基岩埋深不一，欧洲侧主塔基础下部覆盖层厚约36 m，为正常或较坚硬的全新世黏土，黏土下是一层较厚的中新统泥岩，其中夹杂了中新统砂岩；亚洲侧主塔基础下覆盖层较薄，为6 m厚的更新世黏土和4 m厚沉积砂层，在这之下的地质条件与欧洲侧相同。设计参考了3个潜在的地震作用：功能性评估地震，重现期为125年；安全性评估地震，重现期为975年；不倒塌地震，重现期为2 475年[14]。大桥地震动参数50年超越概率10%的峰值加速度为0.44g，100年超越概率4%的峰值加速度为0.73g。海峡连接马尔马拉海与外海，桥址处常有强风天气，抗风设计也是设计重点。本桥的风洞试验分为3个阶段，先后在3个不同国家的风洞实验室中完成。在加拿大西安大略大学的边界层风洞实验室的风洞中，对1/60比例的加劲梁节段模型进行了测试，主要是确定加劲梁断面的形式与尺寸，最终确定了分幅箱梁的间隙为9 m，间隙两旁的箱梁边壁板的角度为60°，并在桥面边缘设置了4 m高的风挡。主塔高318 m，风效应非常明显，丹麦福思力智科技（Force Laboratory）对主塔缩尺模型（截面比例为1/80，高度比例为1/225）进行风洞测试，确定了主塔截面四周倒角尺寸及主动质量阻尼器在主塔中的位置。比例为1/190的全桥气弹模型在中国西南交通大学风工程试验研究中心进行试验，测试了大桥的气动反应，得到大桥承受的最大风速达到288 km/h，而通过分析恰纳卡莱地区的气象资料，预测出未来100年内出现的最大风速为105 km/h，最终通过了3阶段的风洞实验，说明大桥的气动稳定性能良好。设计条件如表9-5所示。

表9-5 设计条件

形式		双塔三跨式公路悬索桥
跨度		（770+2 023+770）m
通航条件		净宽1 600 m，净高70 m
构造	锚碇	重力式锚碇
	主塔基础	沉井基础
	主塔	H形钢塔，塔高318 m
	主缆	中心距为38 m，直径0.869 m（主跨）、0.881 m（边跨）
	加劲梁	分离式流线型钢箱梁 双向6车道，设计速度为120 km/h
设计荷载	设计风速	桥面高度处设计基准风速为V_d = 46 m/s 成桥状态颤振稳定性检验风速为64 m/s
	地震荷载[12]	50年超越概率10%的峰值加速度为0.44g 100年超越概率4%的峰值加速度为0.73g

2. 下部结构

1915恰纳卡莱大桥的边跨较长（770 m），其目的是降低水中桥墩遭船撞的风险，此外还可使锚碇落在靠海岸线较近的中新世中期岩层上。两侧锚碇均为重力式，亚洲侧锚碇尺寸为92 m×80 m，欧洲侧锚碇尺寸为85.2 m×74.4 m。

主塔船撞风险高，设计荷载大，故采用混凝土沉井基础，底部尺寸为83.3 m×74 m，亚洲侧沉井高21m、重54 800 t，欧洲侧沉井高16 m、重50 186 t。沉井为多箱室结构，内部设有80个舱室。由于主塔处的地质条件较差，桥址又处于活跃地震带上，地基必须进行加固处理。类似于希腊科林斯湾上的里翁-安提里翁大桥（Rion-Antirion Bridge）的地基处理，将足够的管桩打入天然地基中、再覆盖一定厚度的砾石层，形成的复合地基不仅减小了沉降量，而且对抗震有利。

主塔采用H形框架式钢塔，塔高318 m，塔柱横截面为单箱室截面，截面四周做倒角处理，以提高主塔的抗风性能，如图9-32所示。塔柱底部30 m的范围内船舶撞击风险高，这部分区域采用的钢板较厚，并设有水平加劲肋以提高塔柱的局部抗弯承载能力。主塔上安装了电控的主动质量阻尼器，能在桥梁的整个服役期间最大限度减小桥梁振动。每座钢塔重3.6万 t。

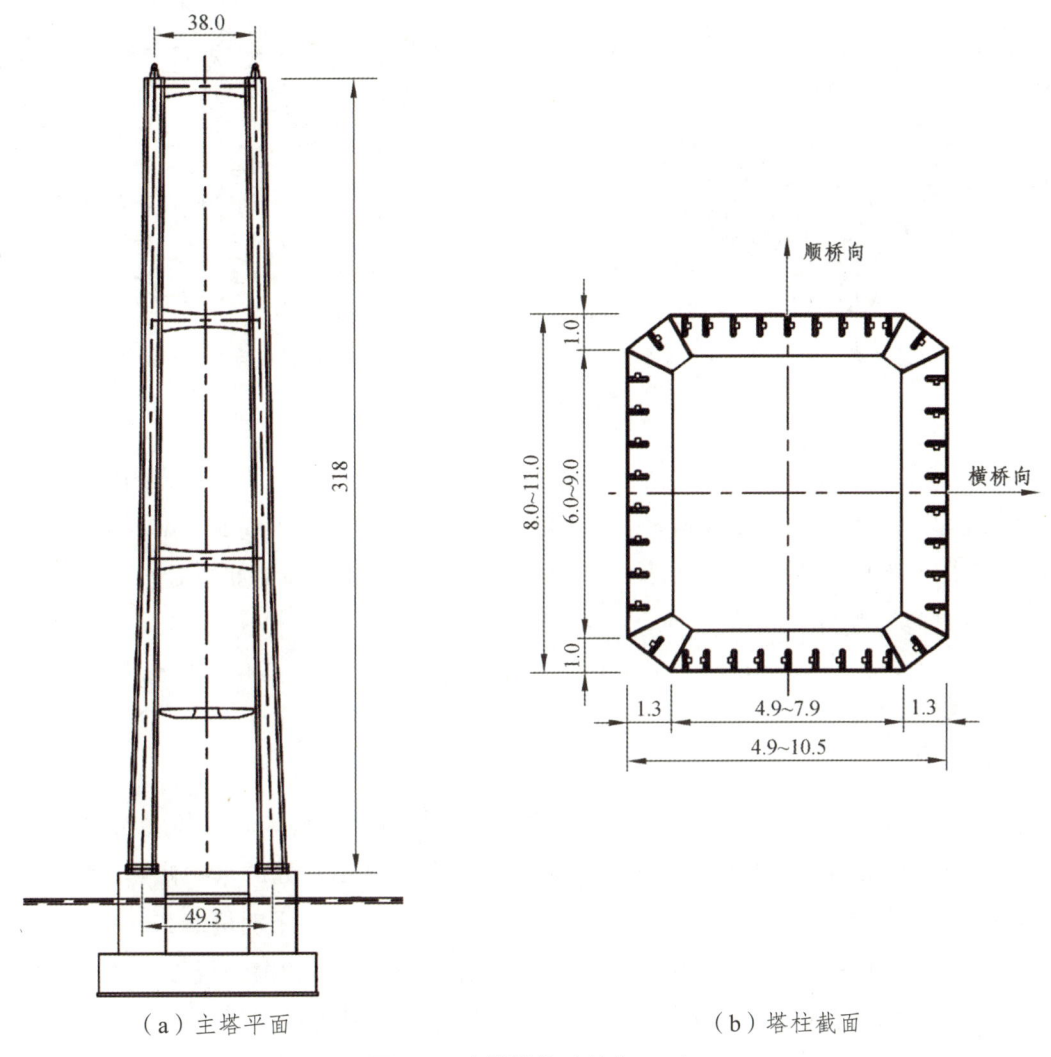

（a）主塔平面　　　　　　　　　　（b）塔柱截面

图9-32　主塔结构（单位：m）

3. 上部结构

主缆由预制平行钢丝索股组成，镀锌钢丝抗拉强度1 960 MPa，公称直径5.75 mm。主缆未紧缆前的布置如图9-33所示，其中每束索股含钢丝127根，主跨主缆含144束索股，紧缆后的直径为869 mm（索夹处854 mm），边跨主缆含148束索股，紧缆后直径为881 mm（索夹处865 mm）。主缆中心距为38 m，吊杆间距为24 m。主缆施工完成后，将会安装除湿系统。因边跨过长，为限制活载引起的主缆及加劲梁变位，在两侧过渡桥墩处设计了连接主缆与桥墩承台的柔性吊索。

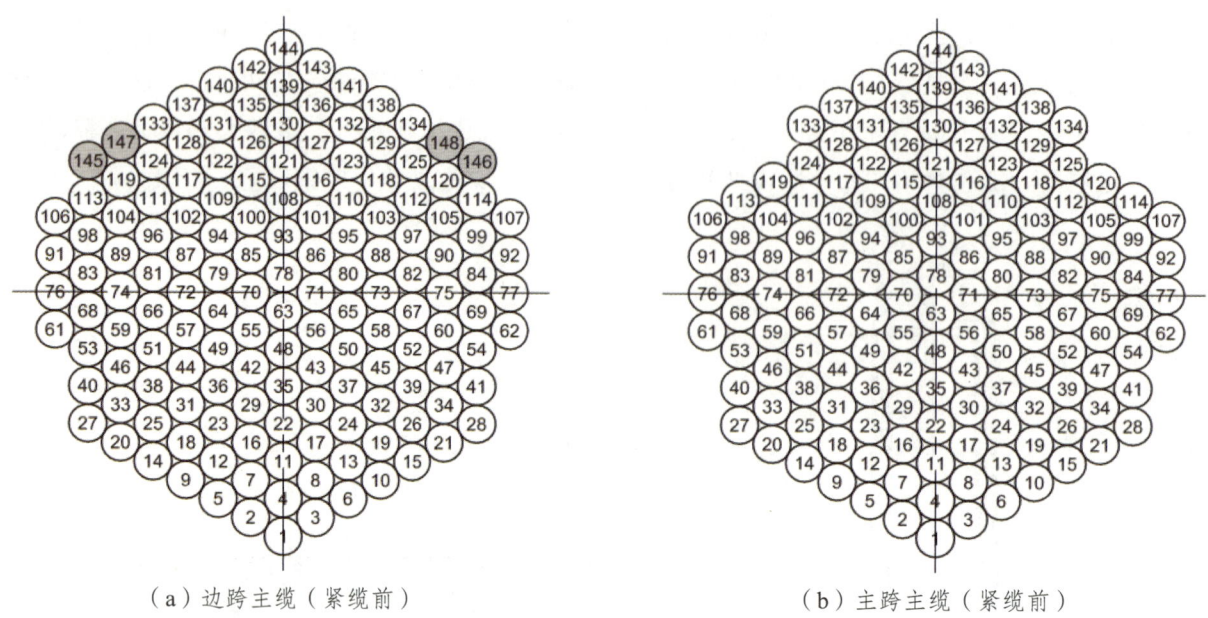

（a）边跨主缆（紧缆前）　　　　　　　　　（b）主跨主缆（紧缆前）

图9-33　主缆截面

1915恰纳卡莱大桥采用了具有优良颤振稳定性的分离式钢箱梁，两幅箱梁的横向间距9 m，纵向每隔24 m设1道宽3 m、高3.5 m的横梁联结，箱梁内部的横隔板间距为4.2 m。加劲梁总宽45.06 m，每幅箱梁承载3条车道，如图9-31（b）所示。桥面铺装为钢筋混凝土，通过剪力键与加劲梁顶面连接参与受力。

9.5.3　施工

1. 下部结构

沉井基础先后在干、湿船坞中制造，而后浮运至桥塔处沉放到设计位置，沉井施工前的准备工作有：在达达尼海峡欧洲侧岸边修建1个干船坞，距离其不远处的水中修建1个湿船坞；沉井基础设计位置处的清淤、地基处理工作（打桩、铺砂砾层等）。干船坞2017年8月开始挖掘，平面尺寸为254 m×178.3 m，深10.5 m，在干船坞周围插打了1 328根钢板桩，底部浇筑了一层20 cm厚的混凝土。2018年3月，沉井第一次浇筑混凝土，完成率在80%左右时，对干船坞灌水使沉箱自浮。待干船坞被淹没后，拔除部分钢板桩使干船坞与大海相连接，而后将沉井拖运至不远处的湿船坞中，继续浇筑混凝土以接高沉箱，沉箱将在水中逐渐下沉，直至沉箱全高度混凝土浇筑完成。沉井预制完成后，由4艘牵引力为88 t的拖船牵引浮运至桥墩处，向隔舱灌水使其下沉至设计位置，如图9-34所示。

（a）干船坞

(b)沉井浮运

图9-34 沉井施工

沉井在船坞施工的同时，桥墩处的地基也在进行加固处理。海床底部为全新世软黏土和泥沙，力学性能差，不能作为持力层。地基处理首先需要挖泥疏浚、整平海床底部，后将钢管桩打入中新世泥岩中，在桩顶平铺3 m厚的砾石层形成复合地基，沉井直接置于其上。钢管桩采用开口承插式直径2.5 m钢管桩，欧洲侧桥墩下共有192根钢管桩，最大桩长46 m，亚洲侧桥墩下钢管桩共有165根，长21 m。钢管桩特殊的环箍结构和管内设置的剪力键更好地将荷载从砾石层传递到桩身上，复合地基减小了主塔的沉降量，并在地震时改善大桥下部结构的受力。

主塔每根塔柱分为32个节段预制拼装，塔柱间的每道横梁分为3个节段，节段长度在7~11 m不等。为提高塔柱的施工速度，预制节段间采用了栓焊结合的连接方式，即节段四周壁板采用焊接连接，内部竖向的加劲肋之间采用栓接，而栓接工作先于焊接完成，便可以进行新的节段吊装了。本桥的起重设备主要为重型塔吊与浮吊，自重600 t的塔吊起重能力330 t，而浮吊的起重能力2 200 t。塔柱底部5个节段的吊装采用浮吊，剩余节段则是采用塔吊，主塔上横梁重达150 t，需约30分钟才提升至指定高度，如图9-35所示。

(a)塔吊　　　　　　　(b)浮吊　　　　　　(c)节段吊装

图9-35 主塔施工

2. 上部结构

针对边、主跨不同的特点，猫道施工方案有两种：边跨猫道由浮箱拖着，从岸侧逐渐向主塔方向放卷；对于主跨猫道，为不影响航道通行，采用临时悬挂系统空中拖曳。猫道体量很大，全长共4 330 m，其承重索12 kg/m，对比之下博斯普鲁斯三桥仅为4 kg/m，猫道总重约为1 800 t。主缆采用预制平行索股法架设，如图9-36。主缆预计消耗钢丝为3.5万t，实际钢丝总用量3.26万t，由中国上海浦江缆索股份有限公司提供，吊索则由柳州欧维姆公司提供。

图9-36　主缆施工

加劲梁共分为87个节段，标准节段长48 m，最大吊装重量840 t，采用带动力定位功能的两艘驳船托运至现场，由缆载吊机和浮吊进行架设（塔锚附近无法采用缆载吊机垂直起吊位置，合计16个节段）。边跨梁段架设方案由岸侧向主塔方向架设，中跨由跨中向两端主塔方向对称架设，图9-37为加劲梁的架设。值得一提的是加劲梁安装工程由中国四川公路桥梁建设集团有限公司中标，2021年6月7日首节段吊装，12月23日完成合龙段，最快架设速度为4节段/天。

（a）浮吊

（b）缆载吊机

（c）合龙后的加劲梁

（d）侧视图

图9-37　加劲梁架设

9.5.4 结论

2022年通车的1915恰纳卡莱大桥是第4座连接欧亚两洲的桥梁，主跨达2 023 m，对现有设计理念和施工技术都是巨大进步，可从设计、施工两方面总结为：

（1）结构设计。大桥是第一座主跨突破2 km的悬索桥，抗风、抗震是主要挑战。大桥采用H形钢塔，减轻了自重，且塔柱截面采用倒角处理提高气动稳定性能，主塔的钢筋-混凝土沉井基础置于复合地基上，抗震能力显著提升。主缆缆力巨大，故采用1 960 MPa级高强度镀锌钢丝。加劲梁采用气动性能优良的分离式钢箱梁，提高了横向刚度和抗风性能。

（2）施工。主塔地基由钢管桩和砾石层复合而成，减小了基础沉降量，且具有良好的抗震性能。主塔采用预制节段拼装，并配合栓焊连接，提高了主塔的施工速度。主缆采用预制平行索股法施工，施工速率较空中编缆法更快。加劲梁由缆载吊机与浮吊配合施工，保证了加劲梁架设过程中的安全与效率。

■ 参考文献

[1] BROWN, ETAL W C. Bosporus bridge: Design and construction[M]. The Institution of Civil Engineer, 1976.

[2] YAKUP DOST, ERDOĞAN DEDEOĞLU. Design and construction stages of Fatih Sultan Mehment bridge[R]. Istanbul: First Collaborative Symposium of Turk-Japan Civil Engineers, 2008.

[3] MATTHIEU G, JULIEN E E, Ivica Z. The Third Bosphorus Bridge: A Milestone in Long-span Cable Technology Development and Hybrid Bridges[J]. Structural Engineering International, 2020, 30(3): 312-319.

[4] 钱冬生，陈仁福. 大跨悬索桥的设计与施工[M]. 成都：西南交通大学出版社，1999.

[5] SOYOZ, SERDAR etc. Modal identification of the first Bosporus bridge during hanger replacement[J]. Structure & Infrastructure Engineering: Maintenance, Management, Life-Cycle

Design & Performance, 2020, 16(12): 1605-1615.

[6] 沈锐利，刘占辉，唐茂林. 缆索承重桥梁[M]. 北京：人民交通出版社，2021.

[7] M PICOZZI, C MILKEREIT, C ZULFIKAR, et al. Wireless technologies for the monitoring of strategic civil infrastructures: an ambient vibration test on the Fatih Sultan Mehmet Suspension Bridge in Istanbul, Turkey[J]. Bulletin of Earthquake Engineering, 2010, 8(3): 671-691.

[8] JEAN-FRANCOIS KLEIN. Third Bosphorus Bridge – A masterpiece of sculptural engineering[J]. Der Stahlbau, 2017, 86(2): 160-165.

[9] 肖汝诚，项海帆. 斜拉-悬吊协作体系桥力学特性及其经济性能研究[J]. 中国公路学报，1999，12（3）：7.

[10] 叶觉明. 土耳其博斯普鲁斯海峡三桥钢梁安装[J]. 世界桥梁，2016，44（4）：92-92.

[11] M. ORÇUN TOKUÇ, TAMER TUNCA. Construction Techniques of The 3rd Bosphorus Bridge in Istanbul, Turkey[C]. International Symposium on Industrial Chimneys and Cooling Towers, Prague, 2014.

[12] 罗扣，舒思利，万田保. 土耳其恰纳卡莱大桥方案设计[J]. 交通科技，2017（6）：47-50.

[13] 张妮. 土耳其1915恰纳卡莱大桥桥塔基础[J]. 世界桥梁，2021，49（1）：118-118.

[14] 张妮. 土耳其恰纳卡莱1915大桥[J]. 世界桥梁，2019，47（6）：92-93.

10 诺曼底大桥

10.1 引 言

法国是世界上交通最发达的国家之一，以巴黎为中心，平均每100 km²国土就有146 km公路和6.2 km铁路。古罗马时期法国就有一定规模的商贸和军事路网，工业革命后其交通网快速发展。目前法国公路总长达103万km，为欧洲之最，法国公路网还与邻国比利时、卢森堡、德国、瑞士、意大利、西班牙、安道尔和摩纳哥相连。据法国交通部2020年的统计数据，法国国内现有9条高速公路主线，编号为A1~A9，每条主线又分出很多支线。A29高速公路是A2线的一条重要的支线，全长264 km，1995年建成通车。A29自伯兹维尔（Beuzeville）至弗朗西伊-塞朗西（Francilly-Selency），与A13、A131、A16高速公路相连，也是欧洲E44、E402公路的一部分，同时A29高速公路跨越法国一条著名的河流——塞纳河（Seine River），如图10-1（a）。

塞纳河主流源头位于勃艮第（Burgundy），科多尔省的首府第戎（Dijon）西北30 km的朗格勒高原，流经奥布省的首府特鲁瓦（Troyes），穿过巴黎市中心，经过诺曼底的鲁昂（Rouen），到达勒阿弗尔（Le Havre）于英吉利海峡入海。塞纳河（Seine River）是法国北部的一条河流，全长780 km，包括支流在内的流域总面积为78 700 km²，是欧洲有历史意义的大河之一，其承载的运输量占法国内河航运量的很大比例。塞纳河流域的年降水量一般为650~750 mm，常年雨水分布均匀。塞纳河是天然适航的河流，法国政府为提高其适航性，对塞纳河进行了治理，塞纳河流域断流和洪水都很少。在巴黎，塞纳河的平均流量约为280 m³/s，自中世纪初期以来，就一直是巴黎之河，是流经巴黎市中心的法国第二大河，巴黎就是在该河一些主要渡口上建立起来的，河流与城市的相互依存关系紧密而不可分离。

勒阿弗尔处跨塞纳河有两座桥梁，一座是诺曼底大桥（Normandy Bridge），另一座是坦卡维尔大桥（Tancarville Bridge），两座桥为塞纳河两岸的通勤提供了极大的便利，促进了当地经济的发展。坦卡维尔大桥（Tancarville Bridge）建成于1959年，全长1420 m，宽12.5 m，主跨608 m，日交通量为1.8万辆/天且部分为重型货车较多，预计到2030年将达到2.25万辆/天，这座大桥的建成使勒阿弗尔（Le Havre）与巴黎间的通勤压力大为缓解，如图10-1（b）~（e）。诺曼底大桥由法国著名桥梁设计师密歇尔·维洛热（M Virlogeux）设计，由时任法国总理雅克·希拉克（Jacques Chirac）奠基，1988年开工，工期7年，1995年1月20日正式通车，年交通量达1 500万辆（折合日交通量为4.1万辆/天）。勒阿弗尔工商会是大桥的建设单位，也是运营管理单位。截止到1992年，该桥造价已达4.65亿美元，其中混凝土超过7万m³，钢材超过1.9万t，全部费用由地方政府负责筹集，法国中央政府虽关心此桥建设，却不负担建桥费用。本章根据已有资料工程背景、结构设计、施工、运营维护等方面，进行全面阐述。

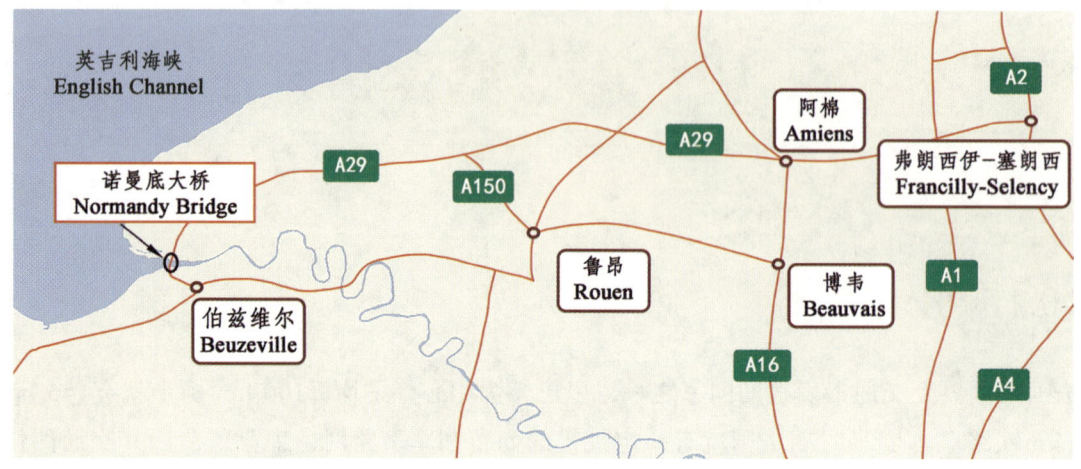

（a）A29高速公路

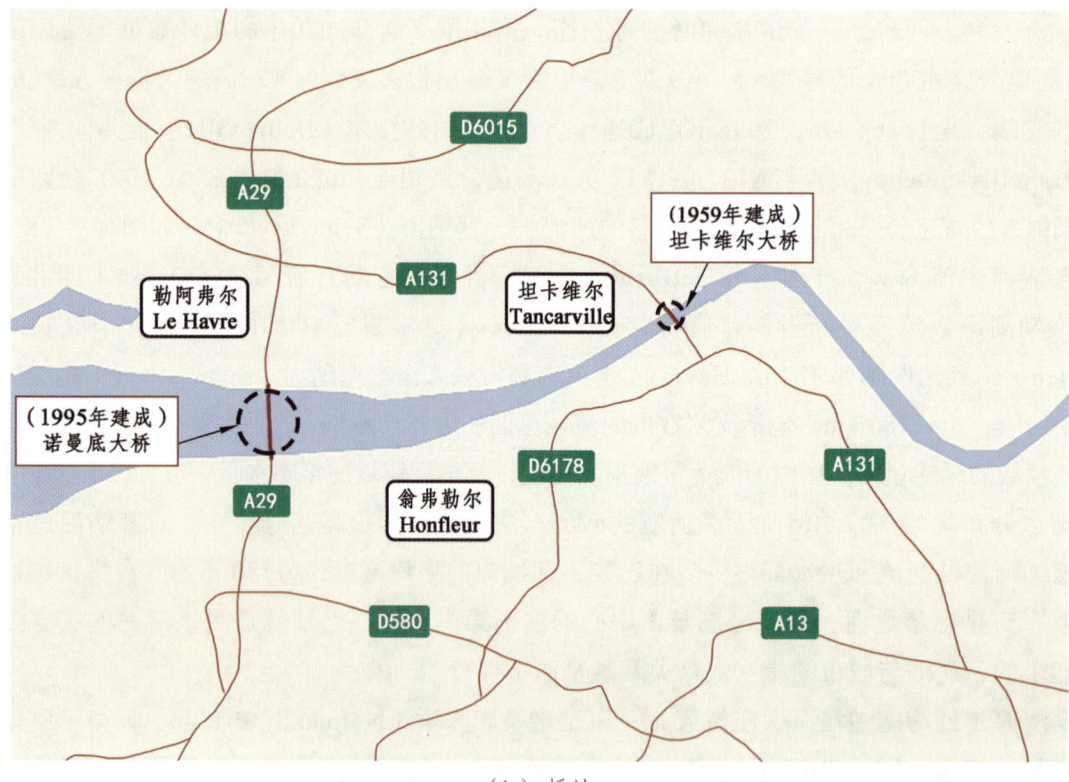

（b）桥址

（c）坦卡维尔大桥

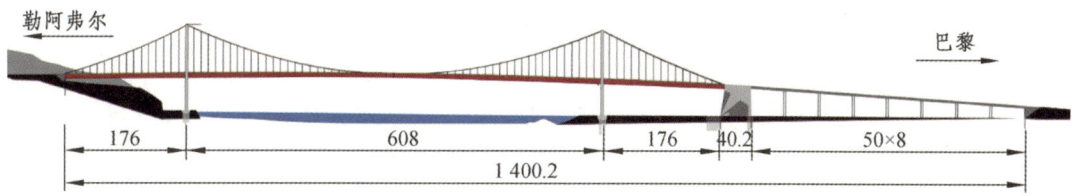

(d) 坦卡维尔大桥立面（单位:m）

(e) 诺曼底大桥

图10-1 勒阿弗尔处跨塞纳河的两座大桥

10.2 工程背景

坦卡维尔大桥建成后，阿弗勒工商业协会（CCI）很快就有了修建连接翁弗勒尔（Honfleur）、多维尔和卡昂的第二座桥梁的想法。随着交通量迅速增加，急需改善从法国西北部到下诺曼底、布列塔尼亚、法国西南部及西班牙的公路交通状况。1987年，阿弗勒工商业协会正式考虑在塞纳河口翁弗勒尔左岸建造一座新桥。1988年根据国会一项特别法律规定，法国政府着手在坦卡维尔桥下游20 km筹建一座收费桥梁，即诺曼底大桥[1]。诺曼底大桥主跨856 m，几乎是当时斜拉桥最长主跨的2倍，建成后刷新了斜拉桥的新纪录，法国成为当时世界上第一个建造主跨接近1 000 m斜拉桥的国家。诺曼底大桥的通车为这个港口城市向南部发展提供了重要通道和广阔空间，打开了通往法国西南部的大门，又与通往首都巴黎的公路网接通，向北可快速到达英法海底隧道与北欧诸国。

塞纳河湾两岸地势平坦，为几米厚的黏土、砾石、砂组成的冲积土层，若建造悬索桥，2个锚碇造价极其昂贵，且该桥的轻量级车辆使活载等级变小，因此只能建造斜拉桥。斜拉桥方案中决定主跨的是地质、水文及通航等多方面因素。塞纳河湾航运繁忙，靠近南岸疏浚了深水航道，北岸附近是季节性泥潭。若桥塔设在较深水位处，影响水路航运，船只容易与桥塔相撞。因此南桥塔必须设在岸上，而北桥塔唯一可行位置是在深水航线边缘建造的一座人造岛上，由此决定了诺曼底大桥方案为主跨856 m斜拉桥[2]。

10.3 结构设计

1. 主梁

诺曼底大桥跨径布置为（547.75+856+737.5）m，如图10-2所示[3]，桥长2 141.25 m，通航净空高52 m。856 m主跨为混合梁，其中624 m为钢梁，其余为混凝土梁；边跨全部为混凝土梁，如图10-2（a）所示。车道布置为4车道+2人行道+2自行车道。本桥参考了土耳其博斯普鲁斯海峡大桥主梁截面形状，以减小桥上风力且其形状须能同时适应钢结构和混凝土结构，如图10-2（b）和（c）所示。桥梁从南至北布置为（27.75+32.5+9×43.5+96+856+96+14×43.5+32.5）m，两岸引桥采用预应力混凝土箱梁。

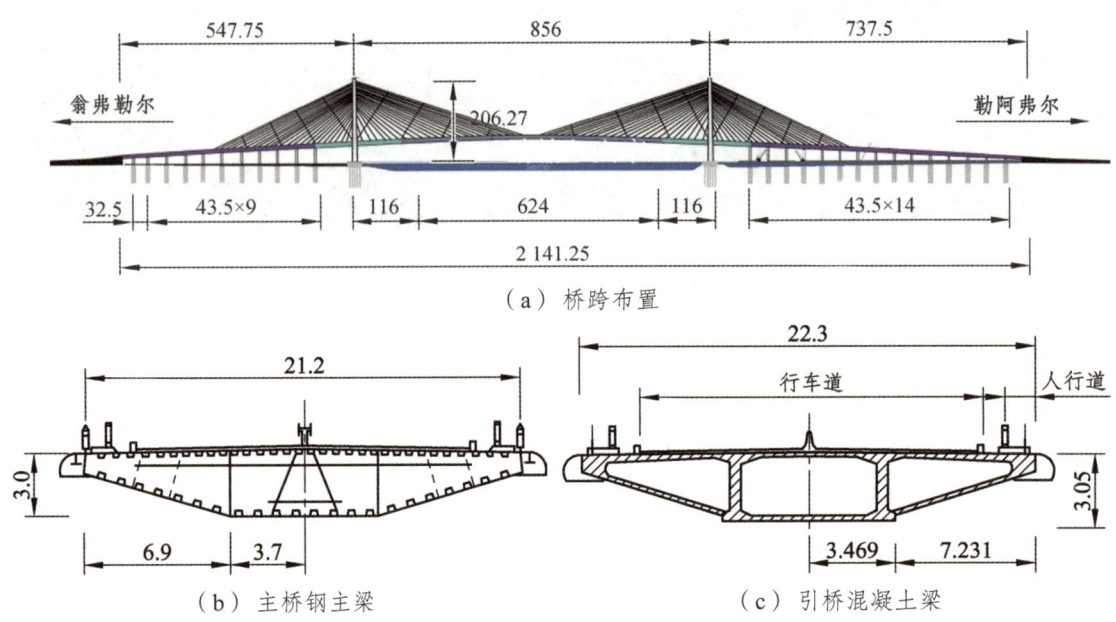

（a）桥跨布置

（b）主桥钢主梁　　　　（c）引桥混凝土梁

图10-2　诺曼底大桥（单位：m）[4]

诺曼底大桥继承了瑞典康萨鲁坦特桥所采用的混合梁，在中央主跨采用自重轻的钢梁，边跨则采用混凝土梁，从而利用两种材料的重量差来有效地防止负反力的产生。横梁处，混凝土主梁与主塔形成刚性固结，以减小风荷载并增加安装时的稳定性。梁截面呈流线型，与空间索面相配合，既减少风载影响又具备较高的抗扭刚度[4]。

设计中周密地考虑了恒载的平衡和预应力，预应力混凝土引桥恒载集度为45 t/m，而主跨钢箱梁部分仅为13 t/m，两者相差悬殊，这就要求引桥要有较密的抗拔墩，但是两主塔旁的桥跨长只有116 m，于是设计师巧妙地将其重量由主跨中的预应力混凝土箱梁的重量来平衡。而且当主跨上有活载和风力作用时，由于边跨大量抗拔墩的存在，使所有斜拉索间的张拉效应得以分散，增加了主跨刚度，同时使主塔的索锚间距加大，减小了主塔偏移，主跨在恒载、活载作用下变形减小。设计概要如表10-1所示。

表10-1 上部结构设计概要

结构	桥型	双塔双索面斜拉桥
主梁	主跨/m	856
	总宽/m	23.60
	桥面高度/m	214.77
	横隔板间距/m	3.93
斜拉索	根数	184
	构成	30～44根钢绞线
	钢绞线直径	15.24 mm
主塔	断面尺寸/m	塔底：5.47×2.55（双肢）
	形式	倒Y形
	高度/m	202.74

诺曼底大桥位于塞纳河口，面向大西洋塞纳湾，主梁截面过大，会增大迎风面，过小则会削弱抗扭曲刚度，形状还要同时适应钢和预应力混凝土的构造要求。因此将主梁截面设计成梁高不超过3 m的流线型钢筋截面，梁高3 m也是预应力混凝土梁引桥的最小高度。钢箱梁的底板和腹板的倾斜角度也作了限制。混凝土梁实际高3.05 m，稍大于钢箱梁高3 m，是考虑要使连接点处的下翼缘重心线尽量吻合。

钢箱梁为正交异性板结构，由顶板、底板、斜底板及腹板围封而成。箱内设有槽形加劲纵肋和间距为3.93 m的横隔板。顶板中部厚12 mm，纵向加劲肋T4肋壁厚7 mm；两侧顶板厚度增加到14 mm，纵向加劲肋T1肋壁厚增加到8 mm；加劲肋T1和T4的中心距均为600 mm，肋高均为250 mm；底板和斜底板厚度均为12 mm，如图10-3所示[5]。

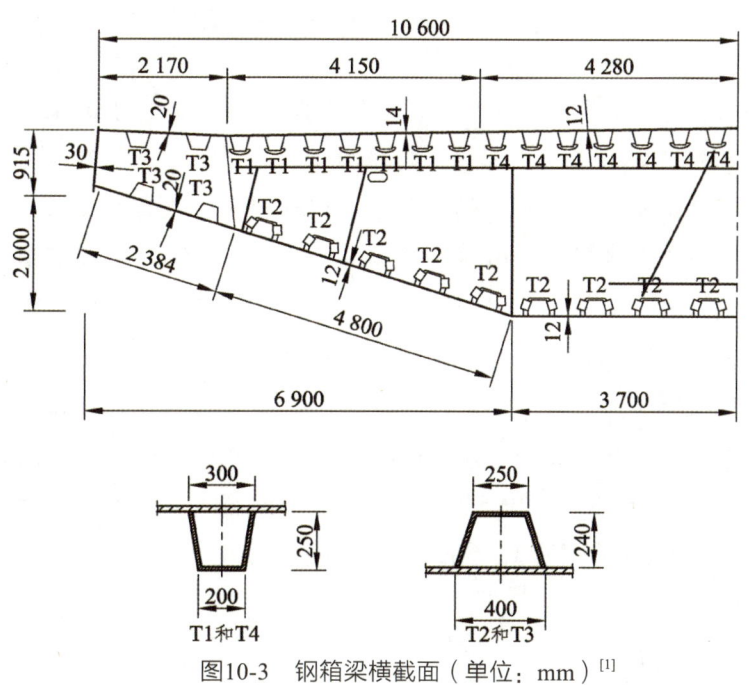

图10-3 钢箱梁横截面（单位：mm）[1]

2. 主塔

主塔采用倒Y形的钢筋-混凝土组合结构，塔高202.74 m，如图10-4所示。倒Y形塔限制了索塔高度，横向力矩及次内力的作用被限制在塔顶底部，由于主塔下部呈三角形构架形式，用横撑与桥面刚性联结，可以抵抗来自拉索的拉力和穿过桥面的横向风力，也有利于增大桥梁的抗扭刚度并减少扭曲变形。

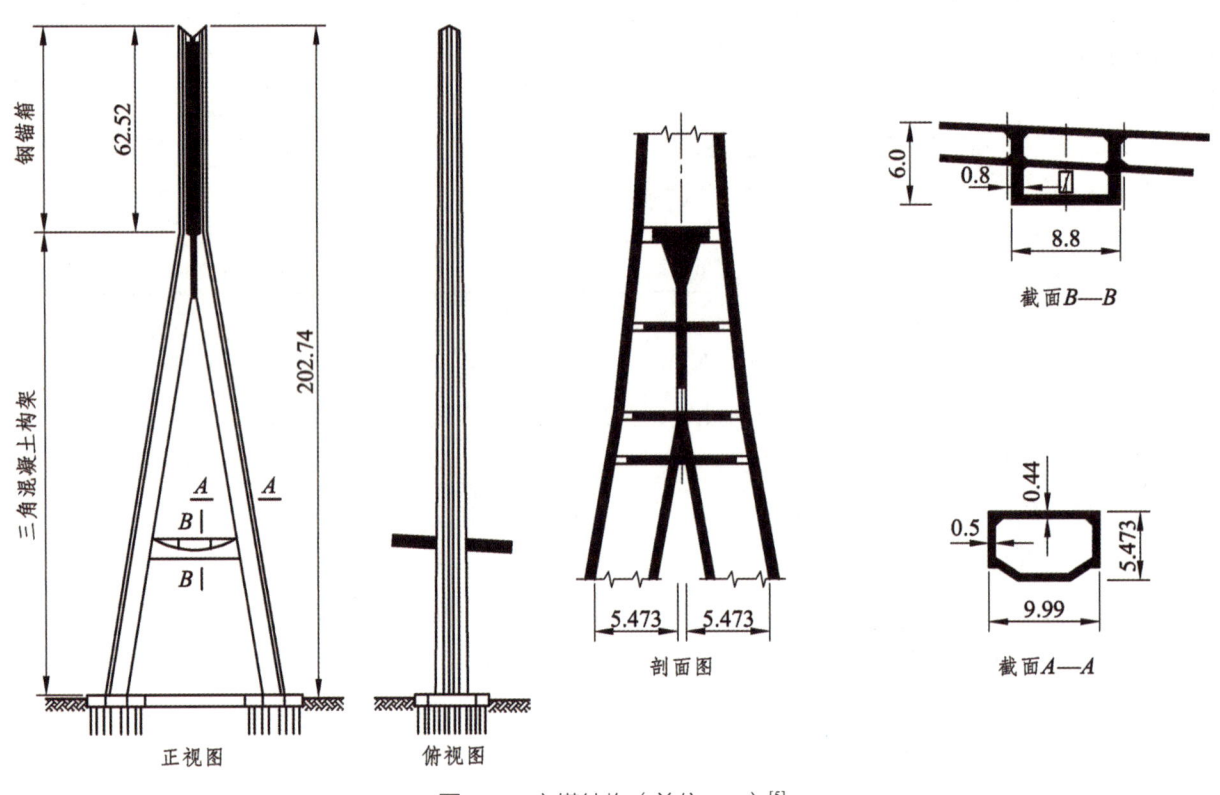

图10-4 主塔结构（单位：m）[5]

主塔上部62.52 m范围内，其内部是由21节钢锚箱组成的钢塔，每节高2.7 m，箱形钢锚箱被夹在八角形垂直塔柱的2个分肢的中央部分，如图10-5（a）所示。钢锚箱在工厂加工组装以获得精确的几何尺寸，特别是每个拉索锚座的角度也可以获得精确的保证。加工好的钢锚箱用20 t的起重机拉起后与下一节焊接好，锚箱前后各锚固一对索。同时为减轻锚箱重量和工地焊接的工作量，也便于从侧室进入锚箱，锚箱纵向主板裁成H形。在锚箱安装完毕后，逐节浇筑塔冠筒壁的混凝土，并在环向施加预应力。预应力筋呈U形，锚固在塔冠的横墙上，穿过锚箱横板处。为使锚箱能承受预压应力，且不产生过大变形，在横板内侧设有交叉斜杆，预应力筋对称布置使锚箱与混凝土塔冠壁联结成一整体。同时在锚箱与塔冠外壁之间，安装提升机便于进入锚箱安装和锚固拉索。2根拉索H1和H2直接锚在支承钢锚箱的混凝土上，然后2根拉索H3和H4锚在特制的钢构件上，其他各拉索从H5至H23逐根锚于标准的钢构件上，如图10-5（b）和（c）所示。

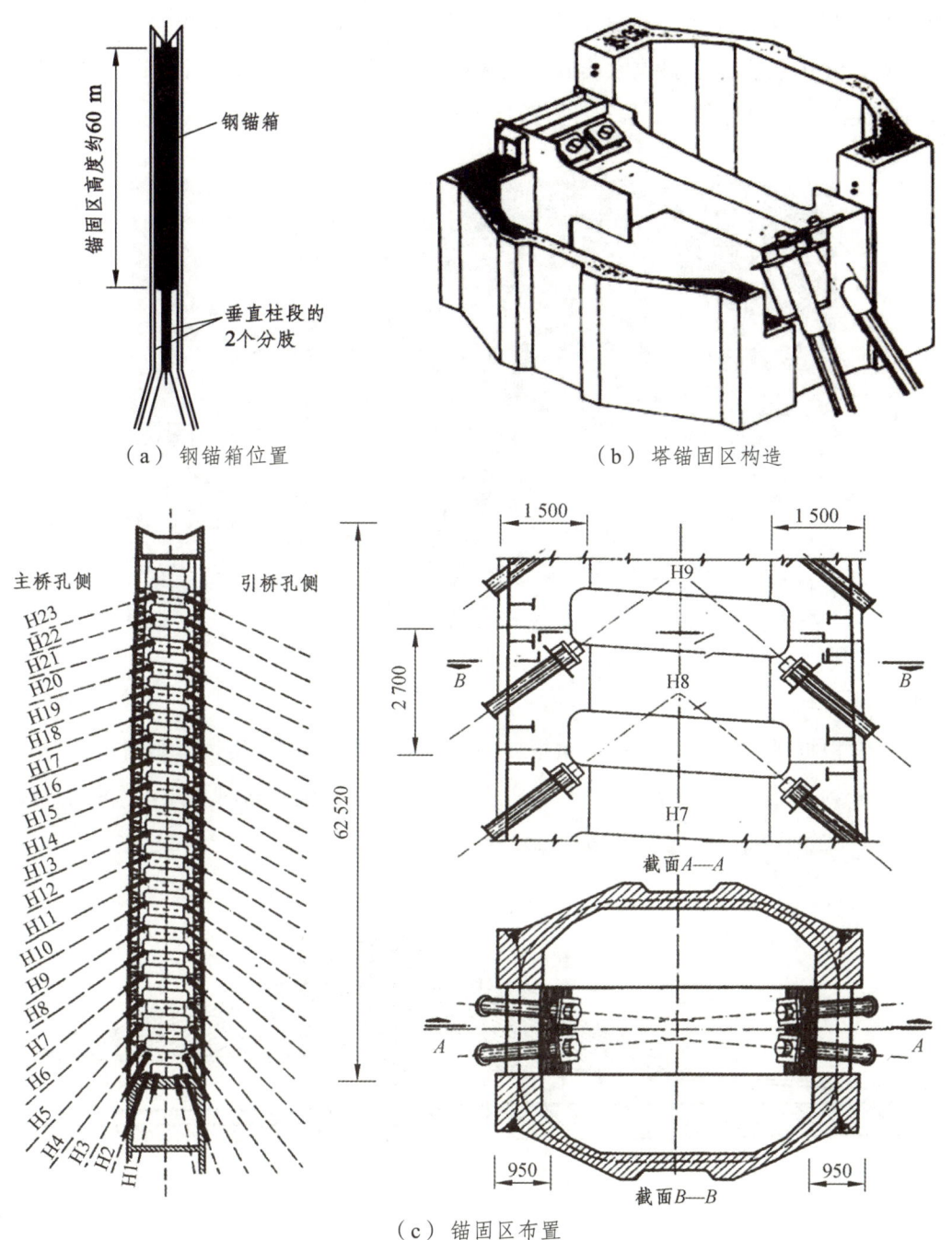

图10-5 索塔锚固区（单位：mm）

3. 斜拉索

斜拉索是由弗雷西奈（Freyssinet）公司提供，由直径15.24 mm的钢绞线制成，每根钢绞线都有单独的防腐体系。钢丝经过热浸镀镀锌与重复张拉，在扭绞和热处理后，钢丝之间空隙用油蜡填注，然后每根钢绞线外挤压厚1.5 mm的高密度聚乙烯保护层。同时为减少斜拉索对风的阻力和避免斜拉索的气动不稳定问题，斜拉索截面近似于圆形，并在其外面再用高密度聚乙烯套管保护，此套管由2个半圆形合成，在斜拉索架设并张拉后安装。拉索安装和线性调整以每天1对索的速度前行，拉索安装期间经历过暴风雨，发现拉索随桥面板的晃动出现危险的共振现象

[6,7]。施工人员曾经采用麻绳作为临时性的减振装置，但没有达到预期效果。因此为减少梁体位移导致的振动，除仍在桥面上斜拉索锚固处安装阻尼器以外，又在索面上设置了32束与斜拉索相垂直的横向挂索，有效抑阻了共振[8]，如图10-6所示。

图10-6　斜拉索与横向挂索的连接[8]

每根斜拉索根据受力情况，由30～44根或51根钢绞线组成[3,5]。梁体上斜拉索锚固点的纵向间距，引桥部分到最后1个塔旁墩都是14.5 m；引桥的最后一跨96 m内及伸入主跨的116 m部分采用16 m间距；在钢箱梁部分间距为19.65 m，如图10-7所示。

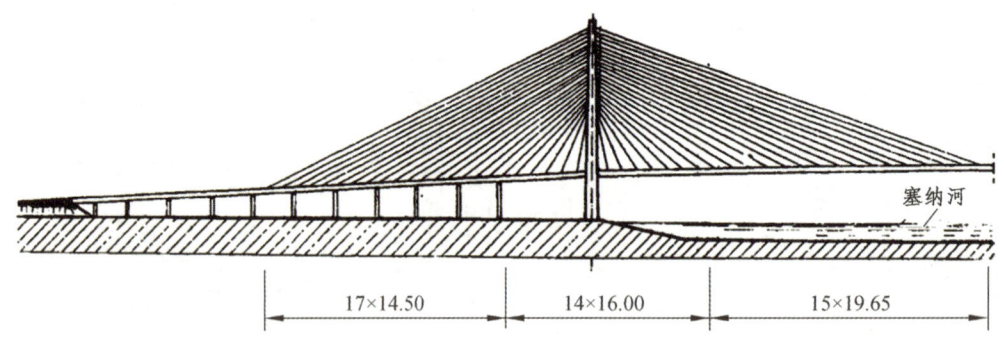

图10-7　梁体上斜拉索的锚固点布置（单位：m）

斜拉索锚固部分位于混凝土箱梁的两侧结点处。箱梁结点下设有锚块以保证在安装锚头垫板时不会削弱混凝土梁的截面。另外，在锚固部分外侧的箱梁设置横向预应力筋的锚头，这些预应力筋对斜拉索锚固点处的主梁施加预应力，并且有助于索力向箱梁传递，如图10-8所示[9]。

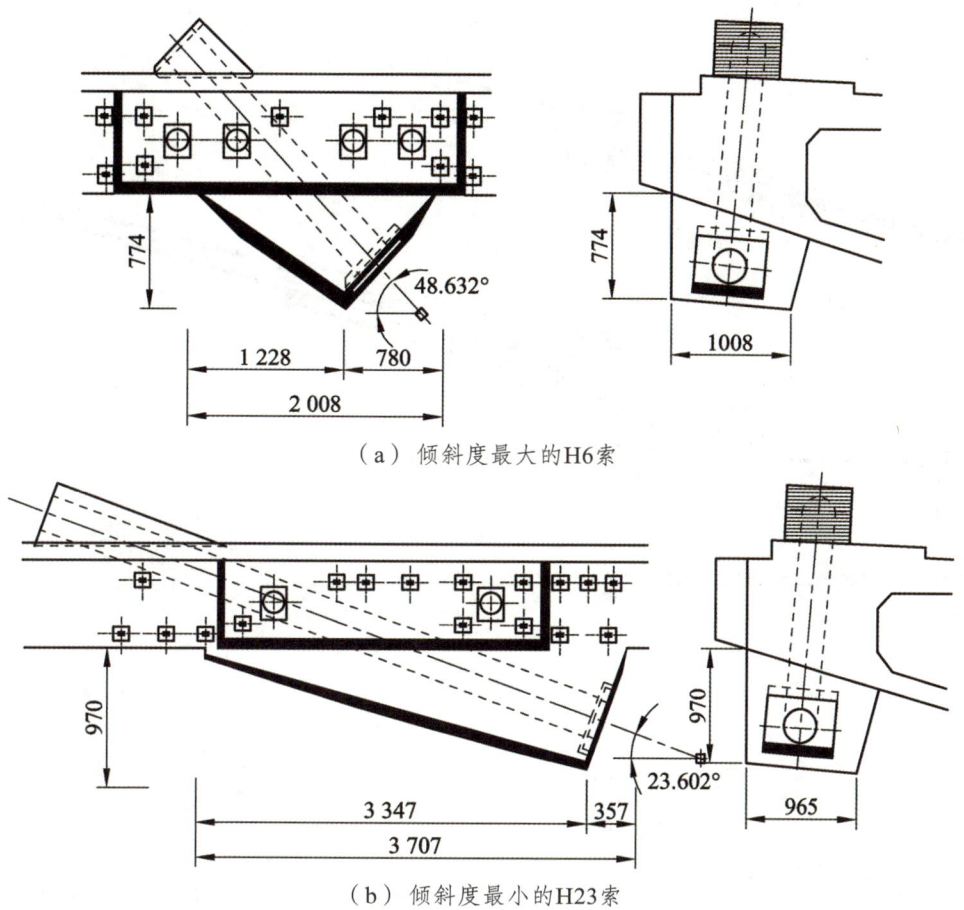

（a）倾斜度最大的H6索

（b）倾斜度最小的H23索

图10-8　混凝土梁的索梁锚固区（单位：mm）[1]

钢箱梁上的斜拉索锚固较为简单：钢箱梁两侧腹板的局部厚度由30 mm增至75 mm或85 mm，并向上延伸和开有供插销铰的圆孔，然后将每根斜拉索的锚头通过开口锚箱，用插入该圆孔的销铰作连接，如图10-9所示。

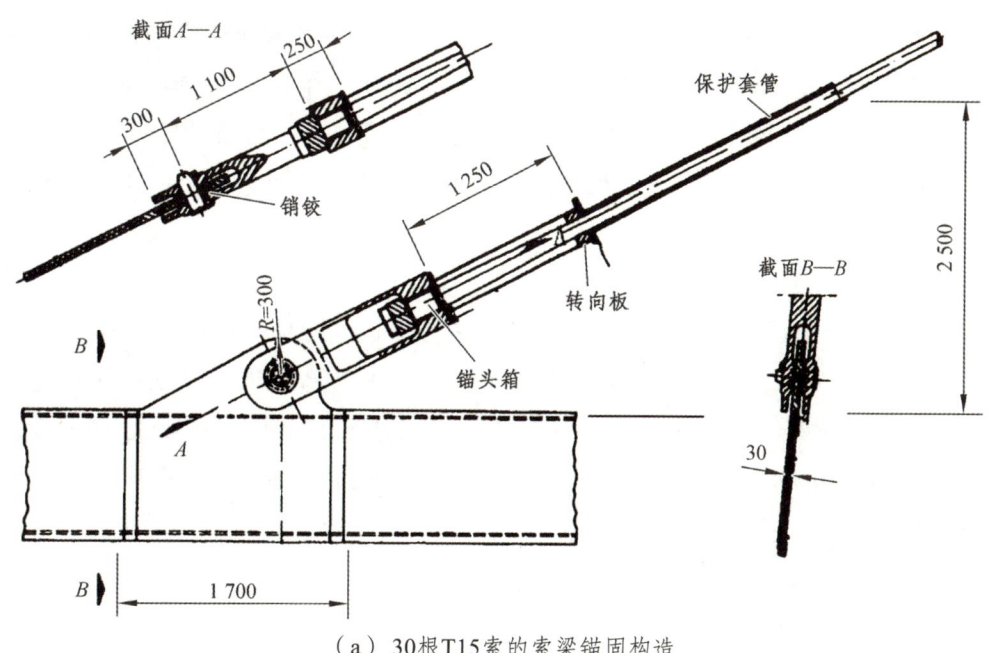

（a）30根T15索的索梁锚固构造

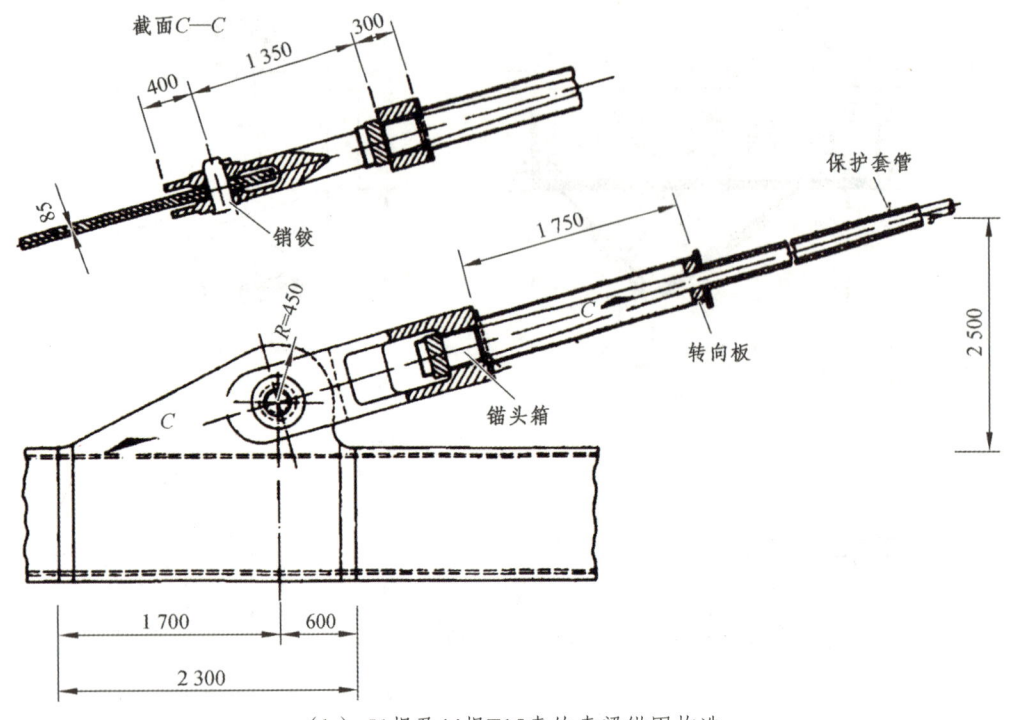

(b) 51根及44根T15索的索梁锚固构造

图10-9　钢箱梁的索梁锚固区（单位：mm）[1]

10.4　施　工

诺曼底大桥采用顶推法施工，如表10-2所示。引桥施工采用经典的顶推法，在当时情况下，这是一种先进的施工方法。由于摩擦力较大及引桥存在向上的6%斜坡，将产生很大的水平反力，原先设计的采用节段顶推法十分困难。因此，施工方采用了一种楼梯式顶推法，对有斜坡的引桥跨进行顶推架设。桥面梁在每1个桥墩上用一对梯形顶推支座，其下备有滚柱，它能在支墩上产生水平滚动，顶面有6%的斜度。桥墩上的水平千斤顶在控制中心的控制下，使主梁与顶推支座一起水平移动15 cm；在水平移动后，桥墩上的垂直千斤顶在中心控制下将主梁顶升9 mm，这时水平弹簧将顶推支座拉到原位，松掉垂直千斤顶，将梁放到顶推支座上，再进行下一轮顶推，在顶推装置中，使用了一系列传感器才有可能控制所有支座上的水平和垂直运动。操作都由控制中心的微型计算机发出指令完成，节省了大量人工[1,4]。

桥梁设计与施工有关，尤其是特大跨径桥梁的设计主要取决于施工架设技术。诺曼底大桥结构施工，由3部分组成：①引桥由两侧桥台顶推直到索塔前的最后1个桥墩，但实际上顶推超过了最后1个桥墩6 m，余下到索塔尚有90 m。②同时建造索塔，当索塔接近完成时，主跨混凝土悬臂段和引桥跨平衡其重量的90 m梁段立即用悬臂法施工，在移动挂篮上就地浇筑对称段。首先在距最后桥墩6 m处合龙，然后浇筑伸入主跨达116 m余下的混凝土。③用悬臂法拼装主跨钢梁部分。施工从主跨两侧混凝土悬臂处开始，两岸各采用一台吊机移动合龙，如图10-10所示[4,5]。

主跨钢结构采用了传统的悬臂施工法，但是悬臂长度超出一般桥梁施工的长度。每一段钢箱梁由驳船运至现场后用位于上一节段上的移动吊机提升，然后将仍悬吊在吊机上的节段与悬臂部分焊接。同时，安装并张拉一对斜拉索，逐根进行。

表10-2　大桥施工过程

时间	施工任务
1988年	铺设土工布垫，沉积沙子（避免回填土错位），北塔保护岛的建设
1991年3月	桥塔及桥墩的基础设施建设
1991年12月	建造主塔上部结构
1992年2月	引桥跨施工
1992年10月	主塔塔架拼接
1993年2月	主跨混凝土梁施工
1993年10月	主跨钢结构施工
1995年1月20日	诺曼底大桥正式落成

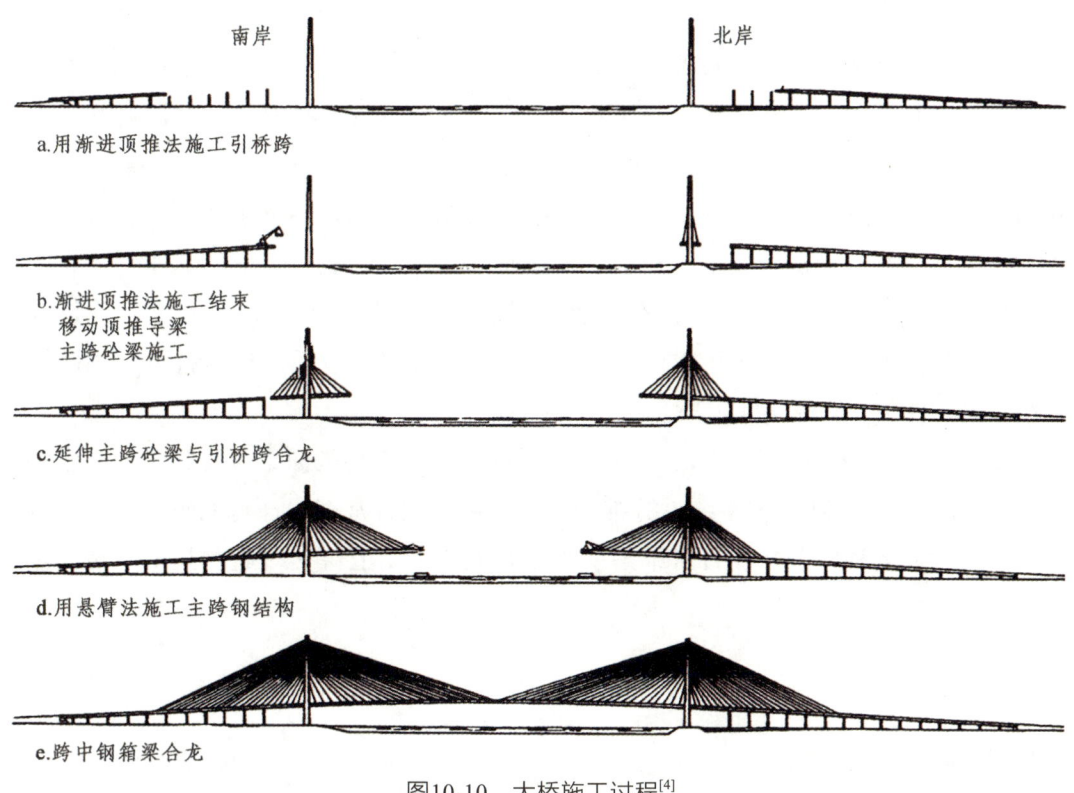

图10-10　大桥施工过程[4]

10.5　运营维护

大跨度桥梁结构在各种因素影响下，其线形会发生较大变化。挠度是结构的重要参数，能够直接表现结构的受力状态，因此通过监测桥梁结构不同位置的坐标变化，能够实时检测桥梁结构的受力性能和工作状态。近年来，随着卫星实时监测技术越来越成熟，国内外已有许多应用卫星实时监测技术对大型结构建筑进行健康监测的成功案例。诺曼底大桥正是运用了这一技术来实现结构监测。这种方法有以下几大特点：速度快，精度高；广泛的应用环境；简易，易操作性；高度自动化和智能化；节省测试时间，极大地提高了工作效率。1995年1月交付使用前，施工团队对诺曼底大桥进行了各种荷载测试，提出实时监测操作期间的路面移动状况，尽管当时工作条件恶劣，但依然证明了卫星实时监测技术能够以厘米级精度来实时进行结构监测。

10.6 结　论

诺曼底大桥作为大跨径斜拉桥的典型代表之一，可从结构设计、施工及运营维护等方面总结为：

（1）结构设计。诺曼底主梁采用钢筋-混凝土组合结构实现大跨。为减少风力和提高桥梁的动力稳定性，诺曼底大桥的钢箱梁采用流线型设计，为考虑恒载的平衡，边跨还设计了较多的抗拔墩；两座主塔均采用钢筋混凝土结构，采用倒Y形设计，这种设计有利于抵抗横向风力和增加抗扭刚度；斜拉索为双索面，布置在主塔中央，由经防腐蚀处理的平行钢绞线制成，斜拉索锚固在塔顶的中心构件上，并布置了一块百叶板以确定斜拉索的倾斜角度，同时又在索面上设置了32束与斜拉索相垂直的横向挂索以抑制共振。

（2）施工。引桥施工采用顶推法，由于引桥存在向上的坡度，采取了一种楼梯式顶推法。这种楼梯式顶推法在每个桥墩上采用梯形顶推支座并且备有滚柱，主梁随支座一起水平移动，在电脑发出指令后，完成顶推工作，不但能达到设计要求又大大节省了人工，并且可以在良好、重复且风险低的条件下在工厂里制造钢箱梁截面，浇筑一段后，逐步推压。主跨钢箱梁施工采用悬臂法，且该桥悬臂长度较长。

（3）运营维护。诺曼底大桥和坦卡维尔大桥都是由阿弗勒工商会负责日常的运营和维护工作，都是通过同1个检查和维护系统进行维护，可在不影响日常交通通行的情况下进行维护，及时处理大桥遇到的各种问题。在日常维护中诺曼底大桥采用卫星实时监测技术，对大桥线形进行高精度实时监测。

参考文献

[1] VIRLOGEUX M. Normandie Bridge Design and construction[J]. Structural Board, 1993, 99:281-302.

[2] 范立础. 世界最大跨径的斜拉桥——法国诺曼底(Normandy)大桥的设计及施工[J]. 重庆交通大学学报（自然科学版），1995（3）：1-8.

[3] 佚名. 目前世界十大大跨度斜拉桥[J]. 城市道桥与防洪，2004（5）：1.

[4]　金增洪．法国诺曼底大桥简介[J]．国外公路，1996（4）：26-31．

[5]　杨祖东，VIRL M．诺曼底大桥的设计与施工[J]．城市道桥与防洪，1995（3）：17-35．

[6]　王军建，举世瞩目的诺曼底大桥[J]．国外公路,1994，14（2）:3．

[7]　VIRLO M，田高潮．诺曼底大桥的设计[J]．世界桥梁，1992（1）：35-44．

[8]　艾国柱．斜拉桥通鉴[M]．成都：西南交通大学出版社，2011．

[9]　沈锐利．缆索承重桥梁[M]．北京：人民交通出版社，2021．

11 米约大桥

11.1 引 言

　　法国的A75号公路始于克莱蒙-费朗（Clermont-Ferrand），终于地中海滨贝济耶（Beziers），是连接法国与西班牙的主要交通动脉之一。由于A75号公路不能直接穿越米约市（Millau）旁的塔恩河谷（Tarn Gorge），给当地出行带来极大不便，因此当地政府决定在塔恩河上方275 m处修建直接连接北部高原和南部的拉尔札克高原（Larzac Plateau）的高架桥以解决交通瓶颈，即米约大桥（Millau Viaduct），拥有世界最高桥塔（343 m），甚至比埃菲尔铁塔还高19 m，至今仍保持世界最高桥梁（结构高度）的记录，被称为法国21世纪最伟大的建筑工程奇观之一，2006年获得国际桥梁和结构工程协会的杰出结构奖。大桥是一座多塔斜拉桥，这是一种新型，跨越能力强，非常经济、合理的桥型。多塔斜拉桥除外形上与普通两塔斜拉桥不同外，其力学行为也有所差异：两塔斜拉桥中，边锚索对控制结构变形作用较大；而对于多塔斜拉桥来说，由于没有边锚索控制中间塔的位移，使得结构柔性更大，其整体变形只能靠主梁和桥塔的刚度来控制，且受梁、墩和塔之间的连接类型影响很大。多塔斜拉桥的刚度会随着索塔数量增加而减小，长主梁受温度影响较大[1]，因此多塔斜拉桥结构设计和施工是非常具有挑战性的。

　　世界上第一座现代斜拉桥始建于1952年的法国，当时艾伯特·卡柯（Albert Caquot）在栋泽尔运河（Donzere Canal）上用钢筋混凝土建造了斜拉桥，这座桥比1956年瑞典著名的斯特罗姆松德桥（Stromsund Bridge）还要早几年[2]，此后，斜拉桥不断迅猛发展。意大利土木工程师里卡尔多·莫兰迪（Riccardo Morandi）提出了著名的莫兰迪体系，首次应用于委内瑞拉的马拉开波桥（Maracaibo Bridge），即世界上第一座多塔斜拉桥。莫兰迪体系桥虽然结构形式简洁，受力明确，但采用稀索体系（索与索间距过大），导致主梁高、自重大且配筋较多。经过不断探索和实践，密索体系诞生，结构向大跨、轻型发展，1993年墨西哥建成了第一座密索体系三塔斜拉桥——梅斯卡拉桥（Mezcala Bridge），国内外已建成的多塔斜拉桥如表11-1。米约大桥作为典型的多塔斜拉桥，建造过程积累了丰富的工程经验，本章从建造背景、结构设计、施工及运营维护等方面进行全面阐述。

表11-1 国内外多塔斜拉桥一览

序号	桥名	国家	桥跨布置/m	塔数	主梁形式	通车时间
1	马拉开波桥（Maracaibo Bridge）	委内瑞拉	6×235	6	预应力混凝土梁	1962
2	梅斯卡拉桥（Mezcala Bridge）	墨西哥	57+80+311.5+299.5+84+68	3	钢混结合梁	1993
3	香港汀九桥	中国	127+448+475+127	3	结合梁	1998
4	桑尼伯格大桥（Sunniberg Bridge）	瑞士	59+128+140+134+65	4	混凝土梁	1998
5	岳阳洞庭湖大桥	中国	130+2×310+130	3	预应力混凝土梁	2000
6	夷陵长江大桥	中国	2×38+43.5+2×348+43.5+2×38	3	混凝土箱梁	2001
7	米约大桥（Millau Viaduct）	法国	204+6×342+204	7	钢箱梁	2004
8	里翁-安提里翁大桥（Rion-Antirion Bridge）	希腊	268+3×560+268	4	钢-混结合梁	2004
9	二七长江大桥	中国	90+160+2×616+160+90	3	钢-混结合梁	2011
10	嘉绍大桥	中国	70+200+5×428+200+70	6	钢箱梁	2013
11	赤石大桥	中国	165+3×380+165	4	混凝土箱梁	2016
12	昆斯费里大桥（Queensferry Crossing）	英国	104+221+2×650+221+104	3	钢-混结合梁	2017

11.2 工程背景

法国南部米约市（Millau）附近的塔恩河谷长53 km、深600 m，是欧洲最深的峡谷之一。20世纪80年代，由于A75号公路不能直接穿越峡谷，车辆需绕道穿行至米约市内，造成此路段交通极为拥堵，尤其在夏季假日出行高峰，排队车辆经常绵延至35 km，需等候5个多小时，A75号公路急需改造。为缓解此处交通压力，自1988年提出4种A75号公路改造方案，如表11-2和图11-1所示。综合各方面因素，在满足不挖隧道、公路高度不变、保护环境景观及不能扰民等要求，当地政府考虑选择方案4，并向工程师与建筑师征集建桥方案。1990年，法国科学院院士、著名工程师密歇尔·维洛热（Michel Virlogeux）提出七塔八跨悬浮体系斜拉桥方案[3]，即采用塔墩梁固结体系的多塔预应力混凝土斜拉桥，桥墩采用箱型变截面。1992～1993年，密歇尔领导的设计团队又提出了另外几个方案，并请5家设计团队尽可能地完善改进其中一种方案。1996年7月，经法国国家公路局评判委员会决定，采用密歇尔·维洛热和英国知名建筑大师诺曼·福斯特（Norman Foster）提出的七塔高墩钢箱梁斜拉桥方案。虽然工程师密歇尔认为"桥梁设计是工程师的领域，不能交给建筑师"，但在设计米约大桥时，建筑师福斯特提出将桥梁设计成最简约的直线,与密歇尔的想法不谋而合,尽管会使技术难度增大,但最终的结构形式精巧轻盈,美学和功能上达到了融合统一。2001年,由法国著名的埃法日集团(Groupe Eiffage)与法国政府以BOT模式合作承接,埃法日集团对该桥的特许经营期为75年,届满时将该桥移交回法国政府,转由政府指定部门经营和管理。该桥于2001年10月正式兴建,2004年12月14日举行竣工仪式,时任法国总统雅克希拉克参与通车仪式。大桥总用钢量为3.6万t,混凝土8.5万m^3,总重量29万t,造价约4亿欧元,设计使用年限为120年。埃法日集团在该桥以北6 km处兴建了新收费站(耗资2 000万欧元)。

表11-2 A75号公路改造方案

	形式	特点
方案1	在塔恩河和多尔别(Dourbie)山谷分别修建一座800 m和一座1 000 m的大桥	路线短,但须在山体斜坡设置桥墩、安全性低,只允许从拉尔札克高原进入米约市
方案2	1条绕开山峰、长12 km的公路	技术容易,成本高,且需要修建4座高架桥,公路经过景点,对环境负面影响大
方案3	重建直通米约市的RN9公路	地形复杂,需挖隧道、修建高架桥,对周边环境及米约市的规划建设影响大
方案4(最终方案)	一座直接跨越塔恩河谷的高架桥	地势险峻、路面高度大,成本相对较低

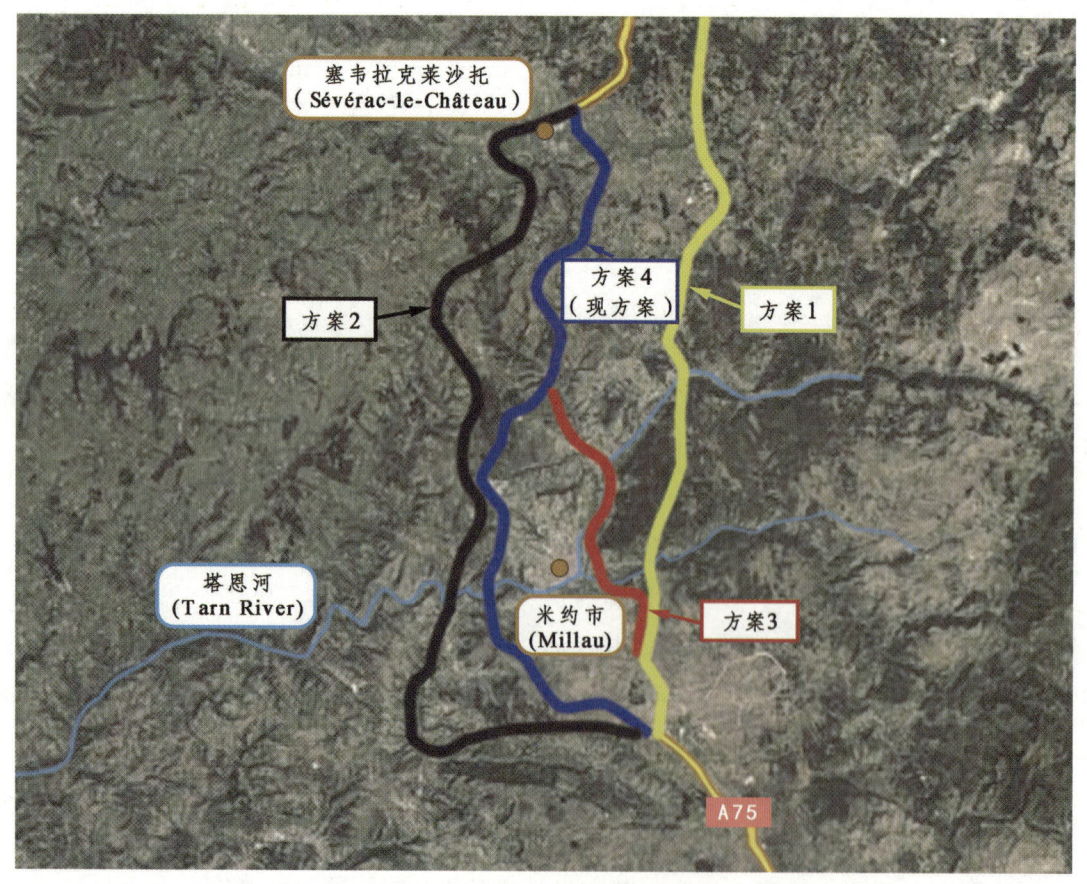

图11-1 A75号公路改造方案选址

11.3 结构设计

1. 设计条件

桥位地质情况如图11-2(a)所示,两侧高原均为石灰岩,中生代中期形成的沉积盆地得到较好保留。该桥南部的拉尔札克高原底部为三叠系泥灰岩层,顶部为石灰岩。塔恩河谷地势险峻、河流蜿蜒曲折,若将桥梁建在地势较低处,在米约市就不能观赏到该桥,且较低的桥位会与地下水位相交使得成本更高,也延长了线路长度,因此决定设计一座桥面高程较高的多跨连续梁斜拉桥。为了不破坏塔恩河谷周围的景观,在预应力混凝土桥和钢桥2个方案中选用钢桥,并运用福斯特独特的设计理念使大桥轻巧纤长,与自然环境协调一致。由于桥梁两端地势高度不同,故全桥由南至北的纵坡为3%,为提升视距,桥面有20 km半径的水平曲率。塔恩河谷地势崎岖,风速不大但极易在桥面形成强烈的乱流。为保证大桥的抗风稳定性,主梁截面设计成近似三角形以减少风阻,还在桥面两边设置3 m高挡风板,风洞试验于1997年就已开始,法国气象局专家甚至在法国西南部的图卢兹(Toulouse)一带修建了1个人工山谷,然后向这个"山谷"灌水,水中夹杂了许多小颗粒,专家通过水流颗粒的变化模拟出塔恩河谷可能出现的各种复杂风向,从而对大桥各种建筑结构的比例不断进行修改。直到1998年,根据试验结果调整了桥面板和桥塔的设计,可抵御风速70 m/s大风。结构设计概要如表11-3所示。

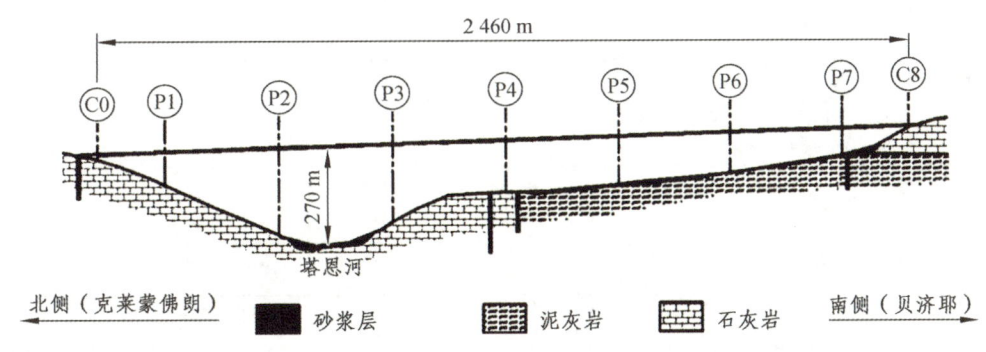

(a) 桥址地质概况[4]

(b) 大桥实景

图11-2 米约大桥

表11-3 结构设计概要

设计项目		参数取值
桥型		七塔八跨单索面斜拉桥
跨径布置		（204+6×342+204）m
车道数		双向4车道
纵坡		3%
桥面水平曲率半径		$R=20$ km
设计风速		70 m/s
主梁	形式	流线型扁平钢箱梁
	梁高	4.20 m
	总宽度	32.05 m
	横隔板间距	4.17 m
	钢板厚度	12～14 mm
	钢材	S355：23 500 t；S460：1500 t
斜拉索	根数	154根（每塔11对）
	构成	7股镀锌钢绞线，每束45～91根
	张力	900～1 200 t/索
	最大长度	108 m
	重量	1500 t
主塔	断面尺寸	塔底：4.75 m×3.5 m（双肢） 塔顶：3.17 m×2.6 m
	高度	桥面以上约87 m
	重量	700 t/塔
结构工程量		钢：42 400 t（其中：塔4 900 t；梁36 000 t；索1 500 t）

2. 下部结构

（1）桥墩。

桥墩和桥台的基础设计根据基岩种类的不同而略有差异，但设计原则一致。泥灰岩不仅力学性能弱于石灰岩，而且存在影响上部结构的表层滑动。建在石灰岩上的C0和C8桥台选择了扩大基础[4]，其余7个桥墩的基础由4个直径5 m、深10～15 m的钢筋混凝土桩组成，桩顶为3.5 m或5 m厚的钢筋混凝土承台。建在泥灰岩中的桥墩基础承台较厚，桩深更大，桩底直径增到7 m。图11-3为P2和P6墩基础构造，P2为最高墩（墩高245 m），基岩为石灰岩，P6基岩为泥灰岩，墩高适中。桥墩为抗弯刚度较大的箱型截面，可抵抗墩身过高产生的较大弯矩，也可平衡多跨斜拉桥的不对称荷载、改善温度效应导致的长主梁变形情况。由于桥墩高度较大，若采用双柱式桥墩不仅施工困难，且安全性有可能低于单柱式桥墩，另外考虑到单柱式桥墩更能适应长主梁的热胀冷缩，最终采用底部尺寸为17 m×27 m的钢筋混凝土单柱式桥墩，并在顶部分叉，分叉高度约90 m，分开的针状桥墩构造不仅能更好适应主梁的温度变形、使支柱有较大的弹性空间、抵抗来自桥塔的扭转力[6]，更赋予该桥标志性的亮点，也契合了斜拉桥纤细的轮廓。

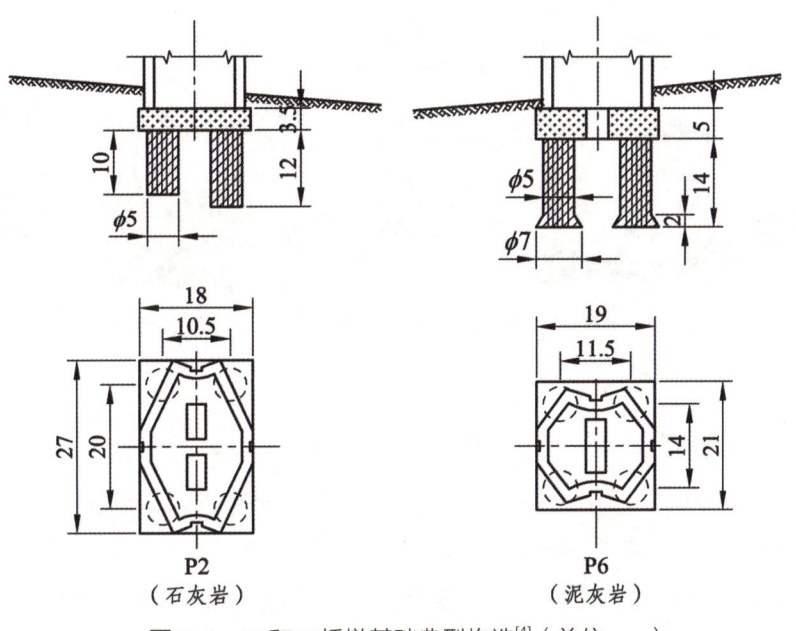

图11-3 P2和P6桥墩基础典型构造[4]（单位：m）

（2）主塔。

每个桥墩上方设置87 m高的倒V形钢桥塔，每个桥塔重约700 t，塔身纤细修长，既提供了足够的刚度，同时又显轻盈。桥塔设置在桥梁中轴线上，纵向的倒V形结构能更好适应桥墩顶部的分叉部分。在不对称活载或极端风荷载的作用下，每个支座上的垂直荷载可达100 MN，为减小支座尺寸，采用新型复合材料球形支座，在极限荷载下可承受高达180 MPa应力[5]。桥塔截面构造如图11-4所示。

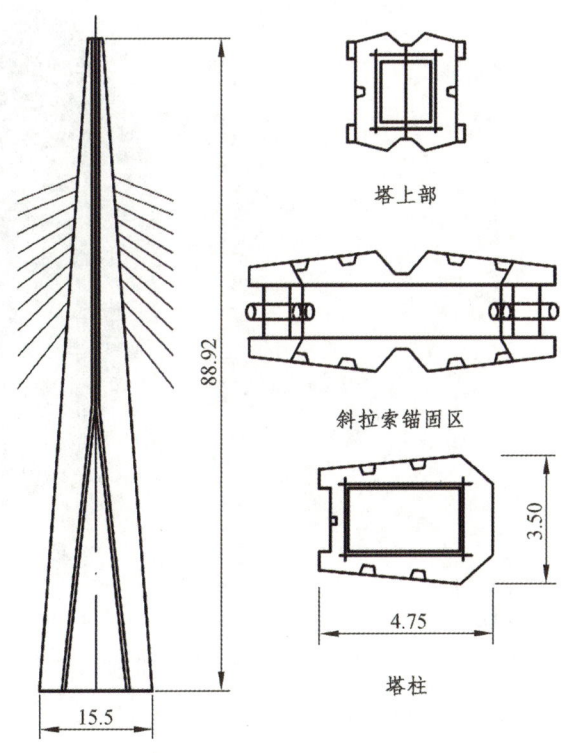

图11-4 钢主塔截面构造（单位：m）

3. 上部结构

米约大桥为七塔八跨单索面钢箱梁斜拉桥,如图11-5所示,全长2 460 m,跨径布置为(204+6×342+204)m,设7座A形钢塔,自墩顶起塔高87 m,最高墩达245 m,154根斜拉索单索面扇形布置,主梁采用流线型钢箱梁,梁高4.2 m,双向四车道,桥下净空270 m,结构体系为塔梁固结、塔墩铰接,由于南北端高度不同,故整座桥以3%的纵坡由南至北下降。

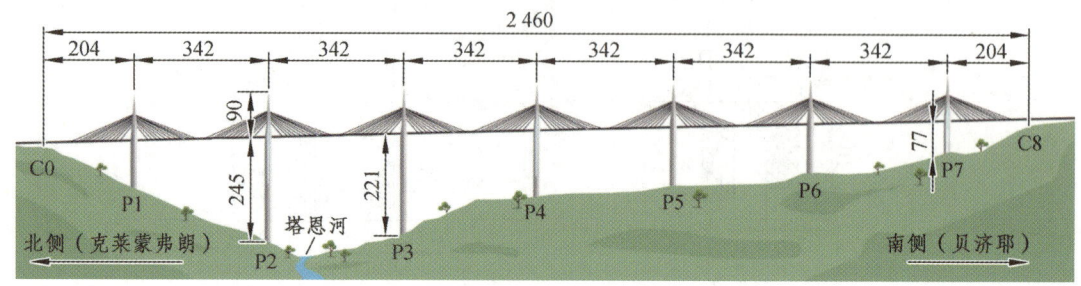

图11-5 米约大桥桥跨布置(单位:m)

(1)斜拉索。

斜拉索采用单索面扇形布置,每座桥塔均设置11对斜拉索对称布置,共154根,根据长度不同,每根斜拉索由45~91根7股钢绞线组成,钢绞线截面积为150 mm^2,拉索最长180 m,自重25 t,所有斜拉索共重约1 500 t,张拉力约900~1 200 t。每根拉索设有三重防腐保护:镀锌、石油蜡涂层和挤压聚乙烯护套,外护套沿长度设有双螺旋线,可有效减小斜拉索风雨振。图11-6为斜拉索内部构造。

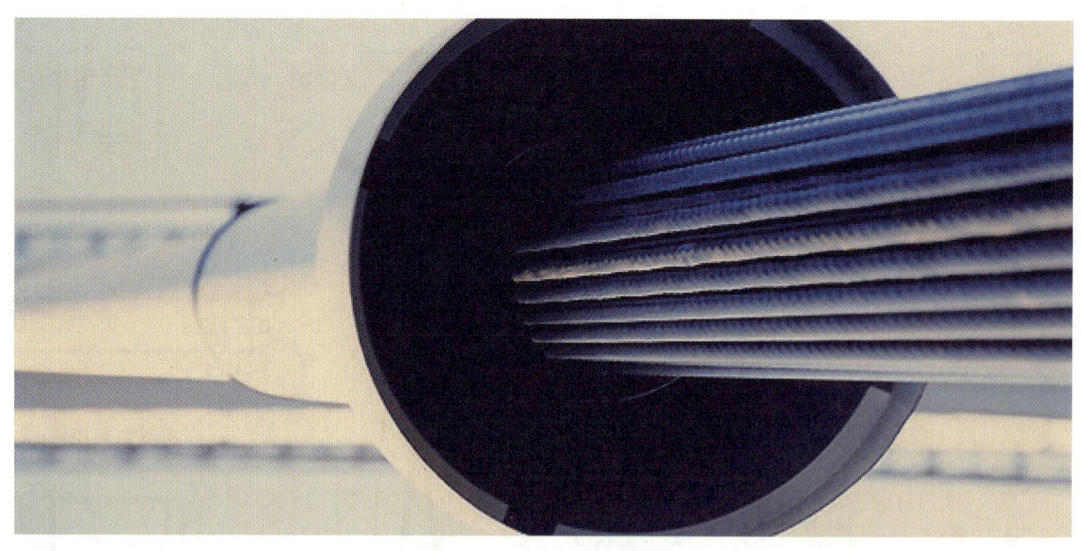

图11-6 斜拉索内部构造

(2)主梁。

主梁为流线型扁平钢箱梁,如图11-7所示,因施工过程的顶推需要,采用单箱三室截面,三角形横隔板间距4.17 m。桥面双向4车道,另设有宽3 m的路肩。主梁横截面设计为三角形,以有效减少风阻,另外,为将风对大桥的垂直作用力的影响减小到最低限度,还设置了3 m高的挡风板，避免风振对桥面通行车辆的影响，有效改善了空气动力性能，也增强了主梁美感。

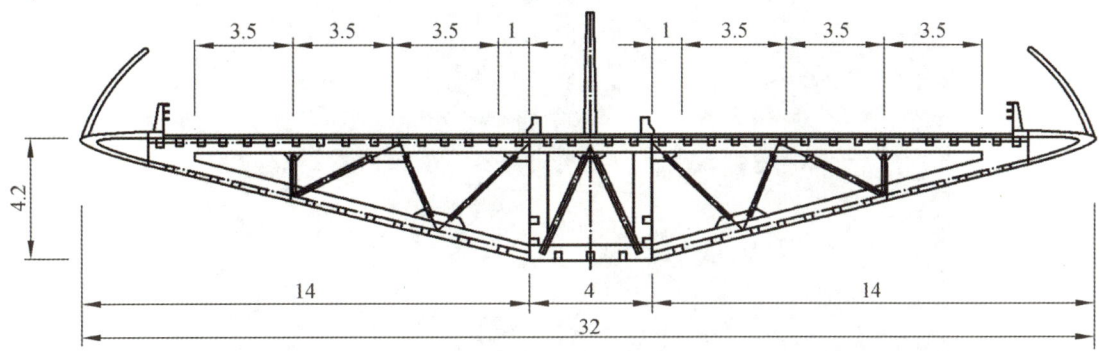

图11-7 主梁横截面构造（单位：m）

11.4 施 工

1. 下部结构

钢筋混凝土桥墩高度从77~240 m不等，均由节段组成，每个节段重2 230 t，节段在施工现场由每块60 t、17 m×4 m的钢筋混凝土预制板件拼装而成，板件是在埃法日集团位于劳特堡（Lauterbourg）与滨海福斯（Fos-sur-Mer）的工厂预制再运抵施工现场进行拼装[12]。桥墩内部4个面尺寸固定，外部四个面尺寸沿墩高方向变化，采用改进的体外自爬升式起重机进行施工，内部限位模板则通过塔吊移动，由于桥墩较高，拼装时须逐步地将塔吊固定在桥墩相应节段位置上，如图11-8所示。为保证施工精度，施工方采用全球卫星定位系统（GPS），包括300多个小型精密反光镜（感应装置），感应装置部分浇筑锚固在桥墩中，部分固定在周围的岩石上，施工时桥墩每升高4 m，即利用GPS接受感应装置数据，纠正由温度或风导致的墩身微小位移，使用这一系统，可将桥墩垂直误差控制在5 mm以内[7]。墩基础施工始于2002年1月，同年3月进行桥墩施工，历时9个月，2002年12月桥墩和桥台施工完成。

主梁顶推作业开始前，两侧梁段最前端均安装有一桥塔（顶推时为了尽可能减小风的影响，桥塔的高度限制在70~87 m），为减小顶推过程中悬臂端的弯矩，张拉了6对斜拉索。主跨合龙之后开始其他5个桥塔的架设，施工仅用时3个月。各桥塔在不同的工厂预制并集中运抵到现场，桥塔由2台拖车（桥面铺有轨道）运送到桥墩正上方，并通过2个临时支撑钢架辅助，采用液压系统将桥塔吊起并旋转至竖直，如图11-9所示。拖车及运输重量达800 t，运输过程也是对桥梁结构进行的一次荷载试验。

图11-8 桥墩施工

图11-9 桥塔架设

2. 上部结构

主梁采用顶推法施工，米约大桥的两侧设置了2个露天施工场地，进行所有焊接装配工作，96%为地面作业，规避了高空作业风险。主梁由2 000个钢箱梁节段组成，工厂预制成每块宽32 m的节段，运到桥两侧的现场同其他构件焊接并吊到安装平台组拼，从两端将钢箱梁顶推到位。传统的顶推方法是在桥台和桥墩上设置摩擦系数较小的聚四氟乙烯滑板，利用液压千斤顶将主梁从1个桥墩向前顶推至另1个桥墩，但米约桥墩身细长，若使用传统的顶推法可能会使桥墩失稳，且每跨342 m的顶推长度可能会使主梁受弯垮塌。为解决这个问题，总工程师让马希·克雷莫（Jean-Marie Crémer）决定先在主梁架设一座桥塔，这样在主梁顶推时斜拉索可以支撑悬臂端，如图11-10所示，并在每跨跨中架设临时墩，将顶推距离减半为171 m。埃法日集团的项目总监马克·布纳摩（Marc Buonomo）和克雷莫决定将传统的顶推法改良，在桥墩和临时墩上均设12套顶推设备（边跨临时墩仅设一套），每套顶推设备配有两台如图11-11所示的活动顶推装置。顶推装置的一次循环包括4步：提升—顶推—下沉—还原，每次循环能使主梁向前推进600 mm，用时约4分钟。提升阶段，用下方的补偿千斤顶将楔块向上提升27 mm，使滑块与主梁接触，同时主梁也被向上提升5 mm；顶推阶段，水平液压千斤顶将滑块向前拉，从而带动主梁向前推进；下沉阶段，滑块下降与主梁分离，使主梁下沉至支承上，同时牵引千斤顶将下方楔块向前拉；还原阶段，液压千斤顶将滑块还原至起始位置，以便重复上述过程[11]。如此往复便能将主梁不断向前顶推。滑块与楔块接触面使用摩擦系数较小的聚四氟乙烯涂层。为使各个桥墩上的摩擦力平衡，使用计算机和传感器控制顶推过程，使水平千斤顶可以保持相同的水平位移。

图11-10 主梁顶推施工

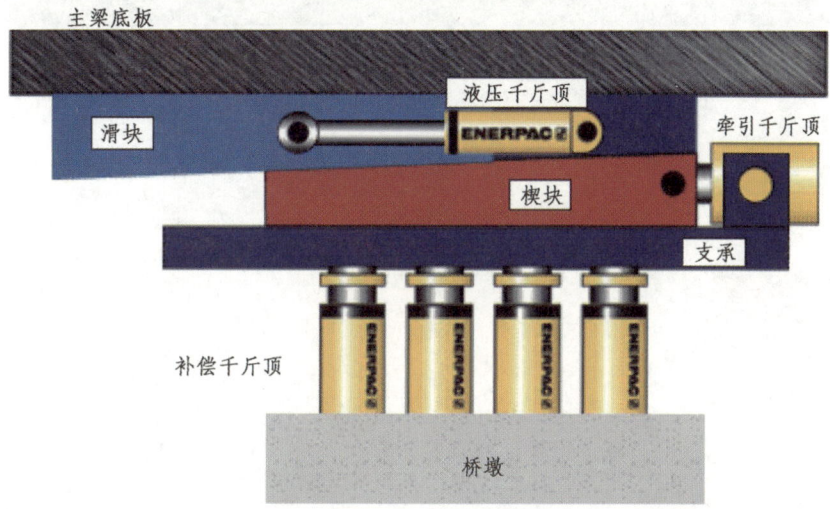

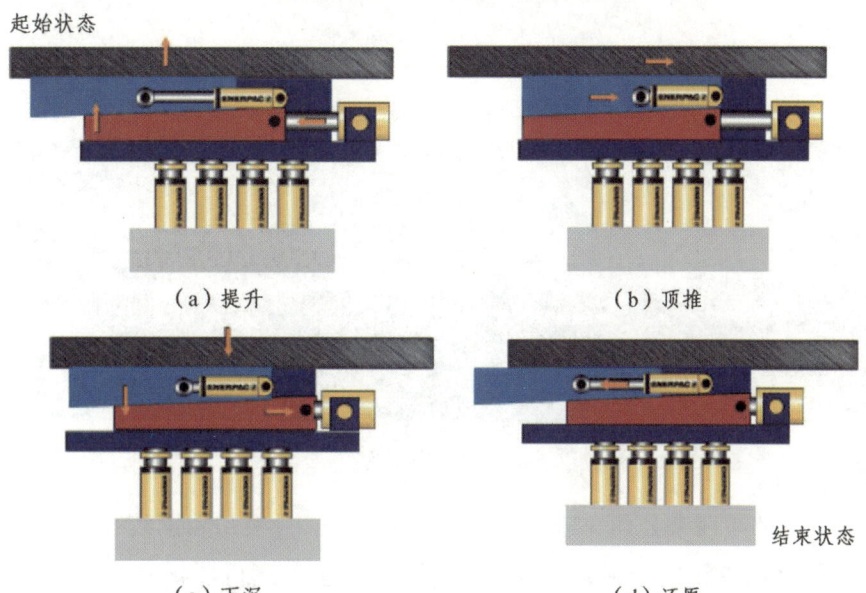

(a) 提升　　　　　　　　　　(b) 顶推

(c) 下沉　　　　　　　　　　(d) 还原

图11-11 顶推设备装置及顶推过程示意[8]

顶推作业从南北两侧同时进行，在P2墩和P3墩之间合龙，南侧顶推长度1 743 m，北侧717 m，如图11-12所示，每次顶推行程171 m，顶推速度约9 m/h，每顶推一跨均需5 天时间，而其中的第一次顶推操作最为复杂，即使是天气条件好，也需3天左右[10]。顶推过程中，当平均风速超过37 km/h，顶推工作就必须暂停。跨中设置的临时墩为钢管桁架，如图11-13所示，边跨的临时墩较中跨的要小巧简单，且只设有一套顶推设备。2004年5月，大桥两端顶推至塔恩河上方准备合龙，如图11-14所示，此处无法架设临时墩，3%的纵坡和平面的弧度都加大了合龙的难度，2004年5月28日下午2时，南北两跨主梁完成合龙。顶推工作共使用工人150名，耗时20个月完成作业。

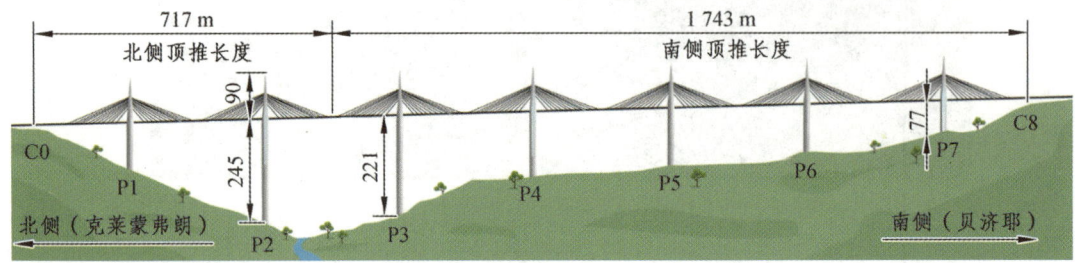

图11-12 顶推长度示意（单位：m）

图11-13 桥墩及临时墩

图11-14 主跨合龙

斜拉索的安装由弗雷西奈公司（Freyssinet）完成，先将1根初始钢绞线穿过护套后，将护套固定到桥塔上，再将钢绞线连接到其上部和下部锚固件上，用机器把其余的钢绞线逐根拉紧，如图11-15所示。当斜拉索的装配和张拉工作结束后，桥梁结构施工也随之完成。

图11-15　斜拉索安装

11.5　运营与维护

1. 运营情况

米约大桥于2001年10月开工建设，由于工程进度顺利，原定于2005年1月10日通车的计划，提前到2004年12月14日。大桥通车后，埃法日集团对米约高架桥拥有长达75年的经营管理权，集团在大桥以北6 km处建立了收费广场，额外耗资2 000万欧元，若运营情况良好，法国政府最早可以在2044年接管大桥。截至2021年，小型汽车的通行费为9欧元/辆（6月15日—9月15日的旺季为11.2欧元/辆）。另外，由于经常有游客减速拍照，桥上限速从130 km/h降至110 km/h。

2. 结构监测

法国政府在"特许规范（Concession Specifications）"中确定了大桥的监测目标，120年的使用年限期间，大桥不需要大修，仅需接受适当的维护即可正常使用[9]。监测分为3阶段：施工、交付和运营。施工期间，需要监控结构的几何形状和位移，尤其是在主梁顶推期间，所使用的地形技术能够监控大桥的行为，并确认是否与计算结果相符。大桥竣工后会记录"基准状态"，尤其是在加载试验中结构静、动响应，该基准状态将作为长期监测的零点。运营阶段，长期监测包括3方面：与车辆和乘客安全相关的特定参数控制、结构性能检查和老化检查。大桥的监测分为2个独立的系统：静态系统和动态系统，每个系统都有独立的数据采集链和专用设备，如图11-16所示，通车前对大桥分别进行了静、动态监测：①环境激励下主结构的振动模式和频率；②脉冲激励下测量第一振型的阻尼；③测量在30辆30t重卡车静载作用下的桥面变形。通车后安装了传感器及相关设备，可对实时交通、风速、车辆打滑、伸缩缝张开量、桥面温度及相对湿度、路面温度等方面进行连续长期的监测。2008年实测数据显示，桥面温度范围在

0~40℃，各测点变化基本同步；相对湿度在20%~40%。所有监测数据都可实时查看，如果数据超过预定阈值将发出警报。大桥监测系统与交通安全控制系统分开，风速测量则使用独立于其他监测系统的通道。大多数仪器（如传感器、数据采集模块和网络通信）均为电子技术领域的工业设备，数据管理在监测的早期阶段进行。大桥计划在运营的最初几年中进行连续跟踪，并实时记录大量数据，可以预测大风期间大桥的响应。自通车以来，除了使用无人机进行年度检查外，还于2005年和2011年进行了两次详细的定期检查。

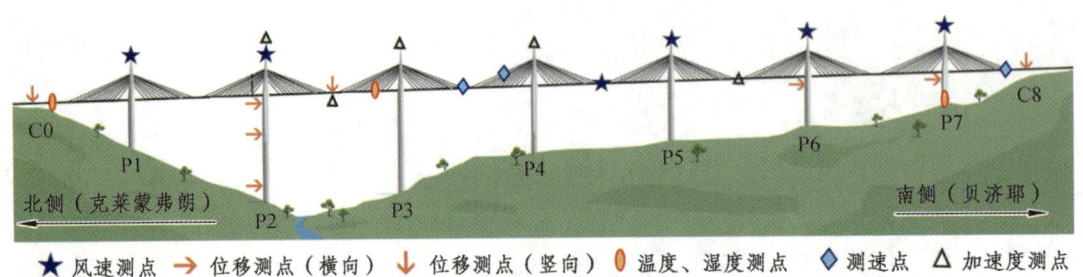

图11-16　大桥监测点布局

11.6　结　论

米约大桥作为多塔斜拉桥的典型代表之一，其优美的设计展示出了功能、技术和美学相辅相成的魅力，世界上最高的桥墩使通行于其上的车辆行人仿若置身云层之间，将塔恩河谷风光尽收眼底[12]。从结构设计、施工及运营维护等方面总结为：

（1）结构设计。多塔斜拉桥作为一种较新型的桥型，其发展历史和应用范围稍逊于传统桥型，米约大桥凭借其卓越的功能和优美的桥身展现了这一新桥型的实用性与观赏性。

（2）施工。该桥的上部结构的顶推法施工最具特色，为克服柔性结构在施工过程中容易失稳的问题，开发了改良的顶推设备、在顶推梁端设置桥塔并设置辅助墩，避免了结构失稳。

（3）运营维护。该桥采用BOT模式运营，监测分为施工、交付和运营三阶段，施工时的监测确认桥梁行为与计算预期是否相符，竣工时的监测数据为运营期的结构健康监测提供基础，可保证桥梁的正常服役。

■ 参考文献

[1] 金立新，郭慧乾. 多塔斜拉桥发展综述[J]. 公路，2010（7）：24-29.

[2] VIRLOGEUX M. Bridges with Multiple Cable-Stayed Spans[J]. Structural Engineering International, 2001, 11(1): 61-82.

[3] 李传习，邹桂生. 法国米约高架桥——7塔斜拉桥的设计与施工[J]. 世界桥梁，2005（4）：18-20.

[4] SCHLOSSER F, SERVANT C, GUILLOUX A. Millau viaduct geotechnical studies and

foundations[J]. 岩石力学与岩土工程学报：英文版，2013，5（3）：243-247.

[5] VIRLOGEUX M, Claude. Millau Viaduct, France[J].Structural engineering international, 2018, 15(1): 4-7.

[6] 龚志刚，刘海燕. 世界最高墩桥——法国米约多塔斜拉桥[J]. 世界桥梁，2004（2）：11.

[7] 王应良，高宗余编著. 欧美桥梁设计思想[M]. 北京：中国铁道出版社，2008.

[8] GREINER-MAI. Le Grande Viaduc de Millau in Frankreich – Vorschub abgeschlossen[J]. Bautechnik, 2004, 81(7):590-594.

[9] CACHOT. The Millau Viaduct: Ten years of structural monitoring[J]. Structural engineering international,2015, 25(4):375-380.

[10] FOSTER M. The Millau Viaduct – Ten years ago[J]. Structural engineering international, 2018, 25(4):373-374.

[11] BUONOMO M. Device for moving a heavy load[P]. US: 2007.

[12] BUONOMO M, FRANCIS ROOS, FALKO SCHRÖTER. Das große Viadukt von Millau – Stahlbau und Montage mit hochfesten Feinkornbaustählen[J]. Stahlbau, 2005, 74.

12　大贝尔特海峡东桥

12.1　引　言

波罗的海（Baltic Sea）一直是北欧重要航道，是俄罗斯与欧洲经济和贸易的重要通道，也是通往北海（North Sea）和北大西洋（North Atlantic Ocean）的重要水域，历史上曾出现过著名的商贸组织，如汉萨同盟（Hanseatic League）。波罗的海由厄勒海峡（Oresund strait）、大贝尔特海峡（Great Belt strait）和小贝尔特海峡（Little Belt strait）注入卡特加特海峡（Kattegat strait），而后者则通过斯卡格拉克海峡（Skagerrak strait）注入北海，最后进入大西洋。波罗的海沿岸国家包括丹麦、爱沙尼亚、拉脱维亚、芬兰、德国、立陶宛、波兰、俄罗斯和瑞典，海峡将斯堪的纳维亚半岛（Scandinavia peninsula）和欧洲大陆分隔开来。波罗的海是世界上盐度最低的内陆海域（只有其他海洋海水含盐量的1/4），水深一般为70～100 m，平均深度只有55 m，因此冬季海水很容易结冰，给繁忙的海上运输造成困难。千百年来，生活在斯堪的纳维亚半岛上的人们一直梦想能将天堑变通途，无需漂洋过海，穿越地形和天气险恶的海峡便可与其他欧洲国家进行直接交流。最终实现这个通勤梦想的是作为欧洲高速公路网东西向主干线之一的E20高速公路，如图12-1所示。E20高速公路在丹麦和瑞典境内跨过小贝尔特海峡、大贝尔特海峡（3个海峡中最宽最深）和厄勒海峡。早在20世纪30年代，丹麦就修建了第一座公铁两用的小贝尔特桥（Little Belt Bridge），20世纪70年代为缓解菲英岛（Funen）和日德兰半岛（Jutland）间的交通压力，又修建了第二座小贝尔特公路桥。这是一座双向6车道的悬索桥，自此菲英岛就成了欧洲大陆的一部分。小贝尔特桥修建完成后，大贝尔特海峡就将丹麦分成了2个区，每个区域的居民约占全国人口的一半。因此，大贝尔特海峡通道就成了丹麦铁路网和公路网的最后节点。1995年，随着瑞典和芬兰加入欧盟，各成员国之间资本、人员、商品流动更加频繁，而丹麦又是沟通南北的关键枢纽，所以厄勒海峡通道的修建显得尤为重要，最终形成了连接斯堪的纳维亚半岛和欧洲大陆的桥梁群。大贝尔特东桥（Great Belt East Bridge）曾在国际桥梁和工程协会组织的"20世纪世界最美的桥梁"评选中，从全世界100多个国家的上千座桥梁中脱颖而出，被授予了"20世纪世界最美的桥梁"。本章分别对大贝尔特东桥和厄勒海峡大桥（Oresund Bridge），从工程背景、结构设计及施工、运营维护等方面进行阐述。

图12-1 欧洲E20公路上的跨海大桥

12.2 大贝尔特东桥

12.2.1 工程背景

大贝尔特海峡中间有个名为斯普鲁（Sprogø）的小岛，将海峡分为东、西2条航道，每条宽约8 km，如图12-2（a）所示。因此，18 km长的跨海峡通道由下穿东航道的双线铁路隧道和上跨东航道高速公路高架桥以及上跨西航道的公铁两用桥梁组成[1]。下穿东航道的铁路隧道为长8 024 m，直径8.5 m的双洞隧道管，其最深处位于海平面以下75 m，两洞间距约25 m，洞间每隔250 m设置连接横洞（共31条）。西桥是斯普鲁岛和克努斯霍夫德（Knudshoved）间的一座（上部和下部结构）全预制箱梁桥，建于1988—1994年。西桥分两幅，北幅是铁路桥，南幅是公路桥，两幅桥墩位于同一基础上。由于西航道不是国际航道，西桥限高18 m，仅供客轮、渔船和豪华游艇通过。东航道是主航道，上跨的东桥是一座双塔三跨式悬索桥，如图12-2（b）所示。1991年10月22日，大贝尔特东桥正式动工，1998年6月14日通车运营。混凝土总用量25.7万m³，钢

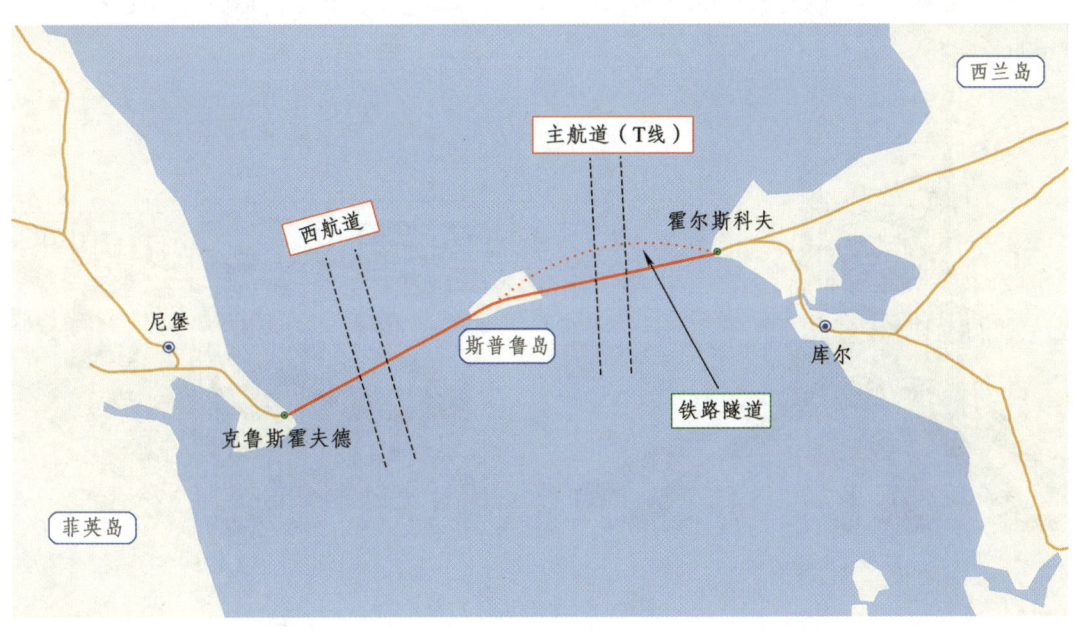

（a）桥址

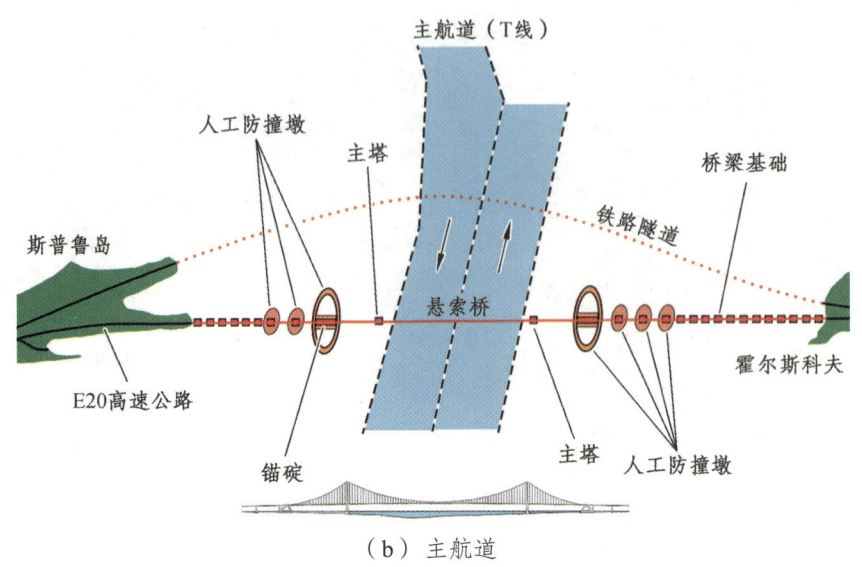

(b)主航道

图12-2 大贝尔特海峡

材7.89万t（包括引桥），耗资153.97亿丹麦克朗（约合23.45亿美元，大贝尔特海峡整体工程投资为55亿美元）[2]。

早在1883年，库尔（Korsør）和尼堡（Nyborg）之间就有渡轮连接大贝尔特海峡两侧的铁路线。1934年，负责轮渡的丹麦国家铁路局提出了修建一座桥梁跨越大贝尔特海峡的计划，1936年完成了跨越东、西两航道的通道设计，采用公铁两用桥梁，桥面由双线铁路、8.5m双车道公路、1条自行车和人行道组成，如图12-3（a）所示。由于二战爆发，大贝尔特桥设计工作在1939年中断，直到1959年才出现新进展，设计方案修改为采用双层桥面布置，上层公路双向四车道，下层双线铁路，如图12-3（b）所示。1965年，丹麦公共工程部举行了一次国际设计方案比赛，获奖的公铁两用桥设计方案中，8个方案采用斜拉桥，只有2个采用钢桁加劲梁悬索桥。但研究发现单跨450 m或两跨350 m的净空不能满足通航要求，于是，1968年开始只考虑跨度超过600 m的悬索桥。

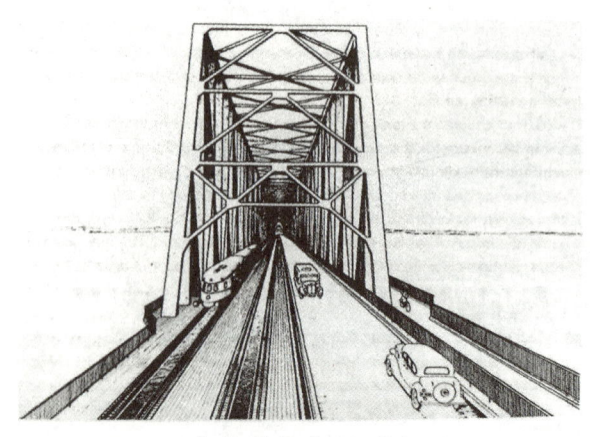
(a) 东桥（1936年）

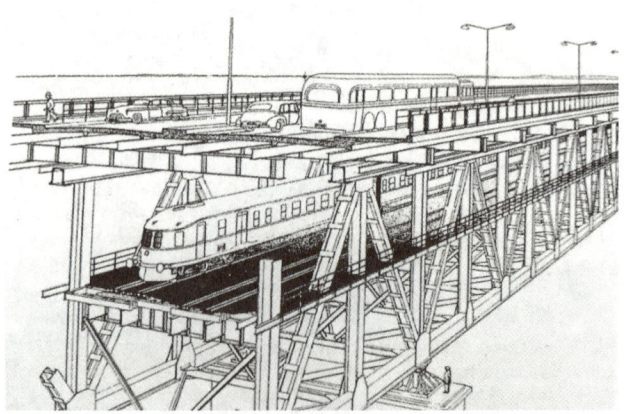
(b) 引桥（1959年）

图12-3 早期设计方案

1970—1972年，丹麦运输部组织的技术委员会对大贝尔特海峡通道的所有方案进行仔细研究，提出了采用平层公铁两用桥面方案，即在公路车道中间布置双线铁路。该设计形成了政府决策的基础，1973年6月出台了大贝尔特通道建设第一法案，明确了大贝尔特通道跨越东、西两航道并同时承担公路和铁路交通，还要求东桥桥面净空应较高，西桥较低，因为东航道为国际主航道。由于1973年石油危机，建设业主大贝尔特桥梁公司直到1976年才组建完成，由丹麦咨询工程师大贝尔特小组开始桥梁设计。1977年的东桥设计采用了主跨780 m的斜拉桥[见图12-4（a）]，但主跨780m被质疑偏小无法保证通航安全，于是1978年提出了主跨为1 416 m的悬索桥方案[见图12-4（b）]。设计方案中斜拉桥主梁和悬索桥加劲梁均为双层桥面，上层双向六车道公路，下层双线铁路。由于1978年8月政府提出了削减公共开支，两方案均未得到实施。1983重新研究了桥梁方案、隧道方案及桥隧组合方案，并将公路车道从双向六车道减至双向四车道。1983—1984年对工程的环境影响（主要是对洋流）进行研究。1987年6月，丹麦议会最终通过了大贝尔特通道建设的第二法案，先建铁路隧道，2～4年后再开通公路桥。

（a）主跨780m的斜拉桥（1977年）　　　　（b）主跨1 416 m的悬索桥（1978年）

图12-4　跨越东航道的桥梁方案

1989年开始比选主跨900～1 400 m的斜拉桥及主跨1 000～2 000 m的悬索桥方案，如图12-5所示。方案主要有4个：主跨916 m的斜拉桥（编号：C900）；主跨1 204 m的斜拉桥（编号：C1200）；主跨1 448 m的悬索桥（编号：S1400）；主跨1 688 m的悬索桥（编号：S1700）。根据通航要求，C900和C1200方案只能通过布置在通航孔两侧的人工礁石保证通航安全，S1400需调直航道，只有S1700适合跨越既有航道。而费用方面主跨1688m的桥梁方案只比其他方案高5%[6]。经综合评价，大贝尔特海峡东桥方案最终确定为双塔三跨钢桁梁悬索桥，主跨1 624 m，两边跨均为535 m，如图12-6所示。斯普鲁岛侧引桥长1 556 m，西兰岛侧引桥长2 518 m。

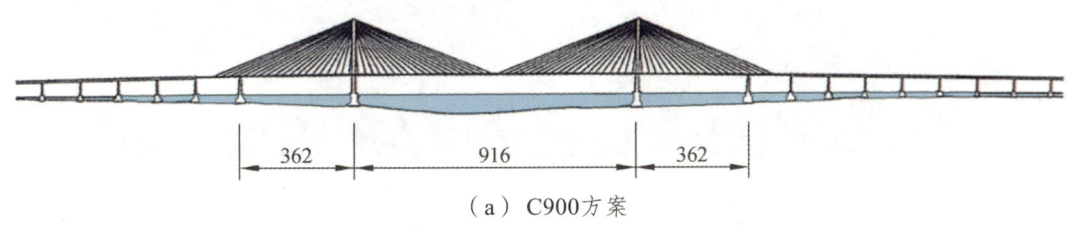

（a）C900方案

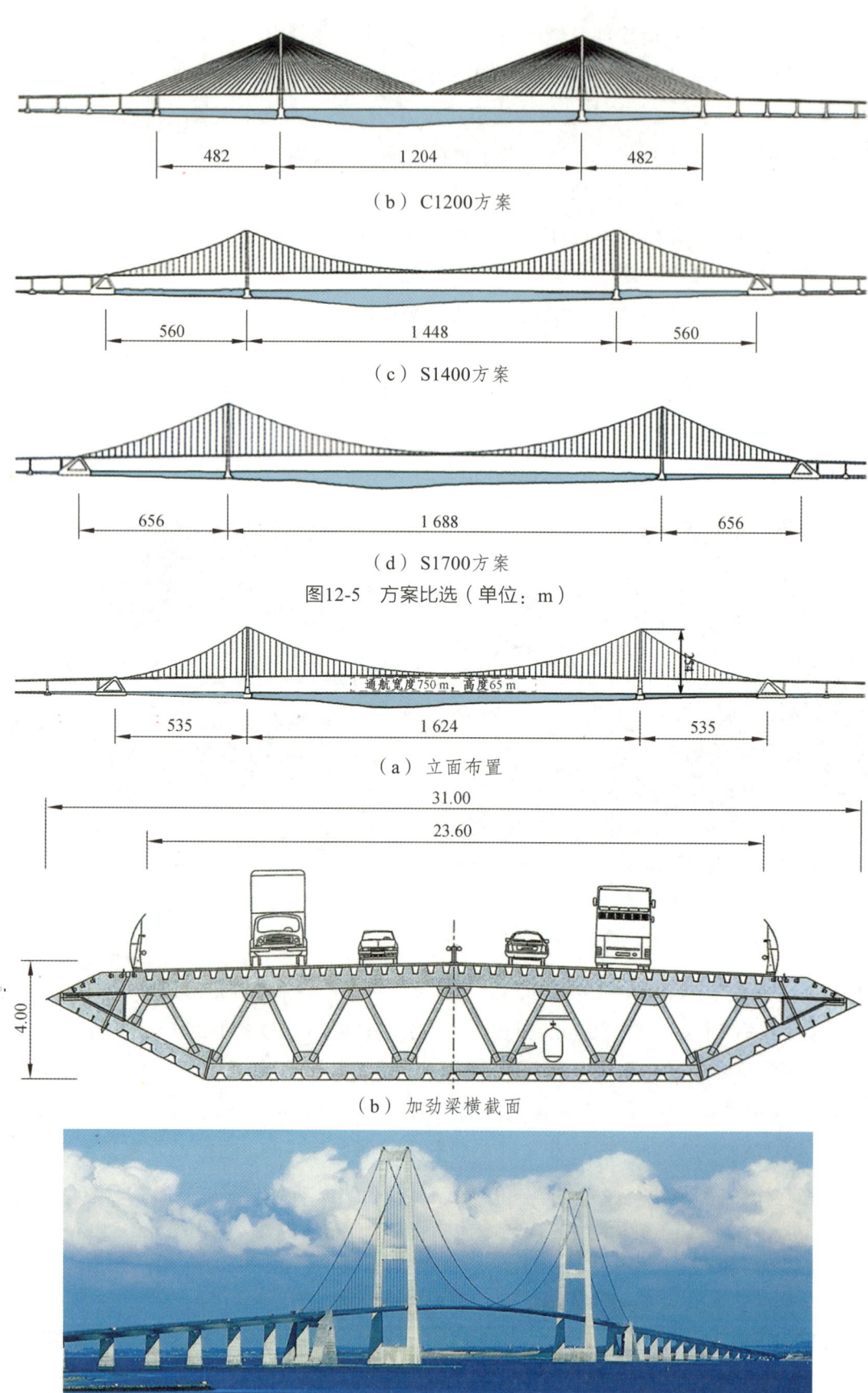

（b）C1200方案

（c）S1400方案

（d）S1700方案

图12-5 方案比选（单位：m）

（a）立面布置

（b）加劲梁横截面

（c）大桥现状[7]

图12-6 大贝尔特海峡东桥（单位：m）

12.2.2 结构设计

1. 设计条件

桥址处水文地质条件与荷载、气候情况分述如下：①水文。海水流速为1.6~2.7 m/s，浪高2.3~3 m。②地质。主要是20 m厚冰碛物，在靠近西兰岛处，厚度超过70 m。③汽车荷载。在设计基准文件中，对向东行驶方向的均布荷载定义为：在宽12.5 m范围内，集度2.5 kN/m²的均布荷载，并在其最外侧3 m内增加2.5 kN/m²；而在向西行驶方向则是：当影响线长度大于500 m时，在宽12.5 m范围内为1.0 kN/m²的均布荷载；而影响线长度小于500 m时，则取2.5 kN/m²；④风气象。丹麦位于北纬55°，其风气象主要受西风控制。详细设计条件如表12-1所示。

表12-1 设计条件

形式		双塔钢桁加劲梁悬索桥
跨径布置		（535+1624+535）m
垂跨比		1/9
通航净空		65 m×750 m（高×宽）
构造	锚碇	重力式
	主塔	混凝土主塔，塔高254.1 m
	主缆	主缆间距为27 m，主缆直径为827 mm
	加劲梁	流线型扁平钢箱梁
设计荷载	永久荷载	15 kN/m的附加桥面铺装和设施重量，以及2×1.5 kN/m的挡风屏重量
	汽车荷载	按设计基准文件加载
	风荷载	70 m高度处的颤振临界风速：施工阶段40 m/s，成桥阶段60 m/s
	偶然荷载	船艏对桥墩撞击速度取5.1 m/s；船侧对桥墩的撞击速度取2.6 m/s；对主塔的侧向撞击速度取2 m/s

2. 下部结构

（1）主塔。

东桥采用混凝土主塔，塔高254.1 m，且取消了加劲梁下常用的连接横梁。桥塔进行了钢和混凝土两种方案比选，虽然混凝土方案工期更长，但更经济，且防船撞性能更好。主塔矩形承台从水面以下3.5 m到水面以上21 m，其尺寸从61 m×18 m变化到56.5 m×15.1 m，分为22个室。塔柱桥面以上有微小斜度，为矩形空心截面，底面8 m×9 m变化到顶部6.5 m×7.5 m，壁厚也从2.0 m变化到1.5 m。桥面以下塔柱在纵横2个方向放坡，尺寸从8 m×9 m变化到13.8 m×15.1 m，壁厚则维持1.7 m不变，既可增加施工时的纵向抗风稳定性，又可以在横向抵抗从横向限位支座传来的水平风力。2根塔柱由2个横梁连接，横梁都设置在桥面以上。下横梁为变宽度的矩形空心截面，具有蝴蝶结的外观。下横梁与上横梁的梁高分别为12 m与13 m，最小壁厚分别为1.2 m与0.8 m。2根横梁在上下翼缘均施加后张预应力，且配筋率较高，以抵抗纵方向塔柱变形差异所产生的扭转和风荷载等产生的横向弯矩的组合效应，如图12-7所示。

桥塔基础是被分为55个室的矩形沉井，尺寸为78 m×35 m，高20 m。桥墩设计可承受25万t轮船产生的670 MN的撞击力而不发生永久变形或位移，另外隅角与顶部各边棱分别做成半径为8.4 m和2.0 m的倒圆角，不但可以降低其阻水效应，而且避免棱边使碰撞的船偏移，减少船的损伤。沉井底板厚度为0.95~1.1 m，沿底板边缘设有0.5 m高的裙板，用于限制底板底面与碎石床之间灌浆的外溢，如图12-8所示。

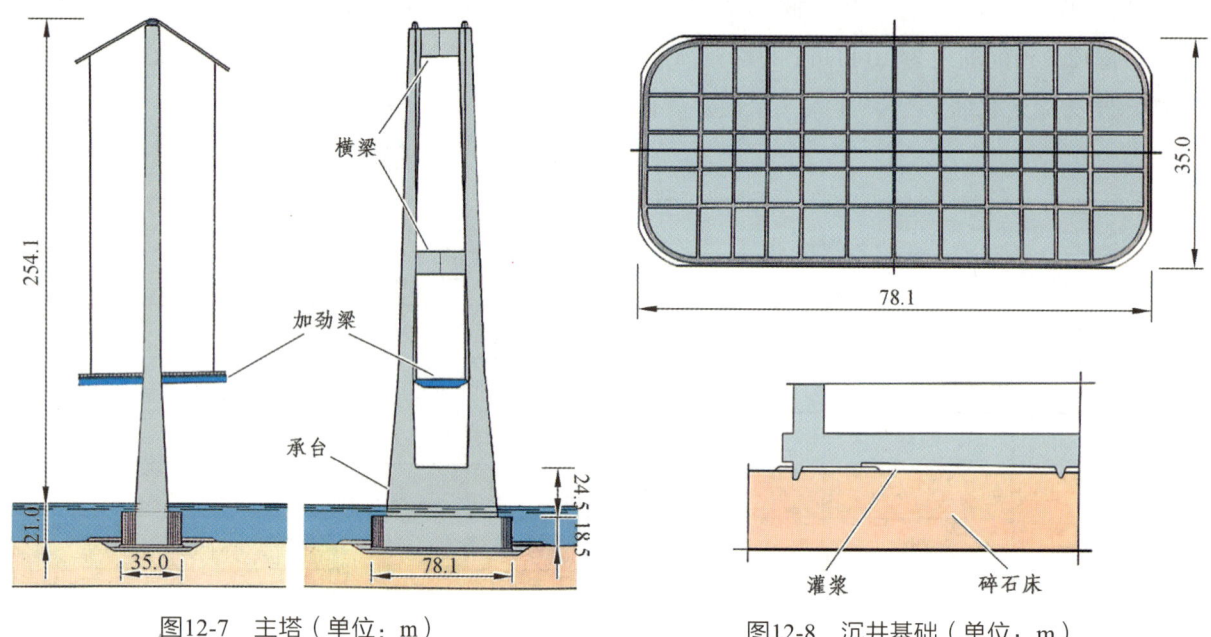

图12-7 主塔（单位：m）

图12-8 沉井基础（单位：m）

（2）锚碇。

东桥采用重力式锚碇，锚碇基础施工方案有两种：预制沉井+碎石垫床和开挖基坑浇筑沉井。通过招标，选择了预制沉井方案。不同于大多数悬索桥锚碇基础为岩质，东桥锚碇设置在水深约10 m的黏土地基上，且要承受约6万t的水平力。每个锚碇由基地碎石床、沉井、散索室与散索鞍支腿、横梁和引桥的1个墩身组成。地基为20 m厚冰碛黏土层，其下卧层是泥灰土。因此采用2个楔形碎石床的设计，使由锚碇自重和主缆拉力所形成的合力几乎与倾斜的开挖面相垂直，以解决开挖冰碛层时可能使锚碇沿其扰动区滑动的问题。矩形沉井底面长121.5 m、宽54.5 m。在长度方向，分成3段：前段41.7 m，中段长39.1 m，后段长40.7 m，如图12-9所示。仅前段与后段与楔形碎石床相接触并采用基底灌浆使其紧密可靠，没有与基底接触的中段则填砂。虽然工程早期也考虑过全底面支承的方案，但由于担心在巨大底面上不均匀的接触压力可能导致不恰当的抗滑性，故决定采用中段不支承的方案。沉井后部的2个锚块和沉井的纵向井壁用预应力筋施加了4.72万t和3.63万t的预应力。倾斜的散索室与散索鞍支腿在顶部要升到加劲梁之上，借能让主缆支承在1个置于内部的散索鞍之上。横梁则位于散索室与散索鞍支腿的顶点之间，其中含有多个后张拉力筋系统，用来抵抗来自纵向液压缓冲器，以及限制梁端纵向移动的水平力和来自引桥与悬索桥支座的垂直力。锚碇后端的引桥墩身是用来平衡由主缆产生的倾覆力矩引起的上拔力。

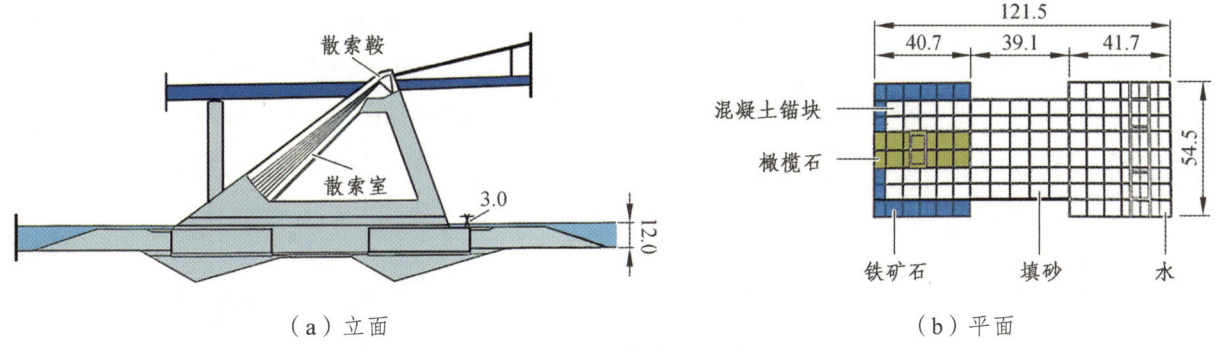

图12-9 锚碇（单位：m）

3. 上部结构

（1）主缆。

2根主缆横桥向相距27 m，由主鞍支承于混凝土塔顶，在边跨则通过锚碇顶部的散索鞍延伸到锚碇。一种方案采用空中编缆法架设。每根主缆由37根丝股组成，每股有504根直径5.38 mm的高强度镀锌钢丝，共计18 648根钢丝，钢丝抗拉强度1 570 MPa。主缆横断面积为0.42 m²，提供的极限抗拉力为6.65万t。另一种方案为预制平行索股法，每索169丝股，每股127丝，共计21 436根直径5.12 mm的镀锌钢丝。第一种方案技术成熟，第二种施工速度更快，但施工机械更大且造价更高，由于成本控制最终采用空中编缆法。主缆在主跨和边跨采用相同的横断面，避免在主鞍设置额外的丝股锚固。主缆外面用直径3.5 mm的退火软钢丝（热浸镀锌）缠绕。缠丝要布置在锌腻子之上，腻子要填满外层钢丝之间的空隙。最后，在缠丝外再进行涂装。主缆横截面如图12-10所示。

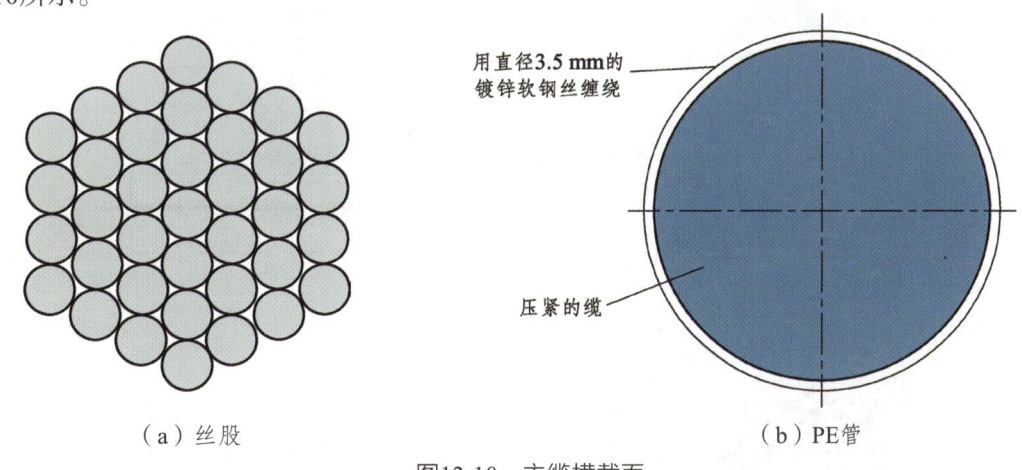

图12-10 主缆横截面

塔顶主鞍采用铸焊结构，能够将主缆的反力传递到混凝土塔。铸钢鞍槽形状与主缆一致，呈六角形，缆索中心的半径为7 m，铸钢采用BS3100 GrA4。焊接钢支承件包含2块50 mm纵向板、10道75 mm的横向加劲肋以及底板，其钢板采用DS630 Fe510D。两纵向板之间的中空部分设有检修孔以便维修，并安装有除湿系统防腐，主鞍构造如图12-11所示[8]。散索鞍为摇座式，由铸钢鞍槽以及钢支承件组成，其材质与塔顶主鞍相应部分的相同，如图12-12所示。散索鞍槽底曲率半径为7.5 m，使丝股在铅垂面的脱离点比其在水平面的脱离点更靠近锚碇，以保证各丝股有良好的支承。37根丝股从散索鞍开始，在有除湿系统的散索室内到达其下端的锚头，如图12-13

所示。锚头布置与主缆断面中的各丝股布置相对应，呈六角形列阵。如图12-14所示，每一丝股通过2根直径126 mm的长螺杆锚固到混凝土块上，螺杆则穿过总厚400 mm的靴跟和230 mm厚的十字板，并以螺母抵紧靴跟以及十字板。而十字板通过8根直径40 mm和4根直径50 mm的后张预应力筋锚固在混凝土锚块上。靴跟采用BS3100 GrA1铸钢，螺杆采用BS970 817M40T锻钢。

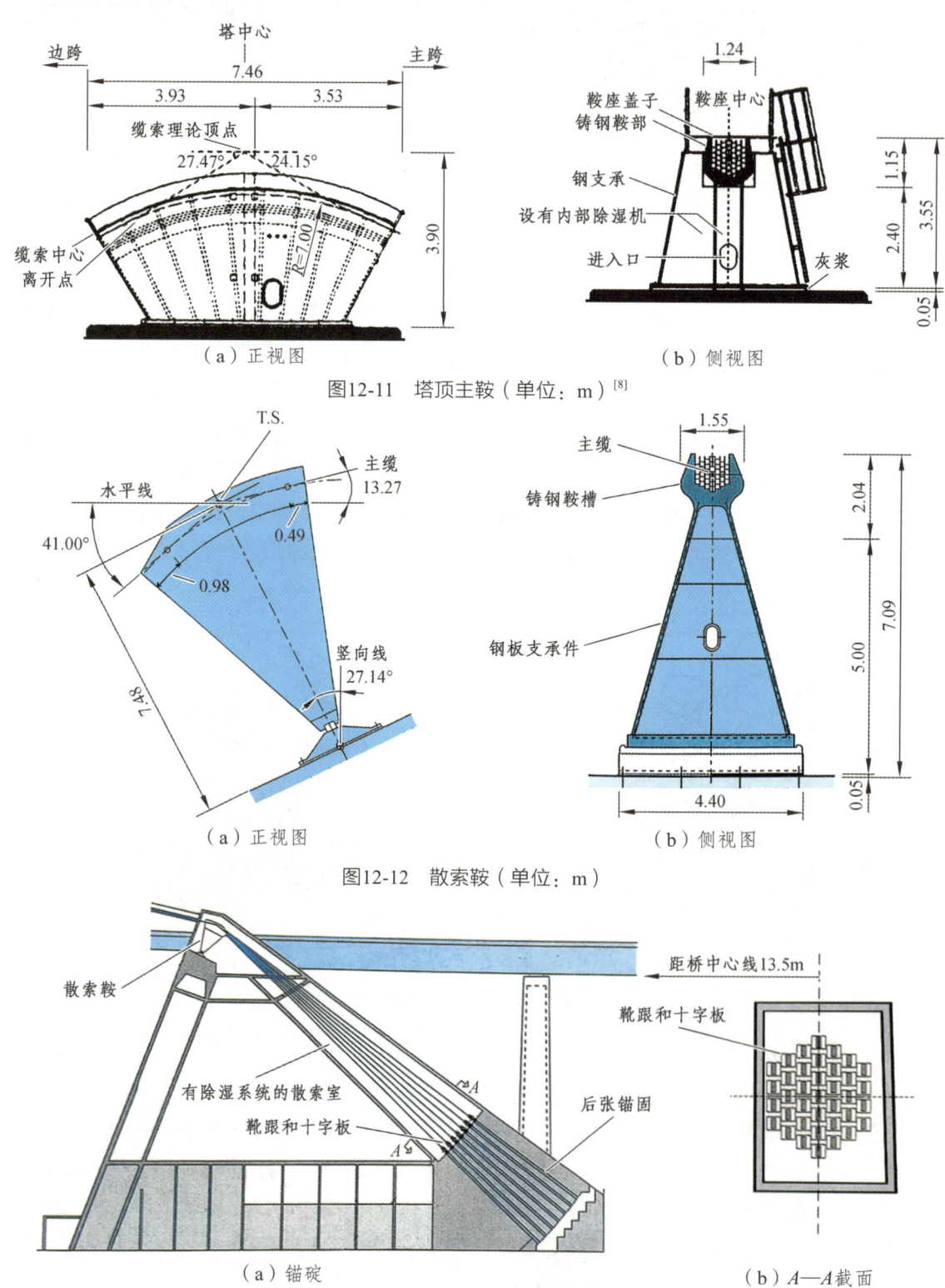

（a）正视图　　　　　　　　　　　　　（b）侧视图

图12-11　塔顶主鞍（单位：m）[8]

（a）正视图　　　　　　　　　　　　　（b）侧视图

图12-12　散索鞍（单位：m）

（a）锚碇　　　　　　　　　　　　　（b）A—A截面

图12-13　各丝股锚固布置

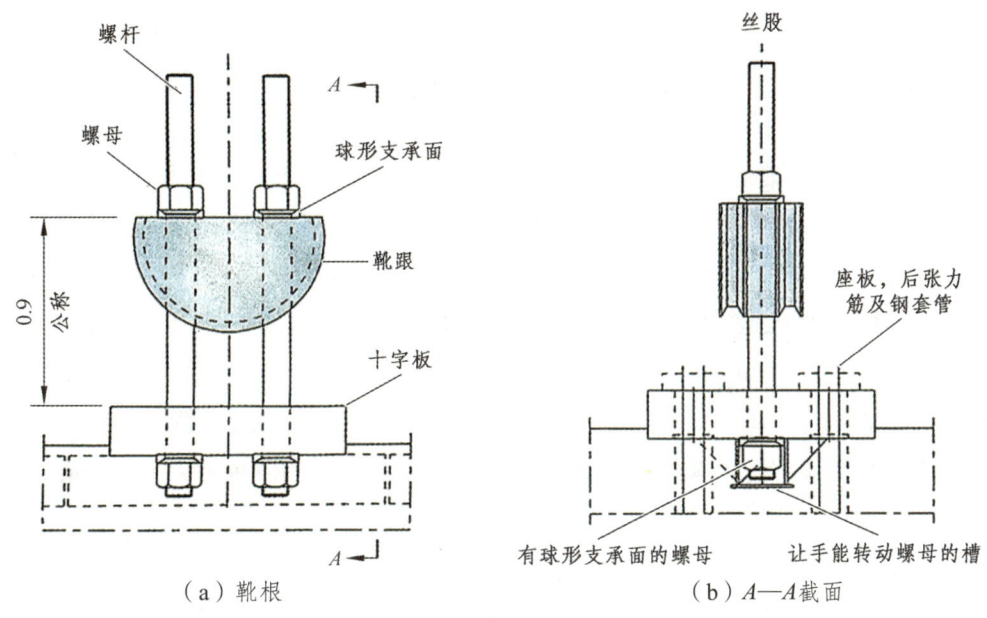

（a）靴根　　　　　　　　　　　　（b）A—A截面

图12-14　靴跟（单位：m）

索夹分为上下两半，用直径48 mm的竖向螺杆连接，如图12-15所示。靠近塔处的主缆倾角最大，故该处的索夹需使用20个螺杆连接，而主跨中央处只需12个。索夹采用BS3100 GRA4铸钢，螺杆采用BS970 817M40V锻钢。每个螺杆施以100 t的预加力，相当于抗拉强度1 000 MPa的83%，假定超张拉20%。吊杆由外包高密度聚乙烯的镀锌平行钢丝组成，其上端用穿过叉形锚杯耳板的销钉连接于索夹下半部分[见图12-15（a）]，而下端则穿过钢套管进入钢箱梁并固定在加劲梁内的横隔板[见图12-15（b）]。需要采用几种不同尺寸的吊杆，如表12-2所示。

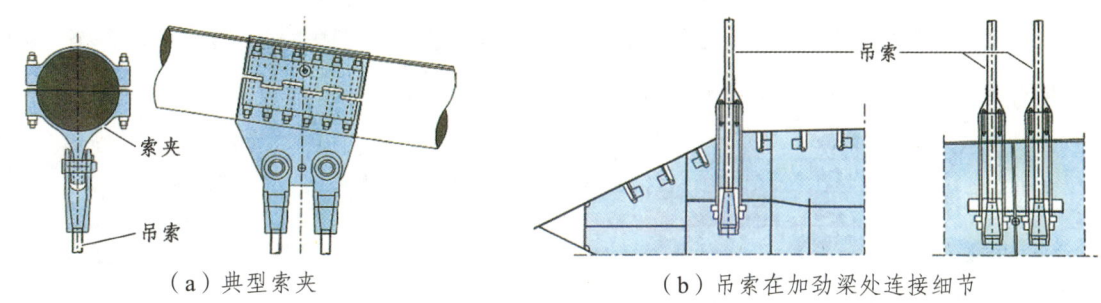

（a）典型索夹　　　　　　　　　　（b）吊索在加劲梁处连接细节

图12-15　吊杆

表12-2　吊杆主要参数

吊杆类型	吊杆位置	钢绞线总数	钢绞线破断荷载/MN
H1/CS1	主跨和边跨	272	4.05
H2/CS2	距塔第三根	16	5.15
H3/CS3	距塔第一和第二根	32	8.76
H4/CS4	边跨，邻近锚碇处	32	5.15

(2)加劲梁。

加劲梁为空气动力性能良好的全焊流线型扁平箱梁，平板构件均用槽形加劲肋和球扁钢加劲，如图12-6（b）所示。中心线处的梁高4.338 m，宽31 m。吊点纵向间距24 m，横向间距27 m。横隔板间距4 m，邻近塔处横隔板距离减小为3 m，以增加受压板件的承载能力。在锚碇、塔和中央扣处，局部布置了纵向腹板，以提高梁的抗剪能力。将吊杆下锚头设置于钢箱梁内部的原因有两点：①加劲梁内部有除湿设施，可以防腐；②吊杆更换工作不需要临时脚手架，可以直接在箱内进行，并且对桥面交通无干扰。加劲梁所用的钢，依照DS/ISO 630标准，使用碳素钢Fe510D，屈服强度355 MPa。梁总用钢量2.97万t，折合为11 t/m。全梁总长2 696 m，共分为57个梁段，其中标准梁段有40个，每段长度48 m。另外，在边跨端头、桥塔和主跨跨中分别有4个、10个和3个特殊梁段。标准段内梁顶板厚12 mm，底板和边板厚9~10 mm，用6 mm厚槽形肋加劲。在特殊梁段内，主要在桥塔附近和主跨跨中，有一部分底板厚度增至20 mm，少数加劲肋厚度增至8 mm。

根据工程经验，支撑点及其附近部分的维修保养费很高，因此悬索桥的一个主要设计概念就是使力学支承点和伸缩缝数量减至极少，其支承与联结布置如图12-16（a）所示。锚碇和加劲梁之间安装了一套液压缓冲器，用以限制加劲梁由于活载和风载引起的纵向位移。加劲梁梁端允许±1.0 m的纵向位移以及自由的转动。由于汽车荷载和风载产生较快的位移，缓冲器会对加劲梁的纵向振动提供阻尼效应。设置缓冲器后，系统的累积纵向位移量可以比无缓冲器情况下减少10%。这可以减少支座和伸缩缝的磨损，从而增加其使用寿命。该系统的平面布置及侧视图如图12-16（b）、（c）所示。在桥塔与加劲梁之间的横向限位支座用来约束梁的面外水平位移。支座可以容纳±1.0 m的纵向位移，以及向上0.6 m、向下1.0 m的竖向位移。在恒载及活载竖向力作用下，活塞移动、支承中不受力。当风力扭转振动时，一边活塞向上，另一边向下，而交叉联通的管道阻止相互的动作，使梁产生支点抗扭，其一般布置如图12-16（d）、（e）所示。

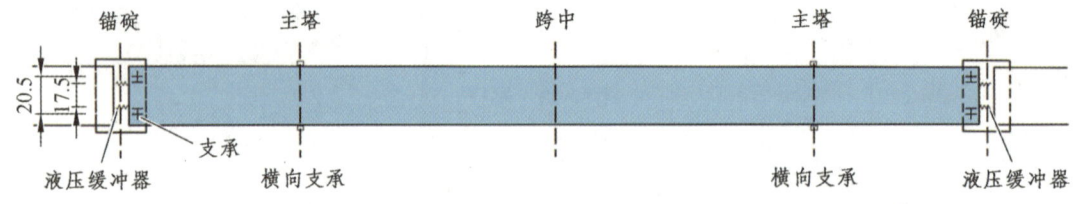

(a) 悬索桥约束条件

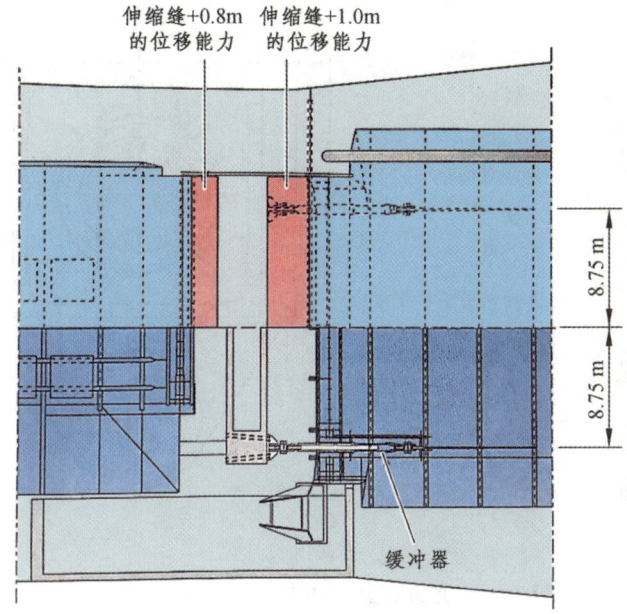

（b）液压缓冲器的平面布置

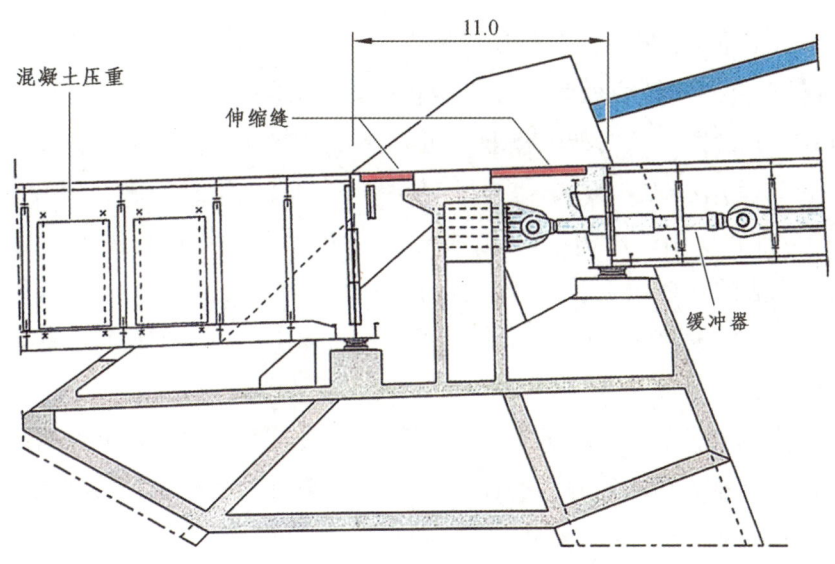

（c）液压缓冲器的布置（侧视）

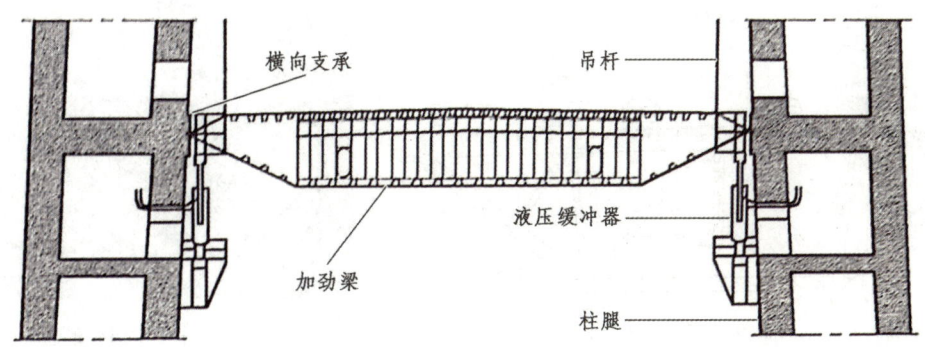

（d）加劲梁在桥塔处的构造

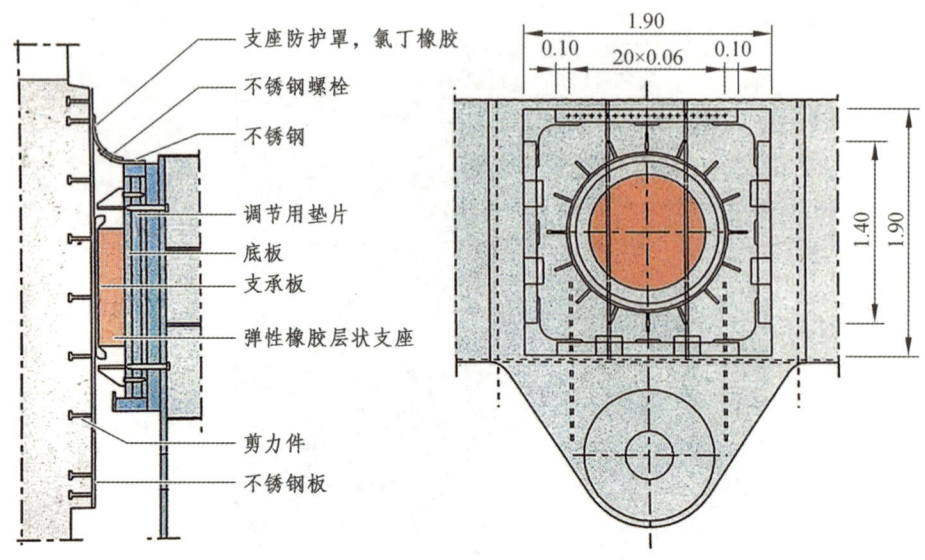

(e）横向限位支座

图12-16 加劲梁的支承与联结（单位：m）

4. 引桥

斯普鲁岛一侧引桥长1 556 m，西兰岛一侧引桥长2 518 m。梁的设计截面为闭合的单箱双室截面，两侧为斜腹板，中轴线处为一竖直腹板，如图12-17所示。梁高均为7.1 m，横向宽25.1 m，每隔4.022 m设置一道桁架式横联，可有效减轻自重。箱形梁钢板以及加劲构件，均依照欧洲设计标准，使用Fe E 420 KT TM（S420K4M）高强钢，屈服强度420 MPa。横联则依照DS/ISO 630标准，使用Fe510D，屈服强度355MPa。引桥箱梁总用钢量为4.89万t，折合为12.0 t/m。除了靠边的板使用板肋，其余所用钢板都用槽形加劲肋。梁顶板厚12～18 mm，用6～7 mm槽形肋加劲；底板厚10～30 mm，用6～9 mm槽形肋加劲；腹板厚10～20 mm，用6～9 mm槽形肋加劲。

下部结构是扩大基础，长23 m，宽19 m，如图12-18所示。引桥是连续结构，在7号和23号墩处，分别设置固定支座，把两边的引桥各自分成2个大致相等的长度。在桥台及桥墩处共设置4道伸缩缝，伸缩量为780 mm、900 mm、1 530 mm、1 200 mm。

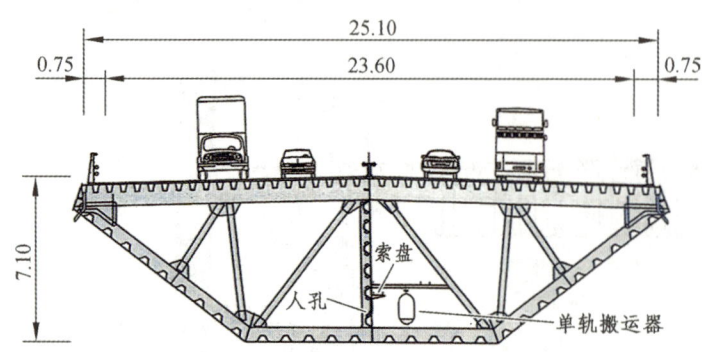

图12-17 加劲梁横截面（单位：m）

图12-18 桥墩基础

5. 防船撞设计

北海与波罗的海之间的主要国际航线（T线）经过大贝尔特海峡的东航道并且穿过东桥。东桥的计划位置使通航变得相当困难，主要原因为：①2个转角之间，湍急水流与航线有一交角；②南段转角到桥轴距离只有1.8 km，对于大型船只来说太短；③如果一些船舶在转角处未能实现转向，就会陷入十分危险的处境。因此，东桥的船舶碰撞风险很高，在方案设计阶段就引入了船舶通航模拟技术。在对324次模拟运行进行了评估以后，最终采取主跨为1 624 m的悬索桥并展直其航线，使其与桥轴达到78°的交叉角，同时还让向北行驶和向南行驶的航线都有1个长2.3 km的直线段。通航条件得到明显改善，只有航行出错和船舶技术失灵（很难完全避免）才会使桥梁主体结构遇到船舶碰撞。当然，在桥运营过程中，其锚碇和主要桥墩都用防护岛进行保护；桥梁上安装了警报器和停止车辆运行系统，能在紧急情况下终止桥上交通；引入船舶运行服务系统，能搜集船的运行资料，改善航行区域内的船舶航行状况。

12.2.3 施工

1. 下部结构

大贝尔特东桥下部结构由一家丹麦、德国和荷兰的跨国联合企业，即大贝尔特承包公司施工。该公司在霍尔斯科夫（Halskov）和卡伦堡（Kalundborg）共建立了6个混凝土工厂，卡伦堡负责整个引桥下部结构、桥塔及锚碇沉井的预制，有10万 m^3 混凝土在卡伦堡灌注，另外15万 m^3 混凝土在霍尔斯科夫生产，然后用渡船将搅拌车运输到施工场地就地灌注，总体布置如图12-19所示。

（a）卡伦堡

（b）霍尔斯科夫

图12-19　生产设备总体布置

先用铲斗挖掘机挖去承载力较弱的海床形成基坑，然后用抓挖机[见图12-20]将具有5～90 mm良好级配的碎石平铺在坑底。主桥墩碎石层分约2 m厚的2层夯实，锚碇碎石层分3层夯实，每层厚度不超过4 m，引桥桥墩碎石层夯实一次完成。

卡伦堡开挖了2个干船坞，船坞1用于制造主塔沉井，船坞2用于制造锚碇和7个最大的引桥桥墩沉井。塔和锚碇的沉井，在通过2根直径660 mm的虹吸管向船坞内灌水以后，用4根先张系缆拉住沉井，以防止在浮起时有任何侧向运动。每根系缆与1台25 t拉力的绞车相连，然后将沉井压重的水排除并浮起。浮起以后，沉井立即由绞车绞动，并停泊在检查坑，再由潜水

（a）荷兰一号

（b）犀牛号

（c）起重驳船

（d）Buzzard自升式平台

图12-20　施工设备

员在坑内检查沉井底部并清除模板残片及其他碎片。接着解除系缆，并将沉井连接到拖船。通过由3艘（每艘具有60 t拉力系船柱）导航船和两艘（每艘具有30 t拉力系船柱）尾船组成的拖船队，将沉井从船坞拖出，经过80 m宽、4.5 km长的引槽到卡伦堡湾，再从卡伦堡湾经由T线到达设计位置。在沉井到达设计位置以后，按图12-21进行就位。引桥的沉井，全是在半淹没状态下悬吊在吊船的吊钩下进行运输。所有的墩身件都是在装出站灌注，一部分用吊船吊着运输，另一部分用驳船运输。在沉井的裙板已经插入到碎石床的情况下，沉井底部与碎石床之间的空隙用灌浆填充。基地灌浆完成以后，向沉井内填砂、橄榄石，锚碇沉井会用一部分铁矿石进行压重。

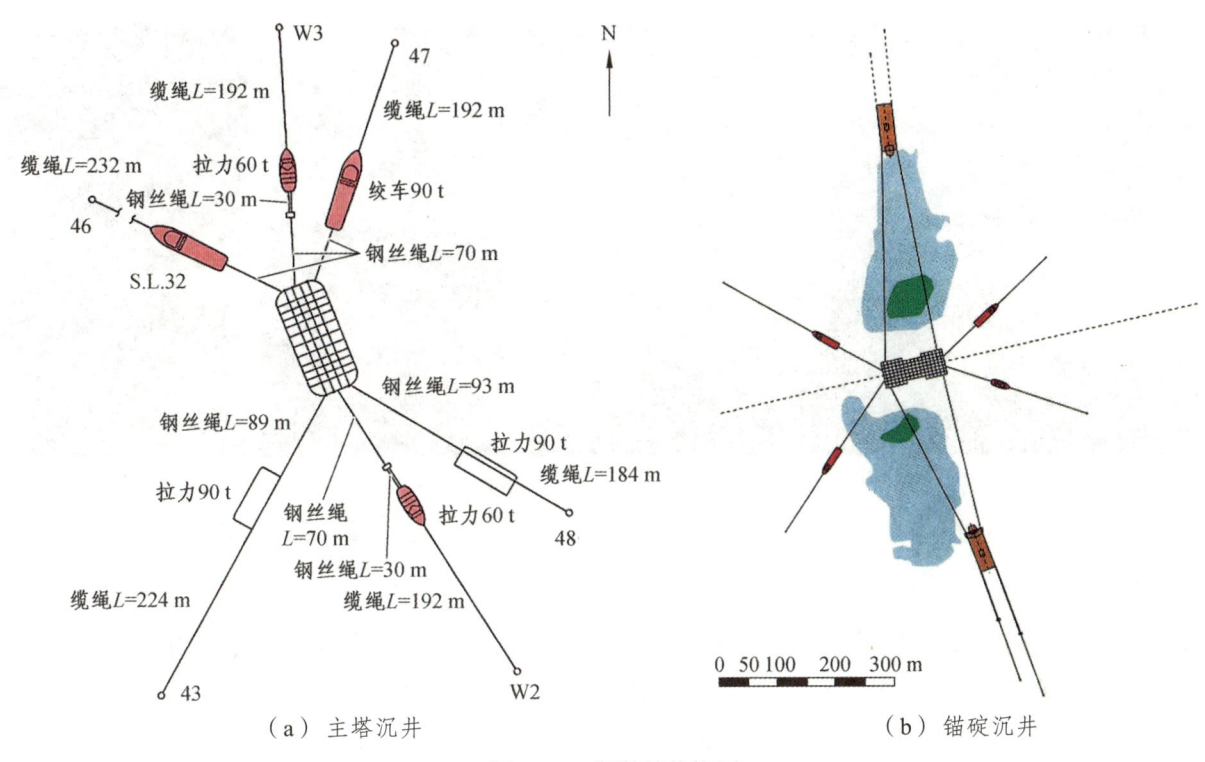

(a) 主塔沉井　　　　　(b) 锚碇沉井

图12-21　沉井就位施工

锚碇沉井基础的现场施工包括5 m高的墙和0.8 m厚的顶板，如图12-22（a）所示。锚块高32 m，分为25提灌注，灌注量从50 m³变化到5 330 m³。横梁施工前，在沉井顶板上建立高30 m的脚手架用以支承横梁下部，如图12-22（b）所示。主塔沉井的现场灌注部分包括在一块在压重填砂之上灌注的77.6 m×34.5 m、厚度2.5m的顶板。24.5 m高的底座结构是1个多室结构，外墙和两片内墙的厚度为1.2 m，其他内墙厚度为0.5 m。底座结构的顶板是在预制板上灌注的，并施加双向预应力。为避免在浪溅区设置灌注缝，外墙的第一次灌注高度取8.5 m，其余灌注高度为不大于4 m。在底座结构顶面以下，用塔吊安装通常的模板进行就地灌注，然后用液压操作自升式翻模继续施工。塔柱为空心结构，建筑在底座的顶上，按每提4 m灌注。塔柱的每次灌注量从底部的340 m³变化到顶部的130 m³。高出海平面254.1 m的顶面，主鞍座安放在由最高灌注所形成的平台上。图12-23（a）表示塔柱第一节的灌注。主塔2根高12 m的箱型截面横梁。图12-23（b）表示下横梁的模板。

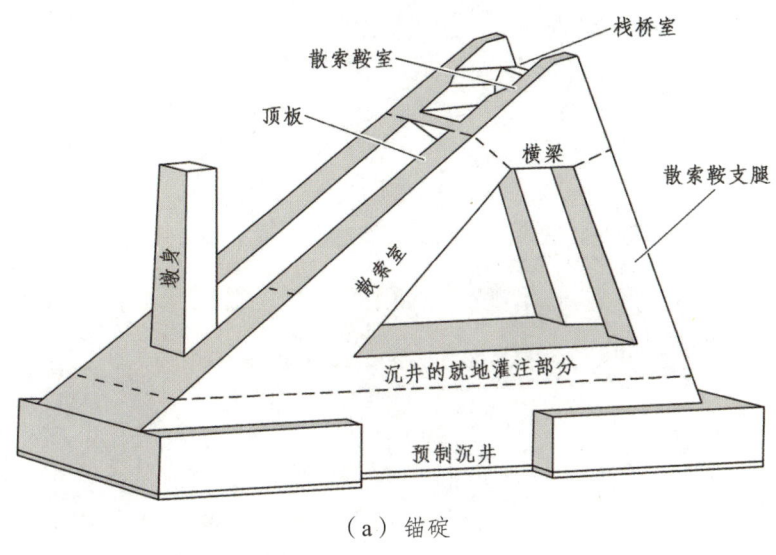

(a) 锚碇

（b）横梁施工　　　　　　　　　（a）塔柱第一节的灌注　（b）下横梁的模板

图12-22　锚碇施工　　　　　　　　　　　图12-23　主塔施工

2. 上部结构

桥梁所用约8万t钢材几乎全是由意大利钢厂ILVA提供。引桥各梁的预制共用了4.89万t钢材，相当于12.0 t/m或0.5 t/m²桥面。悬索桥加劲梁共用了2.97万t钢材，相当于12.0 t/m或0.47 t/m²桥面。钢材材质原来只规定了1种材质，即用于悬索桥的Fe 510D（S355K2），但由于引桥跨度从164 m增到193 m，且不变更梁高，必须提高钢材强度，所以增加了1种材质，即Fe E 420 KT TM（S420K4M）。制造场地分布如图12-24所示。

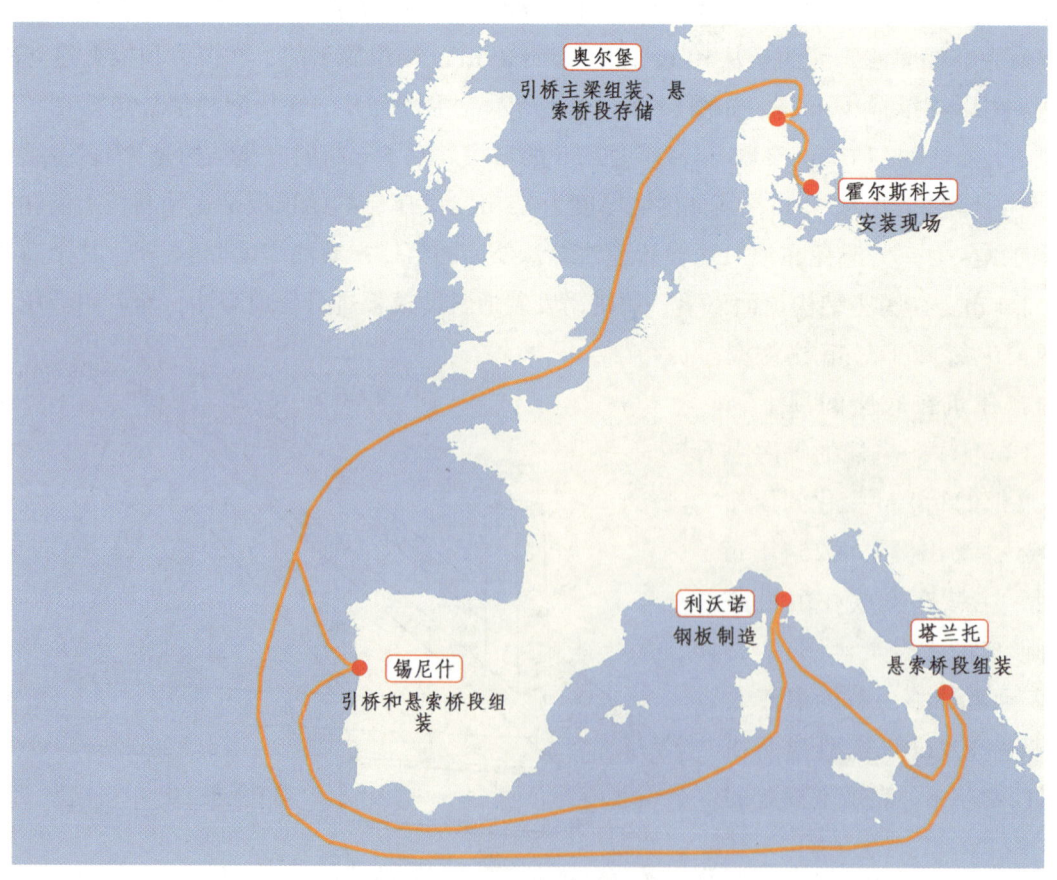

图12-24　上部结构制造场地

(1)引桥钢箱梁。

钢梁在意大利分节段制造,然后运至丹麦并拼装成193 m的梁跨,通过UR111号货运驳船浮运到桥位,再通过两台吊机吊装:一台是吊船,另一台一般位于相邻的桥上,如图12-25所示。对于标准梁的架设,在运梁船到达前,先用吊船将设在桥上的吊机(即桥梁吊装系统)吊装到已经安装好的梁上。当驳船到达桥位时,再通过吊船和吊机完成梁的架设。对于桥台处梁的架设,由于没有已经安装就位的梁可以用来支承吊机,因此采用自行走的平板车将梁的一端从岸边运送到桥台,梁的另一端则由吊船吊运。

(a)Banckert号拖轮拖拉的UR111号驳船　　　　(b)用吊船及吊机让整孔梁就位

图12-25　引桥钢箱梁施工

(2)主缆。

主缆的空中编丝是控制全桥工期的关键,也是不少后续作业的开始,如主缆的挤紧、缠丝、索夹和吊杆的安装及加劲梁的架设,都是基于主缆工程的完工。主缆空中编丝前,主鞍应距其最终设计位置向有一预偏,偏向距塔最近的锚碇方向,以控制塔顶主鞍两侧的水平力相等。对于混凝土桥塔,通常是通过偏置主鞍来实现。由于东桥的塔柱柔细,在考虑了弯曲应力以及混凝土开裂风险以后,决定直接用钢丝绳将塔身扳弯来达到这一目的。将8根直径48 mm、每根抗拉能力为2 100 kN的钢丝绳分别固定在塔身高程为+250 m位置,另一端固定在锚碇高程+10 m位置,如图12-26所示。在主缆编丝过程中,塔顶实测位移量往往大于计算量,而在编丝结束时,位移量恰好达到设计值1.24 m。

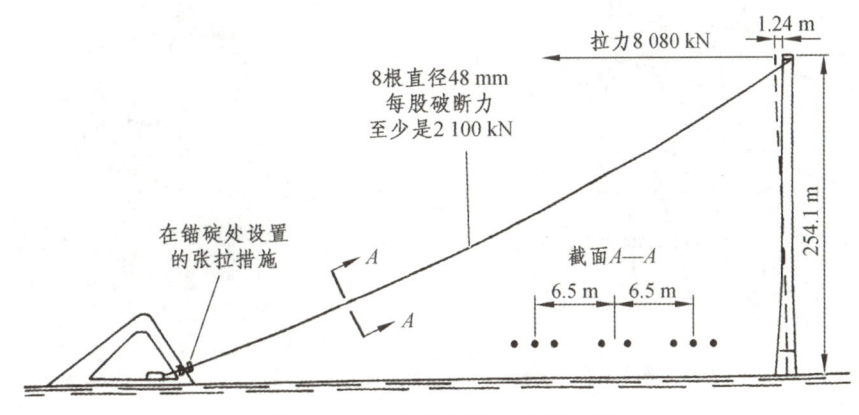

图12-26　用钢丝绳预偏混凝土塔

两锚碇间通过1根直径22 mm的导索连接,用吊机将导索的端提升到塔顶,再用设在霍尔斯科夫侧的卷扬机牵拉导索。再利用导索架设猫道。每个猫道共需牵拉10根直径25 mm的索股,其中8根为走道索,2根为扶手索。在装备好猫道之后,再安装轨路系统以及编丝设备,具体设施如图12-27所示。准备工作完成后,按以下5个步骤进行编丝作业:①钢丝的供应;②放丝、收丝及盘丝末端钢丝的拼接;③空中编丝;④丝股挤紧;⑤垂度调整。图12-28(a)表示编丝工作的1个循环。制缆完成后,要进行主缆紧缆、缠丝以及主缆的表面处理工作。规范要求,主缆大部分各丝股间及单根钢丝间最大空隙率为21%,且在索夹处最大为19%。因此同时利用4台紧缆机紧缆,主跨布置2台从桥塔开始紧缆,边跨各1台从锚碇开始紧缆。如图12-28(b)所示,每台紧缆机配有6个200 t千斤顶,以直径方向将主缆横截面挤压成近圆形。用4台缠丝机通过"拉""推"两种方式

(a)编丝系统　　　　　　　　　　(b)架设完成的猫道

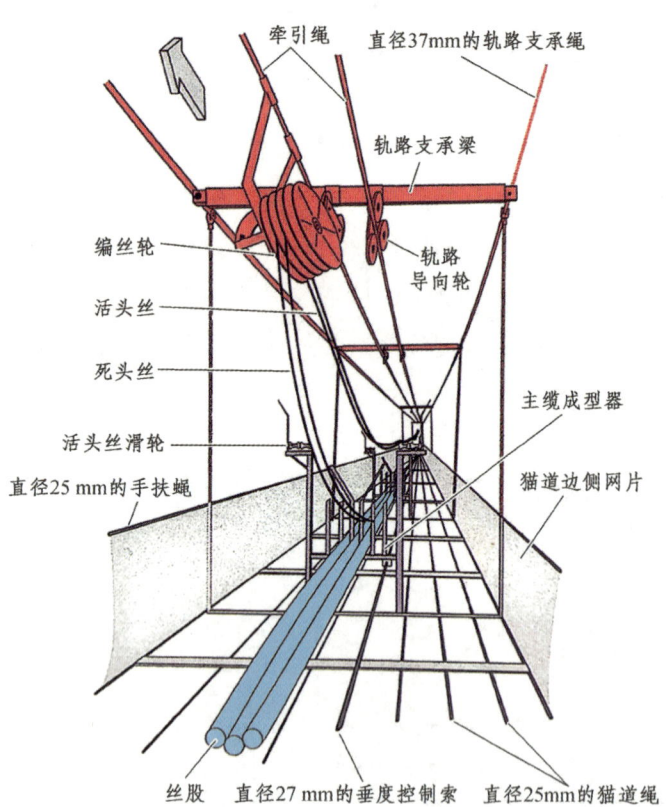

(c)猫道

(d)轨路系统滑车组运送

图12-27　编丝准备工作

在新敷设的锌腻子层上滑行，不断给主缆缠丝。缠丝过程中需要工作人员注视钩爪，当缠丝之间出现间隙或相互搭叠时，随时中断缠丝工作，进行人工调整后再开始缠丝工作。图12-28（c）为缠丝机的具体构造及工作原理。主缆防腐的外部屏障是油漆涂装，这是主缆施工的最后一项工序。

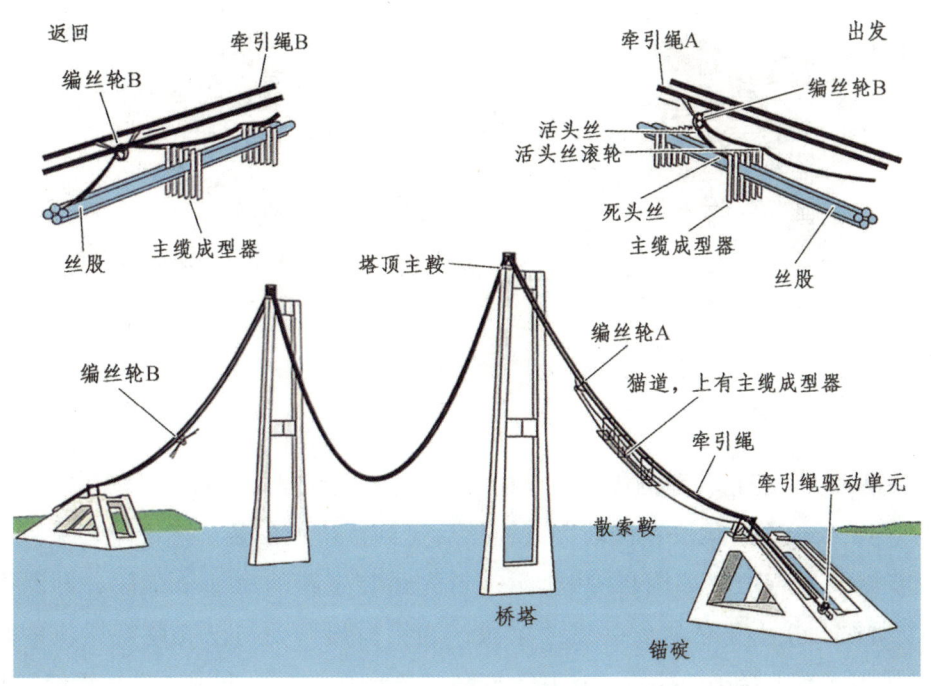

（a）编丝循环周期

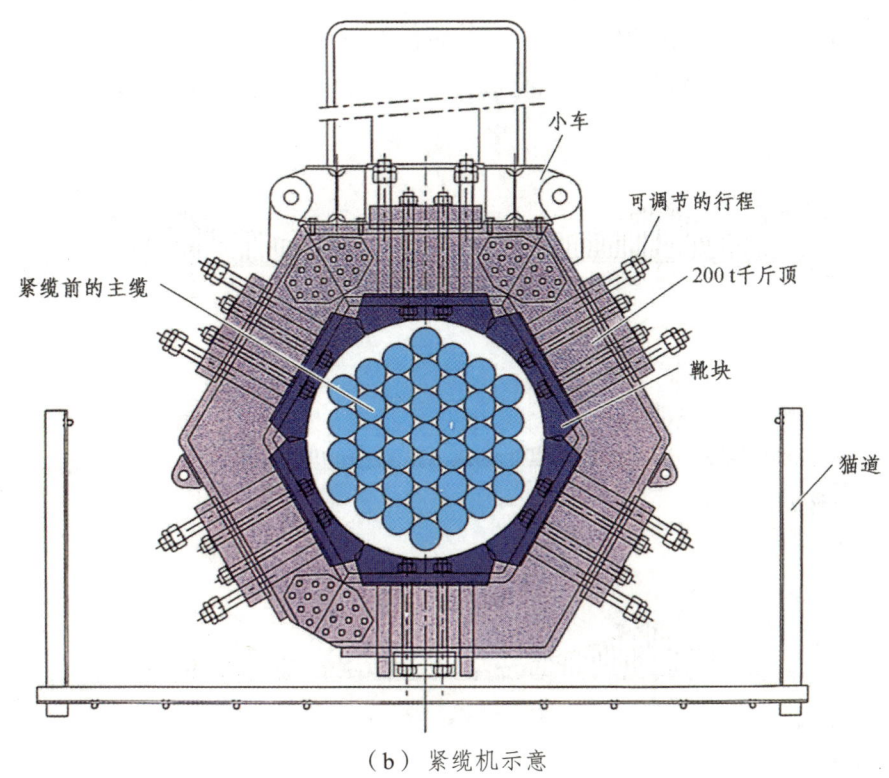

（b）紧缆机示意

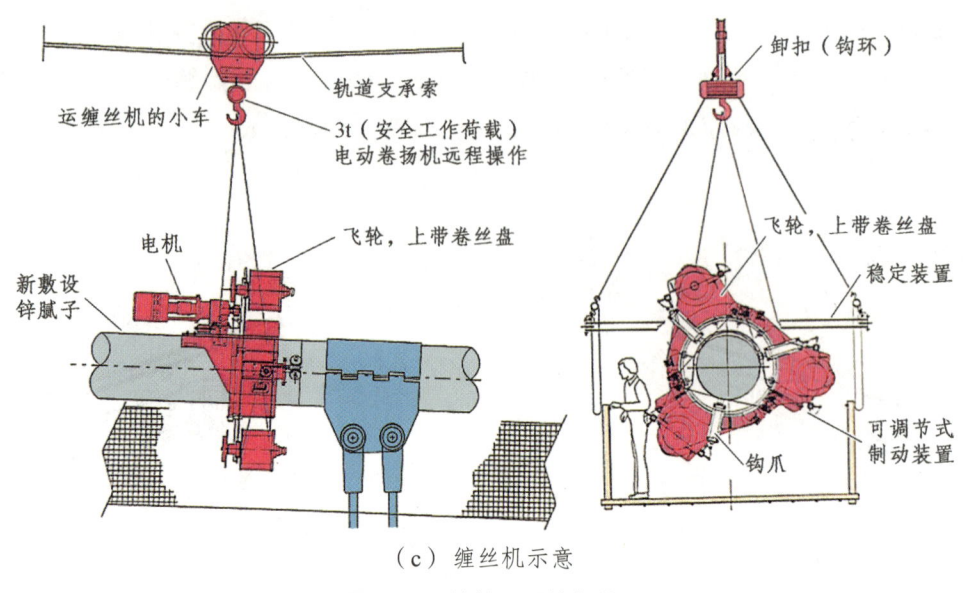

(c) 缠丝机示意

图12-28　编丝及后续作业

(3) 加劲梁。

加劲梁用驳船从位于葡萄牙的锡尼什（Sines）工场、南意大利的塔兰托（Taranto）工场运送到奥尔堡（Aalborg），梁段在该处存放，然后运到桥位处安装。标准梁段采用跨缆吊机架设，其架设步骤及航道位置如图12-29所示。首先吊装主跨的第一个梁段，即跨中预先焊接成1个原三个梁段。接下来依次安装后续梁段，当梁段提升到与已安装好梁段的竖向距离为0.5 m时，装吊工人登上悬吊的梁段，在其上安装"靠拢系统"，再用"靠拢系统"将悬吊梁段水平拉到其他梁段。最后，装吊工人将永久吊杆导入其套管内。锚碇处梁段采用两艘吊船配合安装，一艘的纵轴线布置在桥的轴线上，其吊臂面对锚碇，并处在2根主缆之间，另一艘则布置在北侧，与桥轴线垂直，吊臂跨过北主缆进行吊装作业。主跨架设与锚碇处梁段吊装如图12-30所示。

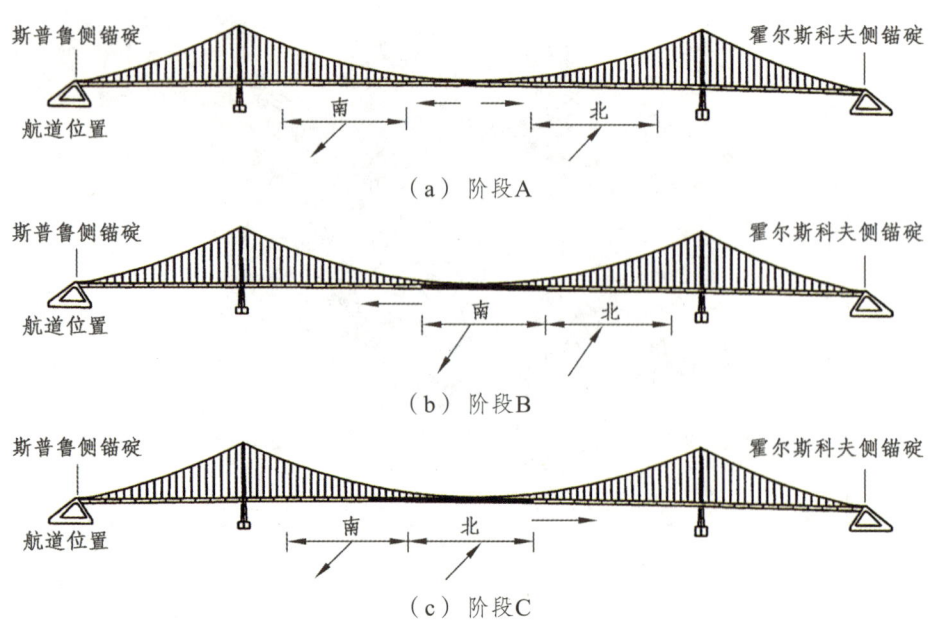

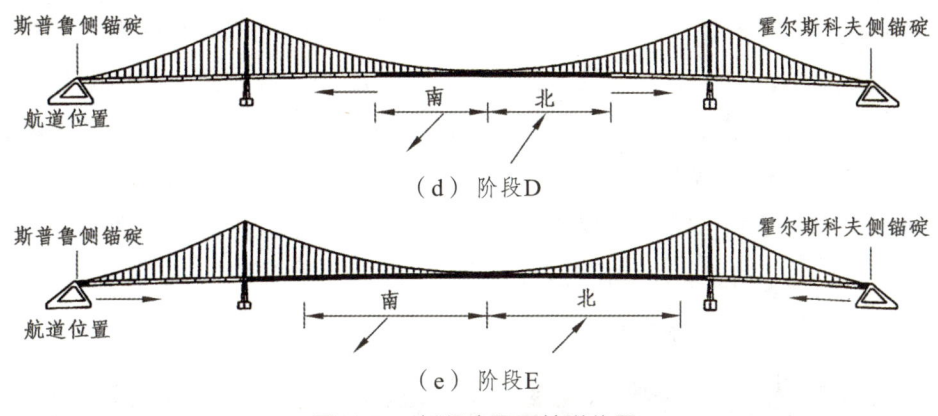

(d) 阶段D

(e) 阶段E

图12-29 架设步骤及航道位置

(a) 主跨架设　　　　　　　　(b) 锚碇处梁段的吊装

图12-30 加劲梁施工

12.2.4 运营与维护

大贝尔特东桥通过一个综合检查、监控和维护的系统进行维护，可在不干扰交通的情况下保持桥的健康状态。在保持桥面交通通畅并减少维修工作量的情况下降低维护费用，在6.8 km长的桥上仅设置了6道伸缩缝：两引桥连续梁在每个端头各一道，悬索桥加劲梁在每个端头各一道。另外在桥上安装了一些专门的设备，用来减少桥梁使用者和结构在遭受重大运营事故时的风险。对东桥的监控，包括结构、设备、环境和交通四方面，对上部结构的监控如表12-3所示。在桥塔顶端、加劲梁中心及引桥1个跨度有代表性位置处对环境进行连续观测。

表12-3 对上部结构的监控

	施工阶段所设的装备		运营阶段所增设的装备	
	用便携式或固定巡回检测器测量	SRO测量	用便携式或固定巡回检测器测量	SRO测量
施工阶段监控	主缆拉应力 谐调质量阻尼器			
运营阶段监控	主缆拉应力	谐调质量阻尼器	吊杆支撑应变	吊杆振动
	谐调质量阻尼器	梁支座位移	吊杆应变	梁的振动
	支座位移	液压缓冲器	正交异性板应变	除湿装置
		环境参数	吊杆支撑转动	结构温度
			伸缩缝处梁位移	

大贝尔特东桥设置了一系列的进出措施,对于需要仔细检查的所有内表面和其他设备,都安装了永久性到达设施;对于没有安装设备的空心墩和沉井,因为其检修周期长,便未设置永久性到达措施了。通过设置在桥面处的门洞,可以到达一塔柱的楼梯或另一塔柱内的链条齿轮提升机。提升机能够搭载10名工作人员或最多800 kg的设备。在桥台和锚碇里面安装的电力升降机能够更方便的吊送重物。沿着主缆顶部,设置传统的走道,用以检查和维修主缆。对加劲梁、吊杆和主缆都设置了检查车,如图12-31所示。

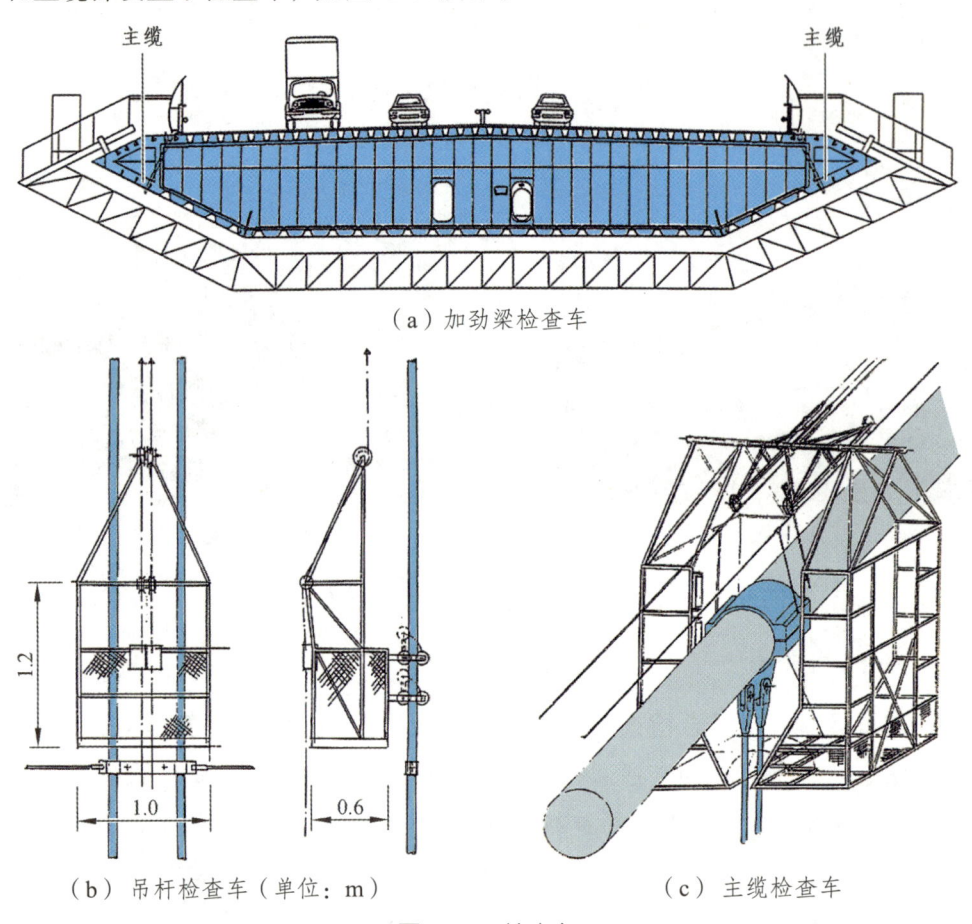

(a)加劲梁检查车

(b)吊杆检查车(单位:m)

(c)主缆检查车

图12-31 检查车

12.2.5 结论

大贝尔特东桥正桥为悬索桥,主跨长度当时(1998年)是世界第二,仅次于日本明石海峡大桥。丹麦是个小国,依靠本国的技术力量完成了该桥的设计和专题研究,可从结构设计、施工以及运营维护方面总结如下:

(1)结构设计。加劲梁为三跨连续梁,并在梁两端的纵向设置液压缓冲器,使桥面连续2 694 m,无伸缩缝,对行车畅顺有利。主塔和锚碇均采用预应力混凝土空心结构,经济美观。在塔处,加劲梁不设竖向支承,使加劲梁在恒、活载组合下的弯矩达到最小。

(2)施工。上部结构采用高度预制装配化施工,减小现场施工带来的工期延长和费用增加的风险。主缆采用空中编缆法架设,不需要重型吊装、运输设备,造价合理。预制构件的托运路线的定位用Axyle作为主要系统,各种GPS辅助,沉井最后定位则采用自动追踪经纬仪(光电测距仪），让施工变得简单高效。

（3）运营维护。大贝尔特东桥配备有先进的综合检查、监控和维护的系统，可在不进行交通管制的情况下进行维护工作。在引桥箱梁内安装有谐调质量阻尼器，可缓解柔性大的钢箱梁涡脱振动造成的不舒适感。桥上安装有移动护栏，可在发生事故时重新引导交通，不仅提高了道路使用者的安全性，而且还提高了员工在维护桥梁时的安全性。

12.3　厄勒海峡大桥

12.3.1　工程背景

厄勒海峡大桥建成前，丹麦首都哥本哈根（Copenhagen）和瑞典的工业重镇马尔默（Malmö）很长一段时间内只能隔海相望。随着经济社会发展，两岸居民迫切需要交流互通，哥本哈根的居民需要更便宜的住房，而马尔默的居民需要更多的就业机会。厄勒海峡跨海通道工程，由西侧海底隧道、中间人工岛及跨海大桥三部分组成，即在海面上建人工岛，桥梁与人工岛相连，人工岛再与隧道相连的方案。采用这种罕见的建桥方案的原因是大桥在丹麦一侧紧邻哥本哈根国际机场，高耸的桥塔必会对航空产生重大影响，甚至可能造成坠机事故[3]。因此大桥设计方决定在丹麦一侧采用海底隧道，再通过人工岛让海底隧道与大桥相连。西侧海底隧道位于海底10 m以下，长4 050 m，宽38.8 m，高8.6 m，由两线铁路、2条双车道公路和1条疏散通道组成。中间人工岛长4 050 m，东侧跨海大桥总长7 845 m，主桥是双塔双索面斜拉桥。厄勒海峡通道全长16 km，1995年开工建设，2000年6月竣工，共耗资200亿丹麦克朗（约合30.5亿美元）。厄勒海峡大桥是一座上层公路、下层铁路的公铁两用大桥，是当时世界上跨度最大的公铁两用斜拉桥，2002年9月10日，该桥被国际桥梁和结构工程学会授予了杰出结构奖。大桥的建成不仅使瑞典和丹麦人民数百年来的梦想变成现实，也使北欧地区成为欧洲著名的教育、科研和商业中心之一[4]。

厄勒海峡之间建立固定通道的想法由来已久。19世纪后半叶，类似的工程相继建成，如苏格兰的福斯铁路桥和伦敦下穿泰晤士河（River Thames）的布莱克威尔公路隧道。1888年，有提议在厄勒海峡北部最窄处丹麦爱尔辛诺（Elsinore）与瑞典赫尔辛堡（Helsingborg）之间修建1条长3 km、设置于海床面的悬浮隧道。1910年，瑞典提出了修建1条横跨海峡的铁路隧道方案，包括2条隧道段，隧道由萨尔松岛（Saltholm）的地面公路连接起来。20世纪30年代，丹瑞财团提出较为现实的自哥本哈根经过萨尔松岛到马尔默的公铁两用的跨海桥梁方案（即南线方案），1888年提出了北线方案，如图12-32（a）所示。相较于北线方案，南线方案总长度16 km，但水深不到10 m，且流速适中，但因二战而中断。1973年，丹麦和瑞典两国政府签署了一项修建跨海通道的协议，包括哥本哈根和马尔默之间的公路及爱尔辛诺和赫尔辛堡之间的铁路[9]。1978年，丹麦政府决定优先考虑大贝尔特海峡跨海通道，停止了其他大型基础设施项目的建设，厄勒海峡通道因此被搁置。随着大贝尔特海峡跨海通道的实施，1991年4月23日，两国政府间签订一份具有约束力的建设海峡通道的条约，选用南线哥本哈根到马尔默，但在萨尔松岛之南的线路，因为萨尔松岛是天鹅和灰脚鹅的换羽区，被划为自然保护区。跨海工程共3部分：哥本哈根以东，德罗格登（Drogden）航道以下为总长4 050 m的公铁两用沉管隧道。萨尔松岛以南填筑1个长4 055 m的人工岛，并在人工岛上建设隧道出口、铁路、公路及高架桥。跨越弗林脱（Flintrannan）航道的部分为厄勒海峡大桥，如图12-32（b）所示。

1992年1月27日，两国政府成立厄勒松财团（Øresunds Konsortiet，ØSK）作为业主负责跨海工程的融资、设计、建造及运营。ØSK由丹麦政府的A/S Øresund forbidelsen公司与瑞典政府的Svensk-Danska Broförbindelsen公司各占50%股份。ØSK提出桥梁的公路和铁路是平层布置和双层布置两种方案：①平层布置。1993年，厄勒松咨询公司（Øresund Link Consultants，ØLC）主张平层布置，如图12-33（a）所示，桥梁中间四车道公路，两边是铁路。斜拉索拉在边梁上，独柱形主塔插在公路中间。铁路部门认为铁路双线应该相并，如图12-33（b）所示。②双层布置。瑞典ASO集团公司提出公路在上，铁路在下，如图12-34所示。双层布置的桥式比较方案共有3种：主跨620 m的三孔连续提篮式钢拱桥、双塔双面V形塔放射形斜拉索斜拉桥及双H形塔竖琴形斜拉索斜拉桥，如图12-35所示，最后选定双H形塔竖琴形斜拉索方案。

厄勒海峡大桥主桥为双塔双索面钢桁梁斜拉桥，全长1 091 m，跨径布置为（141+160+490+160+141）m，如图12-36所示。西引桥总长3 014 m，共22孔，其中18孔140 m，4孔约120m，共分两段连续段。东引桥总长3 739 m，共27孔，其中24孔140 m，3孔约120 m，共分三段连续段。该桥于1995年正式开始施工，与1999年8月14日完工，由丹麦王储弗雷德里克（Frederik）和瑞典王储维多利亚（Victoria）在桥隧中间举行竣工仪式。2000年7月1日正式通车，丹麦女皇玛格丽特二世（Magrethe II）和瑞典国王卡尔十六世古斯塔夫（Carl XVI Gustaf）分别从哥本哈根和马尔默出发，在瑞典伦纳根（Lernacken）桥台处共同举行通车仪式[5]。

（a）丹麦、瑞典间厄勒海峡

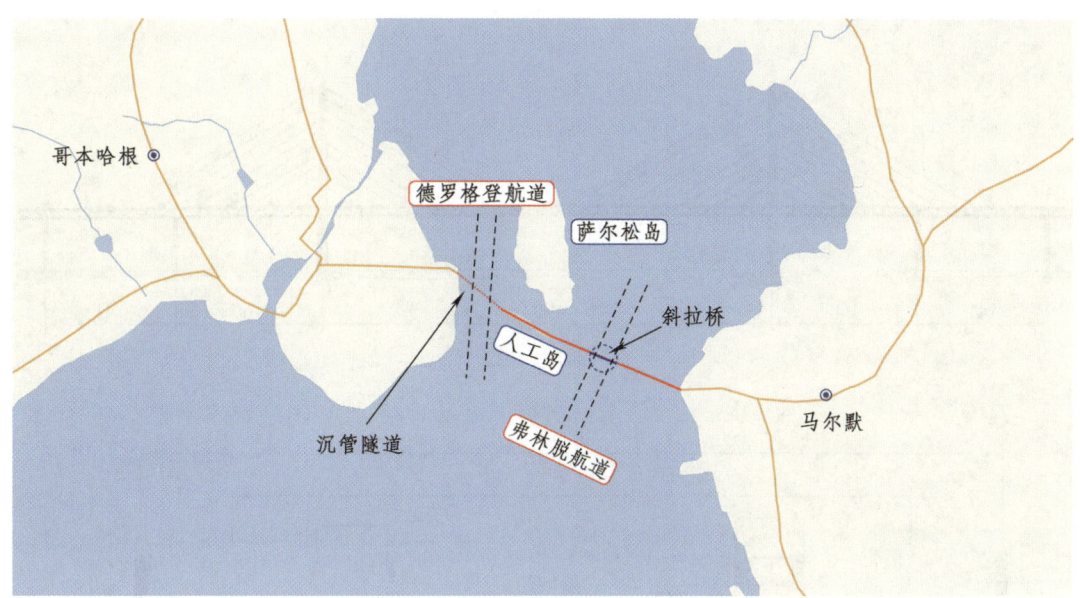

（b）桥址

图12-32　厄勒海峡跨海工程

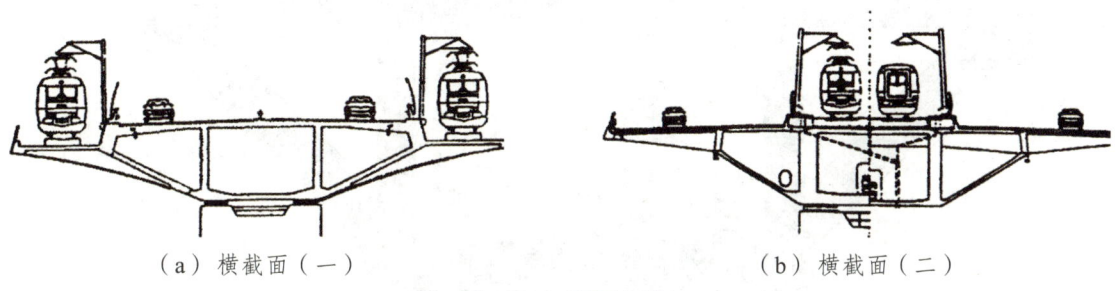

（a）横截面（一）　　　　　　　　　　　　　　（b）横截面（二）

图12-33　平层布置

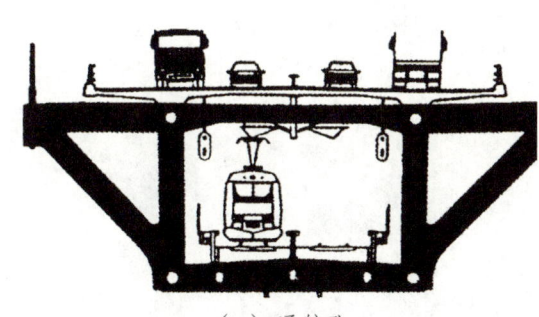　　　　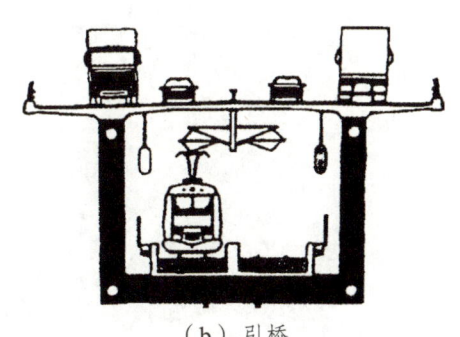

（a）通航孔　　　　　　　　　　　　　　（b）引桥

图12-34　双层布置

（a）三孔连续提篮式钢拱桥　　　　（b）V形塔斜拉桥　　　　（c）H形塔竖琴形斜拉桥

图12-35　双层桥的桥式比较方案

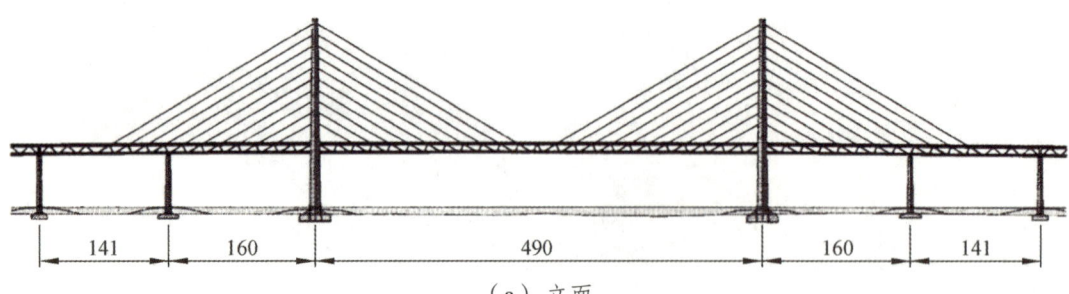

(a) 立面

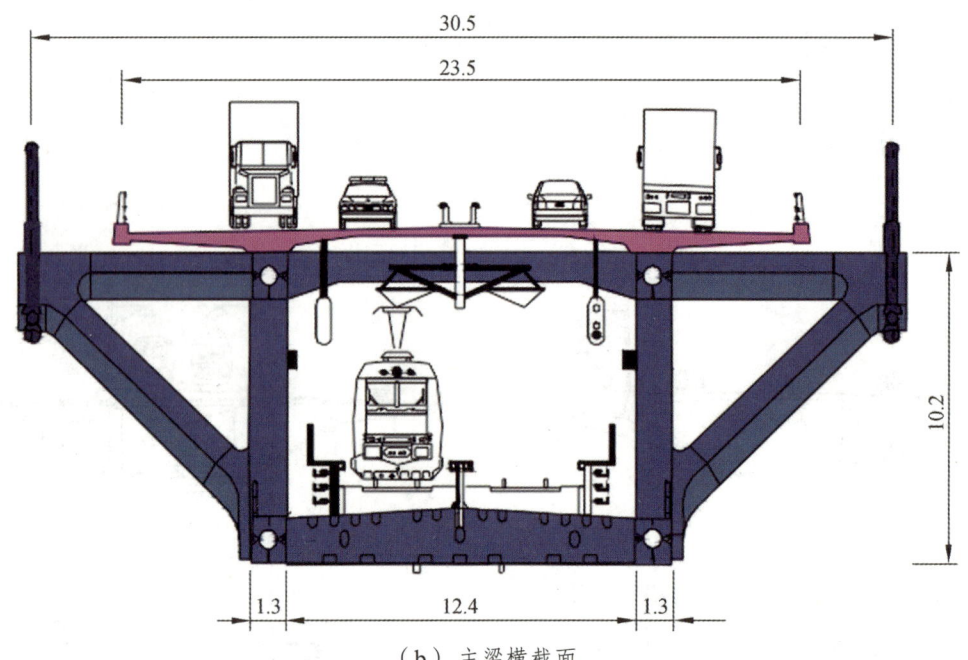

(b) 主梁横截面

(c) 大桥全景

图12-36 厄勒海峡大桥（单位：m）

12.3.2 结构设计

1. 设计条件

厄勒海峡跨海通道是一个国际间的大型综合工程项目，所联结的2个国家具有不同的结构规范和工程习惯，因此选择欧洲规范（EC）作为规范体系。然而当时欧洲规范还处于发展时期，仅作为欧洲试行标准使用，因此，ØLC公司制定了一套工程应用文件作为与应用的每个欧洲规范相应的附件[10]。桥址处水文与地质条件分述如下：①水文。桥址处潮汐大部分为不规则半日潮，潮差较小，最大水文涨落高差约0.3 m。海水流速约为5～20 cm/s。波罗的海的气候具有典型的季节性，冬季多吹偏西风，夏季多偏南风。风力冬季较大，夏季较小，风力≥8级的日数较少，主要出现在冬季，平均风速为6～11 m/s。1月份平均气温1～2℃，7月份平均气温达16℃。波罗的海位于温带海洋性气候向大陆性气候的过渡区，降水颇多，厄勒海峡地区年平均总降水量能达到600 mm[11]；②地质。厄勒海峡海岸地质为卵石、碎石、漂砾黏土，及带燧石层的石灰岩。设计条件如表12-4所示。

表12-4 设计条件

项目	内容
形式	双塔双索面钢桁梁斜拉桥
跨径布置	（141+160+490+160+141）m
桥梁全长	1 091 m
桥面宽度	23.5 m
主梁形式	连续钢桁梁
主梁横截面布置	上层为双向4车道公路，下层为双线铁路
主塔高度	203 m
引桥	连续双层结合桁梁桥；西侧长3 014 m，东侧长3 739 m

2. 下部结构

厄勒海峡大桥主塔为2个独柱，高出海平面203.5 m，从美学角度考虑，立柱外形设计为五边形，内侧垂直，外侧及两边自下而上渐变倾斜，但其重心仍在1根铅垂线上与索平面相合，使在恒载下主塔承担弯矩。由于重心取决于斜拉索位置，朝梁方向的主塔壁设计较厚，为0.9～1.49 m，其他四边较薄，为0.36～0.67 m，使截面能够达到平衡。另外，出于景观考虑，桥面以上的塔柱间不设横梁，因而在横梁以上立柱内布置有较多的竖向钢筋，使其能够承受来自任何方向的800 t的偶然荷载[12,13]。桥面以下的塔柱间设置的横梁为5 m×10 m预应力混凝土箱形梁，如图12-37所示。

厄勒海峡大桥主塔基础为哥本哈根石灰岩上，塔底是共同的扩大基础，该基础是带内隔墙的格形钢筋混凝土沉箱。沉箱结构的底板、肋板、竖向墙板和顶板都是预应力混凝土。考虑到陆上码头设施的规模和拖运能力，沉箱尺寸和重量应尽可能小，底面尺寸为35 m×37.18 m，每个沉箱重约2万t。基础的主要荷载是船舶撞击，因此，在沉箱的仓格内填充砂、卵石或压重混凝土，并在其周围抛石形成椭圆形防护结构，如图12-38所示。

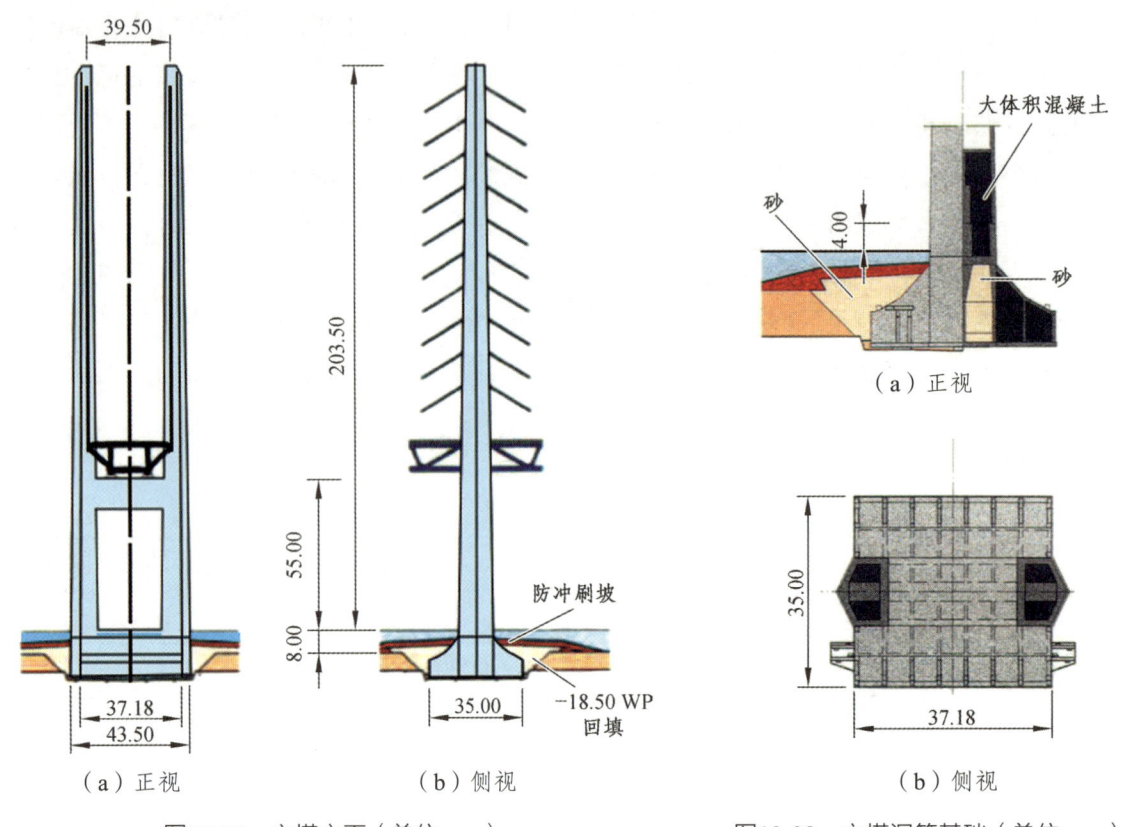

图12-37　主塔立面（单位：m）　　　　　图12-38　主塔沉箱基础（单位：m）

3．上部结构

（1）斜拉索。

厄勒海峡大桥斜拉索以30°的倾斜角按竖琴式布置，主梁上的锚点间距为20 m，共80对斜拉索，每个塔柱两侧各有10对，每对有2根相距很近的位于同一锚固点相互平行的斜拉索。每根斜拉索有75根钢绞线，每根钢绞线由7根直径5.5 mm镀锌高强钢丝组成，如图12-39所示。每根斜拉索包裹在1个带螺旋肋的高密度聚乙烯管内，可以抵抗风雨振。斜拉索上端锚固在主塔上的钢箱内，每对斜拉索1个钢箱，如图12-40（a）所示。2根相对应的斜拉索所产生的水平分力通过钢锚箱直接传递，而垂直方向上分力则通过抗剪螺栓传到混凝土上[14]。斜拉索与主梁的连接采用锚箱式锚固结构，锚箱固定在外伸支架上，安装在主桁架外的三角形外伸支架的倾斜度与主桁架长斜杆的倾角相同，如图12-40（b）所示。

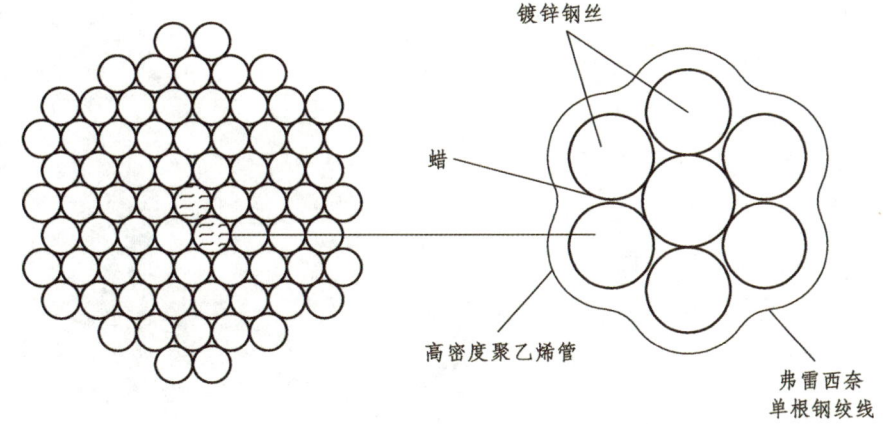

图12-39　斜拉索构造

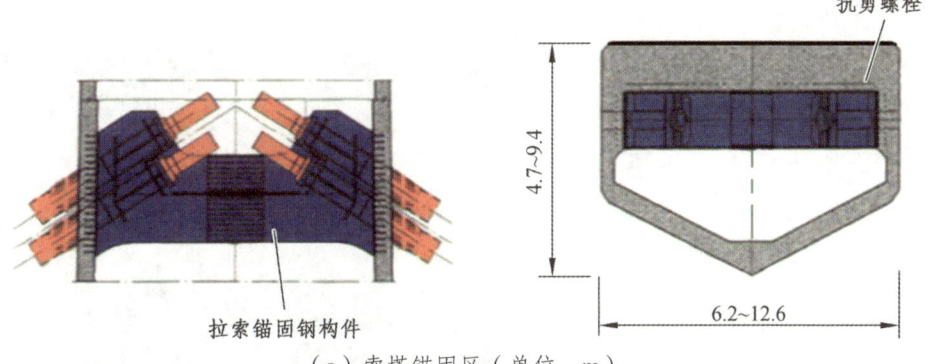

（a）索塔锚固区（单位：m）

（b）索梁锚固区

图12-40　斜拉索锚固区

（2）主梁。

主梁为连续结合钢桁梁，高10.2 m，节间距20 m。厄勒海峡大桥有双层桥面，上层为双向4车道的混凝土公路桥面，平均厚度为30 cm并设有横向预应力，下层为双线铁路，设计成1个封闭的钢箱，主梁横截面如图12-36（b）。桁架斜杆的倾角大约为30°和60°，目的是与斜拉索的倾角相匹配。斜杆、弦杆和铁路桥面均采用S420（EN10113）级钢，铁路桥面内的隔板采用S355（EN10113）级钢，钢板厚度为9~50 mm。主桁顶面布置了普通钉和加长钉两种剪力钉，长剪力钉（见图12-41）可以有效抵抗桥面板传递来的横向弯矩，两边的剪力钉分别受到拉力和压力的作用，短剪力钉仅用来抵抗纵向剪力。

图12-41　上弦杆与剪力钉[15]

12.3.3　施工

根据当时已建成的大贝尔特海峡东桥、小贝尔特海峡桥等类似规模工程的经验，厄勒海峡大桥决定采用预制装配施工，最大限度地减小现场施工，降低工期延长、费用增加和环境污染的风险。原方案是除斜拉桥的桥塔沉箱外，所有混凝土构件均在马尔默北部港口的工厂预制，然后采用两艘起吊能力3 000 t、未设置自身动力的A形浮吊进行运输与安装。然而，引桥基础最大重量达4 700 t，主梁节段最大重量达6 900 t，超过3 000 t的构件需要通过驳船运输到桥址后，再用两艘浮吊进行安装。因此，厄勒海峡通道承保公司决定采用天鹅（Svanen）号浮吊施工，如图12-42所示。

图12-42　天鹅号浮吊

天鹅号浮吊原本是为大贝尔特西桥施工设计建造的，起吊能力是6 500 t，能提升48.5 m高，后为适应加拿大联邦大桥（Confederation Bridge）的施工，将浮吊改装为起重能力8 700 t、提升高度74.5 m的长颈天鹅号，1997年又用于厄勒海峡大桥施工。

1. 下部结构

混凝土沉箱和墩身在马尔默北港的工厂预制，如图12-43所示，需要在桥墩与基础内壁预埋8根附加的预应力索，并按照1.5倍自重施加预应力，吊点设在锚头处。桥墩基础上的锚头将埋设在墩身与基础的混凝土接缝中，墩身锚头则设在凹槽内，以后用混凝土填封[16]。沉箱设计尺寸从18 m×20 m到22 m×24 m，为简化生产，将沉箱类型限制为4种。另外，将沉箱设计为顶部高出海平面4 m，这样就避免使用围堰，进一步简化了施工。在浅水区开挖1条长700 m、宽150 m、深5 m的航道，使天鹅号能够将预制构件运送到桥址处。在事先用反铲式挖泥船开挖的5~10 m深的基坑内，设置经找平的3个混凝土垫块。将沉箱安装支承在垫块上，然后在石灰石岩面与沉箱底面的空隙内灌浆。墩身同样是从其预制位置运送到出运码头，再用天鹅号起重船吊运到墩位处，安装到已设置的沉箱基础顶面，使用千斤顶控制墩身准确就位。

主塔基础沉箱高20 m、重约2万t，由于太重无法用天鹅号起吊运输和安装就位，沉箱在马尔默的考库姆斯（Kockums）干船坞内预制。1997年3月，在2个沉箱均制造完毕，并装设了工作平台及塔吊机座等附属部件后，向干船坞内充水。用2个起吊浮箱配对组成的特制浮驳，其上部配备了2个联结桁梁、2个千斤顶及能提升2.05万t重的钢丝绳。浮驳提升沉箱后吃水深度达到6.5 m时即可从船坞内拖出运送到桥址处。后续安装步骤与引桥基础类同。塔柱混凝土采用爬升模板浇筑（见图12-44），分50次进行，每次4 m，施工周期约5~9天。用起重船将横梁模板及其支架和预制好的钢筋骨架吊装到设计位置，并固定到已施工的塔柱上。横梁混凝土分3次浇筑，首次浇筑1/3，首次浇筑的混凝土与模板支架共同承受后浇混凝土重量。

图12-43　马尔默北港的生产线[17]

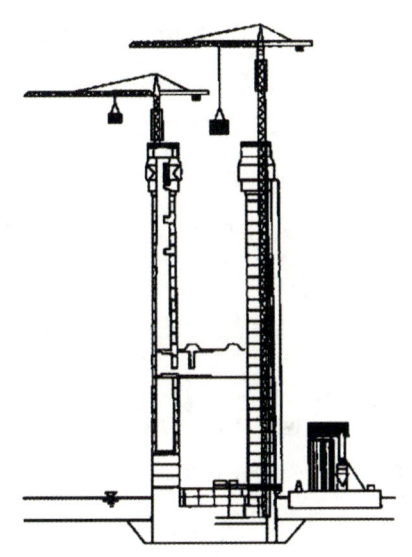

图12-44　爬升模板浇筑混凝土

2. 上部结构

（1）引桥。

引桥上部的钢桁梁及混凝土桥面板在西班牙南部的卡迪兹（Cadiz）预制，如图12-45所示。此处生产了49个钢梁构件，其中7个长120 m，42个长140 m。这些构件完全涂装后，通过远洋驳船从卡迪兹成对运输到马尔默北港的堆场，在那里安装下层铁路桥面系的混凝土槽形梁以及栅格、人行道与栏杆等附加件。制造工作于1996年开始，最后一批交货日期为1999年下半年。天鹅号负责架设桥梁，如图12-46所示。架设引桥的钢桁梁时，先将待架设孔跨的梁段前端提升约0.5 m，再与已经架设好的相邻孔跨的梁段焊接，这样可以改善结构受力。钢桁梁架设好后，再将公路的混凝土桥面板与铁路桥面系的混凝土槽形梁与钢桁架连接。

图12-45　卡迪兹的生产线

图12-46　使用天鹅号架设引桥

（2）主梁。

斜拉桥主桁架在瑞典的卡尔斯克鲁纳（Karlskrona）制造，距离施工现场200 km，如图12-47所示。先在船厂加工成20 m长的构件，再被焊接成6个140 m和2个120 m的节段。在喷涂油漆之后，使用驳船将节段运送到马尔默北港，在这里浇筑混凝土桥面板。原设计混凝土桥面板采用横向预应力，而纵向钢筋很少。使用天鹅号浮吊吊运时，预制梁两端悬臂部分最大达40 m，因此必须在梁中段增加纵向钢筋。另外，还需要在桥面板上留出供天鹅号起重船起吊的吊点孔，及供斜拉索下端锚固的钢支架。完成这些准备工作后，将各梁体节段架设在设计位置，如图12-48所示。

主桥上部结构的架设过程如图12-49所示：①在东主塔的西侧约120 m处设置临时墩，将140 m长节段架设在东主塔横梁和临时墩上。②将另一段140 m长的节段吊运安装在前一节段端头和其东侧的辅助墩上。把以上两节段连接之后，开始对称地安装和张拉斜拉索。③把主桥东端的一节140 m长的节段吊运安装在辅助墩和过渡墩上，在主跨跨中设置临时墩，再安装120 m长的主梁节段于两临时墩上。连接主梁节段后，安装并张拉斜拉索。④把靠近东塔的临时墩移到西塔东侧约120 m处。按与上述相似的顺序，安装主桥西面半跨主梁及斜拉索。主桥合龙后，拆除临时墩。

图12-47　主桁架制造

图12-48　主梁架设[18]

（3）斜拉索。

斜拉索施工采用弗雷西奈（Freyssinet）公司的等拉力张拉系统，如图12-50所示。每次对称张拉4股钢绞线，每根钢绞线都是在工厂中制作成某一固定线位的固定长度。先张拉每根拉索中的主股（Master Strand），即等拉力张拉系统中的控制股。此股锚固于特殊的拉力匣，可以读出索力。当另外一股张拉时，第一股的索力减少，再加应力使两股索力相等。重复上述操作，使所有索股受力基本一致。

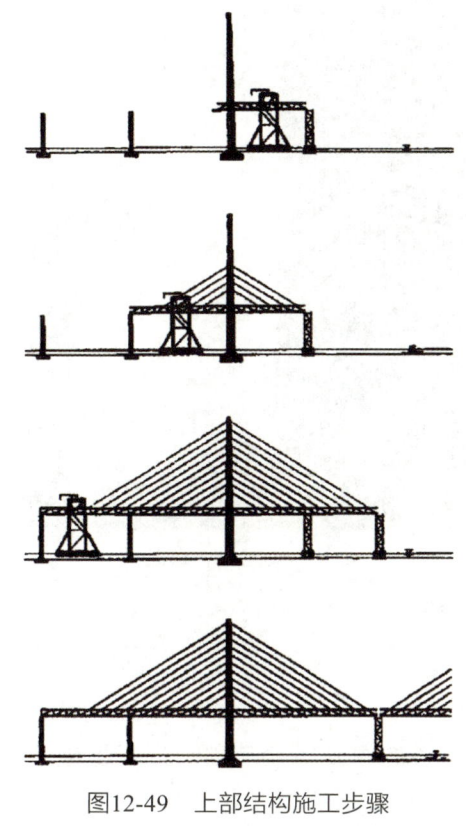

图12-49　上部结构施工步骤

图12-50　安装钢绞线

12.3.4　运营与维护

厄勒海峡大桥配备了先进的连续实时监测系统，如图12-51（a），称为CR-4中央记录仪，测量静态和动态信息，如温度、风特性、空气湿度、应变和加速度等。CR-4不仅可以提供超过某一阈值的突发事件的预警信息，而且能从桥面、缆索和主塔振动中提取桥梁的结构响应参数，然后通过分析这些参数的演变形成结构健康监测系统。桥上安装了85个动态信号通道，从22个三轴加速度计AC-53和19个应变计LV3400VS0采集信号。加速度计分别安装在斜拉索（16个）、东塔顶部（2个）及道路沿线（4个）上，用来监测强风条件下的斜拉索的振动及火车或重型卡车经过时桥梁变形。应变计分别安装在斜拉索的钢支架（12个）、混凝土轨道（2个）及主梁下侧（5个），用来监测强风和铁路交通造成的扭转。静态信号通道则与12个温度传感器Pt100和2个气象站连接。温度计大多安装在主塔上，并与应变计相连。2个气象站测量风速、风向（1172T）以及空气湿度和气温（RHA1），1个安装在塔顶，另1个安装在主梁上，如图12-51（b）所示。系统通过对桥梁结构状况的监控与评估，为桥梁在特殊气候、交通条件下或桥梁运营状况异常时发出预警信号,为桥梁的维护维修和管理决策提供依据与指导[19]。

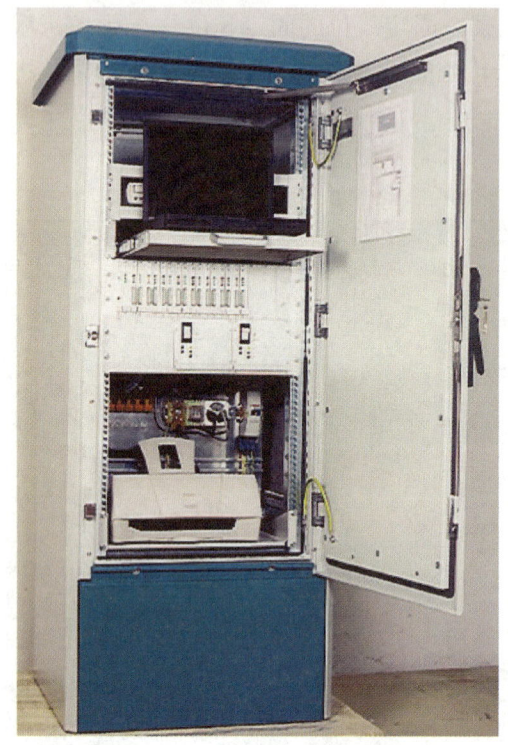
（a）CR-4主机柜

（b）主梁上的气象站

图12-51　连续监测系统

12.3.5　结论

厄勒海峡大桥在大贝尔特海峡东桥、小贝尔特海峡桥的建设经验基础上进行了创新,可从结构设计、施工技术以及运营维护方面总结为：

（1）结构设计。采用长细比适中的桅柱式桥塔和竖直索面结构,造型简洁优美。另外,两独立塔柱在主梁上方不设横梁,使得其能够承受中等程度的飞机撞击。斜拉索为双索面,竖琴式布置,以30°倾斜角平行设置,能够使力更均匀地传递到梁。

（2）施工。采用高度的预制装配化施工,极大地降低了对环境的干扰。从设计之初,业主就将美学、环境和技术放在同等重要的位置,必须"生态上是促进的,技术上可能的,经济上合理的,避免任何对环境不利的影响。"因此,在土方工程施工期间允许有短期污染,但是泄漏量不得大于开挖量的5%,并且对每月、每星期和每日的泄漏量严格控制。在如此严格的环境保护要求下,通过优秀的施工管理如期完成这项历史性工程,也是2002年获得杰出结构奖的重要原因之一。

（3）运营维护。安装了先进的结构健康监测系统以监测外部作用和结构响应,紧急情况下可预警,平时为桥梁的维护维修及管理决策提供依据和指导。

参考文献

[1] 陈炳坤. 跨越大贝尔特海峡的隧道与桥梁[J]. 江苏交通工程, 1995(6): 46-50.

[2] 穆祥纯. 充满民族风情的桥梁建设——丹麦[J]. 工程建设与设计, 2011(11): 36-40.

[3] 唐寰澄. 世界著名海峡交通工程[M]. 北京: 中国铁道出版社, 2004.

[4] 吴平. 一项造福北欧的巨大工程——厄勒海峡大桥[J]. 瞭望, 1991(19): 44-44.

[5] 周孟波. 斜拉桥手册[M]. 北京: 人民交通出版社, 2004.

[6] 吉姆辛NJ, 西南交通大学土木工程学院桥梁工程系, 中铁大桥局武汉桥梁科学研究院. 东桥 East Bridge[M]. 成都: 西南交通大学出版社, 2008.

[7] BRAESTRUP M W. Danish strait crossings: Lillebælt, Storebælt, Øresund and Femern Bælt[M]// Marine Concrete Structures. Woodhead Publishing, 2016: 287-319.

[8] 周履. 大贝尔特东桥及其主缆工程的详细设计[J]. 世界桥梁, 1995(3): 203-212.

[9] FALBE-HANSEN K, LARSSON Ö. Øresund Bridge[J]. Transportation research record, 1999, 1654(1): 133-140.

[10] 严国敏. 厄勒海峡大桥的招投标设计与施工[J]. 世界桥梁, 1999(3): 1-7.

[11] 俞慕耕. 波罗的海水文气象特点[J]. 海洋测绘, 1997(2): 55-57.

[12] 杨义东, 胡定成. 厄勒海峡大桥的详细设计[J]. 世界桥梁, 1999(3): 8-11.

[13] GIMSING N J, NISSEN J. The Pylons on the resund Bridge[J]. Structural engineering international, 1998, 8(4): 263-264.

[14] 左明福. 厄勒海峡大桥的设计与施工[J]. 中国港湾建设, 2001(1): 5-9.

[15] 张国宁. 从大贝尔特海峡大桥、厄勒海峡大桥到费马恩海峡大桥的跨越[J]. 中外公路, 2016, 36(1): 130-135.

[16] 周履. 关于厄勒海峡大桥若干情况的补充[J]. 世界桥梁, 2004(2): 5-8.

[17] FALBE-HANSEN K, LARSSON Ö. The Øresund Bridge: Project Development from Competition to Construction[C]//IABSE Conference Proceedings: Cable-Stayed Bridges. 1999.

[18] KRUMBACH G, HAMM S. Die Öresundbrücke-Verbindung zwischen Schweden und Dänemark[J]. Stahlbau, 2000, 69(5): 349-357.

[19] PEETERS B, COUVREUR G, RAZINKOV O, et al. Continuous monitoring of the Øresund Bridge: system and data analysis[J]. Structures and Infrastructure Engineering, 2009, 5(5): 395-405.

13 明石海峡大桥

13.1 引 言

日本主要由4个主岛组成，从北到南分别是：北海道、本州、四国和九州，其余小岛超6800个。在日本这样的群岛国家，大跨度桥梁是连接岛屿和跨越海湾的交通枢纽。为加强岛屿间的联系、实现国土一体化，日本建设了一系列跨海桥梁和隧道工程，其中连接本州和四国的跨海工程——"本州四国联络桥项目"（简称"本四联络桥"）最为著名。该项目由3条跨海通道，共19座桥梁组成[1]，其中便包括目前世界上主跨第二的悬索桥——明石海峡大桥（Akashi Kaikyo Bridge）[2,3]。本州与四国隔濑户内海（Seto Inland Sea）相望，濑户内海东西长440km，南北宽5～55 km，多港湾，海中分布525个大小岛屿，一般水深20～40 m。本州四国联络道路包括神户—鸣门通道（神户淡路鸣门高速公路）、儿岛—坂出通道（濑户中央高速公路）、尾道—今治通道（西濑户高速公路），是日本主要公路网和干线铁路网的重要组成部分[4]。

日本政府早在19世纪50年代中期就开始规划四大主岛的交通通道，避免因恶劣天气导致的海运、空运中断问题，并促进经济发展，以实现国土一体化的目标。但限于时代水平，日本无法建造跨海大桥，已建桥梁的跨度均未超过200 m。直至20世纪70年代，日本经济高速发展，一跃成为世界经济强国，此后二十年间建设了一系列的跨海桥梁和隧道，将本州、北海道及九州连通。为加强本州和四国间的联系，早日实现日本国土一体化，促进濑户内海沿岸地区产业的振兴和经济的发展，经过长期、反复的调研论证后，日本政府终于下定决心建立本州四国联络桥。本四联络桥共有3条线路，往东起分别为东线神户—鸣门通道、中线儿岛—坂出通道以及西线尾道—今治通道[5]，如图13-1所示，公路总长172.9 km。

明石海峡大桥是东线神户—鸣门通道的关键组成部分，1998年大桥建成后，显著缩短了本州到四国的通勤时间，创造了极大的经济和社会效益。多多罗大桥（Tatara Bridge）和来岛海峡大桥（Kurushima Kaikyo Bridge）同为西线尾道—今治通道的重要组成部分[7,8]。多多罗大桥连接广岛县尾道市的生口岛及爱媛县今治市的大三岛，为西濑户高速公路的一部分，1999年通车，为当时世界上主跨最大的斜拉桥[9]。来岛海峡大桥由3座悬索桥串联而成，横跨来岛海峡连接今治与大岛。四国和本州之间的濑户大桥由6座跨海大桥及其引桥组成，是世界最长的公铁两用桥梁群。本章选取本四联络桥上具有代表性的4座跨海大桥，从结构设计、施工和运营维护等方面进行全面阐述。

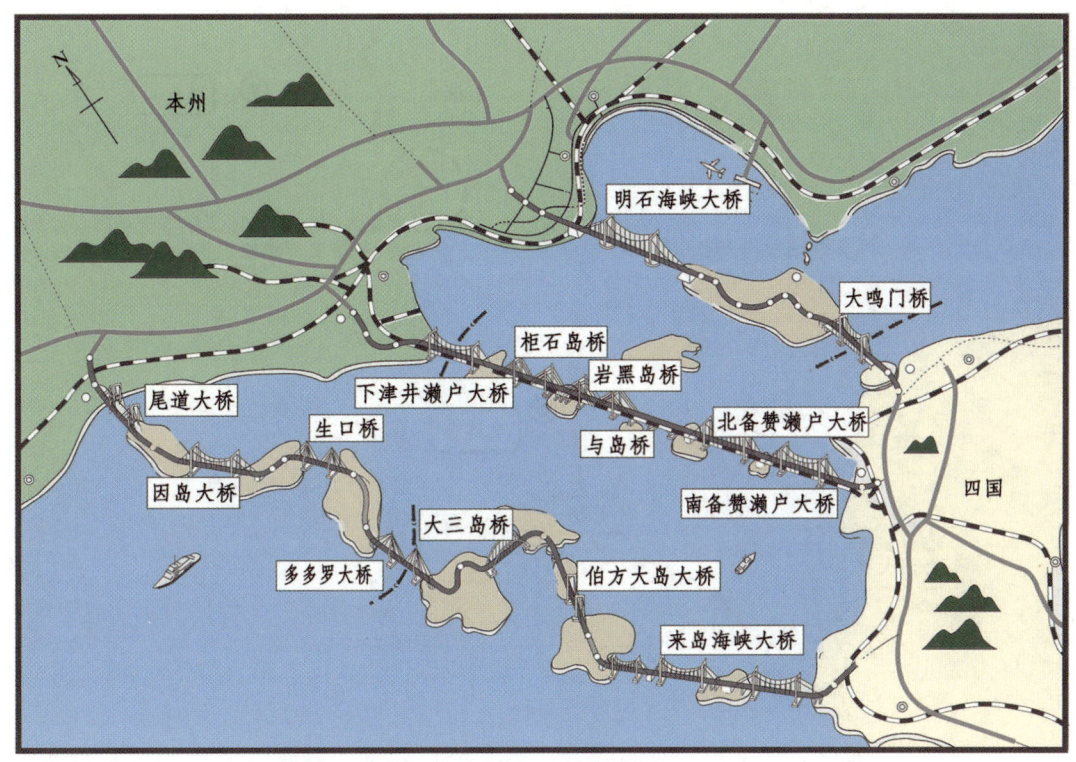

图13-1 本州四国连络桥[6]

13.2 明石海峡大桥

13.2.1 工程背景

明石海峡位于濑户内海东北口，播磨滩和大阪湾之间，海峡宽约4 km，最大水深约110 m。明石海峡大桥跨越明石海峡，连接神户市与淡路岛，建成后保持了24年世界主跨最大悬索桥的纪录，2022年3月被土耳其恰纳卡莱1915大桥（主跨2 023 m）超越。大桥为神户淡路鸣门高速公路的重要组成部分，神户淡路鸣门高速公路（E28）为东北—西南走向，起点为本州的神户西，途径淡路岛，终点为四国的鸣门市，线路全程89 km，为本州—四国联络桥道路的神户—鸣门通道，如图13-2所示。

在修建本四联络桥前，本州与四国间主要依靠轮渡往来，由于台风、浓雾等恶劣的天气经常导致海上运输中断，交通事故频发。1889年，有人提出在本州和四国之间修建桥梁，但限于当时的技术水平被搁置。1942年本州—九州间建成关门海底隧道，1973年又在本州—九州间架起关门海峡大桥，1988年在本州—北海道间开通青函隧道[10,11]。此时日本四大主岛之中只有四国与本州之间尚未有跨海通道。四国是日本四大主岛中面积最小的岛，两地交通主要靠海运，耗费时间长，运量低，且船只在航行过程中易发生事故。1945年12月9日，播淡联络轮船"鹡鸰号"沉没于明石海峡中，死亡304人。1955年5月11日，渡轮"紫云号"沉没，168人遇难。在两次大型船难后，明石海峡大桥的建设迫在眉睫。1970年，日本颁布《本州四国连络桥公团法》，同年7月，成立专为修建跨海通道的本州四国联络桥公团，日本历史上规模最大的跨海工程正式开始[12]。1982年曾规划把明石海峡大桥建成主跨为1 780 m公铁两用桥，但因造价高

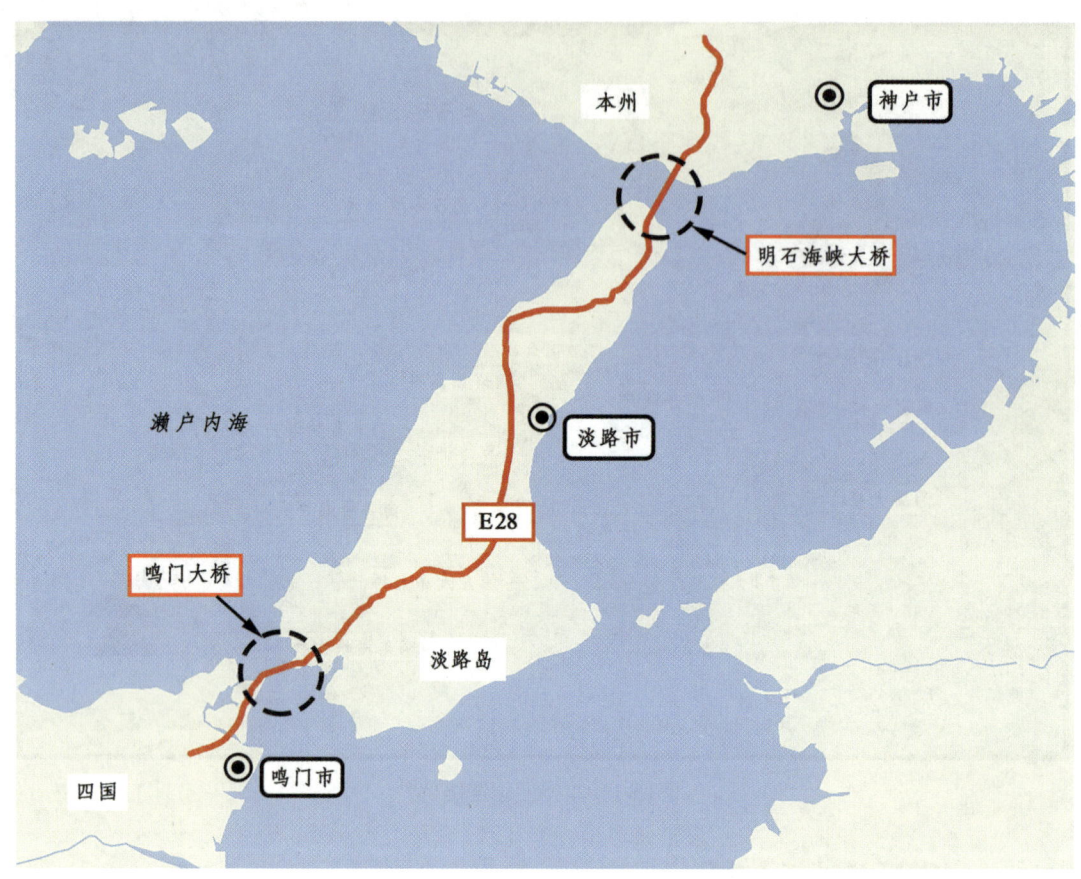

图13-2 神户淡路鸣门高速公路交通线

达6 100亿日元（约合人民币335亿元）遂放弃铁路[13,14]。1985年提出修建公路专用桥梁，双向六车道。1988年5月，大桥正式动工，1996年9月竣工，1998年4月5日正式通车，建设历时10年，耗资5 000多亿日元（约合人民币275亿元），施工期间历经阪神大地震（里氏7.3级）仍安然无恙。

13.2.2 结构设计

1. 设计条件

桥址处地质情况如图13-3所示。2P桥墩处水深约45 m，3P桥墩处水深约35～40 m，最大浪高9.4 m，海水流速不超过4.5 m/s。海峡中心的地形条件为宽阔的山谷和陡峭的斜坡，基岩为花岗岩，该基岩大致覆盖有新世中生代的神户层，第四纪的冲积时代的明石层，上冲积层和冲积层。大桥跨越重要航道（1 400艘/日），明石海峡航道宽1 500 m。

本州四国连络桥公团为大桥单独制定了《明石海峡大桥抗风设计纲要》，制作了1∶100的缩尺全桥模型，设计了能容纳该模型的大型风洞试验室（宽41 m，长30 m，高4 m），进行高精度的抗风稳定性试验[15]。设计基本风速用重现期150年、海平面上10 m、10 min平均风速为46 m/s，颤振临界风速为78 m/s。表13-1为本四联络桥中部分悬索桥的振动限界风速无因次化数值，该桥的无因次风速超过16，可见抗风设计标准之高[16]。风洞试验的研究成果还建议在公路桥面下安

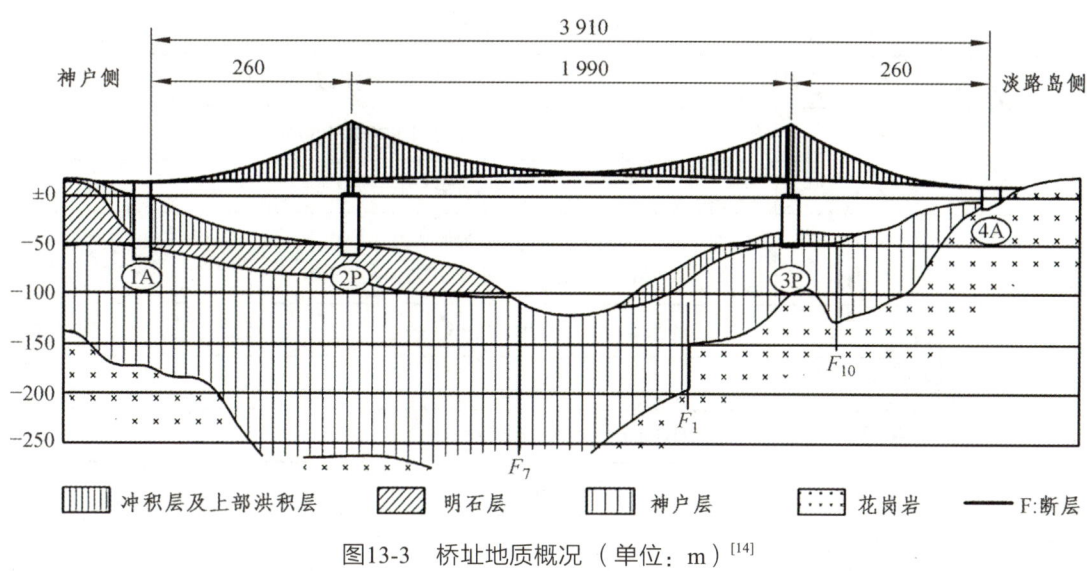

图13-3 桥址地质概况（单位：m）[14]

装中心垂直板以提高颤振风速。此外，还对桥梁进行颤振和抖振的试验，Katsuchi等[17]在1999年对明石海峡大桥进行了多模态颤振和抖振分析，并与使用气动弹性全桥模型的风洞试验数据进行比较分析，预测值与实测结果非常吻合，且模态间表现出明显耦合现象。

表13-1 抗风设计上的要求标准比较[16]

	因岛大桥	大鸣门桥	南备赞濑户大桥	明石海峡大桥
主跨长度/m（主索鞍中距）	770	867	1100	1991
颤振临界风速V_{cr}/（m/s）	65.9	87.6	79.5	78.0
振动数 $\begin{bmatrix}扭转 f_0 \\ 挠曲 f_z\end{bmatrix}$	$\dfrac{0.374}{0.178}$	$\dfrac{0.308}{0.155}$	$\dfrac{0.324}{0.162}$	$\dfrac{0.135}{0.064}$
横向跨长B/m（主构宽）	26.0	34.0	30.0	35.5
无因次化风速 $V_{cr}/f_0 \cdot B$	6.8	8.4	8.2	16.3

抗震标准按重现期150年的里氏8.5级强烈地震设计，结构抗震设计有3个创新点：①首次在抗震设计中考虑桩土组合效应；②由于大桥的自振周期长，因此设计时也考虑了长周期地震；③采用相位差输入的新方法分析了非一致地震激励（地震波到达各基础的时间差）对结构的影响。设计条件如表13-2所示。

表13-2 设计条件[18]

形式			三跨双铰加劲桁架悬索桥	
跨径布置			（960+1 990.8+960.3）m	
桥梁及道路规格			一等桥—第1种—第2级—双向6车道	
纵坡	边跨		圆曲线（R=342 695 m（神户侧），R=247 360 m（淡路侧））	地震后（地震前3%直线）
	主跨		圆曲线（R=30 342 m）	地震后（地震前1.5%抛物线）
	横坡		2%	
	加劲桁下净空高		NHHWL+65 m（TP65.9m）	
	沥青铺装厚度		75 mm	
设计荷载	恒载	悬吊构造	280.4 kN/m（主跨）	加劲桁架工程订货设计
		主缆	141.3 kN/m（主跨）	加劲桁架工程订货设计
		小计	421.7 kN/m（主跨）	加劲桁架工程订货设计
	活载	种类	TL-20，TT-43，B	
		集中荷载 弯矩用	641.4 kN/单侧	等代L荷载
		集中荷载 剪力用	652.5 kN/单侧	等代L荷载
		等分布荷载	641.4 kN/m 单侧	等代L荷载
	风载	基本风速	46.0 m/s	
		设计基准风速 悬吊构造	59.8 m/s	
		设计基准风速 主缆	66.2 m/s	
		设计基准风速 塔	66.7 m/s	
设计荷载	风荷载	悬吊构造	51.58 kN/m	主跨（主要横断面力）
		主缆	10.32 kN/m	主跨（主要横断面力）
		小计	61.90 kN/m	主跨（主要横断面力）
	地震的影响		根据明石海峡大桥抗震设计要领（案）	
构造体系	加劲桁架		直杆式华伦桁架，宽33.5 m，高14 m	
	主缆	主缆的垂跨比	194.176/ 1970.695(1/ 10.121)	
		主缆的中心距	35.50m	
		主缆根数	1根/ 单侧	

2. 下部结构

明石海峡大桥共2个桥墩和2个重力式锚碇，从神户侧至淡路岛侧依次为1A、2P、3P、4A，其中A代表锚碇（Anchorage），P代表桥墩（Pier），具体参数如表13-3所示。1A为位于神户侧的锚碇，锚碇基础由圆形地下连续墙和墙内填充的碾压混凝土（RCC）组成，锚碇为钢筋混凝土[19]。4A锚碇位于淡路岛侧,由矩形直接基础和主体组成。1A锚碇长84.5 m、宽63 m、高115 m,总体积52万m³(其中基础38万m³,混凝土主体14万m³),主缆拉力1 200 MN。基础采用直径85m的圆形地下连续墙,深度达61m。4A锚碇基础持力层为花岗岩,混凝土体积为15万m³。2P和3P是采用沉箱法施工的圆形海中桥墩,如图13-3所示。2P的位置确定在水下40～50 m的海台边缘,从这一点海床开始迅速下沉,2P的持力层为水下60 m处的明石层。3P的位置与2P对称,持力层为-57 m的神户层。

表13-3 下部工程设计[18]

		1A	4A	2P	3P
基础	形式	沉箱基础	直接基础	直接基础	直接基础
	形状	圆形	矩形	圆形	圆形
	尺寸	φ85 m	80 m(长)×63 m(宽)	φ80 m×70 m	φ78 m×67 m
	基础施工方法	地下连续墙,倒衬砌法施工	列柱式连续墙挡土法施工	设置沉箱施工法	设置沉箱施工法
锚碇及桥墩	形式	重力式	重力式		
	尺寸	84.5 m(长)×63 m(宽)	83 m(长)×63 m(宽)		
数量	混凝土/m³	基础375 000	基础90 000	水中265 000	水中238 000
		桥墩140 000	桥墩150 000	岸上89 000	岸上84 000
	钢材/t	15 000	13 000	21 000	19 000

图13-4 钢沉箱

主塔为钢结构,高286.7 m(设置鞍座后高297.3 m),由30段预制钢段(每段高度约10 m)架设而成,每段由3个架设单元组成。主塔设计中,按空气动力学原理对塔柱进行数据分析和风洞试验,结果表明:十字形截面抗风稳定性最佳。塔柱断面为中空七室箱型构造,能够有效抑制风致振动[20,21]，如图13-5（a）所示，塔柱底部尺寸为6.6 m×14.8 m，顶部尺寸为6.6 m×10 m。主要用钢为SM570（抗拉强度为570 MPa），1个主塔约重2.5万t。在考虑构件残余应力和初始变形的情况下，通过线性屈曲分析和弹塑性有限变形分析，对构件的屈曲稳定性进行了分析。为减小风致涡激振幅，在塔身内部安装了谐调质量阻尼器，如图13-5（b）所示。

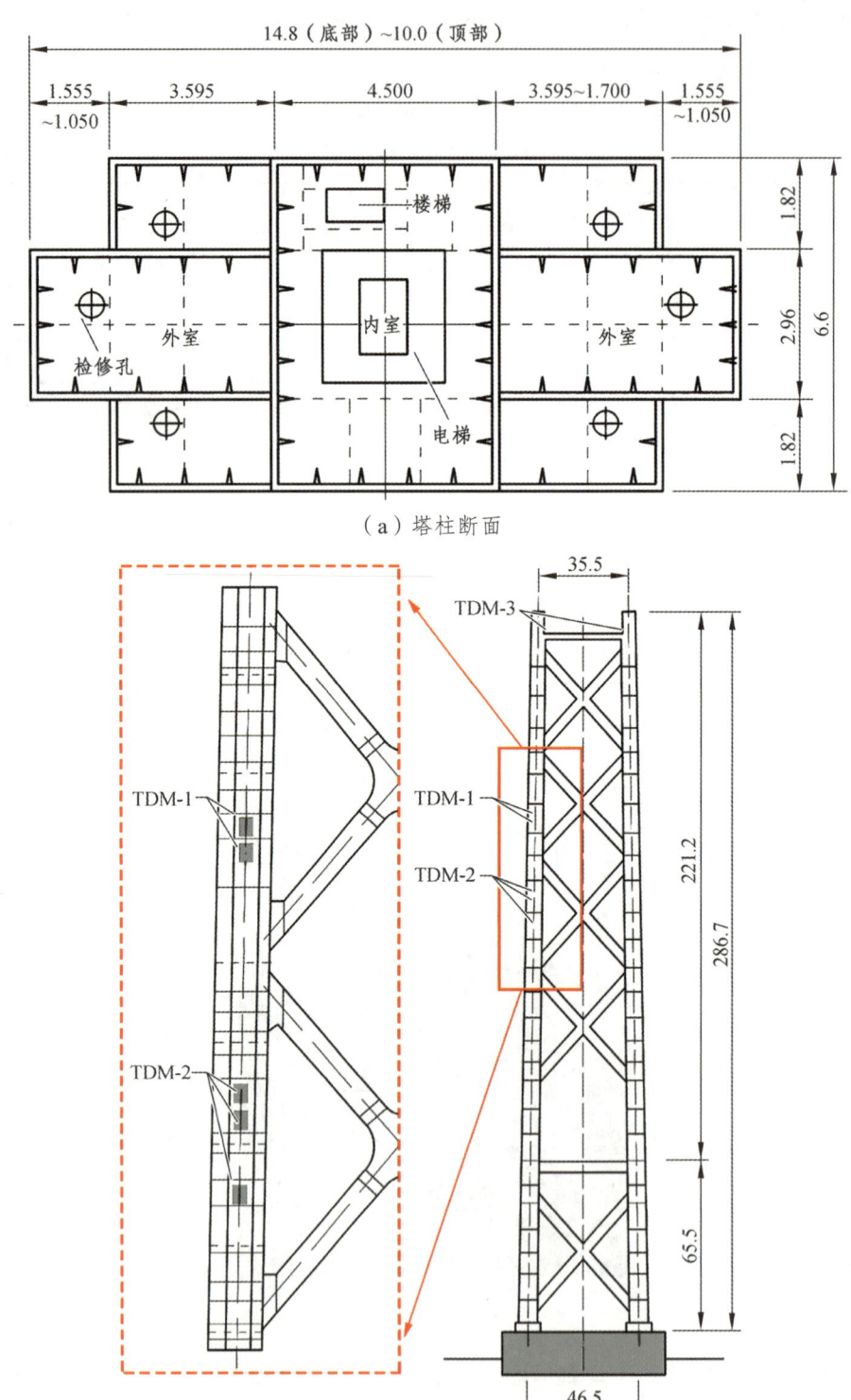

(a) 塔柱断面

(b) 主塔阻尼器设置

图13-5 主塔构造[14]（单位：m）

3. 上部结构

依据日本《海上交通安全法》，最小净跨须超过1 500 m。考虑到塔墩的合理设置，最大限度减少施工作业区域对航道的影响；还需考虑到造价成本等因素，符合最低成本原则的主跨在2 000 m左右，于是对2 000 m左右的主跨设计进行比选，初步确定主跨长度后，基于主跨、边跨长度以及地形地质条件确定锚碇位置，并使塔墩与航道对称布置，最终确定主跨1 990 m，边跨960 m，立面布置如图13-6所示。

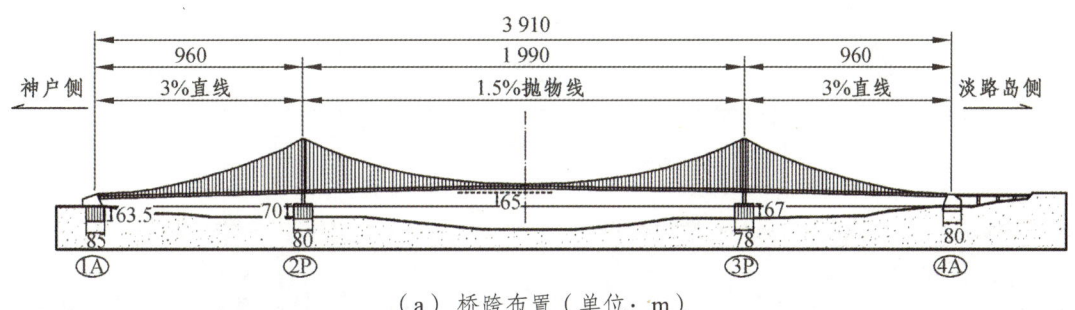

（a）桥跨布置（单位：m）

（b）大桥实景

图13-6 明石海峡大桥

架设主缆前，先用直升机将由质轻高强的聚酰胺纤维制成的导索（φ10 mm）牵引过海，导索用于悬挂猫道和架设主缆，导索构造与材料特性如表13-4所示。主缆直径1.12 m，由290根索股组成，每股有127根直径5.23 mm的平行钢丝，使用预制平行索股法编制[22]。使用抗拉强度1 760 MPa高强度镀锌钢丝，故每侧只设1根主缆。2根主缆所用的高强钢丝长30 000 km（可绕地球7周半）。此外，该桥恒载占总荷载的91%，恒活比远高于其他悬索桥，活载的影响很小，钢丝的允许拉应力可提高，其安全系数也由2.5降至2.2。

吊索由聚乙烯管包裹的预制平行钢丝索股制成，如图13-7所示，每根吊杆包含2个吊索，吊索间距约为其直径的9倍，理论上很难产生振动，但在下游侧的吊索上却发生大幅度的振动。因此，为改善吊索的空气动力学性能，通过风洞试验分析其振动特性以及抗振能力，发现在吊索上螺旋缠绕直径10 mm的钢丝可有效抑制颤振和涡激振动。因此，通过风洞试验获得了最优线径和捻距,并使用新研发的装置将钢丝固定在所有较长的吊索上,使振幅可控[23,24]。

表13-4 导索构造及材料性能

型号	构造	材料	性能	标准直径/mm	内层直径/mm	外层厚度/mm	聚芳酰胺纤维横截面面积/mm²	重量/(g/m)	抗拉强度/MPa
008B-BC		内层:聚芳酰胺纤维 中层:聚酯纤维 外层:聚氨酯树脂	防扭 防水	10.0	8.0	1.0	25.9	91.7	46.1

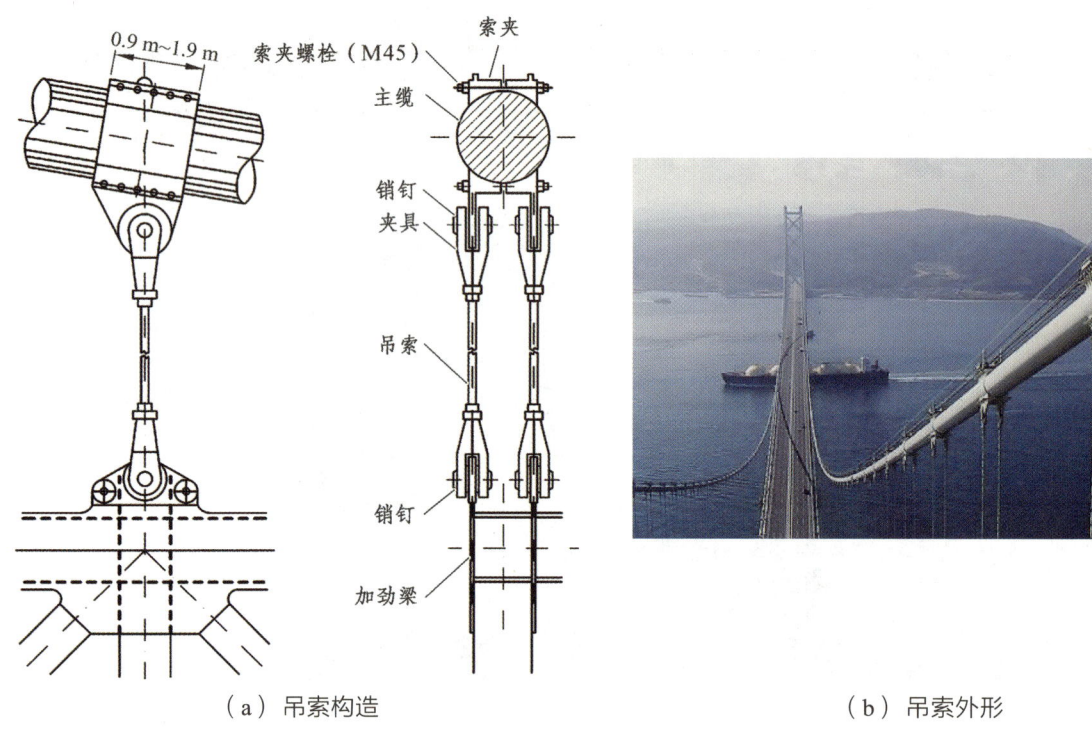

(a) 吊索构造　　　　　　　　　　(b) 吊索外形

图13-7 吊索[14]

加劲梁采用桁架形式,高14 m,宽35.5 m,梁下净空65 m。明石海峡大桥初期曾就其加劲梁设计方案进行了多次比选。1982年拟定了箱梁和桁架两类方案,研究其抗风性能并求其合理断面。由于抗风设计标准高,对箱梁形式来说,须要一定程度地增大其截面,但这样往往使用应力会偏低,用钢量会增大。为满足抗风设计标准,日本土木学会抗风委员会提出了3种箱梁加劲梁方案:①桁架-箱梁结合梁;②分离双箱梁;③变截面箱梁,如图13-8所示。变截面箱梁方案设计合理,抗风性能良好,但由于当地气候条件恶劣,给箱梁架设施工带来很大困难,还存在施工和通航相互干扰的问题,几种拟定的施工方案均无大跨悬索桥施工的先例,且都伴有危险作业。而加劲桁架较箱梁用钢量较少,空气动力学的稳定性较好,且架设时抗风措施容易实现。经过多次风洞试验,对箱梁形式和桁架形式进行比较,并综合多方面因素考虑,最终选定桁架作为加劲梁形式。

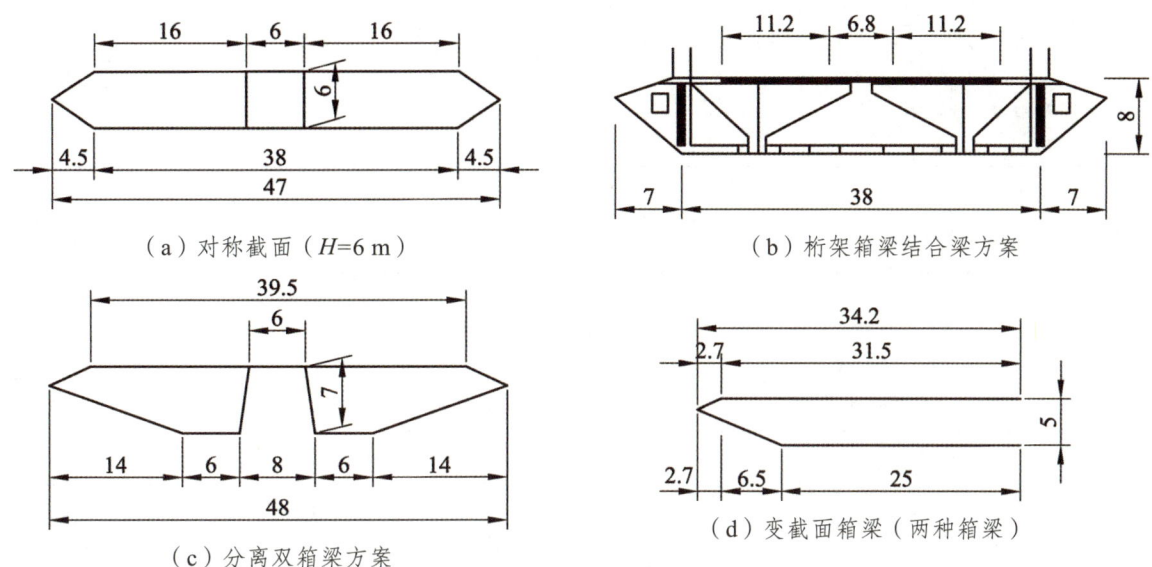

(a) 对称截面（$H=6$ m）　　(b) 桁架箱梁结合梁方案

(c) 分离双箱梁方案　　(d) 变截面箱梁（两种箱梁）

图13-8　钢箱加劲梁方案比选（单位：m）

设计加劲桁架时，桥面板、桥面系对应的活载为日本规范中的T-20和TT43；加劲桁架采用的对应荷载则为L-20和TT43荷载，即以线荷载和均布荷载换算的等价L荷载。此等价L荷载的大小由线荷载、均布荷载及与主跨长度有关的数据算出，主荷载的线荷载为每桁652.5 kN，主荷载的均布荷载为每桁18.36 kN/m，荷载和温度共同引起的最大竖向挠度约为7.7 m。对于钢桥面板，纵梁和横向桁架都考虑冲击影响；对加劲梁则不考虑冲击影响。基本风速为46 m/s，基本温度20～30℃，暴风时的温度按+15℃考虑。地震工况不控制加劲梁截面。加劲桁架和下部结构的连接部件，如端连杆和抗风支座等，除采用下部工程所采用的短周期地震振动外，还采用其他比如从十胜近海地震（1968年）得到的长周期地震振动，或考虑了各基础承受外力的时间相位差的非一致地震振动，且以自振周期长的长大悬索桥进行相应的验证。

由于大桥为公路桥，加劲梁采用双铰形式，主塔处加劲梁伸缩装置必须设4根连接杆。桁架主体的上、下弦杆，上、下横联各杆，主体结构的斜杆等设计都由风荷载控制。三维全桥模型风洞试验结果表明：①中央扣可确保主桁的抗风稳定性；②湍流中的阵风不控制设计；③三维颤振行为须采用解析方法。加劲梁主桁宽度影响主塔间距和桥墩宽度的设计，通过对不同宽度的模型进行风洞试验，最终确定主桁宽度为35.5 m。为保证其抗扭刚度，主桁高度确定为14 m。对于横向结构，最初打算采取大桁架组和小桁架组相结合的形式（图13-9）。考虑到大片桁架的杆件数量少，造价成本较低，工艺相对简单，方便维修管理，最终采用了图13-10所示的结构。在主跨1/4点附近、边跨跨中附近的上下弦杆采用HT 780（$\sigma_s=786$ MPa）和HT 690（$\sigma_s\geqslant 620$ MPa）等高强钢材，可减少弦杆截面尺寸，降低用钢量，减轻自重的同时保证足够的强度。弦杆截面按所处位置而有所不同，标准截面为750 mm×840 mm，最大板厚34 mm左右。大桥上部结构设计概要如表13-5所示。

表13-5 上部结构设计概要

项目			主 跨	边 跨
加劲桁架	断面构成	最大板厚	34 mm	34 mm
		材质	HT780	HT780
	变形	竖向挠度	+8.00～−5.04 m	+4.54～−3.76 m
		水平挠度	26.99m（地震后）	8.28 m（地震后）
主缆		直径	1 122 mm	
		最大张力	625 130 kN/根（地震前）	
		塔顶部位的最大反力	482 460 kN（地震后，2P塔柱）	
		全部钢丝的长度	300 035 km 制作长度	
吊索		吊索直径	PWSϕ85 mm（一般部位），ϕ91（1A侧）CFRCϕ66～94 mm	
		设计张力（断裂荷载）	PWS 5230～5600 kN CFRC 3010～6420 kN	
塔柱		断面尺寸	（14.8～10.0）m（长）×6.6 m（宽）	
		一般部位的板厚和材质	底部50 mm，塔顶65 mm SM570	
		塔顶水平位移D+L+T+SD+E	1.904 m（主跨），−1.775 m（边跨）塔的施工设计	
		上部工程总用钢量/t	195 100（其中：塔47 800，缆59 500，加劲桁架87 800）	

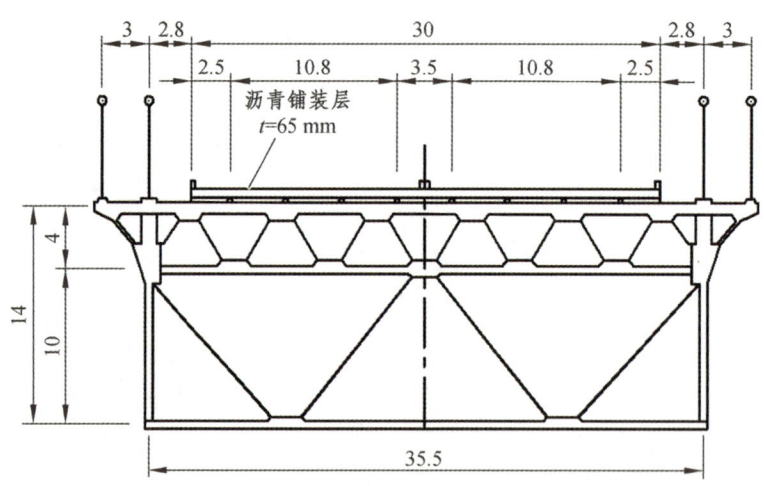

图13-9 小组桁架方案（单位：m）

（a）侧面图

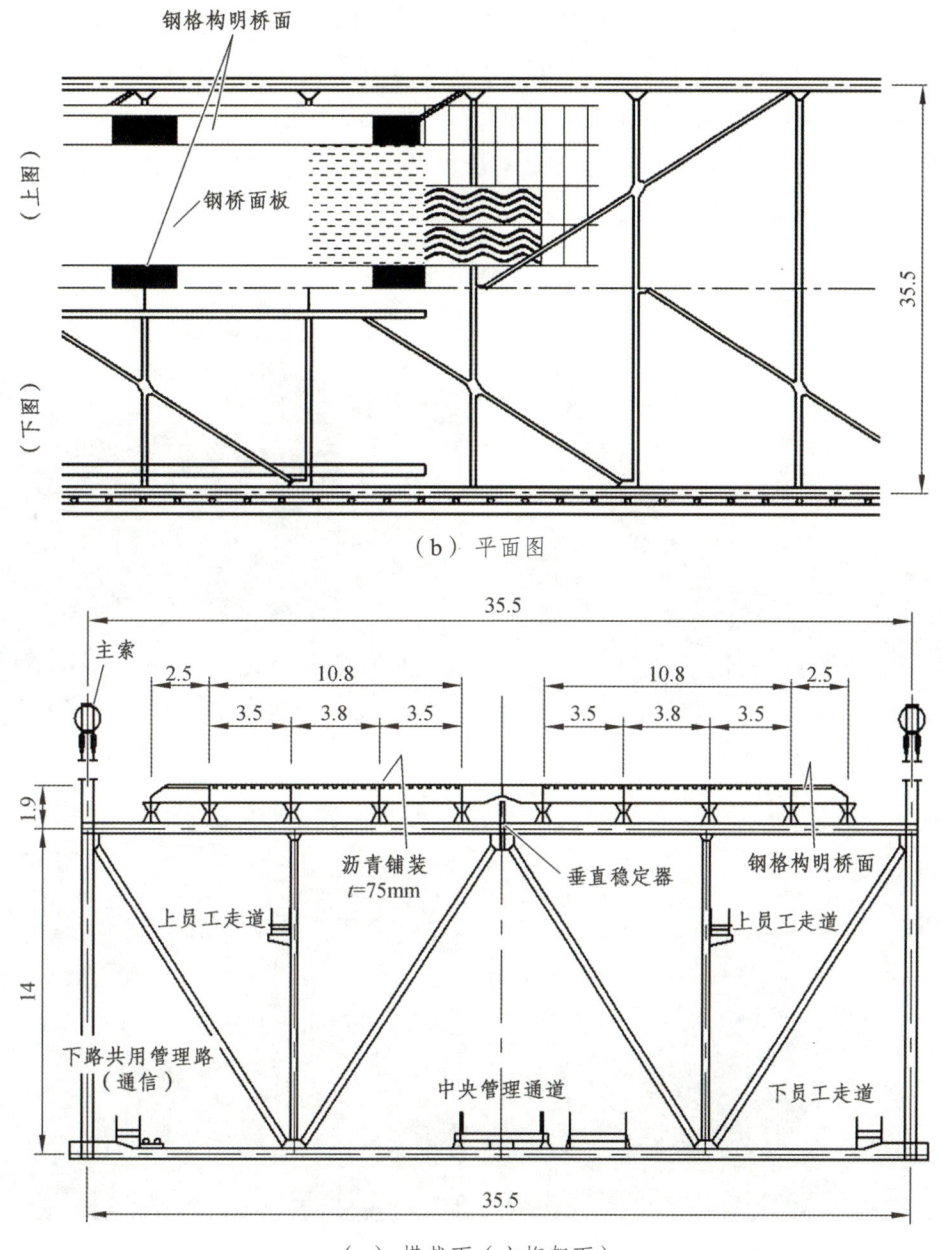

(b) 平面图

(c) 横截面（主桁架面）

图13-10 加劲桁架构造（单位：m）

12.2.3 施工

1. 下部结构

施工遇到的难题之一是神户侧主塔基础施工。基础处水深达45 m，海底表面为砂砾层，到达持力层还须下挖25 m。在潮流湍急、海水较深的情况下进行施工作业，难度很大，成本高昂。经长时间的比选，最终选定圆形双壁钢沉箱，直径分别为80 m（2P）和78 m（3P），图13-11为桥墩基础施工步骤。自20世纪80年代濑户大桥建成后，日本已经对沉箱法十分熟悉。大桥在开挖和水下混凝土浇筑的传统方法基础上，在各方面又进行了改进创新。为了将桥墩设置在持力层上，必须在海平面以下15~20 m开挖至60 m（2P）和57 m（3P）。为防止沉箱倾斜，开挖精度要求为±50 cm，且不能干扰海底地层。由于明石海峡的海床被沙砾覆盖且海水流速很快，沉箱有可能因加速水流和马蹄形漩涡的冲刷而发生倾覆。因此采用粒径30～150 mm的卵石（平均重量约为1 t）和过滤装置（有透水性的纤维网）布置在沉箱周围防止冲刷。然后进行水下混凝土浇筑，大型水上混凝土厂设置在日本最大的工程船上，船上安装了预冷系统，可控制混凝土的温度，减少开裂[25-27]。

（a）大型挖泥船挖掘海床

（b）制造钢沉箱

（c）沉箱定位

（d）系泊

（e）沉箱下沉

（f）抛石（防冲刷保护）

（g）浇筑水下混凝土

（h）露天浇筑混凝土顶层

图13-11 桥墩基础施工步骤

神户侧的锚碇1A位于软土上，经过长期勘探研究，对气压沉箱、沉井及地下连续墙等3种施工方法进行比较，决定采用直径85 m的圆形地下连续墙，一面开挖一面用倒衬砌法施工钢筋混凝土壁，开挖到持力层后，浇筑碾压混凝土，该种混凝土可以减少水泥用量，控制混凝土温升并且提高经济性。施工步骤如图13-12所示。淡路岛侧的4A锚碇持力层为花岗岩，南北两端有20 m高差，采用挡土墙明挖法施工，由于挡土墙支承面为硬岩，采用桩排式地下连续墙。开挖时分为6个区段，浇筑混凝土时从平面上分为5个区段。此外，在浇筑锚体时为预防混凝土开裂，预留3 m宽的施工缝。从地下连续墙到内部混凝土基础，使用了多种混凝土，除1A锚碇中使用的碾压混凝土外，还开发了高流动性混凝土适应钢筋密集的锚体，保证每天高达2 000 m³的混凝土浇筑量。

（a）混凝土底板施工

（b）内部混凝土（碾压混凝土RCC）

（c）1A锚碇基础施工

（d）浮吊运输锚固架

图13-12 锚碇施工

通过一台自重145 t的爬升式吊机架设主塔，如图13-13（a）所示。主塔由30层预制钢段架设而成。在制造钢段过程中采用激光测量技术控制误差，保证每段的连接精度控制在0.04 mm，方便主塔的现场螺栓连接和架设。图13-13（b）为主塔架设过程，塔的偏斜度控制在为1/5 000（约6 cm）。图13-13（c）为主塔内设置的阻尼器，以控制风振带来的影响。主塔涂料为高耐久性氟树脂，钢材表面的富锌涂料也起到重要防腐作用。

（a）爬升式吊机

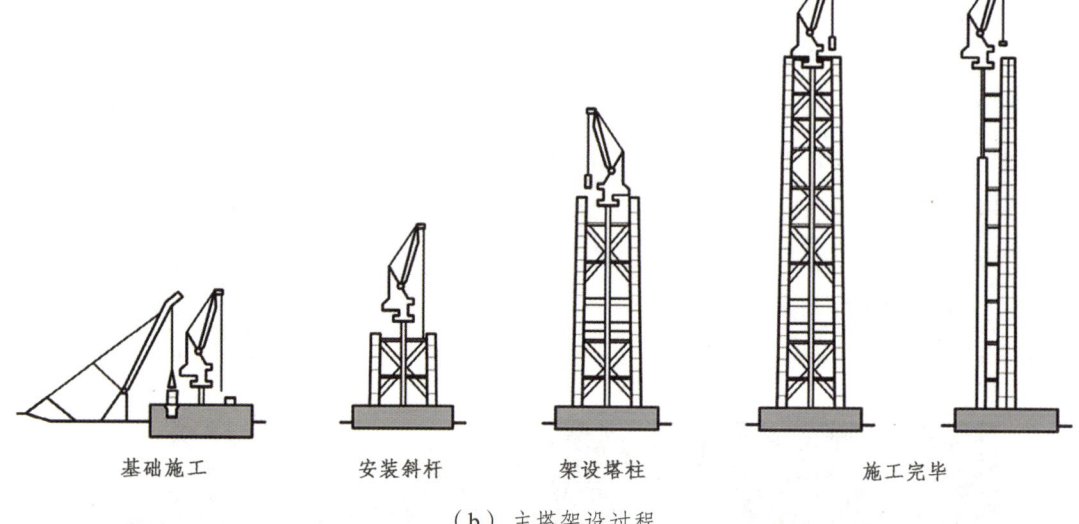

（b）主塔架设过程

（c）调制阻尼器

（d）塔柱打磨

图13-13 主塔施工

2. 上部结构

缆索施工第一阶段是架设导索，图13-14为导索架设整体布置。导索在整跨桥梁中充当立足点，连接主塔和锚碇，并架设牵引索和猫道，最后架设吊索。考虑到明石海峡的交通和急流，1993年11月10日，由一架大型直升机将导索牵引过海，这也是世界上首次使用直升机架设导索。直升机上装有放索器及一卷导索，将导索从第一个锚碇连接到第一主塔，然后再连接到第二主塔，最后再到另1个锚碇。架设步骤都通过试验测试，试验使用了同一架直升机和船舶起重机，以测试实际施工时的缆索应力，导索张力与临界牵引角之间关系。

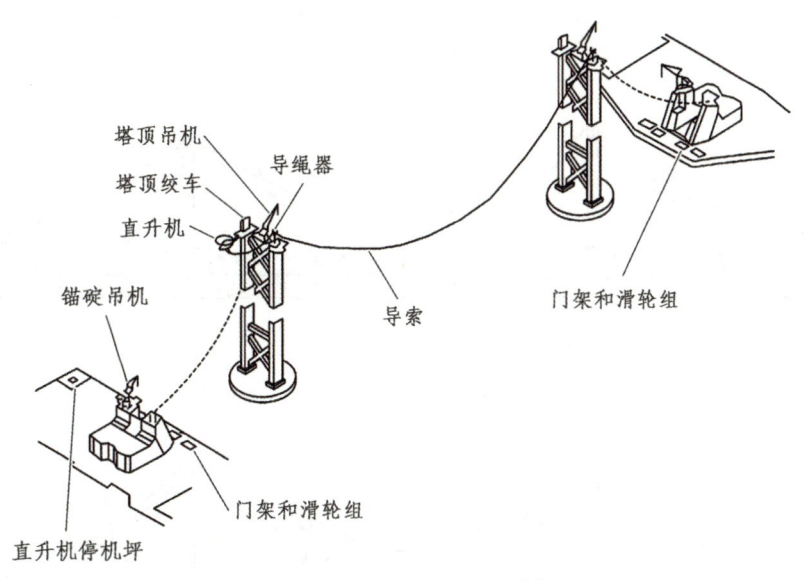

图13-14 架设导索布置[14]

大跨悬索桥主缆架设方法基本上有两种：空中编缆法和预制平行索股法。该桥采用日本广泛应用的预制平行索股法，优势在于：各束股在锚碇之间是连续的，避免了现场编股作业，不易受风的影响，在确保更高安全性的同时降低了事故发生的可能性。为了制作平行钢丝束股，设计了特别的紧缆机，将平行钢丝束股挤紧成圆形。使用更高强度的钢丝减少股数和吊索数量（从4根减少到2根），节省了施工时间和成本。将每根索股运输到施工现场，然后将其从1个锚碇拉到各个塔的鞍座，并锚固到对岸的锚碇上，重复290次以组成主缆。将每条主缆锚固在散索鞍座后，再连接到锚固架上，使主缆拉力平均分配给基础。使用专门的紧缆机将平行索股压成主缆，最终直径为1.12 m。最后，将吊索连接到主缆上支撑加劲桁架，吊索为外套聚乙烯管的平行钢丝束，如图13-15所示。

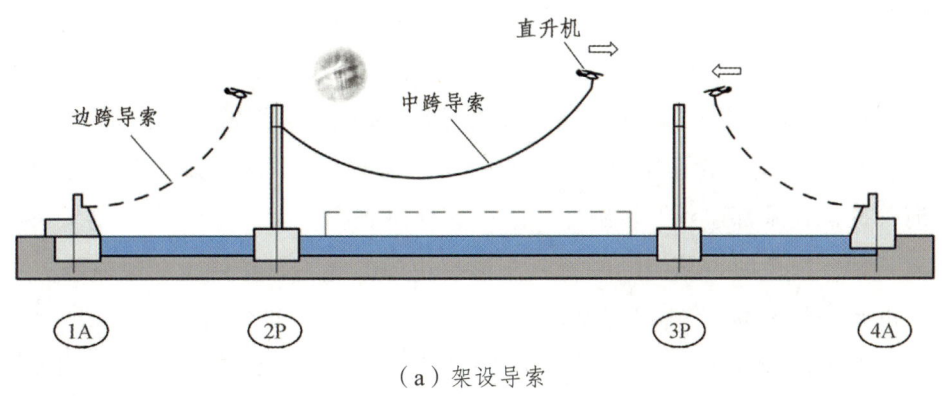

（a）架设导索

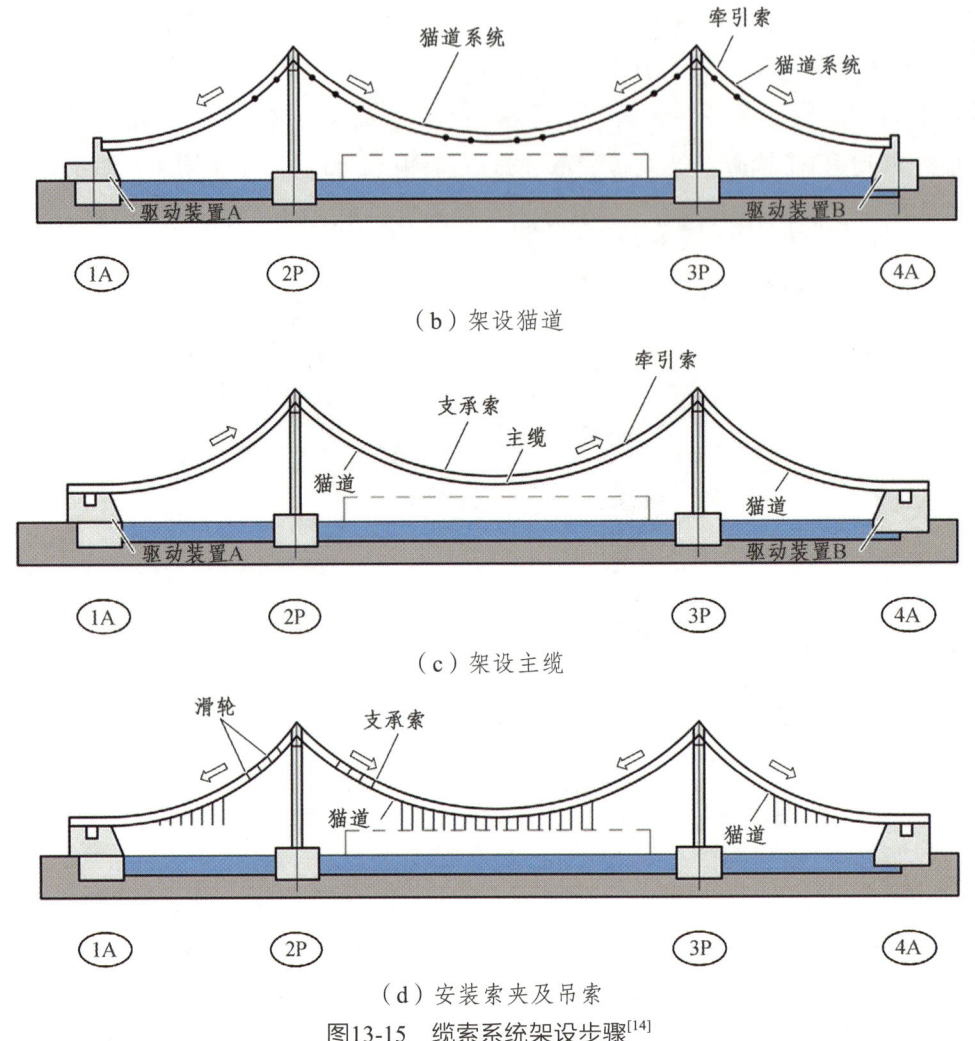

(b) 架设猫道

(c) 架设主缆

(d) 安装索夹及吊索

图13-15 缆索系统架设步骤[14]

加劲梁施工中，主要采用HT780、HT690等高强钢材作为加劲桁架的上下弦杆件，在不增加恒载的情况下能够较好地抵抗风荷载。大部分的施工都是悬臂架设，但主塔和锚碇处的加劲梁段采用大型预制块法安装，桁架悬拼架设施工可不封闭海上交通。加劲梁的拼装顺序为：中跨由主塔往跨中方向拼装，边跨由锚碇向主塔拼装。预制梁段长约36 m，通过驳船运输到桥址处。根据恶劣的建设条件，如强流（5 m/s），深水（最大深度100 m）和繁忙的航运（1 400船/天），制造了专门的驳船，驳船每个角落都装有计算机控制的全向螺旋桨，可在不系泊绳索的情况下固定船只，作业周期从传统的3小时减至30分钟。从驳船上提升梁就位，固定到吊索上。驳船无法在浅水区及地面上施工，因此使用2个吊梁将加劲梁段移至安装处。

1995年1月，日本神户地区发生了里氏7.3级地震（阪神大地震）。阪神大地震造成了6 000多人死亡，约2.7万人受伤，无家可归者近30万人，毁坏建筑物约10.8万幢；水电煤气、公路、铁路和港湾等基础设施都遭到严重破坏。阪神大地震震中距大桥仅4 km，给大桥施工带来一次严峻的考验。地震发生时，该桥刚刚完成主塔与主缆的施工，正处于挤索阶段，加劲桁架尚未开始施工。距该桥50 km处的桥梁与建筑都倒塌了，主塔正好位于野岛断裂带，地震造成了淡路侧主塔和锚碇的横向和竖向永久性位移。在距淡路侧锚碇约2 km的淡路岛北侧地层断裂。研究人员将地震引起的基础位移添加到全桥构中，分析桥梁的主塔、主缆和加劲梁等结构的应力，尽管由于中心和边跨的主缆垂度减小，导致纵断面线形扩展了3%，但在公路结构条件下不会发生任何问题。虽然主塔的平面线形偏离约0.03°，但仍可以保证汽车的正常通行。增加的2P-3P和3P-4A跨度将通过调整加劲梁的长度进行修正。图13-16为地震对桥梁结构的影响。相对于神户侧主塔和锚碇，淡路侧主塔西移了1.3 m，锚碇西移了1.4 m，导致主塔之间的跨度增加了0.8 m，南侧边跨增加了0.3 m。淡路侧塔墩下移了0.2 m，锚碇上移了0.2 m。主缆的垂度减少了1.3 m。地震导致施工推迟了1个月，在此期间，也仔细检查了桥梁损坏情况。尽管如此，该桥还是如期竣工通车。此外，还重新设计了2个中央扣，每个中央扣原始设计长0.4 m，以适应主塔之间跨度的增加。受阪神大地震影响，大桥主跨由1 990 m增至1 991 m，设计高程也发生变化，主跨中心路面标高由96 m提高到97 m，但锚碇、桥墩和主塔未受损坏。

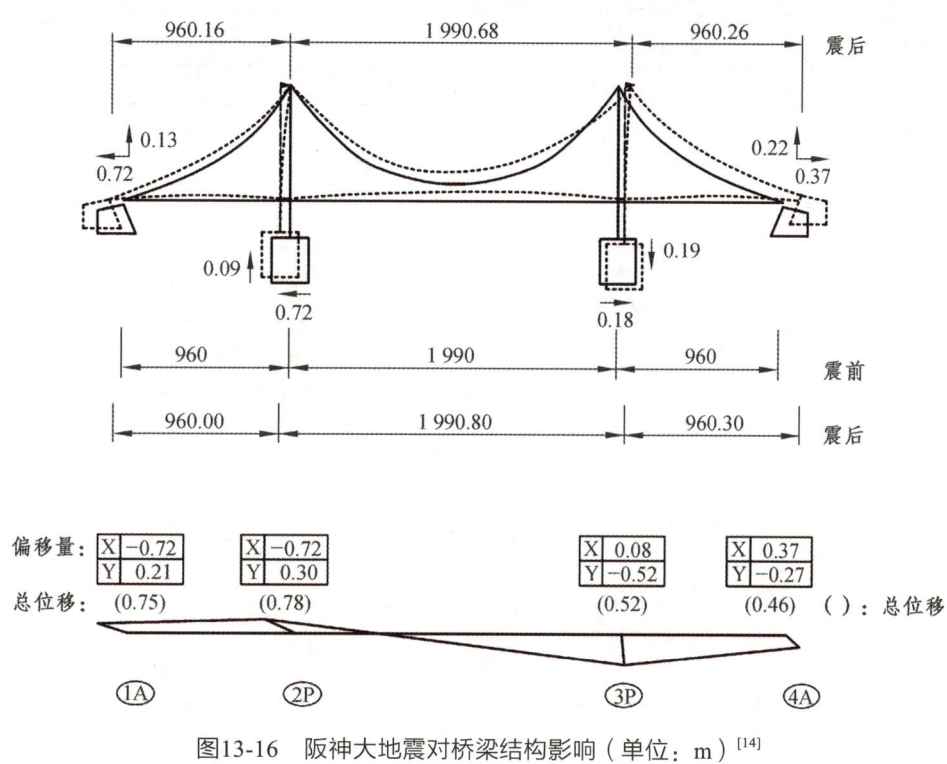

图13-16　阪神大地震对桥梁结构影响（单位：m）[14]

13.2.4　运营维护

1. 桥梁性能监控系统

为长期监控桥梁情况，安装了如地震仪，风速计和加速度计等设备定期对桥梁进行精确检查，如图13-17（a）所示。通过收集和分析数据，监控桥梁行为来确保结构安全，并提供桥梁性能的相关信息。对于悬索桥，精确测定其几何形状能很好评估其健康状况，在桥梁的主梁跨中、塔顶及锚碇安装了全球定位系统（GPS），通过精确定位实时运动测量方法来测定其几何形状，通过固定站与移动站之间发射的无线电信号来确定其坐标，水平方向精度为1 cm，垂直方向精度为2 cm[28,29]。图13-17（b）为GPS测量得出的平均风速和横向位移之间的关系。由于桥梁跨度大，GPS定位可较准确地测量桥梁的位移。图13-17（c）表明由实验得出的观测值与设计平均值比较接近，最大值较为保守且具有合理的余量。然而，桥梁的几何形状受温度变化的影响很大，大桥主梁跨中的竖向位移与主缆温度之间的关系耗时近一年（1998年9月—1999年8月）才得以确定。主缆表面的温度受阳光影响较大，缆上的温度变化受测量地点和时间的影响较大，因此，要确定主梁位移与主缆温度间的相关性相当困难。由于大跨悬索桥易受风和地震作用发生振动，有必要测定强风影响下桥梁响应。通过考察桥梁在巨大外界自然力作用下的反应，对比其抗风和抗震设计中的设计参数来监测桥梁结构状态。

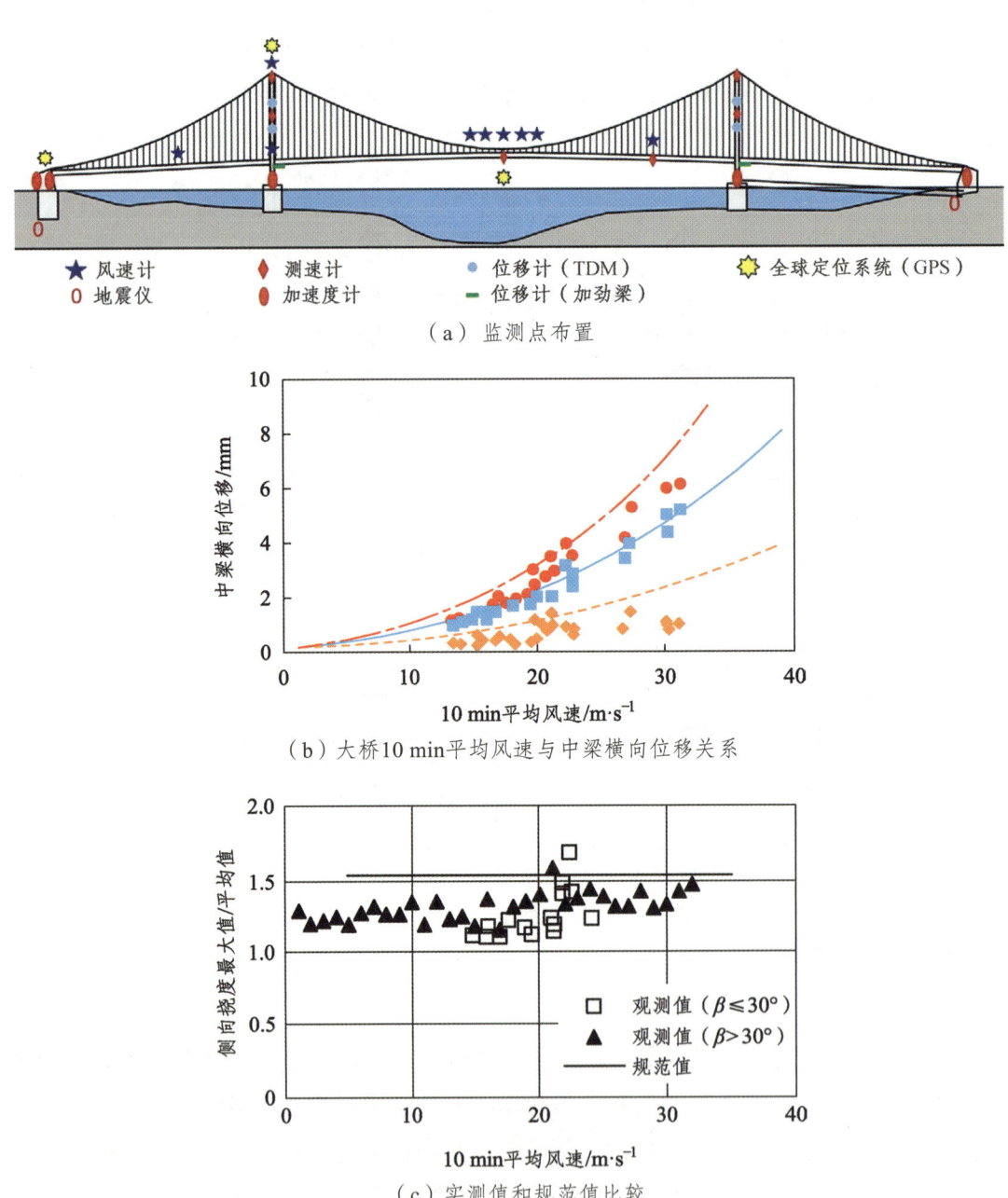

图13-17 明石海峡大桥监控系统[12]

图13-18所示为9807号台风期间加劲梁跨中发生最大水平位移（横桥向）前后各10 min的时程数据。最大风速下，加劲梁平均水平位移为5.17 m，竖向振幅为0.78 m。按大桥的抗风设计标准计算：平均水平位移为5.4 m，竖向振幅为2.56 m，水平位移平均值吻合良好，实测竖向振幅仅为理论值的1/3。理论值和实测值差别的原因在于：理论值是采用阵风进行反应分析的，而实测值是由自然风的实地观测数据得来的。研究表明：在低频区，自然风的空间相关值比抗风设计标准值要低。

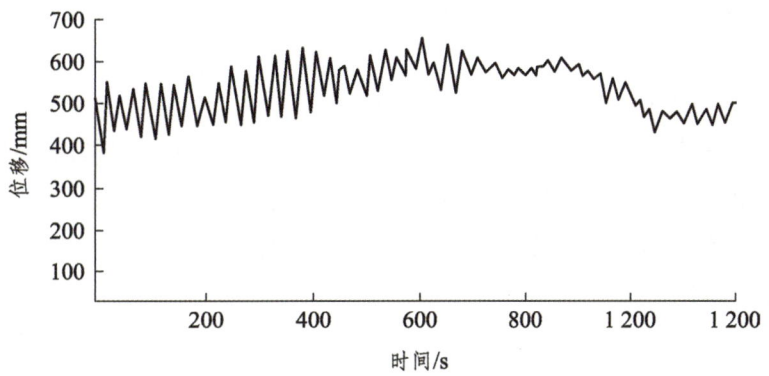

图13-18 台风期间主梁跨中的横桥向位移

2. 加劲梁维护系统

由于桥面高度较高，经过的车辆和通过的船只数量众多，检查工作非常困难，因此决定将维修车辆安装到桁梁中间及下侧，以便安全有效地检查结构，设置不同的维护车辆分别用于加劲梁外部、内部和主缆的维护工作，如图13-19所示。

（a）加劲梁外部车辆　　　　　　　　（b）加劲梁内部车辆

图13-19 加劲梁维护车辆

此外，还引入"预防性维修"的概念，所谓预防性维修是使损坏降到最低限度，在维修的同时又允许桥梁尽可能运营，避免了大规模维修，并使桥梁能够承受恶劣的环境条件，延长其使用寿命，例如：①对于下部结构，对结构的水下部分进行连续测试，包括混凝土芯取样、盐害检查、中和作用、裂纹扩展和钢筋状态等。根据无损检测的结果，必要时采取干预措施。对于沉箱表面发生孔蚀的水下结构，可采用电镀法防止进一步的腐蚀。②对于上部结构，采取了大量的维护措施：金属结构使用长效涂料，其中底涂层采用厚涂层型涂料和无机富锌涂料，由于电化学作用而具有优异的防腐性能；底漆用以保护底涂层，采用环氧树脂涂料，具有出色的耐久性和抗碱性；此外，氟树脂涂料因其具有优异的抗化学作用和耐候性，被用作表面涂层。箱梁中安装了干燥空气系统，防止未涂漆的钢件内表面腐蚀，避免重涂且控制了湿度。为保持桥面完好，同时避免切割和浇筑，对表面（由35～40 mm的浇筑式沥青和30～35 mm的改良沥青制成的粘胶层）进行定期处理，微表面由细集料混合浆、早期强度改良的沥青乳液、水泥和水组成，这样处理可及时通车。

3. 主缆防锈系统

传统的主缆防锈措施是通过在主缆外层涂抹防护胶，并用4 mm直径的镀锌钢丝将外表面完全缠绕，并再次涂装阻止进水。但在考察几座使用此方法的既有桥梁主缆的锈蚀情况后，发现缆内有水存在时，将会形成非常潮湿且腐蚀的环境，腐蚀难以避免，故认为传统的防腐方法无法为主缆提供足够的防护。

为进一步提高主缆的气密性及防水性，在缠绕钢丝上再缠绕橡胶带，并涂上与橡胶之间具有良好黏性的外涂装。索夹部分采用异丁烯橡胶和变性硅封闭，提高其气密性和耐久性。为将缆内的腐蚀环境彻底改善，通过多种方法的对比研究，最终选定了一种干燥空气输入系统的防锈方法，使其能强制将主缆内的潮湿空气排出[30]。日本1997年开发了主缆输气干燥系统，首先在该桥上采用，如图13-20所示，到1999年本四联络桥上的10座悬索桥都安装了该系统。输气干燥系统中，主缆束通过外套管实现气密，然后将干燥空气压入束内，空气注入间距约为140 m，每处输气量为3 m³/min，主缆内压力低于3 kPa。为确认主缆防腐效果，需定期解开缠绕钢丝进行开放检查，由于此类检查不能频繁进行，还需进行一些排气口的湿度管理、检查窗的目测等常规检查。此外，进气罩和排气罩结构相同，可随时变更输气间距。已有试验证实镀锌钢丝通常在相对湿度低于60%无腐蚀，在该系统中空气相对湿度确保在40%，远小于这个标准，如图13-21所示，可认为该系统工作完全达到预期目的。

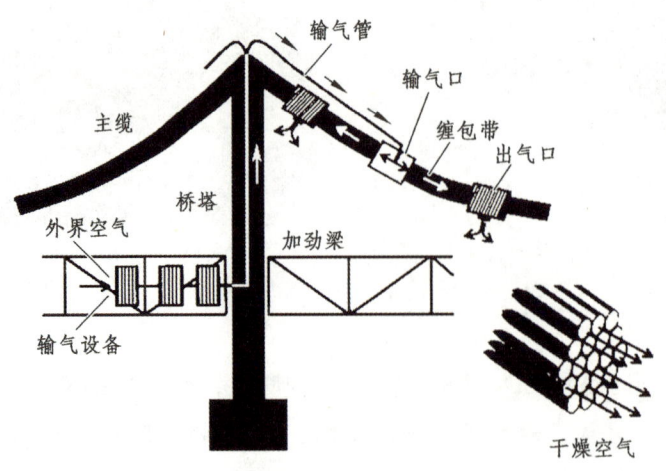

图13-20　悬索桥主缆输气干燥系统

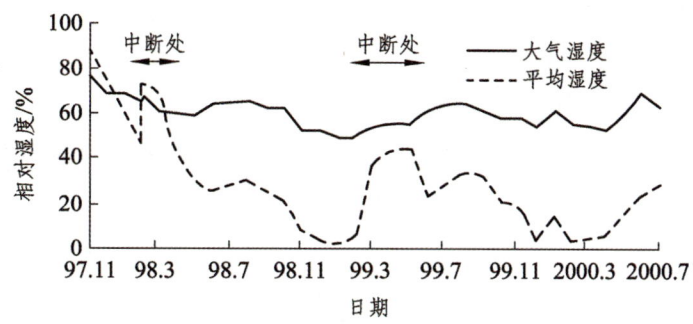

图13-21 主缆内相对湿度变化

目前,输气干燥系统在使用过程中出现的问题主要有:①输气距离过长导致干燥空气不能到达出气口;②经年劣化导致主缆覆盖层涂膜破裂;③输气设备电力消耗庞大。

因此,采取以下措施进行改善,以确保悬索桥200年的使用寿命:

(1)增设输气口,缩短输气距离。检查发现,高湿度部位出现在出气口附近,判断主要原因是从输气口送入的干燥空气不能充分到达出气口。因此,通过增设输气口,将原来的输气距离缩短,以改善高湿度部位的潮湿情况。

(2)改良主缆灌封胶。在主缆的索箍及输气口、出气口处,采用双组分变性硅酮灌封胶以防止干燥空气泄漏。

(3)改良主缆缠包带涂料。明石海峡大桥上采用橡胶缠包带来提高气密性,既有桥则在原来缠包带涂料的基础上增加可追随主缆伸缩变形的柔软型涂料(两层柔软型环氧树脂涂料)来提高气密性。

(4)改造输气设备。由于输气设备24 h运转制造干燥空气,输气设备合计电力消耗非常大,因此需要研究既能确保主缆内干燥空气的相对湿度低于40%,还能降低设备电力消耗的方法。目前既有桥梁上输气设备的除湿机一般采用吸附式除湿机,缺点是同等条件下与冷却式除湿机相比,消耗的电力是后者的10倍。因此,在既有的吸附式除湿机前方设置冷却式除湿机,可降低吸附式除湿机再生加热器的温度,节约电力消耗。大桥上有6台输气设备,在其中一台上设置了冷却式除湿机,可降低吸附式除湿机再生加热器温度约40%[31]。设备改造后在冬夏两季相对湿度均可满足要求,且电力消耗降低了约30%。

4. 吊索减振系统

为了更好地掌握吊索内部的锈蚀情况以及探明锈蚀原因,通过采用主磁通量法检查吊索的内部。这一方法将吊索的截面暴露于磁场中,测定截面磁通量来评估其截面积,通过与健全吊索的磁通量和截面积进行比较,从而测定吊索的腐蚀程度。实践证明磁通量方法在评估吊索内部腐蚀程度时是有效的。

为提高吊索的空气动力稳定性,抑制吊索在较低风速下的涡激振动,在吊索上安装了互联的高阻尼橡胶阻尼器,但部分阻尼器却在台风下的大幅振动中损坏,如图13-22所示。这种大幅振动被认为是一种由尾流引起的颤振,在吊索间距等于或大于10倍直径的能量传输钢丝束中,经常可以观测到此类颤振。但该桥的吊索间距只有直径的9倍,一般认为这种颤振难以发生。然而在多次风洞试验后发现，尽管吊索中心间距小于其直径的10倍，但迎风面吊索的尾流会激发背风面的吊索产生振荡。风洞试验结果表明，采用直径9 mm，缠绕间距800 mm的钢丝螺旋缠绕在吊索上，能有效抑制尾流颤振和涡激振动。另外，又开发了安装在一对吊索上缠有螺旋钢丝的同步自动控制器，如图13-23所示。采取措施后，大桥在经历两次台风侵袭时并未发生尾流颤振或涡激振动。

图13-22　安装在吊杆上被损坏的机械阻尼器

图13-23　缠绕在吊杆上的螺旋丝

13.2.5　结　论

明石海峡大桥在建设过程中使用了多种现代桥梁领域的先进技术，它的建成和运营给桥梁工程领域创下了多项世界纪录，从结构设计、施工和运营维护三方面总结为：

（1）结构设计。明石海峡大桥主跨达1 991 m，建成时为世界最大主跨悬索桥，其抗风和抗震设计标准也为世界新高。各主要构件上增设多种抗风措施。由于当时未考虑从超大跨度方面改进既有钢箱梁构造，加劲梁仍采用旧式的美国华伦式桁架，但如今在日本进行的超2 000 m主跨的悬索桥方案中，基本不会出现桁式加劲梁了。

（2）施工。明石海峡大桥建设耗时10年，期间运用了多种当时最先进的现代桥梁施工技术。在导索的架设中，世界上首次采用直升机将导索牵引过海，保证了航道的正常运行。此外，开发了各种新型混凝土，如水中不分离性混凝土、高流动混凝土和碾压混凝土等。

（3）运营维护。鉴于日本普遍存在的恶劣环境条件（如频繁的地震活动和强风），明石海峡大桥采用"预防性维修"的基本方法建立监控及维护系统。监控系统主要为连续型和永久型监测，对于深入了解实际的结构行为，揭示设计中未考虑到的未知因素，以及为极端事件后必要的修复提供结构信息来说十分有效。维护系统包括主缆开发了包含输气干燥系统的新型防腐蚀体系，可将相对空气湿度保持在40%以下，防腐性能优良。吊索上设置新型减振系统抑制振动，这些维护措施均运用到本四联络桥工程的其他悬索桥中。

13.3 多多罗大桥

13.3.1 工程背景

多多罗大桥位于日本广岛县与爱媛县境内，是本四联络桥西线尾道—今治通道的中段部分，连接广岛县尾道市的生口岛及爱媛县今治市的大三岛，为西濑户高速公路（E76）的一部分，同时属于日本国道317号，如图13-24所示。

图13-24 西濑户高速公路交通

1973年大桥的最初设计方案为一跨径布置（300+890+300）m的双铰桁式加劲梁悬索桥，但由于：①生口岛侧悬索桥锚碇基础位于山坡，需要大规模填挖山体，破坏了濑户内海国家公园的生态与景观，违反了日本《自然公园法》。②若要减小对山体的破坏，则需要重新规划锚碇附近道路的平面线形，大大增加了规划难度，故放弃悬索桥方案。经过大量可行性研究，考虑修建一座相同主跨的斜拉桥，既不改变地形，又可节省成本、缩短工期。1990年正式提出斜拉桥方案，斜拉桥刚度较大，动力稳定性优于悬索桥[32]。桥梁总用钢量约3.7万t，总造价约为1400亿日元。由于多多罗大桥与法国的诺曼底大桥（主跨856 m）具有相同的桥梁形式，日本人称这两座桥为姐妹桥。多多罗大桥1990年8月开工，1992年正式动工，1999年5月通车，竣工时超越诺曼底大桥，成为世界主跨最大的斜拉桥，直到2008年被中国苏通长江大桥（主跨1 088 m）超越。

13.3.2 结构设计

1. 设计条件

桥址处地质情况为：生口岛侧主塔处为广岛型粗粒花岗岩和古生代地层，上置岩屑堆积层；大三岛侧为粗粒花岗岩、石英斑岩，上部风化，冲积层厚1.5 m，内含孤石。最大海潮流速为2 km/h。日本多发台风、地震，因此大桥在抗风、抗震设计上要求很高。除了采用1：70全桥模型进行风洞试验之外，为确认地形的影响，还建立包括周边地形在内的1：200缩尺模型进行风洞试验。大桥设计基本风速为37 m/s，颤振临界风速为61 m/s。对全桥模型依次进行成桥运营阶段及施工阶段的均匀气流、湍流试验，确认其抗风稳定性良好[33,34]。抗震设计按1977年日本抗震设计规范，采用里氏8.5级、半径300 km、重现期150年的强烈地震设计[42]。通过特征值分析得到的自振周期分别为7.2 s（纵桥向振动）和12 s（横桥向振动），是500 m主跨的斜拉桥的两倍多。通过时程响应分析，验证了进行振幅调整后的输入地震运动，同时考虑了相位差地震运动的影响，评估其抗震能力。由于大桥位于日本国立公园风景区附近，对桥梁景观设计方面进行了反复研究讨论，主要就桥塔形状、斜拉索布置、桥墩形状、上部结构涂装颜色等方面进行专门研究，以期能与自然环境协调一致。

图13-25为大桥总体布置图，全长1 480 m，跨径布置为（270+890+320）m，因地形和施工条件原因采用非对称布置，双向四车道宽20 m，两边各设1条宽2.5 m的自行车/人行道，主梁采用单箱三室箱梁，主跨为钢箱梁，部分边跨采用预应力混凝土加劲梁（简称PC梁），斜拉索为双索面扇形布置，设计条件如表13-6所示。

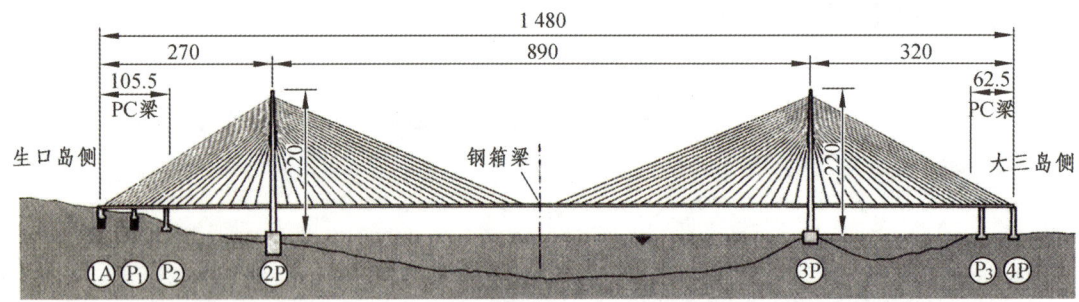

(a) 桥跨布置（单位：m）

(b) 大桥实景

图13-25 多多罗大桥

表13-6 设计条件[32,40,41]

设计项目			设计参数
桥型			三跨连续钢筋—混凝土结合箱梁斜拉桥
跨径分布			（270+890+320）m
设计车速			80 km/h
车道数			双向4车道（9.5 m×2）+人行道（2.5 m×2）
纵坡			直线段0.65%+抛物线段0.65%+直线段0.65%
横坡			车道部分2%直线；人行道1%直线
通航净空			最高潮位以上26 m
铺装厚度		车道	65 mm厚沥青混凝土（PC梁部分为75 mm）
		人行道	30 mm厚沥青混凝土（PC梁部分为30 mm）
设计荷载	恒载	主梁 钢梁	185～220 kN/m
		主梁 PC梁	801～1 132 kN/m
		斜拉索	0.5～1.2 kN/m
	活载	汽车 P1	B活荷载
		汽车 P2	2.5 kN/m²（2P～3P）
		行人及自行车 P	0.67 kN/m²（2P～3P）
	风荷载	设计基准风速 主梁	46.1 m/s
		设计基准风速 塔	54.4 m/s
		设计基准风速 索	53.7 m/s
		颤振临界风速	61 m/s
		风荷载（kN/m²） 主梁	0.52（纵桥向），2.43（横桥向）
		风荷载（kN/m²） 塔	0.48（纵桥向），3.52（横桥向）
		风荷载（kN/m²） 索	1.62（纵桥向），2.28（横桥向）
	地震影响		按1977年日本抗震设计标准，用加速度反应谱分析

2. 下部结构

下部结构工程共包括7个墩基础，从生口岛侧起编号分别为1A、P1、P2、2P、3P、P3、4P，其中主塔基础2P、3P直接支撑在风化的花岗岩上，采用沉箱基础，2P处水深33 m，3P处水深13 m，附近海底地形起伏、水流复杂，给施工带来一定难度。主塔基础水下混凝土采用含85%的炉渣水泥，为超低发热水泥，水上混凝土采用含硅酸二钙和灰渣的低发热水泥。边跨基础除1A和P1采用桩基础外，其余为扩大桩基。全桥下部结构设计如表13-7所示。

表13-7 下部结构设计概要[32]

项目		1A	P1	P2	2P	3P	P3	4P
基础	形式	桩基础	桩基础	扩大基础	扩大基础	扩大基础	扩大基础	扩大基础
	形状	矩形	矩形	矩形	矩形	矩形	矩形	矩形
	尺寸（m×m）	24.0×12.7	22.5×9.0	17.0×13.5	43×25	43×25	17.5×16.0	22.5×15.5
	大小	T.P.+14.0 m 软岩（DH）	T.P.+10.5 m 软岩（DH）	T.P.+3.0 m 软岩（DH）	T.P.−33.0 m 软岩（DH）	T.P.−13.0 m 软岩（DH）	T.P.−5.7 m 软岩（DH）	T.P.−2.0 m 软岩（DH）
	基顶标高	—	—	—	T.P.+6.0m	T.P.+6.0m	—	—
	施工方法	明挖	明挖	明挖	沉箱	沉箱	钢管桩围堰	钢管桩围堰
数量	混凝土/m³ 水上	4300	100	2700	11460	11460	4400	3600
	水下	—	—	—	29500	8430	—	—
	钢材/t 钢筋	100	60	340	820	810	480	510
	沉箱	—	—	—	2770	900	—	—

注：T.P.指东京湾平均海面。

主塔作为斜拉桥的主要构件，不仅在承载上起重要作用，在美学上也起着标志、象征的作用，因此对上塔柱曾就A形、倒Y形、门形等几种形式进行方案比选，如表13-8所示，并通过风洞试验确定其抗风性能。综合各方面因素，最终选定了第4方案——带8 m中缝的倒Y形塔，主塔构造及断面形式如图13-26所示。塔柱断面为钢单箱室，考虑到抗风振性能，将矩形切去4个角，形成十字形截面。断面尺寸为（12~5.6）m×（8.5~5.9）m，塔高220 m，高度方向分23段制造，用高强螺栓拼接。由于横向风作用，主塔根部将产生较大弯矩，为提高下塔柱刚度，将塔根横向尺寸加宽并进行切角，与下横梁腹板的倒角面协调一致。上、下塔柱的转折点方案考虑到受力合理及美观等因素，决定将转折点向上小幅移动，使其与下横梁的高度一致，通过并加大转角处的尺寸适应增加的内力。转折点的移动，使下塔柱的倾斜角度有所缓和，主塔整体的平衡得到改善[35]。主塔表面采用浅灰色涂装，与本四联络桥的其他桥梁以及西濑户公路的既有桥梁协调一致。由于主塔为倒Y形，在没有车辆行驶的时候，若在塔柱正下方敲击，其敲击声在主塔的内表面多次反射并产生共振，会产生如"鸣龙"般的回音，这个现象被称为"多多罗鸣龙"。

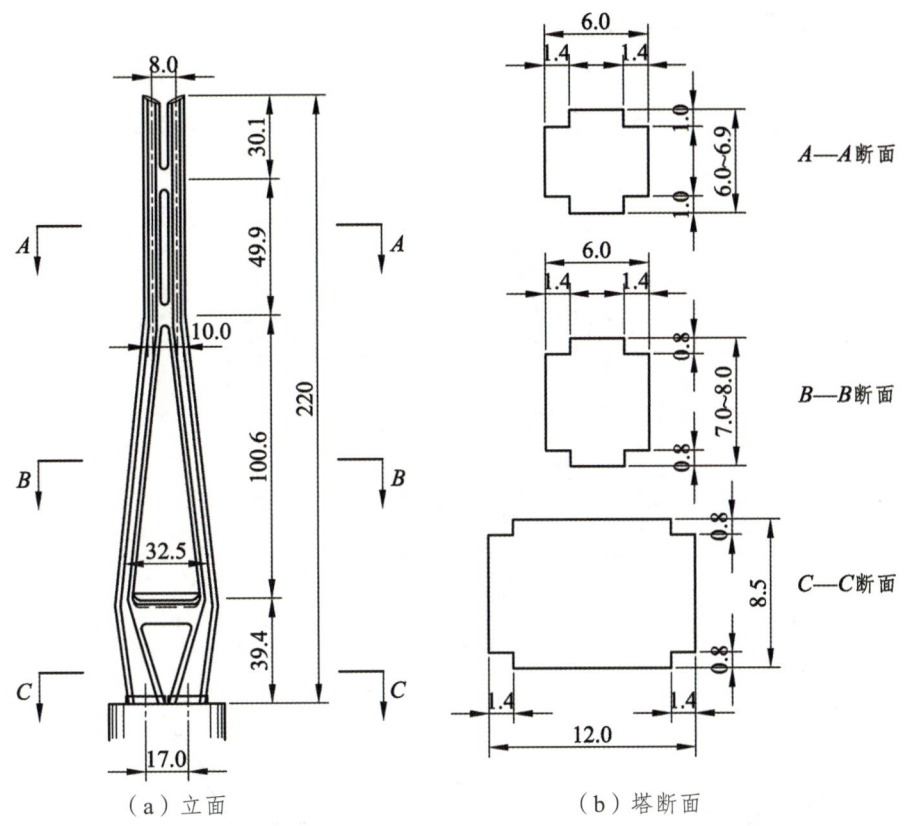

(a) 立面　　　　　　　　(b) 塔断面

图13-26　主塔构造（单位：m）

表13-8　主塔上塔柱方案比选[36]

	第1方案	第2方案	第3方案	第4方案	第5方案
主塔形状示意图					
形式	A形塔	塔顶部分锚索区为单肢的倒Y形塔	塔顶锚索区全部为单肢的倒Y形塔	带8m宽中缝的倒Y形塔	带12m宽中缝的门形塔

3. 上部结构

斜拉索按双索面扇形布置，每侧布置21根斜拉索，全桥共168根，最长索长460 m，外径170 mm，自振频率0.225 Hz。每束拉索由直径7 mm、151～379根的镀锌半平行钢丝组成，索表面采用黑色聚乙烯（掺入炭精棒）护套包裹。风洞试验结果表明：索保护层表面加工凹点刻痕能提高其抗风稳定性。最初方案中，塔中到最短索的锚固点间距40 m，钢梁上斜拉索的锚固间距20 m，由于边跨间距短，导致其余拉索只能密集布置在PC梁上，造成斜拉索疏密过渡突兀。

考虑结构受力，在PC梁与钢梁接头附近设置了过渡区段，使斜拉索疏密过渡顺滑，且令最短索在梁上的锚固点尽量靠近主塔，使其能真正展开为扇形。图13-27（a）为索塔锚固区，防水措施设在塔内，塔壁安装孔用与塔同色的橡胶垫填塞；图13-27（b）为索梁锚固区，覆盖流线型外壳来隐藏锚固点。

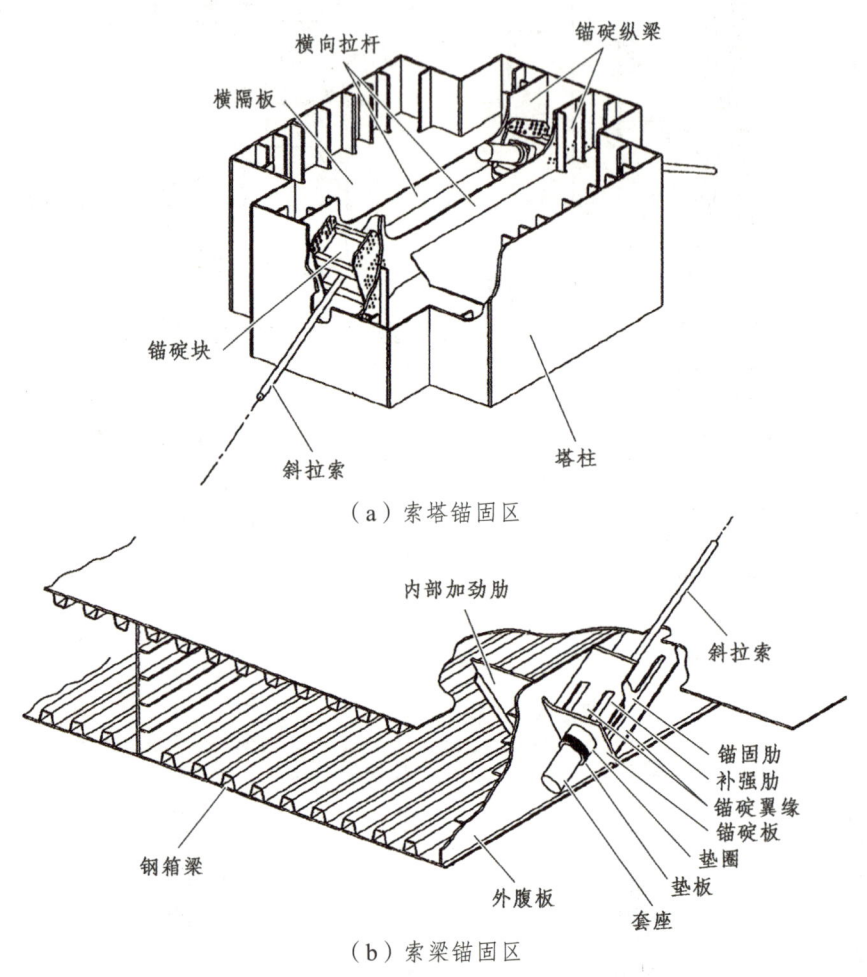

图13-27　斜拉索与主塔和主梁的锚固构造

由于地形和施工条件的限制，边跨为非对称布置，生口岛侧边跨270 m，大三岛侧边跨320 m，其边、主跨径之比分别为0.3和0.34，比一般斜拉桥的边、主跨径比（约为0.4）要小，导致恒载不平衡，边跨产生上拔力，故在两边跨分别布置了一段PC梁，生口岛侧PC梁长105.5 m，大三岛侧PC梁长62.5 m，其余部分为钢箱梁，设计时避免边跨支点产生负弯矩。根据风洞试验结果，主梁采用带风嘴的扁平三室箱梁，断面构造如图13-28所示，高跨比为1/330，抗弯刚度较小。为增加全桥整体刚度，PC梁段增设了带横梁的V形中间墩，引桥桥墩也采用相同形状。为防止失稳，钢箱梁桥面板和下翼缘板设有封闭式槽型加劲肋。制造钢箱梁前，对材料进行了严格矫正，尽量消除其初始缺陷。为确保发生地震时能降低水平力并分散和控制梁过大的水平位移，塔、梁连接采用弹性约束体系，竖向支座采用剪切型的橡胶支座[37]。PC梁与钢箱梁截面尺寸基本一致，设计时考虑了预应力混凝土收缩徐变及预应力钢筋松弛的影响。钢梁与PC梁的结合部位构造如图13-29所示，采用高流动性混凝土，具有较好的整体性。上部结构设计概要如表13-9所示。

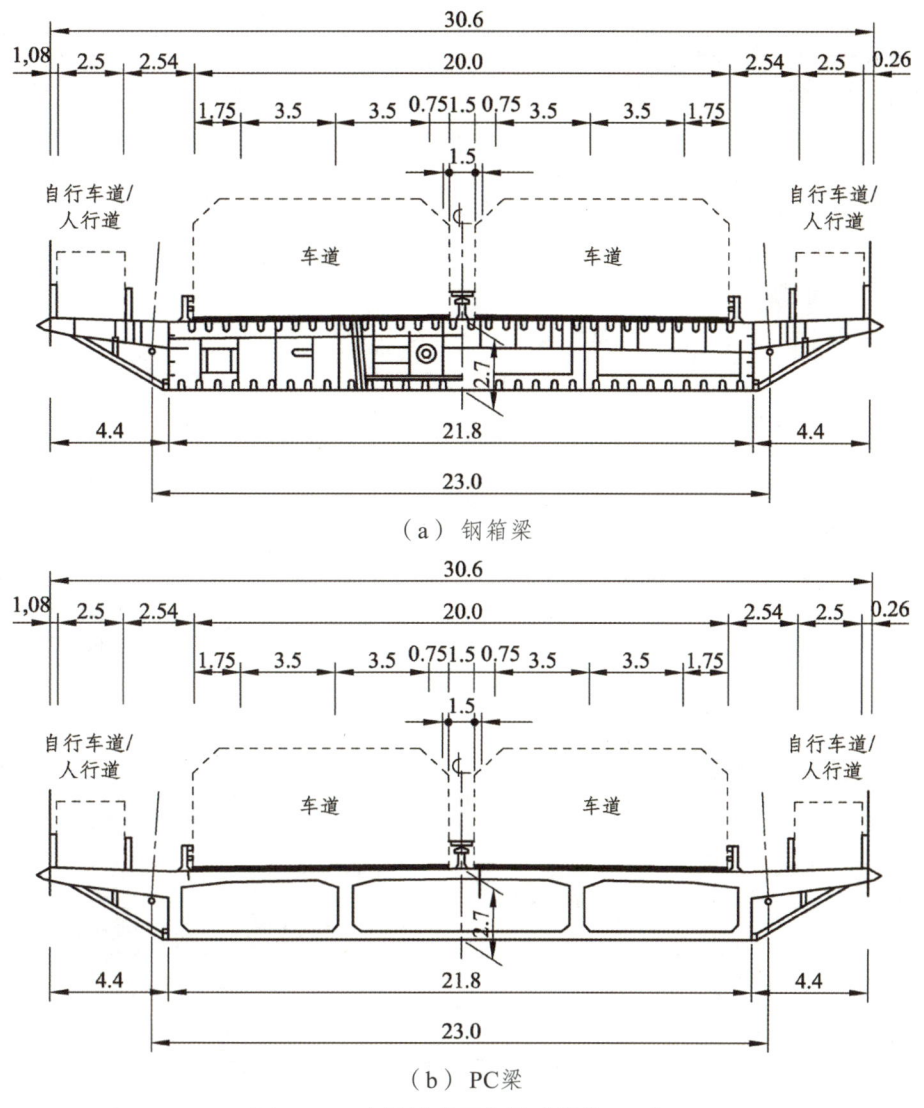

图13-28 主梁横截面构造（单位：m）

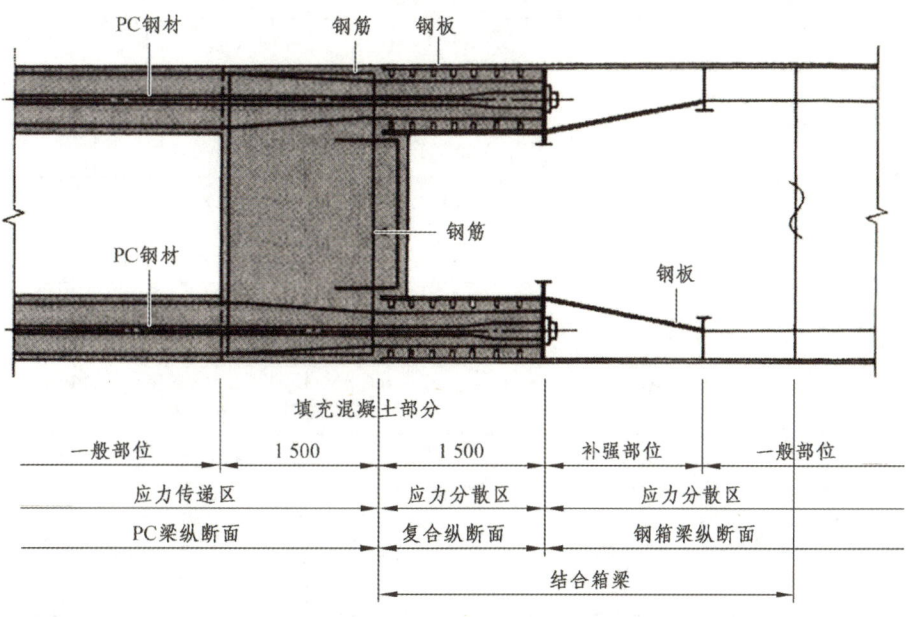

图13-29 PC梁与钢箱梁结合部位构造（单位：mm）

表13-9 上部结构设计概要[32]

设计项目				参数取值	
主梁		类别		钢箱梁	PC梁
		梁高		2.70 m	
		总宽度		30.60 m	
		通常板厚		10～22 mm	
		纵肋断面		U—320×240×8	
		材质		SM 490Y	
	混凝土	主梁			σ_{ck}=40.0 MPa
	钢筋	主梁		—	SD345 120～200 MPa
		桥面板			SD345 120～140 MPa
	PC钢材	纵桥向	纵向		PC钢绞线12ϕ15.2 mm
		横桥向	桥面板		PC钢绞线12ϕ12.4 mm
			横梁		PC钢绞线37ϕ15.2 mm
		竖直方向			PC粗钢筋ϕ32 mm
斜拉索		根数		168根（每段21根）	
		构成		ϕ7 mm镀锌钢丝，每束151～379根	
		外径		ϕ110～170 mm（断面面积58.1～145.9 cm^2）	
		最大应力		534～626 MPa	
		最大拉力		333～903 kN/索	
		长度		108～462 m	
		重量		50～560 kN，490～1 218 kN/m	
		自振频率		0.26～1.05 Hz（成桥后第一振型）	
抗风稳定性	振动频率			挠曲振动频率 / 扭转振动频率 / 振动频率比	
		对称第一振型		0.207 Hz / 0.047 Hz / 2.25	
		反对称第一振型		0.249 Hz / 0.732 Hz / 2.94	
	颤振临界风速			61 m/s	
主塔		断面尺寸		塔底：8.5 m×12.0 m 塔顶：5.9 m×5.6 m	
		塔柱通常钢板厚		塔下部：34 mm（SM 490Y）；转向部位：44 mm（SM 570Y） 塔顶部：22 mm（SS 400）	
	中心间距	顶部		8.00 m	
		底部		17.00 m	
	上部结构工程量			钢：37 300 t（其中：塔12 950 t；梁20 650 t；索3 700 t） PC梁：混凝土7 000 m^3	

13.3.3 施工

1. 下部结构

与明石海峡大桥类似，主桥2P、3P桥墩使用沉箱基础，施工首先在海底岩层中进行水下爆破，用挖泥船处理破碎的岩石，整平基底岩面，其次将在工厂预制好的钢沉箱拖运至现场，由浮吊将沉箱定位下沉，并在其周围进行抛石（防冲刷保护），最后进行水下混凝土浇筑。由于桥址处水流多变、气候恶劣，给基础施工带来一定困难。

施工时将塔体分为23个预制节段，每段端部尺寸误差控制在1 mm内，架设倾斜精度要求控制在1/5 000以内。制造钢箱梁时，根据疲劳试验结果，需确保横肋和钢板焊缝的熔透量达6 mm以上，其余部分达4 mm以上。架设过程如图13-30所示，共分为6步：①整平塔基混凝土后，用600 t级浮吊和3 500 t级浮吊安装塔底板和主塔下塔柱（第2~5段）；②用3 500 t级浮吊架设塔的下横梁、塔两侧的钢箱梁节段（长度分别为123.2 m和163.2 m）以及临时支架；③用4 100 t级浮吊安装爬升式160t级塔吊，架设上部第6~23段塔柱，同时进行两端PC梁的架设；④用1 300 t级浮吊架设PC梁与钢梁的结合部分，并用3 600 t级浮吊架设边跨钢箱梁节段（长度分别为109 m和102 m）；⑤使用移动式350 t悬臂吊机架设主跨钢梁；⑥架设主跨钢梁直至合龙。

第一步：
1. 准备工作
2. 塔底板架设（600 t级浮吊）
3. 下塔柱架设（3 500 t级浮吊）

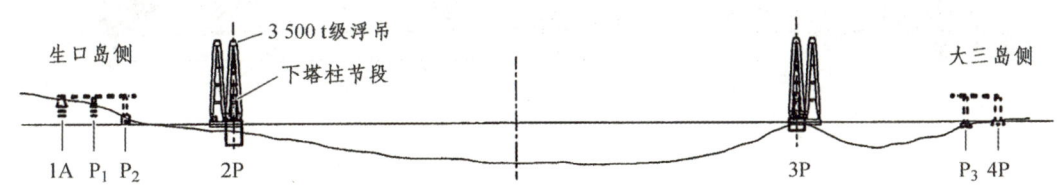

第二步：
1. 主塔下横梁架设（1 300 t级浮吊）
2. 塔侧主梁架设（3 500 t级浮吊）

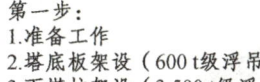

第三步：
1. 爬升式塔吊架设（4 100 t级浮吊）
2. 上塔柱架设
3. 两端PC梁架设

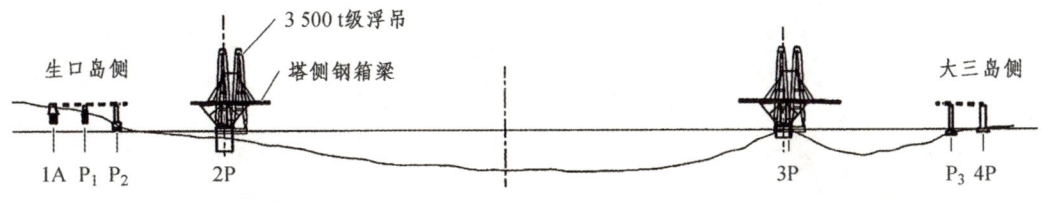

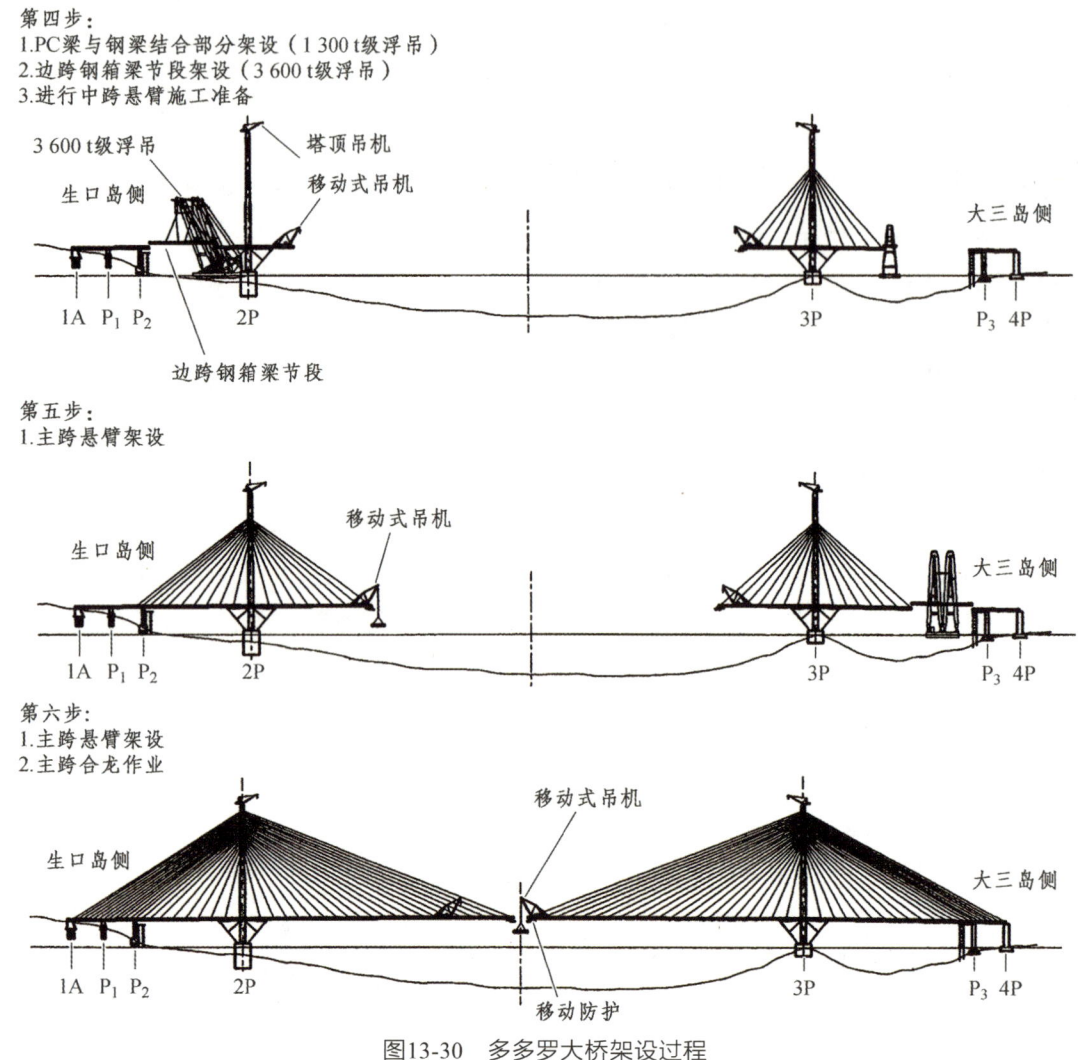

图13-30　多多罗大桥架设过程

架设主塔上部分时，通过3 000 t的驳船运输主塔节段，为防止运输途中空气中盐分附着，包括架设用脚手架在内，整个节段都使用遮阳篷进行包覆。架设周期包括排水、准备工作、架设、HTB紧固（形状管理、起重机吊装），共用时三个半月，如图13-31所示。

（a）下塔柱

（b）上塔柱

图13-31　多多罗大桥主塔架设

2. 上部结构

1995年12月—1996年11月,由川田建设公司进行PC梁及结合梁的施工。生口岛侧PC梁需混凝土4 400 m³,分7段施工。结合梁距中间墩5.5 m,长3.9 m,宽32 m,重量为110 t。架设结合梁后对其进行调整,并浇筑高流动性混凝土。最后,张拉PC梁上的拉索,完成PC梁与钢梁的连接,图13-32为正在进行边跨主梁的架设作业。

图13-32 边跨钢箱梁架设

主梁合龙前的桥梁处于最不利阶段,中跨主梁各有435 m长悬臂,两台350 t移动式吊机正处于悬臂端部,此时正好有台风即将到达桥位。风洞试验结果表明,台风作用下结构将产生2.5 m的水平位移,必须停止作业,且应将吊机后移50 m以控制水平位移。1998年7月25日,台风到达,大桥建设指挥当局下令将最后节段的架设延期一周,并将吊机移至安全位置。大桥经受两天的台风作用安然无恙,并于7月30日合龙。上部结构施工自1995年底始,至1998年7月结束。图13-33为大桥正在进行主跨梁体悬臂施工。

图13-33 主跨梁体悬臂施工

13.3.4 运营与维护

1. 维护流程

本四联络桥均采用"预防性维修"的基本理念,使损伤降到最低,在维修同时不妨碍桥梁正常通行，避免大规模维修，最大程度降低总造价，使桥梁能够承受恶劣的环境作用，维修养护的目标是使用寿命能超过200年[38]。多多罗大桥作为本四联络桥的重要组成部分，其维修工作流程与其他桥梁基本一致，程序大致为：①对结构进行定期检查；②对结构损坏程度进行评估；③对桥梁损坏部分进行维修并采取措施延长使用寿命。定期检查包括1~3个月一次的指定路径目测检查，1~2年一次检查车进入桥梁内部触摸检查，以及5年一次使用测量设备对全桥线形进行高精度检查。探伤后需及时报告损伤原因和程度，以便评估损伤等级和制定相应措施。在遭受自然灾害（如台风、地震等）后还需对桥梁进行特殊检查，确保桥梁结构性能状态良好。本四联络桥的维修和养护工作记录已经建立起数据库，为今后确保桥梁正常维修奠定了基础。

2. 斜拉索减振措施

斜拉索系统除直接受拉力外，还受到由活载、温度变化及风载引起的挠曲变形，及由风引起的颤振，最初设计中预测大桥发生的主要振动是雨振，由于索长大大超过其他既有桥梁，需要检验拉索的疲劳特性，并采取专门的减振措施。由于拉索锚固结构细节复杂，采用足尺模型试验评估疲劳性能。通过拉索锚具的疲劳试验及拉索弯曲疲劳试验分析疲劳行为，试验结果表明：疲劳裂纹萌生于承载板与锚固腹板连接焊缝焊趾处，有必要对该细节做出改进，并证明了由半平行钢丝组成的斜拉索有足够的弯曲疲劳强度。最初拟采用构造性措施以达到减振效果，但由于斜拉索规模大，使得构造规模相应变大，影响外部美观。最后对方案进行研究比选，研制了表面有凹点的斜拉索，并首次在实桥上使用，如图13-34所示，并安装加速度计和风向风速计监测拉索振动情况。

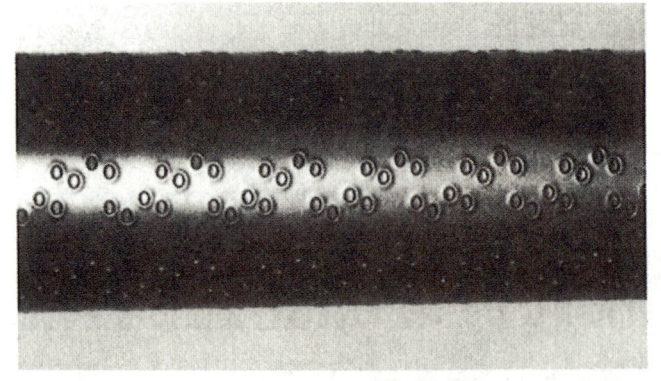

图13-34 表面带凹点的斜拉索

3. 芸予大地震对桥梁的影响

大桥通车两年后，2001年3月24日日本广岛县附近发生里氏6.7级的芸予大地震，震中距多多罗大桥桥位约40 km，震中深度约51 km，地震造成的损失总额约为193亿日元。大桥上设置的地震仪及加速度计位置如图13-35所示，震中与桥址关系如图13-36所示。图13-37为大桥地震仪对芸予大地震的观测记录，可见芸予大地震的初期微动约为10 s，主要振动15 s，持续时间约25 s，功率谱纵桥向和横桥向分别在2.5 Hz和8.0 Hz出现峰值。图13-38为大桥加速度反应谱和日本1996年的抗震设计规范的设计反应谱对比图，可知芸予大地震的加速度反应谱在0.3~1.0 s和设计反应谱相近，在0.4 s处超过设计反应谱。

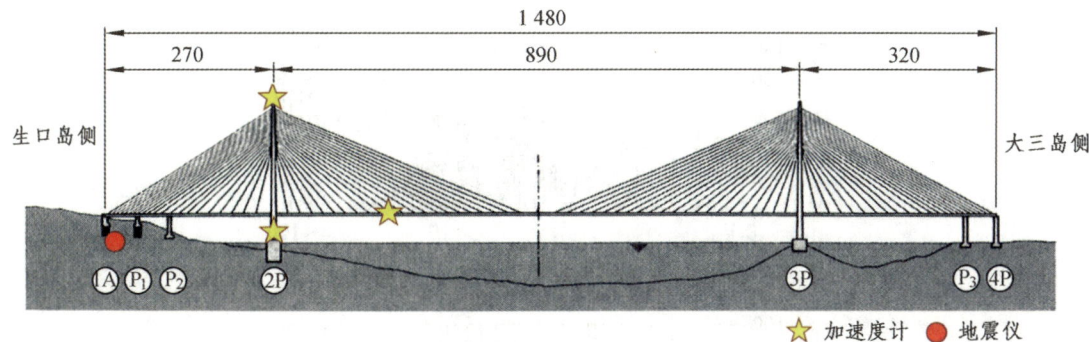

图13-35　多多罗大桥观测点（单位：m）

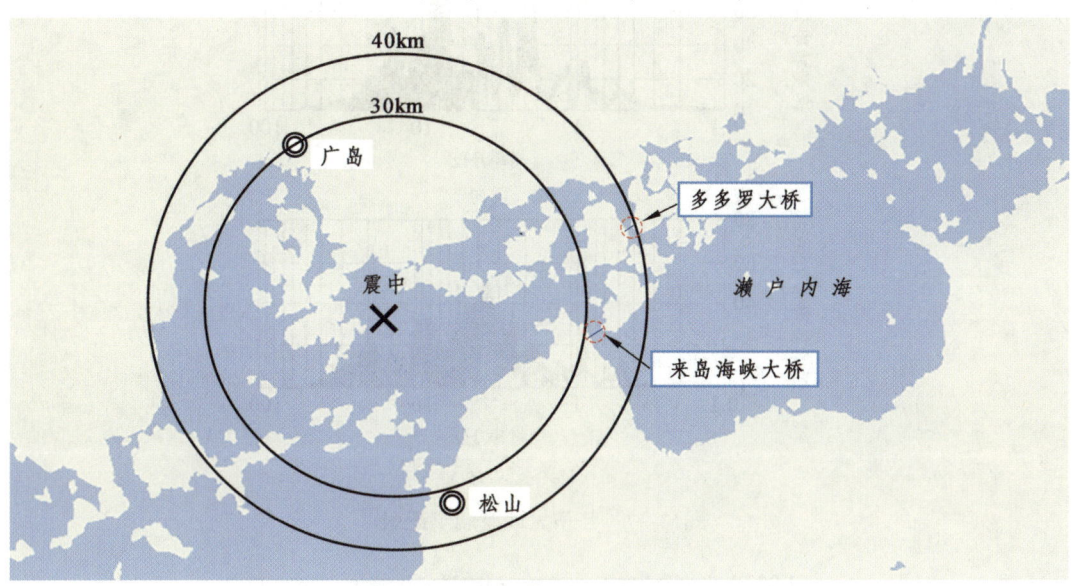

图13-36　芸予地震震中与桥址关系

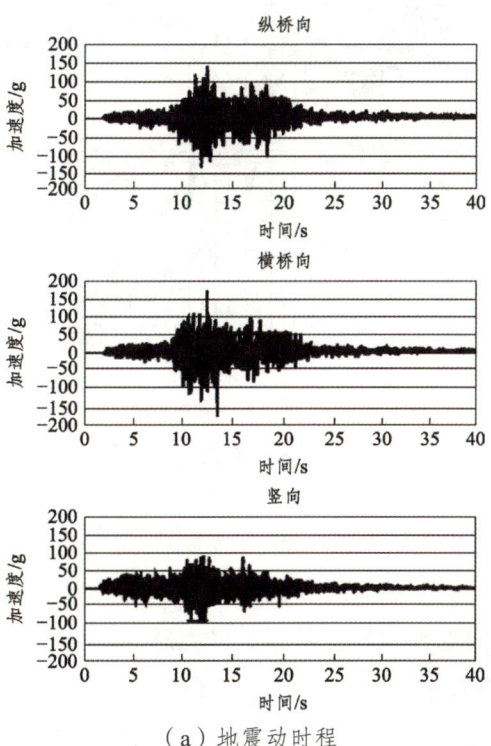

（a）地震动时程

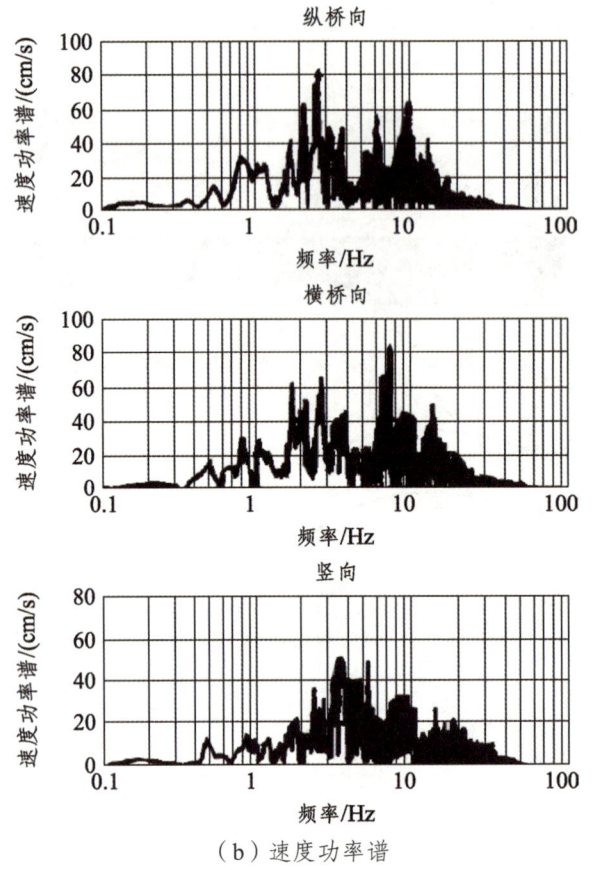

(b)速度功率谱

图13-37 芸予大地震观测记录[39]

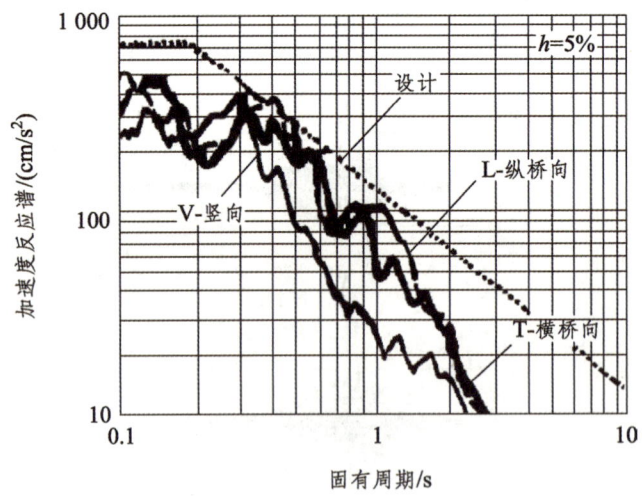

图13-38 多多罗大桥加速度反应谱[39]

这次地震给大桥造成一定程度的损伤：①大三岛侧引桥（桥长208 m，三跨连续钢箱梁桥）横向限位装置受损，桥墩—横向限位装置与梁连接突出部的焊缝断裂；②大三岛侧3P、4P桥墩混凝土台座出现裂缝；③塔内电梯卷扬机位置移动约3 cm，轨道导轮受损。横向位移限制装置设计时按照日本抗震规范，在L_1地震（小震）作用下不发生损伤且能约束横向位移。对于L_2地震（大震），使其在横桥向具有分散地震力作用而不约束横向位移，突出部焊缝按大震时断裂设计，但实际断裂强度超过了设计值的10%，故出现断裂。震后对大桥采取如下处理措施：①更换横向移动限制装置突出部；②凿除台座破损的混凝土后外卷钢板，其中浇筑无收缩混凝土；③将电梯卷扬机复位，重新锚定，更换损伤的轨道导轮。

13.3.5 结论

多多罗大桥作为日本本四联络桥的重要组成部分，也是20世纪末世界大跨径斜拉桥的代表，为千米级跨径斜拉桥的先声，现从结构设计、施工和运营维护3方面总结为：

（1）结构设计。日本人将多多罗大桥和法国的诺曼底大桥合称"姐妹桥"，两者跨径相似，建成时间相近，主梁的设计中均采用了钢箱梁+PC梁的结合，主塔上部均为倒Y形，可以说该桥在一定程度上借鉴了诺曼底大桥的设计。但日本多地震、台风，因此在抗震、抗风设计中采取了特别措施，如梁塔采用弹性支座连接、斜拉索护套进行凹点刻痕处理等。

（2）施工。大桥的施工技术仍然沿用日本广泛使用的现代桥梁施工方法，主塔利用爬升式吊机拼接预制段，主跨钢箱梁采用典型悬臂施工，钢箱梁节段从海上吊起，并于中跨合龙，许多大型浮吊被运用于施工当中。

（3）运营维护。大桥采用"预防性维修"的理念，进行实时监测并设定维修检查周期。2001年芸予大地震后，对桥梁受损部分进行及时处理，大桥已安全服役二十多年，表明其运营维护效果良好。

13.4 来岛海峡大桥

13.4.1 工程背景

来岛海峡自古以来就与鸣门海峡（Naruto Strait）、关门海峡（Kanmon Strait）并驾齐驱，是著名的日本海上航行难点，潮汐在狭窄的海峡水域中形成复杂的地形，变化迅速而复杂，最大潮速可达5 m/s。海峡中有武志岛、马岛，故在此建造第一、二和三来岛大桥，3座悬索桥串联，统称来岛海峡大桥（Kurushima-Kaikyo Bridge）。大桥连接大岛和爱媛县今治市，位于本四联络桥西线（尾道—今治线）的最南端，为西濑户高速公路（E76）的一部分，同时属于日本国道317，如图13-39所示。

来岛海峡位于濑户内海中部，以强流、浓雾、水道狭长弯曲闻名，是世界屈指可数的航海险峻之处[43]。对于进出内陆海中部水域的船只来说，这是一条不可绕避的航道，同时也是《海上交通安全法》规定的航道，该处航船频繁、潮急礁多，导致海难事故较多，为此日本政府决定在此修建来岛海峡大桥。来岛大桥桥址处属濑户内海多岛屿风景区，是国立公园指定的第二类特别区域，为和此处自然风景相协调，采用了大跨悬索桥方案。来岛大桥是世界上首次将3座悬索桥中间共用2个锚碇串联起来形成悬索桥桥梁链，总长4.1 km，充分利用来岛海峡的地形条件。来岛大桥1988年动工，历时10年，耗资3 000多亿日元，1998年4月建成通车。

（a）本四联络桥西线（尾道—今治线）

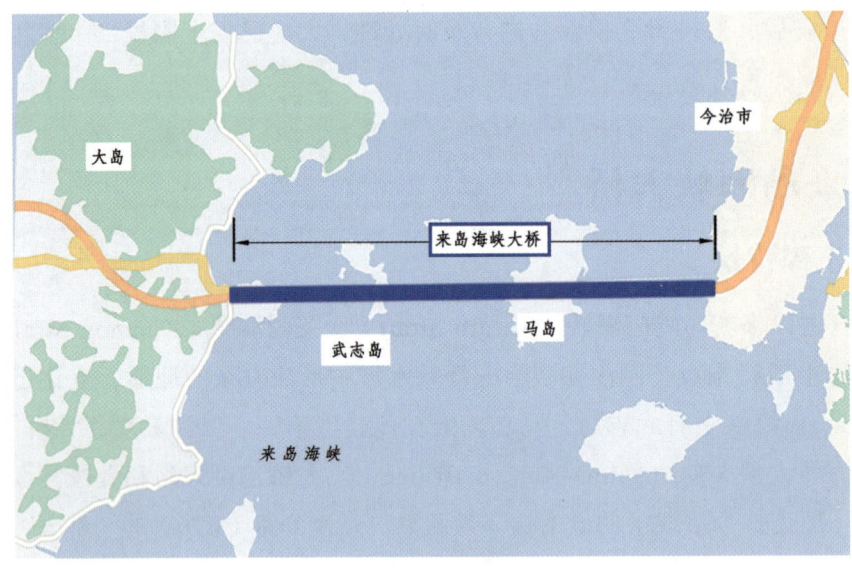

（b）大桥桥位

图13-39 桥梁地理位置

13.4.2 结构设计

1. 设计条件

桥址位于芸予诸岛的多岛海景观广阔的风景名胜地区，被指定为濑户内海国立公园第二、第三类特别地区，因此，在道路和桥梁的设计和施工中，有必要充分考虑保护自然环境，并与周边的自然景观相协调。桥梁在进行规划时，考虑了对自然环境的保护，并极力避免地形的改变，因地制宜地采用不完全对称布置，但从外观上却很难观察出这些桥梁的细微变化。来岛大桥依据《本州四国联络桥设计标准》进行抗风设计，以桥址陆上或海上10 m高度处10 min内的平均风速，再参考150年重现期风速的最大值决定基本风速（大桥确定基本风速为40 m/s，设计风速为43 m/s）。桥梁分别采用节段模型（1/60）、全桥模型（1/160）和地形模型（1/1 500）进行风洞试验，对施工和成桥阶段大桥的稳定性进行研究，结果表明：大桥抗风性能良好。抗震设计依据1977年日本颁布的《抗震设计标准》进行，可承受里氏8.5级强震。设计以反应谱法为基础，对上部结构采用阻尼为2%（对下部结构为10%）。

来岛大桥整体由3座悬索桥串联而成，来岛第一大桥属三跨双铰加劲钢箱梁悬索桥，跨径布置为（140+600+170+50）m；来岛第二大桥属二跨双铰加劲钢箱梁悬索桥，跨径布置为（250+1 020+245）m；来岛第三大桥属单跨双铰加劲钢箱梁悬索桥，跨径布置为（260+1 030+280）m[44]，这样的布置可以使在共同锚墩4A、7A处维持基本对称的形式，如图13-40所示。设计条件如表13-10所示。

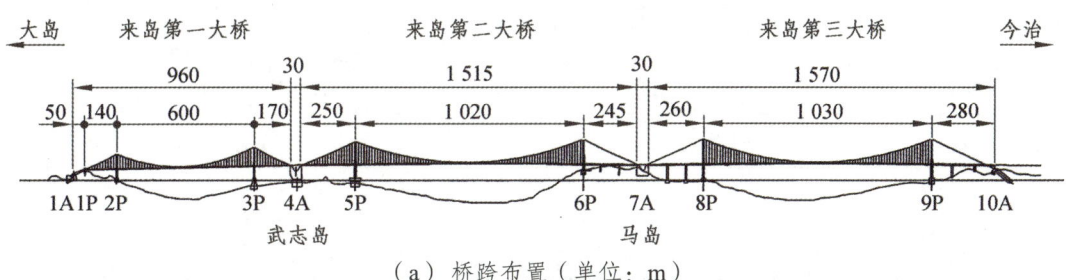

(a) 桥跨布置（单位：m）

(b) 大桥实景

图13-40 来岛海峡大桥

表13-10 来岛海峡大桥设计条件[45]

	第一大桥	第二大桥	第三大桥
形式	三跨双铰加劲钢箱梁悬索桥	二跨双铰加劲钢箱梁悬索桥	单跨双铰加劲钢箱梁悬索桥
跨径布置	（40+600+170）m	（250+1020+245）m	（260+1030+280）m
桥塔形式	门形钢框架结构		
车道数	双向四车道		

		第一大桥	第二大桥	第三大桥
设计风速		43 m/s		
抗震设计		里式8.5级地震		
设计车速		100 km/h		
塔顶标高		149 m（3P）	184 m（6P）	184 m（8P，9P）
加劲梁	高跨比	1/140	1/237	1/240
	宽跨比	1/18.8	1/31.9	1/32.2
	截面形式	六角流线型钢箱梁截面		
吊索及索夹	形式	PWS和钢制吊索销接锚固形式		
	截面直径	414 mm	653 mm	636 mm
	吊索材料	抗拉强度1 568 MPa的镀锌钢丝		
	螺栓间距	M35，间距220 mm	M45，间距230 mm	
	垂跨比	1/8.6	1/10.5	1/10.1

2. 下部结构

来岛大桥以3座悬索桥的连续性和协调性为主题，对塔的形状和高度设计进行多次比选。如果按传统方法设计为规模相差很大的3座桥，其塔高会产生很大的差异，因此，为使6个塔顶连成1条平滑的曲线，考虑美学和造价等方面多方案比较后，最终6座桥塔均采用横梁连接直柱的门形钢框架结构。横梁在与塔柱交接处有向下弯曲的趋势，整体给人以向上翱翔的印象。图13-41为来岛第一、二、三大桥的主塔构造。

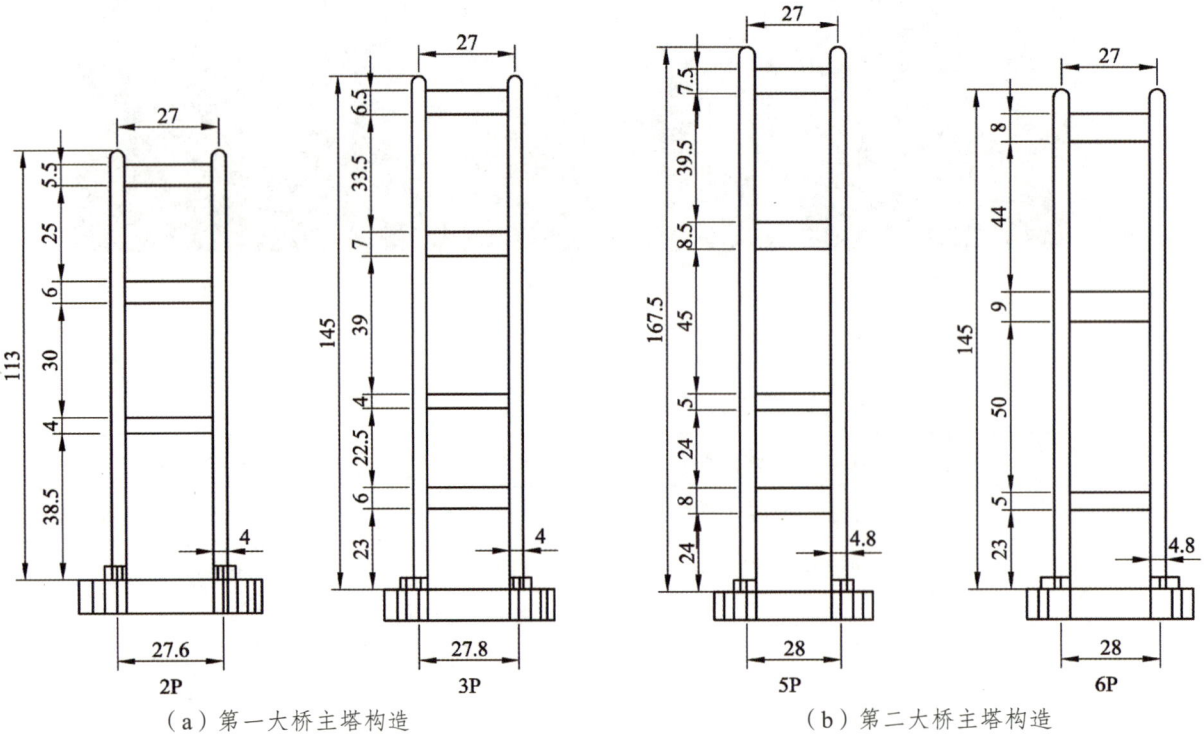

（a）第一大桥主塔构造　　　　　　（b）第二大桥主塔构造

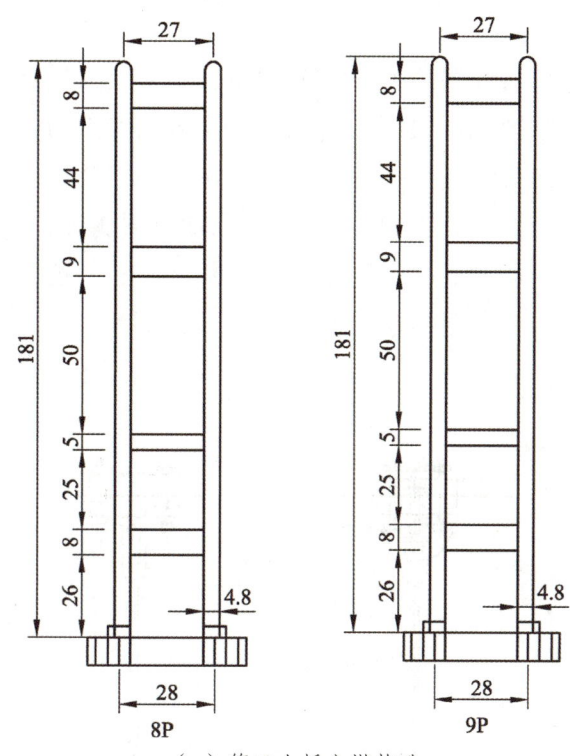

（c）第三大桥主塔构造

图13-41　大桥桥塔（单位：m）

来岛大桥的基础设计形式为带桩脚沉井气压沉箱形式，同时由于桥墩具有墩身高度大，纵桥向尺寸较小的特点，因此桥墩采用了钢筋混凝土墩身（下部结构混凝土用量474 000 m³），如采用RC截面会使钢筋用量太多、钢筋骨架太高。为保证桥墩的耐久性，在墩身上设置有防撞工程。钢沉箱通过在表面涂漆，并设置铝阳极来进行水中防腐，图13-42为来岛大桥部分基础选用的基础形式。

（a）混凝土沉箱（9P）

（b）钢沉箱（5P）

图13-42　大桥基础

3. 上部结构

来岛大桥采用平行钢丝索和钢制吊索销接锚固的构造形式。吊点和吊索一一对应，索夹采用了上下分开、配置竖向螺杆的结构形式。这种结构形式的特点为，由于吊索的拉力作用，将索夹拉离主缆，并且在紧固螺杆和索夹主体上产生附加应力。为决定销接锚固处的设计原则，进行了悬索桥变形引起的吊索二次应力以及销的滑动性及耐腐性2个试验[5]，最终决定采用的索夹、吊索构造如图13-43（a）所示。吊索采用直径为5 mm，抗拉强度1 568 MPa的镀锌钢丝。根据拉力大小采用了三种不同钢丝根数的形式，分别为 109、121、139根，如图13-43（b）所示。

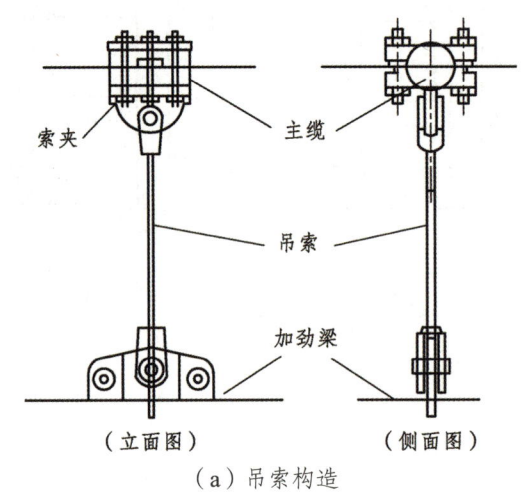

（a）吊索构造

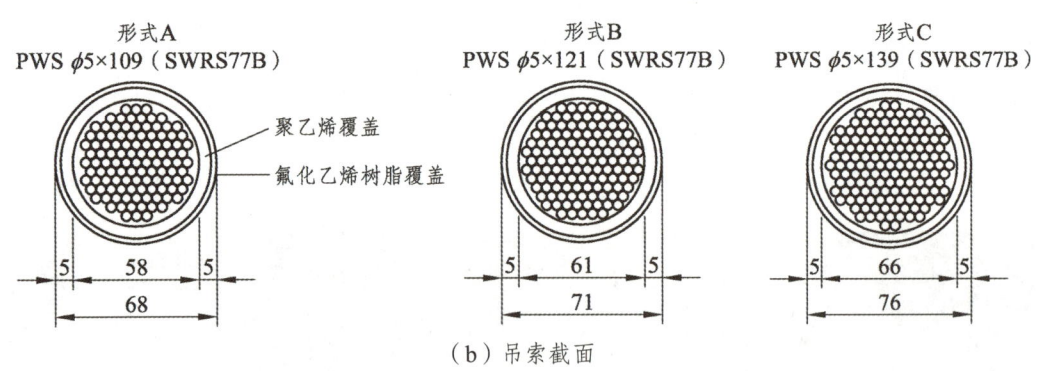

（b）吊索截面

图13-43 吊索及索夹结构（单位：mm）[46]

来岛第一、二、三桥的加劲梁截面如图13-44所示，流线型扁平钢箱梁，采用桁式横隔梁，以增强梁的抗风稳定性，由于荷载工况不同，不同大桥的梁截面采用了不同的截面参数。梁端通过比吊杆刚性更大的塔式连杆轴承连接到主塔。在设计梁时，在考虑运营阶段基础上，进行了安装阶段的结构分析和海上运输期间的搅拌分析。来岛第三大桥在静态分析中产生的梁的最大应力为107 MPa，在考虑风荷载后计算，在轴向上的最大位移量在正常情况下为974 mm[3]。来岛第一、二、三大桥上部结构用钢量分别为27 000 t、49 000 t、46 000 t。

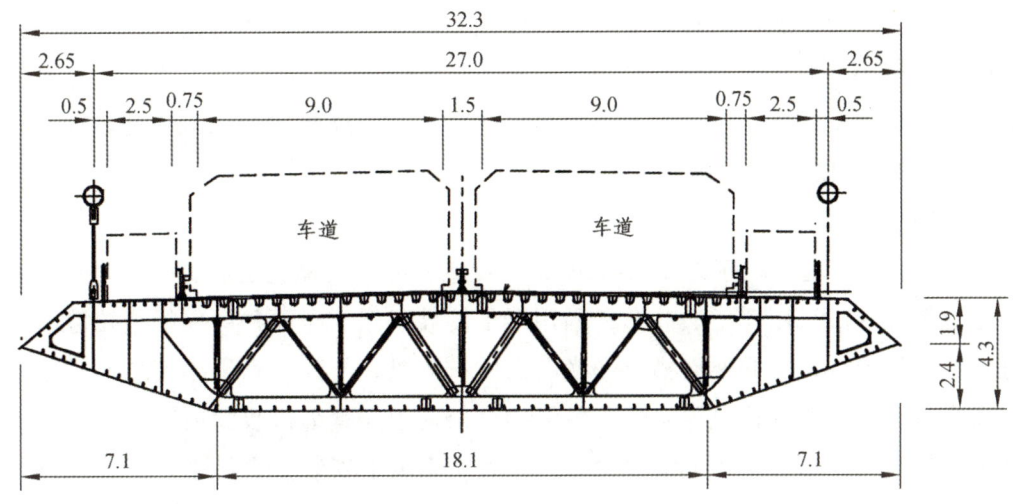

图13-44 加劲梁横截面（单位：m）[3]

13.4.3 施工

1. 下部结构

来岛三座大桥所有塔架为带斜杆的刚架，分节段在工厂预制，一般先沿高度方向划分节段，重量过大时再横向分块。塔柱的底部先由浮吊安装，其他节段由塔旁工作平台上的水边驳运吊机起吊后，再由自升式吊机按顺序架设[47]。架设塔架之前桥墩顶面混凝土要磨平，竖向节段之间的水平接头都设计成顶紧接触，工厂制造时要进行高精度切削磨光。

桥址处地基为花岗岩，故1A、4A、7A墩都是重力式锚墩，而10A则为隧道式锚。因为桥跨不等，共用锚墩4A和7A在恒载作用下两侧力不平衡，特别是4A墩，所以其基础布置为偏心，如图13-45所示。并且在施工步骤中可以充分利用其不等跨共同锚的偏心，安排施工程序。如：3座桥可以同时架索，但第一桥的桥跨小，故索架完后可先架梁。第一桥架梁完毕，再对称进行二、三桥的架梁。

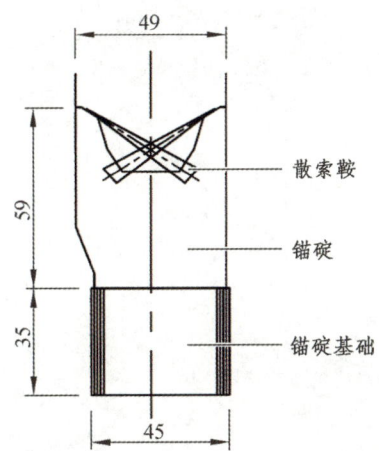

图13-45 4A锚墩构造（单位：m）

桥墩基础在设计时综合考虑了上部结构条件、施工条件及方法、水文地质条件等方面的要求，最终选择压气沉箱施工法，原因在于：①桥梁跨度大，承受荷载大；②若采用刚性基础、片筏基础或是桩基础等，承台面积会很大，会使施工过程中水流的阻碍较大；③压气沉箱工法所需的施工场地较小，对水流的影响也较小，是一种不受水流影响的施工方法[48]。具体施工时由于5P墩处水流较急，塔墩基础上大下小，故水中部分直径减至38 m以减小迎水面，施工时钢沉井下放采用导向桩架法控制位置。

2. 上部结构

来岛大桥整个缆索施工顺序如图13-46所示。导索渡海在封锁航道后进行，是整个缆索工序中的第一道难关，一般采用浮子法渡海，利用浮子使导索浮于海面并由曳船拖拉渡海；导索架设后即可安装曳拉装置，由此架设猫道和横向天桥；抗风索与猫道索采用安装调整较容易的垂直索，抗风索可提高猫道的抗风稳定性；主缆的全部钢索经紧缆机收紧成圆形，然后由绕扎机包扎，进行防锈涂料处理；主缆上安装索夹，在各个索夹上安装垂直吊索之后，即可开始架设加劲梁。

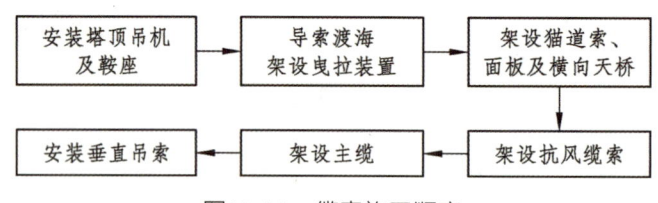

图13-46　缆索施工顺序

加劲梁采用吊装法施工，预制节段从海上运送到主跨旁的工作平台，并由塔旁旋臂吊机吊到已架的梁段上，再由已架梁段上的搬运平车送到架设前端。最后由前端的走行式吊机架设。架设次序一般由塔架处向两侧并进，最后在跨中合龙，吊索与加劲梁连接时，根据计算出的垂度将吊索向下引拉后固定在加劲梁的吊索承拉构件上[3]。为了避免吊索向下引拉过大，一般在加劲梁的适宜点都安装临时铰。图13-47为大桥加劲梁吊装施工。

图13-47　加劲梁吊装施工

13.4.4 运营与维护

1. 主缆防腐系统

来岛大桥主缆防腐系统在提高防护体系外部防水性同时，改善了内部腐蚀环境，主要由3部分组成：①输气干燥系统——降低内部湿度；②主缆外部防护系统——防止水汽侵入，保持主缆内部干燥状态；③监控系统——监测上述功能[49]。主缆输气干燥系统以明石海峡大桥及既有本四联络线各桥的研究结果为基础进行设计，输气系统按主缆内的状况、输气压力、干燥期限和干燥空气的条件来决定每个输气口的输气间距，并进行输气系统的研究。主跨中心及锚锭附近主缆倾斜度接近水平的部位最易积水，要重点加以干燥，输气间距为100~190 m，如图13-48所示。

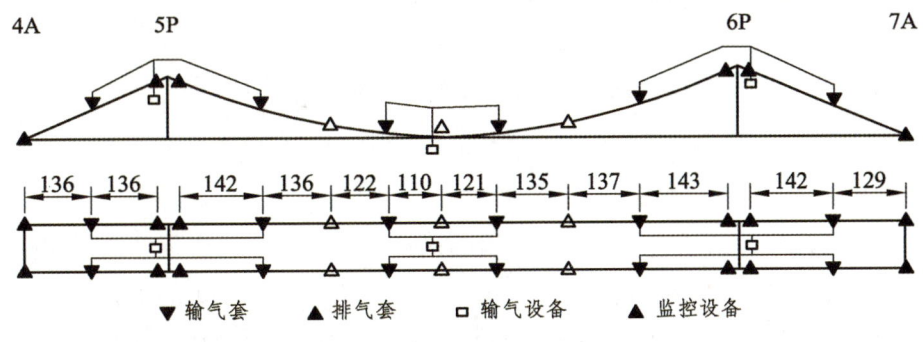

图13-48　输气管道线路（来岛第一大桥）

主缆输气管道采用外饰钢带的聚乙烯管，塔身输气管道采用架桥用聚乙烯管，主塔水平横梁、加劲梁内等则采用镀锌钢管。主缆输气设备设在主塔中间水平横梁内部及加劲梁内部，如图13-49所示。输气设备包括除湿器、鼓风机、冷却设备及过滤装置，其中除湿器的表层安装方式采用蜂房式，干燥空气流量为2.0 m³/min；鼓风机为罗茨式，入口温度为20 ℃、相对湿度为80%。出口露点温度在20 ℃以下，空气流量为2.0 m³/min；冷却设备采用波形翼片式空气散热交换器，空气流量为2.0 m³/min，入口温度为98 ℃，出口温度为60℃；过滤装置由粗制过滤层、海盐离子过滤层及ULPA过滤层组成，输出功率为2.2 kW。

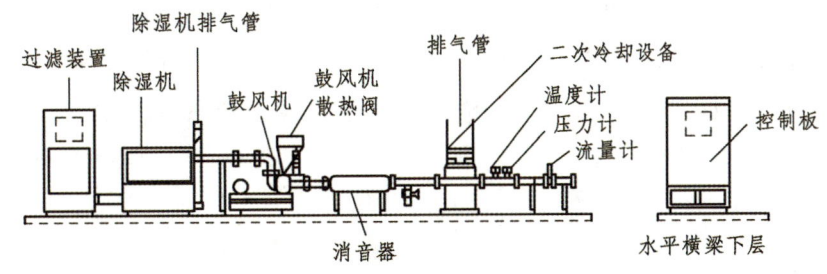

图13-49　输气设备（P3中间水平横梁内）

主缆的防腐系统是通过输气干燥系统来改善腐蚀环境的，这就要求主缆的防护体系不仅施工性能优越，同时还要确保气密性，因此将圆形缠绕钢丝换成S形缠绕钢丝。为提高主缆内干燥空气的流通性，没有采用防锈涂层，外涂层采用伸缩性能好的柔软型氧化乙烯树脂涂料，如图13-50所示。

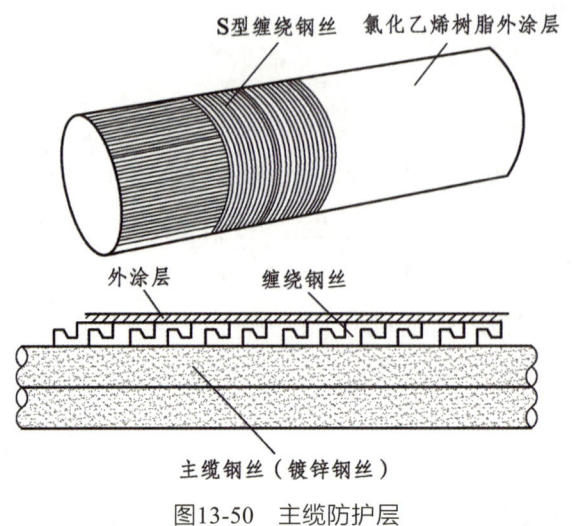

图13-50　主缆防护层

2. 芸予大地震对桥梁的影响

2001年3月24日发生的芸予大地震给建成后的来岛大桥带来了一定程度的损伤。芸予大地震的相关地震动参数，芸予大地震的震中与桥梁位置的关系如图13-36和图13-37所示。来岛大桥桥轴方向的加速度反应谱在0.2 s之间，和设计反应谱相近，因此该地震相当于设计地震。本次地震造成的损伤如下：①第一大桥的中央扣的4根拉杆断裂，并伴有断裂处的漆膜剥落；②构成4A斜鞍座室的隔板有11块破裂；③4A、7A的部分锚拴拔脱；④第一大桥的两台塔内电梯卷扬机移位和轨道导轮有损。

震后通过使用"海峡部分大桥结构分析系统"验算拉杆拉力，将锚碇附近的地震仪观察的地震动，通过地基弹簧输入，进行桥轴方向和竖向分析，一桥中央扣拉杆拉力超过设计值，设计值为大震发生时不损伤主缆和加劲梁的设计地震力的60%（约1 359 kN），二桥和三桥中央扣拉杆的拉力为设计值的85%左右。第一大桥，加劲梁反对移一次（对中央扣产生的拉力贡献大的模态）的固有周期比其他两桥短，受短卓越周期的芸予大地震的影响大。这次地震虽然强烈，但对来岛大桥的损伤并不严重，其主体结构均未受到损伤。

震后采取的处理措施：①将中央扣的拉索拆下带回工厂，经确认重新安装使用，而拉杆用相同材料重新制作，同时对第二、三大桥的拉杆进行漆膜观察，尺寸测定和硬度试验，认定未达到塑性区域；②对破裂的隔板，用角钢加固，浇浆；③对受损的锚固部增加锚栓，浇浆；④将电梯卷扬机复位，重新锚定，更换损伤的轨道导轮。

13.4.5　结论

来岛海峡大桥是本四联络桥的重要组成部分，凝聚了濑户大桥、明石海峡大桥等大桥在建设中积累的领域内的最新、最尖端技术，从结构设计、施工技术和运营维护等方面总结为：

（1）结构设计。来岛海峡大桥是世界上首次在海洋中将3座大跨悬索桥串联在一起，桥间共用1个锚碇，比奥克兰海湾西桥还多1个锚碇，结构形式史无前例。

（2）施工。施工借鉴了明石海峡大桥等大跨悬索桥成功的经验，海底基础大多采用沉箱法建造，在积累的技术和经验的基础上，再加上新的技术，在短期内建立了更加安全、可靠、更高品质的基础。由于来岛海峡的交通和洋流条件相较明石海峡更好，在牵引导索时选择封闭航道施工，而没有选择直升机牵引过海。

（3）运营维护。本四联络桥在运营了40年后，提出确保桥梁服役200年以上的养护目标，给管养部门提出了很高要求。主缆防腐是重难点，大桥主缆防腐运用"外包内除"的设计方法：外部采用新开发的S形缠丝，气密性好；内部采用与明石海峡大桥相同的输气干燥系统，将主缆内相对湿度维持在40%以下。

13.5 濑户大桥

13.5.1 工程背景

濑户内海在日本本州、四国和九州之间。东西长约440 km，南北宽5~55 km，周围岸线1 300 km，面积9 500 km²，多港湾，一般水深20~40 m，海中有等525个大小岛屿。濑户内海自古海上交通就比较繁忙，但其水面宽阔、水流急、旋涡多、台风频繁，水下地质构造也复杂。为谋求国土的开发利用及经济的发展，方便海上运输，早在明治时期就有人提出在此修建跨海铁路的设想，但是所需的技术和财力绝非当时的日本所能够办到。随着日本经济和科学技术的发展，直到1955年5月，渡轮"紫云号"在濑户内海因为大雾与一货轮相撞沉没，导致168人死亡，促使日本政府下定决心修建濑户大桥（Seto Great Bridge）以形成本四连络道路的儿岛—坂出路线。濑户大桥于1978年10月10日开工，施工耗时近10年，1988年4月10日正式通车。在大桥设计过程中因地制宜采用多座桥梁连结构成桥梁群，包括多座悬索桥、斜拉桥与桁梁桥，公路线为濑户中央高速公路的重要组成部分，铁路线为四国铁路的跨海部分。整个建造过程共用钢材70万t，混凝土280万m³，耗资11 000多亿日元，参与建设人员多达840万人。桥梁建成前，人员过海需靠船摆渡，费时2小时以上，大桥建成后则只需40分钟，且通行不受天气的影响[50]，显著促进了本州岛和四国岛之间的经济、文化交流，如图13-51所示。

为不影响船只航行和周围景观，桥墩基本上建在海中的5个小岛上，形成6座相连的大桥，分别是：下津井濑户大桥（悬索桥）、柜石岛桥（斜拉桥）、岩黑岛桥（斜拉桥）、与岛桥（桁架桥）、北备赞濑户大桥（悬索桥）、南备赞濑户大桥（悬索桥）[50]。下章将重点阐述柜石岛桥、岩黑岛桥、北备赞濑户大桥、南备赞濑户大桥的设计、施工与运营情况，各桥立面布置如图13-52所示。

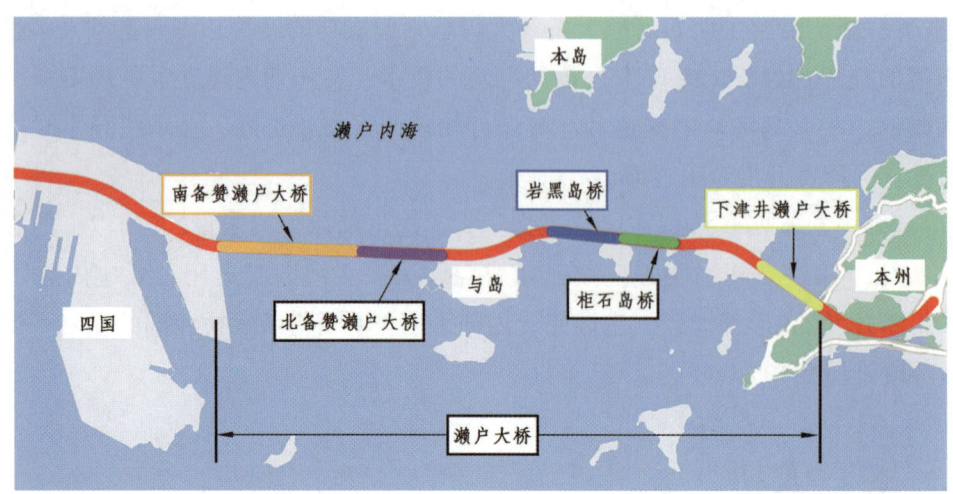

（a）桥址

（b）桥梁全景

图13-51 濑户大桥

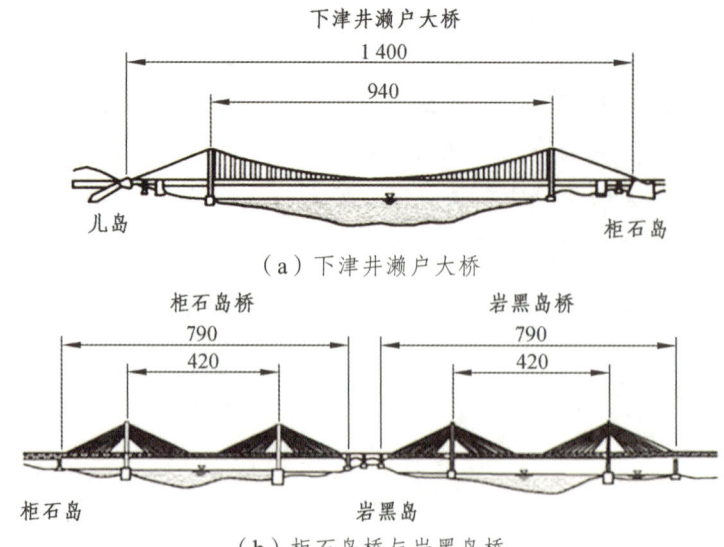

（a）下津井濑户大桥

（b）柜石岛桥与岩黑岛桥

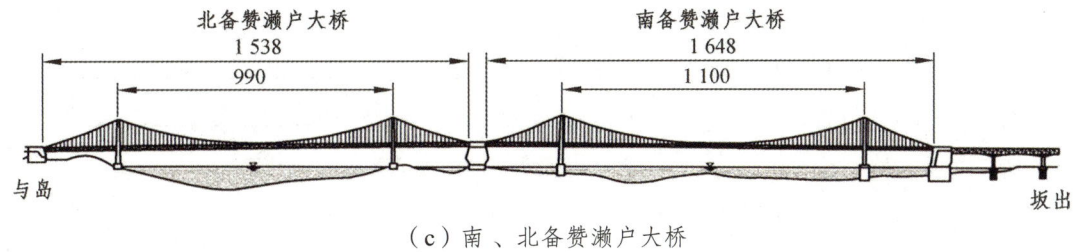

(c) 南、北备赞濑户大桥

图13-52 大桥立面（单位：m）[1]

13.5.2 结构设计

1. 设计条件

濑户内海复杂的水文条件和地质状况给设计和建设带来了诸多难题，为解决这些难题，桥梁的设计中最小曲线半径达900 m，最大坡度达22%，且在桥梁的建造过程中研发和采用了不少新技术。由于日本地处地震高发区，濑户内海又常受台风侵袭，且桥梁多为斜拉桥和悬索桥，因此抗风、抗震设计要求较高，需要抵抗里氏8.5级大地震和60 m/s的大风。濑户大桥设计总长达37 km，总长度是世界第二（中国杭州湾跨海大桥总长度是世界第一），跨海长度为9.4 km。大桥设计为公铁两用桥，上层4车道公路，设计时速为100 km/h，车辆日通过能力为4.8万辆/天。下层双线铁路，设计时速为130～160 km/h。濑户大桥不仅工程巨大而且结构美观，本州四国联络桥公团对桥梁的周边自然景观和桥梁的视点等进行了调查，并描绘了主要视点的草图及对照片进行了剪接，最终方案与自然景观十分协调[51]。桥梁通过濑户内海国家公园正中，不仅方便了两岸交通，也为濑户内海增添了一处人文景观，设计概要如表13-11所示。

表13-11 濑户大桥设计概要[50,51]

	下津井濑户大桥	柜石岛桥	岩黑岛桥	北备赞濑户大桥	南备赞濑户大桥
形式	悬索桥	斜拉桥	斜拉桥	悬索桥	悬索桥
桥塔高度	北侧146 m； 南侧149 m	北侧148 m； 南侧152 m	北侧157 m； 南侧161 m	北侧175 m； 南侧184 m	北侧194 m； 南侧186 m
跨径布置	(230+940+230) m	(185+420+185) m	(185+420+185) m	(274+990+274) m	(274+1 100+274) m
设计风速	60 m/s			
抗震设计	里氏8.5级地震			
上层公路 设计时速	100 km/h			
下层铁路 设计时速	130 km/h（普通铁路）；160 km/h（新干线）			
通航高度	65 m			
车道数	4车道			
最小曲线 半径	900 m			

2. 下部结构

濑户大桥中有3个是大跨悬索桥，其基础都需要巨大的刚性基础，这些基础尺寸完全由抗震性能决定。因此，桥梁的基础设计，以抗震设计为重点，同时兼考虑其所受到的风载荷、波浪力及非正常情况下的船舶撞击力等。在一系列研究的基础上，大桥的实际基础构造设计，既采用了直接刚性基础、沉箱刚性基础等传统形式，也采用了新的多柱基础与带脚的沉箱基础等多种形式。

南、北备赞濑户大桥有桥墩位于水深约30 m处。海底覆盖层极薄，岩石基本露头，但7A锚墩（见图13-53）正处于断层破碎带，风化层较深，要求采用刚性基础，南备赞桥最大沉井为7A，尺寸（长×宽×高）为75 m×64 m×55 m。本四联络桥基本都采用沉井基础。水中墩则为浮运钢壳，就位后内填混凝土的沉井基础。5P浮运钢沉井如图13-54所示。5P号墩位于水深22 m处，往下又挖了10 m，故实际水深达32 m。沉井尺寸（长×宽×高）为59 m×27 m×37 m。

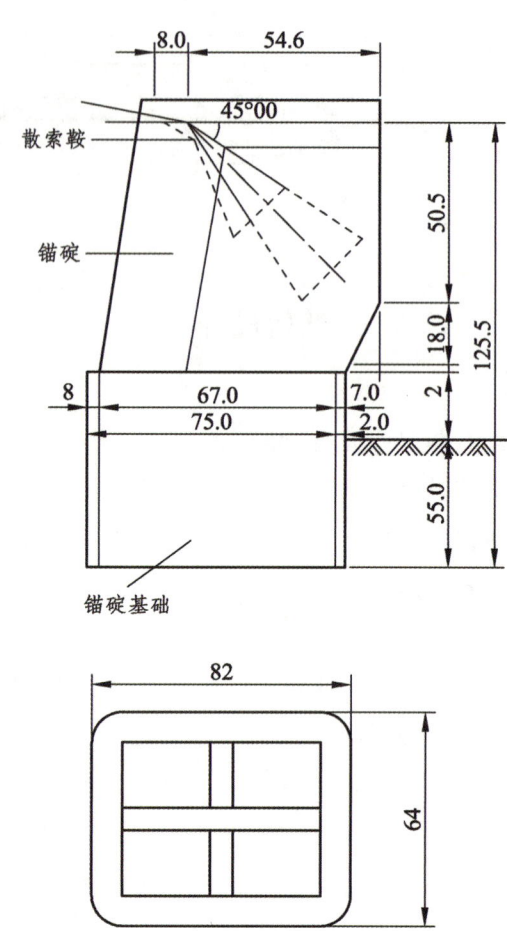

图13-53　南备赞桥7A锚墩（单位：m）

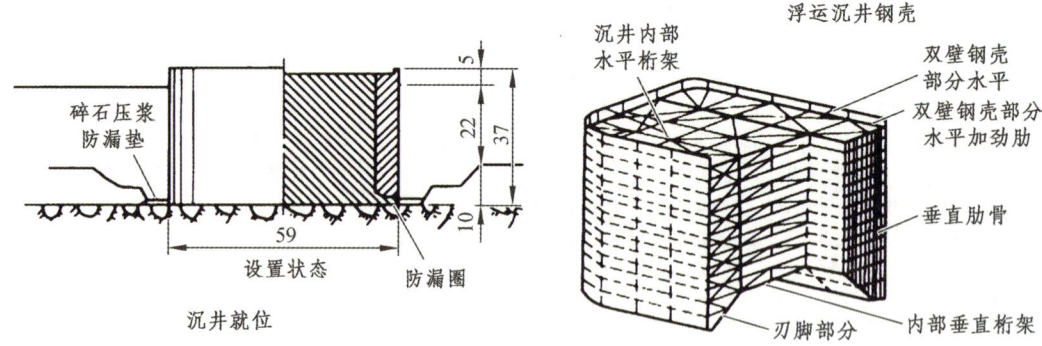

图13-54　南备赞濑户桥浮运钢沉井（单位：m）

下津井濑户桥的主塔高约138 m。一般美式经典悬索桥塔多数为交叉式斜横撑形式以增加塔的横向刚度。该桥虽然借鉴了奥克兰海湾大桥的设计，但是为求简洁而采用3根平行横撑的框架式构造。不过南、北备赞大桥因设计建造得早，仍为交叉斜撑式，下津井濑户桥桥塔截面的形状如图13-55（a）所示。钢塔柱分节制造，接合处磨光顶紧。塔柱底底板加厚到250 mm以传力到基础。塔柱顶索鞍偏于柱中心内侧1.9 m。加劲梁两边外侧加伸臂各2.5 m，使吊索和主索成垂直面。南端锚墩仍为重力式，梁端又有墩柱，故建成后此部分外观并不十分理想。

南、北备赞濑户大桥桥塔设计与下津井直柱形式不同，但是与奥克兰海湾大桥一致，采用1.3%的向内倾斜度，使主缆吊索在一垂直面内。由于线路坡道从中间锚墩向南北两侧降坡，故诸塔高度不一致。塔亦为交叉斜撑。塔柱截面成十字形，制造时分为3个单元，分为17或18段，如图13-55（b）所示。

岩黑岛桥和柜石岛桥桥塔用钢制，除结构功能外重在造型，与下津井濑户桥呼应以取得协调的效果。桥塔为变高度的宝石型刚架构造，立面如图13-55（c）所示。

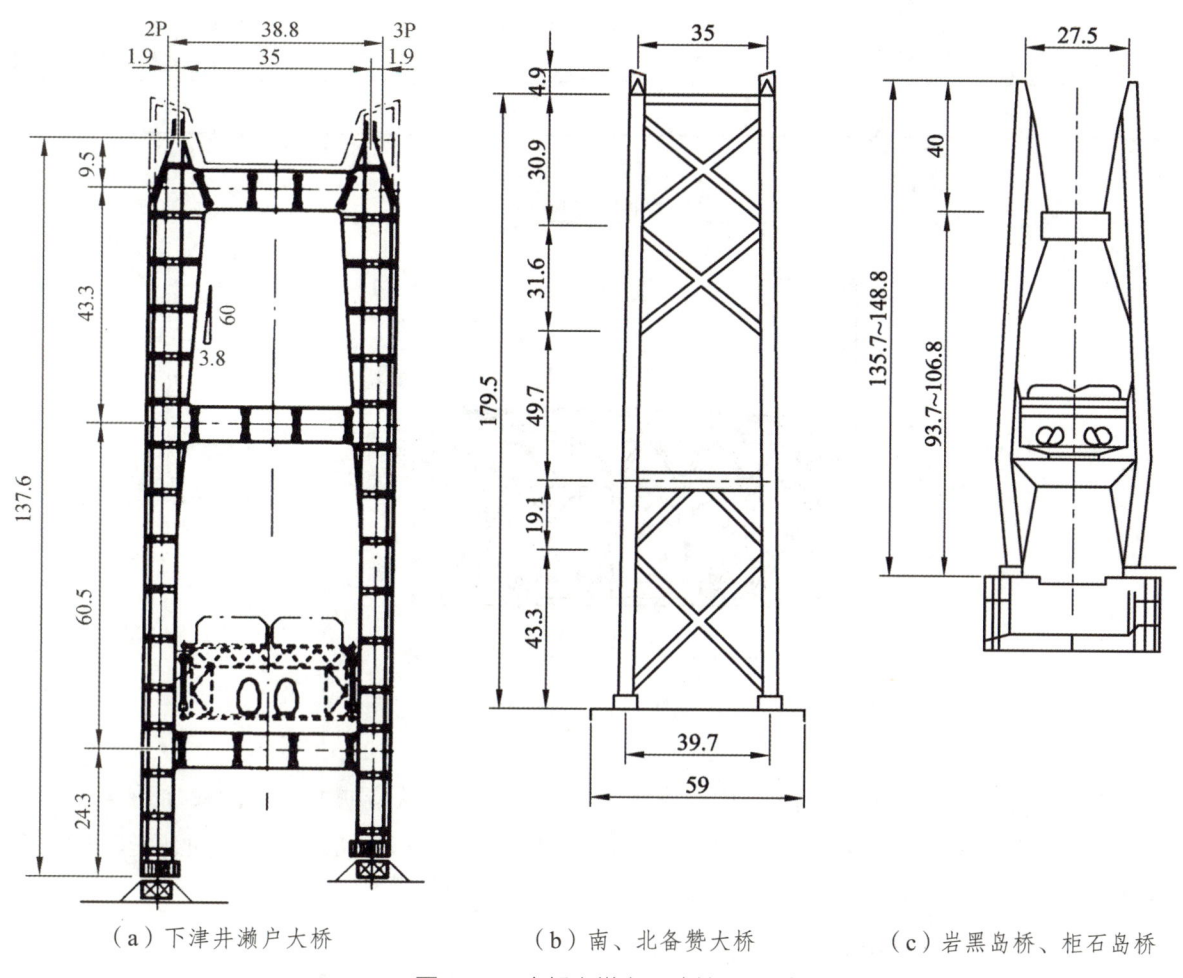

（a）下津井濑户大桥　　　　（b）南、北备赞大桥　　　　（c）岩黑岛桥、柜石岛桥

图13-55　大桥主塔立面（单位：m）

3. 上部结构

濑户大桥设计为公铁两用桥，全线统一，上层为双向四车道，两侧对称分布有1个快车道（宽3.5 m）和1个慢车道（宽2.5 m），下层铁路。因为是公铁两用桥，所以对桥梁变形要求比较高。下津井濑户大桥在设计阶段，曾就4种加劲梁布置形式作变形计算比较，如表13-12所示，结果以940 m中跨，带两端各130 m边跨者变形（包括梁端转角）最小。因此采用三跨连续加劲梁形式，大桥的主梁横截面如图13-56所示。

表13-12 下津井濑户桥变形比较[1]

	桥型	三跨两铰	单跨两铰	单跨	三跨连续
竖直方向	最大挠度/m	3.6	3.4	3	3.3
	转折角/‰	+26.1	+23.4	+2.6	+8
		−20.9	−15.2	−3.8	−8.9
水平方向	最大挠度/m	—	—	—	—
	转折角/‰	19.8	19.1	1	2.5
伸缩量/cm		137	—	—	94

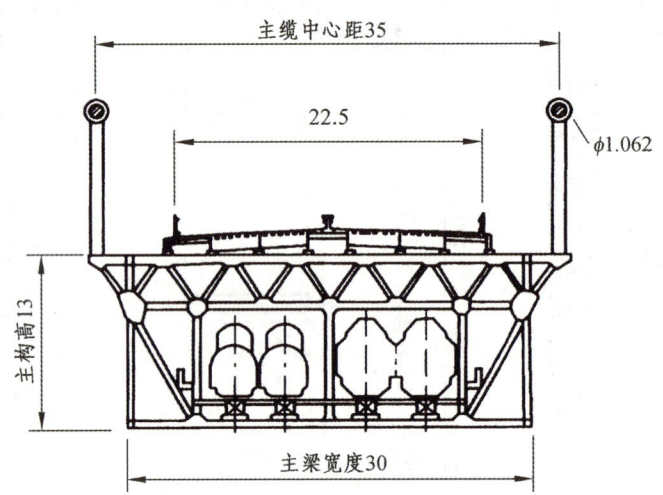

图13-56 下津井濑户大桥主梁横截面（单位：m）

同样也是考虑到公铁两用，南、北备赞濑户桥的结构布置从最初的三孔两铰加劲梁改为三孔连续梁且边中跨比由1/1.97分别改为1/4和1/3.6，以减小梁变形和梁端转角。加劲梁则与下津井濑户桥相同。柜石岛桥与岩黑岛桥的加劲梁高度和横断面形式与下津井濑户桥一致。该桥设计为在来线和新干线各两车道，而实际只铺了双线铁路，因此荷载较轻，作为公铁两用斜拉桥，加劲梁刚度及三跨连续结构，再加上斜拉索，就足以满足铁路较严格的变形和梁端转角要求。梁的支承方式，除了斜拉索外，塔梁连接处用连杆悬吊。梁端支承还专门设计了以盘式弹簧与三角形连杆来约束变形的支座，是属于有约束的漂浮体系，如图13-57所示。

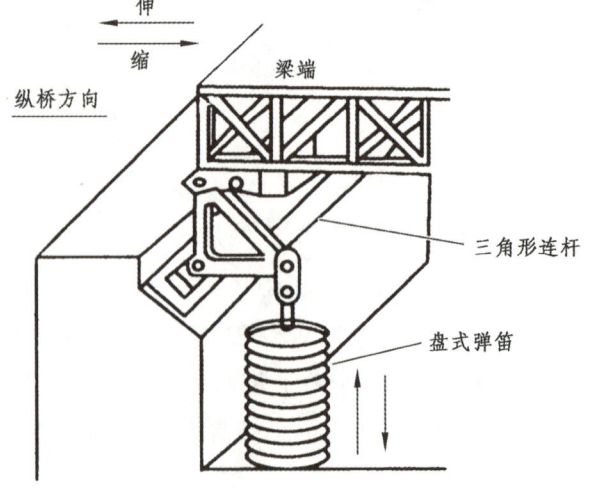

图13-57 柜石岛、岩黑岛桥梁端支点

下津井濑户大桥主缆共2根，垂跨比为1/10。每根主缆用44股，各552根φ5.37 mm镀锌钢丝构成。每缆计钢丝24 288根，捆扎缠绕后直径为0.944 m。主缆采用空中编缆法。下津井桥取空中编缆法成索紧凑，锚碇部分尺寸较小，有利于北端隧式锚碇（见图13-58）的布置。吊索则用钢丝绳，索夹为骑跨式、每吊点共4根φ68 mm，标准间距13.1 m，如图13-59所示。

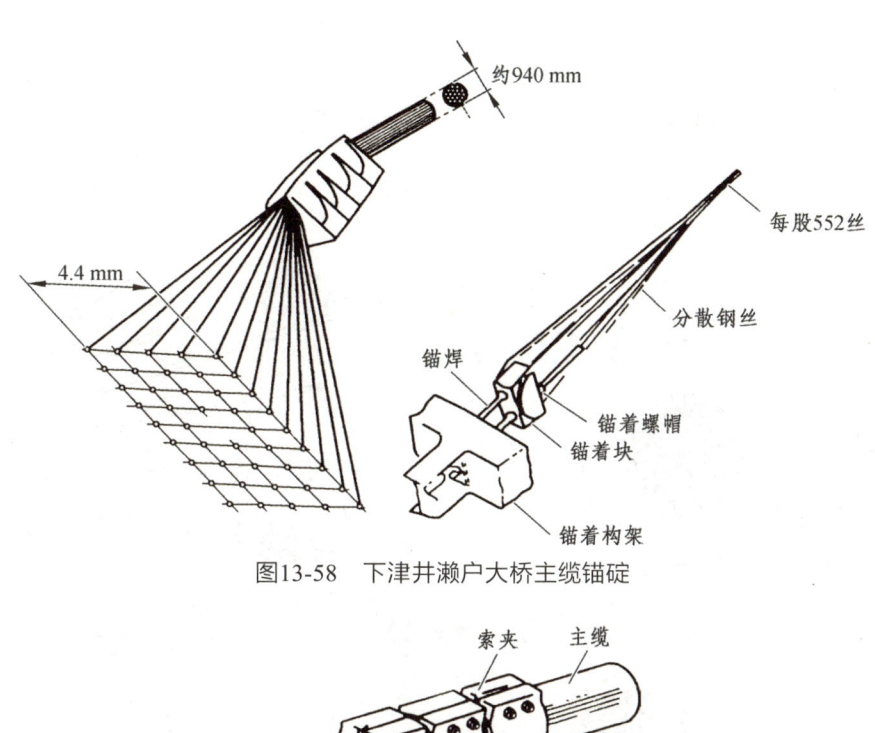

图13-58　下津井濑户大桥主缆锚碇

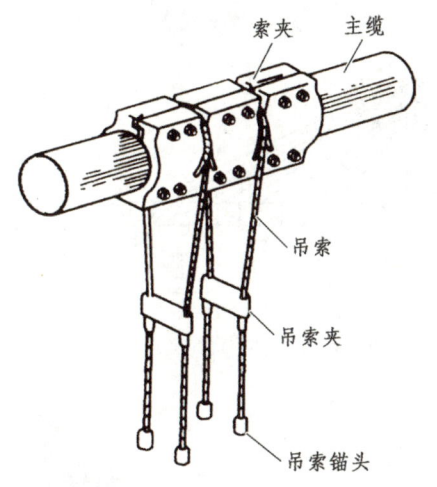

图13-59　下津井桥吊索索夹

南、北备赞濑户桥各为2根主缆，垂跨比均为1/11。南桥每根主缆由271股、各127根φ5.12 mm钢丝组成，共34 417根。北桥每根主缆由234股，各137根φ5.18 mm钢丝，共计29 718根。经捆扎缠绕后，南桥主缆直径达1 070 mm，北桥达1 006 mm[51]。南桥主缆用钢19 785 t，计入吊索、索夹、缠丝等共重22 000 t。北桥则分别为16 326 t和18 100 t。

柜石岛和岩黑岛的斜拉索为双面扇形密索体系，塔每侧各11对，每根索用φ7mm镀锌钢丝139～777丝。钢索外套两层聚乙烯管，内管内压注聚氨酯。索下端锚于梁的节点，并设转角缓冲装置；上端在塔柱中拉张与锚固。为了防止索面内横向并列钢丝索尾流驰振和减少长索的振幅，采用了每组2根φ14 mm连结钢丝绳，在一定位置交叉相互固定的减振方法（如图13-60）。

同时为控制发生不利振动，通过风洞试验验证了螺旋钢丝的适用性。研究表明：柜石岛桥、岩黑岛桥最长索（直径187 mm）上设置直径12 mm、缠绕间距650 mm的螺旋钢丝（见图13-61）具有很好的减振效果[52]。而对于大桥的抗震设计，柜石岛桥和岩黑岛桥都是在1个节点并列配置2根斜拉索。风洞试验和构造研究表明：在预测发生尾流跳跃现象的风速区域（约5~30 m/s），为抑制1~7阶模态的振动，必须采取减振措施，因此实桥上配置了减振钢丝和定位器（见图13-62）。为减小桥塔乃至整个大桥桥身的振动反应，对桥塔采用了一系列的减振装置，其中包括以往桥梁用的传统的滑块式装置，同时也采用了黏滞阻尼器等，减振效果都很好。

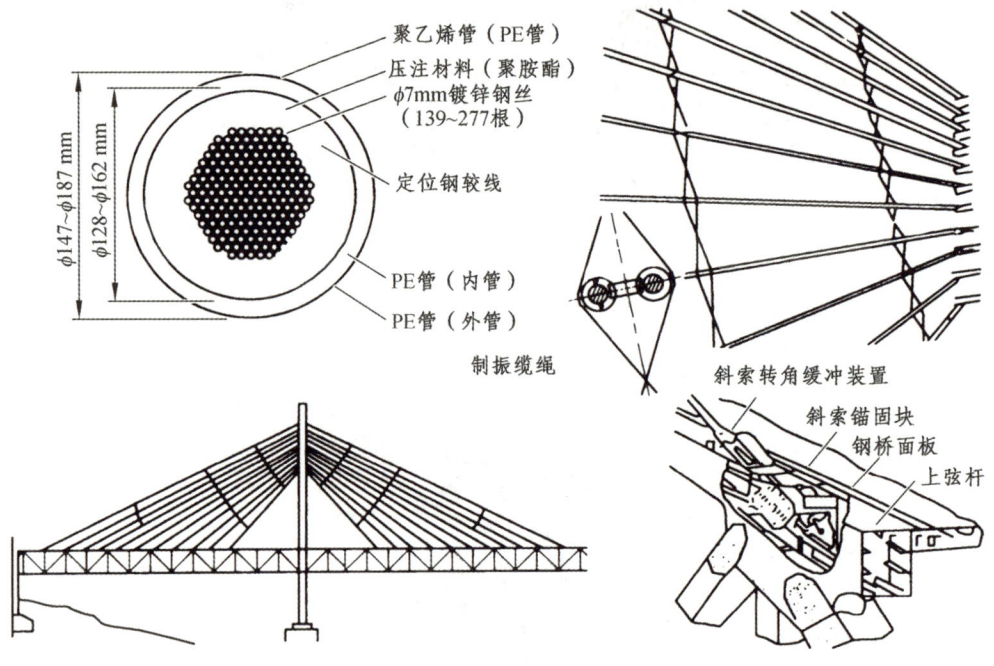

图13-60　柜石岛、岩黑岛斜拉索布置

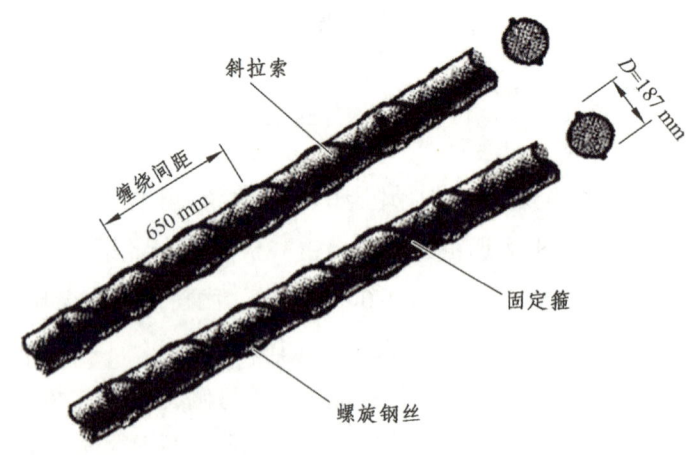

图13-61　螺旋钢丝减振措施

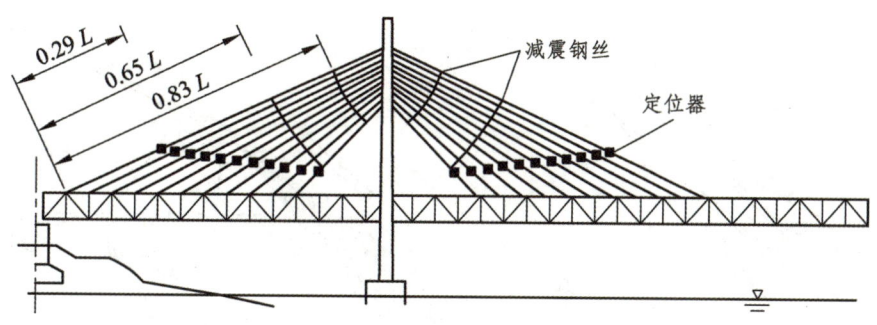

图13-62 柜石岛桥、岩黑岛桥的斜拉索减振措施

濑户大桥采用风洞试验进行抗风设计研究，主要包括风荷载特征和结构的风动力响应[53]。柜石岛与岩黑岛斜拉桥的主梁为防止在风速20～30 m/s下发生挠曲振动而设置了三角形的流线型外壳。在铁路公路两用桥梁上，列车荷载重，且桁架梁的构造复杂，对疲劳性能要求严格，濑户大桥是按假定在100年的作用期内通过950万次列车进行疲劳设计的。焊接则是按各部件所受的力削平补强焊接的。同时为防船舶碰撞桥墩造成损伤，桥墩外层选用了硬度适中和防海水腐蚀的材料。

13.5.3 施工

1. 下部结构

濑户大桥的基础，除与岛一侧为锚台（悬索桥的主缆赖以固定的基础，是桥台之一种特殊类型）外，全部建在海中，因此需要构筑海上作业平台。基础施工1981年2月开始，到1984年柜石桥的2P墩为止，一共施工了11个沉井。为建造基础，需在海底进行爆破。爆破作业后，用大型挖泥船挖除海底的土砂及破碎岩石。挖泥船抓斗的最大抓取量相当于8辆4 t卡车的载重量。海底挖掘完成后，用直径2.9 m的圆盘锯将海底削平，以安设沉箱。随后将船厂预制的中空无底框架式庞大沉箱曳拉浮运到沉设地点下沉。沉箱中灌注填粒径8～15 cm的碎石粗集料后，注入砂浆。

建造了桥墩及为固定主缆索用的桥台（锚台），锚台分6部分制成，桥墩分3部分制成，然后在各部分之间灌注砂浆使之成为整体。南、北备赞濑户大桥连接处的锚台是两座悬索桥的公共锚台。为此，锚台内部埋设了4套在其他桥例未曾用过的缆索锚定框架。桥墩完成后，就在上面施工桥塔。

2. 上部结构

新空中编缆法与传统空中编缆法施工过程都一样，即在桥两端往返架设钢丝，但所不同的是新空中编缆法是将数百根钢丝（下津井濑户桥是552根）成束后张拉，与预制平行索股法相比索股数量大为减少，故新空中编缆法适用于较窄的隧道式锚碇的情况，而下津井濑户桥正好采用隧道式锚碇（见图13-63），故采用了新空中编缆法。但是由于预制平行索股法较空中编缆法在主缆架设质量方面较好，故南、北备赞濑户大桥的主缆皆以预制平行索股法施工。

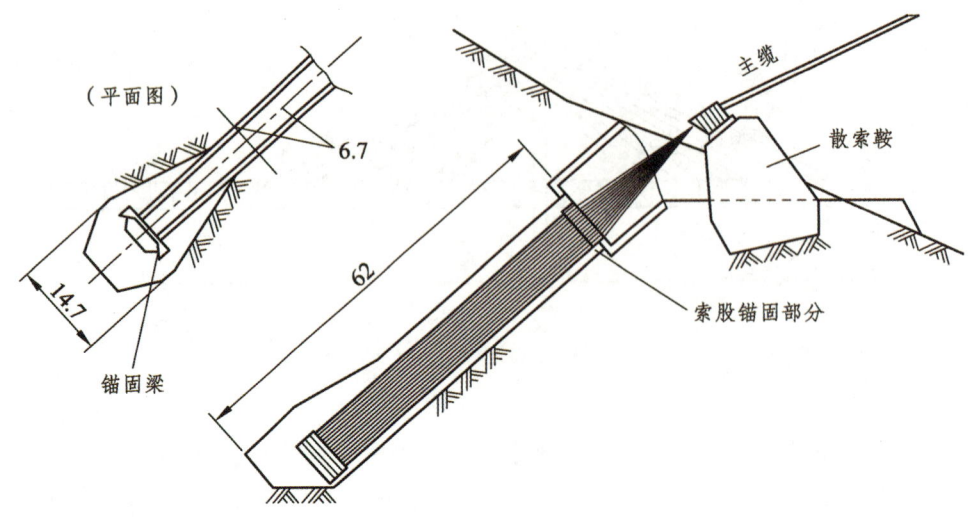

图13-63　隧道式锚碇纵断面[54]（单位：m）

南、北备赞濑户大桥的特点之一是利用中间的4号锚台作为共用锚固体式锚碇，支承两桥的主缆。这两座桥梁应用空间交会体系，将两桥的钢缆索股各自固定在对方一侧的锚架前面，以便索股在空中交会，如图13-64所示。

（a）4A锚墩

（b）索股交叉

图13-64　南北备赞濑户大桥中间锚墩

对于牵引索系统，南、北备赞濑户大桥采用往复运动式牵引系统，北备赞濑户大桥和下津井濑户大桥则采用环式牵引系统。往复运动式牵引装置由2个卷满牵引索的鼓筒组成，在桥两端各置1个，两鼓筒的引索端相互连接。架设南备赞濑户大桥索股时，放索机置于7号锚固体，并在放索机上安装索股卷筒。于是，从7号到4号锚固体的牵引索将索股传送到沿施工走道的滚柱上。经不同方法比较后，选用桥式吊车。在放索完成时，由各个鞍座截面的牵引装置暂时将索股拉住，使之保持"自由悬吊"状态。接着，使索股成正方形，嵌入由隔板分开的鞍座凹槽。重复上述操作，就形成组缆的索股群[55]。

13.5.4 运营维护

1. 焊缝缺陷检查系统

濑户大桥建设同时服务于公路和铁路。因为铁路荷载重复作用，在桥梁设计和建造时便考虑了疲劳问题，采用自动超声波对每条重要焊缝进行检测。桥梁构件的焊接工作中要完全避免缺陷是不可能的，如气泡可能萌生疲劳裂纹，因此，大桥对单独结构构件的误差都有规定。为处理桥梁投入使用后因焊接缺陷引起的疲劳裂纹扩展问题，使用这些缺陷应用制造时曾用过的超声波技术来探测，并开发了一种小而轻型的超声波检测系统，能获得并跟踪焊接缺陷数据。濑户大桥投入运行至今，未发现疲劳开裂。

2. 轨道伸缩缓冲桁架装置

在濑户大桥这样长大的悬索桥上，汽车、列车荷载和温度效应等因素会使主桁产生伸缩。为使列车能高速安全运行，需要研制一种具有吸收伸缩和分散变形功能的装置，这就是轨道伸缩缓冲桁架装置，最大变形量可达5 m。为验证这种装置是否工作良好，1986年1月31日在日本铁路史上首次采用11辆电力机车做了荷载试验（相当于1 000 t的货车通过桥梁），检验桥的梁端转角和挠度等指标是否符合设计，结果令人满意。

3. 重新涂装

濑户大桥的总涂装面积约为1.8×10^6 m^2。重涂面漆计划根据定期检测和涂装劣化评估结果制定，从2006年正式着手重新涂装。考虑到确保质量、安全措施、防止飞溅等，在原来作为脚手架使用的检测车上，增加临时脚手架重涂面漆。

4. 主缆输气干燥系统

北备赞濑户大桥从2002年开始给主缆输送干燥热空气除湿，3年后部分主缆（排气阀周边和锚碇附近）仍存高湿度空气。主缆输气量的实测结果表明：①输气入口的压力损失大，空气流入量小；②主缆空气泄漏率比当初设想的大（当初设想橡胶缠绕可确保气密性，后采用柔软型涂料）。

改善措施包括：①减少泄漏；②增大输气流量；③缩短输气距离。考虑经济性等，不增加设备，增加输气口，缩短输气距离。将当初主跨中央的输气阀改造成排气阀，在主跨$3L/8$、$5L/8$处设置新输气阀。通过上述措施，内部湿度有所降低，如图13-65所示。

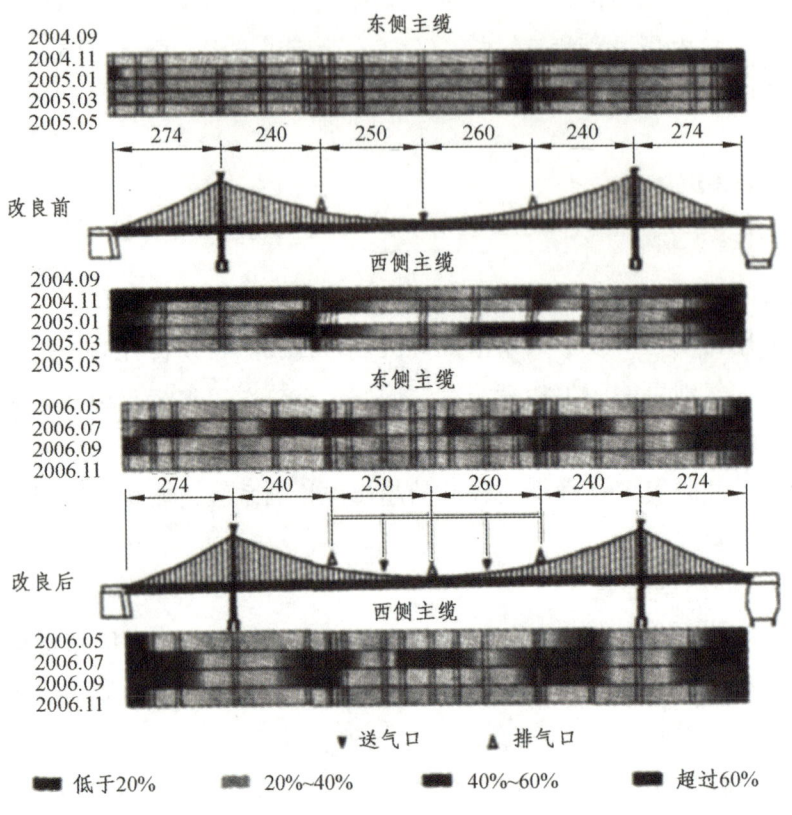

图13-65 改良前后的相对湿度分布[38]

13.5.5 结 论

濑户大桥由6座桥及4座引桥组成,不仅方便了两岸交通,也为濑户海域增添了一处人文景观。桥梁上层为通往濑户中心的机动车道,下层则为本四备赞铁路线,作为公铁两用桥梁,其工程量及投资堪称世界一流规模,是当前世界上的一大著名工程:

(1)结构设计。由于桥址处于本州与四国的最狭窄地域,所以晴天时在该线路内能够望到整个桥梁群。为此桥梁设计时除了考虑每座桥梁的景观外,还要考虑远望整个路线时的桥梁群的统一性,如柜石岛桥和岩黑岛桥,原计划为悬臂桁架桥,但随着技术进步,考虑整个线路的统一性和连续性等,改变为给人以明快、通透感的斜拉桥。为体现景观的连续性和整体性,桥墩和桥塔还采用了日本古代神社、寺庙、农家的屋脊及日本古代头盔、头巾等多种象征日本传统风情的多面体结构形式。

(2)施工。大桥的建设过程中,工程技术人员用了诸如"海底穿孔爆破法""大口径掘削法"和"灌浆混凝土"等技术,建成了技术先进、造型美观的跨海大桥。

(3)运营维护。大桥采取的维修基本方法是"预防性维修",即采用了许多维修技术及措施,如涂装技术,主缆输气干燥系统,焊缝缺陷检查系统等,把损伤降到最低,经常性的维修同时不影响桥梁运营,避免了大规模维修中断交通并延长了桥梁寿命,最大限度降低总造价。

参考文献

[1] 唐寰澄. 世界著名海峡交通工程[M]. 北京：中国铁道出版社，2004.

[2] COOPER J D. World's longest suspension bridge opens in Japan[J]. ASCE Public Roads, 1998: 62(1).

[3] 尹诚. 日本本州四国连络桥的建设与效益[J]. 国外公路，1988（5）：27-31.

[4] SHOICHI, SAEKI, ATSUSHI, et al. The Honshu-Shikoku Bridges[J]. Structural engineering international, 2018, 8(1): 10-15.

[5] 严国敏. 日本本州四国联络桥综述[J]. 国外桥梁，1986（2）：3-19.

[6] ALAMPALLIS, WILLIAM J. Moreau. Inspection, Evaluation and Maintenance of Suspension Bridges Case Studies[M]. Taylor and Francis, 2015.

[7] 侯康宁. 明石海峡大桥[J]. 中国公路，2002（11）：1.

[8] 重留正治，秦野啓司，森田一幸. 本州四国連絡橋：明石海峡大橋、多々羅大橋、来島海峡大橋[J]. 三菱重工業，1999，36（5）：266-269.

[9] 佚名. 多多罗大桥[J]. 走向世界，2010（32）：22.

[10] NASU S, TATSUMI M. Effect of the Southern Hyogo Earthquake on the Akashi-Kaikyo Bridge[C]. Proceedings of the 4th International Workshop on Accelerator Alignment (IWAA 1995), Tsukuba, Japan - Ground Motion and Active Damping Session, Tsukuba, 1995: 305-316.

[11] 王翠华. 本州四国连络桥建设概况[J]. 中外公路, 1996, 016（6）：39-41.

[12] FUJINO Y, SIRINGORINGO D M, IKEDA, Y et al. Tsukasa Mizutani. Research and Implementations of Structural Monitoring for Bridges and Buildings in Japan—A Review[J]. Engineering, 2019, 5(6): 1093-1119.

[13] 郝育森. 日本明石海峡大桥设计概要[J]. 国外桥梁，1992（1）：22-34.

[14] PIPINATO A . Case study: the Akashi-Kaikyo bridge - ScienceDirect[J]. Innovative Bridge Design Handbook, 2016: 681-699.

[15] 竹口昌弘，花井拓，森下尊久. 橋梁タワーの耐風対策（明石海峡大橋，多々羅大橋）[J]. 日本風工学会誌，2013，38：312-317.

[16] 艾国柱，夏华晞. 悬索桥的加劲桁架——明石海峡大桥加劲桁架和加劲箱梁的比选[J]. 国外桥梁，2000（4）：15-20.

[17] KATSUCHI H, JONES N P, SCANLAN R H. Multimode coupled flutter and buffeting analysis of the Akashi-Kaikyo Bridge[J]. Journal of Structural Engineering, 1999, 125(1): 60-70.

[18] 金增洪. 明石海峡大桥简介[J]. 国外公路, 2001（1）：13-18.

[19] 古屋信明，佐野幸洋，郝育森. 明石海峡大桥1号锚墩设计[J]. 国外桥梁, 1996（2）：50-56.

[20] KURINO S, FUCHIDA M, KITAGAWA M, et al. Design and construction of the Akashi Kaikyo Bridge's superstructure[J]. IABSE REPORTS, 1998: 63-68.

[21] 雷俊卿. 世界上最大跨度的悬索桥——日本明石海峡大桥设计简介[J]. 国外公路，1992（4）：

14-19.

[22] 张胜. 日本明石海峡大桥[J]. 交通与运输, 2000（2）: 17-18.

[23] KASHIMA S, YANAKA Y, SUZUKI S, et al. Monitoring the Akashi Kaikyo Bridge: First Experiences[J]. Structural Engineering International, 2001, 11(2): 120-123.

[24] 李运生, 张彦玲. 明石海峡大桥的监测[J]. 世界桥梁, 2002（3）: 52-54.

[25] 杨其良. 施工中的日本明石海峡大桥[C]//中国土木工程学会1998年全国市政工程学术交流会论文集, 1998.

[26] 杨运泽, 黄淑珍. 明石海峡大桥大直径钢沉箱基础的施工[J]. 港口工程, 1991（3）: 45-51.

[27] 胡兆同, 刘健新. 明石海峡大桥的施工特点[J]. 国外公路, 1997（6）: 20-23.

[28] 蔡国宏. 明石海峡大桥营运阶段监控和养护新技术[J]. 中外公路, 2002（3）: 45-48.

[29] 金增洪. 日本本—四联络桥的维修[J]. 中外公路, 2003（3）: 43-47.

[30] 刘海燕. 日本悬索桥主缆输气干燥系统[J]. 世界桥梁, 2018, 46（4）: 94-95.

[31] 陈开利. 中日悬索桥缆索养护管理关键技术[J]. 世界桥梁, 2020, 48（6）: 70-76.

[32] 金增洪. 日本多多罗大桥简介[J]. 中外公路, 1999（4）: 8-13.

[33] 顺发祥. 日本多多罗大桥的风洞试验[J]. 铁道建筑, 1994, 11: 40-40.

[34] 奥川淳志. 長大斜張橋-多々羅大橋-の計画概要[J]. 溶接学会誌, 1991, 60（8）: 651-655.

[35] 陈开利. 日本多多罗大桥景观设计[J]. 世界桥梁, 2002（3）: 1-4.

[36] 竹口昌弘, 花井拓, 森下尊久. 橋梁タワーの耐風対策（明石海峡大橋, 多々羅大橋）[J]. 日本風工学会誌, 2013, 38: 312-317.

[37] 叶爱君, 胡世德, 范立础. 斜拉桥抗震结构体系研究[J]. 桥梁建设, 2002（4）: 1-4.

[38] 刘海燕, 陈开利. 日本本四联络桥的维修养护[J]. 世界桥梁, 2009（3）: 50-54.

[39] 刘健新. 阪神大地震, 芸予大地震的地震动特点和明石, 多多罗, 来岛大桥的损伤及处理[C]//第十六届全国桥梁学术会议论文集(下册), 2004.

[40] 孟庆伶. 多多罗大桥工程概要[J]. 铁道建筑, 1999, 08: 32-32.

[41] 彭德运, 王立新. 日本多多罗桥的设计特色简介[J]. 江苏交通工程, 2003（2）: 59-62.

[42] 河藤千尋, 河口浩二, 古村学. 多々羅大橋の地震時挙動解析による設計検証[C]. 土木学会第60回年次学術講演会, 2005.

[43] 牛国臣. 来岛海峡航法[J]. 航海技术, 2002（1）: 7-9.

[44] 严国敏. 日本本州四国联络桥综述（续）[J]. 国外桥梁, 1986（3）: 33-45.

[45] UEMURA, AKIHIRO, KANDA, et al. Design, fabrication and erection of the stiffening girder of 3rd Kurushima Kaikyo Bridge: The world's first three linked suspension bridge with a stiffening box girder of over 1 000 m long[J]. Kawasaki Steel Technical Report, 2002.

[46] 吉林, 李洪涛. 来岛大桥吊索与索夹设计[J]. 公路交通科技, 2000（2）: 22-26.

[47] 佚名. 本州四国联络桥下部结构的施工方法与施工机械[J]. 国外桥梁, 1975（2）: 36-42.

[48] 彭芳乐, 孙德新, 大内正敏等. 桥梁基础的压气沉箱施工法[J]. 岩土工程师, 2003, 5（2）: 5.

[49] 刘海燕, 陈开利. 日本来岛海峡大桥主缆防腐新方法[J]. 世界桥梁, 2003（2）: 68-69.

[50] 过沛渊. 日本濑户大桥概貌[J]. 国外桥梁，1989，000（3）：66-70.

[51] 李左芬. 日本本州四国联络桥的景观设计[J]. 市政工程国外动态, 2001（2）：2.

[52] 赵振东. 日本本州四国联络桥—濑户大桥概观及其抗震设计[J]. 世界地震工程, 1989（1）：37-40.

[53] 李彦武. 世界最大的桥梁建设工程—本州~四国桥梁工程[J]. 国外公路, 1985（01）：31-33.

[54] 潘振胄. 大跨径悬索桥主缆架设技术[J]. 中外公路，2001，21（4）：3.

[55] 罗世勋. 大跨吊桥主缆制作与架设的先进技术[J]. 国外公路, 1992，12（5）：8.

14 武汉长江大桥

14.1 引　言

长江是中国第一大河,干流全长6 300多km,流域总面积约180万km^2,仅次于非洲的尼罗河和南美洲的亚马孙河,居世界第三位。长江被称为天堑,意指其地势险要,可以阻断交通,难以逾越,在古代只能靠船只摆渡,偶尔因为战争需要会临时搭建浮桥,以供物资和军队渡江。1895年中日甲午战争后期,因缺乏南北铁路干线和京杭大运河封冻,清政府只能通过畜力来运输、调集战争物资。即便江苏、河南、山东等地的牛、马、骡、驴被清政府全部征用,仍不敷使用,诸军甚至为争抢马车而刀枪相见。而且由各色牲畜运送辎重的部队往往三四个月才能到前线,军火、粮饷等物资运转更慢,前线部队大量存在有兵无枪、有枪无弹的窘境。此时朝野上下已经深刻认识到铁路对于军事的重要意义,湖广总督张之洞1895年奏请分段修建贯通中国南北的京汉铁路(北京至汉口)和粤汉铁路(汉口至广州)。1906年4月1日,总里程1 311.4 km的京汉铁路全线接通正式通车。1936年8月,总里程约1 100 km的粤汉铁路通车。至此,中国最重要的南北铁路干线在武汉隔江而望却无法联通,火车需要驳船和轮渡接转。直至1937年3月,武昌徐家棚火车站(今武昌北站)与长江北岸的汉口江岸火车站(今江岸站)间的铁路仍靠轮渡通航,当时每列火车过江都要耗时5个多小时。但在当时经济和技术条件下修建长江大桥难度很大,且没有先例。

茅以升、罗英等人1937年9月建成的钱塘江大桥,是中国自行设计和建造的第一座双层公铁两用现代化桥梁[1],主桥1 072 m,全长1 453 m。钱塘江大桥主桥为16孔跨度65.8 m的带竖杆三角形简支桁架,主桁高10.7 m,宽6.1 m,节间8.2 m;上层为钢筋混凝土桥面,公路宽6.1 m,两侧人行道各宽1.52 m,下层为明桥面铁路,净高6.7 m,宽4.8 m。

1950年初,中华人民共和国中央人民政府指令铁道部在武汉组织筹建万里长江第一桥——武汉长江大桥。1955年,包括茅以升、汪菊潜、梅旸春等参与钱塘江大桥修建的技术骨干,纷纷投入了武汉长江大桥的建设中。建设钱塘江大桥的成功经验因而在武汉长江大桥上得到了充分运用,武汉长江大桥中的许多工程技术人员后来又成为了中国桥梁建设的骨干。1957年10月15日,武汉长江大桥通车,京汉铁路和粤汉铁路终于接轨,于1957年11月11日合并为京广铁路。作为我国在万里长江上建造的第一座大桥,武汉长江大桥具有重要的历史意义和深远影响,因此,本章从工程背景、结构设计、施工以及运营维护等方面,对武汉长江大桥进行全面阐述。

14.2 工程背景

1. 建设历程

清政府邮传部很早就拟订了修建武汉长江大桥的计划，但因财力不支而搁置。武汉长江大桥在1913年就开始了最初的勘测和设计工作，在1950年以前，先后共有四次尝试确定桥址并提出了具体的方案设计，如表14-1所示。1913年，当时川汉铁路督办詹天佑邀请北京大学德籍教授乔治·穆勒（George Müller），带领李文骥、夏昌炽等13名土木系学生进行"武汉纪念桥"的勘察测量，方案设计如图14-1所示，这是武汉长江大桥的首次实际规划。当时构思的桥梁结构仿照当时世界著名的最大跨钢桥——英国苏格兰爱丁堡的福斯铁路桥，桥面铺设铁路、公路、电车路、人行道。此次规划虽没有实行，但其选址适宜，与后几次规划选址基本相同。1919年，孙中山在《建国方略》中提出建设武汉长江大桥的设想，但因军阀混战而停滞，未提出具体方案。1929年，"中华民国"国民政府铁道部又委任美国顾问约翰·华德尔（J.A.L.Waddell）继续进行第二次建桥勘测及规划，华德尔的方案曾引起政府关注，拟定的桥址也做过实地钻探，但由于建设费用庞大，计划也不了了之。1935年，由茅以升主持建设的钱塘江大桥工处再次发起筹建武汉长江大桥，由梅旸春率队赴武汉进行地质钻探，并请驻华莫利纳德森工程顾问团拟定第三次建桥计划，但因抗日战争爆发而被搁置。抗日战争结束后，湖北省政府于1946年8月25日举行会议，决定邀请当时的粤汉区、平汉区铁路管理局及中国桥梁公司共同组织成立武汉大桥筹建委员会，茅以升任总工程师，因局势动荡，经济困难，计划再次被搁置。这四十多年的规划和设计，虽然都未实施，却为后来的桥梁建设奠定了基础。

表14-1　武汉长江大桥历次规划方案

时间	设计者	桥址线	设计方案
1913年	詹天佑	汉阳龟山至武昌蛇山	主跨分别为124、200及250 m的3种公铁两用桥梁方案
1929年	约翰·华德尔	汉阳凤凰山至武昌蛇山	主跨为91.4 m的公铁两用活动桥式方案，采用简单桁梁、锚臂梁、悬臂梁混合布置
1935年	莫利纳德森工程顾问团	武昌黄鹤楼到汉阳莲花湖北刘家码头	桥长1 932 m、主跨达280 m的拱形悬臂桁架方案
1946年	武汉大桥筹建委员会	汉阳龟山至武昌蛇山	4墩5孔的悬臂拱桥
1953年	武汉大桥工程局	汉阳龟山至武昌蛇山	8墩9孔，跨度各为128 m的公铁两用双层钢桁架连续梁桥

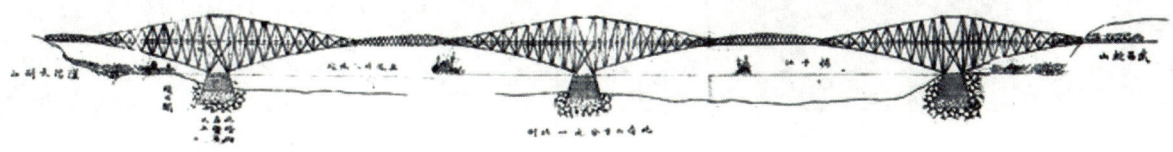

（a）桥梁整体结构

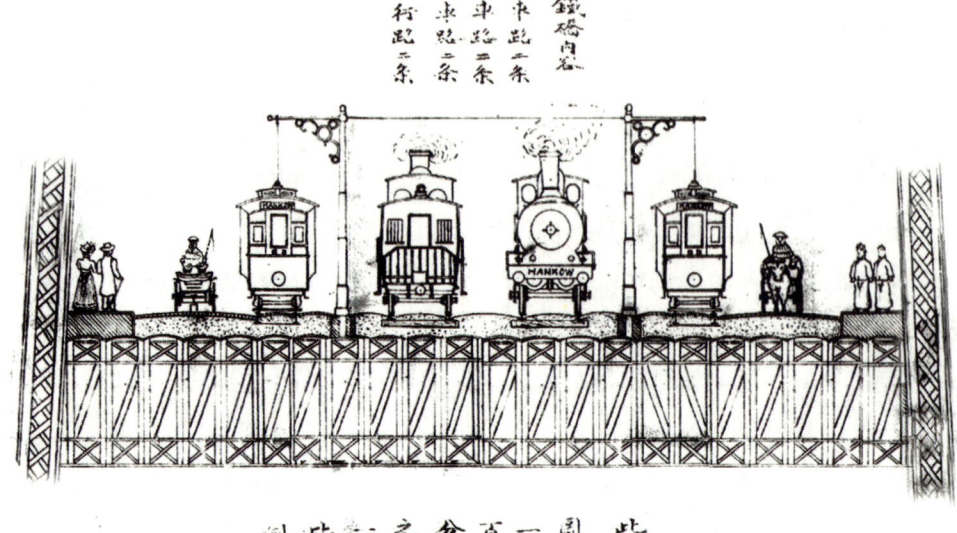

(b) 横断面设计

图14-1 武汉长江大桥首次规划设计

武汉长江大桥建成前，京汉铁路和粤汉铁路间运输由驳船和轮渡接转，如图14-2所示，效率低下，平均每年水上失事死亡人数超过300人。1950年，时任铁道部部长滕代远根据中央指示，着手筹划武汉长江大桥的修建工作，成立由梅旸春任组长的武汉大桥设计组，进行初步勘测调查。1954年，中央任命彭敏为首任武汉大桥工程局局长，杨在田、崔文炳任副局长，汪菊潜为总工程师，梅旸春为副总工程师，直接负责武汉长江大桥的设计和施工，并成立"武汉长江大桥技术顾问委员会"，茅以升为主任，其他委员包括罗英、陶述曾、李国豪、张维、梁思成、刘恢先等[2]。昔日在茅以升领导下参加修建钱塘江大桥的技术骨干和全国各地的知名桥梁专家迅速云集武汉，在大桥局各重要岗位任职，包括严国敏、唐寰澄、周朴、李家咸、方秦汉等年轻的优秀工程人才，组成了全国第一支以桥梁建设为专业的建桥大军，正式拉开修建武汉大桥的序幕。

(a) 轮渡机车

(b) 轮渡引桥

图14-2 20世纪50年代使用的火车轮渡

1953年，武汉长江大桥完成初步设计，并由彭敏率9人小组赴莫斯科请苏联专家作技术鉴定。苏联政府组成了以交通部霍林为首的25名桥梁专家鉴定委员会，经2个月的研究和审查后，对桥址、桥型方案提出了修改意见。在技术设计经过最终批准以前，先后共作了8个桥址线方案[6]，如图14-3所示，所有这些方案均利用了长江两岸的山丘，以缩短引桥和路堤的长度。经缜密研究与反复比较，第一方案武昌岸引桥过长、江底岩盘过深；第三方案经钻探，靠近汉阳凤凰山的桥墩持力层石质较差，均被否定。鉴定时提出第二、四两方案的修正案，即第五方案。因第五方案的7号墩位于破碎的炭质页岩上，又提出了第六、第七方案，但因钻探未达预期目的，因此放弃；第八方案引桥过长且需跨过藕湖，工程量大，且石灰岩溶洞多，也未被采用。第五方案造价省，可采用高压射水送桩的钢筋混凝土管桩基础方案解决遗留的7号墩问题。1955年1月，政务院批准初步设计方案，最终确定采用第五方案，即现桥址线修建大桥，桥址线为左岸（汉阳）的龟山南侧至右岸（武昌）的蛇山。

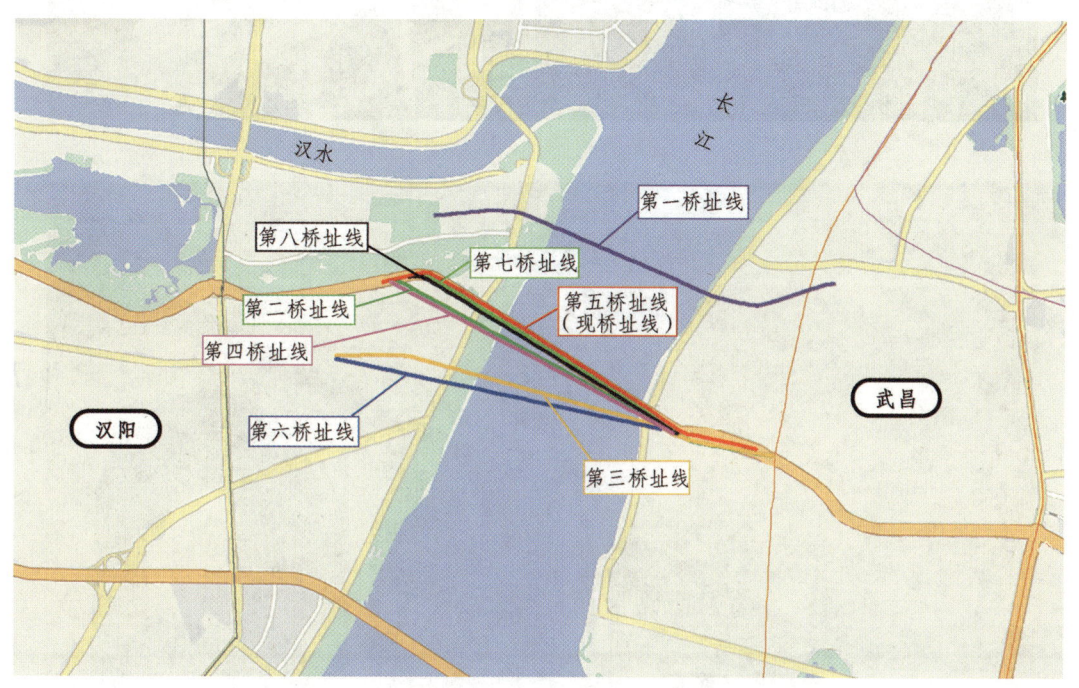

图14-3　桥址线方案比选

武汉长江大桥全部工程包括：一座横跨长江的公铁两用大桥及其引桥；一座跨越汉江的长316 m的汉水铁路桥；一座跨越汉江的322 m的汉水公路桥（江汉桥）；跨越武汉三镇市区马路的跨线桥共计10座（全长约为480 m）；1条长12.9 km的铁路联络线；1条长4.5 km的公路联络线[3]。

长江大桥为武汉长江大桥工程的主体部分，全长1 670 m（包括引桥）。正桥为公铁两用的双层钢桁架桥，上层为四车道公路桥（107国道），下层为双线铁路桥（京广铁路），由三联九孔的连续桁梁组成，每孔跨度为128 m，正桥全长1 156 m。左岸引桥长303 m，共有17孔，每孔跨度17.2 m，为钢筋混凝土梁；右岸引桥长211 m，跨度有17.2 m及16.0 m两种。为使大桥具有卓越的建筑艺术风格，工程局在1954年9月曾向国内有关部门征求长江大桥的美术设计方案。北京、上海、沈阳、重庆、武汉等城市的高等学校和设计机构以及个别建筑师均踊跃应征。1955年2月由特设的专门评选委员会进行评选，国务院批准了如图14-4所示唐寰澄的方案。

（a）武汉长江大桥鸟瞰

（b）武汉长江大桥桥头

图14-4　武汉长江大桥最终美术设计方案

武汉长江大桥于1955年正式开始施工，1957年7月完成主桥合龙，同年10月正式通车运营，图14-5为大桥首次通车时的盛况。大桥跨越长江天堑，将京汉铁路与粤汉铁路连接起来，贯通南北，成为"万里长江第一桥"[4]。毛泽东在通车前夕为大桥题词："一桥飞架南北，天堑变通途。"[5]

图14-5 武汉长江大桥首次通车盛况

2. 引桥工程

为保证长江大桥主体的顺利施工，武汉长江大桥规划了一系列引桥工程，如图14-6所示，用于实现高效的建材供应，也为正式兴建长江大桥积攒了丰富的工程实际经验，培养了一批熟练的技术人员。武汉长江大桥全部工程包括在武汉地区接通京汉-粤汉铁路的全部桥涵和铁路联络线。铁路联络线在汉口的玉带门站与京汉线接轨，向西过汉江转向东南，经汉阳傍龟山南侧通过长江正桥，然后随蛇山经武昌市区，在武昌南站与粤汉铁路接轨。全部工程还包括接通武汉三镇的公路联络线。

3. 汉水铁路桥

汉水铁路桥位于汉口太平洋路与汉阳月湖堤之间，全长316 m，正桥为3孔55 m标准钢桁梁及4孔20 m标准钢板梁，两岸引桥各为1孔或2孔16 m钢筋混凝土T梁，跨径布置为（1×16+2×20+3×55+2×20+2×16）m，桥下净空为在历史最高洪水位（1954年以前）的计算航行水位以上10 m。下部结构为钢筋混凝土复线墩台、钢筋混凝土管桩基础。全部桥墩系筑在桩基上，桩有直桩和斜桩，正桥桥墩管桩直径为0.55 m及0.4 m两种，引桥桥墩管桩直径为0.4 m。全桥共打桩612根，每根长度约20~30 m，其中斜桩299根，全部基桩长度约为15 200 m。全桥混凝土和钢筋混凝土总量为12 420 m³。汉水铁路桥1953年11月正式动工兴建，施工历时1年，1955年1月1日正式通车。

4. 汉水公路桥

汉水公路桥现名为江汉桥，位于汉阳古琴台与汉口汉正街之间，桥梁全长322.37 m，正桥钢梁为3孔连续板梁和拱式桁架的联合结构，跨径布置为（2×20+54+88+54+2×20）m，桥上路面宽18 m，两边各设宽3.75 m的人行道，1996年进行了加宽改造，将原桥面扩宽至21.5 m。全部桥墩均系深桩基础，桩的直径有0.4 m和0.55 m两种，桩长达30 m，为旋制的钢筋混凝土管桩。全桥共用管桩674根，总长约17 344 m。全桥混凝土和钢筋混凝土圬工总量为16 480 m³。江汉桥1954年10月正式动工，工期一年，1956年1月1日通车。1996年对其进行加宽改造时，在原桥上、下游各建一座7.5 m宽的慢车道桥，慢车道桥主跨为一联3孔预应力混凝土连续梁桥，边跨采用大孔板梁，跨径布置和纵向桥形与老桥对应。

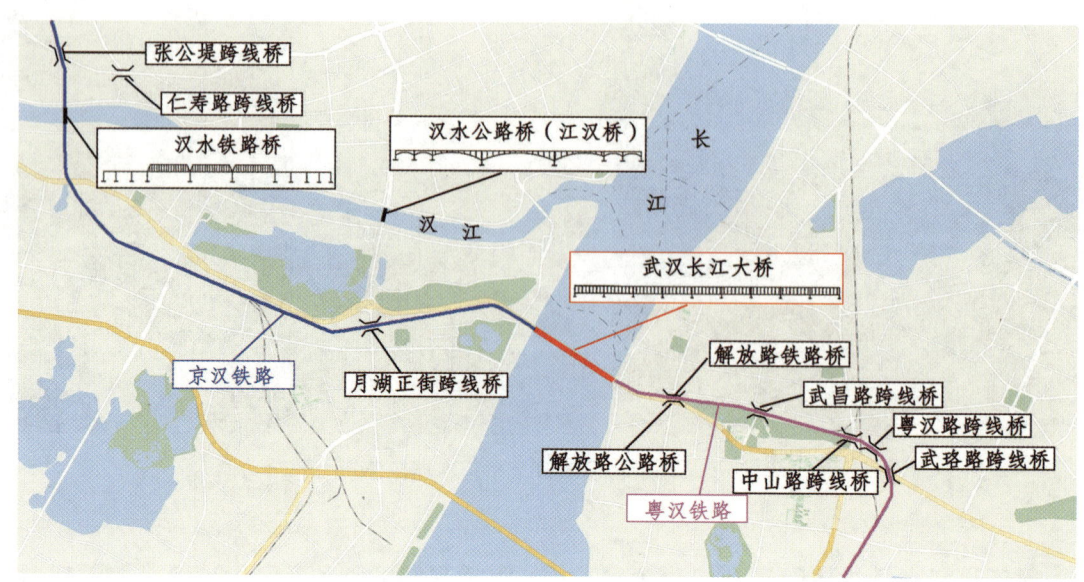

图14-6 武汉长江大桥引桥工程

14.3 结构设计

1. 设计条件

桥址处水文与地质条件分述如下：①水文。最大水位涨落高差约达19 m，1954年历史最高水位时流量为80 100 m³/s，历年观测的流速为0.4~3.0 m/s[7]。长江的水位并不陡涨陡落，高水位持续时间较久，一年中达7~8个月，冬季江水不结冰。武汉气候具有典型的季节性，夏季常刮南风，冬季常刮北风，江面最大风力达7~9级。气温在7~8月份最高达42℃，一月份最低为-15℃，常年平均温度为16℃。一年中平均雨量为1 266 mm，其中大部分集中在7、8、9三个月，一年的最大雨量达2 105 mm，1个月的最大雨量达820 mm。按1950—1953年的统计资料，一年中的阴天达297天。②地质。桥址处地质情况较为复杂，岩石有石灰岩、泥灰岩和页岩，7号墩位处为夹有燧石的炭质页岩。江底基本岩层在江心部分埋藏最深，向两岸逐渐高起，埋藏特点是节理层次颇多而且接近直立。这些环境条件给当时的施工带来一定的困难。设计条件如表14-2所示。

表14-2 武汉长江大桥设计条件

形式		8墩9孔跨度128 m连续钢桁梁
跨径布置		（17×17.2+9×128+7×17.2+5×16）m
桥下净空高度		通航水位以上18 m
构造体系	上层	四车道公路桥，桥面宽18 m，两侧人行道各宽2.25 m
	下层	双线铁路桥，线距4.1 m
	钢桁梁尺寸	桁高16 m，桁距10 m
	正桥桥墩	7号墩为钢筋混凝土管桩基础，其余为管柱基础，墩身高33 m

续表

	形式		8墩9孔跨度128 m连续钢桁梁
设计荷载	设计车速	上层	100 km/h
		下层	160 km/h
	铁路活载		中—24级设计，中—36级检算[8, 9]
	公路活载		汽—18级设计，拖—80检算
引桥	长度	汉阳侧	303 m
		武昌侧	211 m
	形式	汉阳侧	共17孔，每孔跨度17.2 m，钢筋混凝土梁
		武昌侧	7孔跨度17.2 m及5孔跨度16.0 m，钢筋混凝土梁

2. 下部结构

桥址右岸河槽坡度很陡，江岸与江底高差达20～22 m。左岸河槽较为平坦，冬季河滩外露。江底为极不稳定的细沙，易于被水冲走，经常急剧变化，正桥3、4、5、6号墩之间的江底标高变化尤为显著，变化深度达10 m左右。考虑到桥址处的地质条件和施工可行性，下部结构首次采用由苏联引进的新型管柱基础[9,10]，共设8个水中墩，除7号墩采用管桩基础外，其余7个桥墩全部为钢筋混凝土管柱基础。下部结构设计具体参数如表14-3所示。

表14-3　武汉长江大桥下部结构设计

桥墩基础类型		类型一	类型二	类型三
基础	墩号	1、3、4	2、5、6、8	7
	形式	钢筋混凝土管柱基础	钢筋混凝土管柱基础	钢筋混凝土管桩基础
	特点	水下混凝土封底位于砂层内	水下混凝土封底则直接筑在岩盘上	筑在比较松软的炭质页岩上，管桩打入岩层15～20 m
	基底岩层种类	石灰岩	石灰岩、泥灰岩	炭质页岩
	管柱（桩）直径	1.55 m		0.55 m
	管柱（桩）数目	24～35根		116根
墩身	尺寸	墩身高约33 m，下部宽7.4 m，长13.8 m，从管柱钻岩基底至墩帽最高可达64 m		
	工程量	正桥桥墩混凝土及钢筋混凝土总计48 600 m³		

武汉长江大桥桥墩基础基本上可分作表14-3中的三种类型，如图14-7所示，桥墩的基础部分由下部的水下混凝土封底和上部的钢筋混凝土承台所组成，承台将墩身荷载传递到管柱上。5、6、7号墩基础的水下混凝土部分是空心的，目的是减轻桥墩重量和减少材料用量。其他各墩的水下混凝土为整体圬工。墩身结构如图14-8所示，各墩高范围筑成空心，全桥共减少墩身圬工量3 000 m³。

在编制技术设计时，曾对管柱基础作了几个比较方案：低承台和高承台；垂直管柱和斜管柱；椭圆形基础和圆形基础。经过比较和分析各个方案后，做了相应的试验工作。在编制施工设计时，最终决定采用高承台和低承台、垂直管柱和圆形（1号墩为矩形）基础的结构。桥墩的水下部分，在水力关系上，圆形与椭圆形无大差别，但圆形基础在结构计算和施工条件上具有许多显著的优点。由于江面没有流冰，桥墩基础在纵横方向所受倾覆力矩接近相等，而圆形基础可使基底纵横两向所发生的压应力接近相等[3]。此外，由于围堰周围受同样的水土压力，采用圆形基础可减小围檩受力构件的截面，简化结构、节约材料。

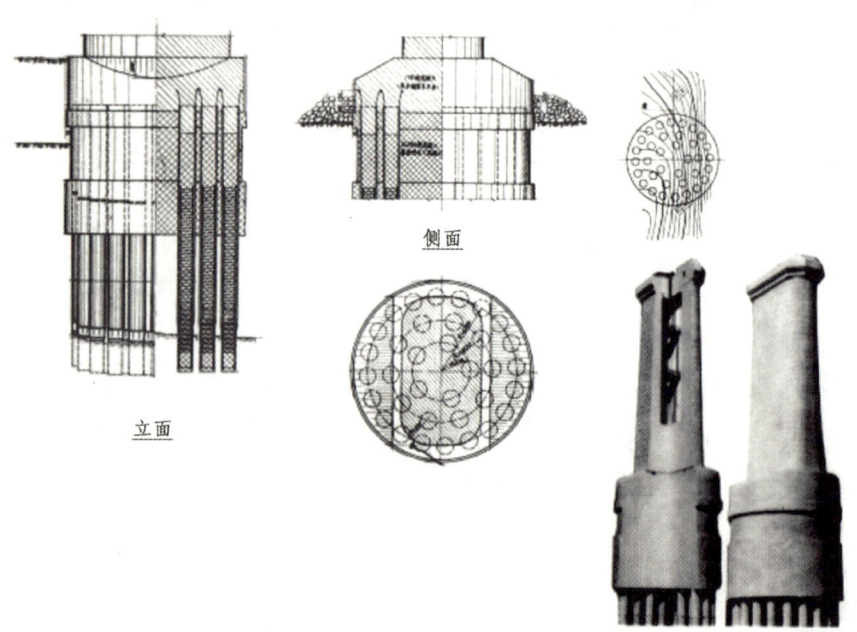

（a）桥墩基础构造（类型一）

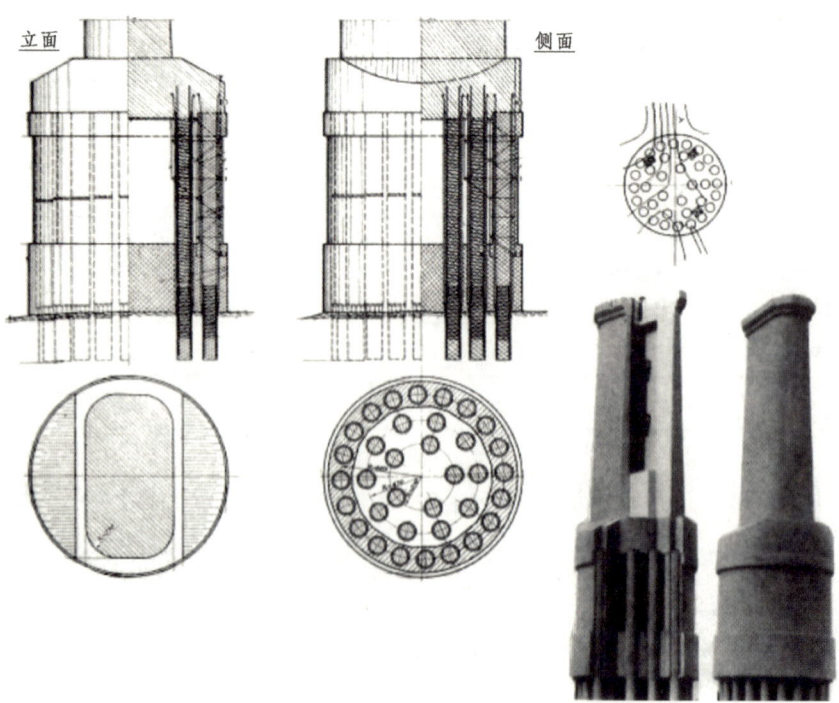

（b）桥墩基础构造（类型二）

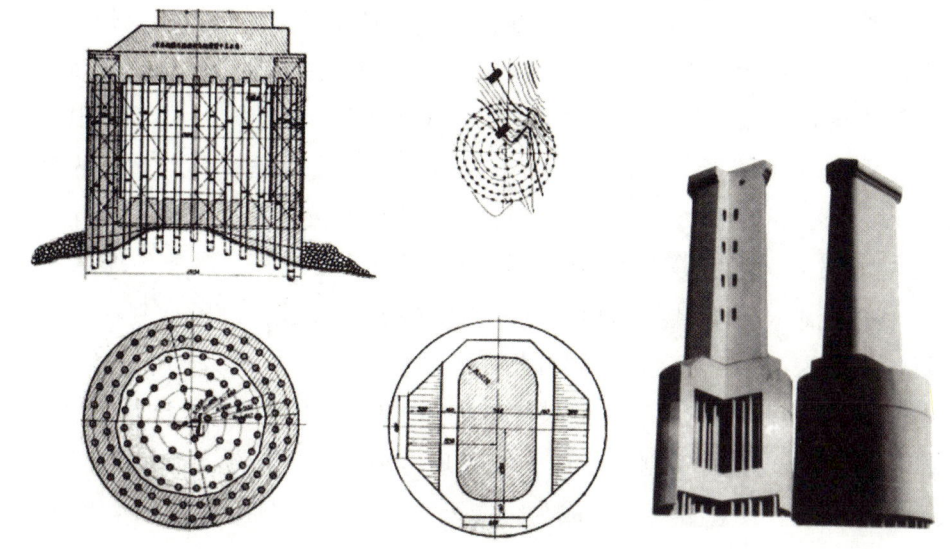

（c）桥墩基础构造（类型三）

图14-7　正桥桥墩基础构造

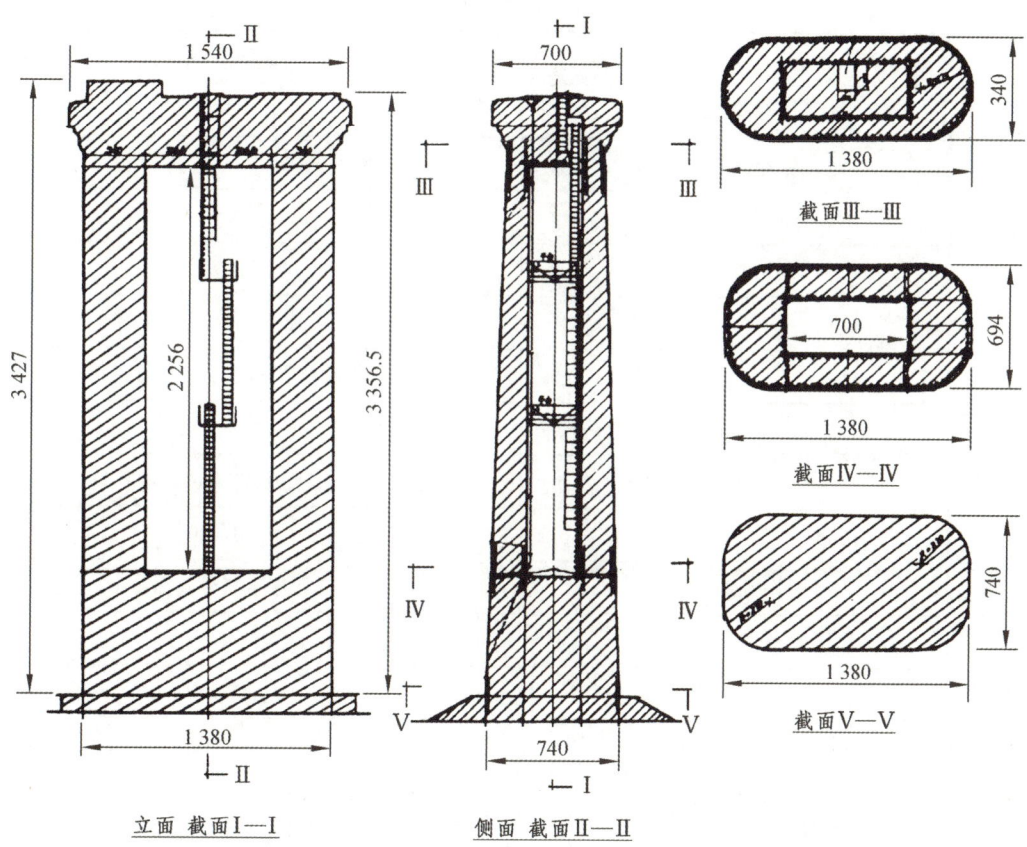

图14-8　墩身结构（单位：mm）

3．上部结构

1953年武汉长江大桥初步设计方案中，正桥上部结构设计为9孔127 m简支桁梁、三角形桁式、双层结构，采用钢梁浮运法架设。苏联来华鉴定小组建议改为三联连续钢桁梁，每联三孔，每孔跨度128 m，悬臂法架设，最终被采纳。

武汉长江大桥建设时，我国钢桥制造技术仍十分简陋[10,14]。1937年建成的钱塘江大桥钢桁梁，由英国多门朗公司（Dorman Long & CO.）承包，在英国制造后运至施工现场，采用浮运法架设。之后建设的湘潭湘江铁路特大桥钢桁梁由中国自行设计制造，但钢梁制造精度不够，需在桥头试拼，调整拱度线形、铆钉直径，铆合后用浮运法架设。故以当时的制造精度无法采用悬臂法架设桥梁。武汉长江大桥钢梁规模远大于上述既有桥梁，它的设计理念是满足大跨度钢桁梁常规的强度、刚度等力学性能，结构布置尺寸要求外，特别着眼于方便工厂大规模生产、降低制造成本、尽量减少工地特别是高空拼装工作量，以提高制造精度，实现钢梁悬臂架设。具体做法为：①采用菱形双斜杆桁式，斜杆内力比三角形桁式小一半；②采用组合H形截面，便于工厂采用无孔拼装法制造尺寸精度高的构件；③采用三孔连续钢桁梁，可优化杆件内力；④杆件标准化，便于制造、运输及管理。采用上述措施，使同编号的杆件能够互换，大量减少高空作业，使悬臂架设法成为可能。主梁具体设计参数如表14-4，图14-9为正桥钢梁断面。

表14-4 武汉长江大桥上部结构设计

主梁形式			平弦菱形钢桁架
钢桁梁	高度/m		16
	主桁间距/m		10
	节间长度/m		8
	斜杆倾斜角		45°
	桥面板形式	公路	装配式钢筋混凝土板
		铁路	由纵梁和横梁组成，位于同一平面上
	支座形式	中间桥墩	铰式固定支座
		其余桥墩	辊轴式活动支座
	总用钢量/t		21 420
主梁构件	截面形式		组合H形截面
	最大板厚/mm		24
	构件长度/mm	弦杆	15 940
		斜杆	10 000
	连接方式		铆接（工厂铆钉为ϕ23 mm，一般工地铆钉ϕ26 mm）
材料	钢梁构件		3号桥梁钢
	铆钉		2号铆螺钢
	支座		25号第二类铸钢
	辊轴		5号锻钢

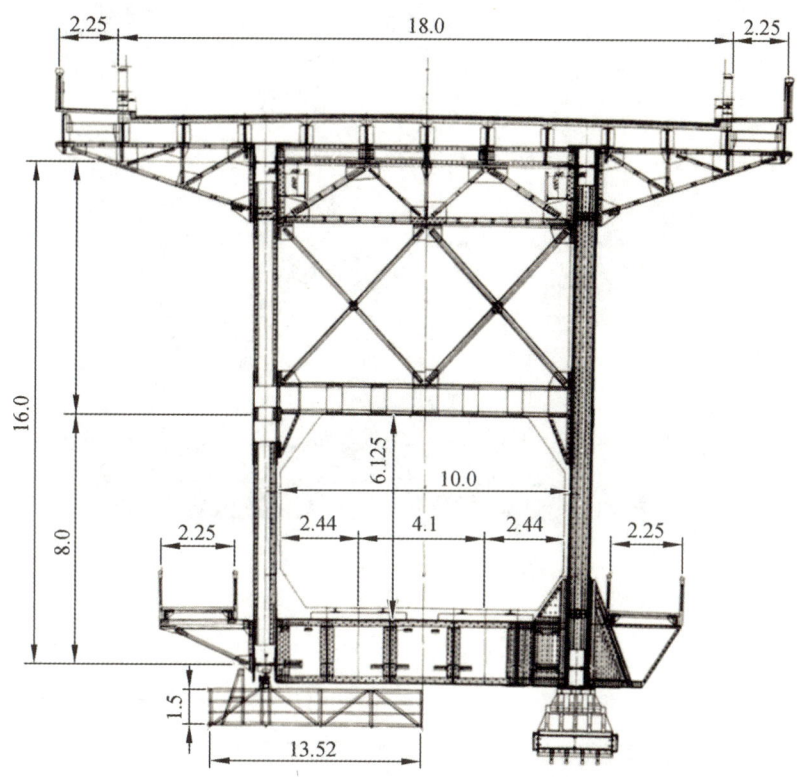

图14-9　正桥钢梁横截面（单位：m）

武汉长江大桥主桁全部构件均采用组合的H形截面，构件截面及节点板如图14-10和14-11所示。由于梁部结构全部恒载所产生的反力很大，并且连续梁在每个中间支点仅有1个支座，在中间支点要分6处放置千斤顶：一处在支点横梁下，一处在外侧伸臂下，其余4处在结点两侧的结点板下面。在此情况下，每处千斤顶承受520 t荷载（包括30%的超载）。端支点处千斤顶分别放在两处：一处放在横梁下，另一处放在伸臂下。此外，在工厂中将主桁制成具有特殊的预拱度。在主桁不受力的情况下，端支点要比中间支点高138 mm。将端支点降至与中间支点等高时，端支点反力就减少30 t，相应的中间支点反力增加了30 t，可均匀分布主桁内最大应力。

图14-10　正桥钢梁弦杆截面

图14-11　正桥钢梁节点板

桥头堡（0号和9号桥台）为钢筋混凝土箱形结构，平面尺寸为15m×32m，高35m，共有8层，如图14-12所示。它不仅起到支承正桥钢梁（见图14-13）、引桥钢筋混凝土梁及人行道梁的作用，在美术处理上，还将钢结构的正桥和圬工的引桥巧妙连接，协同一体；其中还设置楼梯和电梯，以便行人从沿江大道通往铁路和公路路面的人行道。桥头堡的其他结构是多层的钢筋混凝土构架，构架中砌砖或设混凝土隔墙。桥头堡内上下各层设有大厅、展览室等。左岸桥头堡采用直径0.55 m的管桩基础，管桩打至岩层。右岸桥头堡的前半部采用柱式基础，筑在岩层上，后半部为直径0.55 m的管桩基础。桥头堡外墙下部用花岗石镶面，上部用汰石子粉墁，过道和大厅具有大理石护壁、缸砖铺地和其他美术上的处理，使整座大桥形成庄严、肃穆的氛围。

图14-12　桥头堡内部透视图

图14-13　武汉长江大桥正桥钢梁

14.4 施 工

1. 下部结构

1953年拟定的初步方案设计中,规定正桥桥墩采用气压沉箱基础,沉箱为钢筋混凝土结构,其上下两端作成半圆形,用浮运法施工。沉箱深入岩层的深度为2 m,沉箱下沉深度在施工水位以下37~40 m。沉箱内的土石方工程量21 700 m³,其中石方3 200 m³。气压沉箱法是桥梁深水施工的传统方法,如1937年建成的钱塘江大桥基础即为木桩加压气沉箱基础,当时还未曾有国家不采用这种方法施工,因此气压沉箱法被认为是解决该桥水中基础施工的唯一方法。

但经过1954年桥址处的地质勘探和进一步分析研究的结果,认为大桥桥墩如按初步设计仍用气压沉箱基础,施工中将会遭遇到很大困难,实际上不经济且不合理。苏联来华专家组组长康斯坦丁·谢尔盖耶维奇·西林(K.S.Silin)提出一个大胆的方案,即采用管柱基础取代气压沉箱[11,12]。管柱结构的实质在于桥墩基础修筑在钢筋混凝土管柱上。首先将管柱沉到基岩层,并在管柱内钻岩达到必要的深度,然后下放钢筋笼,灌注水下混凝土,使管柱与岩盘紧密地连接起来,并把荷载传到坚固的岩盘上。在岩盘以上,水下混凝土封底将所有管柱连成为1个整体。当时将这种方法命名为"管柱钻孔法"。不过这种方法在当时是一种新技术,苏联也未实践过。两种方法的优、缺点比较见表14-5所述。

表14-5 气压沉箱法与管柱钻孔法比较

	气压沉箱法	管柱钻孔法
施工安全性	沉箱下沉深度达40 m,而人工操作的临界深度为35 m;7号墩内存在有害气体,需要预防工人中毒,安全性低	将施工场所从水下转移到水上,可有效保障施工人员安全
施工难度	有较多工程经验可供借鉴,但大量缺乏熟悉沉箱法的专项技术人员,沉箱工作复杂,效率低	无实践经验,为世界首创,但浮运工作简单,工程量小,施工效率高
环境影响	江底岩层表面不平,可能发生严重沉箱事故;受长时间高水位影响大,洪水期间无法进行沉箱工作	不受河床岩层性质和形状的影响;不受水位限制,全年皆可施工
设备费用	所需设备机具较多,如气闸、升降筒、空气压缩机、医疗气闸等,费用高昂	施工机具需求少,造价较低
所需工期	较长	较短

图14-14　中、苏专家在武汉长江大桥施工现场（左三为苏联专家组组长西林）

经过4个多月中、苏两国桥梁技术专家的探讨和研究，新方案获得铁道部的批准。1955年开始进行"管柱钻孔法"的试验工作，试验为期6个多月，解决了一系列复杂的技术问题，如管柱制造、下沉方法、管柱内钻岩、管柱内灌注水下混凝土以及插打钢板桩等。管柱采用钢筋混凝土制成，直径1.55 m，长40 m，重1.1 t/m，图14-15为管柱内钢筋骨架。为避免制造过长的管柱，将管柱分成长度为12 m以内的若干节，并用钢制法兰盘连接。下沉工作的作业方法由工程局自行设计制造的BⅡ-5型震动打桩机完成，其向下震动力达120 t。由于钻孔直径很大，岩石强度高，增加了钻岩工作的困难。根据相关试验结果和工程经验，认为下列3种钻头较为经济合理：①带有弧形刃齿的十字形铆合钻头；②用y-8号钢整体锻制的圆弧十字形钻头；③用3号钢整体锻制的圆弧十字形钻头，并在刃齿上用优质合金焊条堆焊，这种钻头在优质钢的消耗上最为经济。管柱内灌注水下混凝土是桥墩施工中最重要的工序，采用直升导管法灌注水下混凝土可保证混凝土与岩石的良好结合，既而保证了桥墩的强度。每个桥墩围堰用的钢板桩数目很大，一般达135根。为减少吊船的占用时间和插板桩的作业次数，以及加强围堰的防水能力，施工人员将3根钢板桩拼成一组，并在锁口处设置嵌缝。在管柱基础施工时，曾大量运用汉水铁路桥及江汉桥的一些首创施工方法与施工技术，如联体导向船浮式施工平台技术、大体积水下混凝土封底技术、深水打桩导向定位技术与围堰清基吸泥技术等。

对于未采用管柱基础的7号墩，因其基底为破碎的炭质页岩，并夹有坚硬的燧石碎块，曾考虑采用40 m×40 m H形宽翼缘钢桩方案。由于当时国内不生产H形钢，且1955年进行了下沉直径0.55 m钢筋混凝土管柱试验，结果表明：下端用加强锥形钢桩尖，沉桩时用锤击配合高压射水冲刷可打入页岩19 m，效果良好。故7号墩采用了直径0.55 m的钢筋混凝土管桩基础方案。图14-16为采用管柱钻孔法的正桥桥墩施工过程。1956年10月，各桥墩下沉管柱和从管柱内向江底岩盘钻孔的工作全部完成。1957年3月16日，大桥桥墩全部竣工。

图14-15 管柱内钢筋骨架

（a）钢围堰下沉定位

（b）下沉管柱

（c）插打钢板桩

（d）水下混凝土封底

（e）管柱内钻岩

（f）灌注水下混凝土

图14-16 正桥桥墩施工过程

2. 上部结构

钢梁采用伸臂法进行安装，从两岸向中间拼接，最后合龙。1956年5月，左岸钢梁架设开始，如图14-17所示；10月，右岸开始架梁，如图14-18所示。除左岸第1孔外，其余各孔均不采用中间支点。在第1孔中曾建有试验用的临时墩，架梁时利用该墩作为中间支点，故第1孔钢梁是按半悬臂法架设，其余8孔钢梁均用全悬臂法架设。在悬臂安装时为了减少安装应力，除1号墩外，其他各墩均用常备式构件作成安装托架，如图14-19所示，其伸出长度为16 m。第1孔和第9孔钢梁用平衡法进行悬臂架设。平衡法即在引桥上利用正桥钢梁先装一段平衡梁，左岸长80 m，右岸长128 m；借平衡梁的重量，即可保证钢梁在悬臂安装时具有可靠的稳定性。在第1孔和第9孔钢梁装完后，平衡梁即予拆除。正桥钢梁悬臂安装从两岸进行，如图14-20所示，从左岸安装两联（6孔），从右岸安装一联（3孔），于1957年在6号墩合龙。用于安装钢梁的吊机为特制的双动臂机及单动臂吊机，其起重能力分别为2×40 t和35 t。平衡梁的安装和拆除，以及在上弦杆上装设安装吊机等工作，均用接长动臂的45 t轨道吊机进行。

图14-17　1956年5月左岸第一孔钢梁架设

图14-18　1956年10月右岸钢梁架设

图14-19　架设钢梁用安装托架

图14-20　钢梁从两岸同时架设

钢梁由山海关桥梁厂和沈阳桥梁厂制造，钢材由鞍山钢铁厂提供。为了制造这些钢梁，曾编制了特种工艺规程。根据这些规程，装备了新机具并改装了工厂的原有设备。制造钢梁的工艺规程考虑了采用无孔拼装法，利用固定式立体样板制造构件，以保证必要的精确度，使构件能够互换。由于构件很大，样板尺寸大大地超过了一般标准梁的样板尺寸。为保证钢梁各部构件制造的精确度，采用平面分别试拼主桁、断面联结系和桥面系的办法进行检查。左岸钢料存放在汉阳车站，右岸钢料存放在解放路乘降所。构件先在存放场进行组拼，最大的构件重达35 t。组拼后的构件，经铁路运到桥头，然后由铺在下层的临时轨道运至安装地点。图14-21为架设中的钢梁近景图。

图14-21　架设中的钢梁

14.5　运营维护

武汉长江大桥设计通过能力为4.5万辆/天，20世纪50年代到70年代，武汉的汽车拥有量没有太大增长，日均汽车流量仅数千辆，大桥的运输能力仍然能满足需求。但20世纪80年代起，随着汽车数量、铁路运量大幅增加，至20世纪80年代末大桥的日均汽车流量已经达到3万辆、日均通过列车达170列，拥堵越趋严重。1995年，双向六车道的武汉长江二桥建成使用，改变了"三镇交通一线牵"的状况，一定程度上缓和了武汉长江大桥的负荷。虽然后来武汉又先后兴建了数座长江大桥，但武汉长江大桥的汽车流量仍然有增无减，至2009年，每天的汽车通行量已上升到十万多辆、每天的列车通过量达到三百多列；大桥上平均每分钟有60多辆汽车通过，每6分钟就有一列火车通过。

由于武汉长江大桥是首座跨长江大桥，其墩数较多、跨距较短，受船舶撞击的概率明显较高，从1959年首次有记载的武汉长江大桥被船舶撞击事故开始，大桥投入使用以来遭撞击近百次[25,26]。1990年7月28日，一艘重达900 t的吊船正面撞上，大桥为此维护了1个月。2011年6月6日清晨，武汉长江大桥遭遇了建桥以来最严重的一次撞击，因江面突起大雾，能见度极低，一艘万吨级油轮撞上大桥7号桥墩，但对桥梁没有太大影响。

2002年8月—9月，武汉长江大桥进行了首次大修，包括防渗、防锈、路灯改造、路面重铺等项目。武汉市有关部门也使用先进技术每隔10年对武汉长江大桥做一次全面仔细的"体检"。2007年，武汉长江大桥建成通车50周年之际，经中科院专家评估，该桥在精心维护下使用年限可达100年以上。2016年，武汉长江大桥再次进行了为期3个月的封闭维修，主要对桥面出现的凹陷、坑洞、壅包和裂缝进行修复，维修中将用到新材料、新工艺，可保证路面20年不发生破坏。此外，还在桥上安装地磁传感器，以监测过江车流量。2018年3月，为迎接第七届世界军人运动会，大桥进行了第七次路灯照明的更换。同年6月，进行铁路桥面更换钢轨大型施工作业，此次更换的300 m长钢轨为P60型长钢轨，采取无缝焊接技术，减少了钢轨接头间的撞击，列车行驶更平稳。2019年3月，武汉长江大桥再次进行桥面维修工作。

14.6　结　论

武汉长江大桥（一桥）是中国在长江上修建的第一座大桥，使长江南北实现真正连接，对我国桥梁技术的发展具有革命性的意义，也促使我国成立了首支桥梁建设专门队伍——中铁大桥局。作为国内首座公铁两用特大桥梁，不仅在设计上超越了之前的钱塘江大桥，施工上更是运用了当时世界首创的先进技术，是中国建桥史上的重要里程碑[15-24]，对此后的大型桥梁建设均具有深远意义，为中国建设大跨桥梁奠定了坚实的基础：

（1）结构设计。武汉长江大桥为大型公铁两用桥梁，上层为公路桥，下层为双线铁路桥，全长1 670 m，正桥为三联九孔跨度各为128 m的连续钢桁梁，下部结构采用大型管柱基础，上部结构采用菱形桁架，构件采用组合H形截面，钢梁设计与制造紧密结合，其钢梁桁式、杆件截面组成一度成为我国钢梁设计标准，为建造大跨钢桥奠定了坚实基础。

（2）施工。下部结构的施工中，首次采用了大型管柱基础来取代气压沉箱修建桥墩基础，使工期缩短了2年。主梁架设采用悬臂法施工，杆件节点连接采用传统的铆接方式，钢材全部由国内自主生产，其制造工艺及施工技术方法应用于此后多座特大桥梁建造中。此外，还引进了制造H形焊接杆件的模胎、自动电焊机和机器样板等技术设备，并运用了汉水铁路桥和江汉桥的成功经验和一些首创的施工方法。

（3）运营维护。自武汉长江大桥通车后的50多年间，日均交通量不断增长，到2009年末汽车通过量已达到设计能力的2倍多，且有增无减。且因其跨距较小、桥墩较多，故受到船舶撞击次数多，钢桥涂装防腐的工作量也很大。因此，武汉长江大桥的运营维护工作量繁重，也为我国众多长江大桥的维护提供了经验。

参考文献

[1] 钟光明. 中国桥魂——茅以升与钱塘江大桥[J]. 交通建设与管理，2009（6）：2-11.

[2] 王泽坤. 龟蛇锁江——武汉长江大桥施工建设[M]. 长春：吉林出版集团有限责任公司，2009.

[3] 铁道部新建铁路工程总局武汉长江大桥工程局. 武汉长江大桥（工程建设）[M]. 北京：人民铁道出版社，1957.

[4] 完颜文豪. 从"万里长江第一桥"到"世界最长跨海大桥"[J]. 档案记忆，2018（12）：1+4-8.

[5] 梅兴无. 万里长江第一桥——武汉长江大桥建设始末[J]. 档案春秋，2019（2）：8-13.

[6] 戈洛铎夫. 铁道部大桥工程局译. 武汉长江大桥结构与施工[M]. 上海：科技卫生出版社，1958.

[7] 《中国铁路桥梁史》编委会. 中国铁路桥梁史[M]. 北京：中国铁道出版社，2009.

[8] 蔡孔阜. 我国铁路活载制标准的演变[J]. 桥梁建设，1987（2）：67-78.

[9] 项海帆等. 中国桥梁史纲（新版）[M]. 上海：同济大学出版社，2013.

[10] 许远，黄李涛. 武汉长江大桥解读[J]. 华中建筑，2010，28（11）：166-169.

[11] 茅以升. 武汉长江大桥[M]. 北京：科学普及出版社，1958.

[12] 梅兴无. "长江第一桥之父"：西林的中国情怀[J]. 同舟共进，2019（2）：86-89.

[13] 孙永福，中国铁路建设史[M]. 北京：中国铁道出版社，2003.

[14] 赵煜澄. 武汉大桥技术创新的推广和应用[J]. 铁道工程学报，2004（3）：18-20+5.

[15] 万林. 武汉长江大桥建设中的片段回忆[J]. 武汉文史资料，2007（10）：4-8.

[16] 郑明桥. 记"万里长江第一桥"武汉长江大桥（上）[J]. 武汉文史资料，2018（2）：9-13.

[17] 郑明桥. 记"万里长江第一桥"武汉长江大桥（下）[J]. 武汉文史资料，2018（3）：10-14.

[18] 方秦汉. 长江上的4座公路铁路两用桥[J]. 铁道科学与工程学报，2004（1）：10-13.

[19] 林国雄，刘长元. 武汉长江二桥与武汉长江大桥的比较[J]. 桥梁建设，1995（3）：92-94.

[20] 滕久昕. 我父亲滕代远与武汉长江大桥[J]. 文史天地，2016（10）：69-73.

[21] 《当代中国》丛书编辑委员会编. 当代中国的铁道事业上[M]. 北京：中国社会科学出版社，1990.

[22] 中国科学技术协会编. 中国科学技术专家传略 工程技术编交通卷[M]. 北京：中国铁道出版社，1995.

[23] 人民铁道出版社编. 修建中的武汉长江大桥[M]. 北京：人民铁道出版社，1955.

[24] 陈永庆. 一桥飞架，天堑变通途——记中国工程院院士、著名桥梁专家方秦汉[J]. 今日科技，2002（8）：21-22+5.

[25] 滕久昕. 苏联专家与武汉长江大桥的修建[J]. 百年潮，2011（6）：57-61.

[26] 王丽芳. 武汉长江大桥健康状态分析与评估[D]. 石家庄：石家庄铁道大学，2018.

15 香港青马大桥

15.1 引 言

中国香港特别行政区由香港岛、大屿山、九龙半岛以及"新界"（包括261个离岛）组成，总面积约1 113 km²，为粤港澳大湾区的中心城市之一，也是国际金融、航运、贸易中心和航空枢纽。香港交通发达，主要由铁路、汽车等网络组成，如图15-1（a）、（b）所示。香港岛与九龙半岛间被维多利亚海湾相隔，自20世纪60年代起港九间共建造了5条海底隧道，既解决了港九间的交通问题，又不影响维多利亚港的航运。随着经济发展，香港于1989年宣布香港机场核心计划（又称新机场计划）启动[1]，计划在大屿山的赤鱲角填海修建新香港国际机场，以取代九龙的启德机场。新机场核心计划历时8年，耗资1 553亿港元（合210亿美元），共有十项建设工程，如图15-1（c）所示。青马大桥和汲水门大桥是青屿干线（青衣至大屿山干线）的关键组成部分。这两座桥梁建成时，先后荣获1997年度、1998年度日本土木学会主办的"田中奖"，是历来少见的日本以外的获奖工程。除上述两项工程外，在同一时间兴建连接青衣西北至汀九的汀九桥及连接"新界"西北锦田至汀九的大榄隧道（即青朗公路），这两项基建本身不属于机场核心计划，不过却是新机场连接"新界"西北的干线配套，实际上两者均属机场核心计划之一。新机场的启用、汀九桥及三号干线大榄隧道的相继通车使得三号干线青衣至葵涌段的交通

（a）公路网

(b) 铁路网

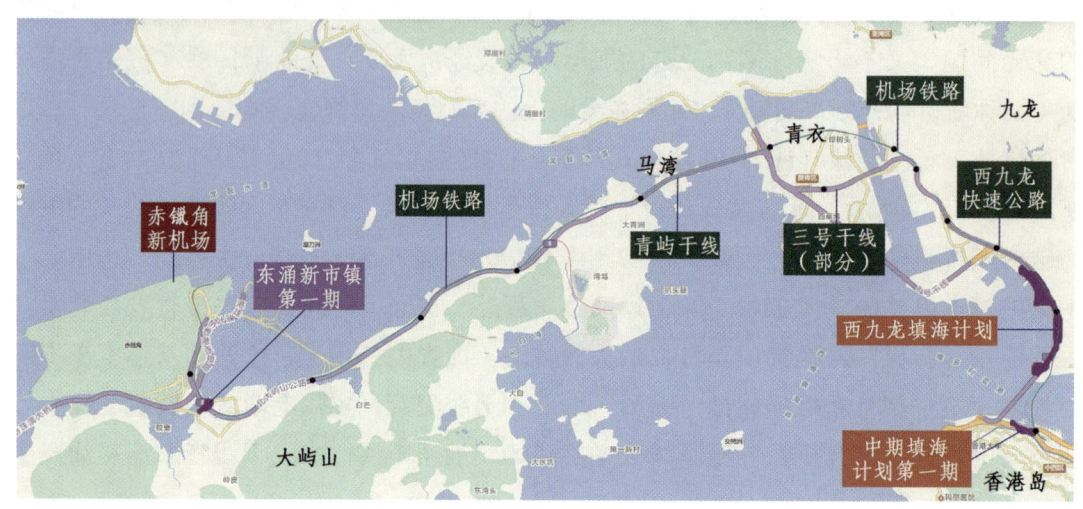

(c) 新机场核心计划十大工程项目

图15-1 香港交通网络

将会在8~10年显著增加以至饱和。八号干线青衣至长沙湾段正好提供另一条公路以疏解三号干线青衣至葵涌段的交通负荷，此段北接青马大桥及汀九桥，东连西九龙公路及计划中的十六号干线（往沙田），其中主要包括穿过青衣岛的隧道和跨过蓝巴勒海峡的昂船洲大桥。

15.2 青马大桥

15.2.1 工程背景

青马大桥建于九龙半岛西部的青衣岛与大屿山旁的马湾岛，为香港新机场计划核心工程之一。20世纪60年代，香港政府在九龙半岛的沙田、荃湾、葵涌等地开辟了新的工业区。当时居民往返荃湾、葵涌主要靠小舢板，单程近40分钟，遇上台风，只能暂停[1]。青马大桥的构思始于20世纪70年代，因香港人多地少，城市要发展，需另辟新径，香港政府认为新市区开发与机场的迁移必须马上考虑，并选择了大屿山作为开发地，计划在该岛东北部填海修筑新机场。1978年开展了连接大屿山和荃湾的可行性研究，其中包括桥梁、沉管隧道和深埋隧道3种方案比选。马湾海峡的海床由不规则的岩石及薄沉积层组成。修建隧道的主要障碍是海峡中央超过40 m的深海沟，因此任何沉入管式隧道只能设置在海床上，而汹涌的海流和繁忙的航运使沉入管式隧道方案极为困难。深埋隧道方案也因埋深过大而不现实。通过施工难度、维护费用和交通需求等各方面的比选，最后采用悬索桥方案。1982年，青马大桥主体设计完成，进入工程招标阶段，但当时香港经济过热，港府以高通胀为由，搁置了建桥计划。不过随着经济发展，修建青马大桥的计划于20世纪80年代末再次提出。1990年主管部门对香港机场、海港的发展作了全面研究，从长远考虑，决定将原桥位南移约700 m[22]，将原设计的4车道36 m宽桥面，扩展至6车道42 m宽，并增加中环至新机场时速155 km的高速铁路项目，成为上层6车道公路，下层2条铁路线+4车道公路的当时世界上最宽的悬索桥。1991年，青马大桥工程正式开始向全世界招标，最终由特法佳建设有限公司（Trafalgar）、科斯顿土木工程有限公司（Costain）及三井物产有限公司（Mitsui）组成的建筑联营体中标。青马大桥1992年5月25日开工，1997年4月27日竣工，同年5月22日正式通车，耗资71.44亿港元。青马大桥海面为繁忙航道，日间通船率平均超过120船次/时。青马大桥1997—2020年的交通量如图15-2（c）所示，从1997年开通以来，青马大桥通车量逐年递增，直至2020年受新冠肺炎疫情影响交通量首次下跌。

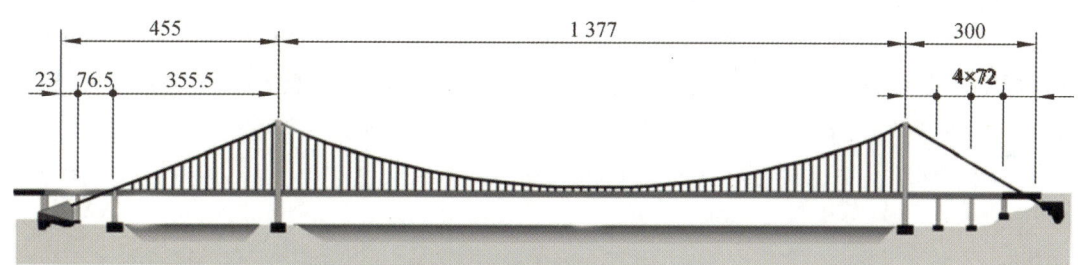

（a）立面布置（单位：m）[3]

（b）实桥

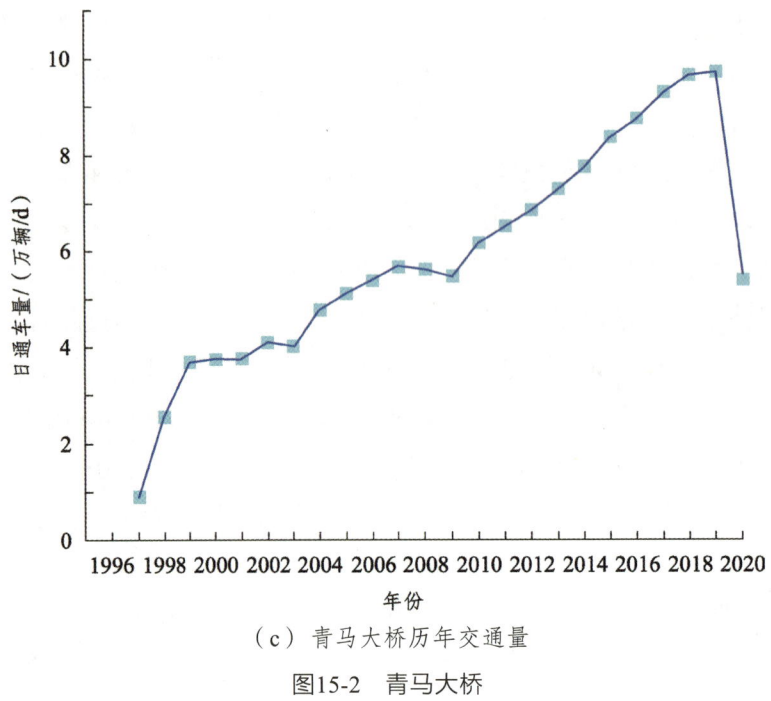

(c)青马大桥历年交通量

图15-2 青马大桥

15.2.2 结构设计

1. 设计条件

青马大桥为青衣岛和马湾岛间主跨1 377 m的悬索桥,全长2 160 m。设计使用年限为120年,设计规范主要依据香港《公路及铁路结构设计手册》。上层为双向6车道的高速公路,下层中央为双线快速铁路,两边各有1个备用机动车道,如图15-3所示。香港的气候条件(尤其是台风的发生和腐蚀性大气)及铁路连通机场是设计的主要考虑因素,设计条件如表15-1所示。

表15-1 青马大桥设计条件

形 式		双塔悬索桥
跨径布置		(333+1 377+300)m
桥下净空高度		通航水位以上62 m
构造体系	上层	六车道公路,桥面宽42 m
	下层	双线铁路,线间距4.7 m,两侧单行道公路各5.5 m
	主塔	混凝土主塔
	主缆	主缆间距36 m
		直径约1.1 m,钢丝直径5.38 mm
设计荷载	设计车速 上层公路	100 km/h
	设计车速 下层铁路	135 km/h
	车道荷载	最大的加载长度为2 km,荷载集度为14.85 kN/m
	车辆荷载	HA+HB

续表

形　式		双塔悬索桥
设计荷载	铁道荷载	RL
	设计风速[8]	公路为44 m/s，铁路为50 m/s

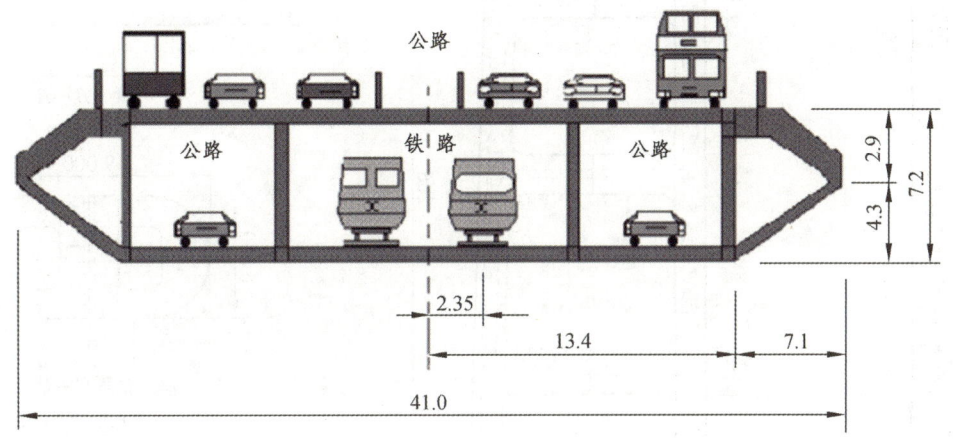

图15-3　桥面布置（单位：m）[3]

2. 下部结构

青衣侧主塔基础在岸上，支承在坚实基岩上的扩大基础为27 m×19 m×7 m（长×宽×高）的普通钢筋混凝土结构[21]。马湾侧主塔建造在海峡中的岩石上，采用2个28 m×28 m×18 m的预制钢筋混凝土沉箱（见图15-4）。沉箱在青衣附近的驳船上建造，而后浮运就位。环绕这两座沉箱建造人工岛以保护桥墩免受船只撞击。正桥桥墩混凝土总计40万m³以上。

图15-4　马湾侧沉箱

主塔为4层门式混凝土框架结构，高206 m，如图15-5所示，塔底部横向宽度为6 m，而纵向宽度由12 m逐渐缩小到9 m。塔柱竖向倾斜度为1/100，并用预应力混凝土门式深梁连接，以抵抗侧向力。两座主塔共用了6.6万m³混凝土[2]，主塔的两柱都安装升降机，升降机安有座椅以及射灯，维修工作人员可在座椅上控制升降机上落，方便监测塔内混凝土情况，各塔柱内还安装了镀锌钢铁楼梯及平台，以便维修及升降机停运时使用[13]。

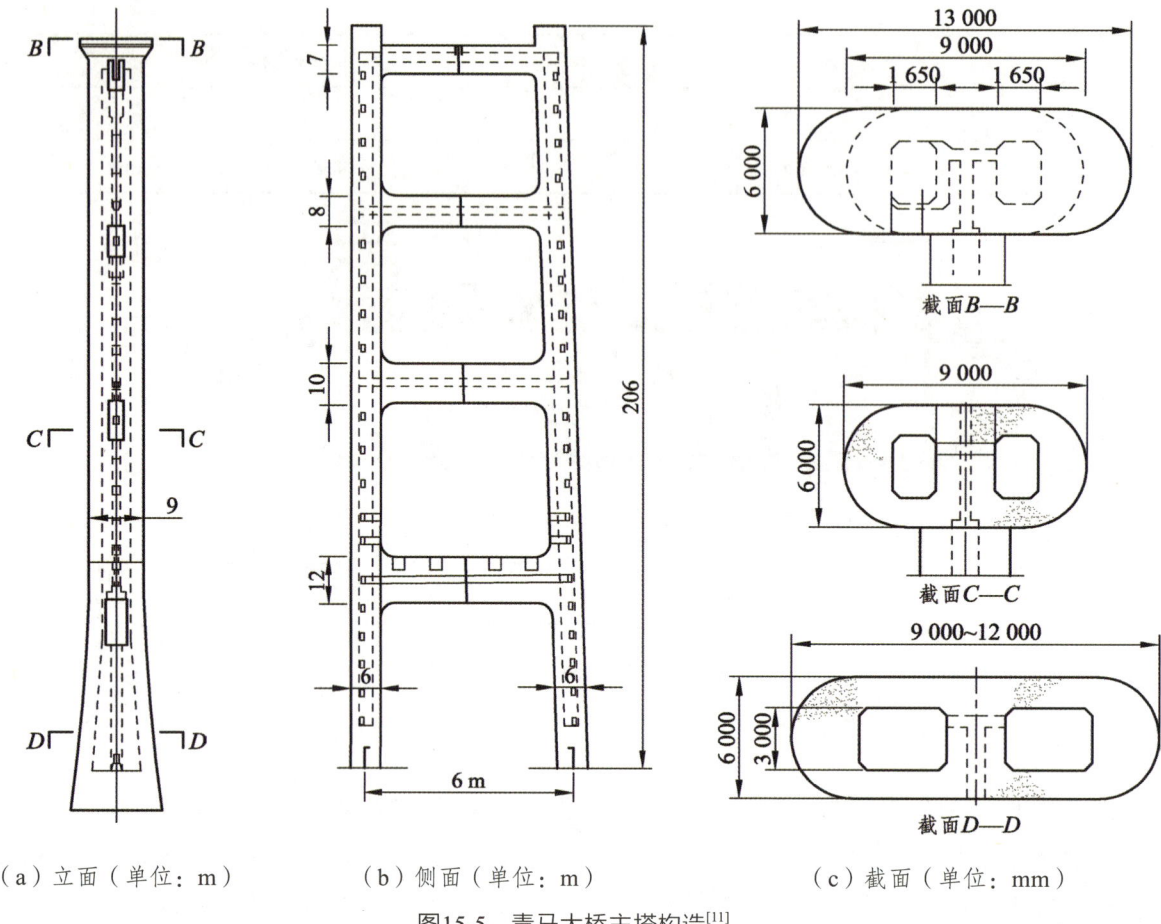

(a)立面（单位：m）　　(b)侧面（单位：m）　　(c)截面（单位：mm）

图15-5　青马大桥主塔构造[11]

在比选了重力式和隧道式两类锚碇后，决定采用重力式。锚碇都使用大体积混凝土，马湾侧锚碇用13.2万m³混凝土，而青衣侧锚碇则用15.8万m³混凝土。锚碇承受每根主缆的最大拉力高达5.21万t。锚碇内安装有维修用的升降机，控制相对湿度的自动抽湿机，以维护钢索。如图15-6所示，青衣侧锚碇重约20万t且深藏地下，而马湾侧锚碇只局部埋藏于地下，重约25万t。

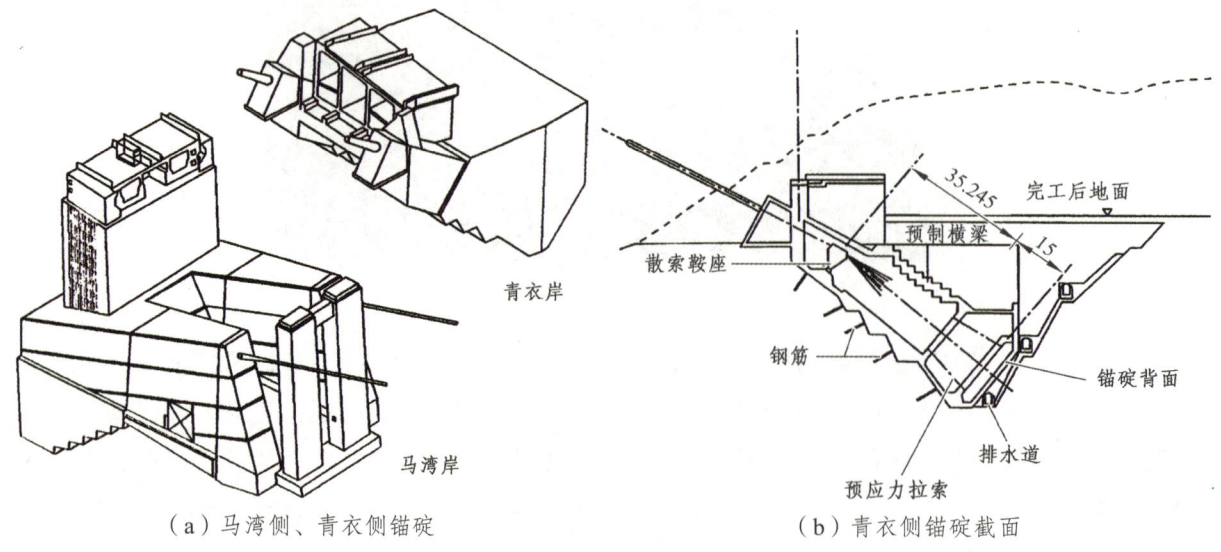

(a)马湾侧、青衣侧锚碇　　(b)青衣侧锚碇截面

图15-6　锚碇形式[8]

3. 上部结构

加劲梁采用上、下两层桥面的箱形截面，上层桥面布置4条汽车道，下层桥面（箱室内）布置双线高速铁路。下层桥面的中央空间供高速铁路使用，两侧空间则作强风与气候恶劣时的备用汽车道。梁外形像流线型钢箱梁，实为空腹桁架，与钢桥面板，组成组合梁，上、下桥面板之间有两道纵向的桁架把上、下桥面板联结为1个具有竖向抗弯刚度的共同受力体。上、下桥面板的水平斜撑使截面具有横向抗弯刚度。空腹结构的交叉框架每榀间距4.5 m，而每4榀框架则由吊杆支撑[14]。不锈钢板构成的边缘外壳面层可以起到导风的作用。每节段钢梁长18 m、宽41 m、高7.2 m，重约420 t[9]，如图15-7所示，上层桥面在防水层上铺设40 mm厚乳化沥青，而下层桥面铺设7 mm厚的环氧树脂，桥身轻巧，重量只有24 t/m，加劲梁总用钢量5万t。双层桥面的设计，可保持大屿山岛和机场对外交通不中断。

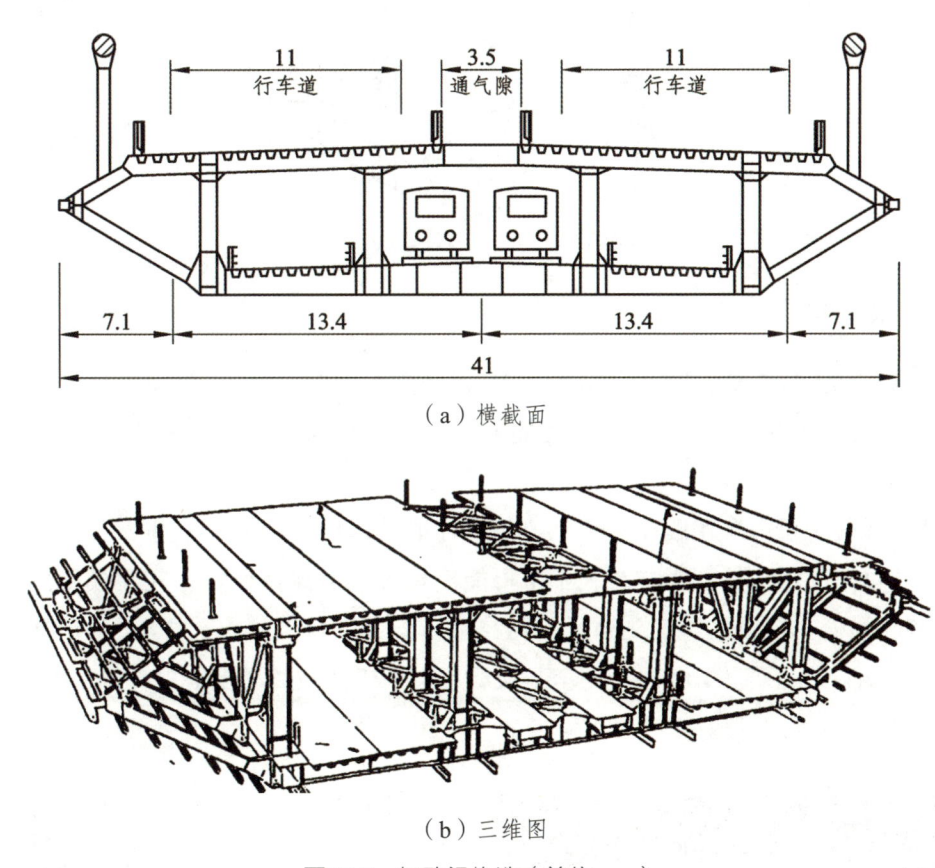

（a）横截面

（b）三维图

图15-7　加劲梁构造（单位：m）

每根主缆由91股（每股有368根直径5.38 mm的钢丝）的镀锌钢丝组成，钢丝抗拉强度1 570 MPa。主缆防腐采用一种坚固的环氧树脂基涂料来涂装主缆表面，然后用镀锌铁丝皮包裹。吊杆由2根直径76 mm的钢丝绳通过主缆上的索夹固定在主缆上，如图15-8所示。吊杆到桥面中心的间距为18 m，通过铸钢锚头与桥面连接，竖吊杆的标准纵向间距18 m。

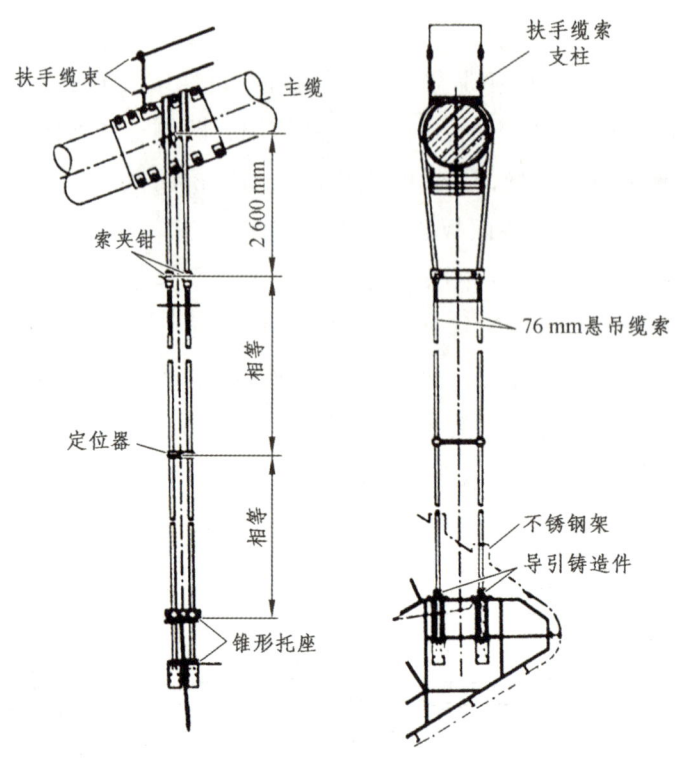

图15-8　索夹及吊杆

15.2.3 施　工

1992年6月青马大桥正式开工，总造价为71.44亿港元。5年的施工期间，建设者们遇到了三大挑战：一是工程规模极为庞大；二是工程周期短；三是海运交通十分繁忙。

1. 下部结构

206 m高的混凝土桥塔采用爬模法施工，每塔柱滑动模板用一台2 t起重量的塔吊配合。每座主塔施工3个月内完成。为保证塔柱在施工中可能出现大风时保持稳定，在爬模施工过程中，钢桁架被设置在门梁处。在塔柱施工到顶后，再在钢横撑上浇筑混凝土形成4层门形框架塔。各个塔柱间的不均匀沉降允许值为10 mm。桥塔建成后用起重机把鞍座吊至塔顶，每个鞍座重50 t，如图15-9所示。

（a）马湾桥塔沉箱

（b）爬模施工

（c）模板上移

（d）安装钢横梁

图15-9　桥塔施工

2. 上部结构

日本三井物产有限公司和英国科斯顿土木工程有限公司组成联合体总承包95个钢梁桁架节段的组装及焊接，钢梁在日本和英国加工后船运到广东东莞，由中国机械工业安装总公司和中国华西公司分包了节段钢梁间的地面组装，如图15-10所示。全桥有50个节段，每节段长36 m，重1 000 t[4]，预制钢梁节段于1995年船运至大桥施工安装现场，由缆索起重机提升到位，再用桥面走行起重机伸臂安装，钢梁间通过高强度螺栓连接。

（a）加劲梁组装[25]

（b）加劲梁架设

图15-10　加劲梁施工

主缆中心距36m，采用空中编缆法施工，精确、快速地架设约2.8万t钢丝。主跨缆索的编丝在1995年3月15日顺利完成，较大边跨的编丝两周后完成。全部钢丝编织完成后，用紧缆机紧缆成圆形，再安装吊索索夹，如图15-11所示。主缆施工1994年7月开始，1995年4月完成。

（a）施工猫道

（b）主缆紧缆机[25]

（c）索夹安装

（d）完工的主缆锚固

图15-11 主缆施工

15.2.4 运营维护

青马大桥养护工作可分为修复性和预防性两种。日常的修复性养护工作包括：修复防腐涂层；修补混凝土表面裂缝，收紧、更换已松脱、折断的螺栓；修理因交通意外而损毁的防撞栏等。另外，也曾进行一些较大型修复性养护工作，如更换支座。预防性的养护工作在预设周期内或有需要时进行，旨在令关键构件能长期处于良好状态，提高安全性及减低大桥全寿命成本，其中包括在大桥的混凝土表面涂硅烷保护涂层，有助减少水分渗入混凝土表面，除了可防止霉菌在混凝土表面滋生，还可减少氯化物及硫酸盐渗入混凝土，增强混凝土结构的耐久性。

青马大桥安装有一套"风及结构健康监测系统"，通过桥梁上安装的各种传感器对相应的数据进行测量，如风速仪、固定加速器、温度传感器等，共有282个传感器，主要监测以下两大类参数：①环境参数，如桥的风速、温度、交通等；②结构响应参数，如位移、应变、压力和动力的特性，根据系统测量的信息对青马大桥进行评估，如图15-12所示。另外，还安有一套交通控制系统可辅助交通管理部门，应付交通事故和车辆控制，由于大桥位于台风地带，不同风速下的通车情况不同，当平均风速超过40 km/h（相当于3级台风信号）时，1.6 m以上的汽车或电单车必须使用下层桥面。当风速超过65 km/h（相当于8级烈风或风暴信号）时，上层桥面禁止车辆通行，只有火车和机动车辆可使用下层桥面。如果风速超过90 km/h，整座桥将关闭，如图15-13所示。

图15-12 结构健康监测系统[10]

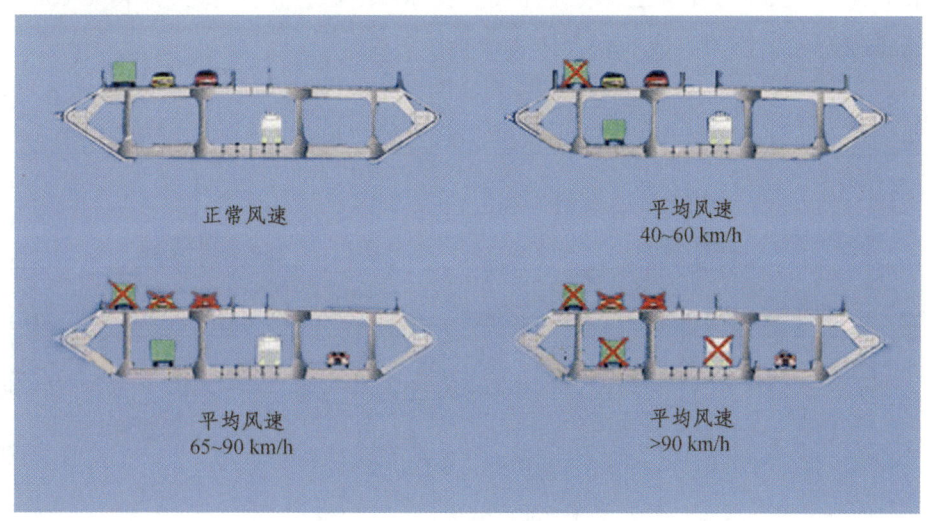

图15-13 台风期交通控制

15.2.5 结论

青马大桥是世界首座建在台风地带的悬索桥，也是目前世界上跨径最大的公铁两用悬索桥，从建造到通车仅用5年时间完成，是当时同类工程中工期最短的。青马大桥同时也是香港的标志性建筑物，可从设计、施工、运营维护三方面总结为：

（1）结构设计。加劲梁为钢桁架组合梁形式，截面形式采用当时欧洲所建悬索桥的流线型扁平箱形断面，在梁体中央上下都留有间隙，并在两翼端加上不锈钢风嘴以减少风阻力。同时双层桥面的设计可灵活地适应恶劣天气。

（2）施工。主塔采用爬模施工，采用钢桁架混凝土横梁保证塔柱的气动稳定性。主缆采用空中编缆法施工，是当时世界上钢丝编织量最多的。施工钢结构用量大，制作现场兴建了一个具有全天候涂装条件的工厂解决防腐问题。钢梁桁架节段组件分地点制造，极大加快施工进度，钢梁吊装则首次采用吊装达1 000 t的跨缆吊机进行一次吊装到位。

（3）运营维护。日常防腐措施采用在混凝土表面涂硅烷保护涂层，结构健康监测系统可对桥梁的整体性、耐久性、可靠性进行评估，帮助确定潜在损害的位置。大桥安装了一套精密的交通控制及监测系统，可高效管理及提升道路安全水平。

15.3 汲水门大桥

15.3.1 工程背景

汲水门大桥是直接通往赤鱲角香港国际机场的青屿干线上的重要桥梁，连接大屿山和马湾岛，是一座双层公铁两用斜拉桥（2×80+430+2×80）m，上层桥面为公路交通，下层为铁路交通（2条港铁机场快线和东涌线）与紧急车道，即使在台风过境时也能经汲水门大桥通达机场，如图15-14所示。汲水门大桥1992年12月21日动工，造价16.43亿港元，1997年5月与青马大桥同时交付运营。该桥采用设计施工联合招标形式，最后由德国、美国两家公司设计，日本熊谷组（香港）（Kumaigai Gumi）有限公司、前田建设（Maeda）、横河桥梁公司（Yokagawa）和日立造船（Hitachi Zosen）公司组成的联合体负责施工。

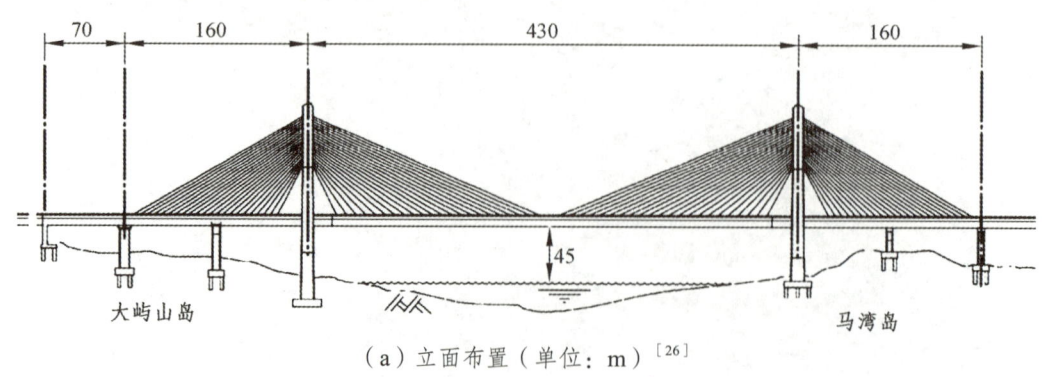

（a）立面布置（单位：m）[26]

（b）实桥

图15-14 汲水门大桥

15.3.2 结构设计

1. 设计条件

汲水门大桥为大屿山与马湾岛间主跨430 m的斜拉桥。上层桥面宽35.20 m，为双向六车道的高速公路，下层中央为双线快速铁路，两边各有1个备用机动车道。设计使用年限为120年，设计规范主要为香港《公路与铁路结构设计手册》，设计条件如表15-2所示。

表15-2　汲水门大桥设计条件

形式			双塔五跨双索面斜拉桥
跨径布置			（2×80+430+2×80）m
桥下净空高度			通航水位以上47 m
桥下净空宽度			275 m
构造体系		上层	六车道公路桥
		下层	双线铁路桥，线距4.7 m，两侧单行道公路各5.5 m
		主梁	钢筋-混凝土组合梁
		主塔	混凝土主塔
		斜拉索	扇形索面
设计荷载	设计车速	上层	100 km/h
		下层	135 km/h
	车辆荷载[8]		HB45（英国BS5400）

2. 下部结构

大屿山侧主塔基础建立在浅水岩石扩大基础上，基础承台尺寸为50.5 m×16 m×5 m。马湾侧主塔基础一部分为直径4 m的钻孔灌注桩，一部分在基岩上，承台尺寸为51 m×18 m×5 m。桥墩为传统的钢筋混凝土空心墩，根据位置，边跨桥墩基础为扩大基础或沉箱基础。

主塔为H形双塔，混凝土结构，塔高133 m，与主跨之比为0.31，如图15-15所示。塔上部区域垂直，用于锚固斜拉索，下塔柱略倾斜。双塔柱间距与桥梁两侧拉索锚具的间距相等，塔柱在塔柱折点处、桥梁下方和基础顶部设有3根横梁。基础顶部设有1根横梁，以抵抗来自塔下部角度变化的偏离力。桥梁下方的横梁为上部结构提供支撑，2个横梁都施加预应力。

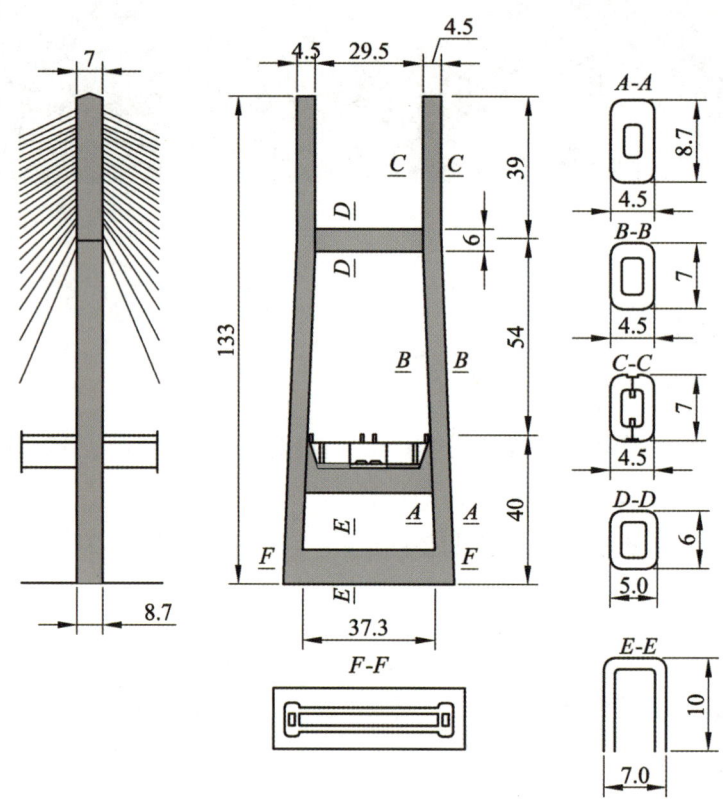

图15-15 主塔构造（单位：m）

3. 上部结构

图15-16为主梁主跨和边跨横截面。主梁采用两种结构形式，主跨中间390 m部分为21个节段的钢混组合梁，其中钢重4 770 t，包括两侧的正交异性钢板，各有7道T形加劲肋和一道U形加劲肋，构成箱梁边腹板，螺栓连接采用高强度螺栓；钢空腹桁架和混凝土顶板、底板组合的行车桥面，桁架中间的双柱纵向有斜杆，以分布活载和减少车辆振动。顺桥向每隔4.35 m设一道空腹桁架横隔板。顶、底板是25 cm厚钢筋混凝土板。

为平衡主塔两侧的恒载，主梁其他部分和边跨均为预应力混凝土箱梁，预应力筋采用公称直径15.24 mm的钢绞线。底板处通过倒T梁（轨道支撑梁）和底板连接，T梁构件间距为3 m，顶板处通过300 mm×850 mm的间距3 m的横梁连接。边跨在铁路下方有一个连续的封闭底部拱腹，可减少噪声。顶板由混凝土支柱连接，混凝土支柱提供隔膜作用，并使整个横截面周围的扭转应力流连续。边跨拉索锚固在截面外缘的混凝土边梁上，腹板和底板提供横向预应力，以抵抗局部拉应力。

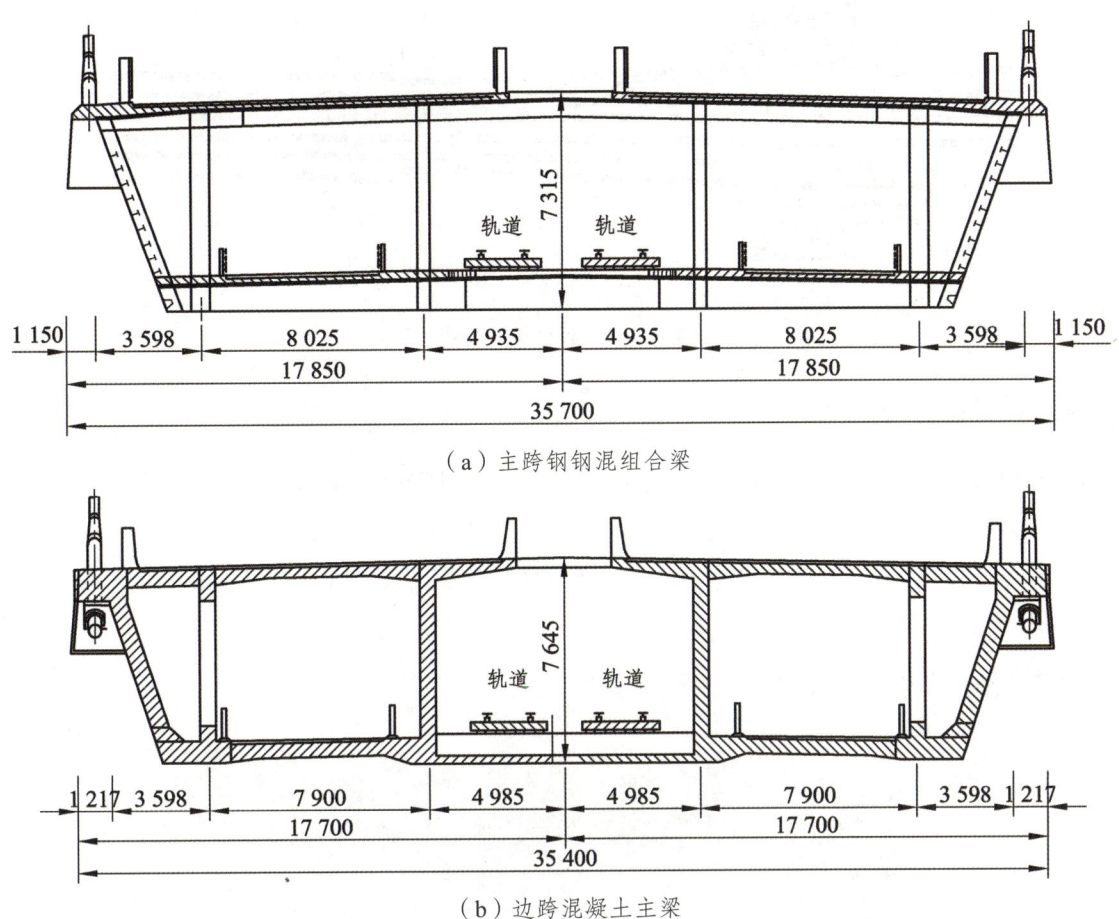

（a）主跨钢钢混组合梁

（b）边跨混凝土主梁

图15-16　主梁横截面（单位：mm）[11]

斜拉索每侧各44对，共176根，由51～102根直径15.24 mm的钢绞线组成，拉索最长225 m，如图15-17所示，镀锌后钢丝抗拉强度1 770 MPa。所有斜拉索总共约2 400 t，总长11 km[5]，防锈措施采用了镀锌、防锈油脂和1 mm厚的聚乙烯护套，此外每根索还用高密度聚乙烯管全部包封。钢绞线用套筒锚固。永久荷载由抵抗高疲劳的楔形夹片来传递，活载则由这些楔形夹片和油脂来承受，如图15-17所示。

（a）截面

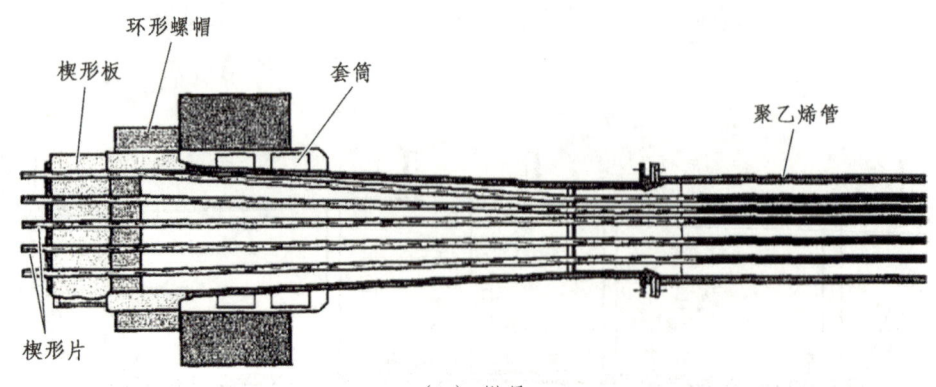

（b）锚具

图15-17 斜拉索构造[11]

15.3.3 施工

汲水门大桥总工期54个月，1992年11月16日开工，1997年5月18日通车。

1. 下部结构

汲水门大桥主塔采用提升高度为3.9 m的爬模系统建造。横梁施加预应力。设计允许边跨上部结构在塔架上部完工之前横跨下部塔架支柱展开，以缩短工期。塔基础1994年3月完成，主塔1995年4月完成，如图15-18所示。

图15-18 主塔施工

2. 上部结构

考虑地形的复杂性和施工的进度等因素，为保证塔架和边跨的施工能够同时进行，边跨最终选择顶推施工，如图15-19（a）所示，顶推节段长度约为18.30 m。为使工艺和设备保持在既有的限度以内，边跨的桥面分为两部分，分别对应于上部结构的左半部分和右半部分。两侧边跨都是分两半顶推，但两半基本上同步进行。主梁下方的横梁在顶推后的第二步浇筑。在边跨桥墩之间的中间位置设置临时中间桥墩，将顶推过程中的最大跨度限制在40 m。大屿山边跨从大屿山桥台后面的浇筑层顶推。马湾边跨从边跨前40 m范围内的高架浇筑层开始顶推。

主跨混凝土段采用向两塔同时相向悬臂施工，主跨的钢构件先在深圳蛇口工业区制造，再运到香港，在大屿山一侧工地拼装成8.7 m的节段，然后由海上驳船吊装就位[6]。如图15-19（b）所示，各个梁段与其上的预制混凝土桥面板一起安装，通过螺栓连接和现浇板封闭连接。单个构件的安装重量达500 t。1个"特制的"安装挂篮由2个主梁和2个横梁组成，重约390 t。

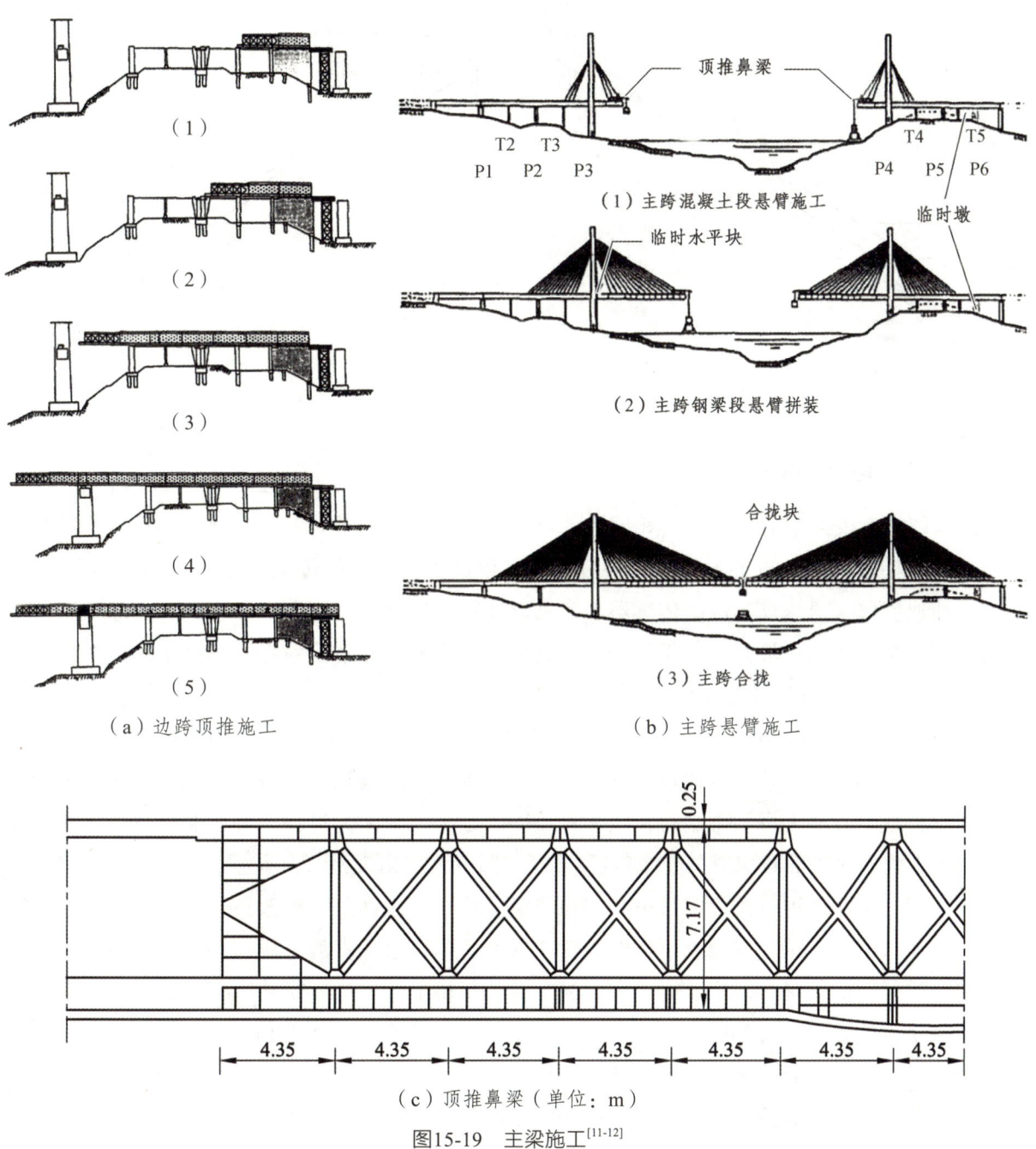

图15-19 主梁施工[11-12]

斜拉索固定端设在塔柱上，张拉端设在主梁上，如图15-20所示。斜拉索分别穿好之后，先用轻型张拉设备独立初步张拉至相同垂度，再用最大张拉力达1 500 t液压千斤顶张拉整根拉索。

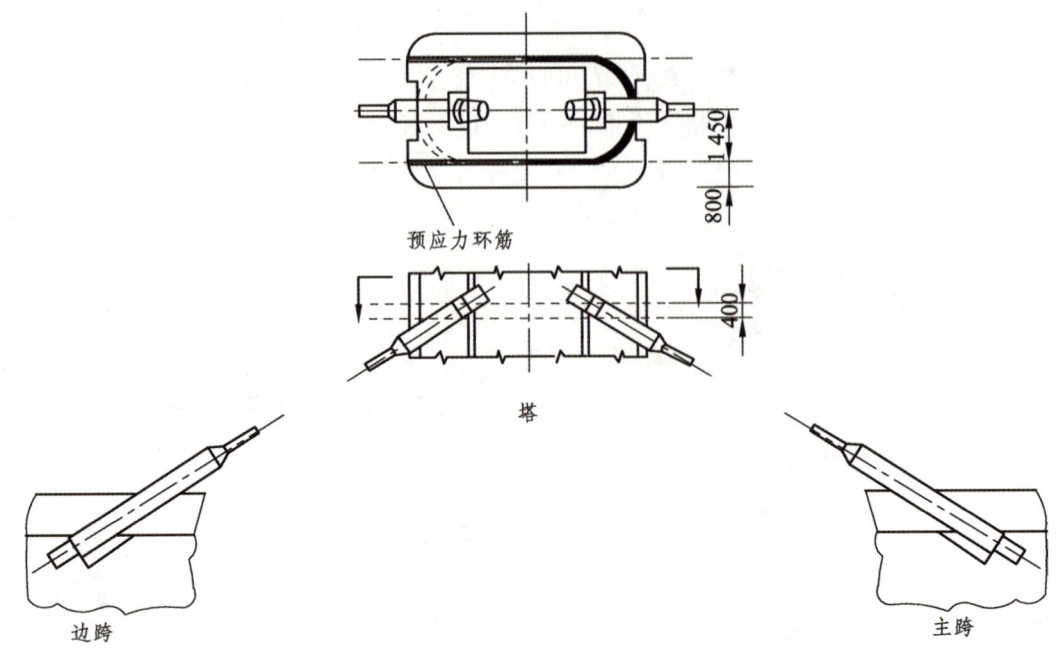

图15-20 斜拉索锚固构造

15.3.4 运营维护

汲水门大桥安装了与青马大桥相同的"风及结构健康监测系统",在保证桥梁运营过程中的结构安全中起到至关重要的作用。通过安装在桥梁关键部位的传感器(见图15-21),如应变仪、加速度仪、风速仪、温度传感器、车轴车速仪、挠度仪等把各种数据结合全球卫星定位系统,利用光纤传输信号并通过系统分析得到桥梁结构的运营情况,提高维修工作的效率和效果,并为长期运营管理提供科学依据。

2015年10月23日晚上7时40分,一大型驳船驶过汲水门大桥桥下时,意外撞断部分大桥梁外检查车的工字形轨道,并导致通往香港国际机场的唯一陆上通道——青屿干线交通完全停顿,引发严重事故。青马大桥上下层行车线和铁路同时也全线封闭,港铁东涌线及机场快线亦暂停服务,令大屿山对外陆路交通一度瘫痪近2小时,附近公路出现漫长车龙。香港国际机场晚上一度出现人潮,多班回港航机旅客被迫滞留在机场。旅客及东涌居民需改道愉景湾及梅窝并改以海上交通才可出入市区,直至晚上10时大桥才恢复通车。这是青屿干线自1997年启用以来第一次出现全线封闭的情况。但应航运要求,汲水门大桥桥下的航道要尽快重开,当用桥检车对大桥结构做全面检查后,将部分未能立刻撤离的受损工字形路轨用钢索和尼龙布带作临时固定,并在下面加装安全网后,重开桥下航道。大桥梁外检查车的工字形路轨的修复工作也是一大挑战,原本路轨是日本规格且已经停产,市场内未能找到合适的代替产品。最后,委托工厂按照原来的日本规格定制工字形路轨,并由T形钢材及平条形钢材焊接而成。对焊缝作全数量无损探伤检查,以确保焊接质量。事发后,全桥安装了一套检查桥底专用的闭路电视系统,用作长期监测桥下船只航行情况,如大桥发生碰撞事故,可查看即时录像,确定是否有大船经过、是否碰撞到大桥结构,此系统还可长期监测是否有超高船只通过桥底。

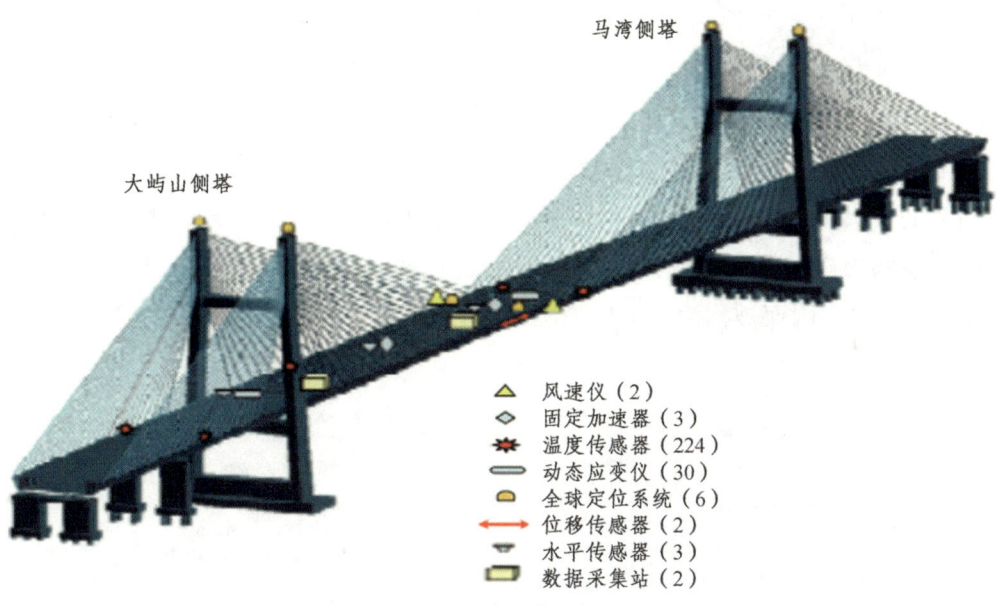

图15-21　结构健康监测系统[10]

15.3.5　结论

汲水门大桥作为当时世界上跨径最大的公铁两用斜拉桥，可从结构设计、施工、运营维护等三方面总结为：

（1）结构设计。主梁采用在斜拉桥中少见的钢混组合梁，实现大跨桥梁中主跨和边跨恒载的平衡，且钢混接头设计巧妙，可为后续工程提供参考。

（2）施工。主塔采用爬模法施工，塔柱用预应力横梁连接一起。主梁主跨采用悬臂拼装，边跨通过顶推施工，适应地形和施工进度的要求，且主塔和边跨的施工能够同时进行。

（3）运营维护。全桥安装的"风及结构健康监测系统"借助于传感器系统、网络系统和电脑辅助系统，监控大桥结构的实际运营情况，对事故起到预警作用。另外，全桥安装的闭路电视系统，可第一时间查看桥底情况，及时快速做出应对措施。

15.4　汀九桥

15.4.1　工程背景

蓝巴勒海峡位于青衣及新界陆地之间（荃湾及葵涌），最宽达900 m。汀九桥跨越蓝巴勒海峡，属于连接汀九和青衣的3号干线，是世界首座三塔式斜拉桥。大桥由德国施莱希工程设计公司（Schlaich Bergermam）及香港贝尼咨询公司（Binnie Consultants）设计。汀九桥的建成使来自新界西部其他地区的车辆能方便和快速地到达青屿干线的青马大桥及汲水门大桥，通往大屿山和香港国际机场，同时也分流新界荃湾乡郊、屯门和元朗来往荃湾市区、葵青、九龙及港岛中上环商业区的车流，如图15-22（a）所示。汀九桥的3个单柱桥塔分别布置在蓝巴勒海峡中的人工岛、汀九岬及青衣岛西北岸，可保留最宽航道，方便船只航行，如图15-22（b）和（c）所示。大桥设计风速为300 km/h，但在实施强风管制措施、交通意外和香港国际马拉松比赛期间，会全线封闭或只封闭中线，或者只开放给车身高度1.6 m以下的车辆使用。汀九桥1995年3月开工，经过38个月的施工，1998年5月6日正式通车，造价17.38亿港元。汀九桥并不属于"香港机场核心计划"的十大项目，但因为它和大榄隧道落成通车的日子与新建的香港国际机场启用日期相近，而该桥的兴建，除疏解新界西的交通负荷外，更方便通勤来往机场、九龙西、香港岛与新界西等其他地区，因而被称为"第11项机场核心工程"。

（a）桥址

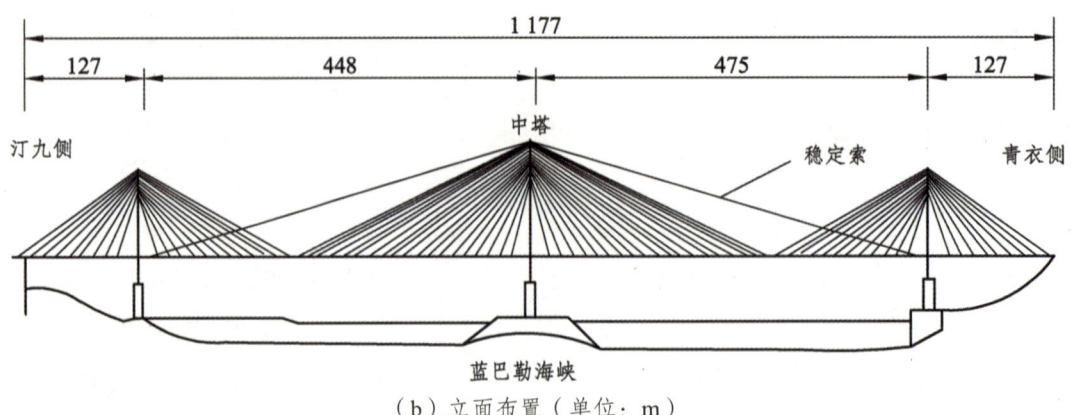

（b）立面布置（单位：m）

(c) 实桥

图15-22 汀九桥

汀九桥在初步设计阶段有3个方案，如图15-23所示：①悬索桥方案，桥跨布置为（140+900+140）m，避免在海峡中设置桥墩，省去昂贵的船撞防护费用。主缆直径77 cm，加劲梁采用5 m高的华伦式桁架，主塔为220 m高的A形桥塔，造价最高。②双塔三跨斜拉桥，把悬索桥方案改为（146+900+140）m双塔三跨双索面斜拉桥，主塔为H形，由于边中跨比很小，主跨采用5 m高的钢箱梁，边跨为混凝土梁，以减小辅助墩拉力，辅助墩基础需做特别处理。③三塔四跨斜拉桥，桥跨布置（136+450+450+136）m，与双塔三跨斜拉桥方案相比，多了1个桥塔但斜拉索数量差不多可减少一半，恰好桥址处附近的蓝巴勒海峡中间有块区域海水很浅，可设置桥塔。主梁为5 m高的预应力混凝土六室箱梁，可悬浇施工，施工方便。比选结果，无论在美观、经济、施工难度、工期及建造费用等方面，三塔四跨斜拉桥都是最佳的。施工图设计招标阶段，收到7份桥梁设计方案，按投标价由低到高如表15-3所示，最后采用的方案为造价最低的三塔四跨斜拉桥[（127+448+475+127）m]。

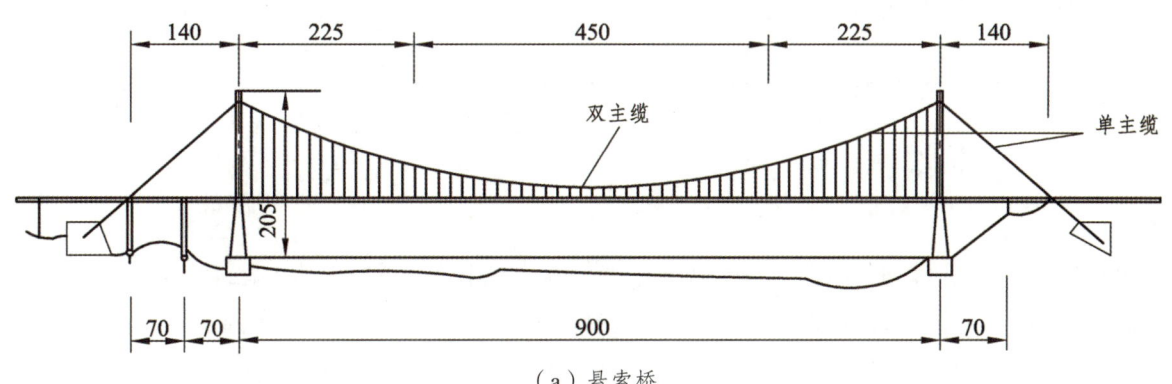

(a) 悬索桥

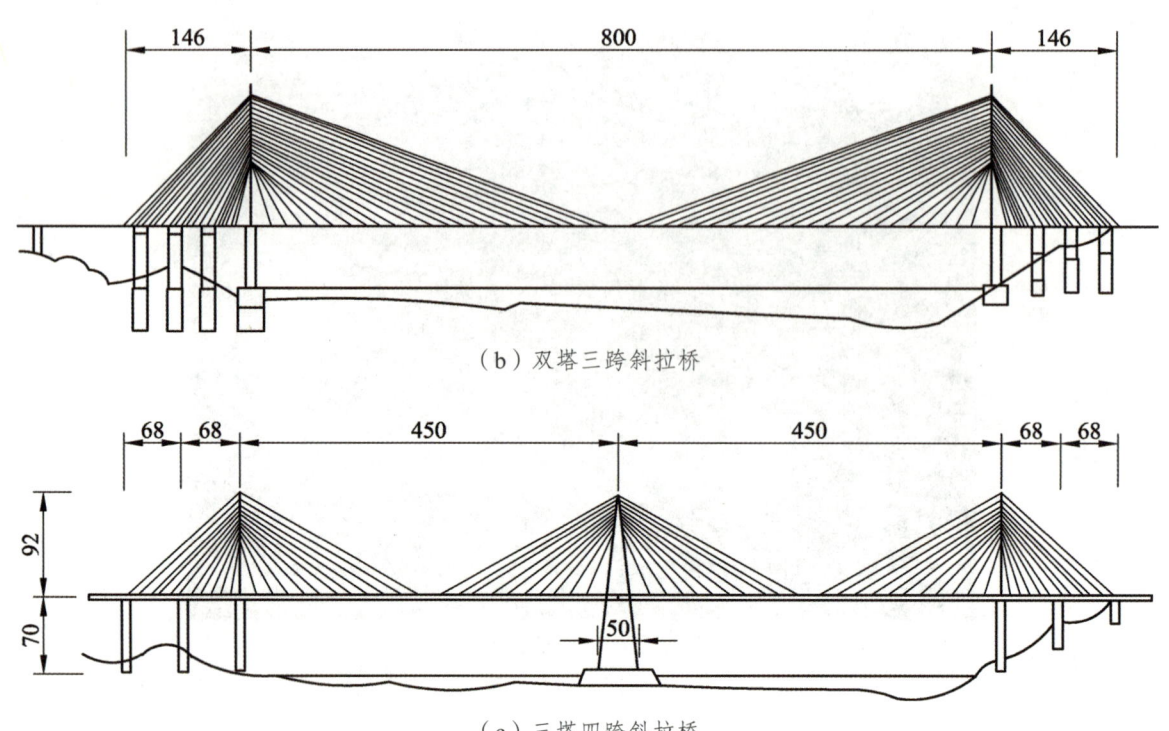

（b）双塔三跨斜拉桥

（c）三塔四跨斜拉桥

图15-23 初步设计阶段桥梁方案比选（单位：m）[15]

表15-3 施工图设计阶段方案比选[15]

序号	桥跨布置/m	立面布置	主塔	主梁形式	
				主跨	边跨
1	127+448+475+127	三塔四跨	混凝土、独柱	组合梁	组合梁
2	180+360+151.5	双塔三跨	混凝土、A形	组合梁	组合梁
3	129+382.5+129	双塔三跨	钢，钻石形	组合梁	组合梁
4	200+566+150.5	双塔三跨	混凝土，H形	混凝土	混凝土
5	144+390+390+144	三塔四跨	混凝土，钻石形	组合梁	组合梁
6	180+410+180	双塔三跨	混凝土，钻石形	组合梁	组合梁
7	148+435+435+148	三塔四跨	混凝土，斜腿门式	组合梁	组合梁
8	127+448+475+127	三塔四跨	混凝土，钻石形	组合梁	组合梁

15.4.2 结构设计

1. 设计条件

汀九桥是一座多跨斜拉桥，车道为双向六车道，桥下净空62 m、净宽240 m以上，中塔有船撞防护系统。考虑到香港频繁的台风，抗风设计为200年一遇、风速300 km/h。设计使用年限120年，设计规范主要为香港《公路与铁路结构设计手册》[7]，设计条件如表15-4所示。

表15-4 设计条件

形式		三塔四跨四索面斜拉桥
跨径布置		（127+448+475+127）m
桥下净空高度		通航水位以上62 m
构造体系	车道	双向六车道
	主梁	钢筋-混凝土组合梁
	主塔	混凝土主塔
	斜拉索	扇形索面
设计车速		100 km/h[8]

2. 下部结构

两边塔均位于岸边基岩上，塔基础采用扩大基础。中塔基础由52根直径2.5 m的钻孔灌注桩构成，桩长为27 m，如图15-24所示。为保护塔不受船只撞击，设计了1个人工岛，可以抵抗22万t船只的撞击。

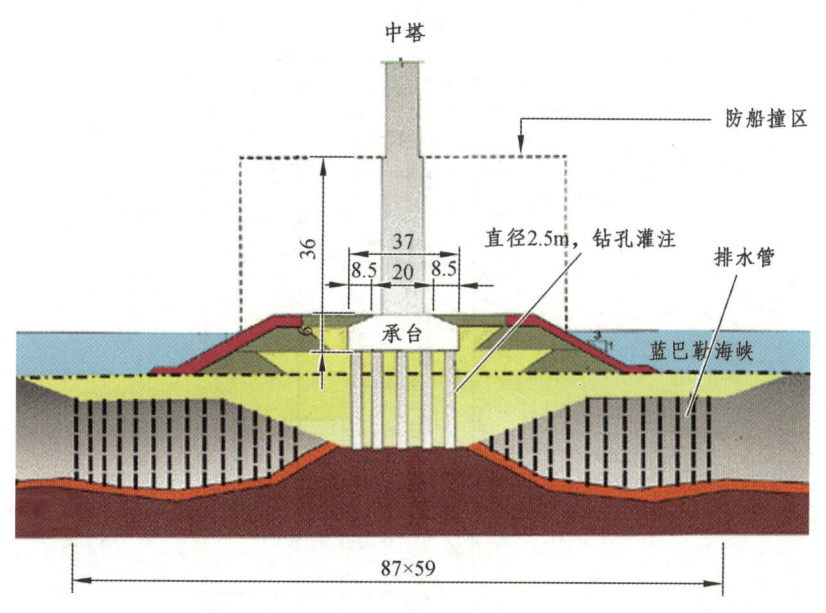

图15-24 中塔人工岛基础（单位：m）

主塔采用C60混凝土独柱式结构，三塔高分别为172 m、201 m和163 m，均为等截面的长圆形截面的钢筋混凝土柱，中塔为10 m（纵向）×5.5 m（横向），边塔均为8 m（纵向）×5.5 m（横向）。图15-25（a）为中塔，塔身采用混凝土椭圆形空心截面，由3种横截面组成，顺桥向长10 m，横桥向在桥面以下宽为14～18 m，桥面以上宽为5.5 m。由于2条车道之间的空间有限，主塔上部非常细长，需要横向稳定拉索。主塔为单柱，两幅桥面平行分列桥塔两侧，形成4个拉索面，主塔锚固区构造非常复杂，所以专门制造大尺寸钢锚箱传递巨大的拉索力，钢锚箱高31 m，重达190 t，拉索张拉端均位于钢锚箱内，如图15-25（b）所示。

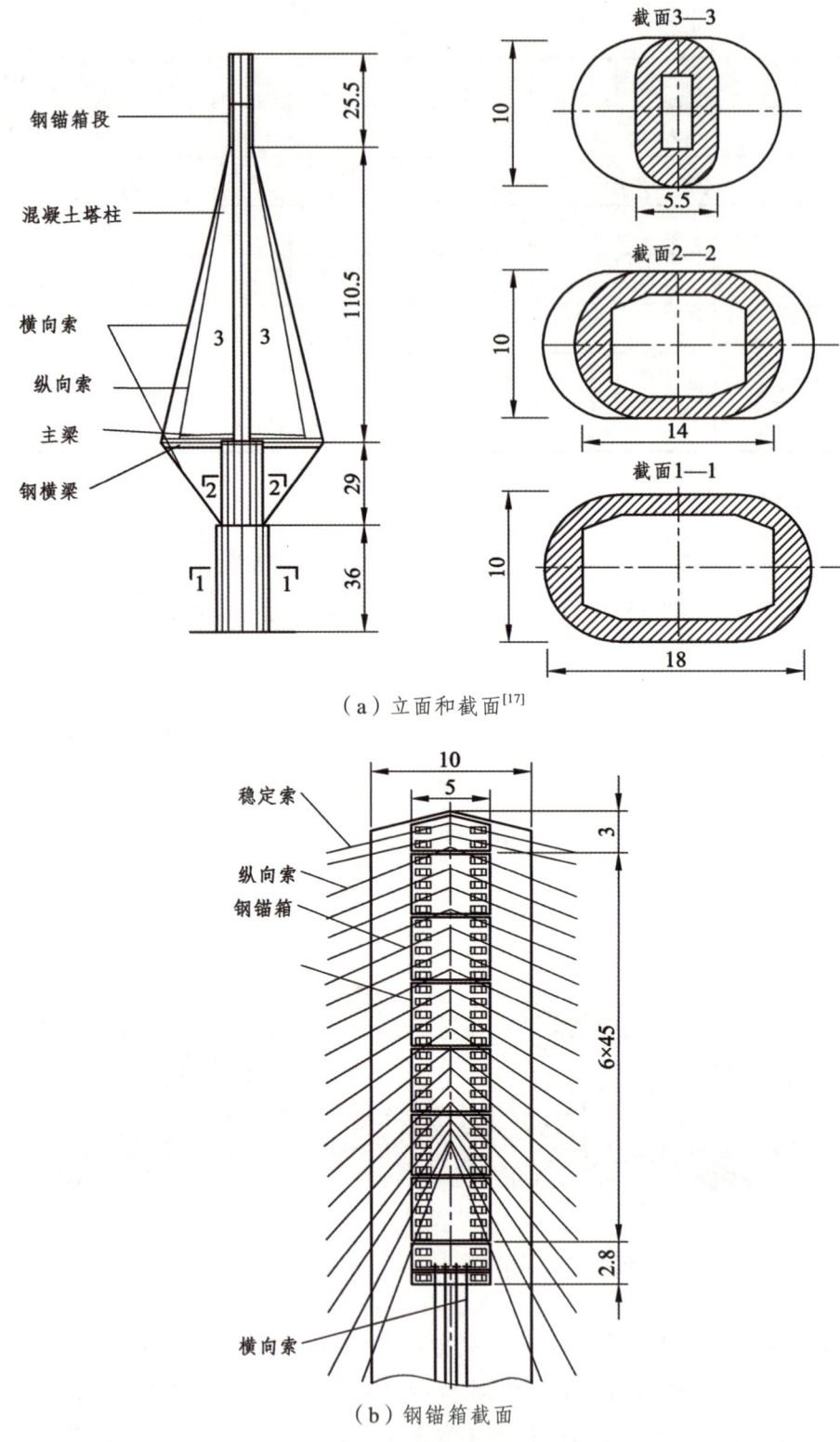

(a) 立面和截面[17]

(b) 钢锚箱截面

图15-25 中塔构造（单位：m）

3. 上部结构

桥面由两幅主梁组成，主梁间由纵向间距为13.5 m的横向钢梁连接，主梁为飘浮体系。每幅桥面宽18.8 m，每幅主梁由2根1.5 m高的L形纵向钢梁和横向间距4.5 m的钢横梁组成，

24~30 cm厚的预制混凝土桥面板置于其上，混凝土等级C55，如图15-26所示，桥面钢结构总重9 200 t，混凝土重2.9万t。主塔还设有钢结构支架，以加宽塔柱，由塔柱钢横梁、横向拉索和塔柱斜撑组成，两幅主梁在桥塔处分别支承在钢横梁上，如图15-27所示。

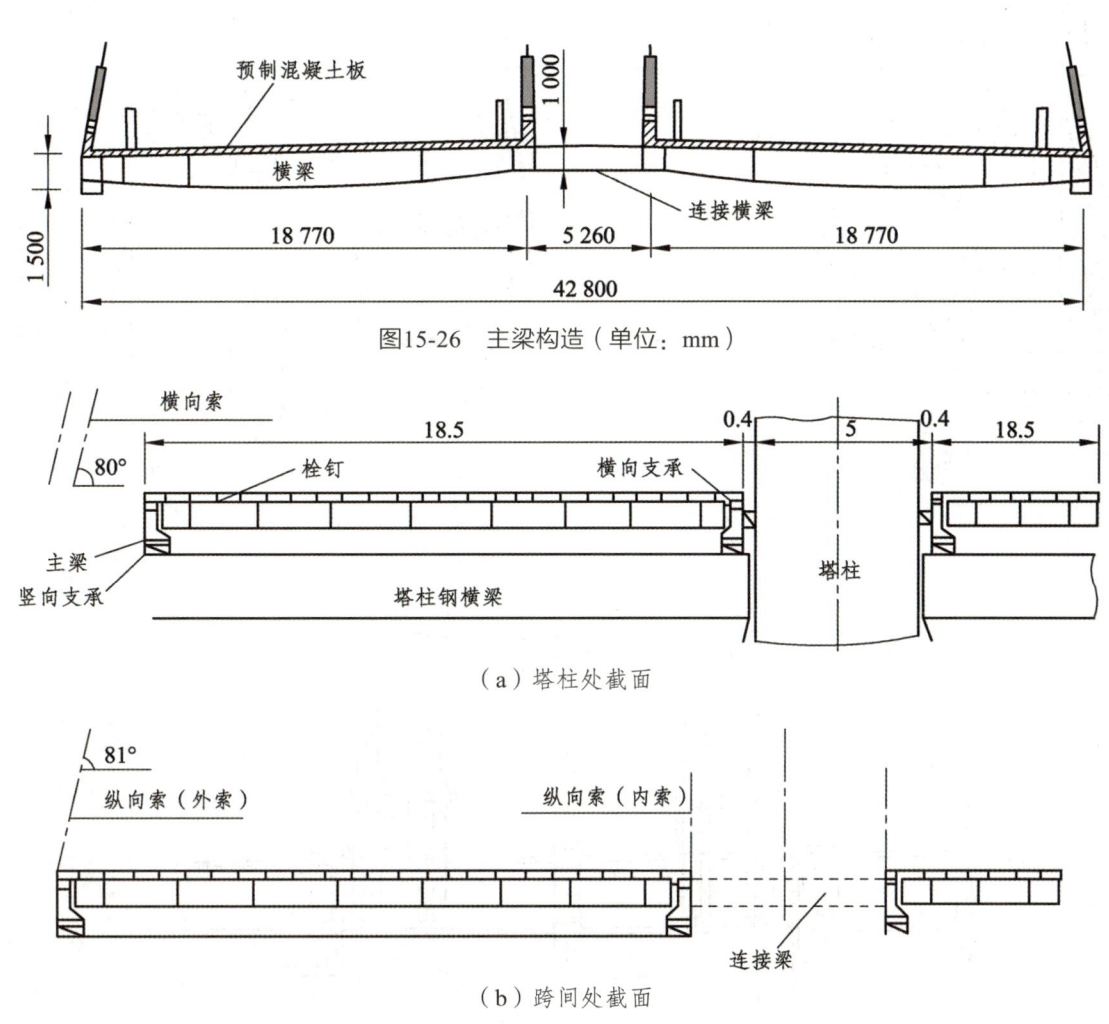

图15-26 主梁构造（单位：mm）

（a）塔柱处截面

（b）跨间处截面

图15-27 主梁与主塔连接构造（单位：m）

斜拉索共384根，含312根纵向索、8根稳定索、64根横向索，每条拉索由20~60根抗拉强度1 770 MPa的钢绞线组成，钢绞线直径15.24 mm，由7根热浸镀锌钢丝组成并涂有聚氨酯，整根拉索再由聚乙烯管包裹。斜拉索有4索面，中间2个索面为垂直索，外侧2个索面为斜索面，斜拉索常规索距为13.5 m。在塔柱两侧，首根斜拉索距柱中心21.5 m，跨中合龙节段长度亦为13.5 m，斜拉索最小水平倾角为25.5°。如图15-28所示，纵向索通过套筒式锚固结构用锚板锚固于主梁的腹板上，横向索则锚固于塔墩上，稳定索锚固于设置在两组主梁之间的锚梁上。斜拉索顶端，通过联结在塔柱顶部的钢锚箱锚固于塔柱上，所有斜拉索底端为固定端，顶端为张拉端[16]。

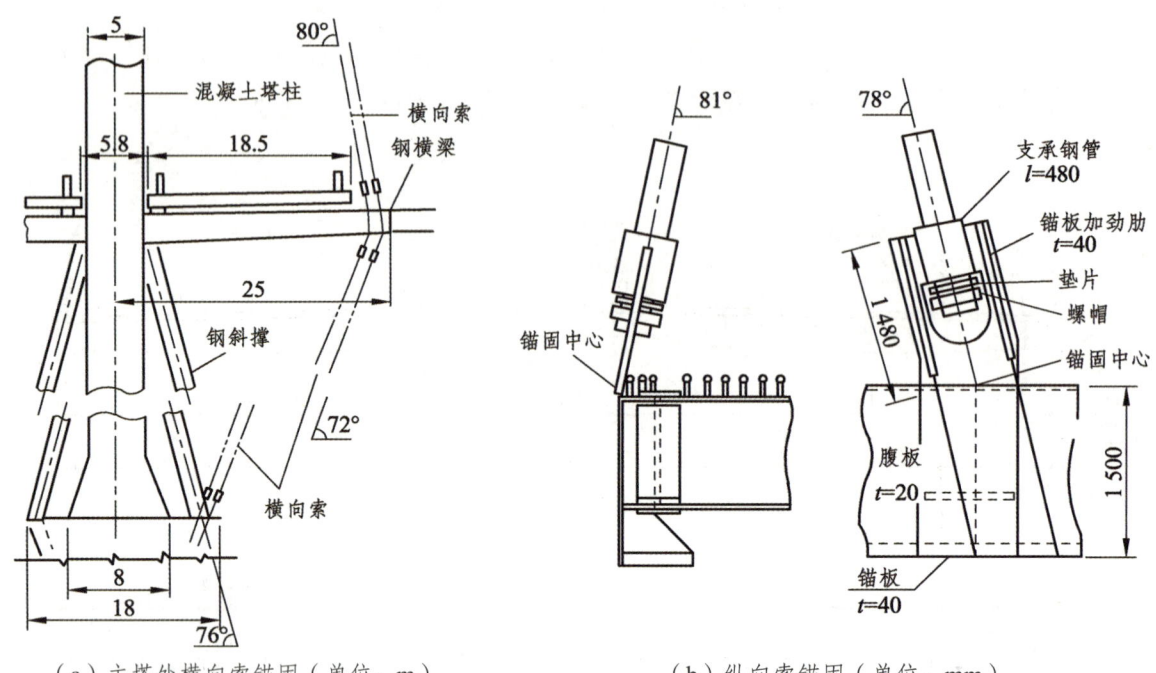

（a）主塔处横向索锚固（单位：m）

（b）纵向索锚固（单位：mm）

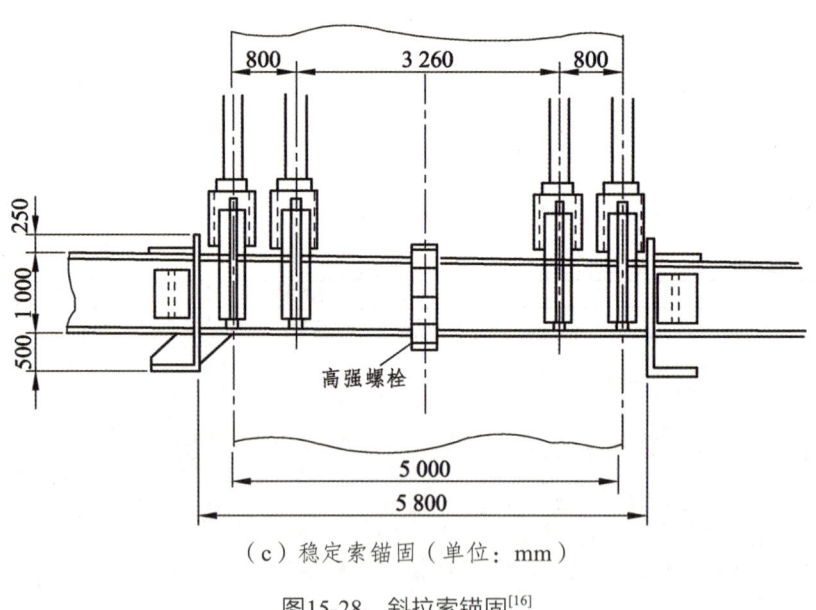

（c）稳定索锚固（单位：mm）

图15-28　斜拉索锚固[16]

15.4.3　施工

汀九桥采用悬浇施工，如图15-29所示。首先进行中塔人工岛桩基础和边塔基础施工，基础完成后，桥塔结构均采用爬模施工，桥塔完成后悬臂拼装主梁并安装斜拉索直至全桥合龙。

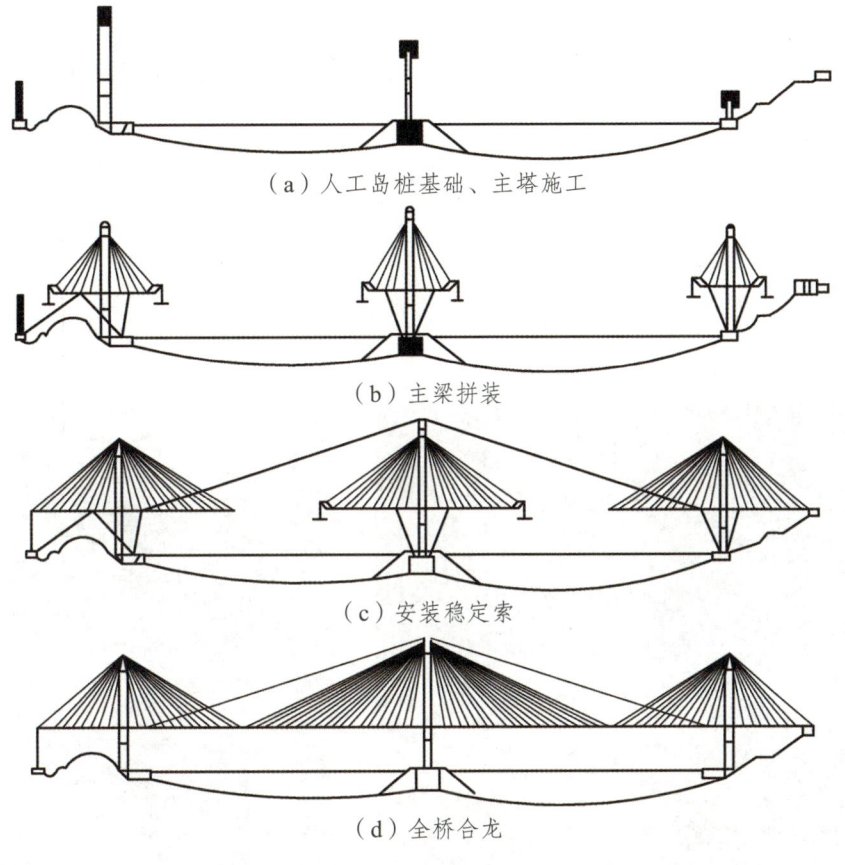

(a) 人工岛桩基础、主塔施工

(b) 主梁拼装

(c) 安装稳定索

(d) 全桥合龙

图15-29 汀九桥施工工序

1. 下部结构

青衣岛岩面倾斜,先筑半径29 m的半圆形围堰,围堰为预制混凝土结构,深入地下20 m,青衣侧塔扩大基础4 000 m³混凝土便筑于其中。汀九侧塔的扩大基础支承于挖成阶梯形基岩面的混凝土垫层上,中塔的人工岛上将钢管桩打入基岩内,用旋挖钻机掘进至钢管桩底部,如图15-30(a)所示,再放入预先绑扎好的钢筋笼,最后浇筑C45混凝土。接着在钻孔灌注桩上绑扎承台钢筋,浇筑混凝土,如图15-30(b)所示。

(a) 桩基施工

(b) 中塔承台混凝土浇筑

图15-30 中塔基础施工

桥塔施工前,先施工经振动夯实的沙岛及四周围绕的碎石块以形成87 m×59 m人工岛,防止船舶撞击及海浪冲刷,并作为桩基的施工平台。为提高中塔稳定性,施工期间采用465 m长的稳定索连接中塔和两边塔。如图15-31(a)所示,桥塔采用爬模法施工,施工进度每天可达5.7 m,每节段转换层高度为8 m。中塔顶部存在1个半圆形"音叉",如图15-31(b)所示,此部分用于安装塔顶的钢锚箱,钢锚箱通过浮船运输,利用塔顶安装的千座200 t的钢绞线千斤顶吊装系统将钢锚箱吊至顶部安装的位置,安装完钢锚箱后,再在"音叉"中浇筑混凝土,完成桥塔的混凝土施工。

(a)爬模施工

(b)上塔柱"音叉"

(c)吊装钢锚箱

(d)安装钢锚箱

图15-31 中塔施工

2. 上部结构

主梁施工是利用安装在塔顶的吊装系统完成，工序如下：①吊装钢锚箱；②将安放在地面的第一节段桥面由平躺旋转至竖直；③将第一节段桥面吊至安装位置，并固定在预设的临时铰链上，然后旋转桥面至水平位置；④吊装另一侧的桥面；⑤安装连接横梁；⑥在桥塔上安装永久支座；⑦安装预制桥面板及拉索，解除临时铰链；⑧安装桥塔横向钢梁及稳定索；⑨解除吊装系统；⑩第一节段完成后装配钢架式起重机完成其他节段的吊装。

由于工期短，桥面板均为预制构件，预制的主跨钢梁节段由承建商从蛇口的预制场运来，并在大屿山的临时船坞旁的装嵌场上装配。主跨梁节段长8.7 m，由钢腹板与混凝土桥面板及底板构成。当组装完成后，每件重500 t的节段被放到浮船上，然后吊装到位，并在工地上与已吊装的桥面节段采用拼接板和高强螺栓连接，如图15-32所示。

（a）桥面节段吊装

（b）桥面节段拼装

（c）预制桥面板吊装

（d）预制桥面板结合部施工

图15-32 预制混凝土桥面施工

斜拉索安装完成后采用单股张拉，用安装在桥塔顶部的钢塔头内的张拉锚具，张拉索内钢绞线，张拉完后再将整根拉索用聚乙烯管密封，如图15-33所示。

（a）挂索

（b）张拉

图15-33　斜拉索施工

15.4.4　运营与维护

与青马大桥、汲水门大桥一样，为保证大桥安全运营，汀九桥也采用了"风及结构健康监测系统"，以监测大桥的安全性、耐久性及可靠性，如图15-34所示。此外，由于全球卫星定位系统（GPS）的实时位移测量精度显著提升，可以实时测量汀九桥变形情况。根据相应的位移再配合其他结构分析软件，来评估各相应主要构件的状况。GPS测点主要安装在主梁两侧和桥塔顶端，如桥面上装有2对GPS测量仪，可提供每秒10个的定点实时测量数据，能提供主梁的三维瞬时位移和振动的时程数据。而且主梁、桥塔及斜拉索设有特别设计的移动设备使维修人员能安全而快速到达汀九桥各部分进行检修，如图15-35所示。汀九桥在台风天气的通车情况如图15-36所示。

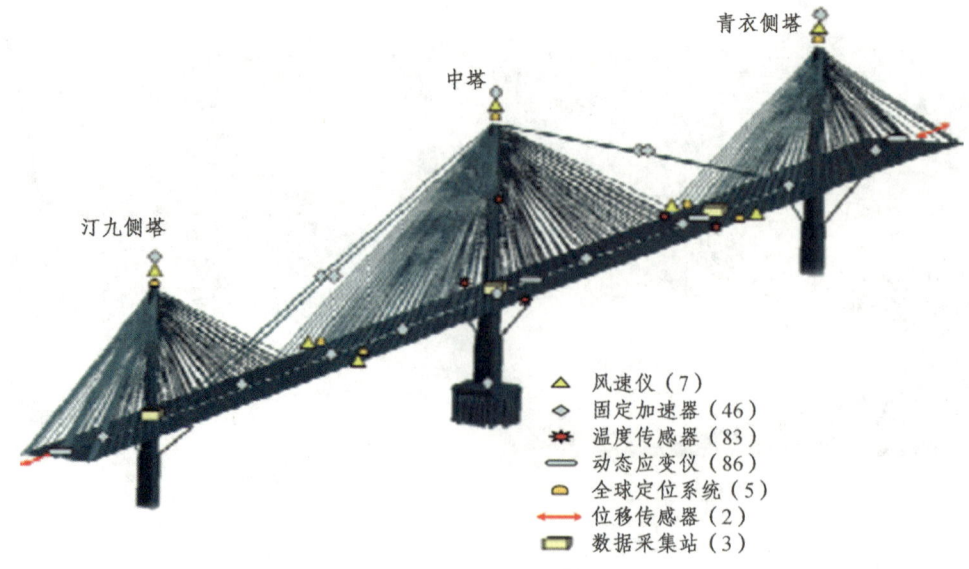

图15-34　结构健康监测系统[10]

（a）拉索保养滑篮

（b）桥塔维修滑架

图15-35　可移动维修设备

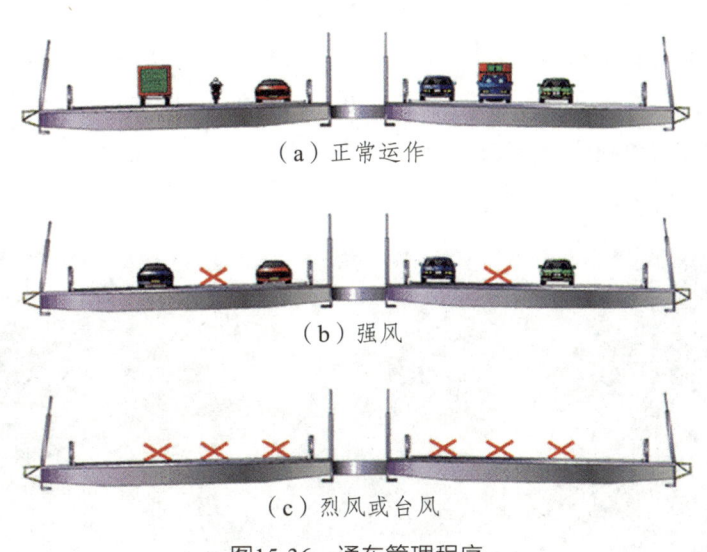

（a）正常运作

（b）强风

（c）烈风或台风

图15-36　通车管理程序

15.4.5　结　论

汀九桥为一座多塔多跨斜拉桥，设计有很多创新和突破，可从结构设计、施工、运营维护三方面总结为：

（1）结构设计。采用漂浮体系主梁和独柱式桥塔，中塔采用创新的稳定索加劲的柔性桥塔。主梁采用预制和快速拼装的简单组合梁，缩短了工期，同时分为上下行两幅，可改善气动性。除稳定索外，塔身处还使用了横向拉索，整个桥塔恰似欧洲古代帆船的桅杆。全桥拉索种类多，索面复杂，被称为世界上第一座全拉式桥梁。

（2）施工。主塔采用爬模法，主梁、桥面板均为预制构件，主梁吊装采用塔顶千斤顶吊装与钢架式吊机结合使用。索塔锚固区采用钢锚箱，节省主塔锚固空间和工期。

（3）运营维护。桥身、塔身及斜拉索均设有特别设计的维修设施，3个桥塔内均设有由底至顶的维修升降机。全桥除了安装有一套"风与结构健康监测系统"，还新增有一套GPS监测系统，能对大桥整体结构的位移监测，配合结构分析模型来模拟桥身主要构件的受力状况，可监测大桥结构是否有潜在损伤，提高养护和维修的效率。

15.5 昂船洲大桥

15.5.1 工程背景

随着新机场的启用及新界西北其他发展项目的完成，三号干线青衣至葵涌段的交通量显著增加，而八号干线青衣至长沙湾段的建设可以有效地疏解三号干线交通负荷。昂船洲大桥是一座双塔斜拉桥，桥塔是全球首次采用钢筋-混凝土组合结构，主跨1 018 m，连引道全长为1 596 m。昂船洲大桥属于八号干线的一部分，跨越蓝巴勒海峡，将昂船洲和青衣岛东南角的九号货柜码头连接起来，为往返新界西至港岛区的车辆提供了另一途径，缓和了青葵公路交通堵塞情况，如图15-37所示。昂船洲大桥对香港的港口物流业发展非常重要，也是香港重要建筑地标之一，于2004年4月奠基，2005年开工兴建，原造价为27.6亿港元，但实际耗资37亿港元。这座桥原计划2008年6月落成通车，因基础桩深超出原设计40 m，再加上建造期间原材料价格不断上升，推迟到2009年4月7日合龙，2009年12月20日正式通车。

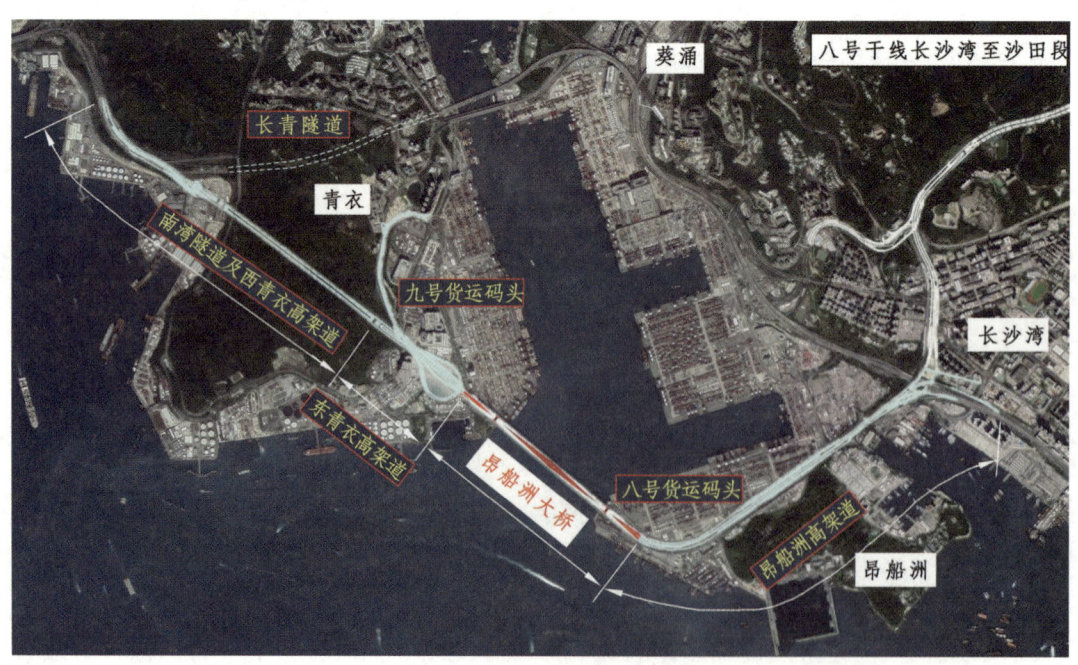

（a）交通线

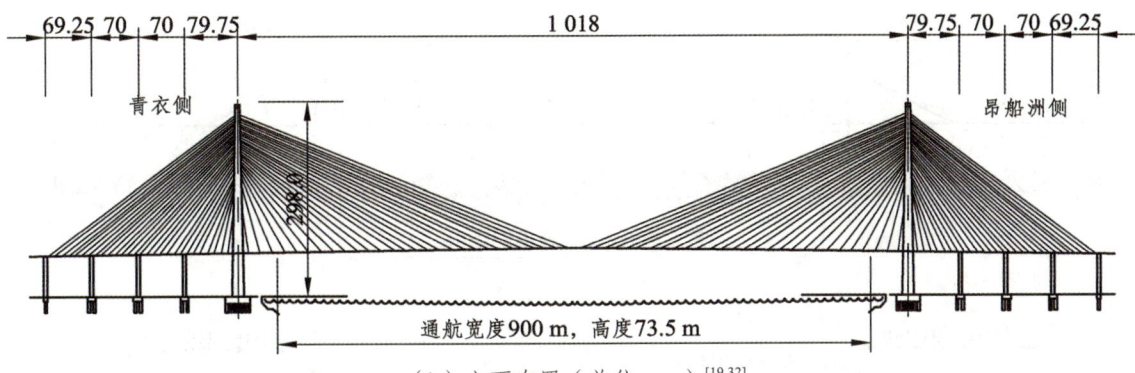

(b)立面布置(单位：m)[19,32]

(c)实桥[27,29]

图15-37 昂船洲大桥

与其他桥梁不同，昂船洲大桥位于香港市区，以著名的维多利亚港作为背景，建成后成为地标建筑，因此香港政府路政署举行了一项国际桥梁设计比赛。主跨约1 000 m，世界各地103家独立公司所组成的31个独立单位或联合体提出了很多方案，大体可分为3种：

(1)悬索桥方案。桥跨布置为(220+1 000+220)m，塔高约190 m，高跨比为110，如图15-38(a)所示。加劲梁为宽40.3 m、高4 m流线型扁平钢箱梁，桥塔采用钢筋混凝土门式框架。直径819 mm主缆索由127根直径5.1 mm镀锌高强钢丝组成，两端均为重力式锚锭，采用预制平行索股施工。这个方案是常规跨度的悬索桥，施工工艺成熟、经验丰富，但巨大的重力式锚锭施工时会有可能影响邻近的货柜码头的运作。造价38亿港元，是3个方案中最高的。

(2)斜拉桥方案。桥跨布置为(300+1 000+300)m，如图15-38(b)所示。采用Y形混凝土桥塔，塔高约为280 m。斜拉索采用竖琴式布置。主梁在不同位置分别用钢箱、钢与混凝土的混合结构和混凝土箱梁，跨中400 m部分采用37.7 m宽、4 m高的钢箱梁，桥塔附近150 m范围内和边跨采用混凝土箱梁，其他部分采用钢筋-混凝土组合梁。造价为28亿港元，是3个方案中最低的。

(3)悬索斜拉协作体系方案。桥跨布置仍为(300+1 000+300)m，如图15-38(c)所示。该方案以斜拉桥方案为基础，加上2根主缆，跨中部分采用悬吊体系，造价为30亿港元。悬索斜拉协作体系方案是创新设计，在技术上还没有先例，有一定的风险。

3个方案工期均为4年，最后获胜的设计方案是双独柱塔斜拉桥，塔高298 m，塔顶以下约120 m为钢结构，其余为混凝土结构。主跨为1 018 m，两边对称边跨为(79.5+70+70+69.25)m，主梁为流线型分离式双箱梁，主跨为钢箱梁，边跨为预应力混凝土箱梁。

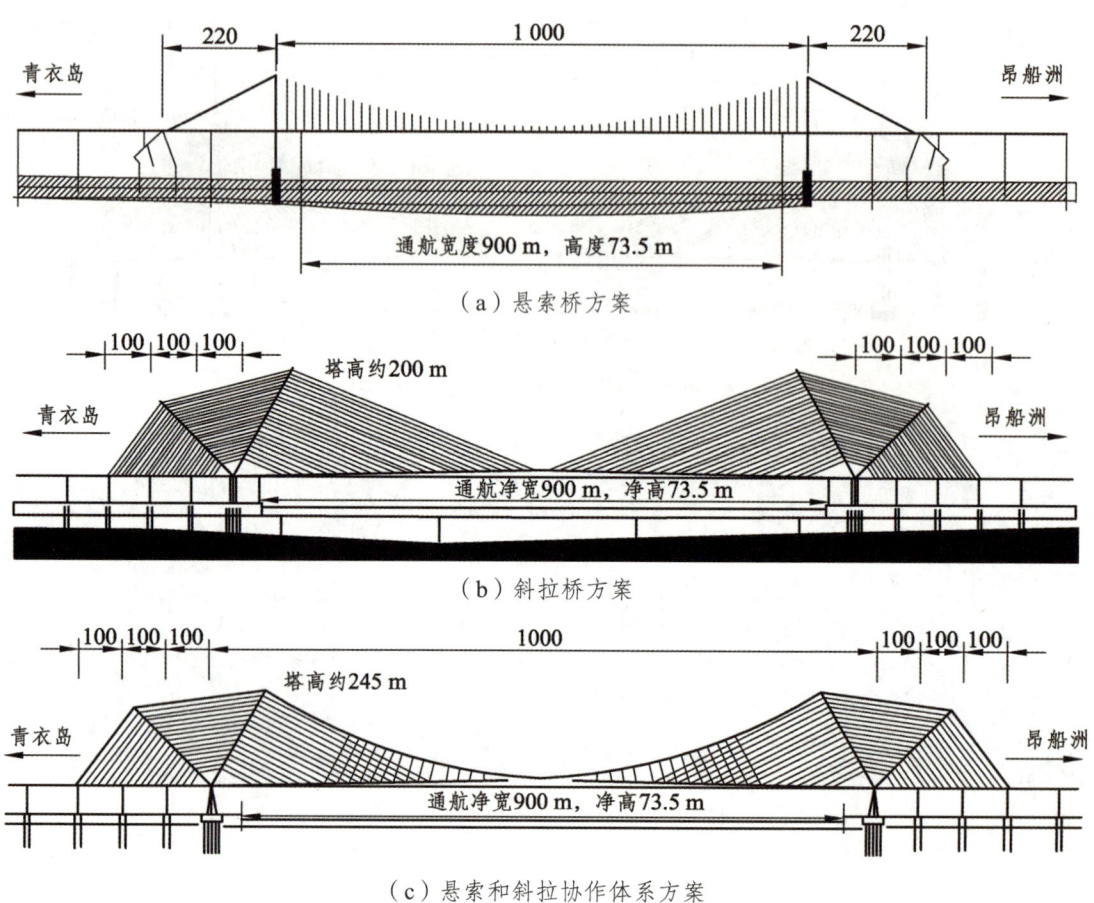

（a）悬索桥方案

（b）斜拉桥方案

（c）悬索和斜拉协作体系方案

图15-38 初步设计方案[18]（单位：m）

15.5.2 结构设计

1. 设计条件

昂船洲大桥是青衣岛和昂船洲间主跨1 018 m的斜拉桥，车道为双向六车道。设计中特别考虑了海洋环境、强台风天气和高流量交通条件下的耐久性设计，设计使用年限为120年，设计规范主要为香港的《公路及铁路结构设计手册》，设计条件如表15-5所示。

表15-5 昂船洲大桥设计条件

形式		双塔双索面斜拉桥
跨径布置		（2×79.75+2×70+1 018+2×70+69.25×2）m
桥下净空高度		通航水位以上73.5 m
桥下净空宽度		900 m
构造体系	车道	双向六车道
	主梁	混合梁
	分离钢箱梁宽	18.5 m
构造体系	斜拉索	扇形索面
	主塔基础	钻孔灌注桩

续表

形式		双塔双索面斜拉桥
构造体系	主塔	钢混组合塔
设计车速	上层	100 km/h

2. 下部结构

主塔基础位于8号和9号货柜码头海堤附近约10 m处。东、西主塔地基分别有27根和29根直径2.8 m的钻孔灌注桩。桩深从60 m到110 m不等。承台尺寸为47.4 m×36.4 m×8 m，共浇筑混凝土1.2万m³。

主塔高298 m，主塔从基础至175 m处为混凝土结构，上半部分即从175～293 m部分采用了钢-混凝土组合截面，顶部5 m属玻璃覆盖的不锈钢结构[27]，具备建筑照明设施和提供地方存放维修设备，如图15-39所示。主塔从承台顶至77.75 m采用壁厚2 m的椭圆长方形混凝土截面，截

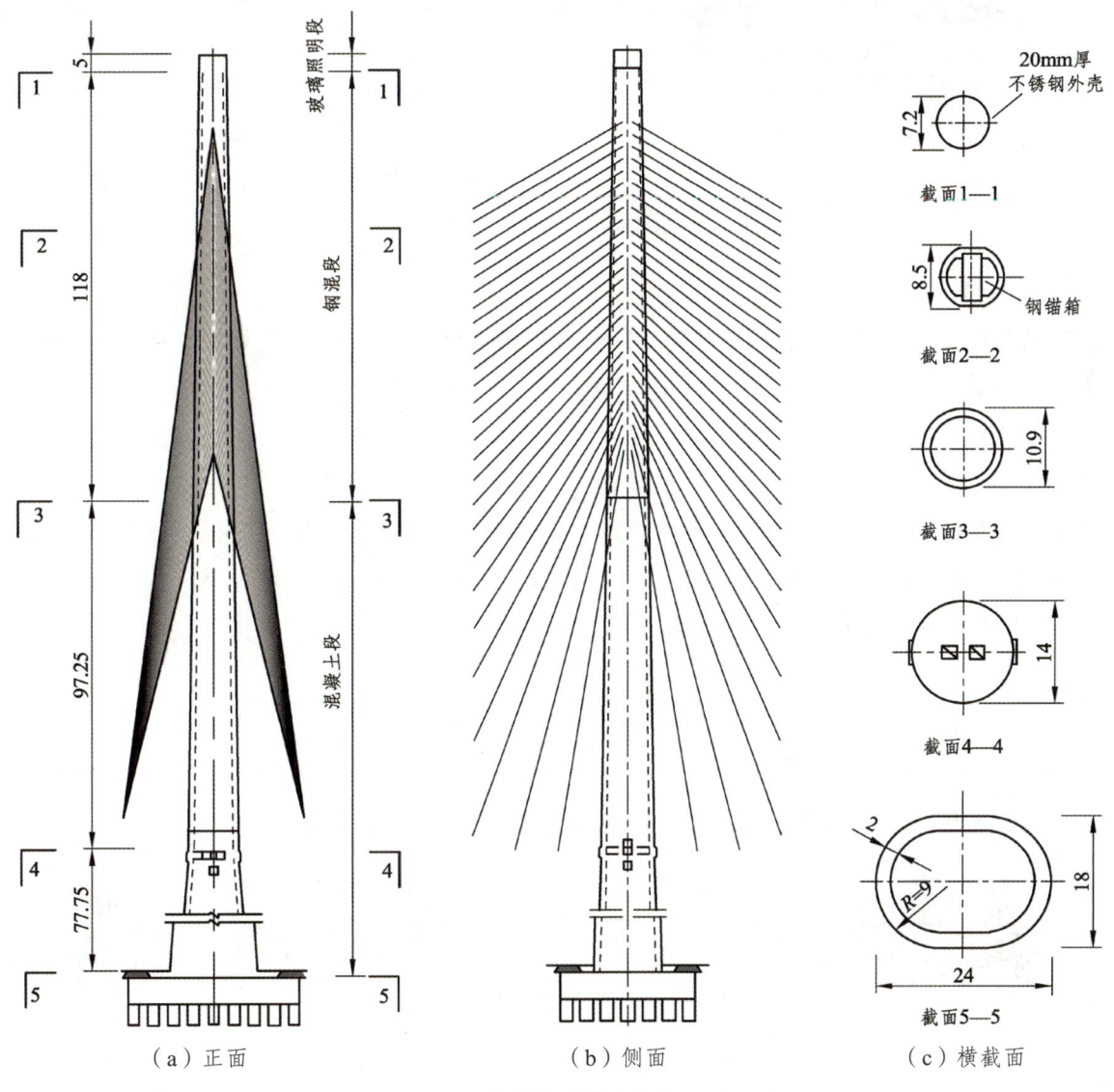

图15-39 主塔构造[19]（单位：m）

面尺寸从横向24 m和纵向18 m逐步缩小到14 m直径的圆形截面，自塔高175 m处以上圆形截面进一步缩小为直径10.9 m和壁厚1.4 m，再上为锚固区的混凝土截面与不锈钢外壳的组合截面，其中不锈钢外壳厚20 mm，如图15-40。主塔下部混凝土截面配筋考虑海洋环境下的耐久性要求，最外层采用不锈钢钢筋，主塔上部外壳采用不锈钢。

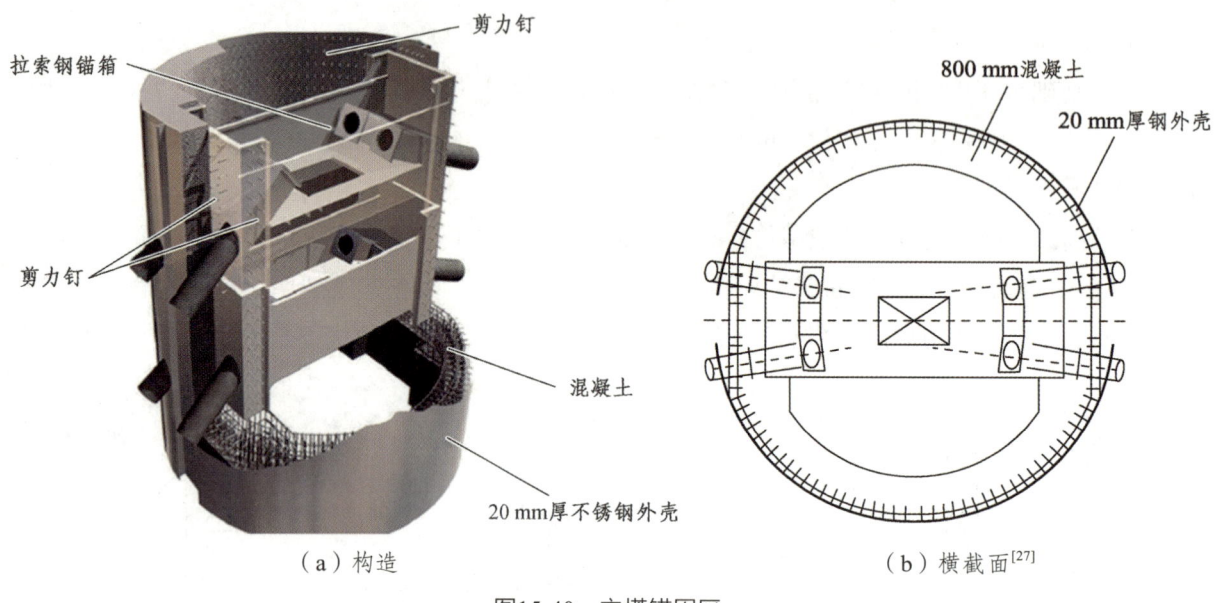

图15-40 主塔锚固区

（3）上部结构

钢箱梁全长1 117.5 m，分别为主跨1 018 m和边跨49.75 m靠近主塔的梁段，边跨主要采用预应力混凝土梁，全长478.5 m，均为2个分离式箱梁，分别设在独柱式桥塔的两侧，各为单箱三室且用横梁将左右两箱连接，外形采用流线型设计，满足气动性要求，桥身底部装有导流板，防止桥身振动，如图15-41所示。主跨钢箱梁通过间距18 m的钢横梁联结，与拉索间距一致，混凝土双箱梁则通过间距15 m的混凝土横梁联结。钢箱设计有正交异性钢桥面板，顶板厚18 mm，U形加劲肋厚9 mm，横隔板间距一般为3.8 m，连接斜拉索的横梁处为2.8 m。纵肋最大板厚为40 mm，横肋最大板厚为50 mm（靠近主塔处）。

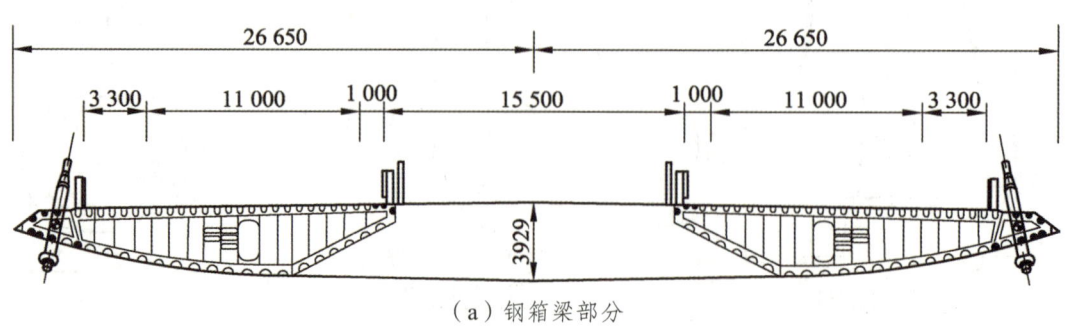

（a）钢箱梁部分

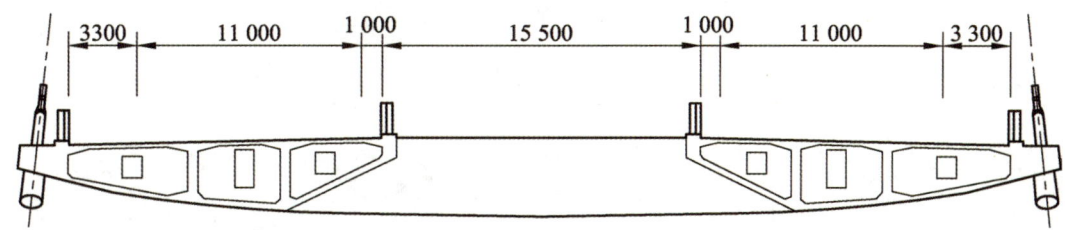

（b）混凝土梁部分

图15-41　双主梁结构（单位：mm）

斜拉索每侧28根，全桥共有8×28=224根，索面采用扇形布置，每个主塔分别有56对平行拉索，主跨索间距18 m，边跨15 m。大桥采用预制的平行钢丝索，钢丝直径7 mm，抗拉强度为1 770 MPa[28]，平行钢丝索放置在高密度聚乙烯管道内，钢丝之间涂蜡以防止腐蚀，且每条索都加装内置的阻尼器，如图15-42所示，拉索直径取决于钢丝数量，由主塔附近的113 mm（163根钢丝）至尾索的192 mm（499根钢丝）不等，拉索最长达540 m，重约70 t。

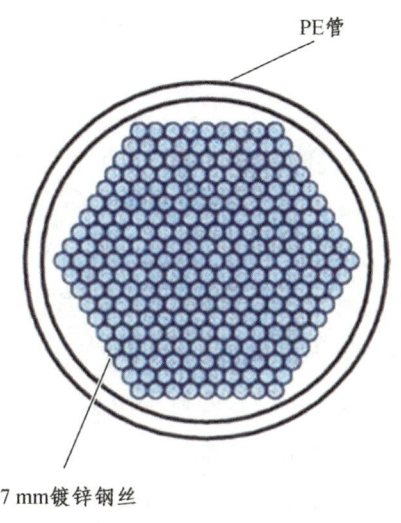

图15-42　斜拉索横截面

15.5.3　施工

1. 下部结构

主塔和边墩的基础均采用钻孔灌注桩建于岸上，施工方在50 m×39 m×10 m的板桩围堰内安装了20个直径为200 mm的抽水泵抽出地下水以控制水量，且在多个位置安装了一套24 h操作的自动水位监测系统，确保主塔附近的建筑物没有因基础的施工过程而出现沉降。混凝土浇筑时的温度控制采用了含有60%粒化高炉矿渣粉的混凝土[23]，在混凝土中加冰块以及限制每一次浇筑混凝土的厚度不超过1 m等。承台浇筑完成后就开始利用爬模进行边墩和桥塔下部混凝土结构的施工。

主塔截面外形及厚度沿高度变化，主塔的下半部以爬模建成，爬升过程逐步调整模板，每次爬升4 m，通过支撑于已完成浇筑的截面顶部的10对千斤顶提升整套系统，大约7天完成每4 m的施工循环，如图15-43（a）所示。主塔上部施工时先吊装钢锚箱，再吊装分成2个半圆形的不锈钢外壳，通过高强螺栓连成整体，内侧设剪力钉与混凝土连接，不锈钢外壳同时也作为混凝土浇筑的外模板，完成混凝土浇筑，爬模提升准备下一段施工，如图15-43（b）、（c）所示。

（a）下塔柱施工　　　　　　（b）上塔柱施工　　　　　　（c）钢锚箱施工

图15-43　主塔施工[19]

2. 上部结构

大桥边跨全长289 m，钢筋混凝土桥面部分长240 m，与70 m高的混凝土桥墩固结连接，均为现浇施工，采用了大量的临时支座和支架，如图15-44（a）所示。边跨的施工次序为先浇筑墩顶横梁和跨中的其他横梁，横梁施加第一级预应力后，浇筑跨中部分主梁，将跨中部分梁段连成一体，进行第二级横向预应力张拉，浇筑跨中梁段与墩顶横梁之间的结头，将整个边跨梁段连成一体。从主梁尾部施加体外纵向预应力，完成整个边跨施工。支座体系仍然保持支撑，之后随斜拉索的逐步安装而逐步拆除。主塔处及延伸进边跨的部分钢箱梁全长约88 m，由6段箱梁节段组成，先在主塔两侧的陆地上将6段箱梁南、北2条主梁焊接成88 m长总重约4 000 t的节段，利用主塔及边跨上的起重装置将节段吊装至70 m高，如图15-44所示。到位后，现浇钢箱梁及混凝土箱梁的接头，施加预应力将主梁连成一体。安装最初4对斜拉索后，拆除临时吊臂，开始进行标准节段吊装和斜拉索安装。钢边跨架设完成后作为主跨钢梁段的悬臂架设平台[31]。

（a）混凝土段支架　　　　　　　　　　（b）边跨处起重装置

（c）主塔处起重装置

（d）边跨吊装

图15-44　边跨施工[20]

钢箱梁的板件在山海关桥梁厂制造，然后运到广东的装配场拼装成箱梁节段，涂装后再转送往桥址处吊装，如图15-45（a）所示。钢箱梁标准节段长18 m，两幅箱梁通过横梁联结，在平面上看，构成宽53 m的H形，每段总重约500 t，由驳船从广东的拼装场运到施工现场，利用桥面吊机从停泊于蓝巴勒海峡的驳船上吊装。吊装时在海面划定200 m×200 m的施工区域，以尽量减小对通航的影响。约45分钟就可将主梁节段从海面吊至70 m高的主梁位置。主梁节段到位焊接后，按序安装对应的一对边跨斜拉索和一对主跨斜拉索，桥面吊机前移，准备吊装下一节段，完成1个吊装循环。

（a）钢梁拼装

（b）主跨梁段起重机[30]

（c）主跨合龙

图15-45　主跨施工

斜拉索钢丝的原材料来自日本，然后运到江苏江阴钢丝厂，制造大桥所需要的不同尺寸及长度的平行钢丝拉索，完成后的拉索运到香港安装。拉索先由索盘展开，安装时首先锚固塔端，由塔式起重机与桥面上的移动式起重机联合起吊，并安装至主塔处的钢锚箱，再利用大型张拉设备从主梁锚固端张拉，如图15-46所示。张拉完成后到内置阻尼器安装前这段时间，利用临时控制措施来抑制拉索振动。内置阻尼器安装的目标是将拉索的整体阻尼提升至4%。

（a）斜拉索吊装

（b）斜拉索张拉

图15-46　斜拉索施工[30]

15.5.4　运营与维护

昂船洲大桥安装了一套"风及结构健康监测系统"，以监控大桥对风荷载、温度荷载和活载等的结构响应。这套系统包括一套传感器，如图15-47所示，有风速及风向仪、温度传感器、内置动力传感器、腐蚀传感器、湿度计、气压表、降雨测量器、应变仪及加速度仪等，在确保桥梁完整性、尽量降低维修费用和维持桥梁的使用寿命方面非常重要。此外，这套系统也可检定设计、分析的假设和为操作人员提供重要参数，以便筹划其巡查和维修时间表与策略，从而确保大桥能安全可靠地服役。

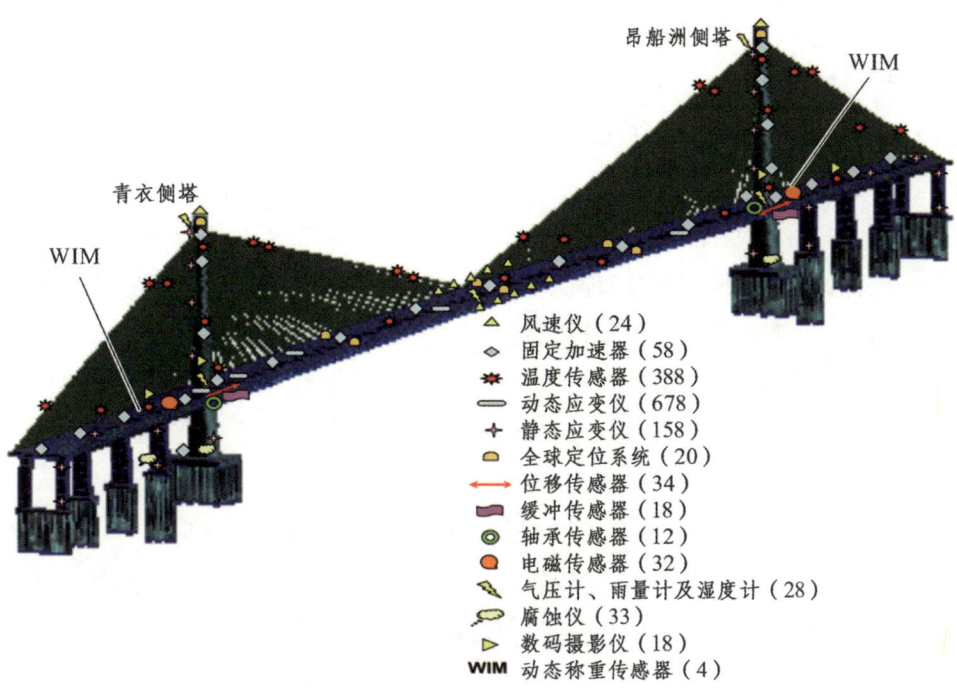

图15-47 结构健康监测系统[10]

大桥南面主梁的通道口装设一道在轨道上滑行的自动维修穿梭车，以便运送设备和物料，如图15-48所示。该穿梭车可沿大桥滑动，其大小尺寸亦可穿过钢箱梁和隔梁的设计通道孔，一次可容纳两名操作人员和150 kg的设备。同时为改善由南至北主梁之间的通道，大桥会在每隔5条横梁的地方设置跨桥通道[24]。

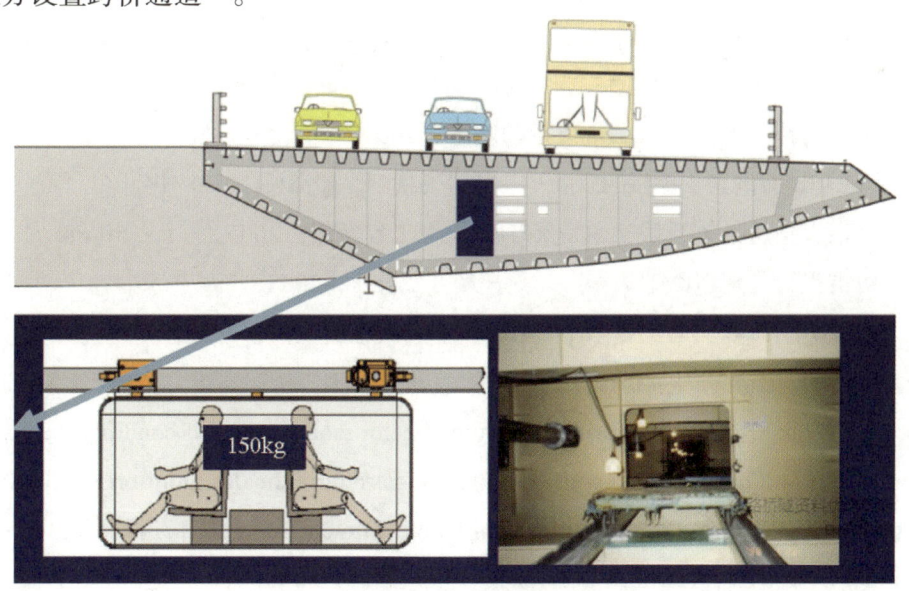

图15-48 穿梭车

大桥在主跨和边跨部分的桥面两侧均设有2个维修台，每个维修台均设有可伸延部分直达大桥桥底中心。备有独立结构、马达、控制器等的维修台能完全独立运作。有关的伸延部分让维修台可通往主塔外的平台，而伸延部分上面的升降平台也可让工作人员检查倾斜腹板和横梁腹板。边跨部分的维修台以检查拉索锚固。

15.5.5 结论

昂船洲大桥以其独特新颖的造型成为少数主跨超过1 km的斜拉桥，可从设计、施工和运营维护三方面总结为：

（1）结构设计。主梁采用半漂浮体系，首次采用独柱式钢混桥塔，利用剪力键把外层的钢结构和混凝土壁联结起来，同时首次使用大量不锈钢，提高了主塔的耐久性。主梁采用2个极薄流线型的分离式箱梁，不仅改善了气动性，也可节省工期和成本。

（2）施工。下塔柱采用爬模施工，上塔柱不锈钢外壳采用栓接预制组件的方法，避免了在工地的高空焊接。主梁边跨为支架施工，桥塔处钢梁利用主塔处起重装置吊装，而主跨钢梁在边跨的架设完成的基础上进行悬臂拼装。

（3）运营维护。大桥安装一套桥梁"风与结构健康监测系统"，以监控大桥的运行情况，同时构筑物的所有重要部分均设有通道，如大桥桥塔的升降机、桥塔顶部吊架、桥面内部维修车、箱梁维修台等，可对桥梁的维修与养护做到及时、高效、优质。

参考文献

[1] 唐夫仁. 世界第一钢索桥：香港青马大桥[J]. 海洋世界，1997（7）：5.

[2] 安琳，丁大钧. 香港青马大桥简介[J]. 桥梁建设，1997（3）：24-28.

[3] Guo W. Running safety analysis of a train on the Tsing Ma Bridge under turbulent winds[J]. 地震工程与工程振动（英文版），2010（3）：09.

[4] 陈智仁. 香港的跨海大桥[J]. 城市道桥与防洪，2007（8）：1-5+201.

[5] 张劲超，颜东煌. 香港索支撑桥的发展——从青马桥到昂船洲桥[J]. 中外公路，2003（1）：60-63.

[6] 刘正光. 香港大型悬吊体系桥梁的发展[J]. 土木工程学报，2005（6）：59-68.

[7] 刘正光. 香港设计与建造[M]. 北京：清华大学出版社，2008.

[8] 唐寰澄. 世界著名海峡交通工程[M]. 北京：中国铁道出版社，2004.

[9] 韩鑫根，程良猷. 香港青马大桥钢梁桁架的组装及焊接[J]. 桥梁建设，1995（1）：33-36.

[10] NI Y Q, WONG K Y. Integrating bridge structural health monitoring and condition-based maintenance management[C]//4th International workshop on civil structural health monitoring. 2012: 6-8.

[11] STROH S L, LOVETT T G. Kap Shui Mun Cable Stayed Bridge[C]//Proceedings of the Fourth International Bridge Engineering Conference. 1995, 1: 259-265.

[12] SAUL R, HOPF S. Die Kap-Shui-Mun-Brücke in Hong Kong-eine zweistöckige Schrägkabelbrücke für Straßen-und Eisenbahnverkehr (Teil 1)[J]. Beton - und Stahlbetonbau, 1997, 92(10): 261-265.

[13] 刘正光，黄启远. 简介香港三座悬吊体系长大桥的设计、施工及监测系统[C]//中国土木工程学会第八届年会论文集. 北京，清华大学出版社，1998，240-247.

[14] 刘正光. 香港青马大桥的设计和施工[C]//中国土木工程学会桥梁及结构工程学会. 第11届年会

论文集．汕头．1994.44-50．

[15] 刘正光，黄启远．香港汀九桥的设计与建造[C]//中国土木工程学会桥梁及结构工程学会．第十二届年会论文集：上册．上海：同济大学出版社，1996：64-68．

[16] 华有恒．试论香港汀九斜拉桥设计构思的特色和探讨[J]．桥梁建设，1997（3）：7．

[17] BERGERMANN R, SCHLAICH M. Ting Kau Bridge, Hong Kong[J]. Structural engineering international, 1996, 6(3): 152-154.

[18] 王振威，许志豪，黄剑波．昂船洲大桥桥型方案及初步设计．中国土木工程学会桥梁及结构工程学会．第十三届年会论文集：上册[C]．上海：同济大学出版社，1998，145-156．

[19] MORGENTHAL G, SHAM R, WEST B. Engineering the tower and main span construction of stonecutters bridge[J]. Journal of Bridge Engineering, 2010, 15(2): 144-152.

[20] MORGENTHAL G, SHAM R, SCHWARZ A. Engineering the Heavy Lifting of the Stonecutters Bridge Steel Back Spans, Hong Kong[J]. Structural engineering international, 2009, 19(1): 85-90.

[21] 刘正光．香港青马大桥的设计[J]．土木工程学报，1992（5）：77-80．

[22] 严国敏．香港青马大桥与江阴长江公路大桥悬索桥方案简介[J]．桥梁建设，1992（4）：50-55．

[23] 黄剑波，邱文珊，许志豪．建设中的昂船洲大桥[C]//第十八届全国桥梁学术会议论文集：上册．北京：人民交通出版社，2008：609-614．

[24] 许志豪，黄剑波．昂船洲大桥耐久性、维修和安全考虑[C]//第十七届全国桥梁学术会议论文集：上册．北京：人民交通出版社，2006：53-60．

[25] BEARD A S. Tsing Ma Bridge, Hongkong[J]. Structural Engineering International, 1995, 5(3): 138-140.

[26] Ko J M, Sun Z G, Ni Y Q. Multi-stage identification scheme for detecting damage in cable-stayed Kap Shui Mun Bridge[J]. Engineering structures, 2002, 24(7): 857-868.

[27] FALBE-HANSEN K, HAUGE L, KITE S. Stonecutters bridge-detailed design[J]. IABSE REPORTS, 2004, 88: 150.

[28] KITE S, YEUNG N, VEJRUM T. Stonecutters Bridge, Hong Kong: stay cables and geometry control[C]//Proceedings of the Institution of Civil Engineers-Bridge Engineering. Thomas Telford Ltd, 2012, 165(1): 59-65.

[29] HUSSAIN N, HAUGE L, FALBE-HANSEN K. Design of the stonecutters cable-stayed bridge in hong kong[C]//IABSE symposium Melbourne. 2002: 322.

[30] ISHIKURA Y, KUWABARA K, SHAM R, et al. Stonecutters Bridge, Hong Kong: main span erection[C]//Proceedings of the Institution of Civil Engineers-Bridge Engineering. Thomas Telford Ltd, 2012, 165(1): 67-76.

[31] MORGENTHAL G, SHAM R, YAMANE K. Engineering the construction of the Stonecutters Bridge concrete backspans[J]. Structural Concrete, 2008, 9(4): 199-213.

[32] KITE S, HUBERT I, VENETZ C. Stonecutters Bridge–Latest Construction Challenges[C]//IABSE Symposium: Improving Infrastructure Worldwide, Weimar, Germany, 19-21 September 2007. 2007: 54-55.

16　俄罗斯岛大桥

16.1　引　言

俄罗斯岛大桥（Russky Bridge）是一座跨越东博斯普鲁斯海峡的大桥，服务于2012年在符拉迪奥斯托克市（海参崴）举行的亚太经合组织首脑会议（APEC）而兴建，连接俄罗斯滨海边疆区首府符拉迪沃斯托克（Vladivostok）的大陆部分纳季莫夫半岛（Nazimov Peninsula）与会议举办地俄罗斯岛（Russky Island），成为滨海边区运输系统的重要链条，如图16-1所示。俄罗斯政府修建该桥的主要目的是把符拉迪沃斯托克这座港口城市发展成"俄罗斯的旧金山"，以便吸引更多投资者。为实现这一目标，俄罗斯政府建设资金投入达339亿卢布（约11亿美元）。该桥于2012年7月完工，由时任俄罗斯总理梅德韦杰夫（Medvedev）主持通车，2012年9月3日被正式命名为俄罗斯岛大桥。到竣工时该桥建设成本预计超过10亿美元，设计交通量为5万辆/日，而俄罗斯岛人口仅有5 000多人，设计远超现有需求，因此遭到俄罗斯反对派的批评。

图16-1　俄罗斯岛大桥桥位

16.2 结构设计

1. 设计条件

符拉迪沃斯托克市地处太平洋区域，桥址处气候条件恶劣，温度变化范围−31℃~37℃，冬夏温差最大可达73℃，最大风速36 m/s，风暴潮高达6 m，冬季冰层厚度可达70 cm。因此桥梁设计需考虑海洋性气候引起的大风巨浪和较大温差等多种环境因素。大桥设计为双塔双索面斜拉桥，全长1 885.53 m，主跨为1 104 m，桥位根据最短岸距1 460 m确定，航道深度最大可达50 m。设计的两铰加劲梁可承受里氏8.1级的地震荷载及强烈的海流作用。设计条件如表16-1所示。

表16-1 俄罗斯大桥设计条件

项 目	内 容
桥型	双塔双索面对称式斜拉桥
跨径分布	（60+72+3×84+1 104+3×84+72+60）m
车道数	双向4车道
通航净空	70 m
桥塔高度	321 m
桥梁宽度	梁宽：29.5 m；车道宽：23.8 m
主梁形式	主跨：正交异性板钢箱梁； 边跨：混凝土箱梁
拉索数量	168根
设计荷载	设计风速：38.2 m/s
	里氏8.1级地震荷载

2. 下部结构

主塔为321 m高的空心钢筋混凝土A形塔，采用B60（对应国内C60）高强度混凝土，为增加主塔刚度及稳定性，塔间设置钢支撑，每座塔需要约2万 m³混凝土和3 000 t的钢。主塔壁厚0.7~2 m，倾斜长度187.58 m，倾斜度为2°~5°，如图16-2所示。位于纳季莫夫半岛上的M1号桥墩和俄罗斯岛上的M12号桥墩是该桥自重最大、最复杂的结构，基础为桩基础，塔下各设120个直径2 m的钻孔桩，持力层在地下77 m处，墩高35 m，承受斜拉索和加劲梁传来的水平荷载。采用自密实的B35级耐硫酸盐硅酸盐水泥混凝土浇筑桥墩和主塔，防腐防锈蚀性能好，其他桥墩采用圆柱形式（高9~30 m）。

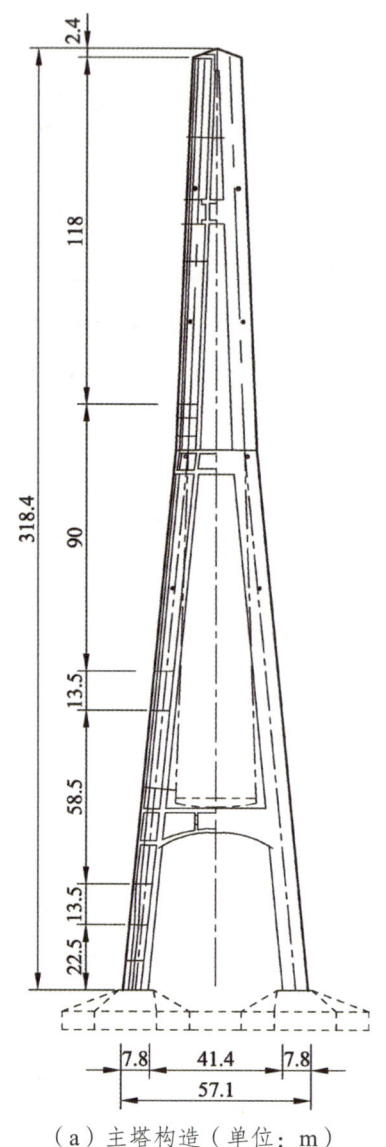

(a) 主塔构造（单位：m）

(b) 实景

图16-2 俄罗斯岛大桥主塔

3. 上部结构

俄罗斯岛大桥为双塔双索面斜拉桥，全长1 885.53 m，主跨为1 104 m，超越中国苏通长江大桥成为世界上主跨最大的斜拉桥，主塔高320.9 m，双向四车道宽23.8 m，图16-3为该桥立面布置。两侧引桥对称布置，为五跨连续预应力混凝土连续梁（60+72+3×84）m。

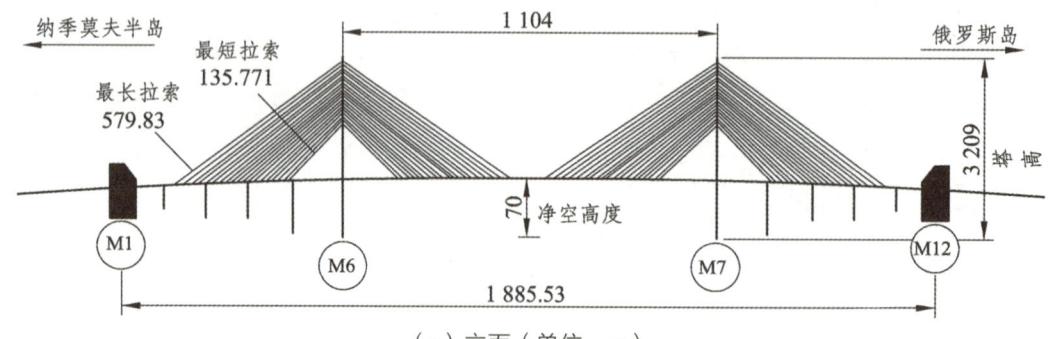

(a) 立面（单位：m）

（b）实景

图16-3　俄罗斯岛大桥上部结构

（1）主梁

主梁横截面形状根据空气动力学分析确定，并根据风洞试验结果进行优化，增加其抗风能力。大桥主跨及塔侧70 m长的边跨采用正交异性板钢箱梁，其余采用混凝土箱梁。箱梁构造如图16-4所示，加劲肋的纵横向交叉处采用现场焊接连接；构件连接处、纵肋、横梁和横隔板均用高强螺栓连接。主跨部分由103个预制钢箱梁节段组成，每段长12 m、宽26 m。预制节段由驳船运输到施工现场进行吊装。

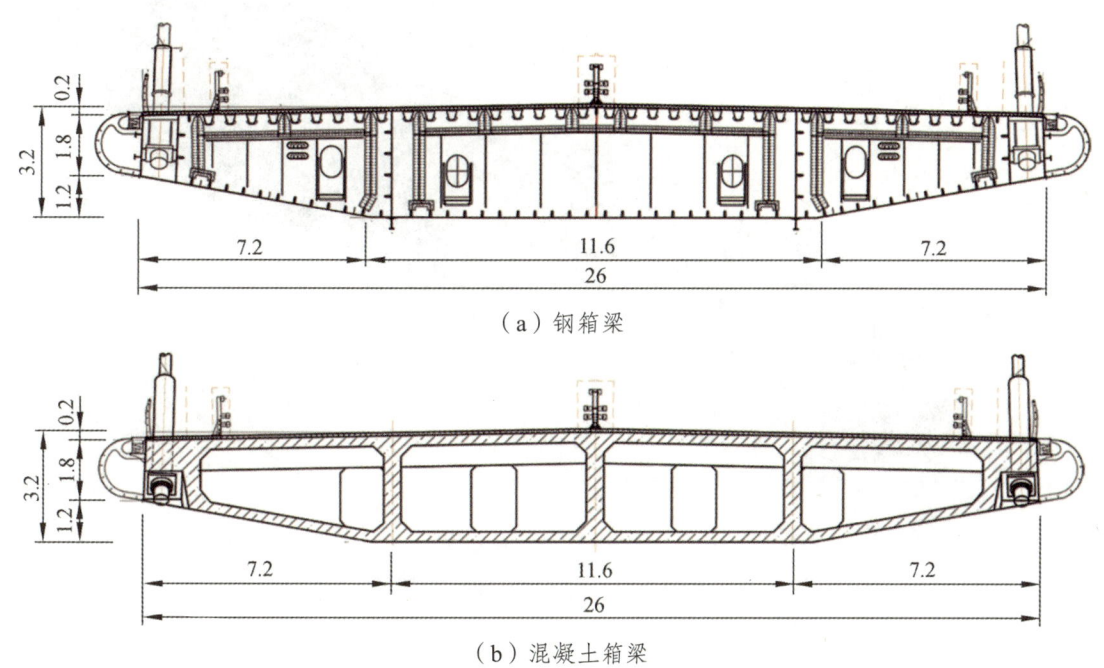

（a）钢箱梁

（b）混凝土箱梁

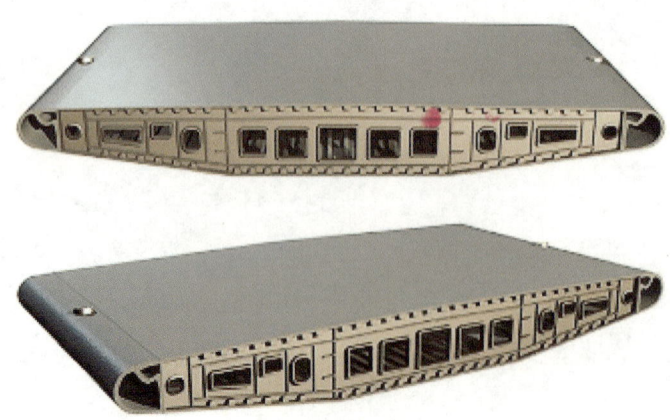

(c)钢箱梁模型

图16-4 大桥主梁(单位:m)

(2)斜拉索

斜拉索由直径为15.7 mm的平行钢丝组成,每根索股由7根镀锌钢丝组成,采用高密度聚乙烯保护套;拉索由13~85根索股组成。拉索最短长度为135.77 m,最长为579.83 m。图16-5为斜拉索构造细节。为减轻风雨激振和空气动力学作用,斜拉索中采用了渗透密封系统(PSS),可降低25%~30%的风荷载,并使主塔、主梁和地基的材料成本降低了35%~40%。斜拉索设置2个保护层:第一层为内部黑色高密度聚乙烯保护层;第二层是超薄金属保护层,并涂装成俄罗斯国旗的颜色,如图16-6所示,设计服役年限为100年。由高密度聚乙烯制成的保护套,能够抵抗紫外线和当地的较大温差(温度范围为-40℃~40℃)。斜拉索系统总重达3 720 t,拉索数量为168根,总长超过54 km。

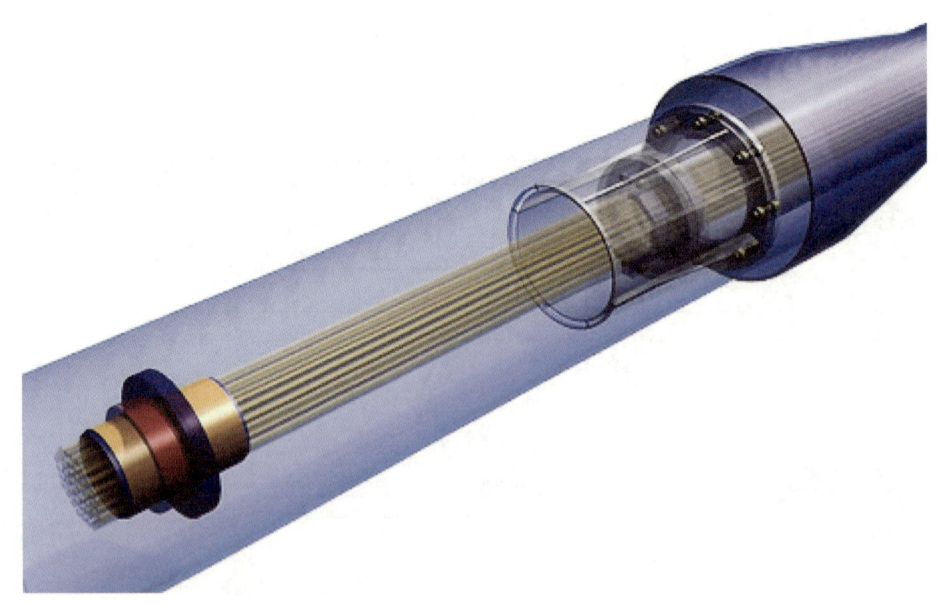

图16-5 拉索构造细节

图16-6　斜拉索

16.3　施　工

1. 施工基地

为实现施工作业的高效进行，在海峡两岸建立了2个施工基地：一处位于纳季莫夫半岛侧，另一处位于俄罗斯岛侧。基地为从半岛延伸150 m的人工筑岛，如图16-7所示。基地设有钢筋焊接车间、建筑实验室和混凝土搅拌站，办公楼、生活区，以及机械、木工和设备维修车间等设施完善，并新建了超过1 km的轨道运输建筑材料。配备有320多台最先进的专业设备：40 t和20 t专业塔式起重机用于主塔的架设，工作范围可高达340 m；起重能力高达400 t的桅杆起重机用于吊装主跨钢箱梁节段；起重能力1 350 t的履带起重机。可在较短时间内快速吊装主梁的前10个节段。

图16-7　施工基地

2. 下部结构

桩基础施工在深度为14~20 m的海水中进行。主塔基础共有120根直径2 m的钻孔桩，其中永久性钢桩深达46 m（位于M7塔下），而纳季莫夫半岛侧（M6塔）的桩基深达77 m。钻孔作业总长超过5 000 m，地基为抗压强度为90 MPa的高度混合且高度非均质的岩石粉砂岩和抗压强度高达180 MPa的压缩砂岩透镜体。施工中耗时最长的是桥墩承台，每个桥墩的承台作业需约2万m^3混凝土和约3 000 t钢材，承台台身设置应变计监控底座的应力水平。基坑内布置了横向支撑保证基坑的稳定性。此外，由于大体积混凝土结构在-30℃的施工环境下，因水化作用会产生温度分布不均的情况，易造成混凝土发生开裂，对承台混凝土的养护也进行了技术创新。在浇筑混凝土后，采用"电加热丝编网"和"保温毯"对承台大体积混凝土进行养护，可控制混凝土内外温差，以防止混凝土发生大面积的开裂。

图16-8　钻孔桩施工

主塔采用专门研发的超大型液压自爬式模板建造，如图16-9所示。采用特制的自爬升脚手架，可缩短施工时间。采用自爬式模板进行混凝土浇筑：分7层进行，模板总高度为19 m，每层设3个工作平台，可同时进行施工缝准备、加固、混凝土浇筑、混凝土养护和饰面等工作，浇筑分为72个周期，每个周期浇筑高度4.5 m。自爬式模板采用液压驱动，将主塔的工期缩短了三分之一。

图16-9　主塔施工

3. 上部结构

主梁采用流线型扁平钢箱梁，钢箱梁由103个预制节段组成，每个节段长12 m，宽26 m，为和边跨的钢筋混凝土箱梁衔接，另有2个长6 m的过渡段，预制节段如图16-10所示。钢箱梁总重量达2.3万t，长1 248 m。节段在附近的预制厂内制造，预制完成后直接进行焊接拼装，该工厂为该桥的主梁提供了数千吨的钢结构。主梁架设的施工高度为70 m，运用预制节段法可显著加快主梁架设过程、减少接缝数量。此外，在该预制厂制作了30 km一级焊接接头，并进行了100%超声波探伤。主梁吊装首先用驳船将预制节段运到施工现场，使用全球导航卫星系统将驳船定位在主桥下方，然后用吊机吊起至70 m高。安装至第20段后，吊起24 m长的双节段进行安装以加快钢箱梁的架设，如图16-11所示。

图16-10　主梁预制节段

图16-11　钢箱梁预制节段拼装

图16-12为斜拉索施工作业。最长斜拉索长579.83 m，创造了桥梁施工中的世界纪录，该索架设在M6塔的317 m高度处，并连接至钢箱梁的第50节段，该处距主塔的水平距离约为534 m。弗雷西奈公司（Freyssinet）专门为此桥开发了超紧凑型斜拉索设计可有效降低风荷载。斜拉索制造和施工过程中保证严格的质量监控，确保其高强、耐腐的性能，其设计使用寿命为100年。

图16-12　斜拉索施工

主梁的合龙段于2012年4月11—12日夜间架设，特别定制了浮桥专门运送合龙段，如图16-13所示，合龙前每个悬臂长546 m。吊装完成后的第二天，时任俄罗斯总统普京（Putin）举行新闻发布会祝贺大桥的完工，并将合龙段焊接作业过程通过电视直播。桥梁完工后全貌如图16-15所示。

图16-13　主梁合龙

图16-14　施工中的大桥

图16-15　2013年完工后的夜景

16.4　运营维护

1. 主塔结构振动监测

俄罗斯岛大桥主塔结构设计高度320 m，施工中的结构易发生失稳，给架设过程带来很大挑战。因此，为保证主塔结构的稳定性，有必要对其结构振动进行监测。采用基于WGS-84坐标系的监控系统，严格监控主塔施工过程中因强风及温度造成的结构振动，工作原理如图16-16所示。该系统采用基于WGS-84坐标系的全球导航卫星定位系统，在监测对象上安装定位装置进行监测。系统由一个自动接收控制器和多个数据终端传感器构成，传感器对监测数据进行采集，并采用无线网络形式（WIFI）将数据传输至主控制器中，实现对信号的远程处理。该系统主要用于监测温度、风及施工荷载引起的主塔结构振动及位移。

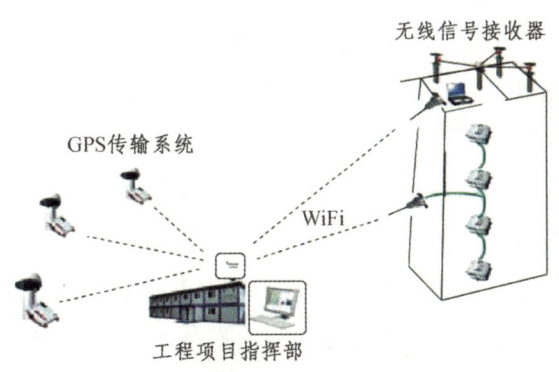

图16-16　振动监测信号传输控制原理

为保证对施工过程中主塔结构的状态做出正确评估，根据不同的施工阶段，主塔布置了不同的测点，分别位于塔高65、72、153、187 m处，测点布置如图16-17所示。设置了3种不同工况进行振动监测，分别为昼夜温差导致的振动，风荷载导致的振动以及吊车在起重作业时导致的振动。监测结果表明,施工荷载作用下的主塔结构振幅是其他工况的2~3倍。由此可知,施工荷载作用导致的振动是影响该桥主塔结构稳定性的重要因素之一。

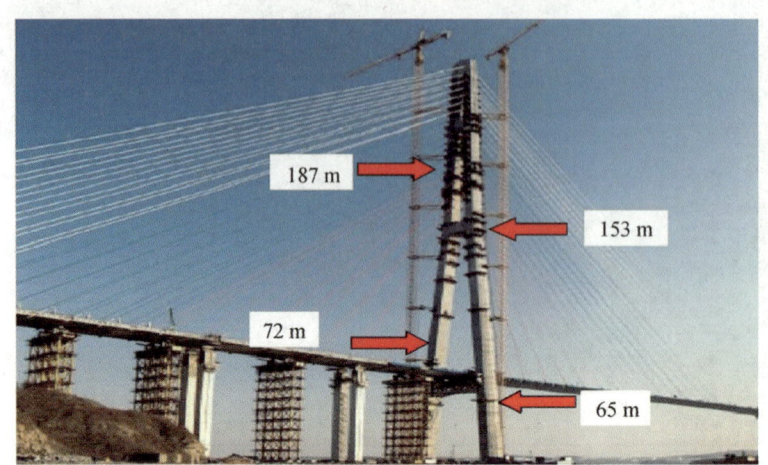

图16-17　主塔结构振动参数的测点布置

2. 主塔混凝土探伤与钢筋状态监测

为保证主塔结构的混凝土与钢筋符合设计要求,施工时采用专业设备BC200对混凝土进行透视检测,可实时检测评估混凝土厚度和钢筋的状态。BC200具有穿透100 mm混凝土层的探测能力,可直观观察到钢筋状态,如钢筋的直径、弯曲度以及位移等变化。主塔结构在冬季施工时,混凝土浇筑的温度不允许过低,为确保混凝土的质量,采用红外线热视仪监测混凝土的温度。自20世纪50年代起,超声波探伤法的运用已经较为广泛,但该法具有很大的局限性。因此,在检查桥墩与主塔结构损伤和完整度的工作时,大桥采用了低频超声波X线断面成像仪A1040MIRA,最大探测深度可达2.5 m,可提供结构内部缺陷的影像。

3. 主梁焊缝质量检测

主梁架设的施工高度为70 m,受强风影响,施工环境较为恶劣,为达到设计要求,拼装完成后需对焊缝质量进行检测。大桥采用高频超声波探测仪检测焊缝情况,该仪器可穿透14~32 mm厚的金属板,及时发现人工焊接导致的微小缺陷,全梁顶面检测时间为1.5~2 h,底面3~3.5 h,用时较短,极大提高了检测效率。

4. 自动化监控系统

桥梁配备了自动化的精密监控系统,该系统允许同时使用2个全球卫星定位系统对施工过程进行不间断监控。该系统集成了500多个最先进的传感器,可以实时监控桥梁的健康参数、天气状况和风荷载。控制中心设置了一块巨大的显示板,用于监控桥梁性能,实时显示所有传入的数据,如能见度、风速、车道温度、牵引系数、水膜厚度、车道交通强度和交通流量密度等,让控制小组在事件发生24 h内有效采取措施;例如,为桥梁的交通设置安全限速。该创新的监控系统集成了多种传感器类型,包括全球卫星定位接收器、测速仪、倾角仪、地震仪,可提供精确的结构位置监控和结构构件数据。设置了不同颜色的指示灯反应桥梁状态——绿色指示灯表示正常,黄色表示接近预设范围内的警报级别,红色表示警报级别,非常直观显示桥梁构件的健康状况。

16.5 结　论

俄罗斯岛大桥作为目前世界上主跨最长的斜拉桥，不仅在结构设计上创下了各项世界纪录，其建设过程中所采用的多种现代桥梁建造前沿技术也引世瞩目，许多宝贵的工程经验非常值得参考，从结构设计、施工和运营维护三方面总结为：

（1）结构设计。俄罗斯岛大桥的主跨、斜拉索长度均创世界纪录，桥塔高度也达世界第二，是世界高寒地区工程规模最大的斜拉桥。主梁采用主跨钢箱梁+部分边跨PC梁的形式，与日本多多罗桥相似。

（2）施工。俄罗斯岛大桥在施工过程与性能监控中开发了性能更高的施工设备、运用了许多前沿技术，如使用自研发19 m超大型液压爬模进行主塔架设，高寒地区新型大体积混凝土养护技术，利用全球卫星定位系统进行主梁预制节段吊装等。

（3）运营维护。该桥在检测与监测技术上进行了技术创新，运用无线信号传输实现对主塔振动的监测与分析，首次采用了多种先进仪器检测主塔混凝土、钢筋状态以及焊缝质量。采用的自动化监控系统提高了监控效率，也为大桥的建设与结构安全可靠性提供了有力的技术支持。

■ 参考文献

[1] 拓明阳，赵健. 俄罗斯岛大桥总体施工设计综述[J]. 中外公路，2017, 37（6）：155-158.

17 结语：大跨钢桥发展的推动力与挑战

17.1 引　言

　　跨越小溪，跨越大河，跨越大江，跨越海峡，能够自由地到达想去的地方，是人类永无止境的自我挑战和不断向前的追求。18世纪以来，凭借材料力学和结构力学的进步，取得了一个又一个技术创新，也给钢桥带来了令人瞩目的进步，跨度不断增加，如图17-1所示。自1781年建成主跨30 m的英国煤溪谷铁桥，到2022年完工的主跨2 023 m的土耳其1915恰纳卡莱大桥，钢桥一直是人类实现拓展自身的生活空间、提升生活品质的关键工具。在这些大跨钢桥建造技术确立过程中，工程师经受了很多的失败和牺牲，促使他们对桥梁设计、施工和运营过程中的问题冥思苦想。这些经验和教训代代相传，经过长年不断累积形成了日趋完善的钢桥建造技术和众多壮美的大桥。这些都是值得我们珍视和继承的宝贵精神和物质财富。人类对美好生活的追求，是钢桥建造技术发展的强劲推动力，在这两百多年的发展过程中，钢桥进化得更长、更强和更美。

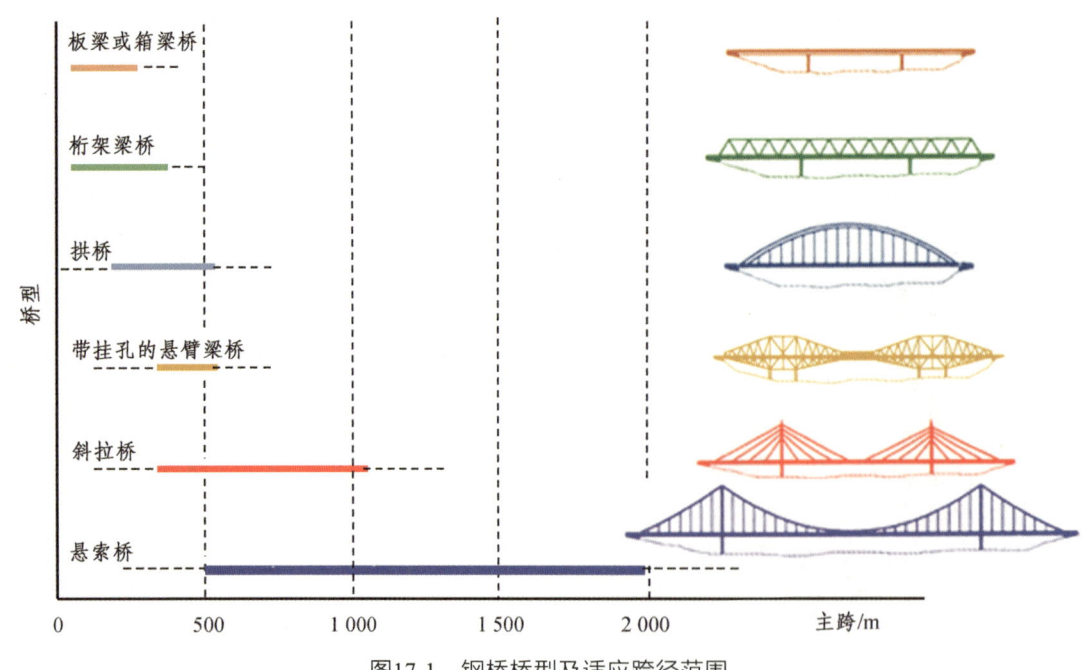

图17-1　钢桥桥型及适应跨径范围

17.2 大跨钢桥发展的推动力

工业革命初期（1779年），英国人采用铸铁建成了世界上第一座跨度30 m的煤溪谷铁拱桥，这座现存最古老的铁桥虽还混杂着木结构和砌体结构的特征，充满了不合理的金属结构设计，但却是钢桥发展的肇始和里程碑。19世纪初，横跨梅奈海峡的主跨177 m锻铁眼杆主缆悬索桥建成，是大跨现代悬索桥开始成熟的标志。19世纪末钢材冶炼技术的提高，英国福斯铁路桥首次采用全钢结构，成功地突破了500 m主跨，自此带挂孔的悬臂梁桥开始成为大跨钢桥的重要桥型，直至加拿大魁北克桥垮塌事故[4]。20世纪后，在经济快速发展的背景下，钢材质量不断提升，结构分析方法和设计理念日益先进，极大地推动了世界钢桥的发展，涌现出数量众多的大跨拱桥、斜拉桥和悬索桥，如图17-2所示。纵观这两百多年的桥梁建造历史，大跨钢桥发展的推动力可总结为三方面：

1. 经济需求

经济与桥梁建设联系密切。地区经济越繁荣，交流就越频繁，经济发展就越需要顺畅的交通，通达的桥梁；反过来，发达的经济水平又可为建桥提供充足的资源，形成良性循环。英国工业革命时期进行了很多钢铁桥梁的创新，如煤溪谷铁桥和梅奈海峡大桥。美国在经济大萧条时期修建了金门大桥和奥克兰海湾大桥等一大批桥梁，既刺激了经济，又改善了交通基础设施。20世纪70年代，日本经济高速发展，一跃成为世界经济强国，此后二十年间建设了一系列的跨海桥梁和隧道，将本州、四国、九州及北海道连通，特别是本州四国联络桥。我国香港是崛起于20世纪60年代的"亚洲四小龙"之一，1989年开始的香港机场核心计划，建设了以青马大桥和昂船洲大桥为代表的桥梁，形成了完善的交通网络，成为世界贸易和金融中心。我国在21世纪桥梁建设的巨大发展，也是得益于中国经济的飞速发展和急剧增长的交通需求。可以说，经济需求是大跨钢桥发展的最重要的推动力，大跨钢桥的建成又成为国家和地区经济发展水平的标志之一。

2. 钢材性能

自从19世纪中期发明了贝塞麦炼钢法后，钢就成了一种可大量生产的廉价建筑材料。后来炼钢法经过多次改进，如碱性氧气炼钢法，使得钢的生产价格更低、品质更好。钢铁材料性能的不断提高是钢桥发展的前提和重要推动力，钢材经历了从铸铁、铸钢、精炼钢、沸腾钢、镇静钢、低合金高强度钢、高强度性能钢（如耐候钢）的过程。特别是钢材极限抗拉强度由100 MPa提高到2 000 MPa左右，推动了斜拉桥和悬索桥的缆索由最早的链杆逐步进化为高强钢丝，结构从而实现大跨且轻盈，如图17-3所示。钢材既需适应制造工艺的要求，又要满足运营阶段的使用要求，其化学成分和主要力学性能需要不断调整和改善以符合结构需要。同时，钢桥的连接方式也经历了销接、铆接到栓接、焊接的过程，使得钢桥施工更快捷，成本更低。20世纪30年代引进的焊接工艺彻底改变了钢结构制造与加工技术的面貌，焊接连接也使结构设计变得非常方便和简单。

■ 重返世界名桥修建现场

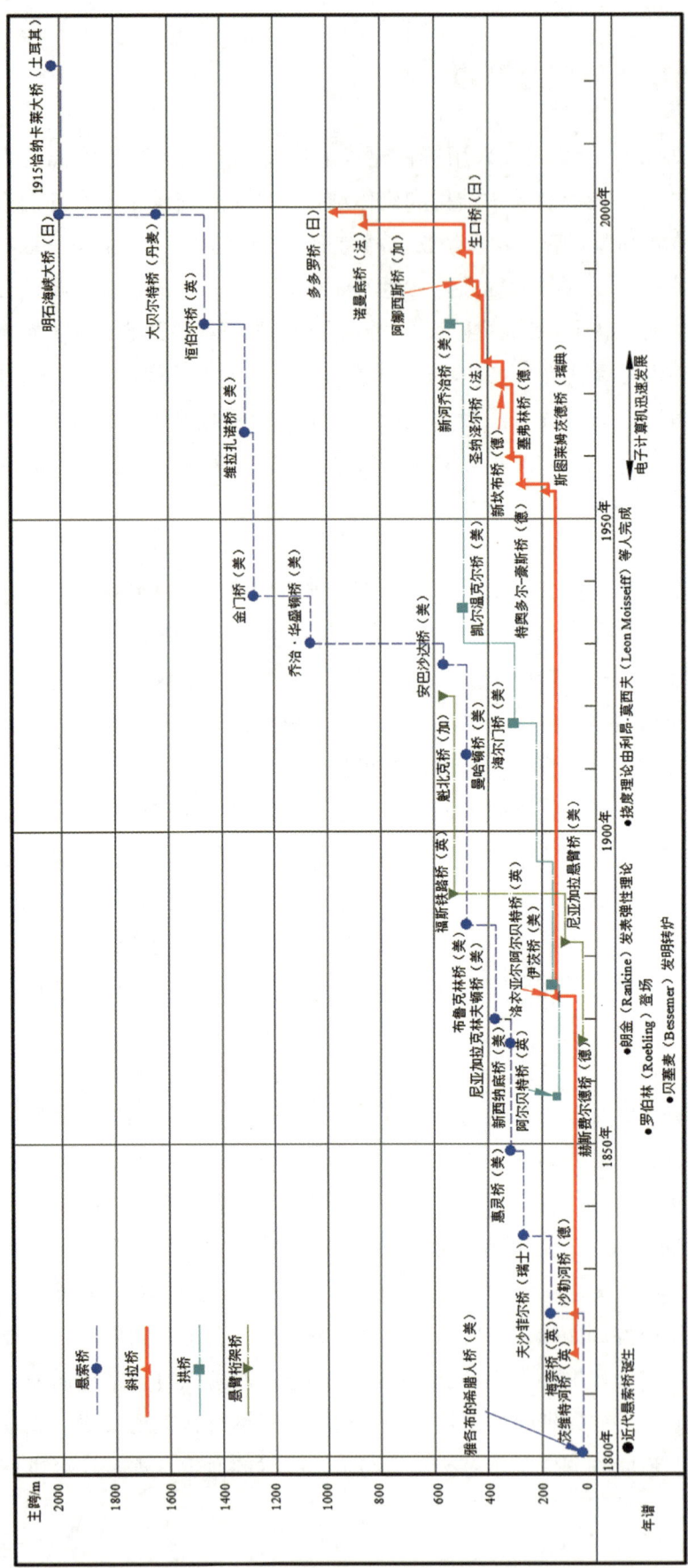

图17-2 近两百年钢桥的发展历程[1]

458

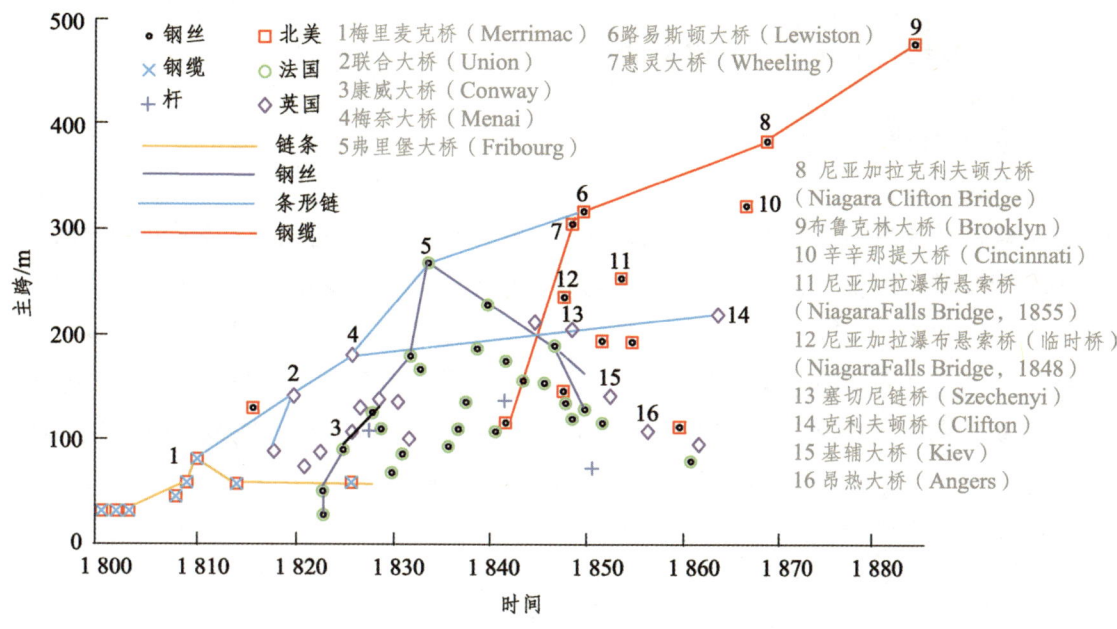

图17-3　19世纪现代悬索桥主缆形式的发展

3. 结构设计方法

在19世纪前，桥梁结构用材料一般都是砌体和木材，荷载主要是行人和马车，由工匠根据经验进行设计和施工，结构设计本质上都基于比例，即在既有桥梁结构基础上，根据工程经验按一定比例缩放确定结构尺寸。18世纪末期，这种基于工程经验的结构设计方法逐渐被大尺寸荷载试验和试算所代替。随后在力学发展和工程实践的基础上，法国工程师与科学家纳维（Claude-Louis Navier）于1825年提出了土木工程结构设计的容许应力法（1830年担任法国国立路桥学校的教授），土木工程设计从此有了比较系统的理论指导。基于胡克定律的弹性理论和图解静力学成为工程师的主要计算手段，因此容易手工计算的带挂孔的悬臂梁桥（福斯铁路桥、魁北克桥）、拱桥（悉尼海港大桥）和悬索桥（金门大桥）等静定次数较少的桥型成了这时期的大跨桥梁的主流形式。特别是1904年采用挠度理论设计的曼哈顿桥，确立了悬索桥取代悬臂桁梁桥在大跨桥梁中的主导地位。虽然这个过程中发生了魁北克桥和塔科马桥垮塌事故，但这些事故促进了工程师在结构设计时除了考虑强度以外，还要关注结构稳定和动力行为，为后来的大跨结构设计积累了宝贵的经验。二战后的科学技术的迅速发展，结构工程以现代科学技术为依托进一步发展。计算机的数值分析使过去难以手工计算的复杂结构可进行精确的计算分析，如采用有限元计算程序，可轻易地求解出以前难以完成的复杂超静定结构的内力和位移计算。对结构受力和变形的简便而精确的分析和计算机辅助设计（CAD）应用，使得设计工作大大简化，工程师也更有信心进行大跨结构的创新。同时大型工程机械和起吊设备的大规模应用，也使得施工自动化程度大幅提高，工期大幅度缩短。在设计理论方面，以概率论为基础的极限状态设计法逐步代替容许应力法，开始被广泛用于指导结构设计。极限状态设计法从全寿命周期内桥梁的结构完整性、可使用性、耐久性等功能要求出发进行结构设计，更加系统、全面和经济。

17.3 大跨钢桥发展面临的挑战

当今世界主要由欧亚大陆、非洲、美洲和大洋洲形成的板块组成，安全、快速和廉价的陆上交通网仍然是人类交流最重要的通道之一，而板块间的海峡往往成为主要的障碍。尽管国与国之间的经济和政治利益矛盾仍然突出，但世界市场经济发展的潮流还是强劲地推动国际贸易和区域交通基础设施发展。跨越河道、海湾和海峡交通工程的发展，表明了人类掌握自然知识越来越多，跨越的手段种类也越来越多且日新月异，钢桥是其中的重要的选项之一。未来的超长大桥应是全生命周期内总成本最低的桥梁，即建设费用低、使用期长、景观优美、耐久性好、易于维护。钢桥的主跨已经可以超过2 000 m，但需要跨越的海峡宽度超过此数的还有很多，建设超大跨钢桥面临的技术上的挑战主要在以下三方面：

1. 极端作用下超大跨钢桥的结构行为

由于海峡的水文和地质条件，跨海桥梁易受台风、巨浪、海啸、地震、风暴潮等多种极端作用。极端作用的破坏性、群发性、不可预见性，给跨海桥梁结构的设计、施工和正常运营带来极大的挑战。1995年里氏7.3级的阪神大地震，导致距震中仅4 km的正在架设的明石海峡大桥移位1 m左右，主跨因此由1 990 m增加为1 991 m，所幸抗震设计很成功，结构损伤不大。里翁-安提里翁大桥位于欧洲、非洲板块交界处，板块活动频繁、地震频发，故大桥专门也进行了结构抗震设计。中国香港位于台风地带，青马大桥根据不同风速进行交通控制，当平均风速超过40 km/h（相当于3级台风）时，1.6 m以上的汽车或电单车必须使用下层桥面；当风速超过65 km/h（相当于8级烈风或风暴）时，上层桥面禁止车辆通行，只有火车和机动车辆可使用下层桥面；当风速超过90 km/h时，整座桥关闭。如何进行跨海桥梁灾害识别、评判多种极端作用下跨海桥梁的结构行为和失效概率，建立完备的灾害评估、风险分析框架和预警机制对跨海桥梁的设计、施工和正常运营和灾害防御具有极其重要的意义。

2. 超大跨钢桥的高性能结构材料

现有钢材的抗拉强度一般在2 000 MPa以下，在湿度和盐度高、腐蚀性强及干湿循环的海洋环境下，力学性能还在不断恶化，因此钢材性能直接关系结构设计、施工工艺和运营维护。图17-4为1903年以来悬索桥主缆钢丝用量发展轨迹、跨度越大，主缆钢丝用量越大，恒载所占比例很大，这说明结构效率越来越低，如明石海峡大桥恒载是活载的十几倍。如果能够提高钢材的力学性能，特别是强度，或是应用新型高性能材料，如复合材料，应该可以显著减轻上部结构自重，降低施工难度和成本。钢桥腐蚀带来了巨大的经济损失，防腐蚀涂装及维修费用可能要超过钢桥建设总费用的20%。纽约曼哈顿桥自1992年以来的运营维护费用（主要是更换锈蚀构件）超过了10亿美元。特别是悬索桥主缆，容易腐蚀且难以更换，塞文桥运营40年后发现主缆腐蚀严重，不得不增装昂贵的除湿系统，日本的本四联络线上的悬索桥主缆都安装了主缆除湿系统。超大跨桥梁需要应用高性能结构材料，特别是强度高和耐久性优异，如高强度耐候钢和高性能复合材料等。

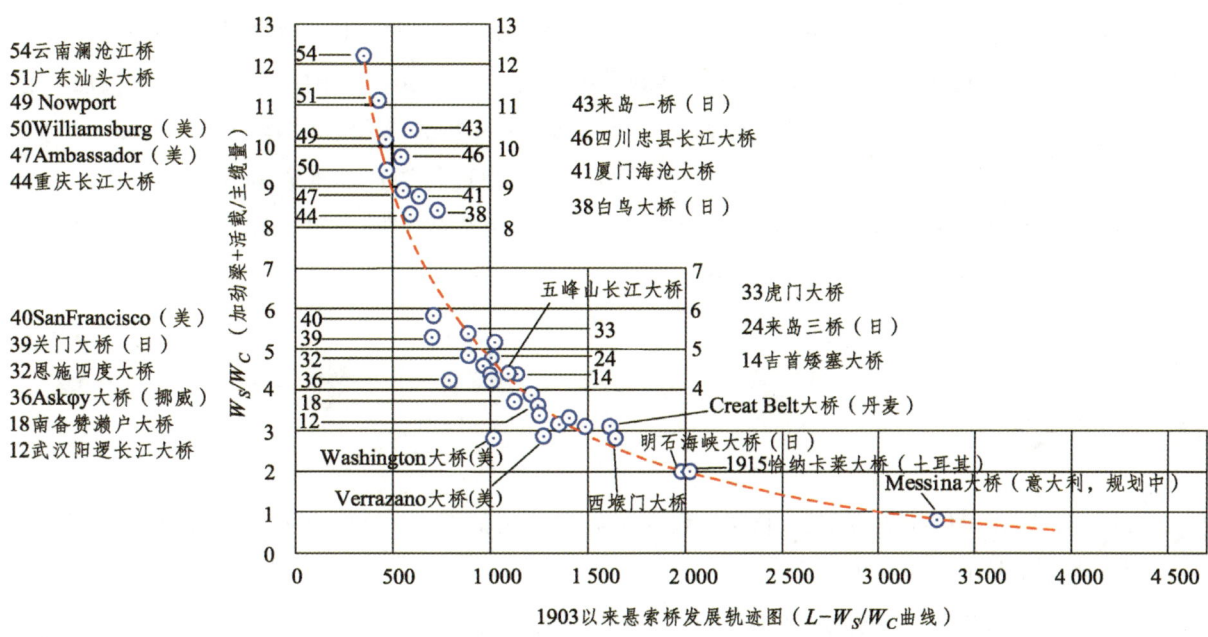

图17-4 1903年以来悬索桥主缆钢丝用量发展轨迹[2]

3. 大跨钢桥的运营维护技术

大跨钢桥是交通干线极其重要的组成部分，需要定期检修以掌握其服役状态，对于保证桥梁的长期安全工作非常重要。首先，现在使用的很多大跨桥梁，由于经济的发展使得桥上交通量远超原设计，且有不断增加的趋势，给运营维护带来很大难度。跨博斯普鲁斯海峡的几座大桥，都面临着严重的堵车问题，基本上是边堵边建。葡萄牙里斯本4月25日大桥则不得不斥巨资进行增建，并在其上游修建了另一座跨塔古斯河的瓦斯科·达·伽马大桥。其次大跨钢桥结构随着跨度增大，考虑成本和受力，需要进行轻柔化，如采用流线形扁平钢箱梁后，悬索桥用钢量大幅度减少，导致结构动力响应显著，容易造成构件或防腐系统出现疲劳开裂问题，使得运营维护工作量和难度剧增。塞文桥和博斯普鲁斯一桥，由于自重太轻，如图17-5所示，在外部

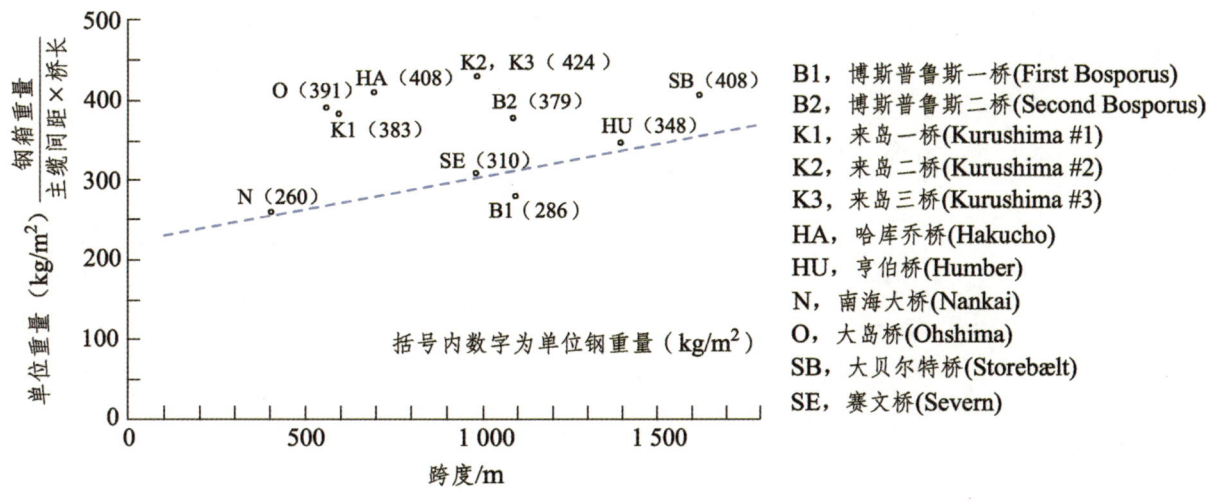

图17-5 悬索桥流线型扁平钢箱加劲梁的单位用钢量[1]

作用（风和车辆活载）激励下振幅明显，采用的斜吊杆疲劳问题突出，后期的悬索桥又恢复了传统的竖直吊杆，通过增加自重来改善桥梁的动力性能。第三是结构健康监测系统的应用。很多桥梁上均安装了健康监测系统，以监测桥梁运营时的外部作用和结构响应信息，如何利用这些海量的、不断增长的监测数据，对桥梁的结构行为进行快速而准确的评估及预警，为运营维护提供决策依据和指导，需要信息科学与传统土木工程的交融，对工程师也提出了更高的要求。

■ 参考文献

[1] 伊藤学，川田忠树[日]．超长大桥梁建设的序幕-技术者的新挑战[M]．刘健新，和丕壮，译．北京：人民交通出版社，2002．

[2] 肖恩源．悬索桥百年探索与实践[M]．北京：人民交通出版社，2016．

[3] 唐寰澄．世界著名海峡交通工程[M]．北京：中国铁道出版社，2004．

[4] 叶华文．重返桥梁垮塌现场——世界著名钢桥失效事故分析[M]．成都：西南交通大学出版社，2019．

附 录

（一）人名、公司名译名对照表

A

Abraham Darby Ⅲ 亚伯拉罕·达比三世
Albert Caquot 艾伯特·卡柯
American Bridge Company 美国桥梁公司
Atkins Company 阿特金斯公司

B

Bay Bridge Division
公共工程局奥克兰海湾大桥分部
Bayezid Ⅱ 巴耶齐德二世
Benjamin Baker 本杰明·贝克
Bessemer 贝塞麦
Bosphorus Railroad Company
博斯普鲁斯海峡铁路公司

C

C.a.P. Turner C.a.P. 特纳
California Department of Public Works
加州公共工程局
Canadian Bridge Company 加拿大桥梁公司
Carl Gustaf Folke Hubertus 卡尔十六世古斯塔夫
Charles A. Ellis 查尔斯·埃利斯
Charles H. Purcell 查尔斯·珀塞尔
Chirac 希拉克

Cleveland Bridge & Engineering Company
英国克利夫兰桥梁工程公司
COWI A/S 科威国际咨询公司

D

Daniel E. Moran 丹尼尔·莫兰
Darbys Ⅰ 达比一世
David B. Steinman 大卫·斯坦曼
Davis Gilbert 戴维斯·吉尔伯特
De Leuw Cather 德卢·凯瑟公司
Dorman Long & Co. 多门朗公司
Duke of Rothesay 罗撒西公爵

E

Edward Ⅶ 爱德华七世
Emperor Norton 诺顿皇帝
English Electric Company of Australia Ltd.
澳大利亚英国电力公司
Enka Construction & Industry Co.
土耳其恩卡建筑与工业公司
Erasmus Darwin 伊拉斯谟·达尔文

F

Force Laboratory 丹麦福思力智科技

■ 重返世界名桥修建现场

Francis Greenway 弗朗西斯·格林威
Francis McMath 弗朗西斯·麦克马斯
Franz Dischinger 弗朗兹·狄辛格
Frederik 弗雷德里克
Freeman Fox & Partners 弗里曼福克斯公司
Freyssinet 弗雷西奈

G

G. G. Krivoshein G.G. 克利沃夏因
George Cornell 乔治·康奈尔
George Müller 乔治·穆勒
Gilbert Roberts 吉尔伯特·罗伯茨
Giovanni da Verrazzano 乔瓦尼·达·韦拉札诺
Goninan & Co. 戈尼南公司
Gordon Stuckey 戈登·斯图克
Groupe Eiffage 埃法日集团
Gustav Lindenthal 古斯塔夫·林登塔尔
Gustave Eiffel 古斯塔夫·埃菲尔

H

Herbert Hoover 赫伯特·胡佛
Hochtief AG 德国的霍奇蒂夫公司
Honfleur 翁弗勒尔
Hoover-Young San Francisco Bay Bridge Commission 海湾建桥委员会

I

Isambard Kingdom Brunel
伊桑巴德·金德姆·布鲁内尔

J

J.A.L.Waddell 约翰·华德尔
Jacques Chirac 雅克·希拉克
Jacques Combault 雅克·康博

James Anderson 詹姆斯·安德森
James Buchanan Eads 詹姆斯·布坎南·伊兹
James Wilkins 詹姆斯·威尔金斯
Jean Paul Teyssandier 吉恩·保罗·泰桑迪尔
Jean-Francois Klein 让·弗朗索瓦·克莱因
Jean-Marie Crémer 让·马希·克雷莫
John A Roebling 约翰·罗伯林
John A Strauss 约翰·斯特劳斯
John Fowler 约翰·福勒
John Job Crew Bradfield
约翰·乔布·柯如·布拉德菲尔德
John Rennie 约翰·伦尼
John Wilkinson 约翰·威尔金森
Josef Melan 约瑟夫·梅兰
Joseph Swift 约瑟夫·斯威夫特
Julius W. Adams 朱利叶斯·亚当斯

K

K.S.Silin 康斯坦丁·谢尔盖耶维奇·西林

L

Le Havre 勒阿弗尔
Leffert L. Buck 列佛·巴克
Leon Moisseiff 利昂·莫西夫
Leonardo da Vinci 列奥纳多·达芬奇
Lyon 里昂

M

Magrethe 玛格丽特
Mandrocles 曼德罗克莱斯
Marc Buonomo 马克·布纳摩
Max Am Ende M.A. 安泰
McClintic Marshall Products Company
麦克林蒂克马歇尔产品公司

Medvedev 梅德韦杰夫

Michael M. O'Shaughnessy 迈克尔·奥肖内西

Michael Parsons 迈克尔·帕森斯

Michel Virlogeux 密歇尔·维洛热

N

Network Rail 英国国营铁路公司

Norman Foster 诺曼·福斯特

North British Railway 英国北方铁路公司

O

Oscar Farber 奥斯卡·法伯

Othmar Ammann 奥斯玛·安曼

Othmar Herrmann Ammann 奥斯玛·赫尔曼·安曼

P

Putin 普京

R

Ralph Freeman 拉尔夫·弗里曼

Ralph Modjeski 拉尔夫·莫杰斯基

Riccardo Morandi 卡尔多·莫兰迪

Robert Ridgway 罗伯特·里奇韦

Robert Stephenson 罗伯特·史蒂芬森

Roy Fellom 罗伊·费勒姆

S

Samuel Brown 塞缪尔·布郎

Samuel Ware 塞缪尔·维尔

Schlaich Bergermam und Partner
施莱希工程设计公司

Siemens Martin 西门子·马丁

Sir William Arrol & Co. 威廉·阿罗尔爵士公司

T

The Bethlehem Steel Co. 伯利恒钢铁厂

The United States Steel 美国钢铁公司

Thomas Bouch 托马斯·鲍彻

Thomas Farnolls Pritchard
托马斯·法诺尔斯·普里查德

Thomas Gregory 托马斯·格雷戈里

Thomas Paine 托马斯·潘恩

Thomas Pope 托马斯·波普

Thomas Telford 托马斯·泰尔福德

Turkey Transportation Maritime and Communication Ministry, General Directorate of Highways
土耳其交通运输部公路总局

U

U.S. Coast and Geodetic Survey
美国海岸和大地测量局

V

Victoria 维多利亚

Vinci Group 万喜集团

Vipond Davies 维邦德·戴维斯

W

W.A. Provis 普瑞斯

Washington Roebling 华盛顿·罗伯林

William Brown 威廉·布朗

William Jay Gaynor 威廉·杰伊·盖诺

William Williams 威廉·威廉姆斯

X

Xerxes 薛西斯

（二）地名桥名译名对照表

A

Aalborg 奥尔堡

Akashi Kaikyo Bridge 明石海峡大桥

Alameda 阿拉米达

Anglesey 安格尔西

Apr. 25th bridge 4月25日桥

Atlantic Ocean 大西洋

B

Baltic Sea 波罗的海

Bangor 班戈

Bay Terrace 皇后区贝塞

Beamer Rock 比默岩

Bear Mountain Bridge 熊山大桥

Benjamin Franklin Bridge 本杰明富兰克林桥

Benthall 本特霍尔

Beuzeville 伯兹维尔

Beylerbeyi 贝勒贝伊

Beziers 贝济耶

Binnie Consultants 香港贝尼咨询公司

Birmingham 伯明翰

Black sea 黑海

Bosporus bridge 普鲁斯海峡大桥

Bosporus strait 博斯普鲁斯海峡

Botany Bay 植物学湾

Britannia Bridge 不列颠尼亚大桥

Broadway 百老汇

Bronx Whitestone Bridge 布朗克斯白石大桥

Bronx 布朗克斯

Brooklyn 布鲁克林

Brooklyn Bridge 布鲁克林大桥

Broseley 布罗斯利

Buildwas 比亚德沃斯

Burgundy 勃艮第

C

Cadiz 卡迪兹

1915 Canakkale bridge 1915恰纳卡莱大桥

Caron Bridge 卡隆桥

Chatham Square 查塔姆广场

Cincinnati 辛辛那提

Clermont-Ferrand 克莱蒙佛朗

Clifton Bridge 克利夫顿桥

Coalbrookdale Iron Bridge 煤溪谷铁桥

Coalbrookdale 煤溪谷

Coalport Bridge 煤港大桥

Confederation 加拿大联邦

Copenhagen 哥本哈根

Costain 科斯顿

Craigellachie Bridge 克雷格拉奇大桥

Cumberland Plain 坎伯兰峡谷

D

Danish State Railways 丹麦国家铁路局

Dardanelles Strait 达达尼海峡

Dawes Point 道斯角

Delancey Street 迪兰西街

Denmark 丹麦

Dijon 第戎

Donzere Canal 栋泽尔运河

Drogden 德罗格登

Dumbarton Bridge 邓巴顿大桥

E

Eads Bridge 伊兹桥

East River 东河

Edinburgh Waverley 爱丁堡威瓦利

Edinburgh 爱丁堡

Elsinore 爱尔辛诺

Empire State Building 帝国大厦

English Heritage 英国遗产局

Estonia 爱沙尼亚

F

Fatih Sultan Mehmet Bridge
征服者·苏丹·穆罕默德大桥

Fife 法夫郡

Fig Tree Bridge 无花果树桥

Finland 芬兰

Firth of Forth 福斯湾

Flintrannan 弗林脱

Fort Hamilton 汉密尔顿堡

Fort Wadsworth 沃兹沃思堡

Forth Bridge 福斯铁路桥

Forth Replacement Crossing 福斯新通道

Forth Road Bridge 福斯公路桥

Fos-sur-Mer 滨海福斯

Francilly-Selency 弗朗西伊-塞朗西

Fulton Ferry 富尔顿渡口

Funen 菲英岛

G

Garabit Railway Bridge 加拉比特铁路桥

George Washington Bridge 乔治·华盛顿大桥

Germany 德国

Gladesville Bridge 格莱兹维尔桥

Glebe Island Bridge 格莱贝岛桥

Golden Gate Bridge 金门大桥

Golden Gate Strait 金门海峡

Golden Gate Bridge Highway and Transport Oistrict 金门大桥、公路建设公司

Great Belt Contractors 大贝尔特承包公司

Great Belt East Bridge 大贝尔特东桥

Great Belt Strait 大贝尔特海峡

Gulf of Corinth 科林斯海湾

H

Halskov 霍尔斯科夫

Hammersmith Bridge 哈默史密斯大桥

Hanseatic League 汉萨同盟

Hell Gate Bridge 狱门大桥

Helsingborg 赫尔辛堡

Hitachi Zosen 日立造船

Holyhead 霍利黑德

Hornsby 霍恩斯比

Hornsby Plateau 康士比高地

Hudson River 哈德逊河

Humber Bridge 亨伯桥

I

I-278 278号州际公路

Inchgarvie 因奇加维岛

Inverkeithing 印威基辛

Ireland 爱尔兰
Iron Cove Bridge 铁湾桥
Ironbridge Institute 铁桥研究所
Istanbul 伊斯坦布尔
Italy 意大利

J

Jackfield 杰克菲尔德
John A. Roebling Bridge 约翰·罗伯林大桥
Jutland 日德兰半岛
15 July Martyrs Bridge 7月15日烈士大桥

K

Kalundborg 卡伦堡
Kanmon Strait 关门海峡
Karlskrona 卡尔斯克鲁纳
Kattegat strait 卡特加特海峡
Kau Shui Mun Bridge 汲水门大桥
Kirklees, Yorkshire 约克郡柯克利斯市
Kirkliston 柯克利斯顿
Knudshoved 克努斯霍夫德
Kockums 考库姆斯
Korsør 库尔
Kumaigai Gumi 日本熊谷组
Kurushima-Kaikyo Bridge 来岛海峡大桥
Kurushima-Kaikyo Strait 来岛海峡

L

Lantau Link 青屿干线
Larzac Plateau 拉尔札克高原
Latvia 拉脱维亚
Lauterbourg 劳特堡

Lernacken 伦纳根
Lithuania 立陶宛
Little Belt Bridge 小贝尔特桥
Little Belt Strait 小贝尔特海峡
Loma Prieta 洛马普雷塔
London 伦敦

M

Mackintosh Rock 麦金托什岩石
Madeley 梅德利
Maeda 前田建设
Malmö 马尔默
Manhattan 曼哈顿
Manhattan Bridge 曼哈顿大桥
Maracaibo Bridge 马拉开波桥
Markinch 马金奇
Mediterranean Sea 地中海
Menai Bridge 梅奈海峡大桥
Menai Strait 梅奈海峡
Metropolitan Transit Authority 大都会运输局
Mezcala Bridge 梅斯卡拉桥
Middlesbrough 米德尔斯堡
Millau 米约市
Millau Viaduct 米约大桥
Milsons Point 米尔森角
Ministry for Public Works 丹麦公共工程部
Mitsui 三井物业
Moruya 莫鲁亚
MTA Bridges and Tunnels 特里伯勒大桥和隧道管理局
Municipal Art Commission 纽约市政艺术委员会

N

Narrows 纳罗斯水道

Naruto Strait 鸣门海峡

Nazimov Peninsula 纳季莫夫半岛

New York City 纽约市

New York City Transit 纽约市公交公司

Niagara Falls 尼亚加拉瀑布城

Niagara Falls Bridge 尼亚加拉瀑布大桥

Normandy Bridge 诺曼底大桥

North Atlantic Ocean 北大西洋

North Sea 北海

Nyborg 尼堡

NYC DOT-Division of Bridges-East River Bridges 纽约市交通局桥梁部门东河桥梁分部

O

Oakland 奥克兰

Øresund Bridge 厄勒海峡大桥

Øresund Link Consultants 厄勒松咨询公司

Øresund Strait 厄勒海峡

Øresunds Konsortiet 厄勒松财团

Ortakoy 奥尔塔科伊

Østbroen 东桥

Østtunnelen 东隧道

P

Paddington 帕丁顿

Paris Suspension Bridge 巴黎悬索桥

Parramatta River 帕拉玛塔河

Peloponnese 伯罗奔尼撒

Perth 珀斯

Philadelphia 费城

Poland 波兰

Port Authority 港口管理局

Pyrmont Bridge 皮尔蒙特桥

Q

Quebec Bridge 魁北克大桥

Queens 皇后区

Queensboro Bridge 皇后区大桥

Queensferry Crossing 昆斯费里大桥

R

Rambler Channel 蓝巴勒海峡

Redcar 雷德卡

Richmond–San Rafael Bridge 里士满-圣拉菲尔大桥

Rincon Hill 林孔山

Rio Cobre 里约科布雷河

Rion-Antirion Bridge 里翁-安提里翁大桥

River Forth 福斯河

River Thames 泰晤士河

Robert F. Kennedy Bridge 罗伯特·肯尼迪大桥

Rouen 鲁昂

Runcorn Bridge 伦科恩大桥

Russia 俄罗斯

Russky Bridge 俄罗斯岛大桥

Russky Island 俄罗斯岛

S

Saint-Germain 圣日耳曼

Saltholm 萨尔松岛

San Andreas Fault 圣安地列斯断层

San Francisco 旧金山

San Francisco Bay 旧金山海湾

San Francisco-Oakland Bay Bridge
旧金山奥克兰海湾大桥

San Jose 圣何西

San Mateo-Hayward Bridge 圣马特奥-海沃德大桥

Sandgate 桑盖特

Scandinavia peninsula 斯堪的纳维亚半岛

Scotland 苏格兰

Sea of Marmara 马尔马拉海

Second Bosporus bridge 博斯普鲁斯二桥

Seine River 塞纳河

Seto Inland Sea 濑户内海

Severn Bridge 塞文桥

Shropshire 什罗普郡

Silicon Valley 硅谷

Sines 锡尼什

Skagerrak Strait 斯卡格拉克海峡

Sprogø 斯普鲁

St Leonards 圣伦纳德

Staten Island 斯塔滕岛

Statsbroen Store Belt 大贝尔特桥梁公司

Stirling 斯特灵郡

Stockholm Museum 斯德哥尔摩博物馆

Stonecutters Bridge 昂船洲大桥

Stromsund Bridge 斯特罗姆松德桥

Sunderland 兰桑德兰

Sunniberg Bridge 桑尼伯格大桥

Sweden 瑞典

Swilly Rock 斯威利岩

Sydney 悉尼

Sydney Harbour Bridge 悉尼海港大桥

T

Tai Lam Tunnel 大榄隧道

Tancarville Bridge 坦卡维尔大桥

Taranto 塔兰托

Tarn Gorge 塔恩河谷

Tatara Bridge 多多罗大桥

Tay Bridge 泰河桥

The Fife circle line 法夫环线铁路

The Five Bridges 五座桥

The North Anatolian Fault 北安纳托利亚断层

Third Bosporus bridge 博斯普鲁斯三桥

Throgs Neck Bridge 窄颈大桥

Ting Kau Bridge 汀九桥

Toulouse 图卢兹

Trafalgar 特法佳

Triborough Authority 特里伯勒管理局

Triborough Bridge 三区大桥

Troyes 特鲁瓦

Tsing Ma Bridge 青马大桥

Turkish Straits 土耳其海峡

Tweed River 特威德河

U

UNESCO Ironbridge Gorge World Heritage Site
铁桥谷世界文化遗产

Union Bridge 联合大桥

University of Birmingham 伯明翰大学

V

Verrazzano-Narrows Bridge 韦拉札诺海峡大桥

Victoria Falls Bridge 维多利亚瀑布大桥

Vladivostok 符拉迪沃斯托克

W

Wall Street 华尔街

Watson Bay 屈臣氏湾

WBTAC 威廉斯堡大桥技术咨询委员会

Wearmouth Bridge 沃默斯桥

Welsh 威尔士

Westbroen 西桥

Williamsburg Bridge 威廉斯堡大桥

Winch Bridge 铁索桥

Y

Yavuz Sultan Selim Bridge 亚武兹·苏丹·塞利姆大桥

Yerba Buena Island Y.B.岛

Ynys-y-Moch 伊尼斯岛

Yokagawa 横河桥梁